DIE DEUTSCHE
KOMÖDIE

Vom Mittelalter bis zur Gegenwart

Herausgegeben von

Walter Hinck

August Bagel Verlag Düsseldorf

Alle Rechte, auch die des auszugsweisen Nachdrucks
und der fotomechanischen Wiedergabe, vorbehalten
© 1977 August Bagel Verlag, Düsseldorf
Umschlag und Einband Jürgen Carlos Schulze
Herstellung Bercker, Kevelaer
Printed in Germany · ISBN 3 513 02141 0 (Ln.)
ISBN 3 513 02142 9 (kart.)

VORWORT

Schon seit einiger Zeit steht die Komödie nicht mehr im Schatten der Tragödie, spielt das Lustspiel im Bewußtsein unserer literarischen Öffentlichkeit oder in Forschung und Unterricht nicht mehr die beklagte Rolle des Stiefkinds. So braucht diesem Band keine Appellfunktion zugewiesen zu werden – er ist bereits Zeugnis einer Hinwendung zur Komödie und soll die beiden im selben Verlag erschienenen, von Benno von Wiese herausgegebenen Bände „Das deutsche Drama" ergänzen. Offensichtlich hängt das verstärkte Interesse für die Komödie mit einem neuen Verhältnis des Publikums zu kritischer Literatur zusammen; und sicherlich hat das sich durchsetzende, der Komödie durch manche Strukturähnlichkeiten verbundene epische Theater mitgeholfen, ihm den Boden zu bereiten.

Die Zahl deutscher Komödien ist – entgegen landläufiger Meinung – so gering nicht, daß die Auswahl von etwa zwanzig Werken leicht fiele. Mehrere Kombinationen sind denkbar, und sich für eine entscheiden heißt immer, Möglichkeiten ausschließen, für die sich ebenso gute Gründe finden ließen. Auswahl- und Sammelbände bieten nun einmal besonders breite Angriffsflächen für Kritik.

Fragwürdig ist nicht zuletzt die Isolierung von Einzelwerken, doch mag sie gerade hier begründet sein, weil die Geschichte des deutschen Lustspiels weitgehend die Geschichte von Einzelleistungen ist; es haben sich, sieht man vom Wiener Volkstheater ab, keine bedeutenden Traditionen von längerer Dauer gebildet. Im übrigen sind die Interpretationen bemüht, die jeweilige Verankerung des Stücks im Gesamtwerk des Autors sowie in der geistes- und sozialgeschichtlichen Situation zu zeigen, aber auch der Wirkungsgeschichte nachzugehen – nicht zufällig werden mehrfach spätere Motiv- und Stückbearbeitungen mit einbezogen.

Weder folgt die Auswahl der Komödien blindlings einem bestehenden Kanon, noch läßt sie ihn einfach außer acht. Die Begrenzungen eines Einzelbandes schließen jene ausgedehnten Streifzüge in die vergessenen Provinzen des deutschen Lustspiels aus, die der von Helmut Arntzen und Karl Pestalozzi herausgegebenen Reihe „Komedia" möglich waren. Der Wunsch nach einer repräsentativen Auswahl machte einige wenige Überschneidungen mit dem Sammelwerk „Das deutsche Drama" unvermeidlich.

(Jedoch ist beispielsweise „Weh dem, der lügt" nicht aufgenommen, weil schon dort dem Drama Grillparzers besonderes Gewicht gegeben wurde.)

Schwer fiel der Verzicht auf Einzelinterpretation von Stücken der Zeit bis zur Aufklärung, doch verlangte der Zwang zur Konzentration eine zusammenfassende Darstellung. Unersetzlich erschienen Lessings „Minna von Barnhelm" und Kleists „Zerbrochner Krug", weil sie nicht nur seit langem – mit Recht – zum Lektüre-Kanon, sondern auch zum festen klassischen Repertoire der Bühnen gehören. Dagegen bestand kein Anlaß, eine der Komödien Goethes, deren keine den Rang seiner bekannten Schauspiele oder Tragödien erreicht, nur aus Respekt vor dem Autor aufzunehmen. Im übrigen kam es darauf an, sinnvolle Reihen bzw. Gruppen von Komödien zusammenzustellen und bestimmte Korrespondenzen innerhalb der Lustspielgeschichte zu verfolgen. Unverkennbar sind die Zusammenhänge zwischen dem Lustspiel der Romantik (Tieck) und dem von Grabbe und Büchner oder zwischen den beiden Krähwinkeliaden von Kotzebue und Nestroy (für die sich sogar eine vergleichende Interpretation anbot). Bei Hofmannsthal wurde auf den – oft untersuchten – „Schwierigen" verzichtet, weil die Herr-Diener-Beziehung im „Unbestechlichen" zu der in Brechts „Herr Puntila und sein Knecht Matti" in einem aufschlußreichen Gegensatz steht. Brechts Stück, Horváths „Geschichten aus dem Wiener Wald" und Zuckmayers „Hauptmann von Köpenick" veranschaulichen Möglichkeiten des ‚Volksstücks' im 20. Jahrhundert. Lenz' „Hofmeister" sowie G. Hauptmanns „Biberpelz" und „Roter Hahn" werden zusätzlich interessant durch moderne Bearbeitungen.

Ein wesentliches Kriterium für die Auswahl war auch der komparatistische Aspekt, der die Verflechtungen der deutschen Komödie mit der Weltliteratur verdeutlicht. So öffnet Raimunds Menschenfeind („Alpenkönig und M.") den Blick auf Menanders „Dyskolos", Molières „Misanthrope" oder Shakespeares „Timon von Athen". Sternheims „Kassette" bringt Plautus' „Aulularia" und Molières „Geizigen" mit ins Bild, auch die französische Konversationskomödie vor 1900, in der das Geld zu einem Zentralmotiv wird. Frischs „Don Juan oder die Liebe zur Geometrie" hebt sich von der reichen Darstellungstradition einer der großen europäischen Theaterfiguren ab. Gerade vor dem Hintergrunde von Überlieferungen profilieren sich geschichtliche Besonderheiten.

Der Titel des Sammelbandes pocht nicht auf Ansprüche des Begriffs „Nationalliteratur". Deutsche Komödie heißt soviel wie deutschsprachige Komödie, so daß selbstverständlich österreichische Autoren und neben dem Schweizer Frisch sein Landsmann Dürrenmatt (mit „Besuch der alten Dame"), aber auch für die Komödienliteratur der DDR Peter Hacks (mit „Moritz Tassow") in dieser Auswahl vertreten sind.

Die unterschiedlichen Blickweisen der einzelnen Interpreten entsprechen der Vielfalt methodischer Standorte, die stilistischen Divergenzen der Skala auseinandergehender Temperamente. Dem Herausgeber lag weder daran, die in der Situation der Literaturwissenschaft begründeten Gegensätze zu harmonisieren, noch stand es ihm zu, den Mitarbeitern um einer problematischen Einheit willen Zugeständnisse abzuverlangen.

Walter Hinck

INHALT

INHALT

WALTER HINCK

—

EINFÜHRUNG IN DIE THEORIE DES KOMISCHEN
UND DER KOMÖDIE

Man hat den Deutschen lange Zeit nicht ohne Grund ein sprödes Verhältnis zur Komödie bzw. zum Lustspiel nachgesagt. Goethe, der während eines Vierteljahrhunderts als Theaterleiter seine Erfahrungen sammelte, machte dafür die ,,ernsthafte Natur" des Deutschen verantwortlich. Der Ernst, so heißt es im Aufsatz ,,Weimarisches Hoftheater" (1802), zeige sich vor allem, wenn vom Spiele, gerade auch im Theater, die Rede sei. Schon ein Jahr zuvor hatte Schiller seinem Freund Körner bekannt, daß er sich zwar einer Komödie gewachsen fühle, ,,wo es mehr auf eine komische Zusammenfügung der Begebenheiten als auf komische Charaktere und auf Humor ankommt", daß aber seine Natur ,,doch zu ernsthaft gestimmt" sei (Brief vom 13. 5. 1801).

Folgenreich für die Bewertung des Komischen (genauer: des von ihm hervorgerufenen Lachens) mögen Kants Bestimmungen geworden sein. In seiner ,,Kritik der Urteilskraft" (1790) nimmt Kant das Kunstwerk in den Bereich des interesselosen Wohlgefallens zurück, bezieht aber das Komische nur bedingt in diesen Bezirk mit ein: zwar erörtert er ausführlicher das Moment des Vergnügens, doch begreift er das Lächerliche und sein Wirkungssymptom nicht als ästhetische Phänomene (§ 54). Das Komische übe mittels des Lachens ,,auf die Gesundheit einen wohltätigen Einfluß" aus; es bringe ,,ein Gleichgewicht der Lebenskräfte im Körper" hervor. Kant verdeckt den ästhetischen – wie auch den sozialen – Aspekt des Komischen durch den physiologischen, er schränkt den Sinn des Lachens auf dessen gesundheitsfördernde Funktion ein.

Zugleich aber läßt sich die Wirkung der Komödie auch in Analogie zur Wirkung der Tragödie sehen, mit der sich bekanntlich die Katharsislehre des Aristoteles beschäftigt. So hat jetzt Harald Weinrich noch einmal die heilenden Funktionen von Tragödie und Komödie unterschieden, und zwar nach einer ,,homöopathischen" und einer ,,allopathischen" Methode: Die Tragödie reinigt von Übeln, indem sie Gleiches durch Gleiches (in kleiner Dosierung) kuriert, nämlich die im Zuschauer durch Sympathie erregten Affekte läutert, während es im Lachen gerade nicht zur Identifikation mit den dargestellten Übeln kommt, die Komödie also dem Zuschauer ein substantiell gegensätzliches Medikament verabreicht[1].

Immer wieder gab es Versuche – zumal in Deutschland –, das Komische nicht etwa aus sich selbst, sondern durch seinen Bezug zum Tragischen zu legitimieren. In solchen Zusammenhang gehört die offensichtliche Vorliebe für die ernste Komödie und die Tragikomödie. Und nicht immer stand das Interesse für tragische Nebentöne des Lustspiels im rechten Verhältnis zu ihrer wahren Bedeutung. Jedoch können sich in der Komödie durchaus Tragisches und Komisches bis zur Ununterscheidbarkeit gegenseitig durchdringen. Molières ,,Misanthrope" hat gerade dadurch Goethe fasziniert.

Sicherlich erhielt sich ein gewisses Wertvorurteil auch von der alten, durch Gottsched noch einmal erneuerten Unterscheidung der Gattungen, wonach der Tragödie vornehme Personen vorbehalten, der Komödie dagegen Leute von niederem Stand zugewiesen waren. Über die Gültigkeit dieser Gattungskriterien hinaus blieb etwas vom Makel der ,,niederen" Gattung an der Komödie haften.

Doch sind inzwischen die Komödie und das Komische längst nobilitiert. Dem Literaturkritiker Friedrich Schlegel und ausgerechnet Schiller, dem Tragiker und zum Komödienautor nicht Berufenen, verdankt die Komödie ihre ungewöhnliche Rangerhöhung (wovon noch zu sprechen sein wird). Und im 20. Jahrhundert hat Joachim Ritter der philosophischen Reflexion auf das Komische gewissermaßen die Pointe aufgesetzt und dem ,,für Platon aus dem ernsten und wahren göttlichen Leben der Vernunft und des Seins" noch ausgeschlossenen Lachen volle Sinnhaftigkeit zugesprochen. In unserer Welt, so sagt Ritter, sei, ,,in der Erscheinung des Humors, dem Lachen eine Bedeutung zugefallen . . ., durch die es gleichsam in den philosophischen Mittelpunkt der Welt selbst gerückt und zugleich über den ausgrenzenden Ernst erhoben worden ist."

Komik und Komödie bedingen sich nicht wechselseitig. Es gibt, seit etwa der Mitte des 18. Jahrhunderts, Komödien, die ganz ohne Komik auskommen; und wir treffen das Komische in vielen anderen literarischen Gattungen an. Komik und Lachen sind an Literatur und Kunst überhaupt nicht gebunden. Wir nehmen Komisches auch in der außerkünstlerischen Wirklichkeit wahr, im Leben selbst. Wir erleben Vorfälle, Verhaltensweisen, Personen als komisch und quittieren dies – jedenfalls zumeist – mit einem Lachen, zumindest Lächeln. Aber wir bemerken auch, daß Menschen aus verschiedenen Lebenskreisen oder sozialen Schichten, Menschen mit unterschiedlichen Gewohnheiten und Konventionen Komisches nicht in gleicher Weise ausmachen und erleben. Darüber, ob etwas komisch ist oder nicht, entscheidet die Übereinkunft der Gruppe, der jemand zugehört. Daß die Wahrnehmung des Komischen nicht ein Sonderrecht des Individuums ist, zeigt die Verachtung der Gruppe für den, der *allein* etwas komisch findet. Von der Gesellschaft wird als albern abgestempelt, wer sich durch einen privaten Sinn für Lächerliches von ihr isoliert, sich an die Übereinkunft darüber, was komisch ist, nicht hält.

„Gesellschaft" will hier nicht zu eng verstanden sein. So können Sitten der einen Nation dem Angehörigen einer anderen als lächerlich erscheinen. Und nicht nur im profanen Bereich wird Komik wahrnehmbar. Religiöse Riten (etwa primitiver Stämme) können den (zivilisierten) Fremden, der nicht im Banne ihrer Magie steht, komisch anmuten. Auch das Heiligste und Erhabenste enthüllt hier seine Relativität, da es vor dem Umbruch ins Komische nicht gefeit ist. Doch beweist das Beispiel nicht, daß Komik nur am kulturell Tieferstehenden erscheinen kann. Dem widerspricht schon die immerwährende Beliebtheit der komischen Figur des Gelehrten.

Es gibt einen erheblichen Komik-Bestand, der allen Kulturen gemeinsam ist, aber auch einen Rest an Komischem, der Eigentum der jeweiligen Kultur bleibt. Und nicht nur zwischen den einzelnen Kulturen differiert das Komische, sondern auch zwischen den Epochen. „Was eine Gesellschaft komisch findet, worüber sie lacht, das wechselt im Lauf der Geschichte, weil es zum Wandel des Normenbewußtseins gehört." Von den über zwei Jahrtausende alten Komödien des Aristophanes haben sich zumindest einige bis heute auf der Bühne gehalten. Ein gut Teil des Vergnügens, das sie den Athenern gewährt haben, ist heute noch aktualisierbar. Aber viele der komischen Anspielungen auf die besonderen Verhältnisse und auf bestimmte Personen des attischen Gemeinwesens sind nur noch mit Hilfe eines gelehrten Kommentars verständlich; und selbst wenn sie als Anspielungen erhellt sind, werden wir ihnen oft die ursprünglich komische Ansicht nicht mehr abgewinnen. Hat sich uns der Horizont des Komischen in einer Weise erweitert, so hat er sich in anderer doch auch verengt. Niemand vermöchte genau zu sagen, wieviel an komischem Gehalt in den Komödien des Aristophanes die Zeit inzwischen für uns verschüttet hat.

Wir stehen zum frühen deutschen Lustspiel in keinem grundsätzlich anderen Verhältnis. Der obszöne Grobianismus des spätmittelalterlichen Fastnachtspiels verlangt von uns eine energische Überbrückung der historischen Distanz. Das hat wenig damit zu tun, daß sich diese anlaßgebundenen Spiele etwa im Vorfeld der Literatur befänden. Als literarische Gebilde sind sie zum Teil nicht ungeschliffener als manche alten Volkslieder, die uns noch heute unmittelbar ansprechen; als Inkarnationen des Komischen aber bleiben sie uns fremd. Und die Reihungstechnik barocker Lustspiele, die Wiederholung immer der gleichen Formen von Sprach- und Situationskomik, empfinden wir heute als monoton.

Die Zahl der Entwürfe zur Theorie, zur Philosophie oder auch Psychologie des Komischen geht ins Unendliche. Auf engem Raum mehr als einen

Überblick skizzieren zu wollen, wäre reine Hochstapelei; das Bemühen um Vollständigkeit hätte selbst die Struktur des Komischen.

Unter „Theorie des Komischen" werden hier alle Beiträge zur Sache zusammengefaßt, gleichgültig ob jeweils das Interesse am komischen Gegenstand, am komischen Vergnügen oder am Wirkungssymptom, dem Lachen, überwiegt. Auch eine Anthropologie wie die von Helmuth Plessner, die das Lachen und das Weinen als menschliche Grenzreaktionen untersucht, oder die Entwürfe zu einer Theorie des Witzes[2] werden hier subsumiert. Nur bedingt lassen sich die Begriffe des Lächerlichen und des Komischen trennen; noch bis ins 19. Jahrhundert hinein werden sie synonym verwandt.

Obwohl aus der Antike (von Platon, Aristoteles und Cicero) fragmentarische Beiträge überliefert sind – von Aristoteles ist ein Pendant zu seiner Tragödientheorie nicht erhalten –, datieren die ersten systematischen Ansätze zu einer allgemeinen Theorie des Komischen aus der Neuzeit[3]. Den Auftakt bilden Thomas Hobbes' „De cive" (1642) und „On Human nature" (1650), Schriften, in denen das Komische zwar nicht der eigentliche Gegenstand ist, aber dennoch eingehend erörtert wird. Zu einer ersten großen Gruppe lassen sich die Theorien bis zur Zeit um 1800 zusammenfassen. Zwei Hauptrichtungen beherrschen in dieser Periode die Diskussion: die sogenannte Überlegenheitstheorie und die sogenannte Kontrast- oder Inkongruenztheorie.

Hobbes, Initiator der Überlegenheitstheorie, argumentiert im wesentlichen von der psychologischen Wirkung her und erklärt die Lust am Komischen aus dem Gefühl persönlicher Überlegenheit, das sich im Aufnehmenden oder Betrachter einstellt. Die Kontrasttheorie wird vor allem von deutschen Theoretikern des 18. Jahrhunderts ausgebildet. Lessings Definition im 28. Stück der „Hamburgischen Dramaturgie" deutet das Problem an: Jede „Ungereimtheit", jeder „Kontrast von Mangel und Realität" ist lächerlich. Genauer hatte schon Justus Möser in seiner Schrift „Harlequin, oder Vertheidigung des Groteske-Komischen" (1761) den komischen Kontrast bestimmt. Möser erläutert seine Formel an einem einfachen Vorgang, an einer ,Straßenszene': Wenn ein Mann zur Erde fällt und neben ihm ein Kind stürzt, so lacht man über den Mann (weil man seiner Größe Stärke genug zutraut, um sich vor dem Fall zu bewahren), während das Kind dagegen Mitleid erweckt. Und so lautet Mösers Definition des Komischen „Größe ohne Stärke". Der von den Ritterromanen inspirierte Don Quijote sei komisch, weil er zwar das Herz und die Tugenden eines Ritters besitze, nicht aber seine Kraft, weil er Größe zeige, aber Stärke lüge.

Komisch oder lächerlich ist also der Kontrast zwischen Versprechen (bzw. Erwartung) und Erfüllung. Diesen Sachverhalt bringt Kant in der

„Kritik der Urteilskraft" (§ 54) auf die begrifflich eindeutigste Formel: „Das Lachen ist ein Affekt aus der plötzlichen Verwandlung einer gespannten Erwartung in nichts." Festgehalten ist in dieser Definition der Explosivcharakter des Komischen; die Auflösung einer Erwartung ist nur komisch, wenn der Enttäuschungsvorgang etwas von einem Zündvorgang hat. „Enttäuschung" meint hier nur, daß die Erwartungsauflösung in absteigender Richtung erfolgt. Denn andererseits wohnt der explosiven Aufhebung der gespannten Erwartung, wohnt dem Lachen etwas Befreiendes inne, das Befreiende nämlich der *Ent*spannung. Solche Gedanken sind später weitergeführt worden von H. Spencer[4] sowie von Theodor Lipps[5], der im Vorstellungskontrast etwas Großes und etwas Kleines einander entgegensetzt: Ein Wert, etwas Ernsthaftes entpuppt sich plötzlich als etwas Minderes, Wertloses. Das solcherart erzeugte Lachen sei ein Lachen der Befreiung, genauer der Genugtuung, der Überlegenheit. Lipps sucht also Kontrast- und Überlegenheitstheorie zu verbinden.

Die Kontrasttheorie ist mit gutem Grund auch Inkongruenztheorie genannt worden, weil das Erwartete und das dafür Eintretende nicht immer einen Gegensatz bilden, wohl aber einander inkongruent sein müssen. Einer ihrer Vertreter im 18. Jahrhundert, Karl Friedrich Flögel, nimmt das in Mosers Beispiel vom Sturz des Mannes und des Kindes offenbar werdende Problem auf. Möser sah die Komik an den seiner selbst mächtigen (man könnte auch sagen: erwachsenen, mündigen), aber der billigen Erwartung plötzlich widersprechenden Menschen gebunden. Flögel[6] stellt die Frage umfassender. Komik, so sagt er, trifft nur an Menschen oder an menschlich gedachten Objekten auf, so daß Tiere nicht lächerlich wirken können; wenn wir über sie lachen, lachen wir über ein dem Menschen analoges Verhalten. Gegen diese Ansicht ist neuerdings von Helmuth Plessner eingewendet worden, daß Komik überall dort hervorbreche, wo eine Erscheinung einer Norm gehorcht, sie aber doch verletzt. „Komik an Tieren beruht nicht auf mehr oder weniger bewußten Analogien zum Menschen, sondern auf einem Konflikt zwischen einer Idee oder Norm, die wir in unserer Einbildungskraft . . . an die Erscheinung herantragen . . . *und* der jeweiligen Art des Tieres." Allerdings schränkt Plessner die Komik des Tieres dann doch auf die uneigentliche (wenngleich „echte") Komik ein. „Eigentlich komisch ist nur der Mensch, weil er mehreren Ebenen des Daseins zugleich angehört. Die Verschränkung seiner individuellen in die soziale Existenz, seiner moralischen Person in den leib-seelisch bedingten Charakter und Typus, seiner Geistigkeit in den Körper eröffnet immer wieder neue Chancen der Kollision mit irgendeiner Norm."

Plessners Anthropologie des Komischen zeigt, daß der Kontrast-Gedanke auch in neueren Theorien erhalten bleibt. Doch wird die erste Periode der Reflexion auf das Komische, innerhalb derer sich die Kontrasttheorie entwickelte, in dem Augenblick abgeschlossen, da eine neue Betrachtungsweise zum Durchbruch kommt. Den Wendepunkt bildet Jean Pauls „Vorschule der Ästhetik" (1804). Während bis dahin das Komische oder Lächerliche vor allem als ein objektives Phänomen gesehen und analysiert wurde, bringt Jean Paul stärker ein subjektives Moment der komischen Wirkung, nämlich die Rolle des erlebenden Subjekts, in den Blick. Eine Person, die selbst richtig zu handeln glaubt, wird erst dann für uns komisch, wenn wir ihr unser besseres Wissen „leihen", so daß dem zu erwartenden vernünftigen Verhalten ein unverständiges widerspricht. Hier gilt also die höhere Einsicht des Betrachters, des Aufnehmenden als Voraussetzung für den komischen Effekt des lächerlichen Objekts. Kann auch auf solche Weise die komische Wirkung nicht generell erklärt werden, so hat doch Jean Pauls Lehre vom „Leihen" den Rezeptionsvorgang und die Disponiertheit bzw. Leistung des wahrnehmenden Subjekts als Bedingungen komischer Wirkung bewußt gemacht. Gerade für den weiten Bereich der Situations- und Verkennungskomik in der Komödie ist sie einleuchtend: Hier sind das Zustandekommen der komischen Wirkung und das Vergnügen gebunden an einen Informations-Vorsprung des Zuschauers.

Idealistische Philosophie und romantische Ästhetik bringen die Theorie des Komischen in die Bahnen der Spekulation und metaphysischer Weltdeutung. Als unaufhebbar erscheint der Widerspruch zwischen der unendlichen Freiheit des Geistes und der notwendigen Beschränktheit seiner endlichen Existenz; Komik wird verstanden als entfesselte Subjektivität: subjektive Freiheit und Willkür sind das Prinzip der Komödie (A. W. Schlegel, Friedr. Ast, Hegel). Man sieht das Komische als Kehrseite oder Gegensatz des Erhabenen, bewertet es aber als ebenso edel und hoch wie das vollkommen Tragische (K. W. F. Solger). Friedrich Theodor Vischer[7] legt den Gegensatz von Erscheinung und Idee zugrunde, für ihn ist das Komische „ein Streich, den die Erscheinung der Idee spielt". In der Komik suche die Erscheinung „der Idee ein Bein zu stellen"; das Erhabene werde durch ein Bagatellding der niederen Erscheinungswelt plötzlich zu Fall gebracht. – Unverkennbar ist auch hier das Modell der Kontrasttheorie.

Noch in idealistischer und zugleich romantischer Tradition steht die Auffassung Hebbels. Sie wird begreifbar nur auf dem Hintergrund seiner Theorie des Tragischen. Tragisch und unauflöslich ist nach Hebbel der Widerspruch zwischen dem Einzelmenschen und dem All, dem Teil und dem Ganzen. Tragik ist eine Tragik des Lebensprozesses an sich, sie betrifft das bedenkliche Verhältnis, worin das aus dem ursprünglichen Nexus entlassene Individuum dem Ganzen gegenübersteht. Vereinzelung ist metaphysische Schuld, ermöglicht aber zugleich erst Leben. Dabei ist das Individuum durch seinen Widerspruch zu den Gesetzen des Ganzen sowohl tragisch wie komisch angelegt. Das komische Individuum verletzt das Gesetz des Alls durch seine Beschränktheit; es verwechselt seine Wünsche und Zwecke mit dem Sinn des Alls. In der von der Idee verlassenen Welt des komischen Individuums herrscht folgerichtig nicht das Gesetz, sondern der Zufall. Komik ist dem Individuum ursprünglich mitgegeben; in Hebbels Epigramm „Die moderne Komödie" heißt es: „Individuen sind als solche schon komisch, an sich schon."

Eine genaue Analyse des Hebbelschen Tragik- und Komikbegriffes hätte die Hegelsche Auffassung mit einzubeziehen. Noch weniger ist das Komik-Verständnis von Marx, zumal dessen historischer Aspekt, ohne Rückblick auf die „Ästhetik" Hegels zu erörtern.

Im Gegensatz zu den Theorien des 18. Jahrhunderts scheidet Hegel scharf zwischen dem Lächerlichen und dem Komischen. Lächerlich könne jeder Kontrast des Wesentlichen und seiner Erscheinung, des Zwecks und der Mittel werden. Die Darstellung von Nichtigkeiten und Torheiten jedoch wirke an und für sich noch nicht komisch. Echte Komik sei durch die Sicherheit der Subjektivität und die Unverletzbarkeit der komischen Persönlichkeit gekennzeichnet. Die echt komische Gestalt habe die Gewißheit, nicht vernichtet zu werden, vielmehr zu einem versöhnenden Ausgang zu gelangen.

Hegel neigt einer Auffassung zu, die den versöhnlichen Charakter am Komischen betont und deshalb dem Humor-Begriff Jean Pauls nahesteht. Der „echten" Komik werden nur jene Komödien zugerechnet, in denen die Personen nicht nur für den Zuschauer komisch erscheinen, sondern sich selbst ihrer Komik bewußt sind. (Indem Hegel das Lächerliche vom Komischen scheidet, deutet er also zugleich die Trennung einer unfreiwilligen, unbewußten, passiven Komik von einer freiwilligen, bewußten und aktiven Komik an.) Damit schließt Hegels Komik-Begriff das Satirische in zu weitgehendem Maße aus[8]. Den kritischen Einwand gegen Komödien Molières ergänzt die Verherrlichung Shakespeares, in dessen Lustspielen Ausgelassenheit, Übermut, Keckheit, in sich selber selige Torheit, Narrheit und Subjektivität herrschten: so wird „in vertiefterer Fülle und Innerlichkeit des Humors" das wiederhergestellt, „was Aristophanes in seinem Felde bei den Alten am vollendetsten geleistet hatte".

Selbstbewußte Komik schließt aggressives Lachen aus und macht die komische Figur zum geheimen Verbündeten des Publikums. Demgegenüber besteht marxistisches Verständnis von Komik zunächst auf deren satirischer Funktion, auf dem scharf zupackenden, angreifenden Charakter des Komischen. Der Klassenkampf-Doktrin entspricht im Bereich der Theorie des Komischen die Forderung nach satirischer Darstellung, nach einer Darstellung also, die den Gegenstand komisch zu vernichten, aufzuheben trachtet. Allgemeiner gesprochen: immer wird, wo das Komische der Negation einer gesellschaftlichen Wirklichkeit dienstbar gemacht wird, der humorhaften, nachsichtig-versöhnlichen Komik die satirische, aggressive Komik vorgezogen werden. Und immer wird, wo sich eine Gesellschaft in Übereinstimmung mit sich selbst befindet (auch wo diese Übereinstimmung nur suggeriert wird), Komik – selbst satirische Komik – einem geheimen apologetischen Zug gehorchen. Marxistische Ästhetik stand vor dem Problem, die humorhafte Komik aufzuwerten, sobald sich sozialistische Gesellschaften konstituiert hatten.

Einen historisch-gesellschaftlichen Aspekt des Komischen entdeckt Hegel schon in den Komödien des Aristophanes. Aristophanes spotte nicht über das ,,wahrhaft Sittliche im atheniensischen Volksleben", nicht über die ,,echte Philosophie, den wahren Götterglauben, die gediegene Kunst". Vielmehr stellte er die ,,Auswüchse" der Demokratie, ,,aus welcher der alte Glaube und die alte Sitte verschwunden sind", das ,,bare Gegenteil einer wahrhaften Wirklichkeit des Staats, der Religion und Kunst" vor Augen. Erkannt ist hier ein konservatives Moment aristophanischer Komik: Die Komödie präsentiert gesellschaftliche Erscheinungen als Degenerationserscheinungen und versteht sich als deren Korrektiv.

Daß der Verfall auch die Züge des geschichtlichen Überlebtseins tragen kann, zeigt Hegel im Abschnitt ,,Die komische Behandlung der Zufälligkeit" an den Darstellungen des Rittertums bei Ariost, Cervantes und Shakespeare. Hier läßt die ,,Auflösung des Rittertums in sich selbst" die ehemals gültigen Sitten in ,,Torheit und Tollheit" aufgehen; Heldentum und Tapferkeit sind ,,bis zu einer Spitze heraufgeschraubt", wo wir das Rittertum ,,zur Komik umschlagen sehen". Im Don Quijote – einer Figur, die übrigens in den verschiedensten Komiktheorien zur Exemplifizierung herangezogen worden ist – wird die ,,Abenteuerei" des Rittertums zur ,,Verrücktheit". Freilich ist Don Quijote ,,ein in der Verrücktheit seiner selbst und seiner Sache vollkommen sicheres Gemüt" – hier spricht Hegel dem Helden des Cervantes dieselbe ,,echte" Komik zu wie den komischen Charakteren Shakespeares, eine Komik, in der die Figuren ,,durch einen tiefen Humor über sich selbst und ihre schroffen, beschränkten und falschen Zwecke" hinausgehoben sind. Doch bleibt dies alles einbehalten in ,,eine sich in sich selbst auflösende und dadurch komische Welt der Ereignisse und Schicksale". Komisch wird eine geschichtliche Erscheinung, in der die Sache nicht mehr vorhanden ist.

Mit dieser historischen Begründung des Komischen ist das Feld bereitet für den Komik- und Komödienbegriff von Marx, wobei nun freilich Hegels Interesse an literarisch-ästhetischen Erscheinungen, die sich geschichtlich erklären lassen, bei Marx dem Interesse an geschichtlichen Prozessen weicht, die mit ästhetischen Kategorien anschaulicher erläutert werden können. Einen Satz Hegels aus den „Vorlesungen über die Philosophie der Geschichte" ergänzend, bemerkt Marx, daß sich „alle großen weltgeschichtlichen Tatsachen und Personen sozusagen zweimal" ereigneten: das eine Mal als Tragödie, das andere Mal als Farce („Der achtzehnte Brumaire des Louis Bonaparte"). In der Einleitung zur Kritik der Hegelschen Rechtsphilosophie wird die historische Reprise eine „Komödie" genannt. Das ancien régime, das in Frankreich seine Tragödie erlebt habe, spiele als deutscher Revenant (in der Zeit des Vormärz) seine Komödie; solange es „als vorhandene Weltordnung mit einer erst werdenden Welt kämpfte, stand auf seiner Seite ein weltgeschichtlicher Irrtum. (. . .) Sein Untergang war daher tragisch." Das gegenwärtige deutsche Regime dagegen sei ein „Anachronismus" und „nur mehr der *Komödiant* einer Weltordnung, deren *wirkliche Helden* gestorben sind. Die Geschichte ist gründlich und macht viele Phasen durch, wenn sie eine alte Gestalt zu Grabe trägt. Die letzte Phase einer weltgeschichtlichen Gestalt ist ihre *Komödie.* (. . .) Warum dieser Gang der Geschichte? Damit die Menschheit *heiter* von ihrer Vergangenheit scheide."

Eine Bestimmung des Komischen, welche die sich auflösende weltgeschichtliche Gestalt nicht als Opfer des Verfalls, sondern als zu überwindenden Anachronismus begreift, kehrt den von Hegel beschriebenen Wertbezug aristophanischer Komik um: Die komische Erscheinung verletzt nicht die Norm einer vergehenden Welt, sondern sie bleibt hinter der Norm einer erhofften Welt zurück, sie verfehlt nicht den Anspruch einer inzwischen zu Form und Schein entleerten, sondern die Erwartung einer künftigen, schon entworfenen Ordnung.

Soviel zu den Übereinstimmungen und Gegensätzen in Hegels und Marx' Auffassung vom historisch Komischen. In der zweiten Hälfte des 19. Jahrhunderts hat die induktive Methode die spekulative abgelöst. In neue Bahnen gelenkt wird die Diskussion in England durch J. Sully[9] und in Frankreich durch L. Dugas[10]. Sully führt alle Arten des Lachens auf Urinstinkte zurück, beispielsweise das Wortspiel und die karikierende Nachahmung auf den Spieltrieb. Freilich leugnet er nicht einen entwicklungsgeschichtlichen Wandel von primitiven zu intellektuelleren Tendenzen im Lachen. Mehr psychologisch deutet Dugas das Lachen: Freude am Komischen ist gekennzeichnet durch einen Mangel an Mitgefühl, von daher erhält das Lachen ein Moment des Grausamen. Dugas betont aber auch den sozialen, kommunikativen Charakter des Lachens: es will sich mitteilen und sucht Bundesgenossen. (Wir alle kennen, zumal aus dem Theater, den Ansteckungseffekt des Lachens; erst in der Gemeinschaft mit anderen kommt der Lachende zum vollen Vergnügen am Komischen.) Schließlich verweist Dugas auf die Kraft zur Selbstbefreiung, die dem Lachen innewohnt: Das Lachen verschafft Entspannung und befriedigt damit ein Urbedürfnis menschlicher Natur.

Von Sully und Dugas ist es nur ein Schritt zur psychoanalytischen Deutung, vor allem Sigmund Freuds. Freud[11] nimmt den Witz exemplarisch für das Komische und erklärt den Lustgewinn, den der Witz gewährt, aus erspartem Hemmungsaufwand. Bereiche, die von der Gesellschaft, der Kultur und Erziehung mit Tabus belegt sind, Genußmöglichkeiten, die durch den Verdrängungsmechanismus der Kultur verlorengingen, werden durch den Witz wiedergewonnen. So kann der obszöne Witz das Hindernis der Unfähigkeit, unverhüllt Sexuelles zu ertragen, beiseite räumen, so kann der aggressive Witz vom Druck einer Autorität befreien. Freud setzt Witz nicht einfach mit Komik identisch; dem ersparten Hemmungsaufwand beim Witz wird der ersparte Vorstellungsaufwand in der Komik und der ersparte Gefühlsaufwand beim Humor nebengeordnet. Dennoch erschließt die Witz-Analyse zugleich wesentliche Bereiche des Komischen überhaupt.

Auch wenn man psychoanalytischer Deutung nicht in allen Einzelheiten folgen mag, kann sie doch als die originellste Komik-Theorie unseres Jahrhunderts gelten. Die am Komischen schon lange wahrgenommene Entspannungsfunktion wird zur Entlastungsfunktion, wenn die komische Lust als eine aus dem Unbewußten aufsteigende, oft raffiniert getarnte Revolte des Triebhaften gegen die Kultur erklärbar ist. So kann das Komische Entlastung bringen vom Druck der Tugend-Imperative, von den Ansprüchen des Schönheitskanons (etwa im Grotesken), von der Verpflichtung der Bildungsideale (z. B. in der komischen Gelehrtenfigur). Im Obszönen wird nicht nur dem Sexualtrieb ein Ventil geschaffen, sondern zugleich durch den mit Witz und Komik verbundenen Intellektualisierungsvorgang das Bedrängende der Triebwelt entschärft.

Deshalb läßt uns die psychoanalytische Theorie sowohl die Komik des Versagens, die Unzulänglichkeitskomik, wie die Komik des Übermuts und Kraftüberschwangs, also der gesteigerten Lebensfreude, besser verstehen. Auch die Komik, die beim Einbruch überschüssiger Vitalität in die zivilisatorischen Formen und Normen entsteht, hat Entlastungsfunktion. So gesehen, ist Komik wohl Ausdruck des Unbehagens an der Kultur, aber als Ventil für dieses Unbehagen zugleich Mittel zur Befreiung vom Unbehagen in der Kultur.

Noch vor den Büchern von Sully, Dugas und Freud erschien die Theorie des Komischen, die man die klassische unseres Jahrhunderts genannt hat: Henri Bergsons ,,Le Rire" (1900). Gegenstand von Bergsons ,,Essay sur la signification du comique" ist das, was wir heute Strukturen des Komischen oder komische Strukturen zu nennen pflegen.

Mit Dugas teilt Bergson die Ansicht, daß das Lachen durch Unempfind-
lichkeit gegenüber dem komischen Objekt gekennzeichnet ist: „Le rire n'a
pas de plus grand ennemi que l'émotion." Die Erfahrungswirklichkeit bestätigt, daß ein lächerlich erscheinendes Verhalten, Gebaren oder Mißge-
schick aufhört komisch zu sein, sobald die inneren Antriebe und Beweg-
gründe durchschaubar sind oder ein Mitgefühl sich einstellt, sobald ein
psychologisches oder emotionales Interesse sich einschaltet. Um das Lachen zu verstehen, sagt Bergson, muß man es wieder in seine natürliche
Umgebung versetzen, und das ist die Gesellschaft. Lachen ist immer das
Lachen einer Gruppe, und es hat einen Nutzwert, eine soziale Funktion.

Um diese „fonction" und „signification sociale" zu verdeutlichen, argumentiert Bergson mit einem Gedanken, der sich schon im 1817 erschienenen „Versuch einer Theorie des Komischen" von Stephan Schütze (in
Andeutung auch bei Jean Paul) findet. Was an einem Menschen lächerlich
wirkt, ist immer eine gewisse Steifheit des Mechanischen. Der Mensch wird
in dem Maße komisch, wie er den Eindruck einer bloßen Sache, den Eindruck des Automatischen macht. Alle Versteifung des Charakters und des
Geistes, selbst des Körpers, muß aber der Gesellschaft verdächtig werden,
weil sie ein mögliches Zeichen der Isolierung oder der Exzentrizität und
damit der Taubheit gegen die komplexen Ansprüche des Lebens und der
Gesellschaft ist. Komisches erweist sich als soziale Fehlleistung. Hiergegen
kann die Gesellschaft natürlich nicht mit einer materiellen Bestrafung vorgehen, sondern nur mit einer symbolischen Drohung, mit einer Geste. Ein
solches Alarmsignal, eine solche soziale Geste ist das Lachen. Daraus folgt,
daß das Komische kein rein ästhetisches Phänomen sein kann; es balanciert
zwischen Kunst und Leben.

Paradox ist, daß sich das Komische zwar an den Intellekt wendet, aber
die Aufmerksamkeit weitgehend an das Physische fesselt. In diesem Zusammenhang berühren sich die Einsichten Bergsons eng mit denen Schillers. Der Komiker müsse immer den Verstand unterhalten, sagt Schiller in
der Abhandlung „Über naive und sentimentalische Dichtung" (1795), und
im Nachlaßaufsatz zur Tragödie und Komödie heißt es, in der Komödie
müsse alles vom moralischen Forum auf das physische gespielt werden,
weil in der Komödie nicht das moralische Gefühl bestimmend werden dürfe. Das Komische wende sich ganz an den Verstand, meint Bergson, und
wenn es um Moralisches gehe, sei jeder Zwischenfall komisch, der unsere
Aufmerksamkeit auf das Körperliche einer Person lenke. Von daher verstehe sich, daß die Helden der Tragödie nicht trinken, nicht essen, nicht
schwitzen.

Strukturen des Komischen – und zwar sowohl der Charakter- wie der
Sprach- und der Situationskomik – erläutert Bergson an drei Bildern, an

den Kinderspielzeugen des Springteufels und des Hampelmanns sowie am Schneeball. Man duckt den Springteufel herunter, aber der Druck einer Feder läßt ihn immer wieder in seine Ausgangslage zurückschnellen. Wie der Springteufel reagiert auch die komische Figur. Sie vermag sich einer neuen Situation nicht anzupassen. Die Versteifung des Lebendigen liegt in einer Beharrungstendenz, die den wechselnden Sachlagen nicht gerecht wird. Ja mehr noch: von der lächerlichen Fatalität unbeeindruckt, schnellt die komische Figur unbelehrt immer wieder, also penetrant zu ihrem Ausgangspunkt zurück. Sie kommt nicht nur komisch zu Fall, sondern wird in automatischer Weise komisch rückfällig. Tatsächlich lassen sich an Bergsons Bild des Springteufels drei Arten von Komik demonstrieren: die Versteifungskomik, die Komik der Situationsverkennung und die der Wiederholung. Mit der Wiederholung arbeitet ja auch die Sprachkomik von Komödien und Farcen. Ein an sich neutrales und unverfängliches Wort wirkt komisch in der Wiederholung. Es sind das Mechanische in der Wiederkehr und die Erstarrung eines spezifischen Sinns, die unser Lachen erregen.

An dem ,,pantin à ficelles" erläutert Bergson die Komik einer Bewegung, die nicht von eigener, sondern von der Kraft eines anderen ausgeht, die – wie man heute sagen würde – Komik der Fremdbestimmtheit[12]. Unaufzählbar sind die Szenen, in denen eine Person frei zu sprechen und zu handeln vorgibt (oder meint) und doch nur Werk- und Spielzeug (etwa eines sich amüsierenden Dritten) ist.

Das Bild des Schneeballs hilft eine andere komische Struktur erklären. Der ins Rollen kommende Schneeball wird zusehends größer, entfaltet eine anfangs nicht vorhersehbare Wirkung, wird zu einem expansiven Mechanismus. Bergson verdeutlicht das Beispielhafte des Vorgangs noch zusätzlich am Bild der nebeneinander aufgestellten Zinnsoldaten. Stößt man den ersten um, fällt er auf den zweiten, dieser reißt den dritten um usw., wobei der zunächst unbedeutende und langsame Vorgang an Ausmaß und Schnelligkeit zunimmt. Wir könnten hier von einer Kettenreaktion und bei der Übertragung des Bildes also von komischer Kettenreaktion sprechen. Diese komische Struktur scheint eine besondere Affinität zur Pantomime zu haben. Bergson entwirft einen Beispielfall: Ein Besucher tritt hastig in einen Salon ein und stößt an eine Dame, die ihre Tasse Tee über einen alten Herrn ausschüttet. Dieser wiederum fährt, ausweichend, gegen eine Fensterscheibe, die auf die Straße und auf den Kopf eines Passanten fällt usw. Wir kennen Szenen ähnlicher Struktur zumal aus grotesken Stummfilmen. Aber selbstverständlich ist die Komik der Kettenreaktion nicht der visuellen Wahrnehmung vorbehalten. Im Bereich der Sprachkomik fordert oft ein Mißverständnis ein neues heraus, dieses ein weiteres und so fort, bis die Verwirrung vollkommen ist. Oder eine Lüge (etwa bei einem Verhör) zieht eine andere nach sich und jede weitere eine neue, bis eine Wahrheitsfindung überhaupt nicht mehr möglich scheint. Immer funktioniert dieser Mechanismus nach dem Gesetz des rollenden Schneeballs oder der einander umstoßenden Zinnsoldaten.

Zu den drei an Kinderspielzeugen exemplifizierten komischen Grundsituationen treten andere. Eine von ihnen wird von Bergson unter dem Begriff der Inversion, der Umkehrung gefaßt. Ihr bekanntestes Beispiel ist wohl der Fall des Ränkeschmieds, der eine Intrige gegen einen anderen einfädelt und selbst ihr Opfer wird (das Sprichwort wählt dafür die Komik dessen, der in die Grube fällt, die er anderen gegraben hat, und gibt so einen Hinweis auf das Moment der Schadenfreude im Lachen). Auch die seit alters bekannte Komik des betrogenen Betrügers gehört hierher. Immer wendet sich die Situation so, daß die Rollen vertauscht werden.

Überschneiden sich zwei Sinnebenen, kann man mit Bergson von der Interferenz der Reihen sprechen. Eine Situation wird komisch (und läßt die ihr ausgelieferte Person mit komisch werden), wenn sie zu gleicher Zeit im Zusammenhang zweier voneinander unabhängiger Geschehensreihen erscheint, wenn sie gleichzeitig in völlig verschiedener Weise ausgelegt werden kann (der Bereich der Täuschungs- und Düpierungskomik übernimmt zumindest Züge dieser komischen Struktur). Komisch wird eine Situation schließlich dann, wenn die Bühnenfigur einem Sachverhalt eine einfältige, allenfalls mögliche Auslegung gibt, der eingeweihte Zuschauer die wahrscheinliche oder richtige. Hier veranschaulicht sich noch einmal der Gedanke der Überlegenheitstheorie: Ein gut Teil des Vergnügens, welche das komische Theater gewährt, versteht sich aus dem Vorteil an Übersicht und Einsicht, den das Publikum genießt.

Wie keine Theorie zuvor, bietet der Bergsonsche Essay Mittel bzw. Kategorien, Situationen und Vorgänge in der Komödie, Personen und ihre Fehlleistungen als tatsächlich komisch zu analysieren. Man darf freilich nicht übersehen, daß einige der beschriebenen Grundsituationen sowohl komisch wie tragisch ausgeführt werden können. Auch ein tragisches Geschehen kann nach dem Prinzip des Schneeballs, in einer Kettenreaktion von Verhängnissen, dahinrollen. Und die Interferenz der Reihen, die Mehrdeutigkeit einer Situation, genauer: die Verkennung der wahren Sachlage, kann als tragischer Irrtum wirksam werden und zur Katastrophe führen. Nicht immer also ist Komisches oder Tragisches schon allein von der Struktur her, oft ist es erst von der Substanz der Situation her zu bestimmen. Daß ein- und dieselbe Struktur in zweifach-unterschiedlicher Weise konkretisiert werden kann, macht zugleich aber erst die tragisch-komische Ambivalenz einer Situation und damit erst Tragikomik und Tragikomödie möglich.

Bergsons Untersuchung der Wortkomik bleibt relativ allgemein; beherrschend ist auch hier der Gedanke, daß Komik durch einen Mechanisierungsvorgang entsteht: Komisch wird ein Wort, sobald wir eine absurde Idee in die Form einer gängigen Phrase kleiden; komisch werden kann eine Metapher, sobald wir sie beim Worte nehmen, sie materialisieren. Größeres Gewicht haben Bergsons Bemerkungen zur Komik des Charakters.

Grundlegend ist hier der Gedanke vom gestischen Charakter des Komischen. Der Komiker, sagt Bergson, lenkt unsere Aufmerksamkeit weniger auf die Handlungen als auf die Gesten der Person. Gesten sind Haltungen, Bewegungen, Attitüden, durch die ein Zustand der Seele, des Innern bzw. Affekte sich im Bereich des Körperlichen manifestieren. Spezifisch komisch ist die Geste, oder kann sie sein, weil sie dem Menschen entfährt; sie tritt automatisch hervor (hat also Explosivcharakter). Doch bleiben Gesten nicht auf den Bereich des Körperlichen beschränkt. Auch die Sprache kann gestischen Charakter haben, etwa im verräterischen, unbewußt entschlüpfenden Wort. (Brechts Begriff des Gestischen ist stärker vom Gedanken der gesellschaftlichen Signifikanz her bestimmt, doch hilft Bergsons Begriff die Komik des durch Gesten „ausgestellten" Gefühls im Brechtschen Theater erklären.) Nachlassen der Selbstkontrolle, Abgelenktheit schafft besonders günstige Bedingungen für die automatische Körper- und Sprachgeste; alle Zerstreutheit wirkt komisch.

Der Mechanisierungsprozeß bringt es mit sich, daß die komische Figur um bestimmte menschliche Dimensionen verkürzt wird und somit nicht als ein ausgerundetes, in sich bündiges Individuum erscheinen kann. Daraus leitet Bergson seine These ab, daß jede komische Person ein Typ sei (Kennzeichen des Typs ist seine Wiederholbarkeit) und daß durch den komischen Typ die Komödie als künstlerische Gattung definiert werde. Der wesentliche Unterschied zwischen Tragödie und Komödie sei, daß sich die eine an Individuen hält, die andere an Gattungstypen (genres).

Auch wenn die historische Entwicklung eine Individualisierung von Komik herbeigeführt hat, muß die These Bergsons nicht schon falsch sein – ein Kriterium der komischen Figur ist offensichtlich die Einschränkung der lebendigen Vielfalt und Flexibilität; selbst individuelle Züge nehmen leicht die Starrheit des Typischen an[13]. Doch bleibt nicht verborgen, daß sich die Theorie Bergsons im wesentlichen an der Komödie Molières orientiert, ihren Komikbegriff von daher entlehnt.

Komisches Verhalten als soziale Fehlleistung, Lachen als symbolische Drohgeste, die Komödie als soziales Korrektiv – alldem liegt die Vorstellung einer „Gesellschaftskomödie" zugrunde, die den sich isolierenden Einzelnen als komisch abzustempeln und so auf die geltenden Normen hin zu korrigieren, also in die Gesellschaft wieder einzuholen sucht. Differenzierter wird das Problem, sobald sich die Gesellschaft selbst als korrektur-bedürftig erweist. Auch dafür liefert Molière schon das Beispiel: etwa im „Misanthrope". Immer wieder wird deutlich, daß Alcestes Kritik an den Mitmenschen und der Gesellschaft unmäßig und übersteigert ist, der Perspektive des sich absondernden Einzelnen entspricht, daß aber zugleich diese Menschenfeindschaft ihre Ursache eben in der Verlogenheit der gesellschaftlichen Beziehungen hat und in dem Protest gegen sie. Umgekehrt ist die Kritik an Alceste ungerecht, weil gerade die Kritiker zum überwiegenden Teil als Richter ungeeignet sind, aber doch auch gerecht, weil die Gesellschaft vom Einzelnen ein kommunikatives Verhalten erwarten darf. Nicht nur der Menschenfeind leidet an der Gesellschaft, auch die Gesellschaft leidet unter ihm. Kritik, also (durch Komik bewirkte) Korrektur am Menschenfeind und an der Gesellschaft dürfen nie für sich gesehen werden, sie schlagen ständig ineinander um, stehen in einem dialektischen Verhältnis zueinander. Die praktizierten Normen der Gesellschaft sind nicht von solcher Gültigkeit, daß sich der Einzelgänger ihnen zu beugen hätte. Außenseiter wie Gesellschaft werden vielmehr einer noch nicht – oder doch nur unvollkommen – verwirklichten Norm unterstellt, die man andeutungsweise als Humanisierung der Beziehungen innerhalb der Gesellschaft bezeichnen könnte.

Solche Funktions- und Leistungsmöglichkeit des Komischen geht nicht voll auf in Bergsons Komik-Begriff, der das utopische oder antizipierende Moment der Komödie, ihren Entwurf-Charakter außer acht läßt. Das wiegt noch schwerer, wenn es gar nicht mehr um den Widerspruch zwischen komischer Fehlleistung und gesellschaftlicher Norm geht, sondern um die satirische Aufhebung des Normenkodex' selbst, wenn die Komödie als Korrektiv einer gesellschaftlichen Ordnung als ganzer verstanden wird. (In solcher Komödie wäre das Lachen eine Drohgeste der Gesellschaft gegen sich selbst.) Auf jeden Fall ist dort, wo sich – mit Rainer Warning zu sprechen – „ein ideologischer Kode erst gegen einen herrschenden konstituieren muß", der „Lustgewinn" in der Komödie gering. Doch wird hier das Lachen zum solidarischen Lachen derer, die den Normenwechsel wünschen.

Trotz der häufigen Überschneidungen von Komik- und Komödientheorie beansprucht die Komödie ein spezifisches Interesse, das uns noch einmal zu Schillers Bestimmungen zurückverweist. Schiller findet seine Kriterien im Vergleich von Tragödie und Komödie, wobei der wirkungsästhetische Gesichtspunkt dominiert. Und fast alle Wirkungskriterien umkreisen denselben Gegensatz. „Die Freiheit des Gemüts in uns hervorzubringen und zu nähren, ist die schöne Aufgabe der Komödie." Zwar soll auch die

Tragödie die Gemütsfreiheit „auf ästhetischem Wege wieder herstellen", aber in der Komödie darf es niemals zu jener Aufhebung kommen. Wenn die Tragödie „von einem wichtigern Punkt ausgeht", d. h. von einem wichtigeren Objekt, so geht die Komödie „einem wichtigern Ziel" entgegen, „und sie würde, wenn sie es erreichte, alle Tragödie überflüssig und unmöglich machen. Ihr Ziel ist einerlei mit dem Höchsten, wonach der Mensch zu ringen hat, frei von Leidenschaft zu sein" („Über naive und sentimentalische Dichtung"). So vermag uns die Komödie, da wir uns „weder tätig noch leidend" fühlen, in den „Zustand der Götter" zu versetzen („Tragödie und Komödie"). ·

Schillers Erhöhung der Komödie wird verständlich daraus, daß er Übereinstimmungen zwischen den letzten Zwecken ästhetischer Wirkung und der Wirkung der Komödie sieht. Nur scheinbar hat er sich damit ganz von Kant entfernt. Es bleibt der Bezug zum frühen („vorkritischen") Kant, nach dessen „Beobachtungen über das Gefühl des Schönen und Erhabenen" (1764) im Lustspiel das Gefühl für das Schöne gerührt wird. (Allerdings hatte Kant das eigentlich Komische hier noch nicht im Blick.)

·An die Schillersche Bewertung der Komödie erinnern in auffallender Weise Bestimmungen der Hegelschen „Ästhetik". Die Komödie hat „das zu ihrer Grundlage und ihrem Ausgangspunkte, womit die Tragödie schließen kann: das in sich absolut versöhnte, heitere Gemüt . . ." In den Komödien des Aristophanes sei „die lachende Seligkeit der olympischen Götter . . . in die Menschen heimgekehrt". Auch wenn die Gattungen grundsätzlich scharf getrennt werden – in der Tragödie geht aus dem Streit das ewig Substantielle sieghaft hervor, in der Komödie umgekehrt die Subjektivität –, bleibt doch der Versöhnungsgedanke die bindende Klammer. Dabei ist die Versöhnung weder in der Tragödie noch in der Komödie an einen moralischen Ausgang gebunden.

Den Standpunkt „absoluter moralischer Gleichgültigkeit" bzw. die Kunst, eine „moralische Tendenz seines Stoffs durch die Behandlung zu überwinden", verlangen Goethe und Schiller vom Komödienautor in der sogenannten „Dramatischen Preisaufgabe", dem 1800 in den „Propyläen" veröffentlichten Preisausschreiben für die beste Intrigenkomödie. Im übrigen wird hier gegen das sentimentalische Lustspiel (das rührende Lustspiel, die sentimental comedy, die comédie larmoyante) wieder die „reine Komödie", das „lustige Lustspiel", zum Maßstab genommen.

Mit größter Selbstverständlichkeit wurden noch im 18. Jahrhundert (und werden letztlich bis heute) die Gattungsbezeichnungen Komödie und Lustspiel synonym verwandt. Einen differenzierten Gebrauch der Begriffe versuchte August Wilhelm Schlegel in seinen Wiener „Vorlesungen über dramatische Kunst und Literatur" einzuführen. Die Tragödie spiele in einer idealischen, die Komödie in einer phantastischen, das Lustspiel in einer wahrscheinlichen Welt. Die Bezeichnung Komödie bleibt der aristophanischen Komödie vorbehalten; die Geschichte des Lustspiels beginne mit der Neuen attischen Komödie (Menanders).

Schlegels Unterscheidung hat sich nicht durchzusetzen vermocht. Auch ein Klassifizierungsvorschlag in der Lustspiel-Forschung unseres Jahrhunderts, von Otto Rommel, ist nur in bedingtem Umfange akzeptiert worden. Rommel faßt eine Reihe von Versuchen, zwischen Komödie und Lustspiel zu trennen, zu der vielleicht plausibelsten Lösung zusammen: ,,Lustspiel ist ein Stück dann, wenn es gelingt, die Problematik des Lebens oder eines Lebensbereiches für die Dauer des Spiels in das Licht einer heiteren Gelöstheit zu rücken bzw. durch die Fiktion einer dramatischen Handlung ein solches Gefühl zu erzeugen. Die Komödie dagegen ist beherrscht durch die ‚komische Gestalt‘, die im Lichte des absteigenden Kontrastes gesehen wird; in ihr wird durch alle Lustigkeit hindurch doch meist die Schärfe satirischen Zornes oder die Bitterkeit der Ohnmacht fühlbar.‘‘ Der Unzulänglichkeitskomik (komischer Gestalten) und der Satire in der ,,Komödie‘‘ werden die ,,Komik des weltüberlegenen Spiels‘‘ und der Humor im ,,Lustspiel‘‘ entgegengesetzt, wobei Jean Pauls Begriff des Humors zugrunde liegt, der vom Gefühl der Bedingtheit des Endlichen durch das Unendliche ausgeht, eben deshalb aber auch den in der Komik zutage tretenden menschlichen Schwächen mit Nachsicht begegnet. Man hat den ,,Humor‘‘ und das durch ihn definierte Lustspiel als Erfindungen der Romantiker, als Ergebnisse romantischer Irrungen abtun wollen[14]. Aber offensichtlich ist das Phänomen des versöhnlichen Humors schon in den Komödien, mit Rommel gesprochen: den ,,Lustspielen‘‘ Shakespeares da. Für die ,,Komödie‘‘ könnten die großen Stücke Molières als exemplarisch gelten.

Soweit diese literaturwissenschaftliche Unterscheidung hilft, die unendliche Fülle von Formen des komischen Theaters zu durchdringen, wird man ihr zustimmen können. Bedenklich wird sie aber, sobald sie geheimen Vorurteilen Vorschub leistet. Es ist wohl noch ein Erbteil der Shakespeare-Begeisterung des Sturm und Drang, ein Erbteil vor allem der romantischen Aneignung der Shakespeareschen comedy, wenn man das Humor-Lustspiel als die höhere Gattungsform oder – in nationalistischer Sicht – gar als die eigentlich germanische Spielart des Komischen betrachtete. Daß auch neuere marxistische Theoretiker den Humor über die Satire stellen, ergibt sich aus der Auffassung vom ,,Helden‘‘ im ,,sozialistischen Realismus‘‘ und hängt mit der Funktion der Kritik an Erscheinungen der sozialistischen Gesellschaft zusammen, die systemimmanent zu bleiben hat. So spricht Jurij Borew dem Humor ,,eine große lebensbejahende Kraft‘‘ und eine ,,aufbauend-humanistische" Rolle zu; ihm ist die Shakespearesche Komödie ,,der Typ einer Komödie mit positiven Helden".

Von der demokratischen Natur der Komödie, die Borew im übrigen rühmt, wußten schon die Romantiker. A. W. Schlegel stellt der ,,monarchischen Verfassung" der Tragödie die ,,demokratische Poesie" der Komödie gegenüber. Ausgeführter ist Adam Müllers kontrastierender Vergleich in dem Aufsatz (bzw. der Vorlesung) ,,Ironie, Lustspiel, Aristophanes" (1808). Müller gewinnt seine Kriterien für Tragödie und Komödie aus der unterschiedlichen Form der Beziehung zwischen Bühne und Publikum. Gegenstand des Trauerspiels seien Vergangenheit und Geschichte, Gegenstand des Lustspiels die Zukunft, weshalb ,,freies Spiel mit der Gegenwart, freies Gestalten und Umgestalten der Dinge" das Wesen des Lustspiels sei: hier ,,erhält jeder freie Mann eine Stimme, und wenn auch die Zuschauer nicht gerade wirklich mit dem Munde zum Worte kommen, (. . .) so zieht dagegen der Dichter sein Publikum unter mancherlei Gestalten auf die Bühne, er läßt die Zuschauer vielfältig anreden (…) Kurz, in der Tragödie spricht die Bühne allein, und so ist sie mehr monologischer monarchischer Natur; in der Komödie sprechen Bühne und Publikum gemeinschaftlich auf der Bühne, schon darum, weil im Lustspiel alles mit directer Beziehung, im Trauerspiel hingegen alles mit indirecter Beziehung auf das Publikum gesagt wird, und so ist das Lustspiel mehr dialogischer demokratischer Natur." Ja, Müller sieht schon die Zeit eines ,,Universallustspiels" voraus, wo die Schauspieler ,,nur die Tonangeber eines großen Dialogs sind, der zwischen dem Parterre und der Bühne geführt wird (. . .)".

Sieht man von der romantischen Zuspitzung des Lustspiel-Konzepts ab, die letztlich auf eine Apotheose des ,,Geistes der Poesie" hinausläuft, so deutet Adam Müller doch auf eine Reihe wichtiger Bestimmungsmomente der Komödie. Die besondere Korrespondenz zwischen der Lustspielbühne und ihrem Publikum ist Ansatzpunkt auch neurer kommunikationstheoretischer Beschreibungsversuche. In der Komödie, so meint Rainer Warning, wird die Interaktion zweier Welten, einer realen und einer fiktionalen, thematisch; zwischen Bühne und Publikum besteht ein Kommunikations- und Stimulationsprozeß zugleich[15]. Daß der Dialog im Lustspiel sprachliche Spielsituationen nicht nur zwischen den Partnern auf der Bühne, sondern auch zwischen ihnen und den Zuschauern vor der Rampe erzeugen muß, betont Fritz Martini[16].

Was A. Müller die dialogisch-demokratische Natur des Lustspiels nennt, ist Folge und Ausdruck jener Verschränkung in das soziale Leben, die bei der Komödie weitaus stärker ist als bei der Tragödie und deshalb auch ein verstärktes Mitsprache-Recht des Publikums im komischen Theater ermöglicht. Dieser ,,demokratische" Zug der Komödie erschöpft sich nicht

in seiner ästhetischen Funktion, er steht vielmehr in einem Wechselverhält-
nis auch zu politischen Realitäten. Schon Friedrich Schlegel sieht zwischen
dem Vermögen der Komödie (der Komödie als der höchsten Gattung),
,,reine Freude und Freiheit" zur Darstellung zu bringen, und freien politischen Verhältnissen einen Zusammenhang (,,Vom künstlerischen Werthe
der alten griechischen Komödie", 1794). Die neuere Theorie wird noch
konkreter. Das Komische sei eine ,,revolutionärere Angelegenheit als das
Tragische", sagt James K. Feibleman, in Zeiten gesellschaftlichen Wandels
nehme die Bedeutung der Komödie zu. Und Northrop Frye (,,Der Mythos
des Frühlings: Komödie") deutet die am Ende der Komödie hervortretende
Gesellschaft als eine ,,pragmatisch freie Gesellschaft". Kulturen, denen das
Wünschenswerte über dem Realen stehe, sei das Drama fast nur als Komödie bekannt[17].

Damit ist auf das utopische Element gewiesen, das für Helmut Arntzen
in spezifischer Konstellation mit kritischen bzw. satirischen Elementen die
Intention der Komödie bestimmt. Dieses Utopische ist nicht ein ,,Nir-
gendwo", vielmehr drängt – wie am Beispiel des Aristophanes gezeigt wird
– ,,das konkrete Kritische zum Verändern und auf ein Verändertes, zur
Darstellung des Utopischen also, das . . . immer die Umwendung des kritisierten Problematischen" ist. Freilich lehnt Arntzen jegliche Gattungs-
dogmatik ab und läßt den Begriff ,,Komödie" lediglich als Chiffre für eine
dichterische Intention gelten: ,,Wir gehen davon aus, daß es die Intention
,Komödie' gibt und daß erst ihre Geschichte sie ergibt, indem sie sie völlig
erkennen läßt."

An Arntzen schließt sich Peter Christian Giese an mit seiner Definition
der Komödie als einer ,,Intention, die sich als Kritik und Utopie realisiert"
und im ,,guten Ende" ein ,,antizipatorisches Moment" einfängt. Gieses
Verständnis des ,,Gesellschaftlich-Komischen" gründet auf den bekannten
Sätzen von Marx, wonach die letzte Phase einer weltgeschichtlichen Gestalt
ihre Komödie ist. So werden alle Stücke Brechts, in denen bürgerliche Er-
scheinungsformen und Widersprüche der kapitalistischen Gesellschaft in
ihrer geschichtlichen Überholtheit kenntlich gemacht sind, zu Komödien
erklärt. Solcher Komödienbegriff erweist sich als zu expansiv, und zwar in
demselben Maße wie die unkritisch auf die Literatur übertragene Bestimmung von Marx, die außer acht läßt, daß gesellschaftlich-politische Ana-
chronismen nicht in jedem Falle komisch sein müssen. (Die Rassenideolo-
gie des Hitlerfaschismus, an ihren Auswirkungen gemessen, sprengt alle
Vorstellungen von Komik, und nicht umsonst ist Brechts Auseinandersetzung mit ihr, im Parabelstück ,,Die Rundköpfe und die Spitzköpfe", eine
gründliche Fehlinterpretation.)

Eng berühren sich in Brechts Dramaturgie Intentionen der Komödie und des epischen Theaters. Schon Schillers Unterscheidungen von Tragödie und Komödie gleichen denen von Dramatik und Epik insofern, als sich die Wirkungskriterien für Komödie und Epik nahezu decken. Wie die Komödie die „Freiheit des Gemüts" verbürgt, so erhält uns der epische Dichter „die höchste Freiheit des Gemüts" (während „uns der tragische Dichter unsre Gemütsfreiheit" raubt. Briefwechsel mit Goethe, 21. 4. 1797). Brechts Versuche, dem Theater mit Hilfe von „Verfremdungen" Wirkungsmöglichkeiten epischer Dichtung zu sichern, mußten die Frage nach der Identität von epischem Theater und Komödie herausfordern.

Ihr ist, im Hinblick auf Brecht, Reinhold Grimm nachgegangen, im weiteren historischen Zusammenhang Helmut Arntzen[18]. Brecht selbst, dessen Interesse an der Komödie sich zur Zeit der Theaterpraxis im „Berliner Ensemble" verstärkte, glaubte die epische Darstellungsweise am leichtesten in der Komödie verwirklichen zu können (Gespräch mit Giorgio Strehler). Arntzen verfolgt den Gebrauch von Verfremdungsmitteln bis zur Komödie des Aristophanes, ja glaubt sogar alle Kriterien Brechts für das epische Theater auf Lessings „Minna von Barnhelm" anwenden zu können (was allerdings nur möglich ist unter dem Preis einer Ablösung der Mittel von ihrer Funktion in der Brechtschen Dramaturgie). So wird Brechts episches Theater als spezifische Fortsetzung der Komödiengeschichte in unserem Jahrhundert gesehen.

Daß der Wirklichkeit unseres Jahrhunderts nicht mehr die Tragödie, sondern nur noch die Komödie beikomme, ist bekanntlich die – während der letzten Jahrzehnte noch nicht durch überzeugende dramatische Beispiele widerlegte – Auffassung Friedrich Dürrenmatts[19]: Die Distanz überwindende Tragödie setzt eine gestaltete Welt voraus, die Distanz schaffende Komödie eine ungestaltete, im Werden, im Umsturz begriffene wie die unsrige. Damit wird die Möglichkeit des Tragischen nicht verneint; doch könne man es nur „aus der Komödie heraus" als „einen schrecklichen Moment, als einen sich öffnenden Abgrund" erzielen. Schien – jedenfalls nach der Deutung Karl S. Guthkes[20] – bislang in der Geschichte des deutschen Lustspiels die Komödie fast nur als Tragikomödie realisierbar, so scheint jetzt die „tragische Komödie" einzige Zuflucht des Tragischen zu sein.

Dürrenmatts Entscheidung für die Komödie ist auch eine Entscheidung für die kritische (satirische) Gattung und für das Groteske, für jene Form des Komischen, deren Überschärfe es dem Dramatiker erlaubt, „genau zu sein". Das Groteske macht die Entstellung des Menschlichen in der modernen Welt erkennbar; die künstlerische Deformation birgt in der kritischen Negation den Entwurf der wahren Form des Humanen.

Alle Definitionsversuche zum Komischen und zur Komödie bieten, unter verschiedener philosophisch-theoretischer Perspektive, nur Teilansichten. Und alle Bestimmungen sind letztlich nur schlüssig in dem System des Denkens, aus dem sie hervorgehen. Die Summe der so gewonnenen Ansichten ergibt noch nicht das Ganze. Die Historizität von Komik und Komödie und die Begrenztheit, das geschichtlich Vermittelte unserer Erkenntnis verbieten überhaupt dogmatische Festschreibungen. Gerade der Zukunftsaspekt, der Entwurf-Charakter der Komödie verlangt es, die Vorstellungen von dem, was sie sein soll, offen zu halten.

Komik und Komödie sind nicht wechselseitig aufeinander angewiesen, das ist zu wiederholen. Dennoch bleibt – wie sich ohne Herabsetzung der ,,ernsten Komödie" sagen läßt – ein Lustspiel ohne jegliche Komik salzlos. Und im übrigen hat das Komische nirgendwo auch nur entfernt so reiche Entfaltungsmöglichkeiten wie im komischen Theater und seiner repräsentativen Form, der Komödie, die ja immer auch als Bühnenaufführung zu sehen ist. Nur hier bekommt es auf ästhetischem Wege im vollen Umfang wieder, was es zur mächtigen Lebenserscheinung macht: seine sinnliche Gestalt.

DIE DEUTSCHE KOMÖDIE VOR LESSING

Bei fortschreitender Einsicht in die übernationalen Beziehungen, in denen die nationalen Literaturen stehen, scheint eine Geschichte der deutschen Komödie auf den ersten Blick ein fragwürdiges Unternehmen, selbst wenn diese Darstellung den Zusammenhang mit der europäischen Literatur stets im Auge behält. Dennoch ergibt sich diese Einengung des Themas aus der Sache selbst: Der enge Kontakt zwischen dem Lustspiel und seinem Publikum, wie er sich so häufig in den lokalen Anspielungen zeigt, macht eine solche Begrenzung wünschenswert, ja notwendig. Dies gilt in besonderem Maße für jene frühe Zeit der Komödie, in der eine strenge Scheidung zwischen Produzierenden und Rezipierenden, zwischen Verfassern, Spielern und Publikum noch nicht bestand, weil diese Gruppen untereinander austauschbar sind. Dies wandelt sich erst mit dem Auftreten berufsmäßiger Schauspieler – und auch dann noch nicht in grundsätzlicher Weise. Man lacht in anderer Weise in Berlin als in Wien, in Paris als in London oder Neapel, und die Veranstalter des Lustspiels müssen darauf Rücksicht nehmen. Das erklärt ihre Neigung zur Verwendung des Dialekts noch in Werken des 20. Jahrhunderts wie in Hofmannsthals „Schwierigem“, aber auch die Mühe, Lustspiele aus ihrem eigenen in ein anderes Sprachmedium zu übertragen. Sie entziehen sich der wortgetreuen Übersetzung, und der einzige Weg der Aneignung bleibt meist die freie Übertragung, die ein Stück so weit verwandelt, daß es die Erwartungen des Publikums einer anderen Kultur und einer andern Sprache erfüllen kann.

Wenn hier Publikum und Komödie in einen engeren Zusammenhang gebracht sind, wenn hier die besondere Rücksicht betont wird, die gerade das Lustspiel seinen Rezipienten zollt, so darf diese deutliche Verflechtung nicht einfach als bewußte Auslieferung eines bestimmten Typs der dramatischen Literatur an ökonomische Faktoren verstanden werden. Gerade in Zeiten, in denen der Kontakt zwischen Lustspiel und Zuschauern am engsten war wie im Mittelalter, spielen derartige Erwägungen nur eine ganz geringe Rolle. Die Verbundenheit beider Welten ist vielmehr so eng, daß sich diese Art von Interdependenz nur sehr schwer in einzelne Faktoren zerlegen läßt. Am entscheidensten bleibt die Tatsache, daß das Lustspiel in seiner ursprünglichen Form immer auf Aufführung angelegt war und daß die

Vorstellung, eine Komödie auch lesen zu können, das erste Zeichen einer Trennung der beiden Komponenten ist. Im Gegensatz zur Komödie ist die Tragödie stärker von den sozialen und kulturellen Bedingungen ihrer Zeit abstrahierbar. Sie läßt sich daher noch auf andere Weise erfassen als durch Teilnahme an einer Aufführung, nämlich durch individuelle Lektüre. Die Tragödien des Sophokles – so stark sie auch durch mythische und politische Voraussetzungen bedingt sein mögen – erschließen sich dem heutigen Leser ohne allzu große Schwierigkeit. Ein Genuß der Komödien des Aristophanes ist demgegenüber nur auf sehr vermittelte Weise möglich, weil es der genaueren Kenntnis ihres politischen und literaturpolemischen Hintergrunds bedarf, um sie verstehen zu können. Ein Gegenbeispiel ist das Drama der deutschen Klassik. Nicht zufällig entstand es in der Zeit einer hochentwickelten individuellen Lesekultur, ja Lesewut, und die Dramen Goethes (freilich mehr als Schillers) geben oft deutlich davon Kenntnis, daß der Autor in gleicher Weise mit der stillen Lektüre seines Werks wie mit dessen Aufnahme durch ein Theaterpublikum rechnete. Diese Tatsache wird dadurch erhärtet, daß die Klassiker sich nur halbherzig und mit geringem Erfolg der Komödie zuwandten und dies keineswegs nur, weil das Lustspiel ihnen als ungeeignetes Instrument für ihr idealistisches Programm erschien, sondern weil sie einsahen und spürten, daß das Publikum unter dem Druck der Realität (Kleinstaaterei, Zerspaltung in mehr oder weniger scharf von einander abgeschlossenen Klassen, Weihe der Kunst bei fortschreitender Säkularisierung des Christentums) jene Eigenschaften mehr und mehr einbüßte, die es zum notwendigen aktivierenden Bestandteil der Lustspielaufführung machte. Die starke Betonung Kotzebues in Goethes Weimarer Bühnenspielplan stellt demgegenüber nur einen scheinbaren Widerspruch dar, denn dessen „Lustspiel" hatte sich unter dem Einfluß des bürgerlichen Trauerspiels und der comédie larmoyante bereits von dem ursprünglichen Typus dieser dramatischen Gattung entfernt und war weniger auf des Zuschauers aktive Teilnahme als auf dessen Hingabe an die Illusion der wirklichkeitsgetreuen Darstellung angewiesen.

Die große Bedeutung des Lustspiels im Mittelalter – uns freilich nur noch in wenigen Texten und Dokumentationen greifbar – lag demgegenüber in einer relativ einheitlichen, wenn auch hierarchisch gegliederten Gesellschaftsstruktur begründet. Das Leben dieser Gesellschaft spielte sich in einem relativ festgefügten Rahmen ab, der zum großen Teil durch kirchliche Ordnungen und Traditionen bestimmt war. Der Ablauf des Jahres war durch festliche Einschnitte gegliedert, die durch eine glückliche Kombination agrarischer Bräuche und christlicher Gedächtnisfeiern gekennzeichnet sind. Christi Auferstehung spiegelte sich in der Auferstehung der Natur (Ostern), seine Geburt in der Dürftigkeit der Krippe wurde in der dürftigsten und dunkelsten Zeit des Jahres gefeiert (Weihnachten). Aber wie Ostern, so war auch Weihnachten in doppelter Hinsicht ein Fest der Hoffnung und der freudigen Erwartung: Der längsten der Nächte folgte das steigende Jahr mit der Hoffnung auf glückliche Saat und reiche Ernte, so wie die Hoffnungslosigkeit der Menschheit in der Geburt Christi durch die Sicherheit spiritueller Erneuerung überwunden schien. Die enge Bindung christlicher Erinnerungs- und Vergegenwärtigungsfeiern an die hoffnungsreichen Akzente des Jahreslaufs wurde für die Spiele des Mittelalters entscheidend, die man nur mit Widerstreben „Dramen" nennen wird, fehlt ihnen doch die strenge Struktur und die Ausrichtung auf „Tragik", wie sie mit dem Typus des Dramas seit dem Altertum verbunden sind. Aufführungen des christlichen Mittelalters verleugnen selten einen epischen Grundzug, wie er schon dem biblischen Material vorgegeben war; da mit Christi Erlösungstod kein Raum für tragische Wendungen blieb, waren die Spiele offen für heitere oder komische Motive, wie sie sich aus ihren jahreszeitlichen Aspekten ergaben. Nur für die strengeren Formen der christlichen Feiern im Rahmen vor allem des österlichen Gottesdienstes war in Text und Darbietung für kurze Zeit der sakrale Charakter bestimmend.

Wie lange und wie ausschließlich das der Fall war, bleibt jedoch fraglich, bedenkt man die große Bedeutung der österlichen Freude, die es dem Geistlichen zur Aufgabe machte, in der versammelten Gemeinde den „risus paschalis" – das Osterlachen – zu erwecken. Dazu eigneten sich nun noch weit mehr als die Predigten die textlichen Grundlagen der Osterfeiern: der Kauf der Salben durch die drei Marien, der Wettlauf der Jünger Petrus und Johannes zum Grabe des Herrn wie Christi Erscheinung als Gärtner. Gebändigt wurde diese Heiterkeit freilich, solange die Aufführungen im Rahmen der Kirche stattfanden und solange Kleriker die Darsteller waren. Als man begann, auf profanen Plätzen zu spielen – zumal auf den Märkten der Städte – und als die Rolle der Geistlichkeit immer mehr begrenzt wurde, bis sie schließlich nur noch als Kompilatoren der Texte und Organisatoren der Aufführung wirkten, drängten die weltlichen Elemente nach weiterer Entfaltung und größerer Drastik, wofür vor allem der Salbenkauf, aber auch die Weltlust Mariae Magdalenae günstige Ausgangspunkte boten.

Den heutigen Leser mag die Obszönität solcher Szenen aus künstlerischen und moralischen Gründen abstoßen. Aber er sollte sich klar darüber sein, dabei einer ganz unhistorischen Betrachtungsweise zu verfallen. Im Gegensatz zur Tragödie waren jene Spiele nicht durch strukturelle Einheitlichkeit bestimmt; sie folgten vielmehr der Tendenz zu größtmöglicher Mannigfaltigkeit, deren Spannungsreichtum nicht groß genug sein konnte. Das Leiden Christi am Kreuz und die Zoten des Apothekerknechts schlossen sich nicht aus, sondern ergänzten sich gegenseitig, ging es doch darum, ein umfassendes Bild der Welt zu geben, vor dessen Hintergrund der Tod des Erlösers erst seine volle Bedeutung enthüllen konnte. Wenn in den komischen Szenen gerade die Sexualität sich frei entfalten konnte, ja mußte, so deutete dies auf die erwähnte Bindung der Aufführung an bestimmte Punkte des Jahreslaufs hin. Sowohl die Wintersonnenwende wie die Feier des beginnenden Frühjahrs hatten vegetations- und fruchtbarkeitsmagische Bedeutung. Die menschliche Sexualität war am stärksten geeignet, diese Aspekte herauszuheben.

So vereinen sich in den Spielen des Mittelalters christliche und heidnische Elemente in einer Weise, die an die frühen Kirchen des Mittelalters erinnert, die bedenkenlos, ja mit voller Absicht oft auf den Fundamenten heidnischer Kultstätten errichtet worden waren. Vegetationsmagische Züge bleiben der Unterbau geistlicher Spiele. Wie weit in jedem einzelnen Falle dieser frühzeitliche Charakter der sexuellen Komik bestimmter Szenen geistlicher Spiele für Spieler und Zuschauer erkennbar blieb, kann man nicht mehr ausmachen; die Naivität, mit der diese Texte überliefert wurden, läßt uns jedoch vermuten, daß hier gutes Gewissen im Spiel war und das Bewußtsein, daß diese derbkomischen Elemente eine für das ganze Spiel wertvolle und nützliche Funktion ausübten: Alle Szenen der Weltlust dienten ja nur als Gegensatz zur göttlichen Sphäre und zeigten oft genug, daß der Mensch in seiner Triebhaftigkeit ein Spielball des Teufels ist. Aber da der Teufel im christlichen Heilsgeschehen der Unterliegende ist, die komische Figur, deren erheiternder Effekt gerade auf dem Kontrast seiner Anstrengungen und seinem durch Christi Erlösungstod erreichten kläglichen Erliegen beruht, war der didaktische Effekt solcher Szenen oft nur sehr bedingt. Die Kraft der christlichen Heilsvision und die Stärke fruchtbarkeitsmagischer Traditionen in einer noch weithin agrarischen Welt unterstützten sich also gegenseitig – so abstrakt das zunächst auch klingen mag –, um der Komik im geistlichen Spiel ihre Notwendigkeit und ihr Recht zu lassen.

Wenn sich im Laufe des Mittelalters diese spannungsvolle Einheitlichkeit der Spiele nun immer mehr zu trennen beginnt und wenn von der Mitte des 14. Jahrhunderts an rein komische weltliche Spiele geschrieben und aufgeführt werden, so ist diese Trennung doch niemals so radikal, wie es uns zunächst scheinen mag. Die christliche Interpretation der Welt ist damit nicht aufgehoben, nur bleibt sie jetzt im Hintergrund und wird nicht mehr *expressis verbis* mit weltlichen Szenen kontrastiert, wie das in den sogenannten geistlichen Spielen der Fall war. Es kann uns nicht mehr überraschen, daß die komischen Stücke – zunächst gering an Zahl und schmächtig an Umfang – sich an Jahreszeitenfeiern anschließen, wie es besonders das kurze Spiel vom Neidhart[1] zeigt, der das erste Veilchen sucht, es glücklich mit seinem Hut bedeckt, um es voll Stolz der Herzogin und ihrem Gefolge präsentieren zu können. Als sie sich nahen, finden sie statt der Trophäe ein anderes weniger wohlduftendes Naturprodukt, durch das einer der Bauern die Frühlingsblume ersetzt hat – radikales Beispiel jenes Kontrasts, der im Lustspiel eine der wichtigsten Formen des komischen Effekts ist.

Zum gleichen Typus der Jahreszeitenspiele gehört der Streit zwischen Mai und Herbst[2] (ebenfalls aus der Mitte des 14. Jahrhunderts), der gegenüber dem Frühlingsspiel vom Neidhart jedoch eine andere Version der brauchtümlichen Stücke darstellt, denn nicht der Mai – wie doch zu vermuten – geht als Sieger aus dem Wettstreit hervor, sondern der Herbst, weil er die Freß- und Sauffreuden gewähren kann, denen gegenüber die Reize, über die der Mai verfügt, nur von geringer Anziehungskraft sind. Die Stellung des Spiels in der Geschichte des Lustspiels ist nur verständlich, wenn man es bereits in den Umkreis der Stücke stellt, die im 15. und beginnenden 16. Jahrhundert die verschiedenartigsten Stoffe an sich ziehen, um sie zu einer relativ einheitlichen Form zu verarbeiten, der sogenannten Fastnachtspiele – Stücke, die in der Fastnachtzeit aufgeführt wurden und vor dem Beginn der sechswöchigen Fastenzeit Spielern und Zuschauern noch einmal Gelegenheit gaben, oft in der ungebärdigsten Form den Freuden der Welt zu huldigen, der Geschlechtlichkeit, der Freß- und Saufsucht. Die Anverwandlungskraft der Fastnachtzeit ist so groß, daß sich ihr mühelos selbst das Mai-Herbst-Spiel einordnet, in dem der Herbst einfach als Vertreter der großen Fülle und Völlerei verstanden wird, die Kennzeichen der Fastnachtzeit sind. Auch hier bestimmt in komischer Weise der Kontrast die Komik, denn der poetische Mai ist im Rahmen der fastnächtlichen Aufführungszeit seinem Kontrahenten unterlegen, der die Vitalität des Lebens verkörpert. Jahreszeitenspiele wie Neidhart- und Mai-Herbstspiel geraten also in den Sog des Fastnachtspiels, das vermutlich im ganzen deutschsprachigen Gebiet beliebt und verbreitet war, seine derbkomische Ausgestaltung jedoch vor allem in Nürnberg[3] und Tirol[4] erfuhr. Jedenfalls sind uns von dort die meisten Texte überliefert[5], über 200 an der Zahl, wobei sich in Nürnberg sehr schnell eine Art Sprachkomik entwickelte, weil erfahrene Autoren wie Rosenplüt und Folz sich in den Dienst der Sache stellten. Besonders der letztere arbeitet mit dem Mittel der „Zweideutigkeit": Vorgeblich harmlose Wörter und Fakten erweisen sich in dem Zusammenhang, in dem sie erscheinen, als eindeutig auf die Sexualebene bezogen, und die Zuschauer zeigen in ihrem aktiven Lachen, wo des Rätsels Lösung zu suchen ist. Am entschiedensten arbeiten die sogenannten Reihenspiele mit diesem Mittel der Komik – Stücke, in denen verschiedene Sprecher, drastischkomisch gewandet, auftreten und in Spruchform von ihren Erfolgen oder Mißerfolgen – zumeist auf sexuellem Gebiet – berichten, wobei der Oberflächensinn der Wörter, die sie gebrauchen, der Ereignisse, von denen sie sprechen, seine Komik erst durch die intendierte Auflösung durch das Publikum gewinnt.

Eine kompliziertere Form des Fastnachtspiels stellt das Handlungsspiel dar, in dem eine kleine Geschichte dramatische Form gewinnt. Die Stoffe stammen meist aus der italienischen Novellistik und der mittelhochdeutschen Kleinepik. Hier befindet sich das Fastnachtspiel auf dem Wege zum neuzeitlichen Lustspiel, das ja niemals mehr auf eine mehr oder weniger glaubwürdige Handlung verzichten sollte, auch wenn diese oft genug nur den Anlaß für die vertraute Komik der Worte und Gesten abgibt. Die entscheidend neue Dimension, die der Komik durch die dargestellte Handlung eröffnet wird, ist die Komik der Situation, mag sie auch schon in den Einzelreden der Reihenspielsprecher angelegt sein. Nun wird der Zuhörer zum Zuschauer. Er verfolgt sehenden Auges, wie der Betrüger in die Grube fällt, die er anderen gelegt hat – um nur eine der beliebtesten Situationen zu nennen, die von jetzt ab in steigendem Maße das Gelächter des Publikums hervorrufen. Der Normverletzer ist es, der verlacht wird, weil sein Verhalten sich als schädlich für ihn selbst herausgestellt hat. Aber es ist notwendig, sich vor Augen zu halten, daß die Komik des Lustspiels niemals so eindimensional pädagogisch war, wie sie später vor allem Gottsched kodifizieren sollte. (Es gewann für ihn seine Berechtigung aus der Tatsache, daß der Zuschauer im Verlachen der Verfehlungen lernte.)

Am deutlichsten zeigen das die großen sexuellen Maulhelden des Fastnachtspiels: Man lachte nicht nur über sie, indem man sich auf diese Weise von einem Benehmen, das die Gesellschaft nicht billigte, distanzierte. Man lacht auch mit ihnen, weil der Zuschauer sich nicht nur durch die Norm getragen und bestätigt, sondern in gleicher Weise gefesselt und bedrückt fühlt. In das Gelächter über die Normverletzer ist immer zugleich ein Gran Bewunderung für ihr Verhalten gemischt, das sich der einzelne aus welchen Gründen auch immer nicht leisten kann und von dem er natürlich weiß, daß es dem Funktionieren der Gesellschaft abträglich ist.

Dieser gesellschaftliche Aspekt der komischen Verletzung der Norm wird besonders deutlich, wenn er in den Rahmen einer Handlung integriert ist, wie es in einigen Fastnachtspielen der Nürnberger Hans Folz und Peter Probst[6], vor allem jedoch bei Hans Sachs[7] geschieht, der in Deutschland zum Repräsentanten des neueren Lustspiels wird, auch wenn er sich in vielen Elementen (Kürze, Prolog- und Epilogsprecher) oft noch nicht ganz von den Gepflogenheiten des älteren Fastnachtspiels löst.

Die Augen des modernen Betrachters sehen nicht mehr von vornherein in der logisch verknüpften, psychologisch verständlichen, vor allem jedoch spannenden Handlung einen Fortschritt gegenüber den archaischen Formen des Lustspiels, in denen dem Publikum eine autonomere Haltung zu-gebilligt wurde. Daß die geschilderte Entwicklung dennoch unausweich-lich war, hat nicht nur ästhetische, sondern auch sozialgeschichtliche Gründe: Je diffuser und anonymer das Publikum wurde – und das war ein Ergebnis der wachsenden Zahl sowohl wie der differierenden Interessen der Zuschauer –, um so weniger war es noch in der Lage, den aktiven Part zu übernehmen, der den Nürnberger und Tiroler Zuschauern so selbstver-ständlich schien, wenn eine Spielergruppe ihre eigene Unterhaltung auf an-genehme Weise für eine kurze Zeit unterbrach. Es wäre freilich sehr einsei-tig zu übersehen, welche Vorteile die Entwicklung des „primitiven" Lust-spiels zur mehr oder weniger wahrscheinlichen Handlung mit sich brachte: Das Komische konnte auf eine Mehrzahl von Figuren verteilt und dadurch in bisher nicht vorstellbarer Weise differenziert werden. In den großen Komödien, die mit Lessings „Minna von Barnhelm" begannen und deren Gipfel Kleists „Amphitryon" darstellt, verschmolzen Komisches und Tra-gisches oft auf unentwirrbare Weise – damit die ernste Komödie als einen Spiegel der Welt und des Lebens enthüllend.

Von dieser Entwicklung zeigen sich die Fastnachtspiele des Hans Sachs noch weit entfernt – und doch nicht so weit, wie es zunächst den Anschein hat. Sachs ist nicht nur daran interessiert, eine spannende Handlung aufzu-bauen, in deren Typen der Zuschauer seine Zeitgenossen, vielleicht auch sich selbst wiederzuerkennen vermag. Er bevorzugt gerade in seinen besten Stücken solche Stoffe, in denen sich ein „Doppelspiel" entfalten kann, wie das im Fastnachtspiel von der „alt verschlagen Kuplerin mit dem Thumb-herr"[8] der Fall ist: Die treulose Ehefrau spielt auf den Rat ihrer Magd dem Ehemann eine Szene vor, in der er selbst als der Bösewicht, sie dagegen als die verkörperte Unschuld erscheint. Dieses Spiel im Spiel hat doppelte Funktion. Einmal löst sie die Realistik der Handlung ein wenig auf: Das Einstudieren der Szene, die Verteilung der Rollen und ihre Darstellung zei-gen – wenn auch im Rahmen der Handlung – den Spielcharakter des ganzen Stückes: Es beabsichtigt nicht einfach, Realität wiederzugeben, sondern wird dem alten Fastnachtspiel nicht ganz so treulos, wie es der äußere An-schein will. Zum andern aber weist dies Verfahren in die Zukunft des Lust-spiels, in der die Ungesichertheit und die Scheinhaftigkeit aller menschli-chen Beziehungen so oft dargestellt werden sollten – Verhältnisse also, für die sich neben der tragischen auch mehr und mehr eine komische Interpre-tation einbürgerte. Die Aufgabe, vor die sich bereits der Lustspielautor Hans Sachs gestellt sah, nämlich Stücke zu erfinden, in denen sich Komik und Zuschaueraktivität auf der einen, Kausalität, Psychologie und Wahr-scheinlichkeit auf der andern Seite vertragen konnten, ist auf Jahrhunderte hinaus die gleiche geblieben. Bei der Lösung dieses Problems aber verfielen die Autoren immer wieder auf Vermittlungsformen, wie sie bereits Hans Sachs im bewußten Ausbau des Doppelspiels gefunden hatte.

Während Luther die Komödie weitgehend auf die Schule begrenzen wollte und Komik nur so weit zuläßt, als sie sprachlichen und pädagogischen Zielen dienstbar gemacht werden konnte, zeigte sich in der Schweiz der Maler, Schriftsteller und städtische Politiker Niklaus Manuel stärker an das Volksspiel gebunden und stellte es ganz in den Dienst antikatholischer Propaganda. Vielleicht ist sein Stück „Der Ablaßkrämer"[9] niemals aufgeführt worden, aber die Art seiner Ausführung weist deutlich darauf hin, daß es auf Aufführung angelegt war. Mit ihm begegnet uns nach vereinzelten Vorgängern im Nürnberger Fastnachtspiel zum erstenmal ein Lustspiel, das in erster Linie satirische Zwecke verfolgt: Es stellt sich ganz in den Dienst des Konfessionskampfes, indem es durch komische Entlarvung auf die Gefährlichkeit bestimmter Zustände aufmerksam macht. Der Ablaßkrämer Richardus Hinderlist (nomen est omen) wird durch Lächerlichkeit besiegt. Er ist eine komische Figur, doch nicht, indem er sich wie so viele Bauerntölpel des alten Fastnachtspiels durch sein animalisches Verhalten außerhalb der Norm stellt, sondern indem er gerade als Repräsentant einer erstarrten Norm auftritt, wie sie durch die alte Kirche verkörpert wird. Die Entlarvung ist also hier zentral: Nicht nur der einzelne kann gegen die Norm verstoßen und sich dadurch lächerlich machen, sondern bestimmte Normen erweisen sich selbst als normwidrig in einem umfassenderen Sinn. Während sich hier die vermeintlichen Tölpel als Rächer und Sieger entpuppen, zeigt sich der vermeintlich den Bauern so überlegene Richardus Hinterlist als der wahre Tölpel. Die Narren sind klug und überwinden den Klugen, der sich als Narr erweist – eine Konstellation, die hier in konfessionspolemischem Gewande erscheint, aber auch ohne diese Bindung eine entscheidende Form des Lustspiels werden sollte. Wieweit diese Konstellation soziologisch bedingt ist, läßt sich nur von Fall zu Fall erweisen. Jedoch wird man festhalten dürfen, daß zu den befreienden – man darf mit Goethe sagen „kathartischen"[10] – Elementen des Lustspiels aller Zeiten der Sieg der in der Realität Unterlegenen über die noch Überlegenen gehört. Der Narr – in welcher Form auch immer – vertritt ja niemals die herrschende Schicht, wenngleich seine ständische Unterlegenheit oft verhüllt und ästhetisch vermittelt erscheint. (Das aus Lumpen zusammengesetzte Gewand des Armen wird zum ästhetisch reizvollen bunten Flickengewandel des Hanswurst.)

Die stark didaktischen Tendenzen, die Luthers Eintreten für Aufführungen von Komödien in Schulen kennzeichnen, galten zunächst auch für die vergleichsweise seltenen Versuche deutscher Gelehrter, ein an Terenz und Plautus orientiertes Lustspiel lateinischer Sprache in Deutschland einzuführen. Johannes Reuchlins „Scaenica progymnasmata" (1497)[11] (= Schulung durch das Theater) ist das einzige dieser Werke, das einen nachhaltigen Einfluß ausgeübt hat – nicht zuletzt durch Hans Sachs' Verdeutschung (unter dem Titel der Hauptfigur „Henno"). Mit voller Absicht hatte Reuchlin einen Stoff gewählt, dessen „Milieu" dem Publikum vertraut war – und zwar sowohl aus unmittelbarer wie aus literarischer Kenntnis: Die volkstümliche Handlung spielt im Kreise von Bauern. Der Zuschauer, durch viele literarische Erzeugnisse gewitzigt, erblickte hinter der ihm aus seinem Erfahrungsbereich vertrauten Bauernfigur sogleich eine viel allgemeinere Erscheinung, den „Narren". Diese Apperzeption wird noch erleichtert durch den Kontrast zwischen der bäuerlichen Wirklichkeit des Stücks und dem gepflegten Latein, dessen sich seine Figuren bedienen. Der Realitätsgehalt des Stücks wird jedoch noch auf andere Weise bewußt angetastet. Dromo, der Bauernknecht, bleibt bei Reuchlin ständisch ganz neutral und damit ohne verbindliche Beziehung zur Realität des Stücks. Er agiert so „unwahrscheinlich", wie es in der Wirklichkeit des Alltags nicht denkbar wäre. Der Zuschauer lacht über die Tricks und Kniffe des verschlagenen Dieners weniger, weil die Geschädigten keine andere Behandlung verdienen, als vielmehr deshalb, weil diese Figur nicht den Normen und Gesetzen der Gesellschaft untersteht, sondern ein ästhetisches Eigendasein führt. Das zeigt sich vor allem daran, daß Dromo sich statt logischer mimischer Argumente bedient. Mimische Aktivität jedoch zeichnet alle komischen Figuren aus, ja sie kann sich verselbständigen, wie das bei dem außerhalb der gesellschaftlichen Wirklichkeit stehenden Clown geschieht, dessen Einzug in das deutschsprachige Gebiet der Komödie neue Impulse vermitteln sollte.

Vielleicht noch einschneidender als der spätere Einfluß Molières auf die Geschichte des deutschen Lustspiels und seiner Aufführungsweise war das Auftreten italienischer (bezeugt seit 1568) und englischer Komödianten (bezeugt seit 1585) in Deutschland, wobei – der geographischen Lage ihrer Herkunftsländer entsprechend – die ersteren vornehmlich im süddeutschen, die letzteren im norddeutschen Gebiet wirkten. Die deutsche Komödie wurde hierbei in ihrer Entwicklung durch mehrere Faktoren bestimmt: Zum erstenmal lernte das Publikum in größerem Umfang Berufsschauspieler kennen; diese Künstler waren schon in ihrer Heimat in den Darstellungsmitteln geübt, die nicht unmittelbar mit sprachlicher Darbietung zu tun hatten, denn sie mußten Musikinstrumente beherrschen, tanzen und singen können – von anderen Schaustellerqualitäten ganz zu schweigen; diese Kunstfertigkeiten waren besonders dann notwendig, wenn das Publikum die Sprache der Spieler nicht verstand; sowohl die italienischen wie die englischen Truppen verfügten über ein festes Typenarsenal; der wichtigste und beliebteste Typus war derjenige, der sich am deutlichsten und wirksamsten durch körperliche Komik ausdrücken konnte, denn sie wurde überall verstanden; es ist einleuchtend, daß diese Figuren nicht sehr stark in die Handlung integriert waren, die niemals ganz ohne das Medium der Sprache verständlich gemacht werden konnte.

Am Ende des 16. Jahrhunderts setzte sich in den Aufführungen im deutschsprachigen Gebiet mehr und mehr der Typus durch, den wir heute gewohnt sind als „komische Figur" zu bezeichnen – und zwar sowohl in den „Haupt- und Staatsaktionen" genannten Trauerspielen wie in den Komödien. Wie die mittelalterlichen Fastnachtspieler repräsentierten sie zumeist die vitalen Funktionen des Lebens: Essen, Trinken, Liebe – wobei die Reihenfolge nicht als in jedem Falle verbindlich betrachtet werden sollte. Hanswurst, Pickelhäring und Knapkäse sind nur eine Anzahl der vielen Namen, mit denen die komische Figur in Deutschland bedacht wurde – in Anlehnung an die Gepflogenheiten vor allem der englischen Komödianten.

Das bei aller Grobheit Artifizielle und Exzentrische, das der professionellen komischen Figur anhaftete, unterscheidet sie beträchtlich von den braven Laien, die bisher die verschiedenen Formen des deutschen Lustspiels darstellerisch repräsentiert hatten. Gegenüber vielen Fastnachtspielen des Hans Sachs mit ihrer vergleichsweise realistischen und logischen Handlung stellen diese englischen Stücke, die bald von solchen in deutscher Sprache nachgeahmt wurden, einen Rückschritt dar. Betrachtet man jedoch, wie es die Anfänge der Gattung zeigen, Aktivierung des Publikums· und Stilisierung als dem Lustspiel wesensgemäß, so wird man diese Entwicklung nicht nur als etwas Negatives sehen. Am eigenartigsten zeigt sich diese Tendenz, mit neuen und professionellen Mitteln vertraute Wirkungen zu erzielen, in den Singspielen des Jakob Ayrer (1543–1605)[12], der als Fastnachtspieldichter die realistische Richtung des Hans Sachs – wenn auch mit geringerer Wirkung – weiterzuverfolgen suchte. Trotzdem scheint er sich sehr schnell von der Bedeutung der englischen Komödianten für den publikumsbezogenen Typus des Lustspiels überzeugt zu haben, der ihm als Nürnberger noch in guter Erinnerung sein mußte. Von ihm stammen neben zahlreichen Tragödien, Komödien und Fastnachtspielen zehn Singspiele, zu denen er durch Aufführungen englischer *Jigs* in Nürnberg angeregt worden sein wird. Während in England Jigs in der Regel als Nachspiele präsentiert wurden, schreibt Ayrer unter dem Einfluß der kurzen Fastnachtspiele selbständige Singspiele in strenger Strophenform, die von den Darstellern vermutlich fast marionettenhaft und in sehr abstrakter Weise präsentiert werden mußten. Die strenge Strophe und der Gesang verhinderten jede realistische Mimik und Gestik.

Auf ganz andere Weise, wenn auch mit ähnlichem Erfolg, arbeitete in den gesprochenen Lustspielen etwa des Herzogs Heinrich Julius von Braunschweig (1564–1613) die komische Figur, Johan Bouset – in treuer Übernahme des englischen Originalnamens –, dessen bezweckte „Unnatürlichkeit" sich nicht nur in der grotesken Kostümierung, sondern auch in der relativen Unabhängigkeit von der Handlung ausdrückt. Als die komische Figur der deutschen Sprache Herr wird, wirkt sie neben der körperlichen Komik vor allem durch Lachen provozierende direkte Kontakte mit dem Publikum.

Wer der Überzeugung ist, jegliche Kunst – und damit auch das Lustspiel – habe die Möglichkeit oder gar die Verpflichtung, auf die gesellschaftliche Entwicklung Einfluß zu nehmen, könnte des Glaubens sein, gerade die komische Figur sei Träger solcher Tendenzen gewesen. Sieht man einmal von den eher bürgerlichen Vertretern des Typus in der Commedia dell'arte ab, so muß man in der Tat feststellen, daß Arlecchino wie Hanswurst, Clown wie Pickelhäring als Diener oder Bauern die niederen Schichten der Gesellschaft repräsentieren. Durch die Irrealität ihrer Kleidung und durch die Exzentrik ihres Benehmens werden sie jedoch sofort zu artifiziellen Figuren, deren Tendenz es ist, die Zuschauer zum Lachen zu bringen und dadurch selbst dort, wo in der Handlung die privilegierte Gesellschaftsschicht negativ in Erscheinung tritt, versöhnlich oder gar verklärend zu wirken. Von der Beurteilung und Bewertung dieser Art Wirkung wird unsere Einstellung zum Lustspiel bestimmt. Am deutlichsten zeigt sich das dort, wo die komische Figur im Gewande des Hofnarren – also als Vertreter der privilegierten Gesellschaftsschicht – erscheint, wie das in Herzog Heinrich Julius von Braunschweigs „Vincentius Ladislaus" (1594)[13] der Fall war. Johan Bouset wurde hier sogar zum Vertreter eines höfisch orientierten gesunden Menschenverstandes.

In der Renaissance- und Barockepoche der deutschen Literatur stand das Drama noch weithin unter dem Gesetz der sogenannten Ständeklausel, die sich mit mehr oder weniger Recht auf die aristotelische Poetik zurückführte, im Zeitalter des absolutistischen Staats aber erst ihre soziologische Rechtfertigung erhielt. Dieses Gesetz, ursprünglich für die Tragödie formuliert, konnte nicht ohne Auswirkungen auf das Lustspiel bleiben, dessen Rollen allein den Vertretern der niederen Gesellschaftsschichten vorbehalten blieben, sofern sie darauf angelegt waren, Lachen zu erregen, was ja durchaus nicht immer und für alle Figuren eines Stücks gilt. Da die komische Figur schlechthin, wie sich gezeigt hatte, sozial wertfrei war, fand das Gesetz der Ständeklausel erst dort Bedeutung, wo das Lustspiel in allen seinen Figuren mehr oder weniger naturgetreu die ständische Wirklichkeit nachzuahmen suchte: Der von Gottsched geforderten Verlachkomödie wurde der Weg bereitet – zu Ungunsten der künstlerischen Entwicklung der Gattung, die damit einseitig die pädagogisch – satirische Seite ihres Wesens zu betonen und die lustspielhaft-dionysische einzubüßen begann, die allerdings seit Aristophanes nie wieder ihre vollen Möglichkeiten ausgeschöpft hatte.

Einen wohl kaum direkt beabsichtigten Angriff auf die gesellschaftliche Festlegung des Lustspiels hatte noch Andreas Gryphius (1616–1664) in seiner Doppelkomödie ,,Verlibtes Gespenste" (Gesangspiel) und ,,Die gelibte Dornrose" (Scherzspiel, 1660)[14] unternommen.

Das war möglich, weil er nicht eine einzige kausale Handlung anstrebte, sondern den Aufbau des Doppelstücks der Entfaltung eines Themas unterordnete. Der Lustspielautor blieb den Tendenzen treu, die er bei seinen Tragödien verfolgte. Hier versuchte er, die Wirksamkeit der Liebe unter vielen Aspekten zu zeigen. Das Gesangsspiel ist in der höheren Gesellschaft angesiedelt, das Scherzspiel in der bäuerlichen Welt. Durch den symmetrischen Wechsel zwischen Szenen des einen und Szenen des andern aber will Gryphius betonen, daß die Liebe in beiden Sphären genau die gleiche Macht ausübt. Dadurch gewinnt in der Geschichte des deutschen Lustspiels zum erstenmal die niedrige Gesellschaftsschicht einen höheren Rang, so wie die höhere mit ihrer Abgeschlossenheit auch ihren Eigenwert einbüßt. Die große, an Widerständen sich bewährende Liebe, wie sie dem dramaturgischen Gesetz der Ständeklausel zufolge nur unter Fürsten und Herren möglich ist, kann mit voller Gewalt nun auch zwei Menschen des einfachen Volks überwältigen. Aus dieser Gleichsetzung vor allem bezieht das Doppelstück seine Komik – und neben ihr seine tiefere Bedeutung. Die Oberflächenkomik wird gewahrt durch bestimmte komische Züge des Scherzspiels, von denen die Anrede an die Zuschauer und der Gebrauch des Dialekts die wichtigsten aktivierenden Wirkungen gehabt haben werden.

Muß man die Entwicklung des deutschen Lustspiels vom Mittelalter bis zum Anfang unseres Jahrhunderts künstlerisch als eine immer stärkere Annäherung an den realistischen Typus des Dramas, gehaltlich als eine immer deutlichere Einbeziehung menschlicher Grundprobleme auffassen, so stellt die Barockzeit einen besonders fesselnden Schnittpunkt dar. Dies wird besonders deutlich in der Tatsache, daß das Zentrum ihres Denkens, die Vorstellung von der Vanitas der Welt auch in komödienhafter Weise behandelt werden kann, zumal nachdem die Ständeklausel ihren Gültigkeitsanspruch einzubüßen begann. Der sächsische Schulrektor Christian Weise (1641–1708) bearbeitete, wie es sich für die Aufführung durch und für Schüler gebührte, den Stoff vom König für einen Tag zwar in didaktischer Weise, aber doch so, daß sie der Vanitas-Idee komische Aspekte abgewinnt. Sein ,,Schauspiel vom Niederländischen Bauer"[15] (1685) zeigt diese Idee schon in sehr säkularisierter Gestalt. Die Vorstellung, daß das irdische

Leben nur ein Traum und daher Vanitas sei, das wahre Leben jedoch erst nach dem Tod beginne, wird hier in recht radikaler Weise verweltlicht, ja parodiert. Durch eine Laune des Herzogs wird der Bauer Mierten für eine kurze Zeit zum Edelmann gemacht und dann in einer Art pervertierter Fallhöhe ins Elend seines ursprünglichen Standes zurückversetzt. Die Moral ist klar: Schuster bleib bei Deinem Leisten! Sie ergibt sich aus dem Vorwurf des Stücks von selbst. Künstlerisch neuartig dagegen und das Verfahren von Gryphius noch vertiefend sind Weises Versuche, die komische Figur ,,einzuebnen", d. h. vor allem, sie von ihren Partnern abhängig zu machen, ihre Neigung zu Wortwitzen zu beschränken und ihr nicht mehr rechte Gelegenheit zu direktem Kontakt mit dem Publikum zu geben. Der Bauer Mierten ist eine Person des Stücks geworden. Als entscheidender noch muß man die Tatsache werten, daß er keineswegs mehr einziger Träger der Komik ist, die auf mehrere Figuren des Stücks verteilt erscheint. Die didaktischen Ziele aber, die Weise wie mit allen seinen zahllosen Werken, so auch mit seinen Komödien anstrebt[16], deuten schon auf Johann Christoph Gottsched (1700–1766) hin, der das Lustspiel überhaupt nur in dem Umfang zuläßt und anerkennt, in dem es geeignet ist, auf zwar erheiternde Weise die Zuschauer zu tugendsameren Bürgern zu machen.

Wie dem Trauerspiel, dem sein Interesse in erster Linie galt, so sprach Gottsched doch auch dem Lustspiel eine reinigende Wirkung zu, und zwar ,,(. . .) durch nichts anders als durch die lebhafte Vorstellung lächerlicher Torheiten (. . .)". Während es Aufgabe der Tragödie ist, menschliche Laster zugleich mit ihren furchtbaren Folgen darzustellen, hat es die Komödie nur mit Schwachheiten der Menschen zu tun, deren Darstellung dem Zuschauer zur lachenden Einsicht verhelfen soll. Dabei fielen jedoch Gottsched und seine Anhänger, die sich darum bemühten, französische Komödien ins Deutsche zu übertragen oder gar deutsche Originallustspiele zu schreiben, einem folgenschweren Trugschluß zum Opfer: Weniger Genugtuung über bloßgestellte Schwachheit äußerte sich im Lachen der Zuschauer als vielmehr die dem Menschen ursprünglichere Schadenfreude.

Gottsched erblickte das Hauptübel, das die moralische Wirkung der Komödie vereitelte, mit vollem Recht in der komischen Figur, die er deshalb mit Hilfe der Schauspielprinzipalin Karoline Neuber (1697–1760) von der Bühne verbannte. Aber es wäre einseitig, Gottscheds enge Auffassung von der Komödie und ihrem Repräsentanten, Harlekin, nur auf seinen moralischen Enthusiasmus zurückzuführen, auf seinen Wunsch, das deutsche Bürgertum wenigstens auf dem Felde des Geschmacks den höheren Schichten der Gesellschaft gleichwertig zu machen, da eine Hebung seines politischen Prestiges nicht möglich war. Entscheidender noch ist die dramaturgische Einsicht, die Gottsched bei der Bekämpfung der komischen Figur leitete. Von der Absicht bestimmt, nach französischem Vorbild von jedem Drama Geschlossenheit und Einheitlichkeit zu fordern, wurde ihm klarer als anderen, daß der Hanswurst gerade diesem Ziele im Wege stand. Durch ihn wurde die Einheit der Handlung, des Orts und der Zeit immer aufs neue gefährdet: Die komische Figur stand nur mit einem Bein in der Handlung; seine „Zeit" war die des Publikums und nicht die des Stücks; sein Ort war meist in unmittelbarer Nähe des Publikums – auf dem Proszenium etwa, diesem Niemandsland zwischen Handlungsraum (Bühne) und Zuschauerraum.

Die von vielen, wenn auch nicht allen Zeitgenossen geteilte Ansicht Gottscheds, das Lustspiel oder die Comödie – beide Begriffe werden synonym gebraucht – müsse nicht nur von der komischen Figur, sondern von allen Grobheiten und Ausschreitungen gereinigt werden, stellte deren Verfasser vor die Aufgabe, nach unverdächtigen Themen und Stoffen Ausschau zu halten. Es bot sich zunächst die Satire an, denn durch sie ließ sich das Velangen, Besserung auch durchs Lustspiel zu bewirken, am ehesten befriedigen. Es ist erstaunlich, wie dominierend in der ersten Hälfte des 18. Jahrhunderts ein Komödientypus wird, der sich mit einer menschlichen Schwäche zugleich auch meist den Stand zur Zielscheibe nimmt, der diese menschliche Schwäche am deutlichsten repräsentiert. In vielen Fällen stellt sich die Komödie der Zeit als bürgerliche Selbstkritik dar, in andern richtet sie sich gegen den Adel, wobei zu beachten ist, daß die höhere Nobilität und die Herrscherhäuser tabu bleiben. In seiner „Critischen Dichtkunst" (Auflage von 1742) hatte Gottsched selbst auf die Legitimität hingewiesen, das Personal des Lustspiels in der geschilderten Richtung zu erweitern. Was zunächst den Eindruck einer harmlosen Aufweichung eines erstarrten dramaturgischen Prinzips macht, dessen Vertreter sich meistens als getreue Aristoteliker aufgespielt hatten, erweist sich sehr schnell als sozialer Sprengstoff. Dies war noch nicht der Fall in Christian Reuters (1665 bis nach 1712) „L'Honnête Femme oder Die Ehrliche Frau zu Plißine . . ." (1695)[17], wo der studentische Verfasser seine Wirtin und ihre Familie aufs Korn nimmt. Hier ist die Satire auf eine reale Person gemünzt – eine Tatsache, die vermutlich die Aufführung des genialen Stücks verhindert hat. Freilich darf man nicht übersehen, daß der Hauptangriffspunkt noch sehr traditionell ist: Die Leipziger Hauswirtin und ihre Töchter werden angegriffen wegen ihrer immer aufs neue mißglückenden Versuche, sich über ihren Stand zu erheben. Am wichtigsten aber ist in diesem Zusammenhang Reuters Bestreben, den Hanswurst beizubehalten, ja ihm neue Möglichkeiten zu geben: Die Titelfigur des Stücks und zugleich diejenige, die sich aller vertrauten Mittel der Lustspielkomik wie Wiederholungen, Übertreibungen, Kontrasteffekte bedient, ist nichts anderes als ein weiblicher Clown:

Schlampampe, der ebenso hochmütige wie ungebildete, ebenso habgierige wie gefühlsselige Mittelpunkt des Stücks. Das aber besagt natürlich, daß die Satire weitgehend annulliert wird durch die traditionellen komischen Effekte. Reuters Komödien stellen also eher den glanzvollen Endpunkt einer Entwicklungslinie als einen Neubeginn dar.

Dieser ist vielmehr in Werken zu erblicken, die sich wie das Lustspiel „Die Pietisterey im Fischbein-Rocke; oder die Doctormäßige Frau"[18] der Gottschedin – (Luise Adelgunde Victorie Gottsched, 1713–1762) in komplexer Weise in den Dienst der Zeitsatire stellt. Wie schon der Titel anzudeuten versucht, werden hier nicht nur der Pietismus angegriffen, sondern zugleich die Frauen, die mit welchen Mitteln auch immer ein intellektuelles Niveau anstrebten, das bisher allein dem Mann zugebilligt wurde. Die nur partiell aufklärerische Tendenz der Verfasserin hindert sie also daran, den emanzipatorischen Charakter dieser religiös engagierten Titelfigur des Stücks zu erkennen. Daß das Stück anonym erscheinen mußte, zeigt jedoch deutlich, daß es nicht geraten schien, den Verfasser eines Werks, das sich so deutlich gegen herrschende Glaubens- und Denkgewohnheiten richtete, zu dekuvrieren. Dabei handelt es sich hier – wie damals oft – keineswegs um eine Originalarbeit, sondern um eine recht getreue Übertragung einer französischen Vorlage, die sich gegen den Jansenismus richtete, auf deutsche Verhältnisse. Daß selbst in diesem Werk, dessen Tendenz und Struktur Gottsched so nahe stand, alte Lustspielformen nicht unterdrückt, sondern nur adaptiert wurden, zeigt besonders die Gegenspielerin von Frau Glaubeleichtin, der Titelfigur. Sie ist nur eine „gemeine Bürgersfrau" und trägt gleichfalls einen sprechenden Namen: Frau Ehrlichin. Sie ist am stärksten der traditionellen komischen Figur angeglichen, nicht zuletzt, indem sie als einzige der Akteure Dialekt spricht – und das heißt natürlich den Dialekt des erhofften Aufführungsorts Königsberg. Damit ist ihr der stärkste Publikumsrapport vorbehalten – wenn das Stück jemals aufgeführt worden sein sollte, was nicht wahrscheinlich ist.

Alle Lustspiele der ersten Hälfte des 18. Jahrhunderts verraten einen gemeinsamen Zug: Die bisher zentrale komische Figur wird zwar eingeebnet; aber ihre Wirkungsmittel gehen niemals ganz verloren, sondern werden auf eine Mehrzahl von Figuren aufgeteilt. Dieses Verfahren dient im großen und ganzen der Vereinheitlichung und Verselbständigung der Handlung der Lustspiele, die sich immer stärker bemüht zeigen, Realität nachzuahmen. In der Epoche der Aufklärung war die deutsche Komödie also am Endpunkt einer Entwicklung angelangt, die sich schon in einigen Fastnachtspielen des Hans Sachs ankündigte. Strukturell glichen sich Lust- und Trauerspiel jetzt stärker an. Der durch Satire bezweckte Erziehungseffekt stellt ja eine Schwundstufe der kathartischen Wirkung des Trauerspiels dar, das allerdings formal vor allem durch den Gebrauch des Verses und einer gehobenen Sprache noch weithin bis ins neunzehnte Jahrhundert seine Selbständigkeit und Überlegenheit betonte.

Gegen Gottscheds Wunsch versuchen sich deshalb die ehrgeizigsten und begabtesten Lustspiel-Autoren auf dem Gebiete der Verskomödie: Johann Christian Krüger (1722–1750) und Johann Elias Schlegel (1719–1749). Krügers erste gegen Geistlichkeit und Adel gerichtete satirische Prosa-Komödien stellen die extremsten Beispiele aggressiver Ständekritik im deutschen Lustspiel des 18. Jahrhunderts dar[19] und sind wohl aus diesem Grunde bis vor kurzem unbekannt geblieben. Wenn Krüger sich am Ende seines kurzen Lebens vom Prosa-Lustspiel entfernte und Verskomödien zu schreiben begann, so darf man das freilich nicht nur auf den Wunsch, sich damit ein höheres schriftstellerisches Prestige zu erwerben, zurückführen. Durch die Versform von Stücken wie „Der Teufel ein Bärenheuter" (1748) und „Herzog Michel" (1750)[20] soll dem Lustspiel vor allem etwas von seiner beabsichtigten „Unnatürlichkeit" zurückgegeben werden, die es als zeitsatirische Komödie einzubüßen begann und unter dem Einfluß der comédie larmoyante als rührendes Lustspiel fast ganz verlor.

Nur Johann Elias Schlegel war in seiner Alexandriner-Komödie „Die stumme Schönheit" (1747)[21] der Beweis gelungen, daß das Lustspiel moralsatirische und rührende Elemente nicht zu eliminieren brauchte, wenn es eine Gattung *sui generis* bleiben wollte. Sie sind hier mit den alten Wirkungsmitteln des Lustspiels in eine so einzigartige künstlerische Balance gebracht, daß man die nachfolgende einseitige Entwicklung der Gattung zur Wirklichkeitstreue und zum Ernst zwar als Ausdruck der spezifischen sozialgeschichtlichen Lage Deutschlands begreifen muß, aber doch auch bedauern darf.

Den stärksten Anstoß in die angedeutete Richtung des Moralischen und Rührenden vermittelte Christian Fürchtegott Gellert (1715–1769), der wie Gottsched schon durch sein Amt als Universitätslehrer der erzieherischen Wirkung der Komödie stärkeren Nachdruck verlieh als der erheiternden. Er hat sich auch theoretisch nachdrücklich für das rührende Lustspiel eingesetzt, bezeichnenderweise in lateinischer Sprache, also in einem Medium, das den Repräsentanten des Theaters bis auf wenige Ausnahmen nicht zugänglich war. Zumal sein Lustspiel „Die zärtlichen Schwestern" (1747)[22] zeigt Gellerts Fähigkeit, die Figuren des Stücks auf bisher ungeahnte Weise psychologisch zu vertiefen. Nur die Prosa war differenziert genug, diese Funktion zu erfüllen, und zwar eine Prosa, die zugleich ganz bewußt die Bildungs- und Gelehrtensprache der Zeit wiederzugeben bemüht ist. Die Zuschauer werden nicht nur mehr als potentielle Mitspieler betrachtet, sondern als Mitleidende aufgefordert, sich mit den Vorgängen der Handlung zu identifizieren. Wenn der Spiel-Charakter trotzdem nicht ganz verloren geht, so liegt das weniger daran, daß Gellert im „Magister" des Stücks einen schwachen Abglanz der komischen Figur erkennen läßt, sondern noch mehr in der Tendenz, dem Spiel im Spiel Entwicklungsmöglichkeiten zu geben – ein Verfahren, das seit den Fastnachtspielen immer wieder angewandt wurde, um eine allzu real und konsequent durchgeführte Handlung zu brechen und dem Publikum zu ermöglichen, den Spielcharakter des Ganzen zu durchschauen.

Überblickt man die Entwicklung, die das Lustspiel deutscher Sprache von den mittelalterlichen Jahreszeitenspielen bis zu den Lustspielen des jungen Lessing, d. h. von der Mitte des 14. bis zur Mitte des 18. Jahrhunderts durchschritten hat, so wird man feststellen müssen, daß derbe Heiterkeit immer stärker einer Komik wich, die nicht in erster Linie dem Vergnügen der Zuschauer diente, sondern seiner Besserung und Belehrung, schließlich sogar der Bewegung seines Gemüts. Aus einer heiteren Gesellschaft, in der kleine Lustspiele nur als eine angenehme Unterbrechung der allgemeinen Geselligkeit dienten, war ein Publikum geworden, das die Künste professioneller Darsteller genoß, ästhetisch abwog – und bezahlte. Das epische Nacheinander einzelner komischer Vorträge, die zunächst nur recht lose miteinander verbunden waren, hatte mehr und mehr einer stärkeren Integrierung der einzelnen Elemente in eine kausalen Gesetzen gehorchende und mehr oder weniger eng geknüpfte Handlung Raum gemacht. Den Hauptgegner dieser Entwicklung, die komische Figur, gelang es zwar niemals ganz zu beseitigen: Sie fügte sich den Regeln des guten Geschmacks, gab ihre Sonderstellung auf und wurde nach Möglichkeit in einzelne Elemente zerlegt, die man realen Figuren des Lustspiels anpaßte. Die gewaltigste Diskrepanz – blickt man noch einmal vom Anfang zum Ende der hier umrissenen vier Jahrhunderte – liegt (neben der Verfeinerung, Differenzierung und gelegentlichen Poetisierung der Sprache) in der Assimilierung ernster Probleme – eine Dynamik, die erst in unserem Jahrhundert gänzlich sichtbar geworden ist.

Daß der geschilderten Entwicklung Züge zum Opfer fielen, die ursprünglich das Lustspiel zum radikalen Gegenstück der Tragödie gemacht hatten, darf dabei nicht übersehen werden. Auch sind wir heute noch kaum in der Lage, eine abschließende Wertung zu wagen. Ob die Bewegung vom mittelalterlichen Volksstück zur modernen Literaturkomödie das unvermeidliche Ergebnis tiefer liegender und teilweise noch nicht geklärter sozialer Wandlungen war oder ob sie auch ihrerseits zu einer tiefen Aufsplitterung der Bevölkerung in eine aliterarische und in eine literarische Schicht beigetragen hat, ist eine Frage, die nicht nur die Literatur- und Theaterwissenschaft ernstlich beschäftigen sollte.

JÜRGEN SCHRÖDER

LESSING · MINNA VON BARNHELM

Lessings „Minna von Barnhelm", von Goethe als „glänzendes Meteor"
begrüßt, das dann einen Schweif längst verloschener Soldatenglück-
Komödien nach sich zog, ist zwar bald zu einem der wenigen Fixsterne am
deutschen Komödienhimmel avanciert, aber in einer Hinsicht eignet dem
Werk das Rätselhafte eines Meteors noch immer: in der Frage nämlich, wo-
hinaus es mit ihm wolle, wo es denn genau – um mit Dürrenmatts Komödientheorie zu sprechen – in die Welt einfalle und „die Gegenwart ins Komische, aber dadurch ins Sichtbare" verwandle. Es bestehen darüber sehr
verschiedene Meinungen und Thesen, und sie waren vielleicht niemals kon-
troverser als in den letzten Jahren, seitdem mit einer allgemeinen Aufklä-
rungsrenaissance sich auch das Interesse an Lessing und seinen Werken außerordentlich belebte.

In einem ersten Überblick können die eklatanten Deutungswidersprüche
entmutigend wirken, scheint es doch, als diente das Lustspiel vorwiegend
als Barometer für die Gesinnung oder das Erkenntnisinteresse einer Epoche, einer Generation, einer Gruppe oder gar eines individuellen Interpreten. Das Stück wurde als Komödie, als geheime Tragödie oder Tragikomödie inventarisiert, es wurde als preußische Panegyrik, als Huldigung an den
großen König Friedrich vereinnahmt (E. Schmidt) oder als strikt antipreu-
ßisch und antifeudal gerühmt (Mehring, Rilla), die Gestalt Tellheims wurde
aristokratisch oder bürgerlich interpretiert, seine „Ehre" erschien den einen als ein feudaler Popanz, den anderen als der Inbegriff eines makellosen,
unanfechtbaren Charakters; entsprechend wurde Minna abwechselnd ge-
lobt oder verurteilt; dort wurde das Stück als politische Anklageschrift, hier
als humanes Versöhnungsspiel gelesen; die einen setzten das Lustspiel, als
Abschluß oder Vollendung, an das Ende der Aufklärungskomödie, die anderen arbeiteten ihre Überwindung heraus und begrüßten die „Minna von
Barnhelm" als Neuanfang, ja, als Beginn der eigentlich modernen deutschen Literatur.

Zudem ist Lessings Lustspiel in den letzten Jahren zu einem beliebten
Demonstrationsobjekt für das neue und gesteigerte Methodenbewußtsein
der Literaturwissenschaft geworden. Sozialgeschichtliche, ideologie- und
sprachkritische, theologische und ästhetische, ‚konventionelle' und ‚pro-

gressive' Methoden und Deutungen stehen nebeneinander, konvergieren und divergieren und laden ihrerseits zu einer wirkungsgeschichtlichen und ideologiekritischen Analyse ein.

Eine solche Analyse – sie kann hier nicht geleistet werden – würde sehr rasch auf frappierend einfache Konstanten und Einteilungsschemata stoßen und damit den ersten Eindruck eines Interpretationswirrwarrs berichtigen. Ich nenne nur eine Faustregel, die trotz ihrer Simplizität den Gegebenheiten weitgehend gerecht wird: Eine Interpretation, die dazu tendiert, „Minna von Barnhelm" als verhinderte Tragödie zu reklamieren, die Tellheims Partei ergreift, seinen Ehrenhandel und sein Ehrverhalten aus seiner Sicht rechtfertigt und die vorwiegend personenzentriert und übergeschichtlich deutet . . ., verrät in der Regel eine aufklärungskritische, traditionelle, bewahrende Gesinnung; umgekehrt, eine Interpretation, die das Komödienhafte und Spielerische betont, die in Minna die dominierende, autornahe Figur sieht, mit ihren Augen Tellheims ‚Ehrenpunkt' kritisch beleuchtet und für sozialgeschichtliche Aspekte offen ist, wird eine eher aufklärungsfreundliche, liberale bis sozialistische Haltung vertreten. Diese Feststellung kann man ohne jede Parteilichkeit und Wertung treffen, denn für beide Seiten ließen sich ebenso eindrucksvolle wie unergiebige Beispiele nennen.

Sie kann überdies zu einer grundsätzlichen Einsicht in die poetischen, denkerischen, politischen und theologischen Verfahrensweisen Lessings hinleiten. Wer ihn extrem, eindeutig und mit einem statischen Entweder-Oder-Schema interpretiert, wird seine eigentümliche aufklärerische Dialektik und das Prozeßhafte und Didaktische seiner Werke leicht verfehlen. Alle einfachen Setzungen versagen namentlich in der „Minna von Barnhelm", wo Lessing mit gemischten Verhältnissen, zusammengesetzten Charakteren, Grenzfällen und Außenseitersituationen arbeitet. Jeder Wörtlichkeit, jedem Satz, mit dem ein Interpret etwas behauptet, kann man aus dem Text des Lustspiels mit einem Gegen-Satz begegnen. So ist – um ein paar Beispiele methodischer Engführung anzuführen – das Entweder-Oder von Komödie und Tragödie verfehlt, weil Lessing die klassizistische Tragödienform wie die typen- und fehlerbezogene Aufklärungskomödie, indem er sie gegeneinander ins Spiel bringt, zugunsten einer neuen und höheren Komödienform überwindet und aufhebt; so läßt sich Tellheims Ehrenhandel und Ehrverhalten deshalb nicht einseitig als aristokratische oder feudale Angelegenheit ausgeben und kritisieren, weil sie, von einem Geldgeschäft ausgehend, bereits unverkennbar bürgerliche Momente enthält, die bis heute wirksam sind; so kann man den kurländischen Freiwilligen Tellheim ebensowenig als Preußenfeind oder Preußenfreund beanspruchen, wie das Fräulein von Barnhelm als sächsische Patriotin (der Patriotismus ihres Oheims klingt bezeichnenderweise nur sehr verhalten an); so ist auch die Alternative „Epochensatire" oder „Versöhnungsspiel"[1] falsch gestellt, denn das Stück enthält beides, ohne darin aufzugehen; und so werden – theologisch gesprochen – sowohl Tellheims orthodoxer, aber schon psychologisch unterminierter Gotteshader als auch Minnas ungetrübter Aufklärungsoptimismus am Ende zugunsten einer neuen, zugleich innerlichen und tatkräftigen ,humanen' Religiosität transzendiert. Daß Lessing trotz aller Klarheit und Präzision nicht auf einfache Begriffe zu bringen und in bloße Rationalität aufzulösen ist, unterscheidet ihn ja gerade von den durchschnittlichen Aufklärern – auch von den heutigen.

Die Deutungsgeschichte seines Lustspiels läßt beispielhaft erkennen, daß eine literaturwissenschaftliche Interpretation, die ihren Gegenstand nicht *apriori* reduzieren möchte, um eine ausgewogene und sachbezogene Methodensynthese nicht herumkommt. Dabei ist die Frage, welche Methode der Erschließung dem gegenwärtigen „Erkenntnisinteresse" am besten entspricht, niemals schon vorentschieden. Konkret gesprochen: der Verständigungsprozeß und das Kommunikationsmodell in „Minna von Barnhelm" können heutzutage fesselnder und lehrreicher sein als eine emphatisch vorgetragene Einsicht in ihren verdeckten „Klassenkampf" zwischen Adel (oder Hof) und Bürgertum – so als könnte diese Einsicht moderne Bürger und Leser politisieren oder gar für die soziale Sache des Proletariats gewinnen.

Dementsprechend werden im folgenden verschiedene Deutungsansätze – der sozialgeschichtliche und ideologiekritische, der sprachkritische, der theologische und ästhetische – durchgespielt. Ihre Zusammengehörigkeit und ihr Stellenwert werden sich dabei von selbst ergeben.

Der zeitgeschichtliche, politische und realistische Charakter der „Minna"-Komödie – obwohl gerade diese Züge bei den ersten Aufführungen und Rezensionen eher zurücktraten – ist bereits von Goethe hervorgehoben worden. Er spricht im 7. Buch von „Dichtung und Wahrheit" bekanntlich davon, daß dieses Werk die „wahrste Ausgeburt des Siebenjährigen Krieges, von vollkommenem norddeutschen Nationalgehalt", „von spezifisch temporärem Gehalt" und „zwischen Krieg und Frieden, Haß und Neigung erzeugt" sei. Den noch nicht wiederhergestellten Frieden zwischen Sachsen und Preußen sollte das „Schauspiel im Bilde bewirken". Auch eine bezeichnende Aufteilung der beiden Hauptrollen findet man schon bei ihm: „Im Tellheim die Ansicht seiner Zeit und Welt im Punkt der Ehre, in Minna Lessings Verstand."

Es sind zunächst die einfachen Tatsachen, die bei einer historisch-politischen und sozialgeschichtlichen Sichtweise ins Blickfeld treten. Warum sollte Lessing, der im Krieg mit dem „Philotas" (1759) eine Tragödie *gegen den Krieg* und gegen das Heroische geschrieben hatte, nach dem Krieg nicht eine Komödie *für den Frieden* schreiben? War Lessing als ein Sachse, der viele preußische Freunde besaß, der das „Lob eines eifrigen Patrioten" für das „allerletzte" hielt, wonach er geizen würde, der in Berlin als ein Erzsachse und in Leipzig als ein Erzpreuße im Gerede war[2], der als Sekretär des Generals Tauentzien vier Jahre (1760–64) in preußischen Kriegsdiensten stand, nicht geradezu prädestiniert für diese Aufgabe? Insofern ist die „Minna von Barnhelm" als Nachkriegsstück zweifellos auch ein Versöhnungsspiel, ein sehr unorthodoxes allerdings; gegen den nationalen, absolutistischen, offiziellen, festspielhaften Strich angeschrieben; es ist das originelle Versöhnungsspiel eines unanpaßbaren Außenseiters, der ganz in eigener Sache spricht[3].

Deshalb ist es kein Zufall, daß die beiden Hauptfiguren Tellheim und Minna ebenfalls Außenseiter darstellen. Tellheim ist kein Preuße, sondern ein Kurländer, der freiwillig preußische Dienste genommen hat. Was seine Motive dafür betrifft – erörtert vor allem in III,7 –, so hat H. C. Seeba nachgewiesen, „daß es falsch ist, die ideologische Phrase von der ‚Liebe zur Sache' ohne weiteres ihrer ‚positiven', patriotisch gestimmten Wirkungsgeschichte zuzuschlagen und den kritischen Ton zu überhören, mit dem Lessing sie in einen differenzierten Argumentationszusammenhang gestellt hat". Diese Phrase wird von Tellheim selbst am Ende revidiert (V,9), seine strapazierte Beziehung zu Staat, Hof und König gelöst. Auch seine selbstlose Tat, die ihm den entehrenden Bestechlichkeitsverdacht einträgt, kennzeichnet ihn zweifellos als Ausnahmeerscheinung.

Minna ist ebenfalls keine typische Sächsin; sie besitzt souveräne Distanz gegenüber ihrem gesellschaftlichen Stand und seinen Sitten; um Tellheim kennenzulernen, kam sie „uneingeladen" in eine Gesellschaft; jetzt ist sie ihm selbständig nach Berlin nachgereist – es ist nicht nur der Achsenbruch, der den Oheim bis zum Schluß von der Bühne fernhält; ihre Dienerin, mit ihr erzogen, wird als ebenbürtige Freundin behandelt, Tellheim nicht der geringste Vorsprung eingeräumt, dem großen Friedrich nur der allernötigste Respekt bezeugt; Minna von Barnhelm – das wurde oft betont – ist die erste im modernen Sinne emanzipierte Frauengestalt im deutschen Drama. Wenn sich am Ende von IV,6 plötzlich *zwei* ‚Outcasts' der Gesellschaft gegenüberstehen – Tellheim verarmt und entehrt, Minna enterbt und verstoßen –, so ist das nur im vordergründigen Sinne eine Fiktion: Tatsächlich sind sie damit in die Lage versetzt, nur noch für sich selbst zu sprechen und zu handeln. Insofern nimmt das Stück ganz grundsätzlich Partei für das Private und gegen das Öffentliche, für das freie Individuum und gegen die Zwänge der Gesellschaft, des Standes und des Staats; historisch angemessener ausgedrückt: Es vertritt die sezessionistische bürgerliche Geselligkeit und Moral, die sich seit 1740 durch die Wendung gegen Hof und Ständegesellschaft herausbildete[4]. Kein Zweifel, daß Minna am Anfang des Stückes in *dieser* Hinsicht einen Vorsprung vor Tellheim besitzt.

Sie hat freilich gut lachen. Nicht nur ist der Mann viel stärker in die Gesellschaft eingebunden, Tellheim ist es auch, der den schwierigen und hundertfach beredeten ‚Fall‘ des Lustspiels liefert. Dessen sachliche und dramaturgische Komplikation ist erst kürzlich in helles Licht gerückt worden[5]. Für die Absicht eines ‚Versöhnungsspiels‘ ist die Beschaffenheit dieses Falls befremdlich und kritisch genug; es ist der Streit und Prozeß eines unehrenhaft entlassenen Offiziers mit den preußischen Kriegsbehörden, bei dem es um seine ideelle wie materielle Lebensbasis, um seine Ehre und sein Vermögen geht. Lessing hat diese Begebenheit tatsächlich mitten aus dem Leben gegriffen: Ihm waren der desolate Zustand der preußischen Staatsfinanzen am Ende des Krieges, die harten Kontributionen, die vor allem Sachsen auferlegt wurden, die trostlose Lage der Freibataillone und ihrer Offiziere, die man nach Friedensschluß rücksichtslos auflöste und entließ, wohlbekannt. Selbst der Staatsbankrott von 1763 spielt an einer Stelle – „bei dem oder jenem Banquier werden einige Kapitale jetzt mit schwinden“ (IV,6) – deutlich in das Stück und seine ständig beredeten Geldprobleme hinein[6].

Lessing hat also nicht nur keine harmlose, sondern eine äußerst prekäre Konfliktsituation gewählt, der eine so allseitige und scharfe Kritik immanent ist, daß es weniger darum ging, sie zu entbinden, als sie zu dämpfen[7]. Zweifellos sollte die langverzögerte Exposition und Nennung des *punctum saliens* (in IV,6) neben der Spannungssteigerung – wie der Wirt sucht auch der Leser und Zuschauer nach dem „Schlüssel“ zu dem Ganzen (211) – *auch* eine Dämpfungs- und Entschärfungsfunktion übernehmen: Die damit verbundenen Assoziationen und Emotionen der Zuschauer – das Stück wurde ja auch in Sachsen, in Leipzig gegeben – werden zwar nicht unterdrückt, wohl aber an die Peripherie abgedrängt und dann von einem anderen Zentrum her ‚gereinigt‘. Denn zugleich verlagert sich mit dieser dramaturgischen Entscheidung das Interesse von dem Fall auf die Figuren, von dem gefährlichen Stein des Anstoßes auf die Frage, *wie* sie darauf reagieren, d. h. der Blick wird frei für das Spiel der Charaktere, ihr Verhalten, ihre Reaktionen . . . – *sie*, nicht die vergangene, jetzt gerichtsanhängige Begebenheit, stehen im Mittelpunkt des Lustspiels – ganz im Einklang mit Lessings Poetik des Lustspiels.

Diese Verlagerung zu erkennen – und zwar nicht als eine Art Konfliktverdrängung, sondern als die Absicht Lessings – ist nicht unwesentlich; denn es kann das Meinungsdickicht lichten helfen, das sich um den eigentlichen ‚Ehrenpunkt‘ des Lustspiels gelegt hat, um die Frage, wie schwer die öffentliche Kränkung und Entehrung des Offiziers Tellheim zu gewichten sei und worin sie eigentlich bestehe. Daß sie mitsamt dem ganzen ‚Fall‘ allenfalls für eine Tragödie ausgereicht hätte, läßt sich meines Erachtens nicht bestreiten[8].

Hier mißt auch die Elle des aristokratischen, feudalen Ehrbegriffs viel zu kurz: Der Vorwurf der Bestechlichkeit im öffentlichen Dienst, den Verdacht einer Konspiration mit dem Feind eingeschlossen, bedeuten damals wie heute eine außerordentlich schwere Anklage und Beleidigung. Wer mit den Kategorien ‚feudal‘ / ‚höfisch‘ – ‚bürgerlich‘ arbeiten möchte, der sollte erkennen, daß sie sich sowohl in dem Fall selbst wie in dem Verhalten und Reagieren Tellheims untrennbar verwischen, daß es sich hier wie so oft bei Lessing um Grenz- und Übergangsphänomene handelt. Der Vorfall selbst ist bezeichnenderweise zugleich ein Kriegs- wie ein Geldgeschäft, er besitzt seine ‚heroische‘ wie seine ‚bürgerliche‘ Seite[9]. Infolgedessen gerät auch das Verhalten Tellheims sofort in das gleiche Zwielicht. Ein höchst profanes Finanzgeschäft erledigt er einerseits mit der Großzügigkeit des Aristokraten, für den Geld eine lästige Nebensache bedeutet, andererseits suspendiert er das feudale Ausbeutungsprinzip, das den Kontributionserhebungen zugrunde liegt, durch ein sehr bürgerliches Mitleid mit den Ständen. Den bürgerlichen Teil der Angelegenheit behandelt er aristokratisch, ihren feudalen Teil aber bürgerlich.

Insofern erscheint auch der Ehrbegriff, um den es in dem Lustspiel geht, von vornherein in dem Zwielicht des Übergangs von adliger zu bürgerlicher Definition – und damit die Gestalt Tellheims selbst. Diese ‚soziale‘ Zwitterhaftigkeit trägt dazu bei, sein Verhalten, nicht den Fall, komisch zu machen.

Denn Tellheim betreibt seine Sache weder auf aristokratische Manier – dann müßte er, statt sie zu verinnerlichen, in einem rein öffentlichen Raum mit allen Mitteln die Wiederherstellung seiner Ehre betreiben – noch auf eine bürgerliche Weise – dann könnte er, gestärkt durch das Vertrauen seiner Freunde und die Reinheit seines Gewissens, gelassen auf den Spruch der Gerichte warten, statt starr an den überkommenen äußeren Kriterien der Standesehre festzuhalten, die das Bürgertum bereits privatisiert und individualisiert hat. Unbehaust, verunsichert und blockiert zwischen zwei sozialen und moralischen Ordnungen stehend, benutzt er den Fall, um solange sowohl die Gemeinschaft mit den Menschen wie mit Gott aufzukündigen, bis sie ihm einen überzeugenden Beweis ihrer Ordnung und Gerechtigkeit geliefert haben.

Genau besehen ist Tellheim also weder mehr ein „Held“ noch schon ein „Bürger“. Vielleicht kann er deshalb – trotz Minna – zur menschlichsten

Figur des Lustspiels werden, an der auch die heitere Vernünftigkeit und der Aufklärungsoptimismus Minnas ihre Grenze finden, und in der sich schon ein zukünftiges Menschenbild ankündigt. Das heißt, um an den Ausgangspunkt zurückzukehren, die ‚Versöhnung' dieses Nachkriegsstücks wird zuletzt auf einer Ebene vollzogen, die Staat und Gesellschaft weit hinter und unter sich läßt – und damit auch die unvermittelt politischen und sozialgeschichtlichen Deutungen des Stücks. Dabei ist die Brisanz, die subversive Kritik dieser ‚humanen' Lösung eher größer als die einer ‚politischen': führt sie doch am Ende Menschen und eine harmonische Mitmenschlichkeit vor, deren Gesellschaft und Staat erst kommen müssen[10]. Lösung und Versöhnung der „Minna von Barnhelm" beinhalten eine radikale Negation der bestehenden Verhältnisse. Freilich teilt sich diese Negation – im Sinne der Freimäurergespräche – in esoterischer, subversiver Indirektheit und unter Verzicht auf allzulaute exoterische Kritik mit.

Der methodische Einwand, der sich gegen neueste sozialgeschichtliche Deutungen des Stücks erheben ließe, kann insgesamt also lauten: Sie verkehren Lessings leise Esoterik in laute Exoterik, sie verfehlen seinen historischen Kontext, weil sie *das* für zeitgemäß halten, was Lessing selbst mit guten Gründen – siehe „Ernst und Falk" – als ‚unzeitig' einschätzte. Damit aber, und hier liegt das Bedenklichste, relativieren sie die Radikalität von Lessings zugleich politischem und geschichtsphilosophischem Entwurf. „Das Volk lechzet schon lange und vergeht vor Durst", so schließt die Widmung der „Gespräche für Freimäurer" an den Herzog Ferdinand von Braunschweig . . . Der kurländisch-preußische Offizier Tellheim und die sächsische Adlige Minna, die am Ende die „Trennungen", „Klüfte" und „Scheidemauern" der „bürgerlichen Gesellschaft" aufgehoben haben, sind im vollen Sinne Lessings Freimaurer, wenn anders die Freimäurerei „auf dem gemeinschaftlichen Gefühl sympathisierender Geister" beruht, die freiwillig das „Opus supererogatum" tun. Sie annullieren jene Grenzen und Unterschiede zwischen den Menschen, auf die die bürgerlichen Staatsverfassungen damals wie heute noch nicht verzichten können.

Auch die bisher überzeugendste sozialgeschichtliche Analyse des Stücks – diejenige des DDR-Literaturwissenschaftlers P. Weber – fällt auf den letzten Seiten typischen Vereinfachungen anheim. Behält der Hinweis auf die „Auseinandersetzung zweier Fraktionen des Adels, die die Momente eines politischen Schismas der Feudalklasse im vorrevolutionären Deutschland moralisch-gesellig widerspiegelt" gerade den schematischen Konstruktionen Schlaffers gegenüber seinen Wert, so halte ich die Behauptung, daß Lessing mit dem Stück gegen die Politik Friedrichs II. in und nach dem Siebenjährigen Krieg „aufbegehre", bereits für eine parteiliche Übertreibung. Es wird zwar ein „sezessionistischer Adel" gezeigt, aber keinesfalls

als ausgesprochener „Gegenspieler des Hofs". Tellheims vehemente Absage an König und Hof in der Szene V,9 – „ich empfinde eben, daß es mir
unanständig ist, diese späte Gerechtigkeit anzunehmen . . ." – läßt sich
nicht einfach aus ihrem komplexen psychischen Kontext lösen und zum politischen Glaubensbekenntnis ummünzen, ist sie doch zunächst der äußerste Versuch, Minna zum Nachgeben zu veranlassen[11]. Mit dieser Absage
befreit sich Tellheim allenfalls weiter von den Bindungen an Hof und König; wird er damit, nur um der marxistischen Geschichtsauffassung Genüge
zu tun, schon zu ihrem „Gegenspieler"? Das und ähnliches sind Aktuali-
sierungen des Lustspiels, die es paradoxerweise historisieren, statt es zu
vergegenwärtigen.

Nicht der heikle Konflikt zwischen Tellheim und Staat und Gesellschaft,
sondern die damit verbundene Auseinandersetzung zwischen den beiden
Verlobten steht im Mittelpunkt des Lustspiels. Der Vorkehrungen, die den
ursprünglichen *casus belli* entschärfen und in den Hintergrund drängen,
sind zu viele, als daß sie mit Zensurrücksichten oder anderen Bedenklich-
keiten erklärbar wären: Der Feldjäger mit dem Königlichen Handschreiben
kommt zufällig einen Tag zu spät (V,6); der Oheim Minnas, den Dank und
das Geld der Stände bringend, verspätet sich ebenfalls durch einen berech-
neten Zufall; Freund Werner ist mit Geld und guten Nachrichten zur Stelle
(III,7; IV,4); der Glücksjäger Riccaut nur mit letzteren (IV,2); Minna, als
gute Fee, ist vom zweiten Aufzug an gegenwärtig, das böse „Räthsel" gibt
sich erst in IV,6 zu erkennen und auch hier nur ziemlich verschleiert und
nebenbei . . . und, vor allem, statt von seinen unsichtbaren Gegenspielern
und Verleumdern ist Tellheim von lauter hilfsbereiten Freunden umgeben.
Lessing hat also alles getan, um die Aufmerksamkeit von der potentiellen
Handlung und Bedrohung (das Gerichtsverfahren usw.) auf die Figuren
und Konfigurationen zu lenken. Damit entspricht er schon hier einer Komödientheorie, die er ein paar Jahre später in der „Hamburgischen Dramaturgie" entwickelt hat: da „Die Komödie (. . .) durch Lachen bessern"
will, „da in der Komödie die Charaktere das Hauptwerk, die Situationen
aber nur die Mittel sind, jene sich äußern zu lassen, und ins Spiel zu setzen",
wird Tellheim immer wieder in die gleiche, in Variationen sich steigernde
Situation gestellt, in der unser „Lachen aus einer Vermischung der Lust
und der Unlust" entsteht, ein Lachen, für dessen Übergang zum „Weinen"
es nicht mehr bedarf, „als daß die Lust und Unlust (. . .) beyde zum höchsten Grade anwachsen". Tellheim selber wird dadurch nicht „verächtlich,
er bleibt wer er ist, und das Lachen, welches aus den Situationen entspringt,
in die ihn der Dichter setzt, benimmt ihm von unserer Hochachtung nicht
das Geringste". Das Lachen entspringt aus den Situationen – also nicht aus

dem Charakter oder der Handlung! Lessing schrieb diesen Grundsatz im Erscheinungsjahr der „Minna" nieder.

Warum aber sind es fortwährend schiefe Situationen, in die Tellheim gerät, warum lassen sie ihn in einem komischen Licht erscheinen? Von der sozialgeschichtlichen Ursache war schon die Rede. Hinzu kommen noch drei weitere Gründe: Zum einen bewirkt Tellheim inmitten einer harmonischen Kommunikationsgemeinschaft eine bewußte Kommunikationsstörung; zum anderen wird ihm durch eine Verblendung und Betäubung, die ihm die Wahrnehmung der nächsten Umgebung trübt, sein Hader mit der Welt zu einem trotzigen Hader mit Gott; und zum dritten spielt er hartnäckig Tragödie, obwohl er sich in dem Spielraum der Komödie bewegt. Dabei ist dies alles wechselseitig Ursache und Wirkung zugleich.

Tellheim ist bitteres Unrecht geschehen; er befindet sich zu Beginn des Lustspiels in einer scheußlichen Situation. Ein Mann, „mit dem es zu Ende geht" (195), stuft ihn der gewitzte Wirt vor Minna ein. Aber nicht darum handelt es sich im folgenden, sondern um die Weise, wie Tellheim sich verstockt und trotzig isoliert, mit aller Welt bricht und jede vernünftige Kommunikation selbst mit seinen Freunden und Vertrauten verweigert, komisch präludiert von Just in der Szene I,1. P. Weber hat in diesem Zusammenhang mit Recht auf das „Thema exklusiver Tugendhaftigkeit" hingewiesen, das Lessing seit dem „Freygeist" beschäftigte. Tellheim selbst formuliert seinen kritikbedürftigen Standpunkt mit einer stoisch-heroischen Sentenz: „der Unglückliche muß gar nichts lieben. Er verdient sein Unglück, wenn er diesen Sieg nicht über sich selbst zu erhalten weiß; wenn er sich gefallen lassen kann, daß die, welche er liebt, an seinem Unglück Anteil nehmen dürffen" (203). Mit solcher rigorosen Absage an natürliche mitmenschliche Beziehungen auch im engsten Kreise der Freunde und Vertrauten hebt Tellheim Lessings zentrales Mitleid-Prinzip auf[12]. Er verbittet sich die mitleidige Anteilnahme an seinem Geschick – ungesagt bleibt jedoch, daß er damit, wie auf einer Bühne agierend, die distanzierte kalte *Bewunderung* für seine stoische und heroische Haltung herausfordert, also gerade jenen Affekt, den Lessing als Wirkungsabsicht der klassizistischen höfischen Tragödie am entschiedensten kritisierte und ablehnte.

Die einseitige Kommunikationsstörung Tellheims realisiert sich unüberhörbar in Sprache und Dialog des Lustspiels, ein Weg, der bis zum „Schwierigen" von Hofmannsthal weiterführen wird[13]. Es gibt kaum einen Auftritt, der nicht sehr spielbewußt die Möglichkeiten und Grenzen dialogischer Verständigung demonstrierte. Dabei stehen fast alle Szenen in einem kunstvollen Variationsverhältnis zu den Begegnungen zwischen Minna und Tellheim[14]. Der Major erscheint als ein Mann, der nicht mehr mit sich reden lassen will, Minna als eine Frau, die ihn lachend zur Rede stellt. Er spricht ausweichend und widerwillig, mit jedem Wort zum Abbruch des Gesprächs bereit – Minna hält ihn, da er sich nicht auf ihren herzlichen Ton einläßt, gleichsam an seinen fluchtbereiten Worten fest und geht ihnen fragend nach (II,9 f.). Dieses kommunikative Verhältnis spiegelt sich auch in der Pantomime, auf die Lessing, Diderot folgend, großen Wert legte. Sie wird schon bei der ersten Begegnung zwischen Tellheim und Minna eingeführt: nach der spontanen Bewegung aufeinander zu stutzt Tellheim (II,8), um mehr und mehr zurückzuweichen, bis er die Szene fluchtartig verläßt (II,9), während Minna auf ihn eingeht, seine Hand ergreift, an die Brust zieht und ihm schließlich nachstürzt.

In einer scheinbar privaten Sphäre wird hier ein Thema durchgespielt, das dann im „Nathan", wo isolierte Menschen der verschiedensten Stände und Weltreligionen aus einseitigen Dialogen in eine utopische Gemeinschaft geführt werden, ins Menschheitliche ausgeweitet ist.

Denn es sind auch zwei verschiedene historische, soziale und poetische Sprachstufen und Sprachformen, die Lessing in Tellheim und Minna aufeinandertreffen läßt: eine unnatürlich-willkürliche und eine natürlich-unwillkürliche Sprache, die frostige Sprache des Zeremoniells und die „Sprache des Herzens" und des Witzes, die antiquierte höfische Diktion der klassizistischen Tragödie und die bürgerliche Sprache der Komödie[15]. Die schärfste Gesellschaftskritik versinnlicht sich bei Lessing allemal in sprachlicher und ästhetischer Kritik. Tellheims Sprechen und Sprache werden immer wieder kritisiert und korrigiert[16]. In dem Auftritt III,7, wo der Major in einem Zuge lügt (er habe das Geld von der Marloffinn bekommen) und doch dem Wachtmeister Werner das Lügen verweist, kann sich der Leser oder Zuschauer selbst einen Vers darauf machen. Sonst übernimmt Minna, durch ihr Lachen und durch ihre Vernunft, die kritische Korrektur, exemplarisch in II,9, wo sie Tellheims theatralische Tiraden mit einem „das klingt sehr tragisch!" pariert, und in IV,6, wo sie seinen „Übertreibungen" eine ästhetische Lektion über die Vernünftigkeit des Lachens erteilt.

Auch Minnas Intrige, die am Ende von IV,6 einen sofortigen Rollentausch zur Folge hat, steht ganz im Dienste einer höheren Sprach- und Kommunikationserziehung. Sie will Tellheim, der nur noch monologisiert und ihr auf beleidigende Weise das Wort abschneidet, ins gemeinsame Gespräch zurückholen. Verräterisch prompt reagiert er auf ihren „tragischen" Ton: „meine Tränen vor Ihnen zu verbergen, Verräther!" (243); gleich zweimal beteuert er daraufhin, kein „Verräther" zu sein. Selbst der biedere Werner beginnt schon den tragischen Ton zu parodieren, mit seinem lakonischen: „O Jammer!" – „O Freude!" in V,1.

Durch den fiktiven Rollentausch verstärkt sich die aufklärerische Spiegelfunktion der Sprache. Tellheim wird nach dem Auftritt IV,6 planmäßig mit den Reden und Redensarten konfrontiert, die er zuvor gebraucht hat, und umgekehrt spricht und spielt er jetzt zum Teil Minnas früheren Part nach. Wenn dieser komödienhafte und aufklärerische Verständigungsprozeß trotzdem nicht zum erhofften Ziel führt, wenn es gerade in den Auftritten V,10 f. zu den erschreckendsten Mißverständnissen und Täuschungen kommt, so hat dies theologische und ästhetische Gründe, von denen noch zu reden sein wird.

Das aufklärerische Ideal und Prinzip einer progressiven Kommunikationsgemeinschaft der Menschen, die sich in der und durch die Sprache, d. h. durch vernünftiges Schreiben und Sprechen verwirklicht, wird dadurch jedenfalls nicht suspendiert, sondern von Lessing auf seine Weise modifiziert und weiterentwickelt. In der ,,Erziehung des Menschengeschlechts'' erscheint die Konzeption der Weltgeschichte auch – wie ich an anderer Stelle zu zeigen versucht habe[17] – als ein Erziehungsgespräch, als ein höherer Sprachunterricht zwischen Gott und dem Menschengeschlecht, so aber, daß Gott durch seine ,,Offenbarungen'' zwar die ,,Anstöße'' gibt, der sprachliche Lernprozeß sich jedoch – die ,,Offenbarungen'' müssen durch die Menschen in ihre Sprache der ,,Vernunft'' übersetzt werden – in einem rein menschlichen, natürlichen Bereich vollzieht, in Richtung auf eine immer menschlicher werdende Sprache, auf die schließliche Vollkommenheit menschlicher Kommunikations- und Verständigungsprozesse, in denen menschliche Vernunft und göttliche Offenbarung eins werden. Tellheims ,,Fehler'' besteht darin, daß er sich diesen Zusammenhängen und damit der dem einzelnen zuwachsenden Verpflichtung für den ,,Fortgang im Ganzen'' zu entziehen versucht, daß er aus dem Erziehungs- und Selbsterziehungsprozeß der Menschheit ausscheidet; während Minna, wie später Nathan, deshalb mit der ,,Vorsicht'' im Bunde zu stehen scheint, weil sie die ihr zufallende Erziehungsrolle mit heiterer Überlegenheit spielt.

Es ist nun kein Zufall, daß sich philosophische Positionen heutiger Aufklärung, ohne dessen bewußt zu sein, zwanglos an Lessings geschichtsphilosophisches Kommunikationsmodell anknüpfen lassen. Namentlich Karl-Otto Apels Begriff und Idee einer ,,unbegrenzten Kommunikationsgemeinschaft'', die ,,einerseits mit jedem Argument, ja mit jedem menschlichen Wort postuliert ist (genaugenommen sogar mit jeder Handlung, die als solche verständlich sein soll), andererseits aber in der geschichtlich vorgegebenen Gesellschaft immer noch erst zu realisieren ist'', sein ,,Ziel einer hermeneutischen Aufklärung'' und Jürgen Habermas' Begriff des ,,Diskurses'', d. h. die kontrafaktische Annahme einer ,,idealen Sprechsituation'' und eines ,,herrschaftsfreien Dialogs'', der alle ,,systematische Verzerrung der Kommunikation'' durch Arbeit und Herrschaft ausschließt, weisen eine erstaunliche Nähe zu Vorstellungen und Verfahren Lessings auf[18].

Freilich sind ihre Modelle im Unterschied zu jenem vollends säkularisiert, soziologisiert und um die Erfahrungen der Psychoanalyse bereichert. Den metahermeneutischen Platz, den bei Apel und Habermas die Psychoanalyse besetzt, füllt bei Lessing noch die Religion aus, so aber, daß der religiöse Konflikt schon eine psychische Erscheinungsform findet. Es wird hier eine Modernität und Aktualität Lessings erkennbar, die durch ausgesprochen soziologische und politische Deutungen eher verstellt wird. Finden sich in der ,,Minna" nur erst Spuren, so verwirklicht sich dann im ,,Nathan", den Schiller hellsichtig für die Gattung der Komödie reklamierte[19], die Utopie der ,,unbegrenzten Kommunikationsgemeinschaft" und des ,,herrschaftsfreien Dialogs" auf exemplarische Weise[20].

Daß Minnas spielerischer Aufklärungs- und Erziehungsversuch an Tellheim scheitert – diese Tiefe seiner Kommunikationsstörung begründet sich teilweise in einer religiösen Dimension, die bei Lessing trotz aller ketzerischen Säkularisierungen noch hineinwirkt und die selbst in dem so weltlichen Spiel der ,,Minna" der Beachtung bedarf. Wie in den anderen bisher erörterten Hinsichten befindet sich Tellheim auch in theologischer auf einer rückständigen, kritikbedürftigen Stufe. Insgeheim – darum erscheint er so verstockt – führt er einen Privatprozeß wider die ,,Vorsicht", der er einen unmißverständlichen Existenz- und Gerechtigkeitsbeweis abtrotzen möchte; er hadert noch mit einem persönlichen Gott, den es bei Lessing gar nicht mehr gibt. Auch daraus entspringt seine Verblendung wie seine Komik.

Aus einem vielbezüglichen Netz sprachlicher Anspielungen, die Wortbereiche und Metaphorik des Sehens und Hörens betreffend, läßt sich erschließen, daß Lessing seine Gestalt mit der biblischen Parabel vom Blinden, der nicht sehen, und vom Tauben, der nicht hören will, weil er insgeheim mit Gott hadert, in Beziehung gesetzt hat[21]. Erst im 12. Auftritt des fünften Aufzuges gehen dem verblendeten und betäubten Tellheim plötzlich die Augen und Ohren auf: ,,Gott! was seh' ich? was hör' ich?" Endlich erkennt er den Ring, den er in IV,6 von Minna entgegengenommen hat, als denjenigen, mit dem sie sich ihm seinerzeit anverlobte. Das etwas komplizierte Hin und Her der Ringe dient Lessing auch als Vehikel, um die hintergründige biblische Parabel als unauffällige Fabel in das Lustspiel einzulassen. So wenig Tellheim noch zu sehen und zu hören vermag, so wenig ist er bereit, sich helfen zu lassen. Er möchte geben, ohne zu nehmen[22]. Was die Ringparabel des ,,Nathan" Jahre später lehren wird, zeigt sich im Ringgeschehen der ,,Minna" bereits verwirklicht: Das religiöse Verhalten und Verhältnis hat sich in ein menschliches und zwischenmenschliches hereingewendet. Wie Saladin im ,,Nathan" wird Tellheim darüber belehrt, daß auch die religiösen Entscheidungen in einem rein zwischenmenschlichen Raum fallen. Die Theodicee ist zur Sache des Menschen geworden; der christliche Glaube realisiert sich allein im Herzen des einzelnen.

Deshalb ist Lessing weit davon entfernt, den Triumph einer allmächtigen „Vorsicht" über den fehlbaren und sündigen Menschen zu verherrlichen oder gar die Todsünde der Superbia und Verstocktheit anzuprangern und zu beschämen. Tellheims Verblendung ist nicht verhängt, sondern inmitten eines gesellschaftlichen Bedingungszusammenhangs „selbstverhängt"; sie äußert sich als Problem der menschlichen Psyche und der menschlichen Kommunikation, nicht als Gottlosigkeit, sondern als Un-Menschlichkeit.

Von hieraus gesehen, geht es weder um Tellheims moralisches Verhalten, um Wert und Grenze des Ehrbegriffs etwa, noch um Minnas „Übermut" oder „Leichtsinn", vielmehr um etwas Grundlegenderes: um Tellheims seelischen Gesamtzustand, der sich im Laufe des Lustspiels mehr und mehr als ein innerster Zustand der Verblendung und Betäubung enthüllt. Das bewegende Moment des vierten und fünften Aufzugs bildet nicht die Tatsache, daß Minna ihn mit ihrer angeblichen Verarmung und Verstoßung täuscht, sondern daß Tellheim sich blindlings täuschen läßt, daß er diese Täuschung selbst herausfordert, um sich, während er „frei" umherzuschauen und alle „Nebel zerstreut" (V,5) glaubt, bis zum Unglaublichen darin zu verstricken.

Dagegen bleiben selbst Minnas freier und durchdringender Blick und ihre heitere Aufklärungsintrige machtlos. Die einzige Täuschung, der sie unterliegt, stellt ihrer Liebe das beste Zeugnis aus: Sie unterschätzt das Ausmaß von Tellheims innerer Verblendung, die komplizierte Psychologie seines Seelenlebens, weil sie über eine psychologische Metahermeneutik im modernen Sinne noch nicht verfügt. Mögen auf der hellen Schauseite seines Verhaltens alle seine Motive und Argumente unbestreitbar ehrlich und ehrenwert sein, auf der dunklen Rückseite erscheinen sie zugleich als Vorwände für Tieferes, als Ausfluchten eines äußerst labilen Seelenzustandes, der sich das empörende Unrecht nicht schmälern lassen will. Lessing setzt die rationalen Begriffe und Werte und die typischen Komödienformen des 18. Jahrhunderts nicht außer Kraft, aber er zeigt sie erstmals im lebendigen Spiel und auch als Spielball seelischer Kräfte, die den vernünftigen Definitionen nicht mehr ohne weiteres zugänglich sind.

In dieser psychologischen Vieldeutigkeit, Widersprüchlichkeit und Hintergründigkeit der konventionellen Werte und Formen (vgl. die Edelmutsepisode I,6) besteht ein neuer großer Reiz und Fortschritt seiner Dramatik, die bereits die Figuren, noch nicht jedoch die Abläufe psychologisiert[23]. So wird an Tellheim letztlich weder eine „Tugend" gepriesen, noch ein „Fehler" gebrandmarkt, vielmehr – ausgehend von diesem Schema – ein menschlich-allzumenschliches Verhalten, eine komplexe Situation des menschlichen Innern vorgeführt, die sich gegen allen Anschein nicht mehr auf eine „Eigenschaft" oder einen Begriff reduzieren läßt. Daß beides, das Unbewußte und Bewußte, Gefühl und Gedanke, Selbstsüchtigkeit und Selbstlosigkeit, Ausflucht und Bekenntnis, Ehrgefühl und Verbitterung, Verblendung und Edelmut, das Individuelle und Gesellschaftliche eng zusammengehören und durcheinanderspielen, in dieser Einsicht bekundet sich die wegweisende Psychologie des Dramatikers Lessing. Indem er eine rückständige religiöse Haltung psychologisiert, deckt er ihre menschlich-gesellschaftlichen Bedingungen auf.

Wegen dieser irrationalen psychologisch-religiösen Dimension scheitern zuletzt die Besserungsmechanismen der Aufklärungskomödie und sprengen ihren traditionellen Rahmen. Obwohl Minna nur die üblichen Zutaten in das Reagenzglas des Lustspiels gegeben hat, kommt es zu einer Reaktion, die alles Übliche und Erwartbare hinter sich läßt und die Figuren und den Zuschauer mit zutiefst psychopathischen Zügen des Menschenhasses und des Weltzweifels konfrontiert. Wie wird der Aufklärer Lessing mit dieser Konfrontation des Irrationalen und Emotionalen fertig? Daß Minnas aufklärende Worte, ihre heitere Vernünftigkeit, ihre „Hypothesen und Erklärungen und Beweise" nicht ausreichen, um Tellheim die Augen zu öffnen, läßt sich nur noch mit Lessings theologischen und religiösen Positionen erklären, in denen er sein Verhältnis zum Irrationalen definiert. Es geht um das zu seiner Zeit heftig umstrittene Verhältnis von Vernunft und Offenbarung, also um das Problem des christlichen *Glaubens*, an dem die aufklärerische Vernunft ihre Grenze findet. Lessing hat wiederholt die Überzeugung geäußert, daß die Vernunft sich gefangen zu geben habe, „sobald sie von der Wirklichkeit der Offenbarung versichert ist", daß dem Christen das „Christentum, welches er so wahr, in welchem er sich so selig *fühlet*", durch keine „Hypothesen und Erklärungen und Beweise" zu erschüttern ist, daß „*die Religion* in den Herzen derjenigen Christen unverrückt und unbekümmert" bleibe, „welche ein inneres Gefühl von den wesentlichen Wahrheiten derselben erlangt haben", und daß sich zuletzt alles auf diese „innere Wahrheit" gründe, die „keiner Beglaubigung von außen bedarf". Lessing respektiert also, im Unterschied zu den Neologen, den irrationalen Bereich in dem einzelnen Menschen. Weil und insoweit Tellheims Fall in diesen irrationalen und emotionalen Glaubensbezirk hineinreicht, ist seine Wandlung also nicht mehr durch die Strategien der Komödie, sondern nur durch eine aufwühlende, innere Erschütterung zu bewirken, die ebenso deutlich einen Offenbarungs- wie einen psychopathologischen Krisencharakter trägt (V,12). Sie bezeichnet den Punkt, wo die Autonomie des Individuums sich aller komödiantischen Manipulierbarkeit entzieht.

Freilich ist nicht zu leugnen, daß auch hier eine Dialektik am Werk ist, die in der rückständigen religiösen Position Tellheims zugleich künftige Momente angelegt hat: nämlich den radikalen Zweifel an der Gerechtigkeit der Weltordnung und an dem geschichtsphilosophischen Fortschritts- und Vorsehungsglauben und seinem Kommunikationsmodell, ein Zweifel, der den historisch-politischen Erfahrungen des 20. Jahrhunderts näher steht als jener selbstsichere Optimismus Minnas, daß ,,die Vorsicht (. . .) den ehrlichen Mann immer schadlos" hält ,,und öfter schon im voraus" (IV,6).

Daß am Ende jedoch eine ,,Scheinwelt" triumphiere, daß Lessing die Komödie noch einmal dadurch rette, ,,daß er die Tiefe, den schon zu spürenden Abgrund, mit dem Teppichgewebe des Scheins überspannt", ist wohl nichts als eine rückwärts gewandte Prophetie. Der Aufklärer Lessing speiste sein Publikum nicht mit Trugperspektiven, Scheinkämpfen und bewußter Verblendung ab; diese mit seiner Person und seinem Werk unvereinbare Behauptung läßt sich meines Erachtens durch eine Analyse der ästhetischen Struktur des Lustspiels entkräften.

Auch die ,,Minna von Barnhelm", so direkt sie aus dem Leben gegriffen scheint, ist das Werk eines *poeta doctus*. W. Hinck hat die ,,Überlieferungsgebundenheit" dieser Komödie – ihres Stoffes, ihrer Figuren und ihrer Formen – zusammenfassend dargestellt. Namentlich die englische Komödie, das ,,weinerliche Lustspiel", Diderots Ständetheater und sein Modell einer ,,ernsten Komödie" haben bei ihrer Verfertigung Pate gestanden. Weitaus schwieriger ist es, innerhalb des Lessingschen Werkes die Entstehungsspuren und Entwicklungslinien aufzudecken, die nach einer dreizehnjährigen Pause im Lustspielschaffen zu dieser Komödie (1763 begonnen, 1767 erschienen) hinführen. In den zahlreichen dramatischen Plänen und Fragmenten zwischen 1756 und 1766 läßt sich nur *ein* Entwurf aufspüren, der in fast schematischer Weise zu den ästhetischen und sprachlichen Problemen der ,,Minna von Barnhelm" weiterleitet. Es ist der letzte ,,Fatime"-Entwurf[24], der noch von einem klassizistischen Tragödienstoff ausgeht, sich dann aber als ein Stück vehementer dramatischer Kritik an der klassizistischen höfischen Tragödie entpuppt. Übt nämlich schon Fatime, des Sultans Lieblingsfrau wider Willen, leidenschaftliche Kritik an der Unnatur und den Zwängen von Hof und höfischer Sprache, so wird sie ihrerseits durch das unerwartete Lachen der Dienerin Jaffith noch einmal kritisiert. Dieses Lachen legt das Übertriebene und Unnatürliche im Gebaren Fatimes frei, kritisiert ihre Imitation heroischer Frauengestalten (vgl. das 30. und 32. Stück der ,,Hamburgischen Dramaturgie"), ihre rhetorische Sprache und verweist sie auf die ,,weisere Natur"; das Lachen stimmt den heroischen Tragödienstil auf den Ton eines bürgerlichen Trauerspiels herab.

63

In einem ähnlichen Rollenverhältnis, in einer vergleichbaren kritisch-ästhetischen Auseinandersetzung wie Fatime und Jaffith stehen nun auch Tellheim und Minna, wenn auch von Anfang an in dem ungleich gemäßeren Spielraum des Lustspiels. Tellheims Verhalten und Sprechen, obwohl schon in einem kritischen Verhältnis zu Hof und Staat, wirken unnatürlich und unangemessen, weil er mitten im Lustspiel agiert, als stünde er in tragisch-klassizistischen Situationen. Wie Jaffith bei Fatime fühlen sich die anderen Figuren deshalb ständig aufgerufen, ihm den Spiegel der Komödie, der Vernunft und der Natur vorzuhalten.

Der ästhetische Ablauf der beiden ,,Fatime"-Auftritte wird in der ,,Minna" perpetuiert; ihre Struktur und ihre Rollenverteilung ist also aus einer präzisen ästhetischen Kalkulation hervorgegangen. Die Möglichkeiten der Form werden, über den Wendepunkt des Rollentausches hinaus, restlos ausgeschöpft; aber es wohnt ihr ein Moment der Steigerung und Polarisierung inne, das sich zuletzt auch der Kontrolle Minnas entzieht. Denn die einseitige didaktische ,,Fatime"-Situation – Jaffith lehrt, Fatime lernt – ist zu einem ästhetischen Grenzfall ausgebildet, der an Minna zwar immer noch die Geste der Belehrung vergibt, die Geste des Belehrten aber wird von Tellheim nicht mehr akzeptiert. Die Gestalten decken sich nicht mehr, wie im ,,Fatime"-Fragment, mit den ursprünglichen Funktionen des ästhetischen Modells; es selber wird zuletzt zu einem Objekt der Kritik. Der Zuschauer erlebt, daß die selbstgewisse Komödien- und Kommunikationsstruktur, wiewohl durch Minna so glänzend vertreten, vor der Gestalt des Majors versagt. Auf lachende Belehrung und Aufklärung angelegt, treibt diese Struktur Tellheim bis in den Auftritt V,11 immer weiter in seine Unbelehrbarkeit und Verblendung hinein. Die allgemeine Verständigung und Versöhnung wird nicht durch sie, sondern durch vergleichsweise mechanische Mittel gestiftet. Das heißt, die ästhetische Lustspielstruktur wird aufgehoben, nachdem sie bis an die Grenzen ihrer Möglichkeiten ausgespielt worden ist. Die Charaktere entwachsen einer dramatischen Situation und ihrem einseitigen moralischen Richteramt, durch die sie zur Erscheinung gelangt sind. Zum erstenmal stehen sie sich am Ende als freie, gleichberechtigte und unberechenbare Individuen gegenüber. Die ,,Natur", so hat sich gezeigt, ist weiser als das ästhetische Modell und stiftet eine neue Kunstform. Im Anschluß an den Satz der ,,Wahlverwandtschaften", daß alles in seiner Art Vollkommene über seine Art hinausweise, läßt sich mit Adorno auch über die ,,Minna von Barnhelm" sagen: ,,Der Vollzug des dem Kunstwerk selbst streng immanenten geistigen Prozesses heißt zugleich: Blindheit und Befangenheit des Kunstwerks überwinden."

Das Aufklärungsgeschehen selbst wird komisch, weil es an seine unüberschreitbaren Grenzen stößt. Die traditionelle affirmative Funktion der

Aufklärungskomödie, an den frühen Lustspielen Lessings noch zu beobachten, wird außer Kraft gesetzt. Sie erreicht kein definitives sichtbares Ziel, durch das sie sich selbst bestätigt, sondern eine Lösung, die sich neuen und noch unbekannten Räumen öffnet. Die Aufklärung, als ein vorwiegend optisches und intellektuelles Phänomen, wird transzendiert zugunsten einer neuen Hellhörigkeit für das Innere des Menschen[25]. Die Gefährdung wie die Selbstgewißheit des Menschen sind größer geworden.

Dieser Vorgang bezeichnet den Rang und die Leistung des Aufklärers Lessing. Aufklärung bedeutet ihm kein iteratives Geschehen, das durch seine sichtbaren Erfolge und greifbaren Ergebnisse das eigene System stabilisiert, sondern einen unabschließbaren Prozeß, der sich in seinem Wirken zugleich selbst revidiert. „Die Freimäurerei war immer", sagt Falk zu Ernst, und sie wird immer sein, auch wenn „dem ganzen jetzigen Schema der Freimäurerei ein Ende" gemacht wird; denn „ihre wahren Taten sind ihr Geheimnis".

In diesem Sinne setzt das Lustspiel „Minna von Barnhelm" eine Art von innerer Aufklärung frei, die nicht mehr nur gesehen und verstanden, sondern auch gehört und gefühlt sein will. Es führt seine Protagonisten an die Schwelle dieser neuen Aufklärungsstufe, seine Zuschauer schon darüber hinaus. Sie haben das unabschließbare Drama der Aufklärung weiterzuführen. Lessings Stücke können erst dann, jenseits des Spiels, zu Theodizeen werden, wenn seine Figuren und Zuschauer sie zu „Anthropodizeen" machen.

Gegen den Willen des Vaters, der den zwanzigjährigen verlorenen Sohn von Königsberg zurück nach Livland beordern möchte[1], reiste Jakob Michael Reinhold Lenz 1771 als ‚Mentor' der beiden Brüder Friedrich Georg und Ernst Nicolaus von Kleist über Berlin und Leipzig nach Straßburg, wo er auf den „poetischen Zwilling-Bruder" Goethe traf, Mitglied einer philosophisch-literarischen Sozietät wurde und sich der literarischen Öffentlichkeit bald als ein zweiter deutscher Shakespeare empfahl. Auf Goethes Vermittlung hin erschienen 1774 anonym im Druck: die Komödien „Der Hofmeister" und „Der neue Menoza", „Lustspiele nach dem Plautus fürs deutsche Theater" und die Schrift „Anmerkungen übers Theater".

Ob Lenz jedoch den „Hofmeister" bereits in Königsberg begonnen hat, läßt sich nicht mit Sicherheit ausmachen; nichtsdestoweniger legt die Berliner Handschrift ein frühes Entstehungsdatum nahe. Im Gegensatz zur Druckfassung enthält die Handschrift, worauf schon M. N. Rosanow hinwies, noch die Namen der realen Personen, die Lenz in Livland und Königsberg gekannt hat: Pätus beispielsweise ist hier noch sein Königsberger Kommilitone Pegau, Frau Hamster entspricht der wirklichen Frau Höpfner, Rehaar einem Herrn Reichhardt, Graf Wermuth dem Grafen Bernold, Bollwerk dem Studenten Baumann und der Schulmeister Wenzeslaus dem Bekannten Martin. Allerdings stellt die Druckfassung eine dergestalt entscheidende Verbesserung und Differenzierung dar[2], daß man von der Handschrift her leicht die fortgeschrittene dramatische Position des Livländer Dichters demonstrieren könnte, die der Zeitgenosse Christian Friedrich Daniel Schubart in seiner Rezension im August 1774 folgendermaßen rühmt: „Das ist mal ein Werk voll deutscher Kraft und Natur. So mußt' dialogisieren, die Situationen anlegen, die Charaktere bearbeiten, wenn du ein echter Deutscher sein – wenn du auf die Nachwelt kommen willst."

Gegen den Hintergrund des Aufklärungsdramas setzt der schwäbische Stürmer und Dränger in der „Deutschen Chronik" die ästhetischen Erwartungen einer neuen Generation. Ähnlich wie vorher Matthias Claudius im „Wandsbecker Bothen" (15. Juni 1774) und ein besonders enthusiastischer Rezensent in den „Frankfurter gelehrten Anzeigen" (26. Juli 1774), sieht auch Schubart die Komödie „Hofmeister" in der Nachbarschaft von Goethes „Götz" und rühmt er die formale Unabhängigkeit und Originalität, „die ganze Zauberei des Genies", den „vollen Strom der Leidenschaft, altdeutsche Kraft und Macht". Die wohlmeinenden Rezensenten sehen im Stück, das man übrigens hartnäckig Goethe zuschrieb, „Menschen und wahres Gefühl" und zeigen sich von ihm, damit den Gegensatz zu den „kalten Declamationen" der Franzosen und ihrer Epigonen betonend, durchweg „ergriffen". Nichtsdestoweniger bekritteln die ästhetisch Konservativen, die Aufklärer Wieland (September 1774 im „Teutschen Merkur") und Nicolai (1775 in „Allgemeine Deutsche Bibliothek"), gerade die nämlichen Eigenschaften, welche die ästhetisch progressivere Gruppe preist. Wieland vermißt im Hinblick auf die Darstellung „zuweilen bey der Natur die Kunst und bei der Kunst die Natur". Nicolai hält noch weniger hinter den Berg und erklärt schlichtweg: „Alles ist nur hingeworfen, alles bricht ab, ehe es vor dem Zuschauer rechte Wirkung thun kann." Was hier offensichtlich keine „Wirkung" tut, „ergreift" die Gegenpartei um so mehr. Damit sei auch gleich angedeutet, daß Lenz mit seiner Komödie „Der Hofmeister" 1774 auf eine literarische Öffentlichkeit stieß, in der gerade die alte Auseinandersetzung zwischen Neubarock und Klassizismus, englischem und französischem Theater, zwischen den ästhetischen Auffassungen Klopstocks und Wielands wieder aufgeflammt war, wie es nicht zuletzt auch Goethes Satire „Götter, Helden und Wieland" illustriert.

Neben Herder und Goethe propagierte auch Lenz das neue literarische Programm. Man sagte dem französischen Drama den Kampf an, erklärte das englische, vor allem Shakespeare, zum Vorbild, denunzierte Regelzwang, jede Art von normativer Poetik und trat für die Emanzipation des schöpferischen Genies ein. Drama und Dramentheorie des Sturm und Drang zielen aufs Individuelle und Charakteristische. Man will die „wahre" Natur mittels der Affektregie oder anderer rhetorischer Strategien „aus den Konventionen und Masken der Gesellschaft und des Alltags" herausholen und knüpft deshalb auch bewußt an die einfacheren, noch nicht vergesellschafteten Formen volkstümlicher Kultur an[3]. In diesem Zusammenhang erscheint es nur folgerichtig, wenn Lenz gegen die „Winde der Mode und des Leichtsinns", gegen den „einseitigen despotischen" auf den „republikanischen Sprachgebrauch" drängt, kurzum: auf die Sprache des emanzipierten *Menschen*[4]. Schon durch ihre Sprache scheidet Lenz im „Hofmeister" die „Papageien", die nur sklavisch imitieren, was die Konvention verlangt, von den „Menschen", deren Rede ein Ergebnis ihres freien, selbständigen Handelns ist. Drama und Dramentheorie weisen auch bei Lenz auf eine spezifische Menschenauffassung zurück, auf eine Anthropologie oder Morallehre, wie der zeitgenössische Terminus lautet.

Daß Lenz in der Berliner Handschrift das Drama „Der Hofmeister" als
„Lust- und Trauerspiel" bezeichnete, und die Unsicherheit in der Gat-
tungsbestimmung bei der zeitgenössischen Kritik[5], liefert Karl S. Guthke
einen willkommenen Beweis für seine These der „tragischen ‚Komödien'
der Stürmer und Dränger". Dabei hatte J. E. Schlegel bereits 1747 in einer
Typenskala der Gattungen Komödie und Tragödie nicht nur die von Opitz
sanktionierte Ständeklausel relativiert, sondern auch unter Berufung auf
Euripides und Destouches die mögliche Verbindung von Leidenschaften
(*Tragödie*) und Lachen (*Komödie*) behauptet. Indem er auch noch diese
Synthese aus sozialpragmatischen Gründen als rezeptionsästhetische Notwendigkeit ausrief, schien er geradezu das Programm von Lenz vorwegzu-
nehmen. Aber auch Christian Fürchtegott Gellert („Pro commoedia com-
movente", 1751) wie später der Ästhetiker Johann Georg Sulzer (unter dem
Stichwort „Comödie" in dem Lexikon „Allgemeine Theorie der schönen
Künste", 1773–74 ff.) sprechen der Kritik das Recht ab, „nach den Grän-
zen zwischen der Comödie und der Tragödie zu fragen" und stellen über
Stücke reiner „Possenlust" die problembewußte oder „ernsthafte" Komödie. „Das gegenwärtige Jahrhundert", so faßt Sulzer zusammen, „hat die
Comödien von ernsthaftem, zärtlichem und ins Traurige fallenden Inhalt
hervorgebracht." Mit anderen Worten: die Entwicklung war über Gellerts
„rührende Lustspiele", die noch Lessing „wahre Familiengemälde"
nennt[6], zum bürgerlichen Lustspiel vorangeschritten.

War die Komödie bei Gottsched nichts anderes als die Nachahmung „einer lasterhaften Handlung" („Versuch einer Critischen Dichtkunst"), Mittel zur bürgerlichen Selbsterziehung gewesen, so drangen über Johann
Elias Schlegel, Justus Möser („Harlekin oder Verteidigung des Grotesk-
Komischen", 1761), Lessing (51. Stück der „Hamburgischen Dramaturgie") und Herder (Aufsatz über „Shakespeare") neue Impulse ein, die den
alten Komödienbegriff veränderten, wenn nicht auflösten. Die veralteten
ästhetischen Wirklichkeitsraster begannen, was schon Gellert prophezeit
hatte, angesichts der neuen Verhältnisse zu versagen, so daß Lenz in seinen
„Anmerkungen" herausfordernd fragen konnte: wer kann uns zwingen,
„Brillen zu brauchen, die nicht nach unserem Auge geschliffen sind". Er
räumte deshalb auch der „spezifischen Schleifung der Gläser", der „*nota
diacritica des poetischen* Genies" eine besondere Stelle in seinen dramaspe-
zifischen Überlegungen ein. In der ästhetischen Vermittlung der Wirklichkeitsperspektive sah Lenz die eigentliche Leistung des poetischen Genies
und folgte damit der Empfehlung Herders, der an Shakespeares Arbeitsweise dies bewundert hat: „er nahm Geschichte, wie er sie fand, und setzte
mit Schöpfergeist das verschiedenartigste Zeug zu einem Wunderganzen
zusammen."

Es handelt sich um eine direkte literaturtheoretische Umsetzung seiner anthropologischen Auffassung, wenn Lenz „den charakteristischen, selbst den Karikaturmaler zehnmal höher" einstuft „als den idealischen", der, wie das französische klassizistische Theater beweise, nur „Marionettenpuppen" drechsle. Er plädiert deshalb für unabhängige Charaktere im Drama, die nicht vom Schicksal (wie in der griechischen Tragödie) abhängen, sondern „sich ihre Begebenheiten erschaffen, die selbständig und unveränderlich die ganze große Maschine selbst drehen". In dem Fragment „Über Götz von Berlichingen" vergleicht Lenz die menschliche Durchschnittsbiographie mit einer Art vorprogrammierten kleinen Maschine, „die in die große Maschine" Welt „besser oder schlimmer hineinpaßt". Gegen diesen Rollenzwang, den die Gesellschaft verhängt, um reibungslose Funktionalität zu garantieren und eigene Herrschaft zu erhalten, revoltiert der Livländer Dichter gezielt: „Aber heißt das gelebt? heißt das seine Existenz gefühlt, seine selbständige Existenz, den Funken von Gott?"

So wie Sprache und Philosophie nach Lenz Abbild der Gesellschaft, das heißt Folgen der Bedingungen sind, kann wiederum aber das Drama seinerseits erst dann unabhängige Charaktere darstellen, wenn die Menschen auch in der Wirklichkeit nicht mehr „ein Ball anderer sein" müssen. Die zeitkritische Polemik ist in der Tat in den Schriften von Lenz kaum zu überhören[7]: noch die Kritik an Aristoteles und an dem französischen Klassizismus läßt sich ohne weiteres als gesellschaftlich gemeinte Herausforderung lesen. Deswegen erklärt er auch Goethes „Götz" zu einem Vorbild menschlicher Selbstbestimmung und empfiehlt er es zur Nachahmung[8]. Die freie Verfügbarkeit über die eigenen Fähigkeiten ist für Lenz wie später für Schiller und Büchner die Bedingung der Möglichkeit menschenwürdiger Existenz. In dem wichtigen „Versuch über das erste Principium der Moral" definiert Lenz den „höchsten Zustand" unseres Ichs so: „daß wir das größtmöglichste Feld vor uns haben, unsere Vollkommenheit zu erhöhen zu befördern und andern empfindbar zu machen." Die „Bestimmung des Menschen" impliziert also neben dem fortwährenden Streben nach der Vervollkommnung der eigenen Existenz die Arbeit an der Vervollkommnung der Existenz der Mitmenschen. Ist seine Dramentheorie von gesellschaftskritischen Elementen durchsetzt, so seine Anthropologie mit sozialrelevanten.

Die häufig zitierte Formulierung aus den „Anmerkungen", daß „der Hauptgedanke einer Komödie *eine Sache,* einer Tragödie *eine Person*" sei, scheint sich meiner Ansicht nach weniger gegen Lessings 51. Stück der „Hamburgischen Dramaturgie" zu richten, sondern eher ein etwas voreiliger Stegreifkommentar zu Shakespeares Komödien darzustellen; denn nicht von ungefähr fällt sich Lenz gleich folgendermaßen ins Wort: „In der Komödie (. . .) gehe ich von den Handlungen aus, und lasse Personen Teil dran nehmen, welche ich will". Anders ausgedrückt: die Handlungen in der Komödie weisen auf die gesellschaftlichen Bedingungen zurück, von denen sie bestimmt oder geprägt sind, und in der Tragödie auf die Personen, die die Handlungen bewirken. Es versteht sich von selbst, daß nach dieser Komödiendefinition der große Charakter, den Lenz am „Götz" so bewunderte, nicht die ästhetische Intention sein konnte; sie galt vielmehr, wie er dann in der „Rezension des neuen Menoza" schrieb, primär dem „Gemälde der menschlichen Gesellschaft". Die Gattung Komödie wird auf diese Weise bei Lenz schon eine Art moralische oder paradigmatische Anstalt zur anthropologischen Erziehung, neben der freilich die ästhetische einhergeht: nämlich das Ziel des komischen Dichters, dem tragischen sein Publikum zu schaffen[9]. Diese Bemerkung klingt wie eine pointierte Zusammenfassung von Ausführungen J. E. Schlegels aus den „Gedanken zur Aufnahme des dänischen Theaters". Es heißt dort: „Mein Rat ist also, mit Beibehaltung der Komödien aus dem niedrigen Stande, die man schon hat, in denen Stücken, die man neu auf das Theater bringt, immer höher zu steigen; aus dem niedrigern Stande in den Mittelstand, aus dem Mittelstande an den Hof und endlich bis zu den Tragödien zu kommen." Die stufenweise Entwicklung zur Verfeinerung des Komischen und zu der sich abzeichnenden Veränderung der wirkungsästhetischen Absicht zum Ernsthaften hin illustriert Lenz auch historisch an den Komödien von Plautus über Terenz und Molière bis zu Destouches und Beauchmarchais[10]. Er hätte hier mit gleichem Recht noch auf den sächsischen „Molière" Johann Christian Krüger verweisen können, dessen „Candidaten" schon das soziale Drama des Dichters Lenz vorwegnimmt[11].

Wenn der „Hofmeister" Elemente der Komödientradition von Plautus bis Beaumarchais[12] und der sächsischen Typenkomödie, des rührenden Lustspiels bis zu den Errungenschaften Lessings verwertet, so antwortet das sicher, wie auch der Produzent in der „Rezension des neuen Menoza" nahelegt, zum Teil dem „Mischmasch von Kultur und Rohigkeit, Sittigkeit und Wildheit" beim Publikum. Die Adressaten werden sowohl nach ihrem Bildungsnotstand als auch ihrem Bildungsniveau bedient. Hinter diesem rezeptionsästhetischen Argument steht das wirkungsästhetische: Lenz möchte mit seiner Komödie, wie er Sophie von La Roche mitteilt (Juli 1775), „dem Verderbniß der Sitten entgegen arbeiten, das von den glänzenden zu den niedrigen Ständen hinab schleicht", wofür nicht zuletzt die Gestalt des Hofmeisters Läuffer ein sprechendes Paradigma ist.
Lenz arbeitet einerseits bewußt mit den Erwartungen und Bedürfnissen der verschiedenen Adressatengruppen, um deren Vorstellungen desto angemessener korrigieren zu können, andererseits benutzt er die diversen

Erwartungen und Bedürfnisse darstellungsästhetisch, um über und durch sie die Adressatengruppen miteinander bekannt zu machen. Mit anderen Worten: indem er die Stände darstellt, wie sie sind, und nicht „wie sie Personen aus einer höheren Sphäre sich vorstellen", versucht er bei einer ansonsten diffusen Öffentlichkeit gemeinsame öffentliche Interessen anzusprechen und so die Kluft zwischen der gebildeten und der ungebildeten Gesellschaft, zwischen Adel und dem niederen Bürgertum zu verringern. Diese Vorstellung steckt nicht zuletzt auch in der Hofmeisterkontroverse selbst: Die öffentliche Erziehung soll ja eben die Konflikte beheben, welche die private Erziehung erzeugte und perpetuierte.

Am Beispiel Läuffers entlarvt Lenz durch die stufenweise Desillusionierung falscher Erwartungen, die natürlich ein Ergebnis einer falschen Verhaltensweise sind, ein Marionettendasein, das es nicht zu selbständiger Existenz bringt. Eine der Kernstellen im „Hofmeister" lautet deshalb: „Ohne Freyheit geht das Leben bergab rückwärts, Freyheit ist das Element des Menschen wie das Wasser des Fisches, und ein Mensch der sich der Freiheit begiebt, vergiftet die edelsten Geister seines Bluts, erstickt seine süßesten Freuden des Lebens in der Blüthe und ermordet sich selbst" (54). Wenn der Mensch nicht nach seinen Grundsätzen leben kann, so verfehlt er seine Bestimmung, so läßt sich die Anthropologie oder Morallehre Lenzens auf eine Formel bringen. Das positive oder negative menschliche Verhalten ist nach Lenz (Oktober 1772) nichts anderes als der rechtmäßige oder unrechtmäßige Gebrauch, „den wir von unsern Fähigkeiten machen".

Gleich Kain, dessen Geschichte Lenz in „Meynungen eines Layen" kommentiert, ist auch Läuffer „mehr Nachahmer als Genie, mehr Tier als selbständig denkender Mensch". Er spielt nicht nur die Rolle, die sein Vater und die Gesellschaft ihm zudiktiert, sondern er verschwindet in ihr als Individuum. Die Art und Weise, wie er die vorgegebenen Sprachrollen der sogenannten höheren Gesellschaft imitiert, macht ihn wohl zu einem Papageien, aber zu keinem Menschen, wie Lenz an anderer Stelle[13] den anthropologischen Sachverhalt kommentiert. In dem zentralen Gespräch mit dem Pastor Läuffer meint deshalb auch der Geheime Rat im Hinblick auf dessen Sohn: „er hat den Vorrechten eines Menschen entsagt." Der Geheime Rat lastet die Tatsache, daß der Sohn „seine Freiheit einer Privatperson für einige Handvoll Dukaten verkauft" (54), sich seiner Menschenwürde begibt, der falschen Erziehung des Pastors an. Der Hofmeister selbst führt seinen Zustand in dem so enthüllenden Anfangsmonolog teils auf die ökonomischen Bedingungen seiner Familie, teils auf sein ansprechendes Äußere zurück, das ihn gewisser Berufe wie den des Pfarrers überhebt, und teils auf den Geheimen Rat, der ihm eine Anstellung bei der Stadtschule verweigert. Der Geheime Rat, der Pastor und der Hofmeister liefern nur jeweils mehr

oder weniger stimmige „Gesichtspunkte" des Problems. Die „Gesichtspunkte" zusammen spiegeln nach dem theoretischen Programm der „Anmerkungen" eine differenzierte Realitätsvielfalt zurück[14].

Zweifelsohne bekräftigen Domestiken gleich Läuffer den „Stolz" des
Adels und helfen den Gegensatz von Bürgertum und Adel zu verstärken,
aber die Lösung des Problems, die der Geheime Rat dem Pastor offeriert,
ist nicht weniger fadenscheinig als die Verteidigung des status quo durch
den Pastor. Der Geheime Rat etwa rät gönnerhaft: „lernt etwas und seyd
brave Leut. Der Staat wird Euch nicht lang am Markt stehen lassen" (II,1).
Man möchte dazu mit dem Pastor sagen: „Das ist sehr allgemein gesprochen." In dem Rat des Geheime Rat steckt zudem die Arroganz des Arrivierten, der gerade über die Beziehungen verfügt, die man, worauf der Pastor gereizt anspielt, „heutigen Tags" eben benötigt. Wohl weiß der Geheime Rat trefflicher zu argumentieren, wenn es um die Vorteile der öffentlichen und die Nachteile der privaten Erziehung für die gesellschaftliche
Gesamtheit geht, wohl leuchten seine Gedanken über den notwendigen
freien Wettbewerb zwischen Bürgerlichen und Adeligen unter dem Primat
der Leistung und über die Wichtigkeit der Kommunikation und Interaktion zwischen den verschiedenen Ständen ein, aber seine Äußerungen belegen auch, wie gefahrlos sich der Privilegierte den Luxus progressiver Ideen
leisten kann, während die Not den weniger Glücklichen im Geschirr der
Zwänge hält.

Durch die gegenseitige und vielfältige Korrektur der Wirklichkeitsperspektiven lenkt Lenz schärfer als seine Zeitgenossen zurück auf die gesellschaftlichen Bedingungen, ohne damit freilich die Eigenverantwortung des
Menschen aufzuheben. Im Gegenteil: er macht das Schicksal Läuffers von
der Situation her zwar verständlich, aber er verleiht ihm auch den negativen
Akzent der „Maschinen und Räder, die herumgedreht werden müssen,
weil sie nicht von selber laufen können". Weder der aufgeklärte Rationa-
lismus des Geheimen Rats noch die Morallehren der Philosophen oder die
Mode der „Sensibilité" (Empfindsamkeit) bieten gültige Lösungen für das
Existenzproblem; denn „jeder Mensch", so heißt es in den „Meynungen
eines Layen", bringt „sein Moralsystem mit sich auf die Welt, und nach
Maasgabe des Gebrauchs, den er von demselben macht, erhöhet und ver-
bessert sich dasselbe unaufhörlich". Eine ähnliche Antwort auf diese fürs
18. Jahrhundert so symptomatische Frage hatte Wieland schon 1770 in den
„Beiträgen zur geheimen Geschichte des menschlichen Verstandes und
Herzens" gegeben: „Der Mensch, so wie er der plastischen Hand der Natur entschlüpft, ist beinahe nichts als Fähigkeit. Er muß sich selbst entwik-
keln, sich selbst ausbilden . . ., gewissermaßen sein eigener zweiter Schöpfer sein."

Für Lenz geht das Böse, die falsche Verhaltensweise entweder zu Lasten der eigenen Trägheit[15] oder zu Lasten der Umwelt, der Erzieher und Freunde, die das Individuum an der Selbstentfaltung hindern. In den „Meynungen" erweitert er diesen Gesichtspunkt noch um folgende Variante: „auch wird unsere Bestimmung niemalen ganz dieselbe bleiben, sondern in Ewigkeit immer durch die Umstände modifiziert werden, welchen wir uns denn freylich stoisch überlassen müssen, wenn sie nicht zu ändern sind". Eine solche stoische Gelassenheit, die sich von der Duckmäuserei eines Läuffers wesentlich unterscheidet, hat Lenz in der Figur des Wenzeslaus dargestellt, der den „starken Glauben" besitzt, „auch ohne Glück glücklich zu seyn". Läuffer dagegen kennzeichnet, um hier wieder Begriffe von Lenz zu verwenden, „Mangel der Kourage" (das gilt auch für Musikus Rehaar) so gut wie „Mangel des Glaubens, der einzigen Federkraft unserer Seele". Abgesehen davon, daß seine Existenz in den Rollen verschwindet, die etwa der Major oder die Majorin von ihm erwarten, sucht man bei Läuffer vergebens nach Qualitäten, die ansonsten im bürgerlichen Drama des 18. Jahrhunderts „das richtige Erkennen der moralischen Forderungen" garantieren: nämlich Natur und Herz[16]. Mit diesen Qualitäten bewährt sich im allgemeinen die jüngere Generation (im „Hofmeister": Fritz, Pätus und Gustchen) gegen die der Väter. Läuffer wird deshalb nicht nur mit Wenzeslaus konfrontiert, sondern auch mit Pätus, dessen Ausgangsbedingungen gewiß nicht besser sind als die des Pastorensohnes. Aber die Konfrontation dient in dem Stück nicht dem didaktischen Ziel, negative und positive Helden einander gegenüberzustellen. Es gibt außerdem im eigentlichen Sinne keine Idealfiguren; vielmehr korrigieren sich auch die mehr positiv gemeinten Personen gegenseitig und differenzieren die kritischen Reflexe gleichermaßen Charaktere wie Wirklichkeitsdarstellung.

Wollte man die Intention der Komödie „Hofmeister" einmal versuchsweise zusammenfassen, so könnte man sagen, daß sie in der Entfaltung der existentiellen Problematik der verschiedenen Personen vor dem Hintergrund ihrer jeweiligen Situation, ihren gesellschaftlichen Bedingungen liegt. Lenz setzt dramatisch die Prinzipien seiner Morallehre in Szenen um oder drückt, wie Sulzer in seinem Lexikon allgemein die Aufgabe des Komödiendichters bestimmt, „praktische Philosophie durch Handlungen" aus. Die Unterscheidung Sulzers von „Komödie der Charaktere" und „Komödie der Sitten" trifft für das Stück von Lenz allerdings nicht zu; denn bei ihm sind die Charaktere auch gesellschaftlich („sittlich") gebunden, sie müssen erst lernen, sich von ihren Bindungen zu befreien. Was bei Sulzer als zwei verschiedene Arten von Komödien definiert wird, ist bei Lenz funktional zusammengezogen. Die „Bestimmung des Menschen" liegt für ihn in der Icherweiterung, in der Selbstverwirklichung und der

Demonstration dieser ursprünglichen, menschlichen Qualitäten, die als Bewertungsmaßstab auch die Privilegienherrschaft transzendieren. Der Geheime Rat sieht darin die „Vorrechte eines Menschen" (II,1), daß es ihm möglich ist, „nach seinen Grundsätzen" zu leben, und er stellt in einer im 18. Jahrhundert beliebten Wendung den „Adel seiner Seele" (54) eindeutig über den Adel der Geburt. Politisch wird damit sicher einer Revolution von „oben" das Wort geredet. Lenz funktioniert hier nach beliebtem Rezept (wie Wieland, Goethe und später Schiller) Vorstellungen der adeligen Lebenskunst, die auf das alte Cortegiano-Ideal[17] zurückgehen, zum verinnerlichten ästhetischen Humanismus der bürgerlichen Ideologie um.

Ganz allgemein läßt sich im Hinblick auf das bürgerliche Drama feststellen, daß, beeinflußt von den Ideen Rousseaus, „der Naturbegriff als Norm für ein ethisch richtiges Handeln . . . neben die von der Ratio betonte Pflichtethik gestellt" wird. Als „Wiederherstellung in den Stand der Unschuld" bezeichnet Lenz in einem Brief an Salzmann (Oktober 1772) seine moralisch-anthropologische wie dichterische Aufgabe. Er zielt deshalb im „Hofmeister" auch auf die Korrektur jener Verzerrungen der menschlichen Natur, welche die Zivilisation, Erziehung und Gesellschaft verursacht haben. In der Dramentheorie schlägt sich das in der Polemik gegen den „idealischen" Dichter nieder, der Lenz zufolge nur an einem wirklichkeitsfremden „Ideal der Schönheit" zirkle und notwendig die Menschennatur verfehlen müsse. Dem im Vortrag „Über die Bearbeitung der deutschen Sprache im Elsaß, Breisgau und den benachbarten Gegenden" gegebenen Rat, „in die Häuser unserer sogenannten gemeinen Leute" zu gehen und die Natursprache zu lernen, entspricht das in einem Brief an Sophie von La Roche (Juli 1775) geäußerte Vorhaben, neben die „Personen von Geschmack und Erziehung" den „gemeinen Mann" zu stellen. In dem Fragment „Die Kleinen" nimmt die Hauptfigur sogar Abschied von den Höhenflügen der Genies und beschließt, „unter den armen zerbrochenen schwachen Sterblichen" umherzugehen und von diesen zu lernen, was ihm fehle, nämlich „Demut"; ein Gedanke, der vor allem dem Hofmeister fremd ist.

Läuffer, vom Geheimen Rat „als ein galonirter Müßiggänger"[18] etikettiert, als „nur zu artig", als „Tagdieb", „Sklave", „Schurke" (I,2), spielt brav die Rollen[19], die man in der Familie des Majors von Berg von ihm verlangt. Die Familie dient in der ganzen Sturm- und -Drang-Dramatik als kleines Abbild des großen repressiven Systems politischer und gesellschaftlicher Institutionen[20]. Ähnlich wie in Lessings „Emilia Galotti" besteht auch im „Hofmeister" die Familie, die Läuffer als Domestiken anstellt, aus dem polternden, aber im Grunde gutmütigen Familienvater, dessen Aug-

apfel: die sentimentale Tochter, und die ebenso törichte wie eitle Mutter[21].
Im Konflikt der Eltern deutet sich die allgemeine Krise der Gesellschaft an;
er macht im Modell die zeitgemäße Auseinandersetzung zwischen einer an
dem höfisch-galanten (französischen) Modeleben und einer am natürlichen
Landleben orientierten Lebensweise[22] sichtbar. Die mangelnde Wertorien-
tierung der Familienmitglieder drückt sich weniger in der Tatsache aus, daß
die Stellung des Familienvaters, obwohl dieser das Gegenteil behauptet
(48), geschwächt ist, als vielmehr in den falschen Erwartungen, welche die
Eltern an den Hofmeister und an ihre eigenen Kinder stellen. Für seinen
Sohn verlangt der Major vom Hofmeister harten Drill „in allen Wissenschaften und Artigkeiten und Weltmanieren" (42), für seine Tochter dagegen, sein „einziges Kleinod" (48), nur behutsame Anleitung im „Christentum" und im „Zeichnen". Die Majorin ihrerseits gibt Läuffer zu verstehen,
„daß man heut zu Tage auf nichts in der Welt so sehr sieht, als ob ein
Mensch sich zu führen wisse" (43). Wie lächerlich eine solche Lebensweise
des gesellschaftlichen Scheins im Kontext Landadel wirkt, führt Lenz in I,3
vor, wo die Majorin und Graf Wermuth den Lebensstil der französischen
großen Welt, die adeligen Bildungsideale des Virtuoso und Cortegiano im
Papageienstil imitieren. Der Hofmeister spielt dabei so hingebungsvoll die
Rolle des Weltmanns mit, daß er seine bürgerliche Herkunft vergißt, mit
dem Grafen Wermuth im „verzärtelten Geschmack" wetteifert und damit
aus der ihm zugeschriebenen Domestikenrolle fällt. Die Majorin reißt ihn
auch sofort aus seiner Illusion und zwingt ihn zu seiner erwarteten Rolle
zurück: „Merk er sich, mein Freund! daß Domestiken in Gesellschaften
von Standespersonen nicht mitreden" (44).

Die selbstverschuldete Unmündigkeit des „freundliche Scharrfüße" (so
wird Läuffer bereits durch die erste Regieanweisung charakterisiert) prak-
tizierenden Hofmeisters rückt den Konflikt zwischen Bürgertum und Adel
in eine für beide Seiten wenig schmeichelhafte Perspektive. Der Geheime
Rat erläutert dem Pastor Läuffer in II,1 außerdem in schöner Deutlichkeit,
daß die Arroganz des höheren Standes in direktem proportionalen Verhältnis zur Unterwürfigkeit der Bürger stehe. Nichtsdestoweniger erscheint
die Situation des „besitzlosen Intellektuellen" Läuffer, gegen dessen intellektuelle Fähigkeiten der Geheime Rat nicht ganz zu Unrecht Bedenken
hegt, ziemlich ausweglos zu sein: Paßt er sich den Forderungen des Majors
an, so verstößt er gegen die Erwartungen der Majorin; zudem ist er bei beiden nur Mittel zum Zweck, dient er beispielsweise der möglichst preiswer-
ten Steigerung der Familien-Statusrolle. Major und Majorin stimmen wenigstens darin überein, für den öffentlichen Schein das Gehalt des Hofmeisters (45) zu erhöhen, privat jedoch und in Wirklichkeit es immer weiter
herunterzudrücken. Die Knauserei ist eine Folge des gesellschaftlichen

Scheins, der Renommiersucht einer von äußeren Werten bestimmten Klasse. Lenz spielt damit auch auf die ökonomische Situation des niederen Adels an, den er aus seiner Heimat zur Genüge kannte und der ständig aus Repräsentationszwang über seine Verhältnisse lebte. Der von der Majorin als ironische Übertreibung gemeinte Hinweis auf ihren Mann: ,,er meynt, wir werden verhungern, wenn er nicht täglich wie ein Maulwurf auf dem Felde wühlt" (69), entspricht mehr der Wirklichkeit als der Adressat, Graf Wermuth, glauben soll. Man wird deshalb die Mühen des Majors für einen Platz der Tochter im Hospital wohl nicht allein mit dem Typ des Selbstquälers (wie ihn eine von Madame Dacier übersetzte Komödie des Terenz vorstellt) erläutern können, der sich bloß durch harte Landarbeit zu zerstreuen sucht.

Gewiß, die Umgebung, in welcher der Schmarotzer Läuffer lebt, nötigt ihn zur Existenzaufgabe, nützt schnöde seine Notlage aus, aber er bräuchte ja nur, wie der Geheime Rat nicht ohne Logik dessen Vater vorhält, wegzulaufen; doch Läuffer ,,läuft" erst fort, als man ihm des schwangeren Gustchens wegen ,,nach dem Leben" trachtet (76). Wenn nomen hier omen sein sollte, dann in ironischer Verkehrung: Läuffer flieht immer dann, wenn die Situation seine Gegenwart und Verantwortung verlangt, und bleibt, wenn er hätte laufen sollen, um seine menschlichen ,,Vorrechte", den ,,Adel seiner Seele" (54) zu retten. Mit anderen Worten: Er begreift nur die Ausweglosigkeit seiner äußeren Lage, nicht aber die Gefährdung seiner inneren. So klagt er gegenüber Gustchen: ,,Dein Bruder ist der ungezogenste Junge den ich kenne: neulich hat er mir eine Ohrfeige gegeben und ich durft ihm nichts dafür thun, durft nicht einmal darüber klagen. Dein Vater hätt ihm gleich Arm und Bein gebrochen und die gnädige Mama alle Schuld zuletzt auf mich geschoben" (66).

Im Sinne der Lenzschen Anthropologie bedeutet totale Anpassung totalen Existenzverlust. Im ,,Hofmeister" setzt dieser Sachverhalt ebenso die gesellschaftlichen Verhältnisse wie die Passivität des Hofmeisters der Kritik aus. Dabei stimmt es zweifelsohne, wenn Berta Huber-Bindschedler anmerkt, daß Läuffer ,,durchaus nicht das Opfer seines Standes" sei; man könnte sogar zugespitzt formulieren: Läuffer erhält gerade die Familie, die er verdient, wie umgekehrt die Familie den ihr in allen Fragen des äußeren Scheins kongenialen Domestiken. Läuffer sollte deshalb nicht als bloße Probe aufs Exempel ,,Nachteile der privaten Erziehung" mißverstanden werden: Die Vorteile öffentlicher Erziehung, der es primär um Menschenbildung, daß heißt Existenzerhellung geht, thematisiert Lenz eigentlich nur in den Debatten zwischen dem Geheimen Rat einerseits und dem Major (I,2) und dem Pastor (II,1) andererseits. An Läuffer will Lenz vor allem exempelhaft eine falsche Verhaltensweise aufzeigen, die wohl zum Teil Produkt einer falschen Erziehung und ungünstiger gesellschaftlicher Bedingungen ist, aber primär zu Lasten des Charakters geht, der die Berufsrolle über die Verantwortung für seine menschliche Bestimmung, das heißt seine Existenzentfaltung stellt. Das läßt sich auch an den Gegenfiguren Fritz von Berg und Pätus ablesen, die bei all ihren sonstigen Fehlern jene menschliche Selbständigkeit demonstrieren und in entsprechende Handlungsweisen umsetzen, zu denen sich der „Müßiggänger" Läuffer nicht entschließen kann.

Kontrapunktik und Äquivalenz[23] lassen sich leicht als ästhetische Strukturprinzipien dieser Komödie nachweisen. Den Freunden Fritz von Berg, Pätus und Bollwerk beispielsweise sind gegenübergestellt: Läuffer, von Seiffenblase und dessen Hofmeister. Der Geheime Rat wird mit dem Major, seinem Bruder, und dem Pastor Läuffer konfrontiert; der Schulmeister Wenzeslaus wiederum mit dem Hofmeister Läuffer; der Major direkt mit seiner Frau und dem Grafen Wermuth und indirekt mit dem Lautenisten Rehaar. Die Konstellation ältere/jüngere Generation und die ihr immanente Konfliktsituation wiederholt sich in mehreren Varianten: Da stehen auf der einen Seite der Major und die Majorin, der Geheime Rat, die Väter Pätus, Läuffer und Rehaar, auf der anderen deren Kinder. Den richtigen Verbindungen Fritz und Gustchen, Pätus und Jungfer Rehaar kontrastieren die latenten und offensichtlichen „Mesalliancen" Läuffer und Gustchen, Läuffer und Lise, von Seiffenblase und Jungfer Rehaar. In diesem Zusammenhang wäre gleich noch anzumerken, daß der ursprünglich ständisch gemeinte Begriff der „Mesalliance" hier bereits in der Konnotation der verinnerlichten Humanitätsideologie des Bürgertums gebraucht wird.

Die Handlung selbst verläuft in zwei getrennten Komplexen, was auch immer wieder der Wechsel der Orte signalisiert: Zum Komplex Hofmeister Läuffer gehören der Monolog (I,1), die Koketterie mit der Majorin (I,3), die Unterhaltung mit dem Major (I,4), die Dialoge mit Gustchen (II,2; II,5), mit Wenzeslaus (III,2; III,4; IV,3; V,3; V,9; V,10) und mit Lise (V,10). Den Gegenkomplex oder Kontrapost freie Studentenwelt, in der von der Freundschaft her die Autorität der Väterwelt abgebaut[24] und die Familienbeziehung durch gegenseitige Anleitung zur Persönlichkeitsentfaltung ersetzt wird, markieren folgende Szenen: die an Christian Reuter und Christian Friedrich Henrici (Picander) erinnernden Burlesken (II,3; II,4), der Freundschaftsbeweis (II,7), die Strafpredigt in Sachen Jungfer Rehaar (IV,6), das Duell (V,2) und die Parodie auf Vorstellungen der Fortuna, Providentia und des Schicksals durch das Motiv des Lotteriegewinns (V,6; V,8). Geschickt wechselt Lenz Szenen, die zu Insterburg und Heidelbrunn spielen, mit solchen, die in Halle, Leipzig und Königsberg angesiedelt sind.

Die räumliche Trennung der Söhne und Töchter von den Vätern setzt auch, wie Albrecht Schöne näher dargelegt hat[25], den inneren Abstand der Generationen ins Bild. Die Emanzipation von den Eltern versteht Lenz als einen notwendigen Schritt, als eine Bedingung der Möglichkeit der Selbstentfaltung. Gerade daß Läuffer wie übrigens auch Gustchen in immer neue Abhängigkeiten (bei Läuffer der Familienersatz Major/Majorin und der Vaterersatz Wenzeslaus; bei Gustchen die Romeo-Fritz-Substitution durch Läuffer und der Mutterersatz Marthe) zurückfallen, wertet sie vom Maßstab der Moralehre her ab; allerdings gelingt Gustchen im Gegensatz zu Läufer am Ende der Durchbruch: Sie handelt selbständig und vollkommen uneigennützig im Interesse ihres Vaters und trägt, wie es in Lenzens „Lebensregeln" steht, „zur Fortsetzung der Existenz" eines Mitgeschöpfes bei. Die Fähigkeit zur echten menschlichen Beziehung, eine Vorstellung, in die Shaftesburys Aufwertung der altruistischen Neigungen eingegangen ist, und die Bereitschaft zur Buße bilden den moralischen Maßstab, dem das Verhalten der Figuren unterstellt wird. Obwohl der Major seine Liebe zu Gustchen dergestalt verabsolutiert (wie später Schillers Ferdinand zu Luise), daß ohne Tochter für ihn Familie, Welt und Leben sinnlos werden, beweist er jedoch zugleich mit seiner Fürsorge und altruistischen Teilnahme am Schicksal Gustchens seine Menschlichkeit. Zwar könnte man dieser Liebe ein gerüttelt Maß an Egoismus unterstellen, aber man würde damit außer acht lassen, daß der Major immerhin alles für seine Tochter einsetzt und opfert, seine ehrgeizigen Heiratspläne, das ganze Bündel an Standesvorurteilen, gesellschaftlichen Normen und ökonomischen Interessen (III,1; IV,1). Nicht umsonst fehlen beim operettenhaften Schluß die Majorin und der Graf Wermuth, und hat Lenz das zweifelhafte happy end Läuffers um drei Szenen vorverlegt. Denn der ehemalige Hofmeister, der seinen Namen von Läuffer bezeichnenderweise zu Mandel (Wenzeslaus assoziiert Mandelblüte [77], vielleicht steckt auch die Verkleinerungsform „Männichen" [11] dahinter[26]) verändert hat, geht wiederum den Weg des geringsten Widerstands: er heiratet die Bauerntochter Lise. Zwar will er diesmal die Einwilligung des Vaters einholen, aber sie kann angesichts der Umstände risikolos und ohne persönlichen Einsatz erlangt werden. Außerdem steht diese Beziehung unter ähnlich falschen Voraussetzungen wie die Läuffers zu Gustchen. Diese spielt die Tragödie „Romeo und Julia" nach, wobei sie Fritz die Rolle des Romeo zugedacht hat, die Läuffer dann, als die erste Besetzung ausfällt, als Double übernehmen muß; sie hält also Schein für Sein, Theater für Wirklichkeit. Die naive Lise dagegen interessiert an Mandel-Läuffer nur der Stand, die Tatsache, daß er ein „studierter Herr" ist (V,10), ein „geistlicher Herr", dem zur Vollkommenheit in ihren Augen nur noch der bunte Rock des Soldaten fehlt. Während Läuffer ihren „Reitzungen" nicht widerstehen kann (113), hat es Lise auf seine Statusrolle abgesehen; gerade umgekehrt war es beim Verhältnis Läuffers zu Gustchen.

Man braucht diese „Mesalliancen" nur mit der vorbildlichen Beziehung Fritz von Bergs und Gustchens zu vergleichen, um den beabsichtigten Unterschied zu greifen. Ja es scheint, als habe der Autor alle möglichen, selbst für die Zeitgenossen schwer zu akzeptierenden moralischen Hindernisse zwischen *diese* Julia und *diesen* Romeo gelegt, um desto mehr die Eigentlichkeit und Uneigennützigkeit ihrer Liebe zu demonstrieren. Die Großmut der Söhne (Fritz, Pätus) beschämt sogar die Väter (V,11; V,12), so daß selbst der Geheime Rat nur noch feststellen kann: „Ich seh, Ihr wilde Bursche denkt besser als Eure Väter" (116). Hatte Vater Pätus „eine Weile seine menschliche Natur ausgezogen" (120), so war immerhin der Rationalist von Berg den Verleumdungen des nichtswürdigen Herrn von Seiffenblase aufgelaufen.

Das Schema vom „verlorenen Sohn", das Albrecht Schöne aufgezeigt hat, scheint genau genommen im „Hofmeister" zu einem der „verlorenen" Väter degeneriert zu sein. Die Formelhaftigkeit, mit der Fritz von Berg die ihm unangemessene Rolle des „verlorenen" Sohnes spielt (116), ironisiert das Verhalten der Väter im gleichen Verhältnis, wie es ihnen die Verantwortung für die Familienkrise zuspielt.

Die negativen biblischen Stichworte von Absalom, einem Topos der Vateraufhlehnung, von den gefallenen Engeln, den verlorenen Söhnen des Eli[27] werden durch die positiven menschlichen Qualitäten der jungen Generation und die Einsicht der Älteren außer Kraft gesetzt. Gegen Dogmatik und Despotie in der Aufbringung spricht der Geheime Rat schon in I,2: „unsere Kinder sollen und müssen das nicht werden, was wir waren: die Zeiten ändern sich, Sitten, Umstände, alles" (42). Wenn sich in der Störung der Familienordnung eine Systemkrise der Gesellschaft zeigt, so deutet die Komödie Lösungen durch neue Zielsetzungen an. Die neuen Familienbeziehungen orientieren sich nicht an der alten patriarchalischen Ordnung um den Hausvater, sondern ausschließlich an den verinnerlichten ethischen, allgemeinmenschlichen Werten, von denen merkwürdigerweise selbst der Pastor Läuffer (der wie Vater Lenz zuweilen die Leute aus der Kirche hin auspredigte) ausgeschlossen bleibt. So wie die Komödie im Hinblick auf die Erziehung die öffentliche Tugend gegenüber der privaten aufwertet, spielt sie im Familienbereich die inneren Wertvorstellungen gegen die äußeren aus. Die neue Familienbeziehung, wie sie das happy end vorführt, basiert auf der „menschlichen Natur"; es ist gewissermaßen eine Familie der „edelen Herzen", die Fritz von Berg, Gustchen, der Geheime Rat und der Major auf der einen, Pätus, Jungfer Rehaar, Vater Pätus und Marthe auf der anderen Seite bilden.

,,Der Hofmeister" zielt so wenig wie ,,Der neue Menoza", ,,Die Soldaten" oder andere Dramen Lenzens aufs ,,Charakterstück". Nichtsdestoweniger ist es ein Drama von Charakteren. Das ,,Gemälde der menschlichen Gesellschaft", das der Livländer intendiert, entsteht vornehmlich
durch die Kunst der Charakterisierung. Lenz liefert keine ,,Bilder" oder
,,Marionettenpuppen", sondern ,,Menschen" im Sinne der ,,Anmerkun-
gen übers Theater", was eben den genialen ,,Gesichtspunkt, Blick der
Gottheit in die Welt" voraussetzt. Zu diesem ,,Gesichtspunkt" gehört auch
die Spiegeltechnik, zu der theoretisch Justus Möser einige Winke gegeben
haben mag. Die Handlungsweisen der Personen sind gegenseitig aufeinander bezogen und stehen in einem korrespondierenden Korrekturverhältnis;
in ihm entfaltet sich auch die für die Komödie so bezeichnende Dialektik
von Täuschung und Enthüllung, Illusion und Desillusionierung[28]. Die
kontrapunktisch gesetzten Ausschnitte spiegeln in der gegenseitigen Differenzierung ein Ganzes[29].

Dadurch, daß die scheinbare Tendenz des Stückes direkt ausgesprochen
und schon im Titel ironisiert wird, entlastet es Lenz von jeder thematischen
Einseitigkeit[30], was freilich nicht ausschließt, daß manche Leser die rezeptionsästhetischen Anweisungen mißverstehen. Der Dramatiker arbeitet
bewußt auf Leerstellen hin, enthält sich jeder direkten Kommentierung,
bereitet sie vielmehr indirekt über die Strategie der Personen und deren
Kommentare vor. Gerade die ,,Indirektheit der Aussage", so drückt es
Britta Titel aus, ,,ermöglicht das unmittelbare Erscheinen der Realität"
oder genauer: durch die Indirektheit der Aussage erweckt Lenz den Eindruck, als ob Realität unmittelbar erscheine. Diesen Eindruck verstärkt der
Autor durch geschickte Schnitte, die zum Repertoire seiner Technik gehören. So liegen nicht selten Anspielungen, Anlässe von Fragen und Reaktionen außerhalb der Szene[31] (z. B. II,1,2,3,6; III,3,4; V,6) im ausgesparten
Realitätszusammenhang, den der Zuschauer aber indirekt erschließen
kann. Daß diese Strategie erst in der Druckfassung systematisch angewandt
wurde, sei mit dem Schluß von I,3 kurz anschaulich gemacht: Führt der
Graf Wermuth in der Handschriftfassung seinen Satz umständlich zu Ende,
so fällt in der Druckfassung der Vorhang dem Grafen im wahrsten Sinn des
Wortes in die Rede.

Das Geschehen wird in Ausschnitten präsentiert, die teils miteinander
verzahnt sind (z. B. I,5; II,5; II,6), teils auf den ausgesparten Realitätszusammenhang verweisen. Mit diesem Verfahren stellt Lenz fortlaufend Bezüge zur ,,außerszenischen Realität" her und baut er das ,,Gemälde der Gesellschaft" fast kinematographisch auf. Die Personen werden nicht präsentiert, sondern präsentieren sich gewissermaßen selbst: durch Sprache,
Gestik und Handlungsweisen. Was für Lessing und Goethe im Vergleich

zu andern Zeitgenossen gilt, läßt sich auch mit gutem Recht für Lenz reklamieren, daß „man den Charakter der Person, die er vorstellt, fast aus jedem Wort erkennen" kann. J. E. Schlegel hat mit dieser Formulierung in
den „Gedanken zur Aufnahme des dänischen Theaters" schon früh den
Bewertungsmaßstab für gelungene Komödien geliefert. Nicht nur stellen
sich im „Hofmeister" die Figuren durch Sprache vor, in ihr wird auch ihr
ganzes Sosein, wie gleich am Anfang der Monolog Läuffers beweist, durch
entsprechende Ironiesignale entlarvt. Sprache im „Hofmeister" besitzt also
neben der Funktion der Charakterisierung die der Karrikatur, das heißt der
Kritik an falschen Ideologemen, Verhaltensweisen und Gefühlen, wie sie
sich in der Sprache zeigen. In den „abgerissenen Beobachtungen über die
launigen Dichter" hat deshalb Lenz programmatisch behauptet: „Nachgemachtes Gefühl verdient die allerschärfste Beize der Laune."

Als der Geheime Rat Fritz und Gustchen beim „Romanspielen" (I,6)
überrascht, tadelt er: „aber Narrheiten müßt Ihr nicht machen; keine Affen
von uns Alten seyn, eh' Ihr so reif seyd als wir; keine Romane spielen wollen, die nur in der ausschweifenden Einbildungskraft eines hungrigen Poe-
ten ausgeheckt sind und von denen Ihr in der heutigen Welt keinen Schatten
der Wirklichkeit antrefft." Damit wird das Rollenspiel, das sprachliche wie
psychische Papageientum deutlich zugunsten der individuellen Selbstfindung abgelehnt, was von einer anderen Seite zum zentralen Thema von
Lenzens Anthropologie zurückführt. Gerade auch die „Widersprüche einer Rede" weisen, wie Rosemarie E. Petrich bemerkt hat, „auf den Unterschied zwischem dem, was der Sprecher scheinen will und dem, was er ist".
Immer wieder ist im „Hofmeister" (wie auch bei anderen Komödien) zu
beobachten, wie sich die falsche Wirklichkeitsperspektive in der Sprache
verrät – oder anders ausgedrückt: wie sich menschliche Marionettenhaftigkeit in den klischeehaften Formulierungen spiegelt[32].

Das gilt offensichtlich für die Szenen, in denen die Majorin und Graf
Wermuth auftreten (I,3; II,6), aber auch für Läuffer, Rehaar (eine Parodie
bürgerlicher Unterwürfigkeit) und Gustchen (sie reproduziert die modische Sprache der Sentimentalen). Als weiteres Mittel, Klischees, falsche
Wirklichkeitsperspektiven und Ideologeme kritisch zu zersetzen, dient im
„Hofmeister" das Zitat. Lenz zitiert Elemente der konventionellen Ko-
mödien- und Tragödientradition, sprechende Vorbilder aus der Bibel, der
Geschichte und der Romanliteratur und deformiert sie. Über die Deformation der tradierten und sanktionierten Wirklichkeitsvorstellungen will er
die von ihnen verfälschte „menschliche Natur" und Realität sichtbar machen. Durch ein solches Verfahren attackiert Lenz die Determinierungsver-
suche menschlichen Verhaltens durch eine überlieferte „historische Reak-
tionsbasis". Auch der Geheime Rat gibt dieser Einsicht Ausdruck (I,2,6);

mittelbar wird sie in den aufeinander bezogenen Szenen (I,5,6; II,5) aus dem Dialog herausreflektiert.

In der konventionellen Komödienszene, in der Fritz vor der Abreise Gustchen „hunderttausend Eide" schwört, beginnt die Tochter des Majors, der selbst eine Szene zuvor von ihr sagt, daß sie „Tag und Nacht über den Büchern und über den Trauerspielen" liege, leicht weine und sehr empfindsam sei, sofort die Julia zu spielen. Fritz übernimmt bereitwillig den Part Romeos, wenngleich er darauf aufmerksam macht, daß es sich bei diesem Stück um eine „Erdichtung" handle. Nichtsdestoweniger fallen beide immer wieder aus der Rolle in die banale Wirklichkeit (man denke zum Beispiel an den auf dem Gang hörbaren Vater) zurück, vom tragischen „Kothurn" auf den „Soccus", wobei die angespielte und verfehlte tragische Höhe die komische Wirkung erzeugt. Gleichzeitig wird die Tragödie als Form und die ihr immanente Wirklichkeitsauffassung parodiert. Rezeptionsästhetisch verstärkt Lenz die an das Publikum gerichteten Ironiesignale dadurch, daß er den Geheimen Rat, der das „närrische" Spiel belauscht hatte, mit seiner Aufklärung eine bewußte Parodie der unfreiwilligen Parodie liefern läßt.

In der parallelen Szene mit Läuffer wird die literarische Rolle ebenfalls als Gefühlsklischee enthüllt. Während aber Fritz immerhin auf das Rollenspiel eingeht, mit Gustchen zusammen „schwärmt" (67), spricht Läuffer von der ihn bedrängenden Wirklichkeit. Er setzt seine Existenzsorge gegen ihre mit dem Ergebnis, daß sie in Erinnerung an Fritz, was Läuffer nicht wissen kann, einen Monolog aus „Romeo und Julia" zitiert[33]. Läuffer paßt eben nicht zu Gustchens favorisierter persona, geschweige denn zu ihrer wirklichen Existenz, die sich erst später von der Rolle ablöst. Hinter dem unfreiwillig parodierten Pathos, hinter der Sprachrolle deutet sich allerdings hier schon bei Gustchen eine existentielle Not (die auch Fritz von Berg später zur Entschuldigung ihres Fehltritts anführt) an; ebenso übrigens bei Läuffer, der sein Rollen- und Existenzverständnis mit Abälard signalisiert. Allerdings verdrängt und verleugnet Gustchen diesen mit der Rolle angespielten Sachverhalt (die Tatsache ihrer Schwangerschaft); sie weicht in eine literarische Assoziation aus: Rousseaus „Neue Heloise", die „als mögliche Lösung ein Leben zu Dritt offeriert"[34]. Wie das Deutungsschema ‚Romeo und Julia' macht auch das von Abälard oder Absalom (Leopold) den Abstand von der Wirklichkeit, den Unterschied zwischen tradiertem Erfahrungsschema und der richtigen Einstellung zur Realität erkennbar.

Sehen Gustchen und Läuffer in der Rolle ihr wirkliches Sein, so denunzieren Seiffenblase und dessen Hofmeister das wirkliche Sein von Pätus und Fritz von Berg als Rollenspiel, als „Maske" (72) und als „Komödie von Damon und Pythias" (80). In der Freundschaftstreue, in den rührenden

Beispielen gegenseitiger Erziehung und in den Beweisen der „Großmut" demonstrieren sowohl Pätus als auch besonders Fritz die positive Seite der Menschennatur. Vater Pätus verdient es nicht, so meint Fritz von seinem Freund, „einen verlorenen Sohn zu haben, der bey all seinem Elend ein so gutes Herz nach Hause brachte" (72). Im Duell wird Pätus dann aus selbstloser Freundschaft gegenüber Fritz „zur feigsten Memme auf dem Erdboden" (99) und zum demütigen Bekenner seiner im Vergleich zu Läuffer harmlosen Verfehlung. Wenn Wenzeslaus letzteren mit einigem Recht als einen „reißenden Wolf in Schaafskleidern" (V,10) apostrophiert, so erscheint Pätus[35] in der Tat als ein Lamm im Wolfspelz (II,3,4).

An dieser Szene, in der Pätus im Wolfspelz zur „Minna von Barnhelm" geht, ist darstellungstechnisch interessant, daß die burleske Situationskomik des von Hunden Gejagten nicht vergegenwärtigt, sondern nur von Jungfer Knicks erzählt wird. Damit wertet Lenz indirekt die Tradition der derben Situationskomik ab, die Rückschlüsse auf den Zustand der Gesellschaft wie auf den der Rezipienten zuläßt. Jungfer Knicks zieht allem Anschein nach die erlebte Komödie mit Pätus der subtileren Lessings vor, in welche die Freunde Fritz und Pätus mit besonderem Eifer drängen. Schon in die grobianische Szene zwischen Pätus und Frau Blitzer fällt als heimliche Herausforderung das Stichwort von der Komödie, die die Döbblinsche Gesellschaft in Halle aufführt. Das jugendgenialische Treiben der beiden Studenten, das vor allem Lichter auf Pätus' Charakter wirft, geht nicht von ungefähr an diesem Punkt in den ernsthafteren Teil ihrer Beziehung über. Fritz von Berg liefert in IV,6 gleich noch den Kommentar dazu und stellt die angestrebte Mündigkeit unter Beweis: „Wir sind in den Jahren; wir sind auf der See, der Wind treibt uns, aber die Vernunft muß immer am Steuerruder bleiben, sonst jagen wir auf die erste beste Klippe und scheitern." Er schließt eine bewertende Zusammenfassung von Pätus' bisherigem Leben an, mit der Lenz indirekt auch gegen Läuffer polemisiert. Die Polemik gipfelt in der Maxime: „Ein Mann, der gegen ein Frauenzimmer es so weit treibt, als er nur immer kann, ist entweder ein Teekessel oder ein Bösewicht" (93). In den „Meynungen eines Layen", in denen Lenz von der Notwendigkeit der „höheren Kräftenspannung" redet, heißt es im Strafpredigerton: „Wenn ihr kein Weib ansehen könnt, ohn ihr zu begehren, Theekessel! reißt euer Auge aus, es ist besser, ihr geht einäugig zum Himmel ein, als mit zwey Augen in den Tod "

Das könnte ohne weiteres auch in einer der Reden von Wenzeslaus, dem geistlichen Vater Läuffers, der aus diesem vergebens einen zweiten Origenes zu machen versucht, stehen. Wenzeslaus spielt sogar in einer Strafpredigt gegen den falschen Propheten Läuffer (V,10) folgendermaßen auf diesen Kontext der „Meynungen" an: „Es muß ja Ärgerniß kommen, doch

wehe dem Menschen, durch welchen Ärgerniß kommt." Dieses auch durch
Büchners „Dantons Tod" bekannte Zitate entstammt wie die Stelle aus den
„Meynungen" derselben Vorlage, nämlich Matthäus 18. Oberflächlich betrachtet sieht es nun so aus, als habe Läuffer mit der Selbstentmannung die
wörtliche Empfehlung zur radikalen Askese (aus Matthäus 18) in die Tat
umgesetzt, aber es ist zweifelsohne bloß eine Affekthandlung, die er sofort
bereut. Auch diese umgekehrte Abälard-Nachfolge leitet keine Sinnesän-
derung bei ihm ein; sie ist nur blinde Reaktion auf ein Ereignis (V,1), aber
keine eigene „Entschließung" (V,9). „Läuffer reagiert nur", wie auch
Helmut Arntzen beobachtet; „in keinem Augenblick denkt er daran, Widerstand zu leisten". Wenzeslaus, das Original mit biedermeierlichen Un-
tertönen, scheint das genaue Gegenteil zu sein: er bereitet „seinen Geist
. . . durch allerlei Kreuz und Leiden und Ertödtung der Sinnlichkeit für
den Himmel" vor (109). Er gehört trotz Einsicht in die Misere seiner Situation zur Gemeinschaft der „vergnügten Seelen"[36], entwickelt ein ebenso
nüchternes wie erfolgreiches System der Triebverdrängung, besitzt Demut
und Selbstbewußtsein. Letzteres demonstriert er vor allem gegenüber dem
Adel, hier dem Musikus Miller übrigens nicht nur zeitlich, sondern auch an
Zivilcourage um einiges voraus.

Weder vom Menschlichen noch von den Kenntnissen her kann sich der
Hofmeister mit Wenzeslaus, dem Repräsentanten der öffentlichen Schule,
messen. Obwohl Wenzeslaus Läuffer als „geistlichen Sohn" gewissermaßen adoptiert und ihn nach seinen Vorstellungen zu „schulmeistern" beginnt, schlagen Adoption und Erziehung fehl: der vermeintliche Sohn
bleibt ein Spielball der Umstände und seiner Sinnlichkeit und bringt es zu
keiner „selbständigen Existenz". Gibt es parallele Situationen bei Läuffer
und Pätus (beide werden verletzt, bei beiden spielt die Ohrfeige eine Rolle,
bei beiden taucht das Motiv der Verführung auf), die sich gegenseitig bewerten, so gilt das auch für die Lehrer Wenzeslaus und Rehaar. Das Sprachfeld von Wenzeslaus ist charakterisiert durch biblische, kirchengeschichtli-
che Bezugsstellen, lateinische Redewendungen, aber auch durch rhetorische List[37] und spontane individuelle Ausdrucksfähigkeit. Musikus Rehaar
dagegen reproduziert die Klischees der bürgerlichen Ideologie der Zeit, redet vom „honetten Handeln" (95), von Ehre und bekennt sich doch mit
Überzeugung zur Weltanschauung der Hasenfüße: „ein Musikus muß
keine Kourage haben, und ein Musikus der Herz hat, ist ein Hundsfut"
(94). Mit der kleinbürgerlichen Ängstlichkeit und Servilität Rehaars kritisiert Lenz die Unmündigkeit eines Teils seines eigenen Standes und stellt
ihm das bürgerliche Selbstbewußtsein des Wenzeslaus gegenüber.

Wie sich die Physiognomie des Charakters in der Physiognomie der
Sprache abbildet, läßt sich ebenso überzeugend an der Rede des Majors de-

monstrieren, die nach Britta Titel folgende Eigentümlichkeiten aufweist: ,,1. Das hyperbolische Sprechen, 2. Die Zuflucht zu Wiederholungen als schon einmal von ihm geprägten Ausdrucksweisen, 3. Der Gebrauch von feststehenden Redewendungen als Ersatz für eigene Formulierungen." Da will der Major seinen Sohn peitschen, daß ihm ,,die Eingeweide krachen sollen", fährt er ihn an: ,,Tausend Sakkerment den Kopf aus den Schultern! oder ich zerbrech Dir Dein Rückenbein in tausendmillionen Stücken" (46), oder er schießt verbal allen möglichen Leuten eine ,,Kugel durch den Kopf" (I,4; IV,1,3,5). Bezeichnend sind auch die Fehler, die ihm bei der Applikation seiner lateinischen Sprachunkenntnisse unterlaufen, oder die Vorliebe für übersteigerte Formulierungen, in denen sich sein cholerisches Temperament, das zu emotionalen Ausbrüchen neigt, spiegelt. Seine Sprache ist rauher als sein Wesen, und trotzdem versteht es Lenz, in ihr diesen Sachverhalt vorzuzeigen. Die Ambivalenz von vordergründiger Rauhbeinigkeit und heimlich-offenkundiger Güte macht die berühmte fünfte Szene des vierten Aktes evident, vor allem deren Schlußsatz: ,,O du mein einzig theurester Schatz! Daß ich dich wieder in meinen Arm tragen kann, gottlose Kanaille!" (92).

Von diesem außergewöhnlichen sprachmimischen Vermögen haben Dramatiker von Schiller bis Büchner und Brecht profitiert. Die bewußte Beschränkung auf den Vorstellungsraum, auf den jeweiligen ,,Gesichtspunkt" in der ästhetischen Darstellung läßt sich auf seine Morallehre oder Anthropologie zurückführen. Lenz formulierte sie in einem Brief an Sophie La Roche (1775) so: ,,Wer nur eines jeden Menschen Gesichtspunkt finden könnte; seinen moralischen Thermometer; sein Eigenes; sein Nachgemachtes; sein Herz." Unter diesem Aspekt sollte man auch die spätere Erläuterung Lenzens zum ,,Hofmeister" verstehen, die sich gegen die falsche Rezeption seines Stückes richtete: ,,man hat sich den Kopf zerbrochen, ob ich wirklich den Hofmeisterstand für so gefährlich in der Republik halte, man hat nicht bedacht, daß ich nur ein bedingtes Gemälde geben wollte von Sachen wie sie da sind und die Philosophie des geheimen Rats nur in seiner Individualität ihren Grund hatte."

Indem Lenz die thematischen Tendenzen seines Stückes auf verschiedene Standpunkte verteilt, vermittelt er gerade über die scheinbaren Digressionen eine vieldimensionale Realität, die er ästhetisch wie erkenntnistheoretisch anstrebt. In den ,,Anmerkungen" spricht er von der Einheit, ,,die wir bei allen Gegenständen der Erkenntnis suchen, die eine, die uns den Gesichtspunkt gibt, aus dem wir das Ganze umfangen und überschauen können". Das wirkt selbstverständlich auf die ideologische Struktur seiner gesellschaftskritischen Aussage zurück: sie enthält sich nicht nur jeder Dogmatik (was im Spielfeld der Komödie ohnedies ein problematisches Unterfangen wäre), sondern sie appelliert mit dem vielseitigen „Gemälde der Gesellschaft" auch direkt an die Reflexion des Zuschauers. Wenn Lenz die verschiedenen traditionellen Elemente des Lustspiels zitiert, so will er damit gewiß unter anderem die Erwartungen seines gemischten Publikums ansprechen und korrigieren; aber es schwingt auch die Einsicht mit, daß für die intendierte Erweiterung des Realitätshorizonts die konventionellen Formen nicht mehr ausreichen. Indem er sie deformiert, falsifiziert er auch gleichzeitig die ihnen immanente Ideologie oder Wirklichkeitsperspektive. Was für die Form gilt, gilt im gleichen Maße für die kritische Reflexion auf Sprache. Im Sprachfeld signalisiert Lenz Ideogramme, die er durch den Kontext auf- oder abwertet, und Psychogramme, die wiederum durch den Kontext auf gesellschaftliche Bedingungen oder selbständige Entschlüsse zurückgeführt werden. Der Verfall der Sprache impliziert nach Lenz immer die Gefahr unzähliger „Verwirrungen und Mißverständnisse, die oft mit der Zeit zu Haß, Feindseligkeiten, und Untergang ganzer Familien, Gesellschaften und Nationen ausschlagen können".

Wie sehr die Vielseitigkeit der Gesichtspunkte Ausfluß einer bestimmten ideologischen Einstellung ist, die einen adäquaten ästhetischen Ausdruck verlangt, lehrt ein Vergleich des „Hofmeister" mit der Bearbeitung durch Bertolt Brecht. Hatte schon Lenz bei seinen Plautus-Nachahmungen im Hinblick auf seine Morallehre („Befreiung des Lebens, der Persönlichkeit, des Menschenwertes"[38]) seine Vorlagen zum Teil erheblich verändert, so funktioniert auch Brecht in seiner Bearbeitung das Stück für seine eigenen ideologischen Zwecke um. Die Reduktion des Personals fällt dabei so wenig ins Gewicht wie die Erweiterung um ein paar Nebenfiguren. Entscheidend für die ideologische Seite des Stücks sind vielmehr die Änderungen in der ästhetischen Struktur. Brecht ebnet die von Lenz ineinandergespiegelten Realitätsausschnitte, die den Eindruck einer umfassenden Realitätsperspektive erzeugen, zu einer einfacheren, strenger motivierten Szenenfolge ein. Von den 35 Szenen des Originals bleiben nur noch 15 in der Bearbeitung übrig. Aus der Komödie wird durch die Veränderung der Hauptstruktur ein Lehrstück. Stand im Mittelpunkt von Lenzens Komödie die Gesellschaftskritik zum Zwecke der menschlichen Selbstbestimmung, so setzt sich das Lehrstück Brechts mit einem Modellfall „Deutscher Ideologie" auseinander, dem „Abc der Teutschen Misere" („Prolog"). Im Zusammenhang mit der Hofmeister-Inszenierung im Frühjahr 1950 (die Bearbeitung erschien erst 1952 im 11. Heft der „Versuche") spricht Brecht in einem Brief vom „Lehrerproblem des ‚Hofmeister' als Teil der deutschen Misere" und erläutert er wie im „Epilog" die „Entmannungsfabel" als „Selbstentmannung der Intellektuellen". Daß damit der von Wenzeslaus so komisch gefeierte „Heldenvorsatz" (V,3) einen ganz anderen Funktionswert erhält, versteht sich von selbst.

Das „Theekessel"-Motiv von Lenz ersetzt Brecht geschickt durch das Pferde-Motiv; mit ihm macht er die sexuelle Notlage Läuffers, dessen „vita sexualis" (Szene 12) anschaulich. Lehnt sich bei Brecht im Falle Läuffers die sexuelle Natur gegen die repressiven Normen der Gesellschaft auf, so bezeichnete sie bei Lenz ein Hindernis, das nur durch die richtige „geistige Gesinnung" überwunden werden konnte. Die von Lenz verwendeten Selbstdeutungsschemata verlieren bei Brecht die Hintergründigkeit; er verkürzt oder fügt Zitate aus Klopstocks „Hermann und Thusnelda", Kants „Metaphysik der Sitten", „Zum ewigen Frieden" und dessen berühmtem kategorischen Imperativ ein (Szenen 6,9,15), um an ihnen die „Vertauschung der platten mit der überschwenglichen Misere" zu demonstrieren. In diesem Zusammenhang steht auch die Verwandlung der Erziehungsdiskussion durch Brecht. Die Intention war dabei nach seinen eigenen Worten die folgende: „Das Berliner Ensemble vertrat die Meinung, daß das Stück, enthaltend drei Porträts von Schulmeistern (Geheimer Rat, Wenzeslaus, Läuffer) und drei von Studenten, die Schulmeister werden sollen (von Berg, Pätus, Bollwerk), aus der Zeit, wo das deutsche Bürgertum sein Unterrichtssystem errichtete, ein anregendes satirisches Bild dieses Teils der deutschen Misere gibt. Die Aufführung könnte durchaus als ein Beitrag zu der großen Erziehungsreform gelten, die eben jetzt in der Republik durchgeführt wird."

Doch genaugenommen geht es in der Bearbeitung nicht um die kritische Auseinandersetzung mit verschiedenen Erziehungsmethoden (wie unter anderem in der Vorlage), sondern um eine Grundsatzkritik[39] am „deutschen Schulmeister" als dem „Erzeugnis und Erzeuger der Unnatur" („Epilog"). Dem bibelfesten Original Wenzeslaus hängt Brecht beispielsweise das Sprachband an: „Ich bilde Menschen nach meinem Ebenbilde. Teutsche Hermanne! Gesunde Geister in gesundem Körper, nicht so welsche Affen" (Szene 12), und aus Pätus macht er einen Kantianer und Philister. Man braucht nur die Physiognomie der Rede in der Teichszene des Originals (IV,5) mit der Entsprechung in der Bearbeitung (Szene 13) zu vergleichen, um zu erkennen, wie Brecht zugunsten der ideologischen Intention die Zwischentöne und Nuancierungen der Vorlage einebnet. „Brecht kritisiert mit Lenz und kritisiert Lenz", so läßt sich mit Hans Mayer das Ergebnis der Bearbeitung auf eine kurze Formel bringen. Der eindeutigen Lehre opfert er die vielfältigen Realitätsperspektiven des Originals. Wenn Lenz Gesellschaft und Existenz aufeinander bezieht und gegenseitig erhellt, so thematisiert Brecht in satirischer Absicht die gesamte ideologische Position der bürgerlichen deutschen Klassik.

A tergo restituiert Brechts Lehrstück die geschlossene Form, die Lenz bewußt abgestoßen hatte, um die Determinierung durch vorgeprägte Realitätsvermittlungen und der ihnen inhärenten Ideologie außer Kraft zu setzen. Dabei verdanken wir gerade Brecht subtile Einsichten in den hier angespielten funktionalen Zusammenhang von Ästhetik, Wirklichkeitsvermittlung und Tendenz. In den Anmerkungen zur Bearbeitung des „Hofmeister" von Lenz schreibt er etwa: „Neuerdings untersuchen wir Kunstwerke oft überhaupt nicht mehr nach ihrer poetischen (künstlerischen) Seite hin und begnügen uns auch schon mit Werken, die keinerlei poetischen Reiz mehr haben, sowie Aufführungen, die keinerlei artistischen Reiz mehr haben. Werke und Aufführungen solcher Art mögen nun ihre Wirkungen haben, aber es können kaum tiefe sein, auch nicht in politischer Richtung."

JÜRGEN ZENKE

KLEIST · DER ZERBROCHNE KRUG

So sehr auch der Mißerfolg der Weimarer Uraufführung Kleist nachträglich recht zu geben schien, irrte er dennoch gründlich, als er kurz zuvor den „Zerbrochnen Krug" in einem Brief an Goethe ebenso wie die „Penthesilea" bescheiden als Lesedrama einstufte, nachdem Goethe ihn dem „unsichtbaren Theater" zugerechnet hatte. Längst hat sich dieses Drama nach anfänglichen Schwierigkeiten einen festen Platz im ohnehin nicht großen deutschsprachigen Komödienrepertoire unserer Bühnen erobert und prägt zusammen mit dem „Amphitryon" und dem „Prinz Friedrich von Homburg" das Bild des Dramatikers Kleist.

Auch an wissenschaftlichem Interesse mangelt es seit längerem nicht mehr, besonders nachdem sich das von Gundolf ausgesprochene Verdikt („stilistische Übung an einem abseitigen Gegenstand") als gegenstandslos erwiesen hat. Nach wie vor behauptet der „Zerbrochne Krug" eine gewisse Sonderstellung, wenn man die beachtliche Zahl der bisherigen Deutungen überblickt. Durch die unterschiedlichsten Anregungen und Einflüsse gefördert, entzieht er sich der eindeutigen Zuordnung zu Leben, Zeit, Weltbild und Gesamtwerk des Dichters oder zur zeitgenössischen Komödie. Seit den frühen Kritikerstimmen des 19. Jahrhunderts, die einerseits von „komischem Idyll", andererseits jedoch von einem „strafenden Sittengemälde" sprachen, hat sich die Diskussion immer wieder an der Frage entzündet, ob dieses Drama eine unbeschwert heitere oder eine ernste Komödie sei. In letzter Zeit hat sich die Kontroverse in den beiden anregenden Deutungen von F. Martini und H. Arntzen kristallisiert. Im Umkreis dieser Fragestellung wird dann erörtert, ob Komik, Witz und Ironie als ästhetische Spielformen oder eine zeitkritisch orientierte Satire den Ton angeben; ob wir es mit einem niederländischen Genrebild oder der preußischen Misere zu tun haben, die die Reformer Hardenberg und Stein auf den Plan rief; letztlich, ob dieses Lustspiel romantische Züge hat oder das Erbe der Aufklärung weiterentwickelt. Dementsprechend rücken dann entweder Adam oder Eve und Walter ins Zentrum, wird entweder die gängige Bühnenfassung oder der ursprünglich längere Schluß des ‚Variant' zugrunde gelegt. Eine komparatistische oder komödiengeschichtliche Perspektive schärft offenbar eher den Blick für die Komik, während Ernst, tiefe Bedeu-

tung oder gar Tragik sich gern der nationalliterarischen und geistesgeschichtlichen Betrachtung enthüllen, vor allem wenn das „Kleistische" dieses Dramas betont wird. Mit der Vielfalt der Deutungsmöglichkeiten ist
auch erneut die „strenge, liebevolle Gründlichkeit" sichtbar geworden,
„womit Heinrich Kleist seinen Gegenstand durch und durch erschöpft,
und keinen einzigen Standpunkt der möglichen Beleuchtung unausgesprochen lassen kann". Mit diesen Worten rückte Friedrich de la Motte Fouqué
1816 den zeitgenössischen Vorwurf der langatmigen Dialektik zurecht und
verwies auf den sprachlichen und thematischen Beziehungsreichtum des
Stückes, den erst die neuere Forschung aufgedeckt hat.

Schon die gut dokumentierte Entstehungsgeschichte gibt dafür wichtige
Aufschlüsse. Als Kleist im Dezember 1801 in der Schweiz eintraf, standen
die Zeichen nicht eben günstig für einen Komödienplan. Seine Berliner
„Kantkrise" im März, die ihn an jeglicher Erkenntnis der Wahrheit zweifeln ließ und damit der Wissenschaft entfremdete, hatte ihn zur poetischen
Konzeption eines tragischen Weltbildes in der „Familie Ghonorez" gedrängt, in der sich Blindheit und Verbrechen zu einem düsteren Schicksal
verdichten. Nur wenig später forderten die Eindrücke im nachrevolutionä-
ren Paris seine vehemente Kulturkritik heraus und gaben seinen Unter-
gangsvisionen neue Nahrung. Mit zu hohen Erwartungen an sein Talent
belastet und durch Rousseau-Lektüre zu einem Bauernleben inspiriert,
suchte er in der Schweiz Zuflucht. Daran zerbrach auch seine Verlobung
mit Wilhelmine v. Zenge endgültig. In der Abgeschiedenheit einer kleinen
Insel im Thuner See kämpfte er verbissen um die gültige Fassung des „Robert Guiskard" und brachte die „Familie Schroffenstein" zum Abschluß.

In der unbeschwerten Atmosphäre des Berner Freundeskreises um den
aktiven Republikaner Heinrich Zschokke, zu dem auch Salomon Geßners
Sohn Heinrich und sein Schwager Ludwig Wieland (der Sohn Chr. M. Wielands) gehören, wird Kleist nun Anfang 1802 zu einem poetischen Wett-
kampf über das Thema von Le Veaus Kupferstich „Le Juge ou la Cruche
cassée" angeregt. Er mag die Aufgabe zunächst als willkommene Erpro-
bung seiner handwerklichen Fähigkeiten aufgefaßt haben. (Noch im Sommer 1803 zweifelte sein Freund Ernst von Pfuel in Dresden an seinem „komischen Talent".) Denn als Tragödiendichter erntete er bei einer Lesung
der „Familie Schroffenstein" nur das „stürmische und endlose" Gelächter
seiner Freunde, in das er schließlich selbst einfiel, wie Zschokke berichtet.

Wie dieses Gelächter blieben auch die poetischen Konkurrenten von
Kleists „Zerbrochnem Krug" ohne Nachhall. Heinrich Geßner steuerte
offenbar schon im Februar 1802 eine belanglose Rokokoidylle seines Vaters
bei, die K. W. Ramler in Hexameter gesetzt hatte und in der ein Faun seinen
im Rausch zerschlagenen Krug beklagt. Durch die mythologischen Szenen

auf diesem Krug konnte sich Kleist zu seiner in der niederländischen Geschichte angesiedelten Krugerzählung anregen lassen. Von dem überaus produktiven Heinrich Zschokke, zu seiner Zeit ein vielgelesener Autor, ist die erst 1811 gedruckte provenzalische Dorfgeschichte ,,Der zerbrochene Krug" überliefert, die mit Kleists Drama die Fabel vom unredlichen und aussichtslosen Liebeswerben eines Richters teilt, der seinen jungen Nebenbuhler wegen eines zerbrochenen Kruges verurteilen soll, dabei selbst entlarvt und schließlich verhaftet wird. Die Erzählung geht nirgendwo über den Anspruch der Fabliaux-Tradition hinaus und motiviert auch die Bedrohung der Unschuld nur halbherzig, ebenso wie die bildliche Darstellung des Sündenfalls auf dem Krug äußerlich bleibt. Ludwig Wieland, aus dem nur die Inspiration Kleists einige dichterische Funken zu schlagen vermochte, vollendet 1803 seine einaktige Komödie ,,Ambrosius Schlinge". Er tauscht zwar das Sujet des ,,Zerbrochenen Kruges" gegen die Satire auf den Typ des dreisten Parasiten aus, hält aber für einen instruktiven Qualitätsvergleich mit Kleists Adam den Protagonisten Schlinge bereit, der nicht minder unverschämt und mit beachtlichem Einfallsreichtum gegen seine Entlarvung kämpft und dennoch seinem entfernten Verwandten aus Huisum nicht das Wasser reichen kann.

Im Unterschied zu seinen Freunden nahm Kleist die Gerichtsszene Le Veaus beim Wort und entfaltete den analytischen Grundgestus zum Prozeß. Das erotische Bildsymbol der verlorenen Unschuld liefert dabei – so scheint es anfangs – die aufzudeckende Vorgeschichte, wie sie in der Genealogie des Stiches immer mitgedacht war: Le Veau hatte das gleichnamige Gemälde von L. Ph. Debucourt (1755–1832) als Vorlage benutzt, der dieses Kardinalthema des Sentimentalismus erst nach einer Vorstudie über ein anakreontisches Schäferspiel (1787) variiert hatte. Auch das Urbild dieser Reihe, ,,La Cruche cassée" von Jean Baptiste Greuze (1725–1805), das nur ein Mädchen in derangierter Kleidung mit einem zerbrochenen Krug zeigt, war nicht zuletzt wegen des Raffinements seiner Symbolik noch 1882 ,,das populärste Bild von Paris", wie Th. Zolling berichtet. Beaumarchais pointiert die gängige Deutung in ,,Le Mariage de Figaro" mit Baziles witziger Abwandlung ,,Tant va la cruche à l'eau qu'à la fin . . . elle s'emplit". Frivole Anzüglichkeiten dieser Art gestattet sich in Kleists Komödie nur anfangs der Schreiber Licht, um Adam auf den Zahn zu fühlen. Kleist evoziert die pikante Situation hier lediglich, um sie später desto wirkungsvoller dementieren zu können, als Eve ihre Unschuld offenbart. Adams Lüsternheit wird nicht nur rückwirkend mit Eves Unantastbarkeit konfrontiert, sondern durch die Koppelung mit seinem Erpressungsversuch kriminell eingefärbt und insofern jeder Pikanterie entkleidet. Da sie scheitert, darf sie um so befreiter verlacht werden, zumal der Zuschauer hier die traditionelle

Komödienfigur des düpierten Lüstlings wiedererkennt. Kleist hält also gleichen Abstand von den Voraussetzungen der Schäferidylle wie der Rührkomödie.

Weitere Anregungen für seine Komödien erhielt Kleist aller Wahrscheinlichkeit nach erst später. Wenn er 1806 seinem Freund Rühle versicherte: „In drei bis vier Monaten kann ich immer ein solches Stück schreiben", so ist dies nur ein Vorsatz mit dem verzweifelten Mut, als freier Schriftsteller seinen Lebensunterhalt zu verdienen. Bis zum Oktober 1803 war er, der nach eigenem Bekenntnis „lieber dem göttlichen Raphael nachstrebt", vollauf mit dem ehrgeizigen Plan beschäftigt, durch die Vollendung des „Robert Guiskard" „den Kranz der Unsterblichkeit zusammen zu pflükken", während der „Zerbrochne Krug" nur „nach dem Tenier gearbeitet" sei. Doch auch dieses vergleichsweise unambitionierte Vorhaben brauchte drei oder vier Jahre bis zur Fertigstellung. Im Sommer 1803 scheint Kleist in Dresden von J. D. Falk und dessen Amphitryon-Plan erneut zur Komödiendichtung angeregt worden zu sein. Jedenfalls wird berichtet, er habe in dieser Zeit seinem Freund Pfuel die ersten drei Szenen diktiert. Im April 1805 geht ein weiteres Manuskript an seinen Gönner Massenbach und Ende August 1806 das nunmehr mit Sicherheit fertige Stück an Marie von Kleist. Adam Müller vermittelt es im Juli 1807 an Goethe, der es am 2. 3. 1808 im Weimarer Theater in drei Akten aufführen läßt. Der Mißerfolg bringt Kleist so in Rage, daß er Goethe eine absichtliche Überdehnung der Aufführung unterstellt und sich mit Duellgedanken trägt. Er versucht eine Rehabilitierung seines Werks durch den Abdruck einiger Szenen im Märzheft 1808 des „Phöbus". Im Februar 1811 erscheint in Berlin bei Reimer die erste von Kleist besorgte Buchausgabe. Sie geht auf eine verschollene Abschrift eines eigenhändigen, von Kleist korrigierten Manuskripts zurück, das uns erhalten ist. Es hat noch keine Einteilung in Auftritte, weist eine Lücke von V. 1633–2290 auf und bietet sowohl die später unterdrückte Vorrede als auch die ursprünglich längere Schlußfassung, die in der Buchausgabe nur noch als „Variant" beigefügt ist. Die Priorität des „Variant"-Schlusses war zeitweise umstritten, darf aber heute als gesichert gelten[1]. Er trug nicht unwesentlich dazu bei, daß das Drama bei der Weimarer Uraufführung durchfiel. Nicht nur Kleists Zeitgenossen mußten es als dramaturgischen Mangel empfinden, daß die bis zum elften Auftritt kunstvoll verzögerte Aufklärung des Falles nun nach dem Erlöschen des Hauptinteresses noch einmal von Eve bis ins Detail wiederholt wird. Kleist nahm wohl aus diesem Grund für spätere Aufführungen die bühnengerechtere Kürzung vor. H. Sembdner plädiert deshalb dafür, in künftigen Ausgaben die ursprüngliche Fassung als Lesedrama zu drucken, die Kurzfassung hingegen als Variante für den Bühnengebrauch. Die Interpretation des „Zerbroch-

nen Krugs" wird durch dieses Textproblem nicht unwesentlich beeinflußt.

Die erste deutsche Kriminalkomödie scheint in ihrer Dialektik unver-
wechselbar: der Richter ist selbst der Schuldige. Doch standen bei diesem
Einfall, der zur Umdeutung der Gerichtsszene von Le Veau führte, mind-
stens drei Vorbilder Pate, darunter Shakespeares Angelo in „Maß für Maß"
und der „König Ödipus" des Sophokles, wie Kleist in der Vorrede mitteilt:
„der Gerichtsschreiber sah (. . .) jetzt den Richter mißtrauisch zur Seite an,
wie Kreon, bei einer ähnlichen Gelegenheit, den Ödip". Doch nicht um
Entlehnungen geht es Kleist, erst recht nicht um parodistische Verkehrung,
sondern um eine spielerische Anreicherung seines Dramas, um eine ironische Ausdehnung des Assoziationsfeldes, die sich nicht aufdrängt, sondern
nur von sehr aufmerksamen Zuschauern und Lesern zu erschließen ist. Wer
den inhaltlichen und formalen Parallelen einmal auf die Spur ist, der wird
auch ihre prinzipielle Mehrdeutigkeit samt ihrer Funktion für die Komödienstruktur nicht übersehen können.

So begnügt Kleist sich nicht damit, das unschuldige Schuldigwerden des
tragischen Helden Ödipus dadurch ins Komische zu wenden, daß er seinen
schuldigen Richter in eigener Sache nach bestem Vermögen Unschuld mi-
men läßt, sondern er gewinnt dem Motiv des verunstalteten Fußes (gr.
oidipus = ‚Schwellfuß') gleich mehrere Assoziationen ab. Der ist nämlich
nicht nur wie bei Sophokles ein mitentscheidendes Indiz bei der späteren
Identifizierung des Täters, sondern wird gleich zu Beginn zur Verstärkung
des sprechenden Namens Adam eingesetzt: Der Richter selbst behauptet,
beim Aufstehen mit dem linken, deformierten Fuß unbildlich gestrauchelt
zu sein, was der Schreiber Licht sofort als metaphorischen Adamsfall interpretiert. Und es entbehrt nicht der ironischen Konsequenz, daß die zunächst skurril anmutende Deutung des Klumpfußes als eines teuflischen
Pferdefußes (den übrigens schon Adams „Gefälligkeit" gegenüber Eve im
sprichwörtlichen Sinn hatte) von der abergläubischen Frau Brigitte vorge-
tragen wird, die Licht als Zeugin herbeischafft. Also würde die verräteri-
sche Spur des sündigen Adam mit theologischer Strenge bis zum Inbegriff
des Bösen verfolgt[2]? Mitnichten, wie die Zurücknahme dieser spielerischen
Ausweitung der Konnotationen in V. 1949–51 zeigt: „Laß, laß den Pferde-
huf, mein süßes Kind! / Sieh, hätt ein Pferd bei dir den Krug zertrümmert, /
Ich wär so eifersüchtig just, als jetzt!" Ruprecht erinnert damit noch einmal
daran, daß der Komödiencharakter ja nur gesichert werden kann, wenn die
Verführung und mithin der Adamsfall gar nicht stattgefunden hat, so sehr
der bloße Versuch moraltheologisch und juristisch verwerflich bleibt.
Adams Ablenkungsversuch „Ein Fuß, wenn den der Teufel hätt, / So
könnt er auf die Bälle gehn und tanzen" (1823 f.) erinnert zudem an ein Bei-

spiel, das Kleist unter anderem auf seine Frage ,,Was ist *lächerlich*?" gibt:
,,ein ungeschickter Landjunker, der aus Liebe tanzt."[3] So schließt sich der
Kreis, und Adams Klumpfuß zeigt sich als ganz unmetaphysisches Komö-
dienrequisit des wegen seiner Häßlichkeit verschmähten Liebhabers, analog zur abstoßend überdimensionierten Nase des Richters Hautmartin in
Zschokkes Krugerzählung. Der Zuschauer wird über die komische Inkongruenz auch zwischen diesem Anspruch und seiner scheiternden Realisierung lachen und damit eine soziale Abweichung bestrafen, nach dem Muster: Adam, bleib bei deinen Würsten. Jedenfalls verlangt der Kontext der
Komödie kein ausgeprägtes Mitleid wegen der eingeschränkten körperlichen Vitalität, die dem Richter letztlich genauso schicksalhaft von Geburt
her auferlegt ist wie dem König Ödipus, dem die Eltern aufgrund des ersten
Orakels nach der Geburt die Füße durchbohrten, damit er keine Überle-
benschance hätte. Doch Adam hat kein Schicksal – es sei denn das seiner
sinnlichen Natur –, sondern Pech, wie der Volksmund an Stelle des antiken
Orakels schon vorher weiß, wenn jemand morgens mit dem linken Bein
aufgestanden ist. ,,Link" hat ja etymologisch mit ,hinken' und ,schwanken'
zu tun. Man darf dem gewitzten Schreiber unterstellen, daß er auf diese Assoziationen anspielt, wenn er scheinbar mitfühlend fragt: ,,Und wohl den
linken obenein?" (22).

Der Vergleich zwischen Kreon und Licht zeigt eine ähnliche Mehrdeutigkeit in der Konzeption der Kleistschen Figur. Dem Schreiber als poten-
tiellem Nachfolger des ,,ausgehunzten Richters" wird mit mehr Recht als
Kreon eine ehrgeizige Intrige unterstellt; denn er durchschaut Adam vom
ersten Auftritt an, auch wenn er wohl erst später erfährt, daß dieser über
sein eigenes Delikt zu Gericht sitzen muß. Seine doppelt gerichtete Ironie
macht den Zuschauer zum stillen Teilhaber der ersten Enthüllungen und signalisiert dem Richter gleichzeitig seine stets aktualisierbare Überlegenheit. Genau besehen braucht er Adam gar nicht aus dem Amt zu drängen;
denn er nimmt ihn ja schon zu Beginn ins Kreuzverhör, übt also bereits eine
Richterfunktion aus, und zwar ironischerweise mit beeindruckendem Erfolg, im Gegensatz zum spiegelbildlichen Verhör, das der Gerichtsrat Walter im zehnten Auftritt mit dem Richter anstellt. Licht übernimmt also, wie
schon sein Name verrät, über die Rolle des Kreon hinaus auch die des Se-
hers Teiresias, der die Schuld des Ödipus kennt und als erster offenbart.
Schließlich rückt er ganz in die Nähe des schuldigen Richters, wenn Adam
ihn an amtlich hinterlegte Gelder erinnert, die er anscheinend veruntreut
hat (149). Deshalb kann er den mißtrauischen Adam mit schönem Doppelsinn beruhigen: ,,Wir zwei Gevatterleute! Geht mir fort" (141).

Wolfgang Schadewaldt hat über Kleists eigenen Hinweis hinaus noch
weitere Entsprechungen zwischen dem ,,Zerbrochnen Krug" und dem

„König Ödipus" benannt, etwa zwischen dem Gerichtsrat Walter als ‚Walter des Rechts' und Apollon, dem Gott der Wahrheit und Herrn über das Delphische Orakel. Doch abgesehen davon, daß für Walter die Wahrheit nicht öffentlich werden darf, wo sie der Würde des Gerichts abträglich wäre, fällt schon dadurch ein ironisches Licht auf ihn, daß auch ihm die Wahrheit erst durch Eves Anklage zur Gewißheit wird. Kleist nimmt ihn also genau wie die anderen Dramenfiguren im Vergleich zu seinem göttlichen Vorbild auf das menschliche Normalmaß der Komödie zurück. Auch er darf verlacht werden, wenn er kriminalistisch versagt.

Regelrechte spiegelbildliche Verkehrungen hat Schadewaldt für die Spielsphäre und das Delikt festgestellt: Aus dem hohen Königreich wird die niedere Dorfwelt, statt um den Königsmord geht es um einen zerbrochenen Krug (eigentlich jedoch um einen Erpressungsversuch), und der unbedingte Wahrheitswille des Ödipus kontrastiert mit den verzweifelten Lügen Adams. Schließlich korrespondieren noch einige schicksalhafte Momente in beiden Dramen. An die Stelle der Orakelsprüche für Laios und Theben tritt Adams Traum (269–76), womit gleichsam Schillers Problem bei der Wiederbelebung der antiken Tragödie für die Komödie gelöst wird, wie H. J. Schrimpf[4] bemerkt. Dem ‚Schwellfuß' entsprechen gleich mehrere fatale Indizien, vom Klumpfuß Adams über seine Wunden und die Perücke bis hin zu den an die Komödie des Aristophanes erinnernden Exkrementen. Der Frau Brigitte ist von Frau Marthe, analog zu dem alten Mann von Korinth und dem alten Hirten bei Sophokles, die Kronzeugenrolle zugedacht, die Adams Schicksal besiegelt. Schließlich verfallen die beiden Protagonisten im Angesicht des unaufhaltsamen Sturzes in eine trotzige Euphorie, und am Ende entspricht die Flucht Adams der Selbstausstoßung des Ödipus aus der menschlichen Gesellschaft. Doch wird die tragische Parallele vom Gerichtsrat wieder abgemildert: „Zur Desertion ihn zwingen will ich nicht" (1966). Im ‚Variant' heißt es sogar: „So wird er wohl auf irgend einem Platze / Noch zu erhalten sein" (2421 f.).

Höchst bedeutsam für die analytische Struktur ist in beiden Dramen der unbewußte Doppelsinn in der Rede der Hauptfiguren, also der ‚tragischen Ironie' im einen Falle und einer Serie von ‚Fehlleistungen' im anderen. Dramaturgisch gesehen verstärken sie, einmal als solche erkannt, die vorausdeutende Funktion der Orakel beziehungsweise von Adams Traum und vermindern insoweit die dramatische Spannung auf den Ausgang der Untersuchung. Abgesehen von der Möglichkeit einer psychologischen oder psychoanalytischen Deutung, die hier die Stimme des Gewissens oder des Unbewußten heraushören mag, ist in allen Fällen unbewußter Ironie der scheinbare ironische Sprecher das Objekt der ironischen Aussage, über das sich der Autor über den Kopf der Figur hinweg mit dem Leser oder Hörer verständigt. Diese ironische Kommunikation erfordert selbstverständlich einen gewissen Informationsstand des Empfängers, der bisweilen erst nachträglich erreicht wird, etwa wenn Adam schon in Vers 3 unbewußt doppelsinnig erzählt, er sei „gestrauchelt". Hier, wie auch bei zunehmender Subtilität, wird der arglose Zuhörer in die Irre geführt, und selbst der ideale Adressat, wie ihn Licht mit seiner neunjährigen Kenntnis Adams und seinem wachen Verstand verkörpert, findet bestenfalls Nahrung für einen bloßen Verdacht, der seine Spannung auf die restlose Enthüllung der verborgenen Wahrheit noch steigert.

Dieses Prinzip fügt sich nahtlos in das hier vorherrschende Muster der dramatischen Analyse ein. Wenn Schiller in jenem bekannten Brief an Goethe über die Handhabung der Form bei Sophokles sagt: „Alles ist schon da, und es wird nur herausgewickelt" und Goethe 1807 die „stationäre Prozeßform" des „Zerbrochnen Krugs" als ungünstige Voraussetzung für eine theaterwirksame Handlung ansieht, die sich „vor unsern Augen und Sinnen" entfalten müsse, so bleibt die für Kleist mehr noch als für Sophokles wichtige Verschränkung von Enthüllung und Verhüllung ganz außer Betracht. Auch die Forschung hat überwiegend die allmähliche Aufklärung betont und Adams Verdunkelungsmanöver als schnell durchschaubare Taktik gesehen. Damit scheint die gelangweilte Reaktion des zeitgenössischen Publikums und die ständige Kritik an der Langatmigkeit des Stückes gerechtfertigt gewesen zu sein, obwohl doch die Literaturgeschichte nicht gerade arm an günstiger beurteilten Gerichtsszenen ist.

Nun ist Kleists Drama ja fast ausschließlich Gerichtsverhandlung und insofern ein solcher Ausnahmefall, daß hier sicher auch mangelnde Rezeptionserfahrungen eine Rolle spielen. Kann doch ein dramatischer Kampf kaum sinnfälliger bei strenger Einheit von Ort und Zeit in Szene gesetzt werden als im Streit der Parteien vor Gericht, wobei im „Zerbrochnen Krug" die Frontlinien einen sehr verwirrenden Verlauf nehmen. Diejenigen, die den Prozeß bis zur Wahrheitsfindung voranzutreiben suchen, haben die falschen Motive dafür: Licht seinen Ehrgeiz und Frau Marthe ihren als Streitgegenstand vorgeschobenen Krug und damit die vermeintlich verletzte Ehre ihrer Tochter, in Wahrheit jedoch die geplatzte Heirat von Eve und Ruprecht, die als solche natürlich keinen einklagbaren Rechtstitel darstellt. Walter drängt zwar zunächst pflichtgemäß auf einen geordneten Prozeßverlauf, wünscht aber mit wachsendem Verdacht gegen Adam ein außergerichtliches Geständnis, um die Verhandlung unterbrechen zu können, bevor die bereits erschütterte Autorität der Richterinstitution in Scherben fällt, wie es am Schluß doch noch geschieht. Ebenso heterogen ist auf der anderen Seite in tragikomischer Verkehrung des biblischen Musters die unfreiwillige Allianz von Adam und Eve, die die Wahrheitsfindung

blockiert. Eve verweigert die Aufklärung, um Ruprecht nicht zu gefähr-
den, wodurch sie seine Liebe aufs Spiel setzt, da er ihrem Wort nicht wie
Simon gegenüber Grusche in Brechts „Kaukasischem Kreidekreis" wider
alle sinnliche Evidenz vertrauen kann. Im Gegensatz zu dem prozeßsüchti-
gen Richter Philokleon in den „Wespen" des Aristophanes und zu seinem
Nachfolger Dandin in Racines Komödie „Les Plaideurs", die man beide in
anderer Hinsicht der Ahnenreihe des Huisumer Richters hinzugefügt hat,
muß dieser immer wieder gezwungen werden, seiner Amtspflicht nachzu-
kommen, aus der er mehrmals ohne Erfolg auszubrechen sucht, bis ihm nur
die unrühmliche Alternative zwischen Prozeßverschleppung, Einschüchte-
rung der Parteien bei unliebsamen Äußerungen und dem „kurzen Prozeß"
bleibt, den er schließlich mit dem Konkurrenten Ruprecht macht.

Je eifriger also die Personen des Dramas nach der Wahrheit suchen, desto
mehr versehen sie sich, und je besser sie die Wahrheit kennen, desto mehr
Gründe haben sie für ihre Verschleierung. Diese paradoxe Konstellation si-
chert dem dramatischen Spiel eine äußere und innere Spannung im Wechsel
von vorwärtsdrängenden und retardierenden, von enthüllenden und ver-
hüllenden Kräften. In mehrfacher Staffelung antwortet die analytische
Form auf die Frage, wem sich wann was in welcher Weise enthüllt. Adam
erfährt noch Wissenswertes von Ruprecht, erst am Ende durchschaut Eve
die Lüge Adams, und selbst die überlegenen Figuren Licht und Walter erfahren den genauen Verlauf von Adams Intrige mit dem Zuschauer zusammen erst im ,Variant'. Daß man „über den Ausgang nicht ungewiß sein
kann", ist deshalb ebenso ungenau wie es überpointiert ist zu sagen, die
Handlung bestehe gerade in der „Verhinderung sinnvoller Verhandlung".
Beides hat im dramatischen Kalkül seinen gleichwertigen Ort. Dazu gesellt
sich ein weiteres Paradox: die eigentliche Verhandlung, nämlich gegen den
Sünder Adam, findet außerhalb des Prozesses im Verhör des Richters durch
Licht und Walter statt.

Der Schreiber hat dabei nicht nur deshalb den Vortritt, weil er gleichsam
die herkömmliche expositorische Rolle des ,Vertrauten' und ,Dieners' be-
kleidet und Adam demzufolge Gelegenheit gibt, sich im Eingangsdialog
vorzustellen, sondern er ist im Einklang mit der Komödientradition der eigentliche Herr im Hause. Licht wird gern wegen seines farblosen Charakters unterschätzt, zumal sein Ehrgeiz ihm wenig Sympathie gewinnt, was
dazu führt, daß man ihn mit dem Typ des Intriganten gleichsetzt, obwohl
er gar keine Intrige anspinnt und erst im elften Auftritt aktiv wird. Er beherrscht jedoch mit blitzschnell vorstoßender Analyse bis zum Eintreffen
des Gerichtsrates die Szene aus dem Hintergrund seines ironischen Inkognito, mit dem er seine Überlegenheit tarnt, ohne dabei eine Gelegenheit zu
geistreich-entlarvendem Witz ungenutzt vorübergehen zu lassen, bei-

spielsweise wenn er Adams Erfindungen mit der Bemerkung quittiert: „Der erste Adamsfall, / Den Ihr aus einem Bett hinaus getan" (62 f.). Als Adam jedoch zu erkennen gibt, daß er die Gefahr durchschaut (da sein Abenteuer „des Tags vorwitzgen Lichtstrahl [!] scheut") und das Druckmittel einer früheren Verfehlung Lichts gegen ihn ausspielen könnte, läßt dieser das Ironikervisier ganz herunter und beschwichtigt mit scheinbarer Zustimmung: „Ich weiß" (155). Er weiß zwar noch nicht, daß Adams „Schwank" zur Verhandlung kommen wird, prophezeit aber den Gang des Prozesses, wenn er dem Richter auf alle Fälle zu einer vorschriftsmäßigen Prozeßführung rät, „damit der Traum vom ausgehunzten Richter / Auf andre Art nicht in Erfüllung geht" (283 f.).

In der Exposition der Komödie wird Licht demnach als potentieller ‚Spielführer' vorgestellt, der, obwohl Adam ihn in der Hand hat, es seinerseits in der Hand hätte, die Prozeßposse abzukürzen, während der offizielle Spielführer Walter nur prozedurale Auswüchse beschneiden kann und will, ansonsten aber lange Zeit auf die Rolle eines von Adams Finten geblendeten Beobachters beschränkt bleibt. Licht dagegen kennt den zurückliegenden Hergang und demzufolge schon im siebten Auftritt den Ausgang des Prozesses und kann seinen Ehrgeiz deshalb getrost zurückstellen, um den Prozeß in der ersten Verhandlungsphase (siebter bis neunter Auftritt) als Spiel zu genießen. Ein persönliches Interesse am Schicksal der Prozeßparteien könnte ihn darin stören, aber er hat es noch weniger als die beiden anderen Vertreter der Justiz. Als geistig nicht ausgelasteter Protokollant hat er die Freiheit, sich an den Finessen im insgesamt vorhersehbaren Ablauf von Adams unwiderruflich letztem und zwangsläufig „großem" Auftritt zu ergötzen.

Das äußert sich nur während Ruprechts Verhör etwas anschaulicher, als er Adams verräterisches Interesse an der Türklinke ironisch mit einem Hörfehler erklärt und dabei die Ironie verdoppelt: „Man kann sich wohl verhören" (985). Erst diese präzise Mehrdeutigkeit erfaßt die komische Verkehrung des für Kleist zentralen und meist tragisch eingefärbten „Mißverständnisses": Weil Adam fortwährend Mißverständnis simuliert, nimmt er sich ungewollt ins Verhör. Dieses „Verhören" wiederum korrespondiert eng mit dem seinerseits bei den Zeugen des Prozesses ins Komische gewendeten Kleistschen „Versehen"[5]. Lichts scharfer Witz steht hier dem des Shakespeareschen Narren in nichts nach, und dies scheint Adam unbewußt anzuerkennen, wenn er kommentiert: „Nichts als Allotrien, Herr Schreiber!" Da Licht dem Zuschauer an Durchblick immer um eine Nasenlänge voraus ist, prägt er die Reaktionen des Zuschauers vor, also auch die durch die Gattung legitimierte Lust des ironischen Mitwissens.

Während Lichts Abwesenheit im zehnten Auftritt greift Walter plötzlich in ‚mäeutischer' Absicht zur Ironie und verhilft Adam unbeabsichtigt zu einer Schein-Rehabilitierung. Als Frau Marthe arglos behauptet, sie habe „nichts, (. . .) das ihn lockt", resigniert Walter erleichtert: „Um so viel besser." Adams Selbstbewußtsein ist dadurch so gewachsen, daß es anschließend der geschickten Regie des Schreibers bedarf, um die Entlarvung doch noch durchzusetzen. Ironie wäre dabei fehl am Platze, denn sie würde die Farce noch steigern, zu der der Richter die Szene machen möchte.

Die ironische Brechung der analytischen Struktur läßt sich durch die Beobachtung ergänzen, daß sich der Aufhellungsvorgang, mit dramatischer Spannung, der Tat von ihren zu Beginn sichtbaren Folgen über die Aussagen Frau Marthes, Ruprechts und Eves rückwärtsgerichtet nähert und gleichzeitig inhaltlich immer weiter von ihr entfernt: Licht durchschaut sehr viel, Marthe hat nichts gesehen, Ruprecht ist durch Sand und Eifersucht blind, und Eve verweigert die entscheidende Aussage. Im zehnten Auftritt erreicht die Verdunkelung ihren Höhepunkt, und ausgerechnet die vom Tathergang am weitesten entfernte Frau Brigitte bringt – in komischer Verkehrung des Hirten bei Sophokles – mit ihrem Obskurantismus die Wahrheit zum Vorschein!

So wird die Rechtsidee durch ihre paradoxe irdische Verzerrung arg mitgenommen und bedarf zu ihrer Wiederherstellung der höchstrichterlichen Instanz in Utrecht, die ebenso unangefochten bestehen bleibt wie jener Würzburger Torbogen, obwohl er „keine Stütze hat", „weil alle Steine auf einmal einstürzen wollen". Der ursprüngliche ‚Variant' zeigt deutlich, gegen welches Mißtrauen in die Justiz sich der optimistische Komödienschluß durchzusetzen hat. Eine vergleichbare Versöhnung muß im späten „Michael Kohlhaas" mit großen Opfern erkauft werden. Allerdings ist der paradoxe Kern des „rechtschaffensten zugleich und entsetzlichsten Menschen seiner Zeit" ungleich gewichtiger, ähnlich dem Grundwiderspruch der Penthesilea („halb Furie, halb Grazie"), während es sich bei Adam „nur" um das Paradox eines schuldigen Richters handelt, dessen vordergründige Motive leicht durchschaubar und letztlich harmlos sind, so daß sich daran das freie Spiel von Komik, Witz und Ironie entzünden kann.

Ist der Schreiber Licht als Ironiker angelegt, so Adam als komische Figur: wir lachen mit Licht über Adam. Da der Dorfrichter mit seiner verbalen und sinnlichen Fülle die Szene beherrscht, scheint es, als habe Kleist nach der Diskussion des 18. Jahrhunderts über die Dominanz von Charakter oder Handlung in der Komödie Partei für den Charakter ergriffen, auch wenn der Titel eine „Sache" (casus) in den Mittelpunkt rückt und wir im Unterschied zu Goethe die daran geknüpfte Bewußtseinshandlung nicht schon als solche für minderrangig ansehen. Als komischer Charakter hat der Richter Anteil an den Typen des alazon, der einen ihm nicht zukommenden Platz einnimmt, des *bolomochos,* eines Buffos, Spaßmachers, Parasiten und Schwätzers, sowie an dem Typ des *agroikos,* also des bäurisch Ungehobelten, wie F. Martini[6] ausführt. Zu seinen Vorfahren hat man so berühmte Gestalten der Weltliteratur wie Falstaff und Tartuffe, Sancho Pansa und Lazarillo de Tormes gezählt, wie auch die Richter Philokleon (in den „Wespen" des Aristophanes), Angelo (in Shakespeares „Maß für Maß"), Dandin (in Racines „Les Plaideurs"), Greif (in Chr. F. Weißes „Der Krug geht so lange zu Wasser, bis er zerbricht; oder der Amtmann"), den „juristischen Polyphem" in Rabeners Satire und den Amtmann in „Wilhelm Meisters Lehrjahren". Nicht in allen Fällen kann es sich dabei um bewußt verarbeitete ‚Einflüsse' handeln, und gegen die Vermutung einer zusammenhängenden Entlehnung, die wesentlich über die selbstverständliche Aneignung der literarischen Überlieferung hinausginge, spricht bereits der jeweils verschiedene Kontext, von der Fabel über die Konzeption der Figur bis hin zu ihrer Funktion für das betreffende Werk. Gleichwohl gestattet ein Blick auf die Motivtradition und die Herkunft bestimmter Einzelzüge eine erste Antwort auf die Frage nach der gattungsgeschichtlichen Zuordnung des „Zerbrochnen Kruges".

Da fallen besonders die in der aristophanischen Komödie ausgeprägten Attribute derber Sinnlichkeit ins Auge, die Kleist nur teilweise in Teniers Genrebildern aus dem flämischen Volksleben vorgefunden haben dürfte. Von den Elementen des antiken Mimus geht der Phallus zwar in der christlichen Adamsmetaphorik auf, während das Hinterteil in Frau Brigittes Aussage über die Zeugnisse angstgepeinigter Notdurft erscheint und dem Wanst auf der Bühne sichtbar Tribut gezollt wird. Der drastische Realismus im Bereich der niederen Komik, der seit dem Spätmittelalter auch in Deutschland in den Formen von Schwank, Posse und Fastnachtspiel heimisch wird, dient schon in den „Wespen" des Aristophanes als Ausgangspunkt einer Richtersatire, die sich unter anderem an der komischen Vermischung von Privatsphäre und Gerichtsraum entzündet. Der prozeßwütige Richter Philokleon wird dadurch aufs Altenteil gelockt und von seiner Manie geheilt, daß sein Sohn ihn bei sich zu Hause Richter spielen läßt, nicht ohne in jeder Hinsicht für sein leibliches Wohl zu sorgen. Den optimalen Komfort dieser Lösung verdeutlicht der als Karikatur inszenierte Hundeprozeß, in dessen Verlauf der Richter Wein trinken und urinieren darf, während er durch juristische Unfähigkeit bis hin zu einem krassen Fehlurteil glänzt[7]. Man fühlt sich unwillkürlich an Hegels Worte erinnert, Aristophanes zeige unübertroffen, „wie dem Menschen sauwohl sein kann". Das Wohlbehagen, das solche komischen Figuren ausstrahlen, wird allerdings bei Aristophanes durch aktuelle politische Satire gebrochen, die bei Kleist nur schwer auszumachen ist. Wenn Würste, Kleidungsstücke und Haustiere im Kopfe Adams ebenso wie in seinem Haus unentwirrbar mit Akten und Amtsinsignien durcheinandergeraten und im Zweifel die Oberhand behalten, so läßt das nur auf eine liederliche Amtsführung im Sinne der Ständesatire auf den korrupten Richter schließen, ohne daß hierin bereits ein konkreter Zeitbezug läge.

Der komische Grundwiderspruch des Adam ist mit den daraus erwachsenden Folgen oft beschrieben worden[8]. Es sei noch einmal daran erinnert, daß ein schuldiger Richter noch gar nichts Komisches an sich hat, wie Ödipus und der Geschworene in Kleists Anekdote ,,Sonderbarer Rechtsfall in England" veranschaulichen. Auch der soziale Verfehlungstyp der angemaßten Würde, des Heuchlers oder Lügners, wie er uns in Adam zusätzlich begegnet, muß sich letztlich als erfolglos oder unschädlich erweisen, um statt peinlicher Affekte Lachen freizusetzen. Und selbst dann bedarf es zur Aktualisierung immer noch einer komischen Situation, mit Kleists Worten: der ,,Physiognomie des Augenblicks", in dem allein sich das Lächerliche für das betrachtende Subjekt zeigt. Adam ist kein Richter, er *spielt* die Rolle nur mehr schlecht als recht, und erst im Moment des Spielens wird er, wie der Dornauszieher im ,,Marionettentheater", lächerlich[9], wenn er die Unschuld des Richters nur imitieren kann, weil sie bereits verloren hat – wofern er sie denn jemals besaß.

Das Augenblickshafte an der Komik Adams wird besonders deutlich in seinen Ausreden und Lügen, über die er, herausgefordert durch die jeweilige Situation, in so reichem Maße verfügt. Ohne wirklich der Typ des unverbesserlichen Lügners zu sein, findet der alte Fuchs sich durch die Jagd nach dem Verführer Eves in diese Rolle gedrängt. Ihm bleibt weder Zeit, sich eine Lügenstrategie auszudenken, noch scheint er über die kalte Routine des gewohnheitsmäßigen Lügners zu gebieten, deshalb muß er aus dem Stegreif schwindeln, um die Ursache seiner Wunden und der fehlenden Perücke zu erklären. Dabei häufen sich die klassischen Lügensignale, wie sie H. Weinrich zusammengestellt hat[10]: auffällige Wahrheitsbeteuerung, maßlose Detailfreudigkeit im Erfinden der Lügengeschichten, Flucht von der einen Lüge (bei der er ertappt wird) in die nächste und größere, bis er einen Lügenberg vor sich herschiebt, den er nicht mehr überblickt, wie seine widerspruchsvollen Perückengeschichten zeigen. Daß beide Geschichten mit der jungenden Katze und dem Feuer von Sodom und Gomorrha in unbeabsichtigtem Doppelsinn auf sündige Fleischeslust anspielen, potenziert die Komik und weist zurück auf die entlarvende Funktion der unfreiwilligen Ironie in Adams Rede. Aus der Lüge heraus erwachsen also, wie H. H. Holz darlegt, die positiven Kräfte der Sprache: ,,die Negation negiert sich selbst".

Mit der virtuosen Improvisationskunst Adams hat Kleist die These seines

parallel zum „Zerbrochnen Krug" entstandenen Aufsatzes „Über die allmähliche Verfertigung der Gedanken beim Reden" ironisch exemplifiziert:
„l'idée vient en parlant". Auch die Gedanken des bedrängten Richters entstehen „dreist" „aus einem in der Not hingesetzten Anfang" und ranken
sich zunächst nach dem Muster vorwärts: „Ich mische unartikulierte Töne
ein, ziehe die Verbindungswörter in die Länge, gebrauche auch wohl eine
Apposition, wo sie nicht nötig wäre, und bediene mich anderer, die Rede
ausdehnender, Kunstgriffe, zur Fabrikation meiner Idee auf der Werkstätte
der Vernunft, die gehörige Zeit zu gewinnen." Die komische Verkehrung
des Erkenntnisziels in gezielte Verschleierung und des Vernunftweges in
„Geschwätz, gehauen nicht und nicht gestochen" (1119) hindert Adam
nicht daran, seine Gegner mit rhetorischen Künsten zu verblüffen. Seine
Abschweifungen und Dehnungen sind nicht Zeichen komischer Zerstreutheit – er ist ja das Gegenteil eines weltfremden Sonderlings –, sondern stets
ist er auf den rettenden Zeitgewinn bedacht, der es ihm erlaubt, seine Replik
unverfänglich abzurunden.

Besonders charakteristisch sind in diesem Zusammenhang die im blitz-
schnellen stichomythischen Dialog mit Licht entstehenden „Mißverständnisse". Als der Bediente des Gerichtsrates meldet, sein Herr habe sich die
Hand verstaucht und die Deichsel des Wagens sei gebrochen, entwickelt
sich eine komische „Interferenz der Reihen" (Bergson), dadurch daß Licht
und der Bediente an den Schmied denken, der die Deichsel reparieren soll
(1. Reihe), während Adam von dem Arzt für die Verletzung redet (2. Reihe), obwohl ihm jedes Mitgefühl fernliegt („Daß er den Hals gebrochen!").
Vielmehr hatte er schon vorher darauf vertraut, die Ankunft des Revisors
werde sich verzögern: „Der Schmied ist faul" (183). Als der Bediente das
widerlegt, kann Adam nur noch verzweifelt auf ein Mißverständnis hoffen:
„Ihr meint, der Doktor." Aber es ist der Schmied, dem auch Lichts auf be-
schleunigte Klärung bedachtes Interesse gilt, weshalb Adam ihn scharfsich-
tig tadeln kann: „Ihr gebt euch bloß, Gevatter." Es lag eben gerade kein
harmloses Mißverständnis vor, wie es Licht vorschützt, sondern eine komische Spiegelung von Adams Wettlauf gegen die Uhr, den Licht unauffällig
behindern möchte.

Die Eingebung des Augenblicks ist auch das Prinzip, dem Adams richterliche Praxis folgt: „Ich kann Recht so jetzt, jetzo so erteilen" (635).
Wäre damit nur die Lockerung der dem ländlichen Milieu unangemessenen
steifen Prozedur bezeichnet, könnte Adam als Muster eines volkstümlichen
Richters gelten. Doch er führt die Verhandlung so willkürlich und par-
teiisch wie er auch das Urteil findet. Was zunächst wie eine komische Über-
anpassung an die Erwartungen des Gerichtsrats aussieht, entwickelt sich
bald nach der Devise „und wenns nicht biegt, so brichts" (554) – eine

Rechtsbeugung also, um den Folgen des Rechtsbruches zu entgehen. Frau Marthe und Ruprecht geraten in ein Wechselbad von Wohlwollen und einschüchternder Beschimpfung: Solange Marthe den Ruprecht als Sündenbock anbietet und dieser leugnet, sind Freund und Feind für Adam klar zu trennen. Das Schema verkehrt sich, als Ruprecht den Verdacht auf den nicht anwesenden Lebrecht lenkt (922 ff.), denn Adam gewinnt dadurch Zeit, hofft vielleicht gar auf eine Vertagung. Frau Marthe wird zur ,,verwünschten Vettel``, als sie trotz Eves entlastender Aussage nicht vom Verdacht gegen Ruprecht abläßt (1201). Als Ruprecht schließlich Lebrecht entlastet, entfacht er Adams Zorn aufs neue: ,,Schafsgesicht!`` lautet die Quittung dafür, daß jetzt nur noch ein Dritter in Frage kommt. Nicht anders ergeht es Eve, die mit dem Attest für Ruprecht zum Schweigen gebracht werden soll. Zwischen der notdürftig verkleideten zweimaligen Drohung des Richters und seiner auffälligen Bevorzugung des Mädchens besteht von der Motivation her ebenso Übereinstimmung wie in der Wirkung ein scharfer Kontrast, dem jede Beimischung von Komik fehlen müßte, wenn nicht Walter mehrmals betonen würde, dies sei Adams letzter Prozeß.

Kleist erspart seinem Dorfrichter also kein typisches Fehlverhalten der Juristensatire: Bereicherung oder sonstiger Mißbrauch der Amtsautorität, zweckfremde Rhetorik, Überheblichkeit gegenüber den Prozeßparteien, willkürliche Prozedur und Parteinahme, Voreiligkeit der Wahrheitsfindung und schließlich ein groteskes Fehlurteil. Doch der charakteristische Tonfall ist hier der verlachenden und nicht der strafenden Satire zuzuordnen. Adams ,,Versteifung gegen das soziale Leben``, so ließe sich Bergsons Theorie des Lachens für diesen Fall präzisieren, hat die ironisch-komische Nuance von Giraudoux' Wort ,,Das Recht ist die stärkste Schule der Einbildungskraft. Kein Dichter interpretiert die Natur so frei wie der Jurist die Wirklichkeit.`` Die selbstverschuldete Not beflügelt die Phantasie noch zusätzlich, bis zu jenem dreisten Kabinettstück im elften Auftritt. Auch wenn Adams Schwindel nicht wie in den augenzwinkernden Lügner-Komödien Corneilles und Goldonis als bloßes Kavaliersdelikt vorgeführt wird, beruht das komische Vergnügen an ihm teilweise auf Corneilles Bonmot ,,Das Talent, so zu lügen, ist ein Laster, dessen die Dummen nicht fähig sind``.

Damit sollen keineswegs die Ansätze zu einer ,,ernsten Komödie`` (Arntzen) übersehen werden, die in der Vertrauenskrise der beiden Verlobten und dem allgemeinen Niedergang des Rechtswesens greifbar sind. Eves Dilemma erscheint ihr selbst unlösbar. Sie hat nur die Wahl zwischen zwei Arten, ihren Ruprecht zu verlieren: entweder stirbt er im Kolonialkrieg der ,,Haager Krämer``, oder er sagt sich unwiderruflich von ihr los. Die Aufrichtigkeit und Tiefe ihrer Empfindung beweist sich in der Entscheidung für das letztere, auch wenn wir ihr soviel Klugheit unterstellen, daß sie dabei immer noch hoffen kann, Ruprecht später unter vier Augen vom wahren Hergang zu überzeugen, da seine Liebe offenkundig nur gekränkt, aber nicht erloschen ist. Daß sie ihre Hochzeit *und* ihre Ehre aufs Spiel setzt, muß der Mutter in der Tat ein Rätsel bleiben, solange sie nicht weiß, daß es zur Rettung Ruprechts geschieht. Außerdem macht ihr innerstes Gefühl der Rechtschaffenheit sie nahezu immun gegen den drohenden Pranger. Insofern ist es auch falsch, den Krug als Symbol ihrer Unschuld zu betrachten. Der äußere Schein der Unschuld ist Adams Problem, nicht Eves. Selbst Frau Marthe geht es, wie bereits gesagt, um etwas anderes. Ruprecht durchschaut ihren geheimen Klagegrund sehr genau: „Die Hochzeit ist es, die ein Loch bekommen, / Und mit Gewalt hier denkt sie sie zu flicken" (441 f.). Es mindert den ans Tragische rührenden Ernst dieser Vertrauenskrise nicht, wenn wir uns daran erinnern, daß die Verwirrung und Bedrohung der Liebenden durch Zufälle und Intrigen zu den beliebtesten Komödienmotiven zählt und daß Eve nur durch ihr Schweigen die Prozeßdramaturgie ermöglicht. Die Aussageverweigerung sorgt außerdem dafür, daß Adams Intrige erst am Schluß restlos geklärt wird, als sie die Lustspielatmosphäre nicht mehr so stark beeinträchtigen kann, wenn wir einmal vom ‚Variant‘ absehen. Man sollte bei der Gewichtung von Eves Forderung nach unbedingtem Vertrauen auch nicht übersehen, daß sie selbst es versäumt, sich ihrer Mutter vertrauensvoll zu eröffnen, und später – wenn auch aufgrund schlechter Erfahrung – Walter ihr Vertrauen verweigert.

Eve in die Reihe der idealisierten Mädchen- und Frauengestalten Kleists einzuordnen, hieße die realistische Menschendarstellung Kleists in diesem Drama unterschätzen. Zum erstenmal in der deutschen Komödie treten die Bauern im „Zerbrochnen Krug" nicht einfach als die notorischen Tölpel der Schwanktradition, als „edle Bauern" oder gar im Kostüm des Schäferspiels in Erscheinung, sondern – von Frau Brigitte abgesehen – als aufrechte und selbstbewußte niederländische Staatsbürger, die das Herz auf dem rechten Fleck haben und ebenso für die politische Unabhängigkeit ihres Landes Opfer zu bringen bereit sind wie sie um ihr individuelles Recht zu kämpfen wissen. Dies ist zwar nicht das Thema, wohl aber eine Voraussetzung dieser Komödie. Sie sind, im Kontrast zu ihrer Obrigkeit, einfache Leute von Rousseauschem Zuschnitt: „Das Volk zeigt sich, wie es ist und es ist nicht liebenswürdig; aber die Weltleute haben alle Ursache, sich zu verstellen; zeigten sie sich, wie sie sind, so würden sie wahrlich Grauen und Abscheu erregen." Mögen sie auch poltern und sich gegenseitig verdächtigen, so ist ihre Blindheit doch nur partiell und situationsbedingt, ganz abgesehen von der dramaturgischen Notwendigkeit und der komischen Wirkung. Auch ihre Fehler machen sie sympathisch. Insbesondere ist die Witwe Rull nicht so borniert, wie man sie in letzter Zeit hat sehen wollen.

Seit jeher fällt auf die am Tatort Angetroffenen zuerst der Verdacht und sicher erst zuletzt auf den Richter im anschließenden Verfahren. Ein übriges tut die Erregung der Kontrahenten. Marthes Beschreibung des „zerscherbten Paktums" gerät ihr unbeabsichtigt zur komischen Moritat auf den Zerfall der hochmütigen spanischen Vorherrschaft über die Vereinigten Niederlande. Ähnlich wie Adam extemporiert sie aus dem Zwang zur uneigentlichen Rede.

Komplizierter als die im wesentlichen komische Borniertheit der einfachen Leute ist die Situation der Rechtspflege zu beurteilen, die schon von den Namen ihrer Vertreter diskreditiert erscheint: Pfaul und Adam sind einem nicht mehr „erträglichen" Amoralismus verfallen, so daß Adam als Exponent eines gesellschaftlichen Zustandes anzusehen ist, dem offenbar mit einem einzigen „Walter" gar nicht beizukommen ist, solange es auch Revisoren vom Schlage des Rates Wacholder gibt und selbst auf Walter einige Schatten fallen. Dennoch ist der „Zerbrochne Krug" kein „strafendes Sittengemälde", in dem sich akute preußische Mißstände unmittelbar spiegeln, wie G. Lukács und E. Fischer meinten. Da Kleist während der ganzen Entstehungszeit des Dramas jeder politischen Auseinandersetzung aus dem Wege ging, könnte eine solche Widerspiegelung ohnehin nur unbeabsichtigt stattgefunden haben. Neuere marxistische Untersuchungen rücken denn auch von dieser Vereinfachung ab und weisen etwa darauf hin, daß im zeitgenössischen Preußen noch der Gutsherr die Richterfunktion wahrnahm (Patrimonialgerichtsbarkeit) und gar keine Revision der Gerichtspraxis existierte[11]. Selbst der Dialektiker Kleist wäre deshalb mit der Annahme überfordert, er habe die politisch überholte Feudalordnung Preußens durch Kritik an der holländischen Gesellschaft des 17. Jahrhunderts bloßgestellt, deren Bürgertum schon damals weiter fortgeschritten war. Dagegen spricht auch Kleists mäßig interessierte und durchaus zwiespältige Haltung gegenüber den Reformen Steins und Hardenbergs, in dessen Finanzverwaltung er 1805 einige Monate arbeitete. So versuchte er etwa in den „Berliner Abendblättern" die Begeisterung über die Aufhebung der Leibeigenschaft mit der skeptischen Bemerkung zu dämpfen, die Bauern müßten jetzt erst allmählich lernen, mit der neuen Freiheit umzugehen. Das bedeutet nun aber nicht, wie ein anderer marxistischer Interpret kurzschlüssig meint, Kleist bleibe bei aller Detailkritik auch im „Zerbrochnen Krug" seinem reaktionären preußischen Junkertum treu, indem er hier wie im „Michael Kohlhaas" die feudalistische Gesellschaftsordnung als gottgegeben bejahe[12].

Schon in dem frühen Drama, ausdrücklich dann in der späten Erzählung, geht Kleist vom naturrechtlich begründeten Gesellschaftsvertrag des von ihm verehrten Rousseau aus, der die Funktion des Staates nach innen auf die

Sicherung der freien Entfaltung der Individuen begrenzt. Wo er in der Gewährleistung von Freiheit und Recht versagt, fühlt sich das verletzte Individuum seinerseits bis zur Wiedergutmachung von der Gesetzestreue entbunden. Eve folgert aus dem (von Adam fingierten) ,,Betrug" der hinterhältigen Konskription, jetzt gelte es ,,List gegen List" (Variant 2090 u. 2093); und sie verweigert die Aussage mit der Begründung, der Staat habe keinen Anspruch, in das ,,Geheimnis" ihrer Privatsphäre einzudringen: ,,die gestrige Begebenheit, / Mit jedem andern Zuge, ist mein eigen" (1263 f.). Kleists Ironie will es zwar, daß sie damit zugleich zwei strafwürdige Vergehen einer Amtsperson deckt, ohne daß jedoch ihre Position dadurch entscheidend geschwächt würde.

Das Modell des liberalen Rechtsstaates wird nach der Belastungsprobe durch die richterliche Praxis am Ende nicht als untauglich verworfen, wie J. K.-H. Müller[13] meint, sondern mit einem persönlichen Einsatz Walters im ,Variant' beglaubigt. Gewiß leidet die Komödienstruktur unter dem überdehnten zwölften Auftritt der ursprünglichen Fassung, und dem Zuschauer wird eine zweite, diesmal zusammenhängend epische Analyse in Eves Bericht zugemutet, die er sich mit vergnüglichem Kombinationsaufwand schon aus der geistreichen Dialektik von Verhör und Selbstverhör zusammenreimen konnte. Kleist wußte dies spätestens aus der zeitgenössischen Kritik und verzichtete dennoch nicht auf den gesonderten Abdruck in der Buchausgabe. Ihm lag offenbar viel daran, das Seitenthema von Eves Vertrauenskrise gegenüber dem Staat tiefer auszuleuchten, indem er ihm die übergreifende Bedeutung der Gefahr eines Verlustes der nationalen Identität verlieh. In Eves Bewußtsein droht das stolze geschichtliche Erbe der niederländischen Freiheitskriege vom kolonialen Krämergeist aufgezehrt zu werden. Der mit viel aufrichtiger Entrüstung im Verhör vorgetragene und zurückgewiesene Verdacht, Ruprecht wolle desertieren, war ja – wiederum ironischerweise – gar nicht so unberechtigt, denn Eve hatte sich aufgrund ihrer Fehlinformation mit Ähnlichem einverstanden erklärt. Hinzu kommt, daß Adams Lüge durch das Gerücht einer getarnten Anwerbung von Kolonialtruppen vor sieben Jahren gestützt wird (Var. 2329). Um ein Mißtrauen von solcher Dimension auszuräumen, genügt die vom Staat an Walter verliehene Autorität nicht mehr. Derselbe Gerichtsrat, dem der Selbstmord des Richters Pfaul lediglich ,,die heitre Laune störte" (335) und der ganz in seiner unpersönlichen Funktion aufging, fühlt sich jetzt herausgefordert, Eve durch eine persönliche ,,Bewährung" seiner ,,Menschlichkeit" zu beschämen. Als dies gelingt, besiegelt ein Kuß die freundschaftliche Beziehung zu dem Brautpaar, dessen privates Glück so unermeßlich ist, weil es auf der Versöhnung der gestörten Übereinstimmung von Individuum und Staat beruht. Vergegenwärtigt man sich Kleists

Begründung für seinen Austritt aus der preußischen Armee[14], deren Zustand es unmöglich mache, die Pflichten als Mensch und als Offizier zu vereinbaren, so wird der utopische Zug dieses Komödienschlusses sichtbar. Ruprecht wird als Soldat kein „Sklave" sein wie Kleists ehemalige Untergebene, sondern in vergleichsweise idyllischer äußerer und innerer Harmonie mit seiner Bürgerpflicht dienen.

Wenige Monate vor seinem Selbstmord wird Kleist die Utopie eines Liebesglücks gestalten, das dem Prinzen von Homburg gewährt wird, nachdem man ihn zum Richter über sich selbst berufen hat und er seine Isolierung von den Forderungen des Gesetzes und des Staates überwindet. Wie in dem Schlußsatz dieses letzten Dramas kann auch hier in dem Stichwort „Batavia" eine versteckte aktuelle Wendung Kleists gegen den gehaßten französischen Feind vermutet werden. 1794/95 unterlagen die Niederlande einem französischen Revolutionsheer, und die südlichen Provinzen wurden französisch, die nördlichen eine von Frankreich abhängige „Batavische Republik" und 1806 ein Königreich unter Napoleons Bruder Louis Bonaparte. Kurz nach Fertigstellung des „Zerbrochnen Krugs" urteilt Kleist 1806 über Napoleons vermutliche Pläne: „Es ist auf eine Ausplünderung von Europa abgesehen, um Frankreich reich zu machen" Die Parallele zum verachteten Kolonialkrieg der „Haager Krämer" ist kaum von der Hand zu weisen. Holland ist aus Kleists Sicht seit 1794/95 zur französischen Kolonie geworden – diese Gefahr besteht übrigens schon zur Spielzeit des Stückes – und bedürfte dringend jenes wehrhaften Freiheitswillens seiner heroischen Zeit.

Die geschichtliche Kontinuität, die in Eves Bewußtsein aufbewahrt ist, bildet gleichzeitig ein Gegengewicht zu Marthes Kruggeschichte, in der die Tradition zu Moritat und Anekdote geschrumpft war, weil sie nur zum Vorwand genommen wird, um ein privates Interesse zu begründen. Damit sind wir noch einmal auf die Uneigentlichkeit und Mehrdeutigkeit des Sprechens im „Zerbrochnen Krug" zurückverwiesen, die bis zur Auflösung am Schluß Verwirrung stiften.

Kleist hat alles getan, um der niederen Komödienwelt eine Komplexität der Bezüge und Perspektiven zu sichern, die sich mit seinen besten Werken vergleichen kann. Die Skala der bisherigen Deutungen beweist das nachdrücklich, auch wenn man nur einen Teil davon für schlüssig halten mag. Es sei deshalb auf einen neuen Begriff zur Bezeichnung des hier verwirklichten Komödientypus verzichtet, der doch wieder nur einen der vielen Aspekte überbetonen würde. Ein Beitrag von E. Rösch lenkt die Aufmerksamkeit auf die wichtigere Frage, welchen Ort dieses Drama in der Geschichte der Komödie einnimmt. Er zeigt, daß Kleist hier dem von Goethes und vor allem Kotzebues Lustspielen geprägten Erwartungshorizont seines Publikums, der noch immer an der aufklärerischen Verlachkomödie über die sozialen bürgerlichen Laster orientiert war, nicht entsprach. Der Vergleich mit der moralisierenden Tendenz des stoffverwandten Einakters von Chr. F. Weiße bestätigt das, auch wenn Kleist sich ähnlich sprechender Namen bedient und die satirische Konzeption des Richters wie auch eine Reihe sprachlicher Wendungen von G. W. Rabener übernimmt, wie H. Sembdner jetzt nachweist[15]. Indem Kleist die von Gottsched aus der Komödie verbannte private Vitalsphäre des Richters wie Aristophanes mit dem Gericht als Ort der „repräsentativen Öffentlichkeit" (Habermas) zusammenprallen läßt, greift er provozierend hinter die bürgerliche Trennung dieser beiden Bereiche zurück und weist auf Figuren wie Hofmannsthals Ochs von Lerchenau im „Rosenkavalier" und auf die schockierend verkommene Gerichtswelt Kafkas voraus.

Auch die analytische Dramenform ist der Antike verpflichtet, und sie gelangt erst viel später bei Ibsen, Hauptmann und den amerikanischen Ibsen-Nachfolgern zu nachhaltiger Wirkung, als sie die Lebenslügen der bürgerlichen Gesellschaft und ihrer Individuen ins Verhör nimmt, wobei die Vererbungskausalität an die Stelle der Erbsünde tritt. Der doppelbödige Sprachwitz schließlich ist mit seinen Wortspielen von Shakespeareschem Geist. Als „zusammengesetzt" hat Kleist dieses Lustspiel einmal bezeichnet und damit zugleich die der Gattung eigene Offenheit gegenüber der Tradition auf den nüchternsten Begriff gebracht.

Das Publikum des 19. Jahrhunderts, dessen Geschmack sich an relativ anspruchslosen Komödien vor allem französischen Ursprungs gebildet hatte, war lange Zeit mit dem „Zerbrochnen Krug" überfordert, es fiel gegenüber dem Anspruch des Stückes durch, worauf Hebbel in seiner bekannten Kritik hindeutet[16]. In einer gekürzten und geglätteten Fassung des Hamburger Schauspielers und Theaterdirektors Friedrich Ludwig Schmidt, die von 1820 bis zum Beginn unseres Jahrhunderts vielen Inszenierungen vor allem auf norddeutschen Bühnen zugrunde lag, errang das Drama immerhin einige Achtungserfolge, vor allem, wo es nicht in den Bann eines auf „Schönheit" verpflichteten Hoftheaterstils wie bei der Uraufführung in Weimar geriet, sondern sich zwanglos in dem Natürlichkeitskonzept der Hamburger Bühne entfalten konnte. Der Berliner Schauspieler Theodor Döring (1803–78) prägte die Hauptrolle im 19. Jahrhundert ebenso nachhaltig wie später in Berlin ab 1918 Emil Jannings, dessen vitaler und kreatürlicher Adam in der Verfilmung von 1937 unvergessen bleibt. Von den vielen Nachkriegsinszenierungen sei Rudolf Noeltes Versuch erwähnt, den ‚Variant' mitzuspielen und aus einem falsch verstandenen Realismusbegriff dem Lustspiel die Komik auszutreiben (1966; auch als WDR-Fernsehfassung). Brecht hat anläßlich Molières „Dom Juan" vor allzu selbstbewußten

Klassikerinszenierungen gewarnt[17], und das wiegt um so mehr, als sein Azdak, ein korrupter, parasitärer Richter wider Willen, wohl der profilierteste Nachkomme von Kleists Adam ist – auch er trotz höchster Bedrängnis und sozialer Motivation des „enttäuschten Revolutionärs" kein Kind von Traurigkeit.

TIECK · DER GESTIEFELTE KATER

Ludwig Tiecks „Gestiefelter Kater" stellt den Prototyp einer bestimmten Ausprägung der Gattung Komödie dar. Auf Tiecks eigenes Werk und auf die übrigen Romantiker übte er eine bedeutende Wirkung aus. Seine Strahlungskraft hat sich in unserem Jahrhundert erneuert, wie die Modernisierung durch Tankred Dorst und gelegentliche Aufführungen zeigen[1]. Im folgenden sollen drei Annäherungen an das Stück versucht werden, eine Rekonstruktion von Tiecks ursprünglicher Absicht, eine Besprechung der Aufnahme des Stücks bei den Brüdern Schlegel, schließlich eine aktualisierende Interpretation. Die angestrebte Trennung der drei Zugänge soll deren Vermischung, die sonst leicht unterläuft, vermindern und auf die Perspektivik jedes, gerade auch eines heutigen Verständnisses hinweisen. Zugleich kommt zum Ausdruck, wie frühere Deutungen in späteren nachwirken. So läßt sich vielleicht der Vielschichtigkeit dieses Stücks beikommen.

Tieck schrieb den „Gestiefelten Kater" 1797 als rasche Improvisation nieder. Für die Rekonstruktion der Absicht, die ihn dabei leitete, ist von Bedeutung, daß der „Kater", noch im selben Jahr, nach zwei buchhändlerisch begründeten Einzeldrucken in den „Volksmährchen herausgegeben von Peter Leberecht" erschien. Er steht darin im zweiten Band, gefolgt von der „Wundersamen Liebesgeschichte der schönen Magelone und des Grafen Peter aus der Provence" und dem „Prolog". Den weiteren Umkreis bilden im ersten Band „Ritter Blaubart", „Der blonde Eckbert" und „Die Geschichte von den Heymonskindern", im dritten Band „Karl von Berneck" und die „Denkwürdige Geschichtschronik der Schildbürger". In diesem Kontext erscheint der „Kater" in erster Linie als Märchenbearbeitung im Sinne seines Untertitels „Kindermährchen in drei Akten, mit Zwischenspielen, einem Prologe und Epiloge". In den beiden Vorreden zu den „Volksmärchen" und in Vorbemerkungen zu einzelnen Stücken äußert sich Tieck als Herausgeber Peter Leberecht ausdrücklich zur Gattung des Märchens. Zusammengenommen ergeben diese Bemerkungen, was Tieck zur Zeit der Entstehung des „Kater" vor Augen hatte, wenn er von „Märchen" sprach, auch wenn sie sich nicht zu einer strengen Gattungsdefinition systematisieren lassen. Das Märchen erscheint als Gebilde der Einbildungskraft. Das Reich der Phantasie, das sich darin spiegelt, gehört der inneren Tiefe der Seele an. Es wird mit tiefen Brunnen und Grotten verglichen. Das Märchen ist denn auch dem Traum verwandt. Es steht im Gegensatz zur vernünftigen Tagwelt und deren Darstellungen. Dieser Gegensatz bekommt eine entwicklungspsychologische Nuance, wenn er als derjenige von Kindheit und durch Erziehung und Erfahrung geprägter Erwachsenenwelt gefaßt wird. Märchen und kindliche Vorstellungsart gehören zusammen. Daß von Volksmärchen die Rede ist, fügt einen sozialen Aspekt hinzu. „Volk" meint die einfachen Leute zu Stadt und Land, die mit den Kindern den Mangel an Bildung, aber auch die Nähe zur unkultivierten Natur teilen. Die Naturnähe kommt darin zum Ausdruck, daß das Märchen immer wieder mit der elementaren Natur, besonders der Witterung in Verbindung gebracht wird. Schließlich sind die Märchen auch der geschichtlichen Vergangenheit zugeordnet, das heißt einem Zustand, der der aufgeklärten Gegenwart vorausging und von ihr verschüttet wurde. – Aus dem Assoziationsfeld Phantasie, Traum, Kindheit, Volk, Natur, Vergangenheit ergeben sich die Gestaltmerkmale des Märchens. Mit Vorliebe werden sie privativ umschrieben, „unverständlich", „nicht recht geschaut", „ohne Zusammenhang", „labyrinthisch". Als positives Charakteristicum erscheint „Stimmung", die „wunderbar", „wunderlich", „seltsam", aber auch „albern", „possenhaft" heißen kann. „Stimmung" bezeichnet auch die Wirkung des Märchens auf Leser oder Zuhörer. Auf diese kommt es in besonderem Maße an; denn die Wahrheit des Märchens wird verbürgt durch die Kraft der poetischen Darstellung, die sich im Effekt zeigt, und nicht durch ein allegorisches Verständnis, das das Seltsame und Wunderliche nur als Einkleidung von Bekanntem nimmt.

In diesen Gattungsrahmen paßte das Märchen vom Gestiefelten Kater gut hinein, das Tieck aus Perraults klassischer Sammlung „Contes de ma mère l'Oye" (Erste Auflage 1695) übernahm, bezeichnenderweise unter Weglassung von Perraults beiden „moralités". Doch bildet Perraults Märchen nur einen Teil von Tiecks „Kindermärchen". Aus eigener Erfindung fügte Tieck sogenannte satirische Partien hinzu, als er die Vorlage dramatisierte und als Spiel vor einem aufgeklärten Publikum aufgeführt darstellte. Man hat darin eine Verzerrung des reinen Märchens gesehen. Nun zeigen aber Tiecks Äußerungen, daß er, wenn er vom Marchen sprach, immer die zeitgenössische Wirklichkeit als Gegensatz mitdachte. Besonders deutlich wird das in den folgenden Sätzen aus der „Einleitung des Verfassers" zur „Denkwürdigen Geschichtschronik der Schildbürger": „Wenn man sich einem Beschützer und Gönner empfehlen will, indem man wünscht, bürgerliche Pflichten zu erfüllen, (das heißt: ein Auskommen zu erhalten) und

111

man bei einer solchen feierlichen Gelegenheit seinen Verstand zu zeigen wünscht, so wäre es höchst lächerlich, in solchen Umständen irgend etwas Poetisches hervorzubringen und es als Beglaubigungsschreiben einzureichen. . . . Die Dankbarkeit des Staates, die Liebe unsrer Mitbürger, das Eingreifen und Mitwirken, das Helfen beim Fortschieben des Jahrhunderts, die zunehmende Aufklärung und Humanität, alle diese Sachen, die doch gewiß keine Mährchen sind (wovon man schon allein durch das ausgezahlte Gehalt überzeugt sein kann) wird man nie durch Mährchen erlangen." Das Märchen implizierte für Tieck die Negation seiner gesellschaftlichen Wirklichkeit, er faßte es als kritische, als kultur- und gesellschaftskritische Gattung auf. ,,Volksmärchen" war ein provokativer Titel. Die Reflexion seiner Gegenwelt erscheint im Märchen als Apologie seiner selbst oder in Gestalt satirischer Anspielungen. Tieck ging somit nicht von einem reinen Märchen aus, wie es uns seit den Brüdern Grimm vorschwebt. Von seinem eigenen Märchenverständnis her stellten die satirischen Partien des ,,Gestiefelten Kater" nicht nur keine Verzerrung dar, sie ergaben sich folgerichtig aus den Implikationen der Gattung.

Die beiden widersprüchlichen Ingredienzien von Tiecks Märchenauffassung sind jedoch in den einzelnen ,,Volksmärchen" in sehr unterschiedlicher Weise gemischt. Neben weitgehend ,,reinen" Märchen, nach dem heutigen Verständnis, wie der ,,Geschichte von der schönen Magelone" und derjenigen von den ,,Heymonskindern", stehen der satirische ,,Prolog", in dem die andere Seite leer bleibt, und die ,,Schildbürger". ,,Der gestiefelte Kater" und ,,Ritter Blaubart" nehmen eine Mittelstellung ein. Als Schlüssel zum Verständnis dieser gestalterischen Ungleichheit und der Absicht Tiecks mit den ,,Volksmärchen" überhaupt kann Tiecks Abhandlung über ,,Shakespeares Behandlung des Wunderbaren" dienen, die er als Einleitung seiner Sturm-Übersetzung vorangestellt hatte (entstanden 1793, erschienen 1796)[2]. Sie stand im Zusammenhang mit der von Bodmer und Breitinger ausgelösten poetologischen Diskussion um die Rechtfertigung des Wunderbaren in der Dichtung. Zwar wird darin nicht ausdrücklich vom Märchen gesprochen. Aber im Umkreis des Wunderbaren bringt Tieck alle jene Vorstellungen zur Sprache, die sein Bild vom Märchen ausmachten, und der Zeit galt das Märchen allgemein als eine Gattung des Wunderbaren.

Der Begriff des Wunderbaren wird in Tiecks Abhandlung vorausgesetzt. Sein Interesse gilt der Darstellungstechnik, mit der es Shakespeare gelingt, das Wunderbare dem Zuschauer so wahrscheinlich zu machen, daß es auf ihn jene Wirkung ausübt, die erst seine Wahrheit beglaubigt. An den Lustspielen, vor allem am ,,Sturm" und am ,,Sommernachtstraum", führt Tieck diese Wirkung auf vier Kunstgriffe zurück: Die Abschließung des

Wunderbaren gegen das „Gewöhnliche", das heißt das Wirkliche, die Zerstreuung der Aufmerksamkeit des Zuschauers durch raschen Wechsel verschiedenartiger Gegenstände, die Komik und die Musik. Außer mit Shakespeare argumentiert Tieck auch mit den epischen Dichtern Ariost und Tasso. Den genannten Kategorien der Behandlung des Wunderbaren lassen sich die unterschiedlich gestalteten Volksmärchen zuordnen. Im Hinblick auf den „Kater" interessiert besonders die Kategorie der Komik. Die folgenden Sätze lesen sich denn auch wie das Rezept zur Mischung der Elemente im „Gestiefelten Kater": „Ein seltsamer Traum illudirt uns um so leichter, wenn wir Personen darin erscheinen sehen, die wir recht genau kennen. Auf eben diese Art hintergeht uns der Dichter, indem er Charaktere einführt, die seiner wunderbaren Welt zu widersprechen scheinen, da sie ganz aus der gewöhnlichen genommen sind, die nichts von jenem Außerordentlichen haben, das wir an allen übrigen Personen wahrnehmen. So entfernt uns die übrige wunderbare Welt steht, so nahe stehen uns diese; durch ihre Alltäglichkeit erhält das Ganze mehr individuelle Züge, und indem sie einen Theil der Aufmerksamkeit auf sich ziehen, wird das Schauspiel und das Übernatürliche dadurch um so täuschender und wahrscheinlicher." Im Lichte dieser Feststellungen erscheinen die komischen Partien im Binnenstück und in den Publikumspartien des „Gestiefelten Kater" als Wirkungsbrücke des Wunderbaren. Sie sollen dazu dienen, die Welt des „Kater" an ein zeitgenössisches Publikum zu vermitteln. Das fiktive Publikum soll zugleich eine Verabsolutierung des Wunderbaren, die seine Wirkung in Frage stellen könnte, verhindern.

Die zitierte Partie aus der Shakespeareabhandlung wird vorbereitet durch die Bemerkung, daß „die Täuschung des Wunderbaren also dadurch entsteht, daß der Zuschauer nie auf irgend einen Gegenstand einen festen und bleibenden Blick heftet, daß der Dichter die Aufmerksamkeit beständig zerstreut und die Phantasie in einer gewissen Verwirrung erhält, damit seine Phantome nicht zu viele körperliche Consistenz erhalten und dadurch unwahrscheinlich werden . . ." Auch damit ist ein Gestaltungsprinzip aufgestellt, dem sich der „Kater" unschwer zuordnen läßt. Es wechseln darin nicht nur Stück und Publikumspartien ab, auch innerhalb des Binnenstücks wechseln die Schauplätze, Stile und nicht zuletzt die Perspektiven, so daß sich eine Verwirrung ergibt, die derjenigen gleicht, die Tieck an Shakespeare bewunderte. Tiecks Argumentation verschiebt sich dabei allerdings. Erklärte er zuvor das Komische als Wirkungshilfe des Wunderbaren, so wird nun die Verwirrung, die sich aus dem Wechsel ergibt, selbst als Täuschung des Wunderbaren bezeichnet. Im einen Fall ist das Wunderbare ein Teil, neben dem das Komische steht, im andern Fall ist es das Ganze. Aber gerade aus dieser Unentschiedenheit läßt sich verstehen, daß im „Kater" das Spiel im Spiel nicht nur mit der Publikumsreaktion konfrontiert, sondern seinerseits mit Perspektivenwechseln verschiedenster Art durchsetzt ist.

Die verwirrende Wirkung kommt jedoch nur zustande, wenn man sich den „Kater" gelesen denkt. Für den Leser wechseln die Perspektiven auf verwirrende Weise, da ihm das Publikum aus dem Sinn kommt, wenn die Katerhandlung spielt, und umgekehrt. Bei einer Theateraufführung muß die Wirkung eine andere sein. Da bleibt das fiktive Publikum präsent, auch während es schweigt, umgekehrt muß die Katerhandlung während der Publikumsgespräche irgendwie in Gang gehalten werden. Daß davon im Text nicht nur nichts steht, sondern der Dialog zwischen den Figuren des Binnenstücks jeweils genau an dem Punkt weitergeht, an dem er durch das Publikum unterbrochen wurde, läßt vermuten, daß der Ablauf ursprünglich nicht als raumzeitlicher, sondern ausschließlich als zeitlicher, mithin für Leser berechneter, konzipiert war, entgegen Tiecks späterer Aussage, er habe an die Bühne gedacht. Bezeichnenderweise beginnt der dem „Kater" in den „Volksmärchen" am nächsten stehende „Prolog" mit „Scapin als Vorredner an den Leser" und wird später der „Kater" im „Phantasus" vorgelesen. Der „Kater" war ursprünglich ein Lesedrama.

Adressat der „Volksmärchen" ist der „einsame Leser". Bei ihm besteht die Voraussetzung, daß die Dichtung ihn ganz gefangennimmt und eintritt, was die scherzhafte zweite Vorrede ihm ansinnt: „Magst Du dem Geflüster zuhören, und wie der Wind durch die Eichen fährt und es wie Rauschen von Geistern vom Berge herabkommt, und hier in der Einsamkeit Deiner Geschäfte, Deiner Wohnung auf einige Zeit vergessen: so sei mit mir. Ich will es übernehmen, Dein Führer zu sein durch ein Land, wo Poesie und romantisch liebenswürdige Albernheit zusammen wohnen."

Spricht all das dafür, Tieck habe seine „Volksmärchen" als Gestaltungen des Wunderbaren in Anwendung der von ihm an Shakespeare-Lustspielen herausgearbeiteten Darstellungsmittel gedacht, was machte ihm das Wunderbare so darstellenswert? Im „wunderlichen Land" des Märchens, dem Phantasie, Traum, Kindheit, Volk, Natur und Vergangenheit Pate standen, hatte die „Gewöhnlichkeit" der zeitgenössischen Wirklichkeit ihr Recht verloren, die der Stadtwirklichkeit zumal, der der Leser in seinem Alltag ausgeliefert war. Das Märchen eröffnete einen Freiraum. Darüber hinaus bahnte es dem Leser den Zugang zu jener Sphäre, die Tieck als das „Selbst" bezeichnete, womit er den Kern der einzelnen Person meinte. „Was ist denn der Mensch und sein eigentliches Selbst?" hatte er William Lovell fragen und sein Leben auf der Suche nach der Antwort verzehren lassen. Für sich fand er sie im Erlebnis der Literatur, vor allem Shakespeares, von dem er in seiner Abhandlung sagt, der Zuschauer werde bei ihm „in einen traumähnlichen Rausch versetzt, durch welchen er sich am Ende in seiner wunderbaren Welt wie in seiner Heimat befindet". Im Wunderbaren war für Tieck die Selbstentfremdung, die der „William Lovell" gestaltete, aufgehoben. Da konnte der Mensch mindestens für Augenblicke zu sich selbst kommen. Tieck war jedoch nicht der Meinung, man könne sich in der Heimat des Wunderbaren endgültig ansiedeln. Gerade deshalb bedurften die Zeitgenossen immer neuen Lektürestoffes. Den Lesern zu Erlebnissen ihrer selbst zu verhelfen, erscheint als die tiefste Absicht Tiecks mit den „Volksmärchen" und damit auch mit dem „Gestiefelten Kater". Die Absicht, die der Dichter im Stück äußert, spiegelt somit Tiecks eigene[3].

Die Wirkungsgeschichte des „Gestiefelten Kater" erhielt ihre ersten und zugleich entscheidenden Impulse mit der Aufnahme des Stückes bei den Brüdern Schlegel. August Wilhelm Schlegel rezensierte noch 1797 in der „Jenaischen Allgemeinen Literaturzeitung" die Einzelausgabe des „Kater" zusammen mit derjenigen des „Blaubart". Offensichtlich kannte er damals den Verfasser, der sich hinter Pseudonymen versteckte, noch nicht, identifizierte er ihn auch nicht mit dem Autor der Sturm-Übersetzung und der Abhandlung über „Shakespeares Behandlung des Wunderbaren", die er kurz zuvor an derselben Stelle wohlwollend-kritisch besprochen hatte. Wenig später lernte Tieck Friedrich Schlegel kennen und kam durch ihn mit August Wilhelm in brieflichen Kontakt. Am 11. Dezember 1797 bedankte sich dieser für die Übersendung der „Volksmärchen": „Sie haben mir eine sehr angenehme Lectüre gewährt, es verdrießt mich nun noch mehr, daß sie ein Anderer, wie mir däucht, nicht mit sonderlicher Einsicht, beurtheilt hat, und ich sinne darauf, wie diese Versäumniß wieder gut zu machen wäre." Er verwirklichte diesen Vorsatz mit der Besprechung der „Volksmärchen" im „Athenäum", in der er auch nochmals auf den „Kater" zu sprechen kam. Friedrich Schlegel äußerte sich mündlich und brieflich zum „Kater" und erwähnt ihn in einem Athenäum-Fragment.

August Wilhelm Schlegel leitete seine erste „Blaubart"-Rezension nach allgemeinen Bemerkungen mit der Feststellung ein: „Der Verfasser ist ein wahrer Gegenfüßler unsrer gewappneten ritterlichen Schriftsteller: da diese nur darauf arbeiten, das Gemeinste, Abgedroschenste als höchst abenteuerlich ja unnatürlich vorzustellen, so hat er sich dagegen bemüht, das Wunderbare so natürlich und schlicht als möglich, gleichsam im Nachtkleide, erscheinen zu lassen." Das wird dann im weiteren am Handlungsverlauf gezeigt. Schlegel unterwarf sich hier, wie es nach dem oben Ausgeführten erscheint, mit Erfolg seinem Prinzip, sich bei der literarischen Kritik in den Geist des kritisierten Autors zu versetzen. Um so mehr überrascht es, daß bei der darauffolgenden Rezension des „Kater" nicht mehr vom Wunderbaren die Rede ist. Der „Kater" wird als Märchenspiel verstanden, bei dem es „um etwas dahinter" gehe, so „daß man das Ganze, wenn es nicht zu tiefsinnig klänge, das Schauspiel eines Schauspieles nennen könnte". „Soviel sieht man ohne tiefe Kennerschaft ein, daß es eine Posse ist, eine kecke mutwillige Posse, worin der Dichter sich alle Augenblicke selbst zu unterbrechen und sein eigenes Werk zu zerstören scheint, um nur desto mehr Spöttereien rechts und links und nach allen Seiten wie leichte Pfeile fliegen zu lassen." Hier kommen die Hauptaspekte zur Sprache, die für August Wilhelm Schlegel den „Kater" auszeichneten: Die Selbstreflexion des Theaters, die Unterbrechungen der dichterischen Illusion und die Satire. Gegen Ende spielt die Besprechung auf das Muster an, an dem sich Schlegel dabei orientierte, die Komödie des Aristophanes. Er sah im „Kater" ein der alten Komödie verwandtes Stück. Damit wandte er auf Tieck das neue Aristophanes-Verständnis an, das sein Bruder Friedrich in seinem Aufsatz „Vom künstlerischen Werthe der alten griechischen Komödie" 1794 entwickelt hatte. Friedrich Schlegel pries darin die Komödie als höchste Gattung, in der „reine Freude und Freiheit" zur Darstellung gelangten, was nur in freien politischen Verhältnissen möglich sei. Aristophanes sei dem Ideal der Gattung am nächsten gekommen, wenn ihn auch der Niedergang, den er in Athen vorfand, dazu genötigt habe, die Darstellung der reinen Freude durch persönliche Satire zu trüben. Von der Darstellung der schrankenlosen Freiheit als dem Ziel der Komödie aus rechtfertigte Friedrich Schlegel auch die aristophanischen Anspielungen, in denen Dichter und Publikum zum Vorschein kommen: „In der Begeisterung des poetischen Witzes schadet und stört es nicht, wenn die Täuschung scheinbar vernichtet wird; weil das Wesentliche des Eindrucks einer solchen Darstellung, nicht in dem geordneten Zusammenhange dieser und in der Täuschung besteht, sondern in eben jener Begeisterung des Witzes, welche alle Schranken durchbricht." So sehr Friedrich Schlegel Aristophanes an seine historischen Voraussetzungen gebunden sah und umgekehrt nur von veränderten gesellschaftlich-politischen Verhältnissen eine Erneuerung der Komödie erwartete, so empfahl er doch der zeitgenössischen Komödie, sich Aristophanes zum Muster zu nehmen, um sich ihrem Ideal wenigstens zu nähern. Wenn August Wilhelm Schlegel den „Kater" mit Aristophanes in Verbindung brachte, ordnete er ihn nicht nur in eine Tradition ein, sondern sprach er ihm im Sinne seines Bruders auch Zukunft zu.

Friedrich selbst schrieb seinem Bruder darauf dämpfend: „Die Recension des Tieck . . . hat mir wegen der klassischen Grazie und Urbanität große Freude gemacht; obwohl ich Tieck weit mehr wegen des Lovell und seine Person schätze als des Katers wegen, den ich nicht reich, nicht frech und nicht poetisch genug finde. Das letzte hast Du, wo ich Dich verstehe, auch angedeutet. Er giebts auch zu." Immerhin widmete Friedrich dem „Kater" ein Athenäum-Fragment, worin er ihm dieselben beiden Momente zubilligte, die August Wilhelm an ihm hervorgehoben hatte: „Wenn ich meine Antipathie gegen das Katzengeschlecht erkläre, so nehme ich Peter Leberechts gestiefelten Kater aus. Krallen hat er, und wer davon geritzt worden ist, schreyt wie billig, über ihn; Andre aber kann es belustigen, wie er gleichsam auf dem Dache der dramatischen Kunst herumspaziert." Womit er Hinzes Worte aus dem ersten Akt: „. . . jetzt will ich noch ein wenig auf den Dächern spazieren gehn", variierte.

Als August Wilhelm in seiner Athenäums-Rezension nochmals auf den „Kater" zurückkam, hatte sich merkwürdigerweise seine Beurteilung geändert. Er stellte eine Rangordnung unter den „Volksmärchen" auf, nach der zu oberst der „Blaubart" und „Der blonde Eckbert", zu unterst der „Kater" und die „Schildbürger" figurieren. Dem „Kater" machte er nun zum Vorwurf, was er ursprünglich an ihm gerühmt hatte. Wie in Anknüpfung an Friedrichs „nicht poetisch genug" tadelte er, daß der „Kater" seine Wirkung nicht der reinen Poesie, sondern der näheren Beziehung zur Wirklichkeit, der Satire, verdanke. Wie zuvor schon in einem Brief, verwies er Tieck an Shakespeare als Vorbild. Privat empfahl er Tieck ein romantisch-komisches Schauspiel, „der ernsthafte Theil in fünffüßigen Jamben, auch wohl mit untermischten Reimen, nur der komische Dialog in Prosa". Das ist nicht ohne Pikanterie, wenn es stimmt, daß Tieck seine „Volksmärchen" gerade als Anwendung der Shakespeare abgelernten Behandlung des Wunderbaren betrachtete.

Auf Tieck selbst war der Kontakt mit den Brüdern Schlegel von nachhaltigem Einfluß. Das erste nach der Bekanntschaft mit ihnen entstandene Stück, „Die verkehrte Welt", baute auf jenen aristophanischen Zügen auf, die August Wilhelm Schlegel am „Kater" gerühmt hatte. In den musikalischen Zwischenspielen lassen sich deutliche Anklänge von Friedrichs Aristophanes-Aufsatz erkennen. „Die verkehrte Welt" ist viel eher „gewissermaßen eine Fortsetzung des Gestiefelten Kater" als der so ausdrücklich bezeichnete „Prinz Zerbino", wenn darin auch die Hauptpersonen aus dem „Kater" wieder erscheinen. Vers und Prosa wechseln darin ab, ganz ähnlich, wie es August Wilhelm Schlegel geraten hatte, wenn man auch zögern wird, das unförmige Stück in die Nähe Shakespeares zu stellen. Aber auch Tiecks späteres Verständnis des „Kater" wurde von der Reaktion der Brüder Schlegel und ihrer Theorie berührt. Das zeigte sich, als er das Stück 1812 in den „Phantasus" aufnahm. In den Gesprächen, die darin dessen Vorlesung einrahmen, gab er dem „Kater" eine literaturgeschichtliche Ahnenreihe, die mit Aristophanes beginnt und über Shakespeare, Gherardi und Holberg zu ihm hinführt. Gemeinsam ist ihnen allen der Scherz des

Theaters über sich selbst. Hier fallen die Termini „ironisieren" und „Störung der Illusion", denen in der Deutungsgeschichte des „Kater" große Resonanz beschieden war. Auch das zweite aristophanische Moment, die Personalsatire, kommt zur Sprache und wird von Manfred, der darauf die „Verkehrte Welt" vorliest, mit dem Hinweis auf die Sokrates-Kritik in den „Wolken" verteidigt. Es macht den Eindrück, im Rahmengespräch werden so die beiden Hauptgesichtspunkte genannt, unter denen Tieck den „Kater" für den „Phantasus" umgearbeitet hatte. Er hatte die satirischen Anspielungen auf die Gegenwartsliteratur erweitert, vor allem aber die Personalsatire auf Bötticher, als habe er aus diesem seinen Sokrates machen wollen. Weitere Änderungen galten jenen Stellen, die das Spiel des Theaters mit sich selbst tragen. Das eigentliche Märchen vom Gestiefelten Kater blieb von der Überarbeitung unberührt, doch verlor es im ganzen durch die übrigen Erweiterungen an Gewicht und wurde zur bloßen Veranlassung. Die „Phantasus"-Gespräche und die „Phantasus"-Fassung ließen von nun an die Beurteilung des „Kater" durch die Brüder Schlegel als Tiecks authentische Autor-Intention erscheinen und wirkten sich entsprechend auf das Verständnis des Stücks aus. Man verstand es als Satire oder als Anwendung der romantischen Ironie, deren Keimzelle Friedrich Schlegels Aristophanes-Aufsatz darstellt[4]. So kann man sagen, daß die Brüder Schlegel für das Verständnis des Stücks bis in unsere Zeit zum Schicksal wurden. Erst das Auftauchen ähnlicher Strukturen im modernen Drama bahnte einem Interesse an Tiecks Stück als einem Gebilde eigener Art den Weg. Es zeigte sich, daß der von jeher zweischneidige Bezug zu Aristophanes manches daran verdeckt hatte.

„Der gestiefelte Kater" steht, indem er eine Theateraufführung auf die Bühne bringt, in der Tradition des Spiels im Spiel. Was jedoch in früheren Stücken als episodisches Motiv erscheint, trägt hier das ganze Stück. Es beginnt mit dem Eintreffen der Zuschauer, führt vor, wie eine Theateraufführung abläuft, und endet damit, daß alle nach Hause gehen. Diese Fabel ändert grundsätzlich nichts an der Geschlossenheit dieses Dramas. Sie ermöglicht im Gegenteil eine besonders strenge Einhaltung der Einheiten des Raumes, der Zeit und der Handlung. Die Rampe, die das Stück bei einer Aufführung vom wirklichen Theaterpublikum trennt, wird nie überschritten. Nicht einmal an der einzigen Stelle, wo das Stück sich als Ganzes reflektiert, in der Disputation zwischen Leander und Hanswurst im dritten Akt, wird das fingierte Publikum inne, daß es gespielt wird[5]. Die dargestellte Aufführung reflektiert freilich diejenige, die sie darstellt, indirekt doch, wie denn umgekehrt noch Lessing zur Wahrung der Illusion verboten hatte, daß das Theater auf der Bühne erwähnt werde. Das bleibt jedoch unausgesprochen und damit für die Handlung des Stücks ohne Folgen. Für den Wortgebrauch der Interpretation ergibt sich daraus, daß zunächst, wo von Publikum, Stück und Dichter gesprochen wird, stets die in Tiecks Komödie fingierten gemeint sind.

Die dargestellte Theateraufführung verläuft nicht völlig wirklichkeitsgetreu. Der Dichter, der im Prolog hinter dem Vorhang hervorkommt, um sich direkt an das Publikum zu wenden, ist ein Signal dafür, daß auch offengelegt wird, was im Theater gewöhnlich schweigend geschieht oder hinter den Kulissen bleibt: Das Publikum spricht aus, was es denkt, Schauspieler fallen für Augenblicke aus ihrer Rolle, der Maschinist tritt auf, Dispositionen werden auf offener Bühne getroffen usw. – Eine Besonderheit ist ferner, daß Dichter und Regisseur eine Person sind. Das macht bei der Uraufführung noch Veränderungen des Stücks möglich, auf die das Publikum aktiven Einfluß nehmen kann. Die Aufführung ist damit bis zu einem gewissen Grade auch der Prozeß, in dem das Stück entsteht. So demonstriert Tiecks Komödie das Funktionieren bzw. Nichtfunktionieren theatralischer Kommunikation mit allen daran beteiligten Momenten, Dichter, Stück, Bühne und Publikum[6].

Im Prolog werden die Repräsentanten des Publikums, die Rezipienten, vorgestellt. Es sind 6 Personen, die alle bürgerliche Namen tragen. Auch der Umstand, daß sie bezahlt haben, weist sie als bürgerliches Publikum im modernen Sinne aus. Auf der billigen Galerie sitzen anonyme Zuschauer, die anders reagieren als das Parterre. Die Unterhaltung der eintreffenden Theaterbesucher über das bevorstehende, erst dem Titel nach bekannte Stück exponiert, was die Rezeptionstheorie als „Erwartungshorizont" bezeichnet, die Verstehensvoraussetzungen, welche die Zuschauer mitbringen, um darauf zu beziehen, was ihnen Unbekanntes begegnet. Im Erwartungshorizont dieses Publikums lassen sich mehrere Komponenten unterscheiden. Er wird einesteils gebildet durch Erinnerungen an jene Theaterstücke, die die einzelnen früher schon gesehen haben, Familiengemälde, Opern, Revolutionsstücke. Gemeinsam berufen sie sich immer wieder auf ihren „Geschmack" resp. ihren „guten Geschmack". Damit meinen sie die kritische Kategorie, von der aus sie urteilen, die nicht auf Ästhetisches eingeschränkt ist, sondern sich auf alles Wahre, Gute und Schöne innerhalb und außerhalb der Kunst erstreckt. Die inhaltlichen Nuancen, die der Geschmacksbegriff im ausgehenden 18. Jahrhundert hatte, fallen hier nicht ins Gewicht. Das Publikum pocht auf seinen Geschmack, um seinem Selbstbewußtsein Ausdruck zu geben, fortgeschritten und aufgeklärt zu sein. Der gute Geschmack ist ihm die Frucht eines anstrengenden Erziehungs- und Bildungsprozesses. Was ihm widerspricht, das „Abgeschmackte", gehört in seinen Augen endgültig überwundenen Epochen an.

Die Zwischenbemerkungen des Publikums im Verlauf der Aufführung ergeben weitere Bestimmungen des Erwartungshorizontes. Es tauchen Schlagwörter der Aufklärungspoetik auf wie Natürlichkeit, Treue des Charakters, Täuschung, Rührung. Sie treffen zusammen im Begriff der Wahrscheinlichkeit. Für die Zuschauer ist alles wahrscheinlich und natürlich, was auf der Bühne so ist wie in der sie umgebenden Wirklichkeit. Daraus leiten sie das Recht ab, über die dargestellte Welt mit ihrem gesunden Menschenverstand zu urteilen. Dieser Haltung werden sie jedoch untreu, wenn es sich um die Oper handelt, nach Gottsched „das ungereimteste Werk, das der menschliche Verstand jemals erfunden hat". Diese theoretische Inkonsequenz läßt erkennen, daß die Erwartungen der Zuschauer primär von ihren Theatererfahrungen und nur schlagwortartig durch die Theorie geprägt sind. Die Erwartungshaltung des Publikums bringt der Satz auf die Formel: „Wir sind zwar aus Neugier hergekommen, aber wir haben doch Geschmack" (7). Der Wunsch, Neues kennenzulernen, und derjenige nach Bewährung des Vorverständnisses stehen nebeneinander, doch liegt auf letzterem der Hauptakzent. Der Verlauf der Aufführung zeigt denn auch, daß das Publikum auf Bestätigung aus ist und nur akzeptiert, was es schon kennt. Am Ende wird es mit der Aussicht auf ein weiteres Familiengemälde beruhigt.

Dem Erwartungshorizont des Publikums begegnet auf der Seite des Dichters eine Intention, die ihm völlig konträr ist. Das kündigt sich schon in der Enttäuschung an, mit der die Zuschauer auf das Äußere des Dichters reagieren: „Er sieht wenig wie ein Dichter aus, . . . er hat nicht einmal abgeschnittene Haare" (8). Dem Dichter gelingt es nur über rhetorische Bescheidenheitstopoi, mit denen er sich scheinbar dem Urteil des Geschmacks unterwirft, Gehör zu finden. Seine Wirkungsabsicht umschreibt er mit Worten wie „Laune", „Heiterkeit", „Posse", „belustigen", „Gelegenheit zum Lachen". Im Epilog trägt er eine kulturkritisch-utopische Begründung dafür nach: „Sie hätten . . . Ihre ganze Ausbildung auf zwei Stunden beiseite legen müssen, . . . Ihre Kenntnisse vergessen, . . . ebenso alles, was Sie von Rezensionen gelesen haben. . . . Kurz, Sie hätten wieder zu Kindern werden müssen" (61 f.). Die letzte Anspielung auf das Jesuswort Matth. 18, 3 zeigt, daß der Dichter sich als Heilbringer versteht. Das Heil, an dem ihm liegt, bestünde darin, daß der aufklärerische Erwartungshorizont des Publikums für Augenblicke außer Kraft gesetzt würde. Kindlichkeit ist ihm die Chiffre für eine tabula rasa des Publikumsbewußtseins zugunsten ursprünglicher Spontaneität. Was der Dichter äußert, ist eine Komödien-Intention. Sie insistiert, darin derjenigen Schillers nicht unähnlich, auf einer anthropologischen Wirkung der Komödie. Auch beim Dichter Tiecks geht es um Freiheit des Gemütes, welche näher als Freiheit von den aufklärerischen Bildungsvoraussetzungen bestimmt wird. Damit greift der Dichter die in der Gattung Komödie stets mitenthaltene utopische Komponente auf.

Die dichterische Realisierung dieser Intention kommt nun ihrerseits nicht ohne Voraussetzungen aus. Der Dichter schöpft nicht einfach aus seinem freien Innern. Sein Stück trägt deutliche Spuren an sich, daß es auf Voraussetzungen beruht, die es übersteigen und die sich als Entsprechung zum Erwartungshorizont der Rezipienten auf der Seite des schaffenden Dichters verstehen lassen. Im Unterschied zum Erwartungshorizont werden diese Schaffensvoraussetzungen nicht separat vorgestellt, sondern in ihrer Aktualisierung im Stück, an denen sie sich ablesen lassen. Es trägt zur Komik bei, daß das Stück an manchen Stellen noch erkennen läßt, was ihm eigentlich als Horizont des Dichters vorausliegt, und so die Grenze zwischen sich und dem Dichter verwischt.

Die Fabel seiner Komödie hat der Dichter einem Kindermärchen entnommen. In der Wahl dieser Gattung verstößt der Dichter gegen den Erwartungshorizont des Publikums und widerspricht er dessen Bewußtsein, am Ziel von Aufklärung und Erziehung zu stehen. Die Opposition zum Publikumsgeschmack bestimmt auch die Ausgestaltung der übernommenen Handlung. Auf Hütte und Palast verteilt, stehen sich Einfalt und Bücherbildung, Natur und Überkultiviertheit, Jugend und Erwachsenenwelt gegenüber. Der Kater als freies Naturwesen, frei gerade auch von aller Erziehung durch den Menschen, überwindet mit Schlauheit und List die Repräsentanten der Kultiviertheit, den König und den Popanz, und verhilft dem einfältigen Gottlieb auf den Thron. Das Märchen bekommt Züge einer Veranschaulichung der Wirkungsabsicht, die den Dichter zur Wahl dieser Gattung geführt hat.

Daß der Dichter sein Stück nach Gattung und Verlauf aus Opposition zum Publikumsgeschmack geschaffen hat, bedeutet nun aber, daß dieser in starkem Maße mit zu seinen Schaffensvoraussetzungen gehört. Er ragt denn auch sichtbar in das Stück hinein in Gestalt der parodistisch-satirischen Anspielungen, die vor allem im Umkreis des Hofes bei der Prinzessin und Leander, aber auch sonst gelegentlich erscheinen. Konsequenterweise sind es Anspielungen auf zeitgenössische literarische Werke und Modestimmungen. Daß sich in der Sphäre des Hofes der Erwartungshorizont des Publikums ins Stück hineinschiebt, bestätigt der Beifall, den die königliche Familie bei den Zuschauern findet, die nicht bemerken, daß der Hof satirisch gezeichnet wird.

Neben den parodistisch-satirischen Anspielungen stehen parodistische Zitate ohne erkennbare kritische Absicht[7]. Sie häufen sich in der Szene, in der der König seinen „Zufall" bekommt, die als Ganze auf den „Zufall"

König Philipps in Schillers „Don Carlos" (V/5) anspielt. Der König macht
seiner wachsenden Wut über das verbrannte Kaninchen und den Koch in
Zitaten aus Schiller- und Shakespeare-Dramen Luft. Sie werden weder auf
der Bühne noch vom Publikum erkannt. Wiederum verweisen sie auf die literarischen Schaffensvoraussetzungen des Dichters. Sie sind Spuren, die
erkennen lassen, daß dieser erste deutsche Komödienkönig eigentlich aus
der Tragödie stammt und vom Dichter zur komischen Figur umgeformt
wurde. Es ist überaus komisch, daß der König in seiner Wut gewissermaßen in seine literarische Herkunft regrediert.

Von dieser Gestaltung des Königs ist es nur noch ein kleiner Schritt zu
der berühmten Fiktionsironie der Komödie im Stück, in der man mit Recht
eine Neuerung Tiecks und der ihm nachfolgenden romantischen Komödien
erkannt hat. Es handelt sich um Stellen wie die, wo der Hanswurst über sein
Schicksal in der Literaturgeschichte reflektiert, oder die Bemerkung Natha-
naels zum König: „Sehn Sie, es geschieht ja bloß dem Drama zu Gefallen,
daß ich Ihre Sprache rede, denn sonst ist es allerdings unbegreiflich" (21).
Auch Hinzes Hinweise auf naturkundliche Werke, die von Katzen handeln, gehören dazu. In allen diesen Fällen kommentieren sich die Figuren
selber als Rollen. Sie äußern Überlegungen, die eigentlich dem Dichter angehören, die er aber dem Bewußtsein der Figuren einverleibt hat. Diese sind
damit seltsam gespalten, zugleich selbständig und von ihrem Dichter gemacht. Solche Stellen sind Konsequenzen aus der Grundvoraussetzung von
Tiecks Stück, das Spiel im Spiel werde aufgeführt und geschaffen zugleich,
die mit der Identität von Dichter und Regisseur gegeben ist. – Man hat mit
Recht diese Reflexionen der Rollen als Rollen von jenem traditionellen
Aus-der-Rolle-Fallen unterschieden, bei dem der Schauspieler hinter der
Rolle hervorkommt oder sonst eine reale Spielbedingung in der fiktiven
Welt auftaucht. Solche Illusionsstörungen sind nicht Spuren des Dichters
im Stück, sondern ergeben sich bei der Aufführung.

Somit verweist die Komödie im Stück auf doppelte Weise über sich hinaus auf ihren Dichter, einmal auf seine Intention, wie er sie außerhalb des
Stücks und in dessen Handlung äußert, zum anderen auf seinen Horizont,
seine Schaffensvoraussetzungen, die ins Stück selbst eingebaut sind. Das
Stück hat sich also nicht von seinem Dichter abgelöst, sondern erscheint als
seine Botschaft an das Publikum. Das Publikum mit seinem Erwartungshorizont und der Dichter mit der Intention, diesen mit seiner Komödie aufzu-
sprengen, stehen gegeneinander. Der Konflikt zwischen ihnen wird in der
Aufführung ausgetragen, bei der es darum geht, ob und wie sich der Dichter dem Publikum verständlich machen kann. Die drei Akte des Stücks sind
zugleich sich steigernde Phasen dieses Kommunikationsvorganges. Der erste Akt geht kommentiert, aber ungestört über die Bühne. Zwar hat das

Publikum zunächst Mühe, sich in die unwahrscheinliche Märchenwelt des Stücks, in der ein Kater spricht, hineinzufinden. Aber nach dem Motto des Katers „man gewöhnt sich an alles" (14), akzeptieren die Zuschauer bald stillschweigend diese Spielprämissen und nehmen z. B. ebensowenig wie der Schuster daran Anstoß, daß dem Kater Stiefel angemessen werden. Daß sie sich dennoch nicht endgültig abfinden, hängt mit der Sprunghaftigkeit des Stücks zusammen, die keine stetige Einfühlung erlaubt. Bei der Verwandlung der Hütte in den Palast wandeln sich auch die Bühnenmittel. Die Erinnerungen des Publikums an Familiengemälde werden wieder wach und damit die ursprünglichen Erwartungen. Die Szene vor dem Wirtshaus verlangt eine neuerliche Umstellung, über der man, wie Leutner sagt, den Kater „nun ganz aus den Augen verliert". In der darauf folgenden, „Zwischenakt" überschriebenen Unterhaltung ist das Publikumsecho gespalten. Die einen sind desorientiert, wie der Dichter es will, und bezeichnen sich unter der Einwirkung des Stückes als „toll" und „betrunken". Die andern stimmen dem Stück zu, doch beruht ihre Zustimmung gerade darauf, daß sie es von Schikaneder, Kotzebue oder der Wirklichkeit her verstehen, also ihre Vorurteile bestätigt finden. Auch dem Kritiker Bötticher gefällt das Stück, weil ihm die Analyse des Katerdarstellers zur Ausbreitung seiner Gelehrsamkeit und damit zu einem subtilen Genuß seiner selbst verhilft. – Der zweite Akt setzt das verwirrende Wechselbad des Publikums fort, zunächst mit der unvermittelten Einfügung des Liebesgesprächs in die Katerszene, dann am Hofe mit der Kontrastierung von „Zahlenerhabenheiten" und Hanswurstiaden. In die damit genährte Tollheit mischt sich ein erstes Anzeichen von Aggressivität, wenn Schlosser sagt: „. . . wenn ich solche Possen sehe, möchte ich gleich dreinschlagen" (30). Was sich hier ankündigt, steigert das Ende des Aktes zu einem Tumult, der die Aufführung in einer „fürchterlichen Pause" vollständig zum Erliegen bringt. Der Anlaß ist der „Zufall" des Königs, in dem er seine Würde völlig vergißt und ein gewöhnlicher unbeherrschter Mensch wird. Die Heftigkeit der Reaktion ist aus der Verletzung des literarisch-poetologischen Erwartungshorizontes allein nicht mehr verständlich. Das Stück rührt offenbar an tieferliegende Vorurteile. Mit dem König sind die Fundamente des Zuschauerverhaltens in Frage gestellt, die offensichtlich politischen Prämissen des „guten Geschmacks". Es bricht ein Chaos aus, das anarchische Züge annimmt und mit Pochen, Pfeifen, Husten, Zischen, Lachen und Lärmen selbst die Sprache hinter sich läßt. Die einzelnen wissen nicht, weshalb sie so handeln, sie werden Teil der Masse. Diese Wirkung liegt zweifellos auf der Linie der Wirkungsabsicht des Dichters, aber sie schießt weit über sein Ziel hinaus. Statt kindlicher Heiterkeit kommt eine Brutalität zum Vorschein, die sogar dem Kater Angst einjagt. Der Dichter ist ob seinem Effekt bestürzt, verwirrt und erschrocken. Er weiß sich nicht mehr anders zu helfen, als daß er den anfänglichen Erwartungshorizont des Publikums reaktiviert und den Besänftiger aus der „Zauberflöte"[8] hervorholt, dem es gelingt, die Menge zu beruhigen wie Papageno Monostatos und sein Gefolge. Es kommt zu der „schönsten Harmonie", von der er singt. Der Zwischenakt zeigt das Publikum höchlich angetan.

Dieser Aktschluß ist von höchster komischer Dialektik. Der Dichter wird gerade durch die Erreichung seines Zieles genötigt, es aufzugeben. Er rettet sein Stück um den Preis der Anerkennung des Publikumsgeschmacks, den er damit aus den Angeln heben wollte. Er verständigt sich so mit dem Publikum, aber unter Preisgabe seiner Botschaft. Das Publikum nimmt damit indirekt das Stück selbst in die Hand und führt es zu Ende.

Der dritte Akt zeigt den Dichter in der Defensive und damit in Abhängigkeit vom Publikum. Daß dessen Aggressivität gegenüber dem Stück andauert, kommt im Hinauswurf des Kater-Lobredners Bötticher zum Vorschein. Die vorsorgliche Absprache des Dichters mit dem Maschinisten im Hinblick auf neue Zwischenfälle wird selbst zu einer Störung; zu deren Behebung soll der Hanswurst beitragen, der aber auch zum Publikum überläuft. Die Disputation im Stück über das Stück wird ebenfalls zu einem Eigentor des Dichters. Es paßt in diese Dominanz des Publikumsgeschmacks, daß dem Gottliebdarsteller für einen Moment Spielzeit und gespielte Zeit durcheinandergeraten. Gerade diese vom Dichter nicht beabsichtigten Illusionsbrüche und Inkonsequenzen zeitigen nun aber Wirkungen auf die Zuschauer im Sinne der ursprünglichen Intention. Sie geraten in eine Verwirrung, auf deren Boden die von der Fabel gebotenen Szenen mit all ihren kuriosen Einzelheiten wie dem König, der auf einen Baum klettert, so widerstandslos akzeptiert werden, daß Wieseners Nachbar sogar dabei einschläft. Die Verwirrung scheint gewöhnlich geworden zu sein. Doch diese Ruhe wird jäh zerstört durch die politische Anspielung, mit der der Kater seinen Sieg über den Popanz kommentiert: „Freiheit und Gleichheit! – das Gesetz ist aufgefressen! Nun wird ja wohl der Tiers état Gottlieb zur Regierung kommen" (58). Diesmal ist es explizit eine revolutionäre Devise, die im Parterre Pochen und Zischen auslöst. Sie gilt der mit dem Popanz erledigten Herrschaft des Publikums, wie sich aus dem Stückverlauf indirekt, ausdrücklich aus der Kommentierung des Popanz kurz zuvor und im ersten Akt ergibt. Die Verwirrung greift noch heftiger auf den Dichter über als das erste Mal, er verwechselt sogar Bühnenwelt und Wirklichkeit wie die Zuschauer, dann wiederholt er die Besänftigung des Publikums durch die „Zauberflöte", damit die Bestätigung des Publikumsgeschmacks. Die Mobilisierung der „Zauberflöte" bleibt diesmal nicht mehr nur Episode. Der Rest des Stückes fügt sich ihrem Muster mit der Wasser- und Feuerprobe und der Aufnahme Gottliebs und des Katers in den Adelsstand. Noch das Lobgedicht Leanders auf den Kater ist vom ägyptischen Dekor der „Zauberflöte" beeinflußt. Damit ist der Sieg des Publikums endgültig. Wenn es zum Schluß statt des Dichters die letzte Dekoration, eben die der „Zauberflöte", hervorruft und ihr stürmisch applaudiert, applaudiert es seinem eigenen Erwartungshorizont, den es durchgesetzt hat, und damit sich selbst. Es ist konsequent, daß das Abräumen der Dekoration und das Weggehen der Leute simultan verläuft. – Zum Schluß stehen sich Publikum und Dichter als Parteien gegenüber, zwischen denen keine Verständigung möglich ist. Daß das Publikum auf das Xenion des Dichters, das das Verstehen thematisiert, mit einem Hagel verdorbener Birnen und Äpfel antwortet, bringt das Verhältnis beider, das die Aufführung zu Tage gefördert hat, auf eine abschließende szenische Formel.

„Der gestiefelte Kater" erscheint somit als Demonstration des Scheiterns der Kommunikation zwischen Dichter und Publikum. Insofern ist er ein Seitenstück zu Goethes „Tasso". Auch Tiecks Stück begründet dieses Scheitern aus dem veränderten Verhältnis von Dichter und Gesellschaft. Die Verständigung wird dadurch zum Problem, daß sich der Dichter nicht mehr als Repräsentant des Publikums versteht, sondern als ästhetischer Erzieher, der an die Verständnisvoraussetzungen der Zuhörer nur anknüpft, um sie zu überwinden. Der Dichter in Tiecks Stück gefährdet sein Unterfangen zusätzlich durch seine paradoxe Absicht, beim Publikum mit Hilfe der Kulturinstitution Theater Erziehung und Bildung rückgängig zu machen und einen vorkulturellen Zustand herzustellen.

Die Komödie als Gattung ist von dieser Entfremdung zwischen Dichter und Publikum in besonderem Maße betroffen, da zu ihr ein utopisches Moment gehört. Bezeichnenderweise kommt es im „Gestiefelten Kater" nicht zum traditionellen Komödienschluß des happy end. Dennoch ist Tiecks Stück unverkennbar eine Komödie: Es handelt vom Verhältnis des einzelnen zur Gesellschaft, das alte komische Motiv des Mißverstehens liegt ihm zugrunde, Dichter und Publikum sind in sich voll komischer Widersprüchlichkeit, zahllose einzelne Momente unterstehen dem Kontrast von Erwartung und Einlösung. Worin liegt dann aber die Perspektive auf eine Utopie, die sich gattungsgesetzlich im Gelächter augenblicksweise realisiert?

Mit der Thematisierung der theatralischen Kommunikation reflektiert und kommentiert das Stück unausgesprochen und indirekt seine eigene Wirkungsabsicht. Das Scheitern im Stück verweist ex negativo auf ein Gelingen der Komödie als ganzer. Insofern diese die Struktur des Binnenstükkes, den Standpunkt- und Perspektivenwechsel, teilt und weiterführt, zielt sie ebenfalls auf Verwirrung und damit auf Erheiterung des Rezipienten.

Zugleich schließt sie aber, indem sie die Publikumsreaktion als eine Massenreaktion mit destruktivem Effekt für das Werk zeichnet, das große Theaterpublikum als Adressat aus. Die angestrebte Wirkung, das ergibt sich daraus, kann nur beim einzelnen, allenfalls bei einem kleinen Kreis eintreten. Der vereinzelte Dichter erreicht nur einzelne. Dafür ist allerdings das Theater nicht mehr der passende Ort, ja gar nicht mehr nötig. Tiecks Komödie ist damit nicht nur eine über, sondern auch eine gegen das Theater[9]. Ihre Bühne ist das Buch, ihr Publikum der einsame Leser. Das macht sie zum „Grenzfall der Gattung".

DIETHELM BRÜGGEMANN

GRABBE · SCHERZ, SATIRE, IRONIE
UND TIEFERE BEDEUTUNG

Im Titel hat der Autor seinem Lustspiel gleich einen Vorschlag zur Interpretation mitgegeben – das war seit dem Barock selten geworden. Nicht eine Figur stellt sich vor, sondern ein gedankliches Gefüge, das angeblich die als exemplarisch aufgefaßte Handlung strukturiert. Zweifellos wollte Grabbe damit zunächst ein Einverständnis mit jener romantischen Literatur suggerieren – und bei ihr und ihren Sachwaltern und Nachfahren wiederum ein günstiges Vorurteil für sein eigenes Werk schaffen –, die sich mit Scherz, Satire, Ironie und tieferer Bedeutung theoretisch und in der Praxis immer wieder beschäftigt hatte und die dem kaum der Schule entwachsenen Autor in der Autorität Tiecks noch gegenwärtig war.

Eine geschickte Titelgebung also – man mag sagen ,,reißerisch" –, die dem damaligen Kenner der Literaturszene Assoziationen an das Schlegelsche Ironiekonzept, die ,,transzendentale Buffonerie" und die ,,permanente Parekbase", an Brentanos ,,Mutwill unabhängiger, fröhlicher Menschen"[1] oder an Tiecks ,,schon früh" gefühlte Ahnung nahelegten, ,,daß es Lust, Scherz, Witz geben müsse, die nur um sich selbst daseien". Eine Titelgebung allerdings, die zuweilen für wenig bühnenwirksam gehalten wurde, was nicht verhindert hat, daß Grabbes Lustspiel bis heute in jeder Saison auf irgendeinem Repertoire erscheint und jedenfalls in dieser Hinsicht sich allen romantischen Komödien als überlegen erwiesen hat. Dies wiederum ist für den Literaturwissenschaftler nicht unbedingt von Vorteil; hat er sich doch mit dem Verdacht auseinanderzusetzen, daß möglicherweise diejenigen Aspekte des ,,teufelhaften Lustspiels" (Grabbe), mit denen sich am leichtesten Bühnenwirkung erzielen läßt, durch eine solche Wirkung einer adäquaten Rezeption eher im Wege stehen könnten.

Das grobe, ungebärdige Lustspiel mit dem feinsinnigen, dem damals sehr ,,gebildeten" Titel, dem gerade noch ,,aktuellen", macht die Rezeption auch deshalb schwierig, weil traditionelle Kriterien versagen. Es ist weder reine Typen- noch reine Intrigenkomödie, es geht auch nicht in der Literatursatire auf, wie früher oft behauptet; der Inhalt bringt eine an innerer Motivierung betont dürftige, in einprägsamen, teilweise ausufernden Episoden aneinandergefügte Handlung: Der Teufel flieht auf die Erde, weil seine Großmutter in der Hölle Hausputz hält; an einem heißen Sommertag erfriert er dort und gibt damit vier Naturforschern Rätsel auf; er bringt eine Liebesbeziehung auseinander, die nie so recht existiert hat – wobei er einem Adligen die Braut für schweres Geld abkauft, einen anderen Adligen veranlaßt, 13 Schneidergesellen zu köpfen; die schöne und edle Braut, Liddy mit Namen, bekommt der „innerlich adlige", aber häßliche Mollfels; ein Dichter namens Rattengift erhält Auskunft über die literarischen Insassen von Hölle und Himmel; der Dorfschulmeister fängt den Teufel im Vogelbauer mit dort ausgelegten Kondomen; zum Schluß holt des Teufels jugendfrische Großmutter diesen wieder ab, nachdem er Pfötchen gegeben hat, und der Dichter Grabbe kommt mit seiner Laterne durch den Wald und hilft den Freuden-Punsch austrinken, mürrisch polternd, wie er im wirklichen Leben war.

„Daß der ganze Gang der Handlung absichtlich so lose und wunderlich aneinander gestellt ist", das hatte Grabbe nicht nur selbst gesehen, sondern auch, bei Übersendung des Lustspiels an Tieck, in dem gleichen Brief aus Berlin, mit dem er sich für dessen Beurteilung von „Herzog Theodor von Gothland" bedankt, eigens hervorgehoben. Dieser Brief stammt vom 16. Dezember 1822, und kurz zuvor war das Manuskript abgeschlossen worden; am 2. September hatte er an seine Eltern geschrieben: „In 14 Tagen bin ich noch dazu mit einem Lustspiel fertig, von dem die meisten noch mehr erwarten, als wie von meinem Trauerspiele"; und am 29. November 1822 dann, ebenfalls an die Eltern: „In diesem Augenblicke kommt Einer, der mir sagt, daß er mein Lustspiel einem hiesigen Buchhändler vorgelegt habe."

Grabbes zweites Werk nach dem „Herzog Theodor von Gothland", diesem in mancher Hinsicht verwandt – worauf zuerst der Autor selbst hingewiesen hat –, entstand also in Berlin, wo Grabbe sich nach dem Weggang von Leipzig zum Jurastudium aufhielt und wo er in einem Kreis von jungen Literaten verkehrte, zu denen u. a. Köchy, Uechtritz und Heine gehörten. Das Lustspiel ist das Werk eines noch nicht 21jährigen Studenten.

Zwischen der Niederschrift und der Drucklegung vergingen allerdings fünf Jahre, und die Fassung, die schließlich im Jahre 1827 in dem ersten von Grabbe gedruckten Buch, dem Band „Dramatische Dichtungen" zusammen mit dem „Gothland", „Nanette und Maria", dem Fragment „Marius und Sulla" und dem Aufsatz „Über die Shakspearomanie" bei Grabbes ehemaligem Studienfreund und nunmehrigen Verleger Kettembeil in Frankfurt am Main erschien, ist nicht mehr ganz identisch mit dem Berliner Manuskript – nicht allerdings so verschieden davon, daß man mit Recht von zwei ganz eigenständigen Fassungen sprechen dürfte. Für den Druck hat Grabbe inzwischen hauptsächlich diejenigen Stellen geändert, die der Zensur anstößig erscheinen mochten. So ist aus dem Generalsuperintendenten

Teufel ein Canonicus Teufel geworden; statt der Kondome sind es nunmehr Casanovas Memoiren, mit denen der Schulmeister den Teufel ködert; außerdem sind einige wenige Beispiele obszönen oder derben Humors gemildert oder weggelassen[2].

Daß sich trotz besagter Einordnungsschwierigkeiten in Grabbes Lustspiel Elemente der Komödientradition von Aristophanes bis zur Romantik finden, ist selbstverständlich. Gerade Aristophanes beispielsweise, der – nach einer ersten Kontaktaufnahme des „Sturm und Drang" – durch die Romantiker aus der Mißachtung durch die Aufklärung geradezu stürmisch „gerettet" worden war, ist von Grabbe zeit seines Lebens sehr geschätzt worden. Hatten in der Komödienpraxis der Romantiker die „antiillusionistischen" Aspekte des Aristophanes sowie seine literatursatirische Zielrichtung sich häufig auf Kosten der Handlungssubstanz verselbständigt, so hätte Grabbe sich, obwohl ein direkter Einfluß nicht nachzuweisen ist, etwa für seine Derbheiten auf ihn berufen können, wozu einige andere Einzelheiten gekommen sein mögen, die zugleich jedoch zu Grabbes Zeit bereits zum traditionellen Motivschatz gehörten, so daß sie nicht direkt aus der Quelle zu stammen brauchen. So etwa springt in den „Wolken" der Anwalt der guten Sache in die Orchestra hinunter, nachdem er in seiner Rede unterlegen ist, gerade wie bei Grabbe in der letzten Szene Mordax und Wernthal als Schauspieler X und Y ins Orchester hinabsteigen. Ähnlich mag die Figur des dummen Bauern Strepsiades in den „Wolken" Grabbe vor Augen gestanden haben: wie Grabbes Bauer Tobies möchte auch er seinen – allerdings, wie sich herausstellt, in der Tat gelehrigen – Sohn ausbilden lassen. Die Schläge, die bei Grabbe der Schulmeister von seinem Schüler bezieht, prasseln in Aristophanes' Lustspiel auf den Vater nieder. Schließlich könnte Grabbes Idee, die verstorbenen Kleinen und Großen der Literatur in der Hölle zu versammeln, eine Reminiszenz an Aristophanes' „Frösche" sein.

Zweifellos jedoch ist bei Grabbe wenig von der Variationsbreite der aristophanischen satirischen Mittel, wenig auch von dessen sprachlichen und motivischen Phantasmagorien zu verspüren. Man darf ohnehin solche teils gattungstypischen, teils möglicherweise wirklich übernommenen Motive, die über Jahrhunderte hinweg immer wieder aufgegriffen wurden, nicht überbewerten, wenn man nicht dem Autor- und Zeittypischen gegenüber ungerecht sein will. Das gilt auch für den Einflußbereich der Commedia dell' arte oder etwa den Sturm und Drang, deren Wirkung auf Grabbe zuweilen überbetont wird. Bei allen auf der Hand liegenden Parallelen darf man auf keinen Fall so weit gehen zu sagen, man stehe bei Grabbes Lustspiel „im Raum der italienischen Stegreifkomödie mit einer zentralen Liebesintrige"; denn es wurde bereits angedeutet, wie wenig zentral die Liebesintrige bei Grabbe ist. Manche Figuren, den Teufel etwa, kann man natürlich auf Typen der Commedia dell' arte und weiter zurückführen, ohne damit ihre spezifisch Grabbesche Prägung erfaßt zu haben. Und was den Sturm und Drang betrifft, so wird Grabbes Lebensführung, die von braven Bürgern aus seiner Umgebung – dem Archivrat Clostermeier etwa –, aber auch von zeitgenössischen Literaten zuweilen als „Geniegehabe" gesehen wurde, einen gewissen Einfluß auf diese unpassende Etikettierung gehabt haben. Selbst der Schulmeister Wenzeslaus aus dem „Hofmeister" von Lenz, dem hin und wieder der Grabbesche Schulmeister an die Seite gestellt wurde, gehört einer weit literarischeren Sphäre an als der westfälisch-lippische „Kinderohrfeigenverfertiger".

Wenn sich also irgendwelche Anzeichen für eine geistige Verwandtschaft zwischen Grabbe und Commedia dell' arte oder Sturm und Drang nicht leicht finden lassen, sondern nur gelegentliche Motiv- bzw. Figurenentlehnungen[3], so tritt beides, geistige Verwandtschaft und Einzelentlehnungen, in ein anderes Licht, sowie man sich Grabbes eigener Zeit nähert. So müssen seine Beziehungen zur Romantik differenziert gewürdigt werden; in Einzelheiten zudem finden sich in Tiecks und Brentanos Lustspielen, bei Jean Paul und E. T. A. Hoffmann manche Parallelen, wie schon häufiger gesehen wurde[4]. Anderes, so etwa die Vorstellung von der Welt als „mittelmäßiges Lustspiel" (II,2; 241), muß in den über die Romantik hinausgehenden, von ihr aber häufig aufgegriffenen thematischen Zusammenhang der Lebensbühne, der Welt als Theaterstück gestellt werden.

Dieser kurze Überblick darüber, was zu Grabbes Vorbildern oder Vorgängern zu sagen ist, kann abgeschlossen werden durch einen Hinweis auf die sich einzelnen Forschern immer wieder aufdrängenden Assoziationen zum Puppenspiel, insbesondere zum Kasperle-Theater. Nicht nur war diese Form des Theaters auch den Romantikern interessant gewesen – manche von ihnen hatten sich im Puppenspiel und Schattenspiel versucht –, sondern Grabbes Berliner Studienfreund Karl Köchy, in dessen Zimmer sich der Kreis um Grabbe vorzugsweise traf, soll auch „eine Art Puppentheater"[5] besessen haben, auf dem er hin und wieder Stücke aufführte.

Trotz all dieser Linien, die sich von Grabbes Lustspiel in die Tradition verfolgen lassen, muß jedem Leser oder Zuschauer die Grabbesche Textur, in der sie sich verlieren, als ein durchaus zeituntypisches, ja zuweilen als ein Stück 20. Jahrhundert erscheinen. Hatten beispielsweise die Romantiker in ihrem Aristophanes-Verständnis das politisch- und religiös-konservative Ethos, das hinter den satirischen Attacken des Griechen gestanden hatte, als unnötiges „Beiwerk", sogar als Verfallserscheinung abgetan und statt dessen die „gränzenlose Freiheit", die freischwebende „Begeisterung des poetischen Witzes" gepriesen, so verzichtet Grabbe nahezu völlig auf diese sprachlichen und strukturellen Eskapaden, in denen sich die unendliche Reflexion in immer noch potenzierter Ironie der Ironie erheben sollte; er gibt im Gegenteil, in einer das Publikum recht unreflektiert und direkt angehenden Komik, der politischen und literarischen Satire eine ganz neue Stoßkraft, indem er die heftigsten Hiebe vom Teufel höchstpersönlich austeilen läßt. War in den romantischen Lustspielen und Märchensatiren ein Handlungsgerüst noch geradezu notwendig gewesen, damit es dann unter Befriedigung des Dichterbedürfnisses, sich über das als endlich erkannte Werk zur Annäherung an eine heile Endwelt zu erheben, um so wirkungsvoller in einer mehr oder weniger permanenten Parekbase aufgelöst werden konnte, so läßt Grabbe das Handlungsgerüst, dessen innere Motivierung ihm nicht mehr einleuchtet, gleich ganz zusammenkrachen – um es aus seinen Trümmern additiv wieder zusammenzubauen. Und was schließlich die romantischen Effekte im einzelnen betrifft, die Dichterauftritte, Schauspieler-Demaskierungen und Publikumsansprachen, die einem je nach dem Grad der Gutwilligkeit gelangweilten oder beflissen die Stufen der Ironie-Potenzierungen nachvollziehenden Auditorium ebenfalls Gelegenheit geben sollten, sich zur heiteren Anschauung des Unendlichen zu erheben, so beschränkt sich Grabbe darauf, zwei Bösewichter, die er für das harmonische Schlußtableau nicht mehr gebrauchen kann, à la Aristophanes-Tieck von der Bühne zu schicken und den Dichter Grabbe heraufzuholen.

Aber Grabbes Außenseiter- und Vorläuferrolle, ja, seine Neuartigkeit, beschränkt sich nicht auf die Abwandlung oder Abschaffung romantischer Versatzstücke. Nicht nur diese destruktiven Maßnahmen am Handlungsgerüst, sondern auch seine Art der Figurenbehandlung gehören in einen größeren Zusammenhang, von dem nun zu sprechen sein wird.

Die europäische Komödie hatte im Verlauf der mit der Aufklärung einsetzenden Herausbildung des bürgerlichen Tugendkosmos und im Anschluß an Vorbilder der antiken Gesellschaftskomödie und der Commedia dell' arte eine Anzahl von komischen „Typen" entwickelt, an deren gesellschaftsabweichendem Verhalten jeweils die Werte der Gesellschaft demonstriert und je neu bestätigt werden konnten. Die Romantiker hatten diese Typenklischees ganz allgemein auf Kosten ihrer sozialen Erkennbarkeit verwischt, zugleich aber von der Harlekin-Figur her in sprachlichen Witz aufgelöst[6].

Hierin bereits hatte sich eine konstitutionelle Schwäche der in Kleinstelemente geteilten deutschsprachigen Gesellschaft literarisch gespiegelt; die in der Aufklärung begonnene Wertbasis hatte sich nicht konsolidieren können; für die Herausbildung einer genuin deutschen Intrigen- oder Typenkomödie war sie zu schmal gewesen und wurde schon zu früh von neuen, irrationalistischen und restaurativen Tendenzen überrollt. Diese prekäre Lage zeigte u. a. das eher dürftige Komödienrepertoire Goethes; auch der geniale Kleist war im „Zerbrochnen Krug" in ein angeblich niederländisches Genre ausgewichen.

Die Nichtexistenz des Publikums – die durch Kotzebues Weiterführung der aufklärerisch-empfindsamen Werthaltung eher bestätigt als bestritten wird – war also gerade für das Lustspiel zum Problem geworden, eine Tatsache, die durch die Thematisierung dieses Publikums bei den Romantikern einerseits, durch deren distanzierendes Jonglieren mit nicht mehr ernst genommenen „Typen" andererseits, ganz eklatant bereits durch das Scheitern des Goethe-Schillerschen Lustspiel-Preisausschreibens bestätigt wird.

Grabbe nun sieht sich einer Zeit gegenüber, in der sich diese Situation schon konsolidiert hatte: Das ernstzunehmende Drama hatte sich vom Publikum ab-, dieses sich dem Unterhaltungstheater zugewandt, eine Tatsache, der auch Goethe als Weimarer Theaterdirektor Rechnung tragen mußte. Grabbe aber will diesen Weg nicht gehen. Welche Alternative wählt er?

Zunächst fällt bei flüchtiger Durchsicht des Personenverzeichnisses und der Szenenanweisung – „Die Szene ist in und bei dem Dorfe des Barons" – sowie dann bei der Lektüre um so mehr die eigenartige Zweiergruppierung der Figuren ins Auge: Auf der einen Seite stehen Charaktere wie der Dorfschmied Konrad, der Bauer Tobies, sein Sohn Gottliebchen sowie, als Grenzfigur, der Schulmeister, die in Redeweise und Handeln als einheitlich konzipiert wurden und durchaus „erkennbar" gehalten sind, also den Eindruck der außerliterarischen Realität geben. Auf der anderen Seite finden sich sämtliche anderen Charaktere, Figuren, die interessanterweise alle im Anschluß an – oder im parodistischen Widerspruch gegen – literarisch vorgeprägte Lustspielfiguren der Tradition konzipiert scheinen. Bei näherem Zusehen aber zerfallen ihre Konturen: sie sind keine Abbilder der Realität, sie sind auch keine ungebrochen konzipierten Komödientypen; selbst wenn sie dem Typus sehr nahekommen, wie etwa die jugendliche Liebhaberin Liddy oder der „böse" Mordax, durchbrechen sie doch zuweilen unversehens, vom verzerrenden Willen des Autors gezwungen, das Klischee, so etwa wenn Liddy in III,6 (269) höchstpersönlich die Tür mit einem schweren Tisch verbarrikadiert.

Diese Zweiergruppierung entspricht nun genau der mit der Bezeichnung „Dorf" und „Baron" gegebenen Szenenanweisung Grabbes: „Die Szene ist in und bei dem Dorfe des Barons", genauer: Die Szenen spielen entweder im Schloß oder in und bei dem Dorf. Die Charaktere des Dorfes, ungebrochen und, cum grano salis, „realistisch", stehen den Charakteren der Sphäre des Barons gegenüber.

Für die Figuren des letzteren Bereiches sei hier der Begriff der „Collage" verwendet. Diese Charaktere sind einerseits literarische Zitate, andererseits wird von Grabbe das Zitat immer wieder mit „unpassenden" burlesken Einfällen durchsetzt, nicht etwa nur travestierend erniedrigt oder parodistisch erhöht und dadurch höchstens in seinem Zitatcharakter bestätigt. Beispielhaft könnte das u. a. an der Sprache dieser Figuren nachgewiesen werden; der Baron etwa oder der Teufel, der doch als Generalsuperintendent in adliger Gesellschaft sich eines angemessenen Umgangstones befleißigen müßte – wollte man gängige Charakterisierungsmaßstäbe anlegen –, fallen immer wieder aus der Rolle, so wenn der Baron in I,3 „den Hund" bedauert, „der sie anpißt" (nämlich die „fünfbeinigen Mondkälber", die „jeder deutsche Schlingel" mit der „zur Gassenhure" gewordenen Muse der Tragödie zeugt!), oder wenn der Teufel alias Superintendent in der gleichen Szene den Schulmeister beschimpft: „wie konntest du mich, du Schnapsegel, im Kamine sitzen sehen, wenn du nicht besoffen gewesen wärst?" (227 und 229).

Man könnte – und man hat es getan – Grabbe dies als mangelnde Charakterisierungskunst vorwerfen, als weiteres Beispiel für eine nur skizzenhaft hingeschluderte Überzeugungsstruktur dieses Lustspiels. Aber man würde damit den geschichtlichen Ort und die neuartige, radikal antiidealistische Charakterauffassung verkennen, die in Grabbes Skepsis gegenüber der Relevanz bis dahin vorausgesetzter charakterbildender Werte hier durchscheint. Ganz abgesehen davon, daß solche Dissonanzen ihre eigene komische Kraft haben, müssen jedenfalls diese Collagen durchaus als Pendant für die oben skizzierte Tendenz zur Zerstörung der Handlungsstruktur gesehen werden. Auch der Charakter nämlich, und seine Motivationsstruktur, entbehren nun konsequenterweise des Gerüstes der wertsetzenden Normen; auch Charakter ist wie Handlung nicht mehr in geschichtlich sinnvoller Weise gewachsen, sondern aus scheinbar beliebig zusammengewürfelten Fragmenten zusammengesetzt – eben eine Collage.

Es scheint hier in bezug auf Handlung und Charakter eine Konstellation vorgeprägt, die in Variationen immer wieder auch in Grabbes Tragödien begegnet, und zwar in der inneren Handlungsmotivierung so gut wie in der Struktur: die Geschichte ist nicht mehr Theodizee, nicht mehr sinnvoll also in der inneren Handlungsmotivierung, besteht nur noch aus „Geschichten"; daher fällt sie auseinander in Fragmente, was sich in der Struktur als das Nebeneinander von Tableaus auswirkt. Genau wie die Handlung werden aber auch die Charaktere in Grabbes Tragödien entmotiviert: Sulla, Napoleon, Hannibal, Hermann versuchen dieses Werte-Vacuum zu füllen, indem sie kraft ihrer eigenen Größe einen Sinn selbst setzen, als große einzelne, also als Charaktere eigener Motivations-Vollkommenheit in kalter Machtausübung Sinn noch einmal sozusagen aus dem Boden stampfen. Doch sie scheitern entweder an ihrer eigenen Sinnverachtung – Sulla zieht sich auf sein Landgut zurück und schenkt die Lorbeeren seiner Frau für die Küche – oder an der Gleichgültigkeit, d. h. an der Weigerung ihrer Zeitgenossen, solche Charaktere und deren Geschichtsvisionen noch als ausreichend motiviert anzusehen.

Ein Standpunkt jenseits dieses Wertnihilismus – wenn es einer ist – scheint zunächst nicht erkennbar; es hat den Anschein, als habe Grabbe außer der totalen Verneinung nichts anzubieten. Und doch muß schon die Tatsache stutzig machen, daß Grabbes Lustspiel und vor allem seine spezifische Komik weder bei der Lektüre noch auf der Bühne einen eindeutig nihilistischen, einen „verzweifelten" Eindruck hinterlassen. Man hat sich allzu häufig durch Grabbes Bemerkungen in der bekannten Selbstrezension leiten lassen, in der es heißt, das Lustspiel werde „bei Jedem lautes Lachen erregen, doch im Grunde nur ein Lachen der Verzweiflung" (GAA; V; 195); außerdem führte natürlich auch die Tatsache in diese Richtung, daß Grabbe in dieser Selbstrezension die Szene II,2 zitiert, das Gespräch des Teufels mit dem Dichter Rattengift. Schließlich hat man den ersten Satz des Vorwortes, das Grabbe der Druckfassung seines Lustspiels vorangestellt hat, in diesem Sinne interpretiert: „Findet der Leser nicht, daß diesem Lustspiel eine entschiedene Weltansicht zu Grunde liegt, so verdient es keinen Beifall" (GAA, I; 214). Ein näheres Eingehen hierauf sei für später vorbehalten; für jetzt genüge es, darauf zu verweisen, daß Grabbe in dem Bewußtsein, etwas Neues geschaffen zu haben, bei gleichzeitiger Isolierung vom geistigen und literarischen Leben, zuweilen zu – möglicherweise nicht einmal ganz eingestandenen – Mystifikationen seine Zuflucht nahm, die ihn in das modische Klischee der „Zerrissenen" einpaßten. Hierhin gehört auch jener Satz in der erwähnten Selbstrezension, wo es heißt „und schwerlich wird oder kann ein Mensch wie der Verf. ferner etwas leisten" (GAA; V; 196), eine unverkennbare, fast schon Felix Krullsche Paraphrase der Bemerkung Tiecks im Brief an Grabbe vom 6. 12. 1822 (GAA; I; 3 ff.), den Grabbe den „Dramatischen Dichtungen" vorangestellt hatte: „denn wenn Ihnen schon so früh die echte poetische Hoffnungs- und Lebenskraft ausgegangen ist, wo Brot auf der Wanderung durch die Wüste hernehmen?" (GAA; I; 5).

Wo also ist der Standpunkt jenseits des Nihilismus zu finden? Aus der Analyse der Auffassung von Handlung und Charakteren ergibt sich zunächst, daß Grabbe jedwede Motivation ablehnt, sowohl dafür, einen durch gesellschaftliche Prägungen entstehenden Charakter herauszubilden – und diesen dann vom Standpunkt der Gesellschaft aus satirisch zu beleuchten – als auch dafür, im Sinne der Anerkennung oder Ablehnung der gesellschaftlichen Konventionen diesen Charakter in „sinnvoller", also wertmäßig besetzter Weise handeln zu lassen. „Einen Mörder lachen wir so lange aus, bis er selber mitlacht, daß er sich die Mühe nahm, einen Menschen umzubringen", sagt der Teufel zu Rattengift in II,2 (242). Mit anderen Worten: die Ausgangslage für Grabbes Lustspiel scheint die Gesellschafts- und Geschichtslosigkeit zu sein; seine Collage-Charaktere sind aus Literatur und Realität grotesk zusammengesetzt, die anderen, die dörflichen Charaktere, gehören dagegen zum geschichtslosen Bereich des Dorfes.

Grabbes Lustspiel also ein Lustspiel ohne Gesellschaft: das ist eine Konstellation, die auch auf den Dichter selbst zutrifft. Grabbe war ein Dichter ohne Gesellschaft in weit stärkerem Maße als etwa Kleist, auf den diese Bezeichnung zuweilen angewandt wird. Seine Werke entstehen in der Isolation und tragen das Zeichen der Isolation. Grabbe war drei- und vierfach isoliert: Er entstammte dem Kleinbürgertum, fühlte sich aber durch eine weiche Erziehung als Einzelkind – die Mutter war eine starke Natur, der Vater eher schwach – zu Höchstem berufen; auf Grund seines Talents wurde er zunächst in die Literaturszene aufgenommen, aber durch seine Armut und mangelnde Politur scheiterte er am gesellschaftlichen Rahmen dieser Szene; als Detmolder Advokat und Auditeur wurde er geographisch wie intellektuell auf sich selbst zurückgeworfen. Schließlich aber, und das ist entscheidend: in dieser Isolation war er ein Zeitgenosse der Restaurationsepoche, die jene im 18. Jahrhundert aufgewachte bürgerliche Intelligenz in harmlose ästhetische Teegesellschaften zurückdrängte und deren Ansätze zur Herausbildung des bürgerlichen Gesellschaftsmodells zurückbog zum treuen Dienst am Staate.

Eine solche Lage, ein solcher Komplex sozialer und privater Versagungen, mußten bei einem jungen Manne, der, idealistisch erzogen, seinen Dichterberuf viel zu ernst nahm, als daß er zum Mitglied der neuen literarischen Unterhaltungsbranche hätte werden können, Folgen haben, die man wohl mit dem Begriff „Nihilismus" etikettieren kann, die aber bei näherem Hinsehen als vehemente Zivilisations- und Bildungsverachtung weit präziser gefaßt sind. Gerade die hohe moralische Meinung, die er als einer der letzten Schüler des Idealismus von der dichterischen Aufgabe hatte, ließ ihn alles kurz und klein schlagen, was von einem inzwischen süßlich und behäbig und heuchlerisch gewordenen Idealismus noch übrig geblieben war. Daher auch etwa seine nahezu sprachohnmächtige Philippika gegen Bettina von Arnims „Goethes Briefwechsel mit einem Kinde", daher auch seine Verachtung jeglicher eigenen gesellschaftlichen Stilisierung.

Diese Zivilisations- und Bildungsverachtung, die Folge also eines Konglomerats persönlicher Erfahrungen und zeitgeschichtlich vorgegebener Aspekte (wobei man Grabbes Pubertätsschock sehr wichtig nehmen muß, den Schock eines Kleinbürgers, der in die bürgerlich-idealistische Erzie-

hung hineingeraten war, ohne daß ihm die finanziellen und gesellschaftlichen Mittel zur Verfügung gestanden hätten, den Idealismus mit dem rau-
hen Alltag zu versöhnen) bildet nun den Hintergrund für sein Lustspiel; sie
wird sowohl dargestellt als auch, zumindest ansatzweise, einem Positivum
konfrontiert.

Hier eröffnet sich nämlich die Möglichkeit eines Verständnisses für jene
Zweiteilung der Figuren, die bereits festgestellt wurde: die eine Gruppe, die
Collagen und ihr Bereich, das Schloß, sowie auch die allgemein zu beobachtende Tendenz zur Auflösung der Handlungsmotivation sind der genaue Ausdruck für diese Zivilisationsverachtung. Den positiven Kontrast
dazu bilden nun Ansätze zur Entdeckung einer neuen Gesellschaft jenseits
der verachteten: Ansätze zur Typenkomödie in einem neu entdeckten gesellschaftlichen Raum, dem Raum des Dorfes. Grabbe, der im Unterschied
zu Goethe – der sich in der Theaterpraxis mit dem Unterhaltungsgenre ar-
rangiert hatte – das Unterhaltungsgenre frontal angreift, versucht Komödie
gleichzeitig gesellschaftlich neu zu begründen: eine positive – im allgemein-
sten Sinne des Wortes – Balance wird durch die geschichtslosen Charaktere
des Dorfmilieus gehalten, wobei man nicht daran denken darf, daß Grabbe
hier ganz bewußt und planvoll kontrastiert habe.

Aber es gibt doch einige Zitate, die erkennen lassen, daß das gestaltete
Dorfmilieu auch in der Intention des Autors als ein positiver Wert reflektiert wird. So berichtet der Teufel in II,2:

> Nu, in den Nebenstunden machen wir gewöhnlich aus den Geistern, weil sie un-
> sichtbar und deshalb auch durchsichtig sind, Fensterscheiben oder Brillengläser.
> So hatte neulich meine Großmutter, als sie die sonderbare Grille bekam, das We-
> sen der Tugend einzusehen, sich die beiden Philosophen Kant und Aristoteles auf
> die Nase gesetzt; da es ihr aber dadurch nur immer dunkler vor den Augen wurde,
> so machte sie sich statt dessen eine Lorgnette aus zwei pommerschen Bauern, und
> konnte nun so deutlich sehen, als sie nur wollte.   242 f.

Hier erscheint also in der Tat, mit einem leisen Anklang an die romantische
Dichotomie von Naivität und Bewußtsein, die ,,heile" bäuerliche Welt als
Quelle der Werterkenntnis.

Andere Momente, versteckte Bemerkungen, treten hinzu, die insgesamt
jedoch Rückschlüsse auf die zugrundeliegende Absicht erlauben; weitere
Textstellen beziehen sich allgemein auf den Gegensatz zwischen gebildeter
bzw. zivilisierter Welt und nicht gebildeter, dörflicher Sphäre, so etwa die
Bemerkung des Teufels in II,2, daß die Hölle weiter vom Dorfe entfernt sei
als von der Stadt (246), so der Ausruf des Schulmeisters am Ende von II,3,
,,O heilige Naivetät! süße Unschuld! Du hast den Luxus der Städte verlassen und bist in die Hütte des Landmanns geflohen!" (248 f.), ein Ausruf,
den man nicht als Parodie Kotzebuescher Motive abtun darf; vielmehr ist er

Indiz für die viel allgemeinere Kritik Grabbes an der idealisierenden Literarisierung des Dorfmilieus. Schließlich gehören in diesen Zusammenhang die Ausfälle gegen die Philosophie, so die Forderung des Teufels an Mordax in II,1 (235), seinen Sohn Philosophie studieren zu lassen.

Diese Gegenüberstellung von Zivilisation und Dorf deutet bereits voraus auf ein Werk, in dem die Charaktere nun in der Tat, und zwar in eindeutig kontrastierender Absicht und mit eindeutig moralischer Bewertung – genau wie bei Grabbe in „Schloß" und „Dorf" getrennt – in zwei Handlungsstränge auseinandergesetzt werden: auf Immermanns Roman „Münchhausen". In beiden Fällen kündigt sich der neue Realismus an, der Weg hinweg von der ästhetischen Unverbindlichkeit und vom selbstgenügsamen Literatentum. Beide, Immermann und Grabbe, greifen bei der Suche nach tragbarem Boden auf das „Volk" zurück, Grabbe allerdings unentschlossener, da er als enttäuschter Idealist noch allzu stark auf die Idealismuszertrümmerung fixiert ist. Nicht zufällig hat man daher in Grabbes Lustspiel immer wieder Elemente des Puppenspiels und der mittelalterlichen Fastnachtsspiele zu sehen geglaubt, beides Formen des Volkstheaters.

Von hier aus läßt sich nun auch die Literatursatire, vor allem der Dialog Rattengift-Teufel in II,2, als nur eine von vielen Aspekten der Zivilisationsverachtung sehen; außer Shakespeare – der unter den moralisierenden Kommentaren eines Grabbeschen Zeitgenossen zu leiden hat – wird niemand geschont. In der literarischen Hölle geht es geradeso chaotisch zu wie auf der Erde. Der Anspruch auf Ewigkeitsgeltung versackt in der gleichen Misere wie der irdische Wertekanon.

Die „tiefere Bedeutung", die „entschiedene Weltansicht" sowie die Behauptung des Autors, das Lustspiel sei „aus den nämlichen Grundansichten (wie „Gothland") entsprungen", sah Grabbe selbst wohl in dieser Szene II,2 verwirklicht, in der der Teufel die Welt ein „mittelmäßiges Lustspiel" nennt, „welches ein unbärtiger, gelbschnabeliger Engel, der in der ordentlichen, dem Menschen unbegreiflichen Welt lebt, und wenn ich nicht irre, noch in Prima sitzt, während seiner Schulferien zusammengeschmiert hat" (241 f.).

Wenn es aber ohnehin schon fragwürdig ist, die „tiefere Bedeutung" quasi wie eine Beschriftung auf das Lustspiel zu kleben und zu behaupten, durch die Beschriftung erfahre man mehr über es als durch es selbst – viele Interpreten haben das ausgesprochen oder unausgesprochen getan –; wenn es weiterhin unbestritten bleibt, daß Grabbe sein Lustspiel grundsätzlich aus den „nämlichen Grundansichten" wie den „Gothland" erwachsen ließ, so muß entschieden davor gewarnt werden, die mystifizierende, weltschmerzlich aufgemachte Begleitprosa des Autors mit der Komödie selbst zu verwechseln. Gestaltet jedenfalls ist die Verzweiflung nicht, so daß auch beim Zuschauer kein rechtes Lachen der Verzweiflung aufkommen kann; dazu ist die Komik viel zu vital, zu derb, fast kalauerhaft – ja, volkstümlich.

Das Hauptargument gegen die Etikettierung des Lustspiels als Paradigma des fälligen Nihilismus liegt schließlich gerade darin, daß Grabbe überhaupt durch Begleitkommentare der zitierten Art, besonders auch durch die Hinzufügung von „tiefere Bedeutung" – der ursprüngliche Titel lautete lediglich „Scherz und Ironie" – zusätzliche Interpretationshinweise glaubte geben zu müssen. Er muß es gespürt haben bzw. muß befürchtet haben, daß sein Lustspiel, in dem die Verachtung für den auf den Spießbürger heruntergekommenen Geist so derb mit ganz urtümlichen komödiantischen Formen gestaltet wurde – ein Lustspiel, das in der Tat weder in der Tradition noch später eine Parallele aufzuweisen hat –, daß dies Lustspiel weder mit Kategorien der allegorisierenden Satiren der Romantiker noch mit denen der braven, eine heile Welt vortäuschenden Komödien Kotzebues erfaßt werden konnte. Es war sein gutes Recht, durch Mystifikationen zumindest zu versuchen, seinem Werk Aufmerksamkeit und damit Rezeption zu verschaffen.

So muß schließlich auch der Topos von der „Verkehrten Welt", der so häufig zur Charakterisierung dieses Lustspiels herangezogen wurde[7], in neuem Lichte gesehen werden. Hans Mayer, der ihn ebenfalls aufgreift, erläutert ihn mit der Bemerkung, „alle Hauptgestalten" seien „gegen die bisherigen Theaterkonventionen gerichtet", ein Satz, den man voll unterschreiben kann, der aber nicht für, sondern gegen die traditionell behauptete Beziehung zwischen Grabbes Lustspiel und „Verkehrte Welt"-Topos spricht. Denn wenn alle Hauptgestalten gegen die bisherigen Theaterkonventionen gerichtet sind, so bedeutet das doch nichts anderes, als daß gerade die bisherige Darstellung der Welt auf dem Theater von Grabbe als verkehrt angesehen wird. Nicht die Welt ist verkehrt bzw. wird von einem absoluten ethischen Standpunkt aus als verkehrt kritisiert, sondern die Literatur über sie ist es. Wenn Mayer von den Hauptgestalten spricht, so meint er genau diejenigen Charaktere, die hier Collagen genannt wurden. Sie sind in der Tat „verkehrte" Komödienfiguren, durch die Collage-Technik unkenntlich gemacht; sie verkörpern Grabbes Kritik an der Unfähigkeit der Zeit, die Literatur wahrhaft und mit Ernst aus dem Leben erwachsen zu lassen. Wenn der häßliche Liebhaber die Braut bekommt, wenn das adlige junge Fräulein sich den Teufel ins Schloß holt, dem Dichter nichts einfällt, wenn ein Freiherr sich die Serviette vorbindet und 13 Schneidergesellen köpft, so ist das nicht Darstellung der verkehrten Welt schlechthin, sondern es ist Grabbes zornige Rache, die er im Namen der Realität an der Literatur übt.

So stehen ja auch die anderen, die Charaktere des Dorfes, gar nicht unter diesem Gesetz der „Verkehrten Welt" – selbst nicht im traditionellen Sinn. Man wird nicht verhehlen können, daß dieses dörfliche Milieu von jedem Dorftheater nicht viel anders getroffen, nicht mit so sehr unterschiedlichen komischen Mitteln gezeichnet werden würde, als Grabbe es getan hat. Mit anderen Worten: Hier schreibt Grabbe Satire von innen her, vom Standpunkt des Dorfes, bei den Collage-Charakteren von außen her – aber dort häufig ebenfalls mit satirischen Mitteln, die der Standpunkt des Dorfes zur Verfügung stellt. Wie geschieht das?

Satire von innen her führt zur Übertreibung – was die Gesellschaftskomödie lehrt – und damit zur Karikatur; Satire von außen her führt zur Verzerrung, da zur Übertreibung die intime Kenntnis, d. h. die Teilhabe am gleichen gesellschaftlichen Kontext fehlt und die zu verspottenden Charaktere dem Außenbeobachter ohnehin schon „übertrieben" erscheinen. So sind denn die dörflichen Charaktere, insofern sie mit Komik behandelt sind, Karikaturen, die Charaktere des Schloßbereiches dagegen sind Verzerrungen. Auch die Mittel der Komik, die der Autor im einzelnen anwendet, könnten aus diesem Zusammenhang heraus näher analysiert werden. Die Grabbesche Komik realisiert sich nämlich genau entlang den Linien, die mit der Alternative Übertreibung und Verzerrung gezeichnet wurden. Der Schulmeister trinkt gern über den Durst, ohrfeigt seine Schüler und fängt den Teufel im Vogelbauer; der dumme Tobies läßt sich die Zähne ziehen, weil er es umsonst hat; der Schmied versucht sich vergeblich in der Aussprache des Wortes „philosophisch"; Gottliebchen bekommt Prügel, teilt Prügel aus, wenn er betrunken ist, und bringt keinen zusammenhängenden Satz hervor – das ist die derbe, Charaktere als solche ernstnehmende, sie nur übertreibende Komik der dörflichen Sphäre. Der einzige, der zuweilen aus dieser Eindeutigkeit herausgenommen wird, ist der Schulmeister, der als gebildeter Kleinbürger beiden Bereichen zugleich angehört und der in dieser Funktion denn auch zuweilen zur Collage wird, so etwa wenn er, aus seiner dörflichen Rolle fallend, davon schwärmt, wie sich die Natur doch so herrlich in eine riesige Schulklasse verwandeln ließe (II,3; 247), eine Stelle, die übrigens in den letzten Zeilen eine Selbstparodie Grabbes auf die gigantomanische Metaphorik des „Gothland" ist. Im großen und ganzen jedoch bleibt der Schulmeister innerhalb der dörflichen Komik, bleibt daher ein von seinem gesellschaftlichen Kontext her auch in der Karikatur noch erkennbarer Charakter.

Die Welt der Collagen hingegen, die Welt des Schlosses also, wird mit komischen Mitteln der Verzerrung gestaltet, und, was das Wichtigste ist: die inhaltlichen Motive, mit denen in verzerrender Absicht diese Collagen grotesk zusammengesetzt werden, sind vom Autor häufig dem Arsenal dörflicher Komik entlehnt, oder, um es genauer zu sagen: Motive, die innerhalb des dörflichen Rahmens nur karikierend wirken würden, werden auf den Bereich des Schlosses angewandt und wirken dort verzerrend. Das Aushandeln des Preises für die Braut etwa würde im dörflichen Bereich höchstens karikierend wirken, da der realistische Bauer sehr wohl weiß, was eine gute Mitgift wert ist; ein Schacher dieser Art aber zwischen Generalsuperintendent und Freiherr bekommt groteske Züge.

Da diese Eigengesetzlichkeit der Charakterzeichnung in Grabbes Lustspiel bisher nicht beachtet wurde, verwundert es nicht, daß die Interpreten bei der Analyse der einzelnen Charaktere zu höchst unterschiedlichen, zuweilen diametral entgegengesetzten Ansichten gelangt sind. Besonders haben dies Schicksal die Figuren der Liddy, die als jugendliche Liebhaberin in einer langen Bühnentradition steht, sowie des Teufels gehabt, der ja ebenfalls auf eine lange Ahnenreihe zurückblickt. Gerade der Collage-Charakter dieser und anderer Figuren ist nicht gesehen worden, so daß man immer wieder versucht hat, dieses oder jenes Element der Collage zu verabsolutieren. So gilt die Liddy den einen als das edle Fräulein, das mildtätige Gaben austeilt und die inneren Werte des Mollfels zu würdigen weiß[8], anderen wiederum erscheint sie als die Parodie auf die edle Heldin bzw. emanzipierte Autorin zeitgenössischer Liebesromane[9]. In Wahrheit ist Liddy weder das eine noch das andere, sondern eine Collage aus Zitaten beider Typen.

Dem Teufel ist es ähnlich ergangen. Manche bescheinigen ihm ,,überlegenes Wissen um die Dinge"; ein ,,Repräsentant des Universums" soll er sein, der ,,dem Dichter Rattengift die Nichtigkeit des menschlichen Verstandes und des menschlichen Lebens vor Augen" hält; andere dagegen sehen in ihm ,,im Grunde" den ,,Teufel der alten Volksposse, der zum Schluß tüchtig geprellt wird", wieder andere den Eulenspiegel, der weniger das Böse selbst als eine böse Person sei[10], den Possenreißer der ,,folklore", schließlich den ,,Elementargeist, der überall Konfusion stiftet" – die Sammlung könnte noch vermehrt werden.

Gegenüber all diesen Teufeln muß energisch betont werden: dieser Teufel ist der Grabbesche Teufel. Wie außer ihm noch, in geringerem Maße, der Schulmeister, hat er sowohl am Bereich des Schlosses als auch am dörflichen Bereich teil, und daraus erklärt sich die widersprüchlich scheinende Charakterisierung: die uneinheitliche Sprachgebung, das sozial-widersprüchliche Verhalten im Schloßbereich im Gegensatz zum Dorfbereich, wo er in der Tat ganz der Teufel der Volkskomödie ist. Selbstverständlich muß auch die Parallele zum Harlekin der Commedia dell' arte als Intriganten und außergesellschaftlichem Normzerstörer auffallen. Doch hat es für Grabbes spezifische Version der Teufelsfigur lediglich historischen, weniger interpretatorischen Wert, wenn man zu seiner Erklärung zu viele Traditionen bemüht. Das heißt: auch die Konzeption dieser Figur nimmt auf ihre

Weise teil an der kulturkritischen Motivation Grabbes. Im Schloßbereich agiert der Teufel, ausgestattet mit der ganzen von Grabbe für sich selbst erträumten Dreistigkeit, den vermaledeiten Spielverderber, den hämisch-feixenden Zerstörer, der das antike Mobiliar im Kamin verheizt und die Hypochrisie und den Zynismus des Adels entlarvt, schließlich, in einer anderen Facette der Collage, den ironischen Kommentator der Literatur. Außer in dieser letzteren Funktion, wo er in nicht ganz geglückter Weise den weltmännischen Spötter herausstellt, agiert er aber auch im Schloß vorwiegend als Repräsentant der dörflichen Auffassung des Teufels, keinesfalls als Vertreter eines metaphysischen „Urbösen" – das wäre Grabbe zu „philosophisch", zu kultiviert gewesen. In diesem letzten Endes harmlosen Teufel spiegelt sich auch insofern die volkstümliche Auffassung des Bösen, als Grabbe das tiefe Grundvertrauen in die Besiegung des Bösen, das das „Volk" in dieser lustigen Person darstellt, übernimmt. Auch der Teufel ist also eine Figur, die im Schloßbereich großenteils mit komischen Mitteln des dörflichen Bereichs auftritt – und erst im dörflichen Bereich schließlich auch geprellt wird, wie es sich gehört. Auch diese Figur also eine unverkennbar Grabbesche Figur, indem sie, als Sprachrohr des Autors – Züge von Grabbe selbst tragen auch Mollfels und Rattengift –, die Welt des Schlosses vom Standpunkt des Dorfes aus annihiliert. So haben denn die scheinbaren Widersprüche in der Zeichnung der Charaktere, so hat auch Grabbes Form der Komik, die scheinbar zwischen grotesker Verzerrung und karikierender Übertreibung unentschieden schwankt, eine im Weltbild des Autors wie auch in der historischen Situation fest verankerte solide Basis und entbehren durchaus nicht der Konsequenz. Grabbes rabiater Angriff auf die Kunstperiode (im Stadium des Verfalls) ist das erste Beispiel eines neuen, sich der Empirie verantwortet wissenden künstlerischen Ethos und damit eines ersten Schrittes in Richtung des Realismus. Gleichzeitig nimmt er wiederum die Kritik an den Verfallserscheinungen des Realismus – genauer des Verfalls des bürgerlichen Wertekosmos – bereits vorweg und gilt mit Recht der Moderne als einer der Vorläufer des epischen und – offensichtlich genug – des absurden Theaters. Das ist häufiger bemerkt[11], jedoch noch nicht in bezug auf die tatsächlich vorhandenen gemeinsamen Grundlagen analysiert worden.

Brechts Dichotomie von sogenanntem aristotelischen und sogenanntem epischen Drama – die Begriffe seien hier ungeprüft dem Brechtschen Argumentationssystem entnommen – entstand auf Grund einer grundsätzlich die Rechtfertigung eines bestimmten Gesellschaftsmodells, des bürgerlichen, in Frage stellenden Vorentwurfs. Damit zeigt sich eine erste Koinzidenz mit der Grabbeschen Motivation: das epische Theater wie das Lustspiel Grabbes negieren den bestehenden kulturellen Überbau, negieren also die Wertmaßstäbe des Publikums. Damit ist auch die erste Voraussetzung für ein weiteres, beiden gemeinsames Moment gegeben: die nicht mehr vorausgesetzte Identität zwischen dem Wertekosmos des Publikums und dem von der gesellschaftlichen oder historischen Vernunft des Dramas repräsentierten schafft beim Publikum Irritation und – idealiter – Reflexion. Diese Diskrepanz wird bei Brecht überbrückt dadurch, daß nun der Autor – Brechts Prinzip des Epischen – sich mit dem eigenen Wertekosmos zwischen Bühne und Publikum stellt und »zeigt«. In eigener wertsetzender Machtvollkommenheit demonstriert er an Hand seines auf der Bühne agierenden ,,Materials'' sein Weltbild. Das Prinzip der Didaktik tritt an die Stelle dramatischer Identifikation. Damit bekommt die Handlung auf der Bühne sekundären Charakter, da ja jede wertmäßige Motivierung der Handlung entfällt: die Zuschauer sollen gerade aus ihrer Wertewelt herausgerissen werden; sie sollen keine Möglichkeit bekommen, die Handlung als ,,sinnvoll'', also als wertbesetzt zu erkennen. Auch Grabbe ,,zeigt'' in diesem Sinne: Im Schloßbereich werden grotesk zerstörte, also zur Identifikation ungeeignete Charaktere vorgeführt; es soll dem Zuschauer eine durch zivilisatorische, literarische Deformationen zerstörte Welt ,,gezeigt'' werden. Dies ,,Zeigen'' geschieht nur noch nicht, wie bei Brecht, mit Hilfe einer vom Autor gehaltenen, bewußten und genau umrissenen weltanschaulichen Kontrastfolie, sondern eher beiläufig durch den Kontrast zu einer zwar mit den Augen des Komikers, aber doch wohlwollend gesehenen, oder, exakt gesagt, in karikierend-übertreibender Weise geschilderten dörflichen Welt[12].

Der Terminus ,,episch'' für dieses Verfahren ist insofern schlecht gewählt, als er nur dann zutrifft, wenn er sich auf Epik bezieht, in der der Erzähler, die Erzählillusion durchbrechend, hervortritt, wie etwa bei Laurence Sterne, Jean Paul oder im romantischen Roman.

Hier ergeben sich schließlich weitere bedeutsame Beziehungen zwischen Grabbes Schreibmotivation und derjenigen Immermanns im ,,Münchhausen''. Auch Immermann benutzt Mittel der in diesem Sinne ,,epischen'' Desillusionierung, aber er tut dies interessanterweise nur in den satirischen Partien seines Romans; im Oberhof-Teil fehlen sie völlig. Das heißt also: Im ,,Schloß''-Teil mit den von Immermann kritisierten Zitaten des Zeitgeistes erhebt sich der Autor mit den romantischen Mitteln der Leseranrede, des Autorauftritts, der Kapitelvertauschung, der Erzählverschachtelung usw. über die von ihm erschaffene Welt, die er als grotesk, unwirklich, nichtig unter sich zurückläßt. Der ,,Oberhof''-Teil dagegen wird sozusagen ,,aristotelisch'' behandelt: Er wird ernst genommen; der Autor identifiziert sich, und so soll es auch der Leser.

Beide, Grabbe und Immermann, bedienen sich also der von den Romantikern wiederentdeckten, von ihnen aus kunstmetaphysischen Motivationen her benutzten distanzierenden Darstellungsmittel zu neuen Zwecken: Ihnen erscheint nicht die Welt der Annihilation durch die Kunst bedürftig, sondern umgekehrt – die durch Kunst bereits „verdorbene" Welt wird gerade in ihrem „künstlichen" Charakter annihiliert und mit einer noch nicht gekünstelten Welt, mit der ungeschichtlichen Welt des Dorfes bzw. des Oberhofes konfrontiert. Beide Werke sind Symptome für die beginnende Spaltung zwischen Gesellschaft und Überbau, beide zudem Symptome für die beginnende Abspaltung von „Heimatliteratur", die nun wiederum jene geschichtslose Sphäre ideologisiert. Grabbe teilt mit Immermann das neue Verantwortungsbewußtsein gegenüber der Realität – die beide noch nicht woanders finden können denn im Ungeschichtlichen. Grabbes Lustspiel ist somit bedeutsames Indiz – und gleichzeitig auch Opfer – einer geschichtlichen Lage, die mit dem Scheitern der Kunstperiode in deren gesellschaftlichen Aspekten gegeben ist. Diese, aus einem in Kleinstaaten zersplitterten, Geschichte nicht als gemeinsame Tradition, Gesellschaft nicht als gemeinsame Wertbasis kennenden Raum künstlich gewachsen, konnte mit ihrem idealistischen Ansatz, in steter Konfrontation mit sich überstürzenden geschichtlichen Einbrüchen, in so kurzer Zeit Gesellschaft nicht neu begründen und hinterließ nur Bruchstücke, die zu Grabbes Zeit bereits verfielen. Daß Grabbe – wie Immermann – in solcher Lage sich zurückwandte an das bis daher Gegebene, Heimat, Dorf, die germanische Vorzeit in der „Hermannsschlacht", hat man ihm, im Lichte nachheriger Exzesse dieses „antiwestlichen" Denkens, nicht leicht vergessen[13]. Eine Zeit jedoch wie die unsre, die nach mehreren gesellschaftlichen Umbrüchen in fortwährenden Auseinandersetzungen um eine jenseits technokratischer Fortschrittsvorstellungen liegende gesellschaftsgründende Wertsubstanz steht, sollte Grabbes Hinweise erneut durchdenken.

Grabbes Lustspiel fand zu seiner Zeit, wie seine übrigen Werke, recht unterschiedliche Bewertungen. In den zeitgenössischen Rezensionen verschwindet es ein bißchen hinter dem in noch stärkerem Maße herausfordernden „Gothland". Daß Theodor Hell und Elise von Hohenhausen, zwei der von Grabbe angegriffenen Schriftsteller, es in Besprechungen kurz und bündig abtaten, verwundert nicht[14]; Johann Baptist Rousseau und Wolfgang Menzel, zwei gewichtigere Stimmen, urteilten positiver, letzterer in Lob und Tadel recht genau die Doppelheit in Grabbes Zielsetzung und die entsprechenden grobkomischen und feinkomischen Mittel widerspiegelnd, die hier herausgearbeitet wurden: „Er (Grabbe) zeigt auf der einen Seite einen so feinen Witz und Verstand, ein so feines moralisches Urteil, daß wir uns wahrhaft gekränkt fühlen müssen, wenn wir auf der andern Seite wieder die plumpsten und derbsten Eulenspiegeleyen und manches finden, das als unflätig niemals, am wenigsten in Verbindung mit so vielem Wahren und Guten gesagt werden sollte." Positiv äußern sich auch Immermann im 1833 – also noch vor seiner näheren Bekanntschaft mit Grabbe – erschienenen „Reisejournal"[15], sowie Heine in den „Elementargeistern"[16]. Ernst Willkomm gar spricht von dem „tollste(n) Lustspiel, das je geschrieben worden ist", das aber gleichwohl „nicht erfreuen" konnte, „da es ihm an jener innern Schönheit gebrach, die der alleinige Probirstein eines Kunstwerkes ist".

Aufgeführt worden ist „Scherz, Satire, Ironie und tiefere Bedeutung" zuerst am 7. Dezember 1870 in einer Privatveranstaltung im Wiener Akademietheater in der Bearbeitung von Hermann von Jan; die Uraufführung erfolgte erst am 27. Mai 1907 im Münchner Schauspielhaus in der Bearbeitung von Max Halbe – die Naturalisten waren diejenigen, die Grabbe wiederentdeckten. Seither gehört das Lustspiel wenn auch nicht zum Kanon, so doch zu den immer wieder gern aufgeführten deutschen Komödien[17]. Von den Inszenierungen der letzten Jahrzehnte sind hervorzuheben diejenige des Münchner Künstlertheaters von 1922 in der Regie von Erich Engel mit dem scherenschnittartig stilisierenden Bühnenbild von Leo Pasetti; weiterhin die Aufführungen des Schloßparktheaters Berlin, 1955 (Regie Heinrich Koch, Bühne Caspar Neher, Teufel Peter Mosbacher), der Städtischen Bühnen Köln, 1959 (Regie Hans Bauer, Teufel René Deltgen) sowie die Inszenierungen von Benno Hübner resp. Axel von Ambesser am Münchner Residenztheater 1957 und 1965[18].

Im übrigen ist Grabbes Lustspiel häufig „bearbeitet", „neu gedichtet", sogar zu Opern verarbeitet worden[19]; Bearbeitungen bieten sich natürlich an, wegen der heute veralteten literatursatirischen Partien im engeren Sinn. Beachtung auf internationaler Ebene hat es zuerst durch den „Stammvater" des absurden Theaters, Alfred Jarry, gefunden, der einige Szenen und Szenenfragmente, nämlich die „absurdesten" – so die Szene, in der der Teufel von den Naturhistorikern aufgefunden wird; die Szene, in der der Teufel den Mordax zur Tötung der 13 Schneidergesellen überredet u. a. –, unter dem Titel „Les Silènes" bereits 1900 ins Französische übersetzt hat[20]. Die Vorläuferschaft Grabbes zum absurden Theater ist auch von anderen Autoren immer wieder bestätigt worden[21]. Übersetzungen ins Englische und Italienische liegen ebenfalls vor[22].

Von Nachwirkung im engeren Sinne kann man trotzdem nicht sprechen. Das Lustspiel wird wegen seiner zwiespältigen Struktur – ähnlich wie Immermanns hier oft erwähnter Roman – immer nur begrenzte Wirkungsmöglichkeiten haben. Sein historischer Symptomcharakter sowie seine in allem Wahnsinn doch auch wieder methodische Komik können jedoch nicht bestritten werden.

WOLFGANG MARTENS

—

BÜCHNER · LEONCE UND LENA

Der Zugang zu Büchners Lustspiel ist nicht leicht. Was fangen wir an mit diesem Stück, das auf den ersten und noch auf den zweiten Blick ein wenig harmlos anmutet, simpel in der Handlung, bemüht im Witz, realitätsfern und verspielt? Da sollen Königskinder, Prinz und Prinzessin zweier Nirgendworeiche mit den Infantilchiffren Popo und Pipi aus Staatsräsonsgründen verheiratet werden. Sie fliehen, die sich nicht kennen, vor dieser Verbindung, begegnen dabei einander und fallen in Liebe. Ihre ingeniöse Vereinigung löst alle Probleme der Staatsräson wie der Herzen; es war eine „Flucht in das Paradies". Eine Märchenkomödie also, zeitenthoben, nicht eben spannend, ein spielerisches Produkt der Laune?

Zudem wissen wir, daß „Leonce und Lena" auf ein Preisausschreiben hin eingesandt wurde, das der Verlag Cotta in Stuttgart Anfang Februar 1836 für das beste neue Lustspiel erlassen hatte. Büchner hatte die Frist (1. Juli 1836) überschritten und sein Manuskript ungeöffnet zurückerhalten. „Leonce und Lena" also aus äußerem Anlaß entstanden, eine eilige Fingerübung, von bescheidenem Gewicht neben den großen Dichtungen „Dantons Tod", „Lenz" und „Woyzeck"?

Ein solches Urteil war eine Zeitlang herrschend. So konnte Alfred Döblin „Leonce und Lena" 1921 anläßlich einer Berliner Aufführung so kennzeichnen: „Ein leichtes feines Lustspiel, im Schauspielhaus wird es hinter romantisch gerafften Gardinen leicht gespielt. Es kennzeichnet seinen Autor wenig. Es ist völlig ein Gelegenheitsstück, das lustige und wohlgekonnte Resultat eines Preisausschreibens."

Das Urteil der Literaturwissenschaft hat lange Zeit zumeist ähnlich gelautet, wobei der gelehrte Befund, daß vieles in diesem Lustspiel gewissermaßen aus zweiter Hand stammt, gegebenen Mustern folgt, literarische „Einflüsse" verrät, erhebliches Gewicht hatte. Friedrich Gundolf z. B. nannte 1929 „Leonce und Lena" einen „Rückfall in die bloße Literaturkomödie der Romantik". Das Stück komme aus der literarischen Nachahmung Tiecks, Brentanos, Shakespeares, „aus gewollter und darum unwirksamer Laune, aus schwitzendem Willen zum beschwingten Witz". Sein eigentlicher Mangel sei seine „papierene Herkunft". „Die sämtlichen Gestalten und Motive sind nicht spontane Einfälle, sondern aufgestutzte Literaturschablonen." Zur lebendigen deutschen Dichtung gehöre „Leonce und Lena" nicht[1]. Hans Mayer hielt es 1946 für „wenig sinnvoll, ein Werk gelegentlicher Laune, eines zeitweiligen Konformismus, der aus Geld- und Karrieregründen einen Preis erringen möchte, übermäßig zu bewerten". „Leonce und Lena" sei ein Werk, „das sich zwischen Lenz und Woyzeck recht wunderlich ausnimmt". „Wie die innere Notwendigkeit durch die äußere Nötigung eines Preisausschreibens, so wurde die Konfession weitgehend durch ästhetische Berechnung, Erinnerung an Bildungseindrücke und Arbeit des Kunstverstandes ersetzt."[2] Und noch Horst Oppel sprach 1951 vom „ausgesprochen literarischen, das heißt bücherkundlichen und nicht lebensmächtigen Charakter" dieses Stücks.

In der Tat verleugnet diese Komödie ihre „Literarität" nicht. Das bezeugen schon die Motti, die in der „Vorrede" Alfieri und Gozzi, zum ersten Akt Shakespeare, zum zweiten Akt Chamisso berufen. Literarische Zitate und Anspielungen durchziehen das ganze Stück, Motive sind konventionell, Handlungselemente sind vorgeprägt, das Wortspielwesen ist übernommen. Die Commedia dell' arte und Gozzi, Calderon und Cervantes, Shakespeare, der „Faust" und die Farcen des jungen Goethe, Stücke Tiecks („Der gestiefelte Kater"), Brentanos („Ponce de Leon"), Mussets („Fantasio") sind in ihren Spuren nachweisbar. Literarische Reflexe allenthalben. Es fragt sich nur, ob sie funktionslos sind, Zeichen mangelnder Originalität, kompositorischer Verlegenheit in der Eile, oder ob diesem Aufgebot an konventionellem Element nicht doch ein Sinn zukommen könnte.

Allerdings ist schon frühzeitig auch versucht worden, Büchners Lustspiel ernster zu nehmen, hinter Konvention und literarischem Zitat in diesem Stück den Büchner von „Dantons Tod", „Lenz" und „Woyzeck" wieder auszumachen und einer eigenen Sprache des Dramas auf die Spur zu kommen. Bereits 1909 hat Paul Landau in der Einleitung zu seiner Büchnerausgabe hier perspektivenreich Anregungen gegeben[3]. Armin Renker versuchte 1924 einen aufschlußreichen Vergleich mit dem romantischen Lustspiel[4]. Anfang der 30er Jahre lieferte Rudolf Majut in seinen „Studien um Büchner" und seiner Abhandlung zum Motivkomplex von „Lebensbühne und Marionette" Hilfen zum seelengeschichtlichen Verständnis eines Problematikers wie Leonce[5], und Karl Viëtors bedeutende Büchnermonographie von 1949 wies endlich „Leonce und Lena" einen gleichrangigen Platz neben den anderen Schöpfungen Büchners an[6]. Heute ist „Leonce und Lena" im allgemeinen in der literarischen Öffentlichkeit „anerkannt", von der Forschung intensiv durchleuchtet, freilich keineswegs einheitlich gedeutet, und auch das Theater hat dieses Stück, das 1895 in München in einem privaten Kreis seine Uraufführung erlebte, heute akzeptiert, wenn auch als immer wieder heikle und delikate Aufgabe für Regisseur wie

Spieler und zugleich oft genug noch als eine gewisse Verlegenheit fürs große Publikum.

Am ehesten dürfte sich uns eine Schicht des Lustspiels erschließen, in der Bezüge zur gesellschaftlich-politischen Wirklichkeit der Zeit Büchners zutage treten. Die Märchenspielwelt um die beiden Königskinder weist einige mit raschen Strichen gesetzte satirische Konturen auf, die wenig zu der eigenartigen Zeitenthobenheit passen wollen, in der seine Personen sonst agieren. Das ganze Staats- und Hofwesen im Reiche Popo ist Karikatur – Karikatur von Duodezfürstentümern, wie sie auch nach 1815 noch in Deutschland existierten, Verspottung der gravitätischen Inkompetenz gekrönter Häupter und ihrer Räte, Satire auf Etikette und Hofschranzentum, in der Figur des Königs Peter noch verknüpft mit Veralberung des Gebarens idealistischer Philosophie. Die zweite Szene im dritten Akt, wo Schulmeister und Landrat das Volk vor dem königlichen Schloß postieren, damit es bei der Ankunft des hohen Paares in die gebührenden Huldigungen ausbreche, beruft, bei allem lustigen Anschluß an shakespearische Rüpelszenen, sehr drastisch die Realitäten, in denen sich Untertanen absolutistischer Fürstlichkeiten in Deutschland vorfanden. ,,Erkennt was man für euch thut, man hat euch grade so gestellt, daß der Wind von der Küche über euch geht und ihr auch einmal in eurem Leben einen Braten riecht" (I,127) – dies zynische Diktum ist wie ein Echo auf die Agitatorik des ,,Hessischen Landboten", der revolutionären Flugschrift Büchners und Weidigs, die den geschundenen Bauern Hessens grimmig eine ähnliche Gnade am Hof zu Darmstadt verhieß:

> Und dann kriecht in eure rauchigen Hütten und bückt euch auf euren steinichten Aeckern, damit eure Kinder auch einmal hingehen können, wenn ein Erbprinz mit einer Erbprinzessin für einen andern Erbprinzen Rath schaffen will, und durch die geöffneten Glasthüren das Tischtuch sehen, wovon die Herren speisen und die Lampen riechen, aus denen man mit dem Fett der Bauern illuminirt.
> II, 46 f.

Ein weiteres Stück deutscher politischer Wirklichkeit, zur Karikatur getrieben, liefert die Szene aus den handschriftlich erhaltenen Paralipomena, wo zwei Polizeidiener mittels eines Steckbriefs ,,Jemand, ein Subject, ein Individuum, eine Person, einen Delinquenten, einen Inquisiten, einen Kerl" zu verhaften suchen (I,140). Der uns erhaltene, auf Büchner selber ausgestellte Steckbrief des Großherzoglich Hessischen Hofgerichts läßt uns diese Lustspielepisode nicht eben nur spaßhaft erscheinen.

Ist ,,Leonce und Lena" insgesamt damit aufs Politisch-Gesellschaftliche visiert, eine spielerische Verkleidung sehr bitterer Wahrheiten fürs zeitgenössische deutsche Publikum? Der Gedanke liegt so fern nicht. Auch hier geht es ja doch in der Handlung schließlich darum, daß, mit dem „Hessischen Landboten" zu sprechen, „ein Erbprinz mit einer Erbprinzessin für einen andern Erbprinzen Rath schaffen" soll! Und am Eingang des Stücks steht als Motto das Gozzi zugeschriebene „E la Fame?": Und der Hunger?! Hat „Leonce und Lena" damit im Grunde den gleichen revolutionären Ansatz wie die Flugschrift, nur verschlüsselt in den konventionellen Formen des Lustspiels? Auch die Langeweile, von der Leonce gezeichnet ist, ist sie nicht das Signum einer müßiggängerischen, parasitären Gesellschaft, der „abgelebten modernen Gesellschaft", wie Büchner sie in einem Brief an Gutzkow „zum Teufel" wünschte und der er dort eben diese Langeweile als ihr Kennzeichen attestierte:

> Zu was soll ein Ding, wie diese, zwischen Himmel und Erde herumlaufen? Das ganze Leben derselben besteht nur in Versuchen, sich die entsetzlichste Langeweile zu vertreiben.
> II, 455

Leonce möchte lieber seine „Demission als Mensch" geben, als ein nützliches Glied der menschlichen Gesellschaft zu werden (I,116), Valerio will als Staatsminister ein Dekret erlassen,

> daß wer sich Schwielen in die Hände schafft unter Kuratel gestellt wird, daß wer sich krank arbeitet kriminalistisch strafbar ist, daß Jeder der sich rühmt sein Brot im Schweiße seines Angesichts zu essen, für verrückt und der menschlichen Gesellschaft gefährlich erklärt wird.
> I,134

Entlarvung der frivolen Mentalität parasitärer Aristokraten und ihrer Klientel? Leonces Traum eines paradiesischen Italien mit einem Leben puren Genusses zwischen Rosen und Veilchen satirische Dekuvrierung romantischer Müßiggängerei einer in vorgestrigen Ordnungen lebenden Gesellschaft? Die „Grundstimmung", die Büchner dies Lustspiel schaffen ließ, damit „nicht fröhlicher Mutwillen oder heiter lächelnder Spott, sondern Haß"?

Die marxistisch orientierte Literaturwissenschaft neigt solcher Auffassung zu, am entschiedensten eine Potsdamer Dissertation von 1967. Für sie ist Büchners Stück tatsächlich „die ins Lustspielhafte übersetzte Anklage aus dem Hessischen Landboten", eine „antiromantische Satire auf deutsche Verhältnisse seiner Zeit". In „Leonce und Lena" werde „am Beispiel einer unerwünschten Konventionsehe die historische Überlebtheit des herrschenden Feudalabsolutismus in Deutschland" gestaltet. Leonce sei nichts als ein parasitärer aristokratischer Müßiggänger, seine Langeweile eine „spezifische Form der Ausweglosigkeit der herrschenden Klasse". Prinzessin Lena erscheint „von Büchner offensichtlich vor allem als Opfer fürstlicher Willkür konzipiert". In der Gestalt des Valerio, des Manns aus dem Volke dagegen, gestalte Büchner „seine anti-aristokratische Überzeugung". Valerios Müßiggang sei „der plebejische Protest gegen das nutzlose Schmarotzerdasein der Höflinge". In ihm verkörperten sich „die Nöte und Sehnsüchte des Volkes, aber auch die gesunden Kräfte". Büchners Lustspiel begründe eigentlich „die moderne politische Komödie".

Uns scheint, daß eine solche Deutung doch zu kurz greift. Zu viele Fragen läßt sie unbeantwortet, für zu viele Szenen weiß sie keinen Schlüssel, der Ton tiefer Schwermut, der diese Komödie durchzieht, bleibt außer ihrer Reichweite. „Leonce und Lena" ist mehr als eine bittere Verlachkomödie. Der tragende Grund dieses Lustspiels scheint – trotz aller hier integrierten politisch-gesellschaftskritischen Elemente – nicht ätzende Satire zu sein, sondern eher Trauer und Ironie.

Eigenartig die Figur dieses Prinzen Leonce. Er ist, gewiß, ein aristokratischer Müßiggänger, ein „unnützes" Mitglied der menschlichen Gesellschaft, die ersten Szenen zeigen ihn hochmütig und blasiert, arrogant (gegenüber dem Hofmeister) und kalt und herzlos (in der Rosetta-Szene). Aber dies Bild ist unvollständig, und es entbehrt einer eindeutig politisch-sozialkritischen Perspektive. Die Bildelemente weisen vielmehr auf eine *innere* Problematik, mit der diese seltsame Lustspielgestalt menschliches Interesse, ja Anteilnahme gewinnt. Leonce, der prinzliche Müßiggänger, ist ein Leidender; er ist unendlich einsam – so zeigt ihn bereits die erste Szene. Das Gefühl einer inneren Leere, der Zwecklosigkeit seines Daseins, beherrscht ihn und lähmt ihn. Leonces Wesen ist Schwermut. Seine Beschäftigung, dreihundertfünfundsechzigmal auf einen Stein zu spucken oder Sandkörnchen in die Höhe zu werfen und sie mit dem Handrücken wieder aufzufangen – nicht eben eine typisch aristokratische Passion wie Reiten und Jagen –, ist in ihrer Unsinnigkeit offenbar Reflex eines Bewußtseins letzter Sinnlosigkeit der Existenz. Er spricht das selber aus: „Warum kann ich mir nicht wichtig werden und der armen Puppe einen Frack anziehen und einen Regenschirm in die Hand geben, daß sie sehr rechtlich und sehr nützlich und sehr moralisch würde?" (I,106). Und: „Wenn ich nur etwas unter der Sonne wüßte, was mich noch könnte laufen machen" (I,106). Langeweile lastet über ihm:

> Mein Leben gähnt mich an, wie ein großer weißer Bogen Papier, den ich vollschreiben soll, aber ich bringe keinen Buchstaben heraus. Mein Kopf ist ein leerer Tanzsaal, einige verwelkte Rosen und zerknitterte Bänder auf dem Boden, geborstene Violinen in der Ecke, die letzten Tänzer haben die Masken abgenommen und sehen mit todmüden Augen einander an.   I,112

Dieser letzte schwermütige Passus könnte von Danton gesprochen sein, und umgekehrt könnte die von der Langeweile bestimmte Ankleideszene zu Beginn des zweiten Akts von „Dantons Tod" für Leonce in der Komödie statthaben: „Das ist sehr langweilig immer das Hemd zuerst und dann die Hosen drüber zu ziehen (. . .)" (I,31). Die Langeweilethematik bestimmt in der Tat das ganze Stück. Von ihr her lassen sich auch Verbindungslinien zur „Lenz"-Erzählung ziehen. Ein Dialogpassus Lenz' über die Langeweile („Denn die Meisten beten aus Langeweile; die Andern verlieben sich aus Langeweile, die Dritten sind tugendhaft, die Vierten lasterhaft, und ich gar nichts, gar nichts [. . .]", I,96) ähnelt frappant, wie eine Paraphrase, Auslassungen Leonces in der ersten Szene. Der Lustspielheld Leonce erweist sich als ein Halbbruder Dantons und Lenz'.

Diese Langeweile, die Leonce erfaßt hat, ist etwas anderes als ein momentanes Unlustgefühl, und sie ist offenbar auch mehr als etwa die Folge einer gesellschaftlichen Funktionslosigkeit, aus der ein Rollenwechsel, neue Aufgaben in einer neuen Ordnung, befreien könnten. Es ist die bohrende und lastende Lebenslangeweile eines, dem letzte Sinnbezüge zerrissen sind – der „Ennui", an dem viele Gestalten der europäischen literarischen Szene des 19. Jahrhunderts, romantische Problematiker, die Helden Byrons, die weltschmerzlich Zerrissenen, leiden. Nicht die Umstände sind hier verantwortlich zu machen und ebensowenig der an dieser Langeweile Leidende selber. Es ist ein Leiden am Sein. Lena, die intuitiv in der ersten Begegnung mit Leonce sein Wesen erfaßt hat, spricht es aus:

> Er war so alt unter seinen blonden Locken. Den Frühling auf den Wangen und den Winter im Herzen. Das ist traurig. Der müde Leib findet ein Schlafkissen überall, doch wenn der Geist müd' ist, wo soll er ruhen? Es kommt mir ein entsetzlicher Gedanke, ich glaube es gibt Menschen, die unglücklich sind, unheilbar, blos weil sie *sind*.   I,123

Die psychologische Diagnose für ein solches Leiden am Sein würde wohl lauten müssen: Seelische Erkrankung mit dem Symptomenkomplex von Introversion, Kontaktschwäche und Depression bis zur Gefühlsstarre und partiellem Wahnzustand. An einer Gestalt wie dem Büchnerschen Lenz, dem sich Leonce insgeheim verschwistert zeigt, wäre diese psychologische Deutung einsichtig zu exemplifizieren. (Daß Büchner selber pathologische psychische Zustände nicht fremd waren, zeigt ein Brief an die Braut vom März 1834, II,424 f.) – Eine andere, sehr viel ältere Deutung eines solchen Leidens am Sein ist die theologische. Sie ist von Sören Kierkegaard, zur gleichen Generation wie Büchner gehörig, wieder aufgenommen und namentlich in seinen Schriften „Entweder-Oder" und „Die Krankheit zum Tode" entwickelt worden. Danach wären Schwermut und Lebenslangeweile der Ausdruck eines negativ gewordenen Gottesverhältnisses oder, mit den Begriffen eines anderen großen christlichen Denkers, Blaise Pascals, gesprochen, der „Misère de l'homme sans Dieu". Faßt man diese Bestimmungen nicht christlich-theologisch, sondern existenzphilosophisch-neutral, so wären Schwermut und Langeweile Äußerungen einer existentiellen Erfahrung des Nichts. Kierkegaards Beschreibung der Befindlichkeit des insgeheim verzweifelten, von Gott getrennten, in der Fühlung mit dem Nichts stehenden Menschen als des Menschen im ,,ästhetischen Zustand" zeigt in tiefdringender psychologischer Analyse die ganze Skala von Langeweileerfahrungen und ohnmächtigen Versuchen, dieser Langeweile zu entkommen, auf, und man hat auf frappante Parallelen dazu in der Zeichnung der Gestalt Leonces hinweisen können[7]. ,,Beschäftigung" ist ein Lieblingswort dieses Müßiggängers, und Abwechslung in der Beschäftigung ist die einzige hoffnungslose Hoffnung für den von der Langeweile Besessenen. Kierkegaard nennt in ,,Entweder-Oder" den ständigen Umgang mit neuen Abwechslungen das System der ,,Wechselwirtschaft". Auch Leonce frönt, um dem Dämon der Langeweile zu entkommen, solcher ,,Wechselwirtschaft": ,,Komm Valerio, wir müssen was treiben, was treiben!" (I,121); ,,Valerio! Valerio! Wir müssen was Anderes treiben!" (I,116).

Vor Kierkegaard hat bereits Pascal in seinen ,,Pensées" mit dem Terminus ,,divertissement" jenen zwanghaften Zeitvertreib bezeichnet, durch welchen der Mensch dem ,,Ennui" als der Auswirkung seines gottfernen Zustands um jeden Preis zu entkommen sucht. Die großen Feste, ja die Kriege der Könige sind für Pascal ,,divertissement" in diesem Sinne. Und so weiß Leonce, im Schoße der Langeweile, entsprechend zu ermessen, ,,was Caligula und Nero waren" (I,112) – grausame Tyrannen aus Langeweile. – Als verzweifeltes ,,divertissement" ließe sich auch das von Leonce arrangierte Fest verstehen, in dessen Mittelpunkt das Mädchen Rosetta steht – ein Fest, in welchem doch die Langeweile dominant bleibt und wo der von dieser Langeweile Gequälte, unfähig der liebenden Zuwendung an ein Du, seinerseits quälen muß, um wenigstens noch einer ,,sterbenden Liebe" einen Genuß, ein Gefühlsstimulans, abzugewinnen. Die ganze Verlassenheit und Entfremdung, die eisige Isolierung des Ich, das nur noch um sich selbst kreisen kann, kommt in dieser Szene zum Ausdruck. Leonce, der Mensch im ,,ästhetischen Zustand", insgeheim in der Fühlung mit dem Nichts, blasiert, mit Zügen des Dandy.

Die Isolation Leonces ist auch am Dialog abzulesen. Das Gespräch in der ersten Szene mit dem Hofmeister hat man mit Recht ein ,,monologisches Scheingespräch" genannt (Schröder)[8], spannungslos, unfähig zur Mitteilung, zur Herstellung von Kommunikation. Es gibt keine Brücke mehr von einem zum andern. Leonces Gespräch vollzieht sich gleichsam im Leeren, unter Witz und Wortspiel mechanisch in sich kreisend, echte Antworten von vornherein ausschließend – nichts als verzweifelt-lustige Spiegelfechterei.

Wie sollte ein solcher Mensch erlöst werden? Wie kann er es werden? Die Begegnung mit Lena – vermag sie die innere Leere Leonces auszufüllen, gibt sie ihm sein Selbst zurück und Hoffnung, Lebenssinn, warmes Gefühl, Menschlichkeit? ,,Ich habe das Ideal eines Frauenzimmers in mir und muß es suchen", erklärt Leonce noch kurz zuvor (I,119): unendlich schön und unendlich geistlos, himmlisch stupide Augen, göttlich einfältiger Mund, schafsnasiges griechisches Profil, geistiger Tod in geistigem Leib – diese Charakteristik einer idealen Frau zeigt Leonces tiefe Resignation. Heilt Lena diesen Menschen von seiner Entfremdung? Die Analyse des zweiten Akts müßte hier Auskunft geben: Leonce und Lena, auf der Flucht vor einander, begegnen sich.

Lena – mit ihr, ihrem Wesen, ihrer Stimme und ihrem Schweigen, erhalten Verzweiflung, Witz, das Hasten nach Beschäftigung und Abwechslung um Leonce ihr wunderbares Widerspiel. Lena spricht eine andere Sprache: leicht, gleichsam schwerelos, melodisch und schlicht, innig und zart. Nichts von den scharfen Dissonanzen, den nervösen Wortspielereien, dem Zugespitzt-Geistreichen im Dialog Leonces. Blumenhaft anmutig ist sie gleichsam kindlich dem Sein hingegeben, und doch weiß sie zugleich intuitiv um die Gefährdungen der Existenz. Sie ist keineswegs eine muntere Naive, die, wie etwa Rosetta, schmeicheln, dann beleidigt sein und Tränen vergießen, endlich Leonce ,,eine Fratze" machen kann (I,111) – und erst recht kein Wildfang, unkompliziert fröhlich, sinnenfroh und vital, sondern sie ist ein zartes, zerbrechliches Wesen, einfach und traurig wie das Volkslied, das von Liebe, Leid und Tod zu singen weiß. Sie lebt unverfälscht aus reinem Gefühl, vertraut mit dem Tod und mit dem Schmerz. Bereits ihre ersten Sätze schlagen dieses Thema an: ,,Sieh, jetzt bin ich eingekleidet und habe Rosmarin im Haar. Gibt es nicht ein altes Lied: Auf dem Kirchhof will ich liegen, wie ein Kindlein in der Wiegen" (I,117). – Auch sie ist einsam, wie Leonce, nur ohne den eisigen Grad der Isolation, der Erstarrung, zu welcher egotistische Reflexion und Selbstbespiegelung treiben können – einsam wie ein Kind im Märchen, und traurig. Und auch sie ahnt, naturhaft wissend, die Heillosigkeit der Welt:

Mein Gott, mein Gott, ist es denn wahr, daß wir uns selbst erlösen müssen mit unserm Schmerz? Ist es denn wahr, die Welt sei ein gekreuzigter Heiland, die Sonne seine Dornenkrone und die Sterne die Nägel und Speere in seinen Füßen und Lenden? I,118

eine Frage, wie sie immanent auch die anderen Dichtungen Büchners durchklingt.

Auch Lena ist damit nicht, wie man gemeint hat, ein Geschöpf aus einer heilen Welt. Aber sie gehört zu den weiblichen Gestalten Büchners, die un-

verstellt, einfach, gemüthaft, ohne das wilde Aufbegehren, ohne verzwei-
felten Witz, Zynismus oder Pathos sich fügen, ihr Los hinnehmen – eine
Schwester der Lucile in „Dantons Tod", die ihr Wissen schlicht aussagt:
„Wir müssen's wohl leiden" (I,74).

In ihrer Nähe scheint Leonce ein anderer zu werden. Die Reinheit und
Unmittelbarkeit ihres Wesens zwingt ihn sozusagen, von Schein und Maskierung und Selbstbespiegelung zu lassen, ja gleichsam ihre Sprache anzunehmen. Er fühlt sich in sie ein, bei der ersten zufälligen Begegnung auf ihrer Flucht. Und neben dem grobianisch-drastischen Dialog von Gouvernante und Valerio geschieht, sich „wie träumend vor sich hin" einstim-
mend, das erste stille, durch kein desillusionierendes Element verfälschte
Sprechen Leonces:

> O, jeder Weg ist lang! Das Picken der Todtenuhr in unserer Brust ist langsam und
> jeder Tropfen Blut mißt seine Zeit und unser Leben ist ein schleichend Fieber. Für
> müde Füße ist jeder Weg zu lang . . .   I,122

Und Lena setzt in intuitivem Begreifen fort: „Und müden Augen jedes
Licht zu scharf, und müden Lippen jeder Hauch zu schwer . . ." Das Wit-
zige, das Grübelnde, das Überwach-Reflektierte scheint von Leonce abgefallen. Er ist verstanden, und er versteht, ohne Vorbehalt. Lena hat offenbar etwas in ihm angerührt, was ihn verwandeln könnte: „Welch Gähren in
der Tiefe, welch Werden in mir (. . .)."

Die erneute Begegnung in der Szene II,4 „Der Garten. Nacht und
Mondschein" bildet dazu den Kulminationspunkt. Ohne nach Namen,
Stand, Woher und Wohin zu fragen, nähern sich Leonce und Lena, gleichsam schlafwandlerisch, einander ohne sich zu kennen tief vertraut, einer auf
des andern Sprechen horchend und in fast sprachloser Übereinstimmung –
zwei Liebende, denen Traum, Liebe und Tod eins fließen. Ihr Dialog,
von den drastischen Kommentaren Valerios umrahmt, ist reine Poesie, in-
nigste Zwiesprache, in welcher beide jeweils die Worte des andern aufneh-
men wie zu einem weltenthobenen schwerelosen Wechselgesang in
Schwermut, Trauer und Seligkeit. Das, was Leonce versagt zu sein schien –
von des Gedankens Blässe unangekränkelte Empfindung, Erlebnis wahren
Seins wie am ersten Schöpfungstag, Erlösung aus seiner Isolierung, Erfüllung, das scheint ihm hier in der Begegnung mit Lena geschenkt:

> Zu viel! zu viel! Mein ganzes Sein ist in dem einen Augenblick. Jetzt stirb. Mehr
> ist unmöglich. Wie frischathmend, schönheitglänzend ringt die Schöpfung sich
> aus dem Chaos mir entgegen. Die Erde ist eine Schale von dunkelm Gold, wie
> schäumt das Licht in ihr und fluthet über ihren Rand und hellauf perlen daraus die
> Sterne. Meine Lippen saugen sich daran: dieser eine Tropfen Seligkeit macht mich
> zu einem köstlichen Gefäß. Hinab heiliger Becher! (*Er will sich in den Fluß stür-*
> *zen.*)   I,125

Valerio freilich greift ein und verhindert die Hingabe Leonces an den Tod, mit der er solchen höchsten Augenblick verewigen will, und die Desillusionierung greift augenblicklich Platz: „Mensch, du hast mich um den schönsten Selbstmord gebracht. (. . .) Jetzt bin ich schon aus der Stimmung.«

Wie aber geht es weiter? Ist Leonce mit diesem abrupten Rückruf in die Welt der Realitäten durch Valerio wieder der alte? Ist die Liebesbegegnung letztlich folgenlos gewesen, nur die traumhafte Episode einer romantisch mondbeglänzten Zaubernacht, die vor der unbarmherzigen Helligkeit des Alltags verschwinden muß?

Die Meinungen darüber, ob Leonce wirklich ein anderer geworden sei, geheilt von seiner Entfremdung, gelöst aus seiner Erstarrung, gewonnen für ein Du, für die Mitmenschlichkeit – ob also die Begegnung mit der Liebe ihm wirklich ein neues Leben, eine „Vita nuova" geschenkt habe –, diese Meinungen gehen bis heute auseinander. Eine Antwort könnte vielleicht der dritte Akt geben.

In diesem dritten Akt nun freilich fügt sich äußerlich alles aufs beste. Leonce und Lena werden, unter Valerios ingeniöser Leitung, unerkannt an den Hof des Königs Peter geführt, sie werden stellvertretend – „in effigie" – für das vermißte Paar getraut, erkennen sich zur Überraschung aller als eben dieses Paar, König Peter übergibt Leonce die Regierung, das Stück endet mit Valerios Ausblick auf eine idyllische Schlaraffenlandsexistenz. Aber wir müssen näher zusehen. Ist, was bleibt, wirklich, wie z. B. Viëtor meint, „Heiterkeit und Freude, Erkennung und Erfüllung"? Ist die Schlaraffenlandsexistenz, wie sie Valerio vorstellt: sich in den Schatten zu legen und Gott um Makkaroni, Melonen und Feigen, musikalische Kehlen, klassische Leiber und eine kommode Religion zu bitten – ist das wirklich ein hoffnungsvoller Ausblick und nicht vielmehr eine bös ironische Verspottung menschlicher Sehnsüchte nach sinnvollem Dasein in heiler Welt?

Und Leonce? Gewiß, in der ersten Szene des dritten Akts, nach der traumhaften Liebesbegegnung mit Lena, spricht Leonce einen Satz, der seine ganze ichzentrierte eisige Isolation vergessen macht, ja der ihn zu echter Menschlichkeit befähigt zeigt: „Weißt du auch, Valerio, daß selbst der Geringste unter den Menschen so groß ist, daß das Leben noch viel zu kurz ist, um ihn lieben zu können?" (I,126). Eine nachgelassene Variante läßt ihn zusätzlich eine Äußerung über das von ihm selber wie von Valerio verspottete Heiraten tun, die alle seine bittere Lebensskepsis verleugnet: „Das heißt Leben u. Liebe eins seyn lassen, daß die Liebe das Leben ist, und das Leben die Liebe" (I,142). Dieser Leonce scheint wirklich gewandelt, geheilt. Und doch findet er in der letzten Szene, nach der „Erkennung" seines Glücks, nicht mehr wieder zu dieser Sprache des Herzens. Vielmehr ist seine Stimme wieder vom alten Ton verzweifelter Lustigkeit erfüllt, nun auch Lena gegenüber:

> Nun Lena, siehst du jetzt, wie wir die Taschen voll haben, voll Puppen und Spielzeug? Was sollen wir damit anfangen? Wollen wir ihnen Schnurrbärte machen und ihnen Säbel anhängen? Oder wollen wir ihnen Fräcke anziehen, und sie infusorische Politik und Diplomatie treiben lassen und uns mit dem Mikroskop daneben setzen? Oder hast du Verlangen nach einer Drehorgel auf der milchweiße ästhetische Spitzmäuse herumhuschen? Wollen wir ein Theater bauen?   I,133

Wir wollen was treiben, gleichgültig was es sei! Nur Beschäftigung! Beschäftigung! Das ist auch hier, wie in den ersten Szenen, wieder Leonces Devise. Lenas Reaktion darauf ist bezeichnend: sie lehnt sich an Leonce und schüttelt wortlos den Kopf. Und der anschließende Passus, Leonces letztes Wort im Lustspiel, schmeckt ebensowenig nach Freudigkeit, Lebenszuversicht, Einverständnis mit dem Sein:

> Leonce: Aber ich weiß besser was du willst, wir lassen alle Uhren zerschlagen, alle Kalender verbieten und zählen Stunden und Monden nur nach der Blumenuhr, nur nach Blüthe und Frucht. Und dann umstellen wir das Ländchen mit Brennspiegeln, daß es keinen Winter mehr gibt und wir uns im Sommer bis Ischia und Capri hinaufdestilliren, und wir das ganze Jahr zwischen Rosen und Veilchen, zwischen Orangen und Lorbeern stecken.

Ist das sinnvolle Existenz, ,,Heiterkeit und Freude, Erkennung und Erfüllung"? Es mutet eher an wie die verzweifelte Parodie auf ein erfülltes menschliches Leben. – Und vor allem: als alles sich aufgeklärt hat, die Flucht der Königskinder sich als eine ,,Flucht in das Paradies" erwiesen und König Peter gerührt die Regierung in die Hände seines Sohnes gelegt hat, verabschiedet Leonce die Anwesenden so:

> Gehn Sie jetzt nach Hause, aber vergessen Sie Ihre Reden, Predigten und Verse nicht, denn morgen fangen wir in aller Ruhe und Gemüthlichkeit den Spaß noch einmal von vorn an. Auf Wiedersehn!   I,133

Was besagt das? Es besagt nichts anderes, als daß es für die Gestalten dieses Stücks kein Ende gibt, ein glückliches so wenig wie ein unglückliches, – daß jeder wie ein Schulbube seine Lektion erneut hersagen muß (wie Leonce in Szene I,3 formulierte), daß alles also ein Schauspiel war auf einer Bühne, ad infinitum wiederholbar, nicht Erfüllung, sondern Exerzitium nach einem unheimlichen Spielplan, in welchem die handelnden Menschen nur Puppen sind, ,,Puppen (. . .) von unbekannten Gewalten am Draht gezogen", um ein Wort aus ,,Dantons Tod" zu übernehmen (I,41). ,,Warum kann ich mir nicht wichtig werden und der armen Puppe einen Rock anziehen (. . .)", hatte Leonce in der ersten Szene gefragt. Das Bewußtsein, lebendige Marionette zu sein, gespielter Spieler auf der Lebensbühne, an den Fäden einer unbekannten Macht, ist hier am Schluß wie dort am Anfang des Stücks in Leonce lebendig.

Erlöst, befreit von seiner Entfremdung ist, so müssen wir schließen, Leonce am Ende nicht. Die Liebesbegegnung ist zwar nicht einfach folgenlose Episode für ihn; Lena bleibt bei ihm. Aber das Verhängnis ist damit nicht aufgehoben. Es besteht weiter, für ihn – und auch für sie.

Schauen wir weiter zu: Auch Valerio gebraucht, in Szene II,2, ein Bild für die Unfreiheit, das Gespieltwerden der Menschen:

> Die Erde und das Wasser da unten sind wie ein Tisch auf dem Wein verschüttet ist und wir liegen darauf wie Spielkarten, mit denen Gott und der Teufel aus Langerweile eine Parthie machen und Ihr seid der Kartenkönig und ich bin ein Kartenbube, es fehlt nur noch eine Dame, eine schöne Dame mit einem großen Lebkuchenherz auf der Brust (. . .).   I,122

Auch dies besagt: Die Menschen sind Objekte, Spielbälle höherer Mächte, zu Rollen verdammt. Eigenartig aber ist in diesem Falle, daß eben in dem Moment, da Valerio das Fehlen der Herzdame im göttlich-diabolischen Kartenspiel konstatiert, die Prinzessin Lena auftritt: ,,– bei Gott da ist sie!" (I,122). Daß dieser Zufall Verweisungscharakter hat, liegt auf der Hand. Auch Lena: Spielobjekt in einer fatalen Partie.

Beziehungsreich aber ist der Zufall noch an vielen anderen Stellen des Lustspiels, und damit kommen wir der Grundstruktur dieser Dichtung auf die Spur. Man hat mit Recht bemerkt, daß ,,Leonce und Lena" undramatisch sei, ohne Spannungsbogen, ohne handlungsauslösenden Konflikt, ohne Widerspiel. Wenn es in der Komödientradition normalerweise zielgerichtete Aktion und Gegenaktion gibt, Hindernisse, Mißverständnisse, die erst am Schluß beseitigt sind, so läßt Büchners Lustspiel das fast völlig vermissen. Leonce und Lena fällt alles zu: ,,Leonce: O Zufall! – Lena: O Vorsehung!" (I,133). Gerade die Flucht vor der angeordneten Verbindung – die einzige Reaktion der Hauptgestalten – führt zu ihrer Vereinigung. Es ist Zufall, daß sie einander unterwegs begegnen; es ist Zufall, daß sie in der Mondnacht wieder einander finden; es ist Zufall, daß sie just zur angesetzten Vermählungszeit am Hofe des Königs Peter erscheinen, und es ist eben so unmotiviert-zufällig, daß sich König Peter die Trauung ,,in effigie" einfallen läßt. Diese Gestalten müssen nichts selber tun; sie gehen aufeinander zu wie gelenkt; es geschieht ihnen alles. Sie erscheinen in der Tat als die Marionetten eines Fatums. Regie führt der Zufall – und Valerio.

Und damit kommen wir zur Funktion dieser eigenartigen Figur. Valerio ist keineswegs, wie man gemeint hat, traditionelle Bedientengestalt mit närrischen Zügen, das Pendant zur Gouvernante Lenas. Es entwickelt sich denn auch zwischen Valerio und Gouvernante nicht das komödienübliche Liebesverhältnis auf dienerschaftlicher Ebene als Pendant zum herrschaftlichen Paar. Die der Gouvernante entsprechende Person auf prinzlicher Seite wäre Leonces Hofmeister, doch der bleibt Randfigur. Valerio aber wächst eine bestimmende Rolle zu. Aus purem „Zufall" tritt er plötzlich, von irgendwoher, in der ersten Szene auf und attachiert sich Leonce – shakespearischer Narr, der Dienerfunktionen, aber auch erheblich mehr, ausübt. Valerio setzt Kontraste zur prinzlichen Langeweile-Problematik: faul aus Vitalität, sinnenfroh-materialistisch, unbekümmerter Naturbursche neben hamletischem Grübler, ein Bruder Lustig neben dem blassen Melancholiker. Aber Valerio ist auch Partner, Partner vor allem im Witz und im Wortspiel. Er wirft Leonce die Bälle zu und fängt Bälle auf. Und unversehens wird er vom Partner, vom Mitspieler zu einer Art Spielmeister. Bei Gelegenheiten ist er – wie Mephisto im Goetheschen „Faust" – plötzlich zur Stelle („unter einem Tisch hervor" I,122), um einzugreifen oder zu spotten. Ganz unmotiviert ist er, „in einiger Entfernung" (I,124), bei der nächtlichen Liebesbegegnung zwischen Lena und Leonce präsent, um Leonce am Selbstmord zu hindern und ihm solches als „Lieutenantsromantik" zu verweisen. Hat Leonce seine Skepsis verbraucht, so ist Valerio mit desillusionierendem Kommentar weiterhin zur Stelle. Seine Gestalt wird im Laufe des Spiels immer dubioser, fast unheimlich. (Bezeichnend, daß Lena und Valerio niemals ein Wort miteinander wechseln.)

Der letzte Akt ist eigentlich Valerios Akt. Sein großer Auftritt ist die dritte Szene mit der Heraufführung des verkleideten Paars, mit der Trauung in effigie, der Erkennung und dem „happy end". Valerio zieht hier die Fäden. Wie er sich und das prinzliche Paar aber vorstellt, ist höchst kennzeichnend: als Automaten:

> Nichts als Kunst und Mechanismus, nichts als Pappendeckel und Uhrfedern! Jede hat eine feine, feine Feder von Rubin unter dem Nagel der kleinen Zehe am rechten Fuß, man drückt ein klein wenig und die Mechanik läuft volle fünfzig Jahre. (. . .) Geben sie Acht, meine Herren und Damen, sie sind jetzt in einem interessanten Stadium, der Mechanismus der Liebe fängt an sich zu äußern. (. . .) Beide haben schon mehrmals geflüstert: Glaube, Liebe, Hoffnung!   I,131

Die Marionettenhaftigkeit des Daseins, an der Leonce litt (und weiter leidet), ist hier gleichsam von Valerio noch einmal in Szene gesetzt, sie erscheint sozusagen potenziert, Leonce und Lena und Valerio selber sind mit einbezogen in dieses Verhältnis, und auch die Liebe zwischen Prinz und Prinzessin erscheint als Automatenspielwerk. Beide aber, Leonce wie Lena, lassen alles geschehen mit sich, stumme Puppen auf der Vorführbühne!

Deutlicher als in dieser Automatenszene kann Unfreiheit menschlichen Seins nicht signalisiert werden. Alles ist Spielwerk; jede Regung, jede Handlung ist nur Ablauf eines festgelegten Mechanismus in einer Maschinerie; die Charaktere sind programmiert, sie müssen Rollen durchführen, und ihr einziges Eigenes ist, daß sie sich ihrer Unfreiheit bewußt sein können, daß sie *lebende* und daß sie *leidende* Marionetten bzw. Automaten sind!

Büchner hat in seinem bereits erwähnten Brief an die Braut, dem Zeugnis einer schweren seelischen Krise im März 1834, eine gleiche Bildlichkeit verwendet:

> Das Gefühl des Gestorbenseins war immer über mir. Alle Menschen machten mir das hippokratische Gesicht, die Augen verglast, die Wangen wie von Wachs, und wenn dann die ganze Maschinerie zu leiern anfing, die Gelenke zuckten, die Stimme herausknarrte und ich das ewige Orgellied herumtrillern hörte und die Wälzchen und Stiftchen im Orgelkasten hüpfen und drehen sah, – ich verfluchte das Concert, den Kasten, die Melodie und – ach, wir armen schreiende Musikanten (. . .). II,424

In einem der folgenden Briefe steht der Satz: ,,Ich bin ein Automat; die Seele ist mir genommen" (II,426). Die Bezüge sind zu offensichtlich, als daß wir sie übersehen dürften. In ,,Leonce und Lena" sind, lustspielhaft gestaltet, solche Erfahrungen mit eingegangen.

Haben wir aber einmal ,,Leonce und Lena" als ein solches Spiel von Figuren an den Fäden einer fremden Macht, als Spiel lebendiger Marionetten oder Automaten erkannt, so werden uns auch andere Eigenheiten und Züge dieses Stücks einsichtiger. Die eigentümliche Zeitenthobenheit, die märchenartige Realitätsferne, in der seine Personen agieren, gleichsam im luftleeren Raum, darf jetzt als sinnvoll angesehen werden. Das Undramatische, die Spannungslosigkeit dieses Lustspiels ist von hierher ebenso strukturell notwendig wie die entsprechende Dramaturgie mit dem Zufall. Das Wortspielwesen, die ganze hier im Dialog vor allem um Leonce zu beobachtende Künstlichkeit der Wortfiguren und Wortarabesken, der Parallelismen, Chiasmen und Oxymora ist nicht Ausdruck ,,schwitzenden Willens zum beschwingten Witz", wie Gundolf diagnostizierte, sondern sinnvoll als Reflex der Künstlichkeit, des Gespieltwerdens menschlicher Marionetten. Wenn man an den Personen des Stücks eine Schwäche an ,,Charakter", an ,,Substanz" bemerkt hat, so ist das im Hinblick auf die Struktur dieser Dichtung nicht Mangel, sondern Konsequenz. Und wenn in Figuren und Motiven bedauernd ,,aufgestutzte Literaturschablonen" gesehen werden konnten, so erweist sich dieser Befund nun gerade als angemessen: diese Gestalten *sind* nicht frisch, original, neu, sondern sie erschöpfen sich als Puppen aus der Marionettenkiste weitgehend in Schablone, Routine, Wiederholung, ihr Handeln ist folgerichtig Zitat bereits gelernter Lektionen. Hamlet und Faust, Ponce de Leon und Fantasio, Weltschmerz und romantische Italiensehnsucht, das alles gehört zu ihrem mechanisch zu repetierenden Part, ist verschlissenes Kostüm ihrer Rolle.

Von hierher aber öffnet sich auch das Verständnis für die ins Groteske gehenden Elemente in diesem Spiel. Groteskes ist mit der Marionetten-Automatenhaftigkeit der Personen gleichsam wesensmäßig gegeben. In disparaten Konfigurationen, durch Symmetrie und Asymmetrie im Szenischen, in absurd-witzigen Wortfiguren ist dies Element zugegen, aber auch in der Optik Beteiligter ist es enthalten (,,Leonce: Sieh was seltsame Gestalten sich dort jagen, sieh die langen weißen Schatten mit den entsetzlich magern Beinen und Fledermausschwingen und Alles so rasch", I,122). Grotesk ist die ganze Automatenszene. Namentlich die Figur des Königs Peter aber steht in diesem Zeichen. Dieser Doudezfürst, hilflos, ratlos, verwirrt, auf der Suche nach seiner Identität, mit den Begriffen auf Kriegsfuß – er ist mehr als die satirische Karikatur eines vertrottelten Potentaten der Restaurationsepoche und mehr als die Spottgestalt zugleich eines Adepten der Philosophie des deutschen Idealismus. Komik und Tragik vermischen sich in dieser Gestalt, deren Denkzwang an die ständige Reflektiertheit Leonces erinnert und die, verstört, geängstigt (,,Mein ganzes System ist ruinirt", I,108), vergeblich versucht, Ordnung und Sinn in seiner Welt aufrechtzuerhalten. Auch König Peter ist eine Puppe, an den Fäden des Fatums hin und hergezupft, die Gefährdung durch eine heillose Welt spürend und auf alberne Weise an ihr leidend, lächerlich über dem Abgrund des Unheimlichen – eine Figur, ,,Herrn Callot-Hoffmann" nachempfunden, auf den Büchner in seinem erwähnten Brief an die Braut bezeichnenderweise angespielt hat.

Mit solchen grotesken, die Realität verzerrenden und damit in ihrer Fragwürdigkeit entlarvenden Zügen weist Büchners Lustspiel bereits auf das Verfahren des absurden Theaters der heutigen Moderne voraus. Zugleich aber erblühen in diesem Stück gleichsam aus dem Schmerz, aus der Trauer Sprachgebilde von reinstem Wohllaut, lyrisch-musikalische, die Wirklichkeit transzendierende Poesie. Beides geht übrigens weit über das ,,realistische" Konzept in Büchners ästhetischen Anschauungen (oder dem, was man nach Passagen in ,,Lenz" und ,,Dantons Tod" dafür gehalten hat) hinaus. Dieses Nebeneinander aber von Groteskem und reiner Poesie sowie von Leichtigkeit und Schwermut, Spiel und Satire, heiterer Anmut über den dunklen Abgründen menschlicher Existenz, verleiht Büchners Lustspiel seinen unvergeßlichen, unverwechselbaren Reiz.

RAIMUND · DER ALPENKÖNIG UND DER
MENSCHENFEIND

Raimunds „Romantisch-komisches Original-Zauberspiel" „Der Alpenkönig und der Menschenfeind" wurde am 17. Oktober 1828 im Wiener Leopoldstädter Theater uraufgeführt; der Autor trat als Herr von Rappelkopf auf. In den nächsten Jahren folgten Aufführungen in Graz und in Preßburg – dort spielte Johann Nestroy die Hauptrolle –, in Budapest, Linz, Hamburg, Berlin, Lemberg und – 1831 – in London. Die Rezensionen sind voll des Lobes für das Stück, die Einwände fallen kaum ins Gewicht. Mit „Der Alpenkönig und der Menschenfeind" verließ höchst erfolgreich ein Werk, das der Wiener Komödie entstammt – hier sei mit Absicht der unscharfe, im allgemeinen übliche Terminus „Alt-Wiener Volkskomödie" vermieden[1] – den Bereich, für den es ursprünglich bestimmt und dem es in seiner Struktur, Sprache, seinem Personal und seiner Ideologie in hohem Maße verpflichtet war. Dieses Stück, das nur für den einigermaßen engen Raum des Wiener Publikums – und zwar des für die Ära Metternich spezifischen Publikums – geschrieben zu sein scheint, gewinnt mit einem Schlage Verbindlichkeit für einen großen Kreis von Zusehern verschiedener Nationen, wird spielbar auf Bühnen außerhalb des deutschen Sprachraums, und es hält sich bis in unsere Tage auf den Spielplänen der Sprechtheater und hat seinen festen Platz vor allem im Kanon jener Theaterstücke, welche auch der Jugend unter vierzehn zumutbar sind und die doch der Weltliteratur zugeschlagen werden können. Daß dies nicht nur Willkür oder hartnäckiger Konservativismus der Literaturhistoriker ist, möge aus den folgenden Überlegungen ersichtlich werden.

Zunächst scheint sich Raimund durch die Themenwahl in eine antike und europäische Tradition zu stellen. Der Misanthrop als Zentralfigur erinnert an Menanders – allerdings erst 1958 zum erstenmal publizierte – Komödie „Dyskolos", an Shakespeares „Timon of Athens" (1623 postum publiziert) und Molières „Le Misanthrope" (1666). Wenn Raimund einen Themenkomplex wie diesen in den Bereich der Wiener Komödie einbezieht, so ist er damit keineswegs originell, denn auch seine unmittelbaren Vorgänger – Joseph Alois Gleich (1772–1841), Carl Meisl (1775–1853) und Adolph Bäuerle (1786–1859) – sind mit dem, was man gemeinhin als „Stoffe und Themen der Weltliteratur" bezeichnet, sehr gut vertraut. Und in Stücken

dieser drei Autoren hatte sich der junge Raimund als Schauspieler zu bewähren, und dieser Tatsache verdankt er seine Einsichten in dominante
Thementraditionen. Hier ist auf einen Umstand zu verweisen, dem im allgemeinen kaum jene Beachtung geschenkt wurde, die ihm zukommen sollte. Am 3. Juni 1819 spielte Raimund in Carl Meisls „Der Esel des Timon.
Eine satirische Karrikatur(!) in zwey Akten mit Gesang, in Knittelreimen"
die Hauptrolle, und zwar den Diener des Timon, Midas. Timon hat sich
mit einem Esel in die Einsamkeit zurückgezogen; er will von den Menschen
nichts mehr wissen. Die Götter – es sind dies ein höchst wienerisch anmu-
tender verschlafener Weltregent Jupiter und ein Spitzbube, der das Gewand Merkurs trägt – machen den Esel zum Menschen, damit Timon sich
mit irgend jemand in der Sprache der Menschen unterhalten kann. Doch
wird der Esel, nun Midas geheißen, Timon zu dumm. Die Götter hören
wieder auf Timon und machen aus Midas mit Hilfe eines Nürnberger
Trichters einen klugen Menschen, und sogleich wird der vorhin sympathi-
sche und aufrichtige, wenn auch unvorstellbar tölpelhafte verwandelte Esel
zum vorwitzigen Gecken und Betrüger. Timon findet sich in seinem Menschenhaß einmal mehr bestätigt, doch wird er von den Göttern geheilt, und
zwar durch sehr aufwendiges Spektakel und kaum durch einsichtsvolle Argumentation. Der Chor begnügt sich mit der sich ihrer Banalität bewußten,
aber ihrer keineswegs schämenden Einsicht:

> Liebet die Menschen – liebet die Götter –
> Haß macht nur mager – die Liebe macht fetter!

Damit scheint das Thema des Menschenhasses erledigt und aus der Welt geschafft. Meisl hat in dem Stück bewußt auf jene Tradition verwiesen, der er
Stoff und Anregung verdankt: Sein Merkur weiß, daß von einem gewissen
„Scha-kes-pe-a-re" ein Stück geschrieben wurde, in dem der Menschen-
hasser Timon auftritt. Den Einfall, Timon in Begleitung eines Esels auftreten zu lassen, verdankt Meisl Louis François de Lisle, dessen „Timon le
Misanthrope" 1722 auf dem „Théâtre italien" in Paris uraufgeführt wurde
und in deutscher Übersetzung seit 1749 im Repertoire der Schönemann-
schen Schaubühne war[2]. Meisls Stück konnte offenkundig nicht gefallen
und wurde nach zwei Vorstellungen abgesetzt. Die Rezensenten preisen die
Leistung des Schauspielers Raimund und meinen, das Stück hätte ihretwe-
gen auch mehr Zuschauer verdient.

Mehr Glück auf der Bühne hatte das nächste Werk, in dem Raimund
wieder die Hauptrolle verkörperte, und zwar das „komische Zauberspiel"
„Der Berggeist, oder die drey Wünsche" von Joseph Alois Gleich, das am
12. Juni 1819 uraufgeführt wurde. Hier stellte Raimund den Herrn von
Mißmuth dar, einen Menschen, dem alles zu langweilig geworden ist.

Mißmuth ist ein Vorläufer des „Zerrissenen", dessen vom „démon ennui" geplagtes Wesen 1844 Nestroy auf die Bühne brachte. Der Herr von Mißmuth, der auf Grund seines Reichtums keine Ursache zu der Einstellung hat, von der sein Name spricht, darf drei Wünsche vorbringen, deren Erfüllung ihm von dem Berggeist zugesagt wird. Doch kehren sich diese drei Wünsche – Mißmuth will „die Liebe aller Frauen, unbegrenzten Reichtum und dreihundertjähriges Leben" – gegen den Helden, der zur Einsicht gebracht wird, daß nur in der Zufriedenheit mit der Welt, wie sie ist, der Mensch zu sich selbst finden kann. Träger dieser Auffassung ist der Berggeist, der vorgibt, seines Daseins stets froh zu sein. „Meine Phylosophie(!) zeigt mir alles im schönsten Licht", erklärt er, womit er sich als Anwalt einer Theodizee zu erkennen gibt, die wesentlich die Einstellung aller Autoren der Wiener Komödie *vor* Nestroy bestimmt. Es ist dann auch der Berggeist, der den Herrn von Mißmuth vor den Schrecken eines dreihundertjährigen Lebens bewahrt, das dieser in Gefangenschaft zubringen müßte. Timon und der Berggeist: Hier begegnen, aufgespalten auf zwei Werke, jene Figuren, die Raimund in „Der Alpenkönig und der Menschenfeind" einander gegenüberstellt. Daß ihn weder der psychologisch kaum glaubhaft dargestellte Menschenhaß bei Meisl noch der in seiner Philosophie recht simple Berggeist Gleichs überzeugen konnten, ist sehr wahrscheinlich. Wie oft bei Raimund gab das Ungenügen an solchen Stücken für den Schauspieler und Dichter die erste Anregung zur Umgestaltung.

Nicht lange nach den beiden oben besprochenen Rollen hatte Raimund auch einmal einen Menschenfeind zu spielen, und zwar in Gleichs 1820 aufgeführtem „Ydor, der Wanderer aus dem Wasserreiche". Der Geist Ydor, der sich an den Menschen durch eine Flutkatastrophe gerächt hat, wird von Oceanus verbannt und dazu verurteilt, in Menschengestalt auch die guten Menschen kennen zu lernen. Ydor wird dabei von der Güte der Menschen so überzeugt, daß er, ein überirdisches Wesen, zuletzt selbst nur Mensch sein möchte.

Mit der Nennung dieser drei Werke ist der engere Bereich abgesteckt, dem Raimund für die Gestaltung seines Stückes verpflichtet ist. Doch nicht nur in bezug auf die Zentralfiguren lassen sich zu diesen Werken Zusammenhänge herstellen. Jenseits des Thematischen sind auch Vergleichspunkte zu finden, die vor allem auf die Qualitäten des Schauspielers Raimund verweisen. In allen drei Stücken hatte dieser sich als Verwandlungskünstler zu bewähren, er mußte in verschiedenen Funktionen auftreten. In Gleichs „Ydor, der Wanderer aus dem Wasserreiche" ist er hintereinander ein dummer Bauernjunge, ein Amtmann, ein reicher Privatmann, ein Geizhals und zuletzt ein reisender Musikant. Wandlung wird als Besserung nur dann glaubhaft, wenn sie auch vom Schauspieler überzeugend vorgeführt werden kann. Die Handlungsführung des Besserungsstückes, das für die Wiener Komödie typisch ist, ist somit nicht nur aus der Ideologie und biedermeierlichen Leichtgläubigkeit des Publikums abzuleiten, sondern auch folgerichtig aus den Praktiken der Bühne und der Fähigkeit der Schauspieler, sich zu verwandeln. So auch bei Raimund: Der Alpenkönig muß mit täuschender Ähnlichkeit den Habitus des Menschenfeindes annehmen, Rappelkopf selbst muß ihm dabei nolens volens in der Gestalt seines Schwagers zusehen und sich selbst am Ende als Gebesserter zeigen.

Raimund ist sich der Tradition sehr wohl bewußt, der er seine Handlungsmuster, sein Personeninventar, seine dramaturgischen Mittel entnimmt. Er verbirgt den Bezug zum Stück Meisls nicht (,,Der Timon ist fertig, nun fehlt nur noch sein Kompagnon, der Esel", I,20 – so Rappelkopf in der Bergeinsamkeit vor der Köhlerhütte zu sich selbst). Raimund läßt wie Gleich und Meisl seinen Helden zurück zu den Menschen finden und – nicht ohne Ironie – in den Ruhestand fliehen: ,,Kinder, ich bin ein pensionierter Menschenfeind" (II,16).

Aus alledem soll klar werden, was Raimund seiner Praxis als Schauspieler, Regisseur und ab 1828 als Direktor des Leopoldstädter Theaters verdankt. Sein dichterisches Werk ist im Zusammenhang mit jener Bühne zu sehen, auf der er dem Publikum die Verkörperung des Besten bedeutete, was sie zu geben imstande war, womit er aber sich nie zufrieden geben wollte. Raimunds Werk entspringt der Unmittelbarkeit der Bühnenpraxis; er ist, wie Wolfgang Bender feststellt, ein ,,atheoretischer Dichter", der für die Konzeption seiner Stücke keiner poetologischen Vorüberlegungen bedarf. Doch ist Raimund durch vieles von seinen Vorgängern getrennt, nur nicht dadurch, daß er auf eine andere Tradition zurückgriffe. Gewiß ist ihm, obwohl eindeutige Hinweise fehlen, Shakespeares ,,Timon von Athen" bekannt[3]. Allerdings trägt noch mehr als Rappelkopf sein ,,Verschwender" (1834) die Züge von Shakespeares großzügigem Menschenfreund, der so bittere Enttäuschung erfahren muß. Aber Flottwell wird nicht wie Timon zum unerbittlichen Hasser der Menschheit, obwohl sich das Handlungsschema im ersten Teil des Stückes mit Shakespeares Drama sehr gut vergleichen läßt[4]. Rappelkopf und Flottwell sind einander komplementär, sie beide ergeben zusammen eben jenen Timon, der zuerst Menschenfreund und Verschwender, dann Menschenfeind ist. Timon läßt sich jedoch nicht helfen, während dem Verschwender von einem Menschen, seinem treuen Diener Valentin, geholfen wird. Auch Rappelkopf tritt eine helfende Figur zur Seite, und zwar in der Gestalt des Alpenkönigs ein übernatürliches Wesen.

Aber gerade durch diesen Alpenkönig unterscheidet sich Raimund von den älteren Dramatikern der Wiener Komödie. Der Titel weist auf den Zusammenhang hin, in dem Raimund seinen Misanthropen sehen möchte. Man hat gemeint, dieser Titel sei eine „Falschmeldung", da der „Alpenkönig nicht der Gegenspieler des Menschenfeinds" sei, „sondern (. . .) eine Hintergrundsfigur, die sich erst dann an die Rampe spielen darf, wenn sie, auf dem Höhepunkt des Dramas, die Gestalt des Menschenfeinds annimmt". Diese Festellung ist zwar für die Rezeption des Dramas signifikant und bezeichnet auch den Weg, den Leser oder Zuschauer bei der Deutung des Stückes meist gehen, doch scheint sie an der Konzeption des Autors vorbeizugehen. Die Antithese, die dieser Titel – ähnlich vielen anderen Titeln von Stücken der Wiener Komödie – suggeriert, zieht sich durch das ganze Zauberspiel. Bereits der Einsatz zeigt den menschenfreundlichen Alpenkönig, der in der Menschen- und Geistersphäre Harmonie verwirklichen will, vor der sich Rappelkopf hartnäckig verschließt. Der große Monolog des Astragalus zu Beginn ist – bevor noch überhaupt des Menschenfeinds Erwähnung getan wird – seinem Inhalt nach ganz und gar auf diesen bezogen: „Doch ich liebe Geisterfrieden, / Bin dem Menschen gut hienieden" (I,3). Er hilft den Verirrten und führt sie „mit Freundessinn" zum „Tempel der Erkenntnis". Erkenntnis ist die Voraussetzung für ein gedeihliches Nebeneinander in der irdischen und überirdischen Sphäre, ist aber vor allem Selbsterkenntnis, und im „Schlußgesang" wird auf diese Einsicht noch einmal rekurriert: „Der Mensch soll vor allem sich selber erkennen, / Ein Satz, den die ältesten Weisen schon nennen" (II,16). Rappelkopf muß durch die Aktion zur Selbsterkenntnis gebracht werden. Das ist die Aufgabe, die sich im Bereich der Fiktion der Alpenkönig stellt, und das ist auch die Aufgabe, die sich der Dramatiker und Schauspieler Raimund stellt. Astragalus ist von Anfang an in den Gesamtplan einbezogen. Er repräsentiert die positive Wirkung der Natur. Rappelkopf hat nur eine negativ erfahrene Natur im Sinn: „Die Welt ist nichts als eine giftge Bella Donna" (I,11), das Stubenmädel ist ein Krokodil (I,12), auf dem Baum nimmt er nur die Raupen, das „Schmarotzergesindel", wahr (I,13), und seine Frau Sophie ist eine Natter (II,4). Der Alpenkönig verfügt über die Natur und kann daher alles zum Guten wenden. Das Bedrohliche des Hochgebirges scheint in seiner Person aufgehoben, ebenso wird er des Bedrohlichen Herr, das die Psyche des Menschen beherrscht. Der Alpenkönig ist aber auch eine lokale Variante jener Genien und Schutzgeister, welche die Versepik Wielands bevölkern, und beschützt die Liebe Malchens und des von ihrem Vater verachteten August. Astragalus ist – wie Gleichs Berggeist – Repräsentant einer positiv erfahrenen Welt; er wird in dieser Rolle glaubwürdig erst dadurch, daß er auch seine Lehren praktisch durchsetzt und anschaulich am Beispiel vorführt. Freilich muß er sich dazu auch weiterhin des ganzen Zauberapparates der Wiener Komödie bedienen können. Er kann erscheinen, wann er will. Seine unvermutete Dazwischenkunft verstört zunächst alle außer Rappelkopf. Diesem setzt Astragalus – nach bewährtem Rezept aller Wiener Theatergötter – mit einer Radikalkur zu: Rappelkopf, der sich in die einsame Köhlerhütte zurückgezogen hat und von dort aus seine Misanthropie programmatisch verkündet, muß seine drei verstorbenen Frauen sehen, die ihn schon zu Lebzeiten peinigten. Sie quälen ihn wie einst: Victorine, die Herrschsüchtige, Wallburga, die Eifersüchtige, und Emerentia, die Mondsüchtige. Doch nicht genug damit: Sturm setzt ein, die Naturgewalten toben, es gießt, die Köhlerhütte brennt. Was Rappelkopf für unmöglich gehalten hat, tritt ein: Das Wasser reicht ihm bis zum Mund. Die eigens für den Menschenfeind veranstaltete Sintflut sorgt dafür, daß dieser Angst bekommt und bereit ist, sich zu bessern. In der herkömmlichen Wiener Komödie wäre damit aber bereits der Besserungsvorgang abgeschlossen. Der Alpenkönig hat seine Macht demonstriert, die von Rappelkopf Verdächtigten hätten nur in aller Kürze ihre Unschuld demonstrieren müssen, und Rappelkopf wäre als geheilt entlassen. Doch für Raimund ist das nur das eindrucksvolle Finale des ersten Aktes. Sein Besserungswerk beruht nicht nur auf äußeren Mitteln, sondern darauf, daß der Held sich selbst erfahren muß. Er sieht sich selbst; die Spaltung seiner Person wird zur Heilung notwendig.

Astragalus ist nicht nur überkommenes Relikt einer Wiener Theatertradition, sondern Sinnbild für das Eingreifen positiver Naturgewalten. Angesichts der souveränen Ruhe des Fürsten der Alpenwelt wird das Verhalten seines menschlichen Opponenten lächerlich: sein sinnloses Wüten gegen die Familie, gegen die Hausangestellten, gegen die Möbel, die sich nicht wehren können, und schließlich gegen sich selbst. Rappelkopf zertrümmert den Spiegel, in dem er das eigene „häßliche Gesicht" zu sehen meint (I,14). Das Zerstörungswerk Rappelkopfs ist vornehmlich gegen ihn selbst gerichtet. Sein Verdikt über die ganze Welt ist auch ein Verdikt über die eigene Vergangenheit, in der ihm fundamentale Skepsis als Erkenntnisgrundlage abging. Nur überträgt Rappelkopf sie vorerst nicht in Resignation, sondern in unerbittliche Wut. Seinen Rückzug in das Exil ermöglicht ihm das Geld, das er haßt und als „Mätresse dieser Welt" (I,14) bezeichnet. Nur durch Geld kann er sich von der menschlichen Gesellschaft unabhängig machen. In der Köhlerhütte, die er aufkauft, wohnen nach seiner Ansicht „Halbmenschen" (I,16). An dem Geld zerbricht denn auch ihr Widerstand, sie dulden das Verhalten des Menschenfeinds, da sie sich durch den Betrag abfinden lassen. Rappelkopf wird nicht wie Shakespeares Timon oder der Verschwender Flottwell plötzlich arm.

Rappelkopfs Menschenfeindlichkeit sitzt tiefer, sie läßt sich nicht aus dem drohenden Bankrott oder aus dem Verlust großer Summen erklären.

Es ist vielmehr die verabsolutierte Skepsis des Individuums gegen sich selbst, die in der Wiener Komödie so oft das Handeln der Zentralfiguren bestimmt. „Ich traue mir selber nit recht", erklärt bereits Meisls Timon, und nahezu alle Hauptfiguren Nestroys haben es sich zur Maxime gemacht, von den Menschen nur das Schlechteste anzunehmen, worin sie sich gerade deshalb selten täuschen, weil sie damit bei sich selbst beginnen. Wie umgreifend dieser Zusammenhang für die österreichische Literatur ist, belegt auch Musils Diktum aus dem Roman „Der Mann ohne Eigenschaften" über Kakanien, wo „nicht nur die Abneigung gegen den Mitbürger (. . .) bis zum Gemeinschaftsgefühl gesteigert" gewesen sei, sondern auch „das Mißtrauen gegen die eigene Person und deren Schicksal den Charakter tiefer Selbstgewißheit" angenommen habe.

Rappelkopfs Menschenhaß wird vom Autor nicht näher motiviert, auch wenn Malchen berichtet, daß ihr Vater von „falschen Freunden" um große Summen wäre betrogen worden (I,5) und sich daraufhin entschlossen hätte, aufs Land zu ziehen. Eine überlieferte Variante dieser Stelle aus Raimunds Konzept bringt eine umfänglichere Begründung. Rappelkopf wäre durch das Verhalten seiner Gläubiger in den Ruin getrieben worden, doch der Selbstmord eines Verwandten, dessen Vermögen er erbte, hätte ihn dann vor dem Bankrott bewahrt. Einen verarmten Rappelkopf nämlich konnte Raimund in seinem Stück nicht brauchen, er benötigte vielmehr einen Helden, der ohne materielle Sorgen über das ihm zugefügte Unrecht räsonieren konnte. Durch eine solche weitschweifige Begründung wäre Rappelkopfs Menschenhaß in seiner Radikalität doch nicht glaubwürdiger geworden. Zwar ist Rappelkopfs Einstellung so unverständlich nicht, obwohl ihm gerade seine Familie dazu kaum konkrete Anhaltspunkte bietet. Seine Tochter Malchen, seine Frau Sophie, der Maler August Dorn – sie alle sind positiv gezeichnete Figuren; ihre einzige Schwäche mag darin liegen, daß sie in ihrer Tugendhaftigkeit farblos wirken. Sie sind zwar kontrastierende Folie für Rappelkopfs Wüten, nicht aber glaubwürdige und schlagkräftige Beispiele gegen die Weltsicht des Menschenfeinds, der eben nur an eine durch und durch korrumpierte Welt glauben will.

Anders verhält es sich mit den Dienerfiguren. Vor allem den Diener Habakuk hat Raimund mit subtil gesetzten Korrespondenzen mit seinem Herrn verglichen. Habakuk imitiert, ohne es selbst zu merken, Rappelkopf. Er sei zwar, so versichert er Malchens Zofe, kein Menschenfeind, habe aber einen „Stubenmädelhaß"; er fühlt sich erhaben über das Personal im Hause Rappelkopf und würde es, wäre er sein „eigner Herr", fortjagen (I,10). Wie sein Herr ist auch er von einem Wahn befallen; er will etwas anderes sein, als er ist. Die Phrase, er wäre zwei Jahre in Paris gewesen, bekommen alle zu hören, nur damit er selbst an diese erdichtete Vergangen-

heit glauben kann. Es ist bezeichnend, daß Astragalus als Rappelkopf, gewissermaßen so nebenbei, auch Habakuk läutert. Er preßt diesem das Geständnis ab, daß er nicht zwei Jahre in Paris, sondern in Stockerau gewesen
ist. Damit wird der Diener zwar seines einzigen Stolzes beraubt (II,10),
doch gelangt anhand dieser Tatsache Rappelkopf, der dem Vorgang als sein
eigener Schwager Silberkern zusehen muß, zur Einsicht, wie lächerlich sein
eigenes Verhalten ist[5]. „Es ist lächerlich, und doch findet er (Habakuk) sei-
nesgleichen", stellt er fest, als er sieht, wie Habakuk sich an die Illusion
klammert (II,12). In dem auf diese Einsicht folgenden Couplet spricht sich
nicht mehr der Menschenfeind aus, der das Treiben der Welt als für sich
grundsätzlich irrelevant erklären möchte (I,17), sondern der resignierende
Skeptiker, der sich mit unveränderbaren psychischen Konstanten im Menschen abfindet:

> So dreht die Welt sich immer fort
> Und bleibt doch stets an einem Ort.
> Der Egoismus ist die Achse,
> Der Hochmut zahlt am End die Taxe.
> Die Erd, es kömmt darauf heraus,
> Ist nur im Grund ein Irrenhaus.
> Und wie ich nach und nach gewahr,
> So bin ich selbst ein großer Narr.   II,12

Zweifel am Fortschritt, Einsicht in die Befangenheit der Menschen in ihren
Wahnvorstellungen, die Welt als Tollhaus und der Held selbst dessen Bewohner – das ist die Erkenntnis, zu der Rappelkopf Schritt für Schritt gelangt, eine Erkenntnis, die noch meilenweit entfernt ist von einer flauen
und alle Unterschiede verwischenden Philanthropie, einer selbstgenügsamen Beschränkung auf ein biedermeierliches Idyll, wie sie Raimund so
gerne von seinen Kritikern unterstellt wird.

Rappelkopf erkennt sich als Narr unter Narren, und wesentliche Er-
kenntnishilfe ist ihm dabei der tölpisch-unaufrichtige Diener Habakuk.
Mehr noch trägt dazu die Vorführung der eigenen Person durch den Alpenkönig bei. So gelingt es Raimund, den überkommenen Zauberapparat
mit neuer Sinngebung zu erfüllen. Er bewirkt Selbsterkenntnis durch ein
dem Dramaturgen Raimund vertrautes Mittel: Astragalus spielt dem Helden dessen Verhalten vor, er ist somit auch Schauspieler, das Schauspiel erhält didaktische Funktion, es ist ein Spiel im Spiel, bei dem Zuschauer und
Akteur identisch sind und es doch nicht sind.

Auch das Couplet von der Erde als Irrenhaus hätte den Abschluß bilden
können. Doch Astragalus als Rappelkopf ist konsequenter als sein menschliches Vorbild. Er schreitet zur Vernichtung seiner selbst; Rappelkopf hatte
nur die Zertrümmerung seines Spiegelbildes gewagt. Er, der mit seinem

Leben an das seines Doppelgängers gebunden ist, muß sehen, wohin ihn sein Verhalten treiben kann. Die Pointe dieser Szene besteht darin, daß Rappelkopf diese Erfahrung machen muß, als er sich durch seine Einsicht schon von seiner misanthropischen Haltung gelöst hat. Der in dem Spiel im Spiel vollzogene Selbstmord ist sinnbildhaft auch dafür, daß Rappelkopf sein altes Ich ablegt. Die Schlußvignette zeigt den Helden versöhnt mit den Seinen; er will für immer im „Tempel der Erkenntnis" bleiben.

In diesem Schluß – so meint Heinz Politzer – sei keine endgültige Heilung zu erblicken; Rappelkopf müsse seinem Wesen nach Menschenfeind bleiben[6]. Raimund selbst hätte sich keinen „Tempel der Erkenntnis" vormachen können, und von einem Besserungsstück lasse sich nur im Sinne des Publikums sprechen. Zunächst ging es dem Autor aber sehr wohl um die Konzeption eines solchen Besserungsstückes, und daß es das Publikum als solches verstand, bestätigt auch die Gültigkeit dieser Zuordnung für den Bereich der Wiener Komödie. Rappelkopf wird gebessert, aber die entscheidende Besserung hat sich nicht erst durch den Sturz des Doppelgängers in den Strom vollzogen, sondern erfolgt bereits durch die ersten Auftritte des Astragalus als Rappelkopf. Wenn Astragalus aber das mögliche Ende des Menschenfeinds vorführt, so ist dies, wie übrigens aus der Inhaltsangabe Raimunds deutlich hervorgeht, als heilsame Strafe gedacht.

Tatsächlich darf aber das Schlußtableau nicht glauben machen, daß Raimund aus Rappelkopf einen Menschenfreund macht, der hinter seine Einsicht in das närrische Treiben der Welt zurückfällt. Die Besserung ist nicht als Wandlung des Wesens zu verstehen, sondern als Erkenntnis der eigenen Fehlhaltung und Umorientierung in der Beziehung zu den Mitmenschen. Rappelkopf kehrt zurück zu seiner Familie, zur Gesellschaft. Diese wird deswegen akzeptabel, weil der einzelne seine Forderung an sie relativieren muß, indem er sich selbst in seiner Befangenheit erkennt.

Raimund weicht mit der Behandlung des Themas vom Menschenfeind von seinen berühmten Vorgängern insofern ab, als er Rappelkopf wenigstens äußerlich mit dessen Umgebung aussöhnt.

Rappelkopf wird einsichtig; zum Aufenthaltsort wählt er sich den Tempel der Erkenntnis, und dem Zuschauer wird nicht gesagt, wie es mit ihm weitergehen könnte. Der Aufenthaltsort ist nur als ein allegorisches Provisorium gedacht, und für die Bewährung in der Praxis hat jeder selbst zu sorgen.

Anders verfährt Shakespeare, dessen Timon unter keinen Umständen zurück zu den Menschen will, anders Molière, dessen Alceste einen Ort sucht, wo er sich die Freiheit nehmen darf, ein Mann von Ehre zu sein. Beiden, Timon und Alceste, geben die Autoren recht: Die ethischen Prinzipien dieser Helden zerbrechen an der Verstellungskunst und Bosheit der Menschen. Timon scheint sich sogar noch nach dem Tode seinen Mitmenschen zu verweigern: Die Grabinschrift spricht von seinem Menschenhaß und flucht dem Vorbeiziehenden.

In bezug auf Heilung und Lösung der Menschenfeindschaft steht Menanders Komödie „Dyskolos" dem Stück Raimunds am nächsten. Knemon, der Misanthrop, kommt durch eine Erfahrung – er stürzt in einen Brunnen, aus dem er von freundlichen Mitmenschen gerettet wird – zu ähnlichen Einsichten wie Rappelkopf. Er resigniert und hält das Leben zwar nicht für wünschenswert, gibt aber zu, in einem gefehlt zu haben: Er hat nicht wahrhaben wollen, daß er als Mensch nicht allein sein könne und dürfe. Ihm hat ein Mensch geholfen, dem er nie etwas Gutes getan hat. Doch anders als der Menschenhaß Rappelkopfs wird der Knemons durch soziale Gegensätze motiviert: Der Dyskolos arbeitet hart als Bauer und kann von dem Ertrag seiner Arbeit kein menschenwürdiges Dasein führen. Es ist verständlich, wenn er sich durch das ausgelassene Treiben und durch die Sorglosigkeit der Reichen gekränkt und verärgert fühlt. Tadelnswert ist jedoch seine Reaktion; er verschließt sich der Gesellschaft, und zwar auch noch, nachdem er zur Selbsterkenntnis gekommen ist. Er reagiert aber nicht mehr unwillig, als er von den Jungen – dies der höchst komödiantische Schluß – geneckt wird, und bittet nur, allein sein zu dürfen.

Bei den Stücken, in deren Mittelpunkt ein Menschenfeind steht, stellt sich meist die Frage, inwieweit überhaupt noch von Komödie die Rede sein könne. Auch Raimunds Zauberspiel will nicht in diese Gattung passen. Der radikale Menschenhaß Rappelkopfs und die Würde des Alpenkönigs sind oft weit von jeder Komik entfernt. Man hat sich auch mit Termini wie Tragikomödie beholfen[7], ohne zu berücksichtigen, daß damit nicht das unvermittelte Nebeneinander von Komik und Ernst, worauf das didaktische Moment des Besserungsstückes beruht, erfaßt wird. Rappelkopf wird lächerlich, weil seine Aktionen, mit denen er sich ernsthaft dünkt, angesichts der Weisheit des Alpenkönigs und der Gewalt der Natur fragwürdig und zum Spott werden.

Umgekehrt ist es bei Shakespeare, dessen Timon durch seine Weltverachtung zum Satiriker wird und mit bitterem Witz die Fehler seiner Zeitgenossen entlarvt. Molières Alceste wiederum wird gerade dadurch lächerlich, daß er die flatterhafte und oberflächliche Célimène liebt, hierin von seiner Menschenfeindlichkeit abrückt und sich so als zutiefst widersprüchlich erweist[8]. Menschenhaß ist bei Timon, Alceste und auch Rappelkopf in einem ethischen Rigorismus begründet, und es ist daher schwer, solche Menschenfeinde zu lächerlichen Figuren zu machen, da sonst auch die moralischen Prinzipien lächerlich gemacht würden. Die Trennungslinie zwischen berechtigter Abneigung gegen die Mitmenschen und törichtem Groll ist schwer zu ziehen. Aber Raimund macht sich gerade die Ambivalenz seines Helden zunutze, indem er einerseits die Vergeblichkeit der Raserei des Menschenfeinds im Reich des Alpenkönigs und andererseits die Hilflosigkeit der Mitmenschen ihm gegenüber in der irdischen Sphäre demonstriert. Gegen sein Toben bleibt den Angehörigen und Dienern nur Unterwerfung, Hypokrisie und Servilität.

Der Mißmut der Dienenden macht sich in der Sprache Luft, es schlägt sich zudem ihre Falschheit darin nieder. So werden diese Figuren zu Trägern der Sprachkomik. Sie brauchen und mißbrauchen die Sprache, sie rennen an sie an. Habakuk beim Erscheinen des Alpenkönigs: ,,Euer gesteinigte Hochheit!'' (I,18). Der Kutscher, der von Rappelkopfs Frau eine beachtliche Summe bekommen hat, um in dessen Diensten zu bleiben: ,,Euer Gnaden sind halt eine gscheide Frau. Ich sag immer, Euer Gnaden sind einmal ein Kutscher gwesen, weil Euer Gnaden so gut wissen, daß man einen Wagen schmieren muß, wann er fahren soll. (*Lacht dumm und geht ab.*)'' (I,8).

Hier ist – wie auch bei Kringsteiner, Meisl, Gleich und Bäuerle – Nestroy in die Schule gegangen. Das naiv-tölpische oder schlau-servile Wörtlichnehmen von Metaphern wird bei ihm weiter entwickelt und erzeugt die in nahezu allen Werken dominante Sprachkomik. Raimund verwendet auch – und dies ist zunächst Märchenmotiv – die Umsetzung der Redensart in die dramatische Aktion. Rappelkopf will sich bei seiner ersten Begegnung mit dem Alpenkönig partout nicht bessern, selbst dann nicht, wenn ihm das ,,Wasser bis an Hals auch geht'' (I,21). Da mobilisiert der Alpenkönig die Natur, um das, was dem Menschenfeind als Inbegriff des Adynatons, des schlechthin Unmöglichen, scheinen mag, auch wahr zu machen. Doch Raimund zeigt auch, wie Rappelkopf in eine Falle tappt, die ihm sein Charakter und die Sprache stellen.

Charakterkritik ist bereits bei Raimund auch Sprachkritik. Günther Wiltschko hat gezeigt, wie die Charaktere durch die Verwendung von Hochsprache und Dialekt voneinander unterschieden werden[9]. Daß der Alpenkönig sich der Hochsprache bedient, ist verständlich. Wenn er nicht in Versen spricht – meist in vierhebigen Trochäen, die in Österreich seit Grillparzers ,,Ahnfrau'' auf der Bühne heimisch waren –, so ist seine Prosa durch und durch rhythmisiert, was im Druckbild nicht zum Ausdruck kommt. Ebenso bedienen sich die Protagonisten des Alpenkönigs unter den Menschen – August, Malchen und Sophie – der Hochsprache, während den Dienern der Dialekt zugewiesen ist. Habakuks Versuch, sich der Hochsprache zu bemächtigen, charakterisiert ihn ebenso wie sein komisches Scheitern darin.

Rappelkopf selbst hat Anteil an beiden Sphären[10]. Wenn er in seinem

Auftrittsmonolog abstrakt seine Misanthropie begründet, verwendet er im allgemeinen die Hochsprache, wenn er hingegen konkret seine Umwelt beschuldigt, begegnen dialektale Momente. Diese betont er besonders, wenn er mit Astragalus konfrontiert wird. Astragalus aber behält als Rappelkopf seinen Sprachhabitus bei, er wird diesem also nicht „sprechend" ähnlich.

Rappelkopf spricht auch in Versen. Der Beginn seines Auftrittsmonologs steht in vierfüßigen Trochäen und scheint darauf berechnet, den Zuschauer an die Worte des Astragalus zu Beginn des Stückes zu erinnern. Rappelkopfs auch hier leicht umgangssprachlich gefärbte Redeweise tritt in parodierenden Kontrast zu den Worten des Alpenkönigs, wobei aber die Wirkung der Parodie den Parodierenden selbst treffen soll. Alpenkönig und Menschenfeind werden auch durch ihre Sprache unterschieden, wobei alles darauf berechnet ist, Rappelkopf dadurch zur komischen Figur zu machen. Rappelkopf hält den Machtanspruch, mit dem er auftritt, für berechtigt, da er sich als der moralisch Überlegene fühlt. Der tatsächlich mächtige Regent ist der weise Alpenkönig, dessen Sprache dem Maßvollen seiner Herrschaft entsprechen soll.

Beide herrschen· Der Alpenkönig ist Repräsentant und Beherrscher der Natur; Rappelkopf polternder Tyrann eines im Vergleich dazu kleinen Haushalts. Am deutlichsten wird die Diskrepanz von angemaßter und tatsächlicher Macht da, wo Rappelkopf glaubt, Habakuk trachte ihm im Auftrage Sophiens nach dem Leben. Die Szene bezieht ihre Wirkung zunächst daraus, daß Rappelkopf die harmlose Absicht des Dieners, eine Zichorie im Garten auszustechen, für unwahr hält, der Diener anfänglich auch zu feige ist, um mit der Wahrheit herauszurücken, und dadurch unglaubwürdig wirkt; aus alledem entwickelt sich ein fatales Mißverständnis. Die Szene ist aber auch als Parodie auf die theatralische Darstellung eines Tyrannenmordes zu lesen. Parodierbar war in der Wiener Komödie alles, dessen Erhabenheit nicht auf ihre Bühne paßte. Da gibt es einen Werther als Laternenanzünder (Kringsteiner, 1806), einen Fiesko als Salamikrämer (Gleich, 1813) und eine „Frau Ahndl" (Meisl, 1817). Die Parodien, deren Opfer auch Shakespeare, Hebbel und Richard Wagner wurden, bezeugen, daß jene Werke, die in den Hoftheatern gegeben wurden, auf der Bühne der Wiener Vorstädte vom Autor wie vom Zuschauer mitgedacht wurden. Wenn Lischen als „deutsches Kammermädchen" die Ehre ihres Standes zu rächen weiß, indem sie Habakuk eine Ohrfeige gibt (I, 10), so denkt der Zuschauer an Schillers Helden Ferdinand, der als „teutscher Jüngling" eine Lady Milford mit dem ganzen Stolz ihres England verachten will. Allerdings bedient sich Raimund selten der an ein bekanntes Original anknüpfenden Parodie. Der parodistische Effekt ergibt sich bei ihm aus der Unzulänglichkeit der Menschen einem allgemein Positiven gegenüber.

Es ist zum Topos der Raimund-Interpretation geworden, in Rappelkopf ein Selbstporträt des Autors zu erblicken[11]. Heinz Politzer wagt sogar die Gleichung „Rappelkopf-Raimund". Bedenklich stimmt, daß die Kritik ebenso geneigt ist, in Timon ein Selbstporträt Shakespeares und in Alceste das eines Molière zu vermuten. Bedenklich stimmt dieser Interpretations-ansatz vor allem deshalb, weil dadurch das Werk eines Autors in seine Bio-graphie zurückverwandelt wird oder von dieser her gedeutet werden soll. Gewiß hat es auffallende Ähnlichkeiten zwischen Raimund und jener Rolle gegeben, die nach dem Urteil vieler zeitgenössischer Kritiker seine beste war. Doch wird man der Absicht des Autors und der Möglichkeiten, das Stück zu verstehen, wenig gerecht, wenn man es auf die Selbstdiagnose ei-nes selbstquälerischen und misanthropischen Autors reduziert.

Raimund zielt mit seiner Aussage nicht nur auf das Individuum, sondern auch auf ein Allgemeines. Er demonstriert anschaulich Modelle des Zu-sammenlebens, und zwar des hierarchisch organisierten Zusammenlebens. Astragalus ist das Idealbild eines Monarchen, der sich im Sinne Kaiser Jo-sephs II. nicht als absoluter Regent, sondern als erster Diener seines Volkes verstanden wissen will. Bewußt wird jede Huldigung vermieden, die kon-kret auslegbar wäre und sich auf eine lebende Persönlichkeit beziehen könnte. Raimund beugt sich vor keiner politischen Autorität, sondern entwirft das Bild eines Gemeinwesens, wie es sein soll, und versetzt dieses in den Bereich des Überirdischen. Er bietet eine Lösung für die Probleme im hic et nunc an, indem er zeigt, wie Verhaltensnormen aus der überirdi-schen Sphäre im Diesseits verbindlich werden können. Der Diener im Gei-sterreich, Linarius, verkörpert den gehorsamen, aber selbstbewußten Un-tertanen. Er preist seinen Herrn:

> Edel ist stets dein Beginnen,
> Und wir eilen schnell von hinnen,
> Um den mächtgen Herrscherwillen
> Stolz zu ehren durch Erfüllen.　　　　　　I,2

Ganz anders verhält es sich in der Welt der Menschen, in der Rappelkopf als absoluter Herrscher auftritt. Das hierarchische Gefüge ist dort gestört. Die Diener streiken, sie proben den Aufstand und werden durch Geld zum Schweigen gebracht. Sie sind im allgemeinen frivol und anmaßend, unauf-richtig und duckmäuserisch, feige und ungehorsam. Rappelkopf nimmt von seinen Mitmenschen Notiz nur insofern, als er sie als Betrüger oder Feinde seiner selbst auffaßt. In seiner Verblendung bezieht er alles auf sich; der Alpenkönig denkt stets an die anderen. Rappelkopf hat kein Gefühl für das Schicksal jener Leute, die er aus der Hütte jagt. Der Gegensatz von „arm" und „reich" bedeutet ihm nichts. Rappelkopf repräsentiert eine aus dem Gleichgewicht gebrachte Welt, an deren Unordnung sein Egoismus nicht schuldlos ist.

Raimund hat – wie Reinhard Urbach beobachtet – in seinen Stücken eine „harmonische Ordnung" geschaffen, die durch „ihre unwahrscheinliche, märchenhafte Form kritisch wirkt". Der Alpenkönig ist als ideales Konzept des Monarchen eben der kritische Gegenwurf zu einer Disharmonie in verschiedenen Bereichen und nicht nur in dem der eigenen Psyche. 1823 berichtet Raimund von einem Gastspiel in Baden bei Wien: „Es hat viele Leute im Theater gegeben, die unaufhörlich nur auf die Miene des Kaisers, nicht auf die Komödie geschaut haben, ich darf also dem Glücke dankbare Blumen streuen, daß eine glückliche Verdauung vieleicht mir den Sieg über die ernste Miene Sr Majestät erleichtert hat. Von solchen Dingen hängt oft leider das Glück eines Künstlers ab." Dieser Form der Willkür des herrschenden Systems und des Publikums antwortet Raimund durch seine Zauberspiele, deren gesellschaftskritische Komponente zu kurz kommt, wenn man sie bloß als Flucht aus einer unerträglich gewordenen Realität begreifen will.

Raimund ging es nicht nur um die Darstellung der eigenen Unzulänglichkeit, sondern auch um allgemeine Probleme, wofür er den Geisterapparat seiner Bühne benötigte. Daß er mit den Konstruktionen seiner idealen Figuren aus dem Geisterreich nicht immer eine glückliche Hand hatte, trifft zu, ändert aber nichts an der Konzeption seines Gesamtwerks. Es hat dieser Umstand aber die Rezeption seiner Dramen nachhaltig bestimmt. Man will in ihm den harmlosen Verklärer erblicken, den, der den mittleren Weg um jeden Preis sucht und mit gekünstelter und blutleerer Allegorie einen versöhnlichen Schluß herbeiführt.

„Der Alpenkönig und der Menschenfeind" zumindest sollte anders gelesen werden, als es eine fast hundertfünfzig Jahre alte Tradition verlangt. In der Kritik wird der Alpenkönig als ein unnötiges Relikt einer Bühnenpraxis verstanden, die in der Welt des sich anbahnenden psychologischen Realismus keinen Platz mehr hat. In der „Berlinischen Zeitung" vom 15. Mai 1830 erklärt der Rezensent, daß Raimund lächerlich und pathetisch wirke, „wenn der König von den Alpen im aschgrauen Habit Menschenbeglückungsfloskeln und ethische Moralitätsmaximen in Müllner-Grillparzerschen vierfüßigen Trochäen abspricht, wie man das Garn von der Spindel abwindet". Daß Raimund sich „noch" der Allegorie in der Person des Alpenkönigs und seiner Geister bediente, wird ihm als Fehler ausgelegt. Dieses Urteil beruht auf der üblichen Abwertung des Allegorischen, in dem man die kritisch-demonstrative Komponente verkennt. Als 1831 das Werk in London aufgeführt wurde, wo die Kritiker gegen jenen Zauberapparat und den damit verbundenen Ernst nicht von Vorurteilen eingenommen wa-

173

ren, bewunderte man vor allem den moralischen Wert des Zauberspiels und bezeichnete es als „an extraordinary mixture of tragedy, comedy, farce, opera, fairy-tale, melodrame, and pantomime, that we scarcely know how to set about giving an account of it".

In der Folgezeit hat die Wiener Komödie – und dafür ist das Werk Nestroys in seiner Entwicklung deutliches Indiz – auf den Zauberapparat verzichtet. Die Funktion, die Raimund diesem geben wollte, wird von Nestroy nicht übernommen. Sehr wohl aber hat Nestroy noch zu Lebzeiten Raimunds – wohl nicht mit dessen Zustimmung – den Rappelkopf gegeben. Als er nach Raimunds Tod die Rolle des Rappelkopf noch einmal im Theater an der Wien spielte, vermerkte ein Rezensent, daß es dem „Charakterbild, welches er lieferte, (. . .) an Einheit gebrach" und daß ihm Raimunds „zauberfärbiges Kolorit der reinen, schönen Menschlichkeit" fehlte. Hier ist der Wandel in der Entwicklung der Wiener Komödie markiert. Nestroy will den angestrengten Versuch Raimunds, eine märchenhafte Harmonie auf der Bühne aufkommen zu lassen, nicht wiederholen. Raimund als Rappelkopf kann noch mit jener Geisterwelt in Beziehung treten, die für Nestroy zu einem lästigen und dann auch läßlichen Übel wird, zu einer Erbschaft, die er schnell los sein möchte. Die Weltsicht eines Rappelkopf aber wurde Voraussetzung für seine Komödien. Er lernte hier, seine Charaktere sowohl im Kontext der Aktion als auch durch die Sprache aus verfestigten Formen einer Tradition zu lösen, ohne deren praktisch-positive Aspekte aufzugeben. Zugleich wird auf der Bühne der Vorstadt parallel zum Werke Grillparzers der Typ des problematischen Helden, des Antihelden auf die Bühne gebracht. Grillparzer rühmte in seiner Rezension der ersten Gesamtausgabe von Raimunds Werken (1837), daß noch kein Lustspieldichter „ein psychologisch wahreres, an Entwicklungen reicheres Thema" gewählt habe als Raimund mit seinem Zauberspiel „Der Alpenkönig und der Menschenfeind". Doch bedeutet diese Psychologisierung der Wiener Komödie nicht, daß damit jene Verbindlichkeit für das Allgemeine, welche durch die allegorische Gestaltung verbürgt werden sollte, aufgegeben wurde.

ZWEI KRÄHWINKELIADEN 1802/1848

Kotzebue · Die deutschen Kleinstädter
Nestroy · Freiheit in Krähwinkel

Krähwinkel oder Krawinkel[1], althochdeutsch chrawinchil, ist eine im deutschen Sprachgebiet vielfach gebräuchliche Bezeichnung für kleine und entlegene Orte, wo im Sinn der Redewendung die Krähen nisten. Jean Paul machte den Namen literaturträchtig, indem er ,,Krehwinkel" zum Schauplatz der Erzählung ,,Das heimliche Klagelied der jetzigen Männer" (1801) wählte. Sie berichtet von einem ,,hübschen, aber sehr kotigen und steinichten Landstädtchen in Flachsenfingen, woraus drei farbenstriemige Holz-Ellenbogen jeden, der sich unter dem Tore nach Wegweisern umsieht, in drei Weltgegenden versenden". Eine solche Lage in einer gottverlassenen Gegend, am Ende der Welt, wo die Füchse sich gute Nacht sagen, wo die Krähen nisten, bleibt nicht ohne Einfluß auf die inneren Verhältnisse der Kommunität. Abgelegenheit und Armut, mangelnder Verkehr und für überflüssig erachtete Regsamkeit lassen Verbesserungen der ,,Infrastruktur" nicht aufkommen. Das von Jean Paul erwähnte schlechte Pflaster und der Kot auf den Straßen sind auch bei Kotzebue noch signifikante Attribute einer zurückgebliebenen Kleinstadt. Die politisch-kulturelle Verfassung ihrer Bewohner ist ebenso ein Produkt entlegener, kleinwinkliger und stagnierender Verhältnisse. Enge und Isoliertheit bewirken, daß ihre Bürger kaum über das Blickfeld der Kirchturmspitze hinausschauen, daß sie sich ständig an ihren eigenen Mauern stoßen, daß sie sich im Kreise drehen. Das macht sie eigensinnig, dummstolz und verschroben. In der Antike galt die thrakische Küstenstadt Abdera als Musterbeispiel beschränkten Kleinbürgersinns. Lukian und Martial haben sie in ihren Epigrammen dem Spotte freigegeben. Wieland machte davon in seinem satirischen Roman ,,Die Abderiten" (1774/1780) reichlich Gebrauch. Die deutsche Literatur hatte zuvor mit dem Lalebuch (1597) die sprichwörtliche Vorstellung von den ,,Schildbürgern", ihren Grillen und Unsinnstaten geschaffen. Abdera, Schilda und Krähwinkel sind die geistesverwandten Orte für das literarische Sujet des kleinstädtischen Spießertums.

Daß sich dieser Stoff zunächst den Epigrammatikern und Erzählern, nicht aber den Dramatikern anbot, läßt sich erklären; denn ist schon die Stadt als solche ein bevorzugtes Sujet epischer Darstellung[2], so gilt das erst recht für die kleine Stadt mit ihren kleinen Verhältnissen. Zu vieles läßt sie vermissen, was sie für die Bühne, vor allem in ihrer herkömmlichen Form, attraktiv machen könnte. Es fehlen herausragende Protagonisten, Charaktere oder gar Helden, deren ,,prätendierte Freiheit" mit dem ,,notwendigen Gang des Ganzen zusammenstößt". Statt dessen ist Krähwinkel bevölkert von gleichförmigen, durch gleiche Sitte und gleichen Habitus festgelegten Repräsentanten einer kleinstädtischen Bourgeoisie, deren Besonderheit lediglich darin liegt, daß sie zwar aus Sonderlingen, aber nur aus solchen ein und desselben Zuschnitts besteht. Diese Art der Personendarstellung hat wenig gemein mit den Typisierungen in der Commedia dell'arte oder bei Molière, wo die einzelnen Typen zwar gleichsam geronnene menschliche Eigenschaften und gesellschaftliche Verhaltensweisen darstellen, in ihrer jeweiligen Unterschiedlichkeit und Gegensätzlichkeit jedoch scharf umrissen sind. Mit dem Fehlen großer Charaktere und Typen in Krähwinkel fehlen auch die großen Aufgaben und Konflikte. Prozesse werden nicht einmal um einen Biberpelz oder zerbrochenen Krug geführt, sondern um des Esels Schatten oder um die Frage, ob eine Kuhdiebin nach 9 Jahren Untersuchungshaft in Krähwinkel oder im konkurrierenden Nachbarort am Pranger stehen darf. Thema ist auch nicht, ob ein Caesar oder eine Republik die Macht ausübt, sondern wie man den Kot von den Straßen beseitigt, und auch der bleibt am Ende noch liegen. Stehen und liegen gelassen bleibt überhaupt alles in der dumpf dahinvegetierenden Herde, so daß keine dramenförderliche Entwicklung, Veränderung oder gar Spannung aufkommen könnte. Es herrscht nicht einmal die ewige Wiederkunft des Gleichen, sondern nur die Beharrung des immerwährenden Zustandes. Die Krähwinkler haben keine Vergangenheit, die ihnen Stoff böte für eine potentielle Neueinrichtung ihrer Zukunft; sie sind in purer Gegenwärtigkeit eingedämmert, und daraus resultiert ihre Zeitlosigkeit – von Abdera bis heute. Fehlende Profilierung einzelner Charaktere oder Typen bewirkt den Mangel an Konfrontation und Auseinandersetzung; hieraus ergibt sich die dramenfeindliche, spannungslose Tektonik der puren Wiederholung oft gesehener Abläufe, vielfach gehörter Sprüche und Trivialitäten, sattsam bekannter Moralismen. Die Dramenästhetik des 18. Jahrhunderts, einschließlich der deutschen Klassik, konnte dieses Sujet nur verachten.

Das gilt für die Tragödie im höheren Maße als für die Komödie. Seit dem Entstehen des europäischen Theaters war das Lustspiel stets eher als das Trauerspiel geeignet, ästhetische Gebote und Verbote zu umspielen und andernorts peinlich respektierte Grenzen aufzuheben. Das betrifft die Ständeklausel, das Überspringen der Zuschauerrampe, die Hereinnahme aktueller Zeitbezüge, Anspielungen und Anzüglichkeiten aller Art, von der moralistischen Satire bis zur hämischen Boshaftigkeit. Die Intrige, in der Tragödie ausschließlich das Geschäft der Bösen, wird im Lustspiel zum

Transportmittel für den glücklichen Ausgang. Die Sprache läßt sich nicht bändigen durch die Gewalt des Pathos und die Vorschriften des hohen Stils, sondern sie gleitet und flaniert durch alle Gassen und Winkel, Hinterhöfe und Kaschemmen. Der erhobene Zeigefinger der Moral kann zur spottsüchtigen Geste werden, die nur um des Verlachens willen auf den Geprellten weist. Es dürfte mit der grundsätzlichen Funktion des Komischen zusammenhängen, daß Festgefügtes gelockert, Grenzen geöffnet und Dinge und Stile, die nach hergebrachter ästhetischer Ontologie weit voneinander entfernt sind, miteinander in Beziehung gebracht werden und sich aus ihrer beiderseitigen Erstarrung erlösen: banale Realien und höchste Ideale, Grafen und Figaros, geprägte Charaktere und herdenhafte Artgenossen. Diese wahrhaft „diabolische" Verfahrensweise des Komischen, die um des Ganzen der Welt willen alles einzelne durcheinanderwirft, vom Sockel stürzt und artistisch neu postiert, ist letztlich auch die Ursache für die vielen komödiantischen Verkleidungen und Verwechslungen. Bereits in der Antike („Menaechmi", „Amphitryon") versteht sich die Komödie als irritierendes und zugleich befreiendes Spiel mit der Identität von Dingen und Menschen. Die zumeist vorübergehende Verunsicherung darüber, wer und was jemand *ist,* bringt in Sicht, wer und was jemand sein *kann* oder sein *konnte,* wenn die identitätsverhindernden oder -verhärtenden Verhältnisse geändert oder wenigstens (im Lachen) gelockert werden könnten. Mit ihrer Neigung zur Umkehrung, zum Perspektivenwechsel und zu neu zu entdeckendem Spielraum ist die Komödie trotz aller scheinbaren dramaturgischen Mechanik eine ständig experimentierende und gattungserweiternde Dichtungsart, die sich mit Vorliebe an den Rändern der Möglichkeiten ihres eigenen Spieles aufhält, um durch poetische Reflexion auf ihre Darstellungsmittel eben diese Ränder zu überschreiten. Tiecks „Gestiefelter Kater" und Büchners „Leonce und Lena" haben für die Erweiterung moderner Dramaturgie mehr geleistet als ganze Dezennien streng-erhabener Tragödien.

Der Komödie blieb es daher auch vorbehalten, einen gegen die herkömmliche Dramaturgie so sperrigen Stoff wie die Kleinstadt auf die Bühne zu bringen. Voran ging Louis Benoit Picard mit seinem 1801 in Paris aufgeführten Lustspiel „La petite ville". Der Held, über die vermeintliche Untreue seiner Geliebten enttäuscht, flieht mit Rousseauistischen Hoffnungen von Paris aufs Land, findet aber auch dort die gleichen Laster und Übel wie in der Großstadt vor, nur in kleineren und kleinlichen Maßen und Verhältnissen. Nachdem er die häßlichen Familienquerelen, die Lächerlichkeit und Geschmacklosigkeit der Reden und Verhaltensweisen durchschaut und sich inzwischen von der Treue seiner Geliebten überzeugt hat, kehrt er nach Paris zurück. Kotzebue, der Picards Stück übersetzte, übernahm ausschließlich die Kontrastierung von Paris und Provinz und verwandte sie für seinen Gegensatz von Residenz und Krähwinkel. Der naheliegende Kurzschluß, die Kleinstadt auf der Bühne sei als originär deutsches Thema die Reaktion auf die Kleinstaaterei, wird durch die französische Herkunft des Dramenstoffes vereitelt. Durch den politisch-kulturellen Zentralismus in Frankreich wurde der Gegensatz zwischen Zentrale und Provinz eher noch verschärft, so daß Kotzebues „Kleinstädter" auf Paris zurückwirken und dort begeisterte Aufnahme finden konnten. Dennoch hat auch die deutsche Kleinstaaterei die Krähwinkeliade begünstigt und geprägt; denn gab es in Frankreich *ein* Gefälle zwischen Hauptstadt und Provinz, so gab es in Deutschland deren viele zwischen Residenzen und Kleinstädten. Die Diskrepanz zwischen Hof und Land war bei der Aufführung in Mannheim (1802) ebenso präsent wie bei der in Weimar (1803). So zählte Deutschland am Ende des 18. Jahrhunderts hunderte Residenzen und tausende Krähwinkel, die trotz oft geringer räumlicher Entfernung von der Hauptstadt den zivilisatorischen und geistig-gesellschaftlichen Abstand nicht minder empfanden und sich mit verschlossenem Eigendünkel dumpf dagegen wehrten. Ohne daß Kotzebues Krähwinkeliade explizit gegen die unterdrückende Vernachlässigung opponiert, ist sie doch als solche ein objektiv kritisches Zeugnis gegen die konzentrierte Fülle von Macht, Reichtum und Kultur am Orte des absoluten Regenten, verwaltet und verteilt nicht zum Wohle des ganzen Landes, sondern in erster Linie zur Mehrung seiner Reputation. Die Straßen von der Residenz nach Krähwinkel sind in schlechtem Zustand, weil der Landesherr sie nie benutzt; allenfalls ein Protegé des Ministers findet den Weg dorthin, und das nur, weil er einem ansehnlichen Frauenzimmer auf der Spur ist. Statt dessen aber gelangt die vernachlässigte und verdorrte Provinz in die Residenz, und zwar in Gestalt einer vielbelachten Persiflage, durch die sich die Höflinge ihr Selbstwertgefühl bestätigen lassen konnten.

Kotzebue, der von Picard die „Komödie des statischen Gesellschaftszustandes" einer Provinzstadt und von Jean Paul den Namen „Krähwinkel" für den Schauplatz des Geschehens übernahm, dokumentiert die festgefügte und eingeschnürte Kleinbürgerwelt formal durch konsequenteste Beachtung der dramaturgischen Regelhaftigkeit des 18. Jahrhunderts – und das 30 Jahre nach Goethes „Götz". Das Lustspiel in vier Akten hat zwar eine Fülle von Szenen (insgesamt 53), doch es erlaubt sich keine räumlichen und zeitlichen Sprünge, sondern reiht die Bühnenauftritte so regelmäßig aneinander wie Perlen an einer Kette. Die ersten drei Akte spielen in einem Zimmer des Bürgermeisterhauses, im vierten schauen und sprechen einige Figuren aus den Fenstern nach draußen, und erst auf ausdrücklichen Wunsch der unten Stehenden verlassen sie das Haus und betreten die Straße, doch nur auf kurze Zeit und Distanz – so sehr sind sie an die vier Wände gebunden und in ihnen eingeschlossen. Die zeitliche Erstreckung der Handlung ist kurz und kontinuierlich. Schumacher meint, sie dauere vom Nachmittag bis in die Nacht, wogegen allerdings einiges spricht[3]. Der erste Akt, in dem die Post eintrifft, der Bürgermeister sich anschickt, zum Rathaus zu gehen, und Frau Morgenroth gerade noch ihr Morgenlied gesungen hat (I,13), scheint eher auf den Vormittag zu deuten; das alles kann freilich auch in satirischer Absicht sagen wollen, daß der Morgen in Krähwinkel sich bis in den Nachmittag hinzieht. Die Äußerung von Olmers allerdings, er sei wegen der Beanspruchung durch seine Gastgeber „den ganzen Tag nicht Herr einer Minute gewesen" (IV,1), weist wiederum darauf hin, daß er doch schon am Vormittag eingetroffen sein müßte. Wie dem auch sei: Die Handlung verläuft an einem Tag, vom späteren Vormittag (oder Nachmittag) bis zum Abend; im letzten Akt ruft der Nachtwächter die neunte Stunde aus. Zwischen dem zweiten und dritten Akt findet ein ausgedehntes Essen statt.

Entspricht die raumzeitliche Gestaltung der Szenen noch den klassischen Einheitsregeln, wie sie auch Goethes „Iphigenie" beachtet, so erscheint das Personal zwar ebenso übersichtlich wie im klassizistischen Drama, doch es ist durch Reduktion und Entpersönlichung bereits derart verfremdet, daß Zweifel an seiner vollen Menschlichkeit aufkommen können. Wir werden später sehen, wie auch bei Nestroy aus der wiederholten Begegnung mit Zerrbildern die Sehnsucht nach dem „Menschen" genährt wird. Bei Kotzebue sind die dramatis personae auf eine einzige Familie mit Namen „Staar" zusammengeschrumpft; es handelt sich um Haus und Angehörige des Bürgermeisters mit Mutter, Tochter, Bruder, zwei Muhmen und dem längst integrierten zukünftigen Schwiegersohn. Daß dieser „Sperling" heißt und somit von seiner Art her zur Starenfamilie paßt, ist der deutlichste Hinweis auf die herdenhafte Entindividualisierung. Der Winkel, in dem die Krähen nisten, kann allenfalls noch Artgenossen beherbergen.

Außer Staars und Sperling erscheinen lediglich noch der Ratsdiener Klaus, ein Nachtwächter, eine Magd, ein Bauer und ein paar Kinder, namenlose Geschöpfe fast allesamt, ohne Eigenschaften, ohne Einwirkung auf das Geschehen und mit ebenso wenig Kontakt nach draußen wie die Familie des Bürgermeisters. Über die einzige externe Beziehung verfügt die Tochter Sabine, von ihren Angehörigen „Binchen" gerufen und für Sperling vorbestimmt, die seit ihrem Aufenthalt in der Residenz die Herzensbekanntschaft mit einem Manne wachhält, den sie im ersten Akt des Stückes erwartet, der im zweiten Akt ankommt und irrtümlicherweise für den König gehalten wird, der im dritten Akt nach Auflösung des Mißverständnisses um Sabine wirbt, doch wegen fehlender Titel und nicht gehöriger Sitten von seiten der Familie keine Anerkennung findet, im vierten Aufzug dann aber mit unfreiwilliger Hilfe seines Nebenbuhlers Sperling Sabine gewinnt, da er doch einen Titel aufzuweisen hat und sich in der Residenz für den durch die Flucht der Kuhdiebin in Bedrängnis geratenen Bürgermeister verwenden will. Durch die einzige externe Relation der Familie kommt Olmers als fremdes Element in die hermetisch abgeschlossene Krähwinkelwelt hinein, bewegt sie, bringt sie durcheinander, verändert sie aber nicht, sondern löst am Ende nur eine Person – die passabelste – aus ihr heraus, um sie in die befreiende Residenz zu versetzen. Das gesamte Spielgeschehen hängt allein an dem von außen Kommenden. Er bringt die Handlung in Gang, bewirkt ihre Progression und sorgt für den, letzten Endes alle befriedigenden, Abschluß. Der ganze erste Akt und auch noch der Beginn des zweiten wird bewegt von der sukzessiven, zwischendurch mehrfach gestauten Annäherung des Fremden. In der ersten Szene wartet Sabine ungeduldig auf den Postwagen, in der zweiten erhält sie einen Brief aus der Residenzstadt und vermißt in der dritten beim Lesen Nachrichten von dem heimlich Geliebten. Statt dessen muß ein Bild von ihm, das sie aus der Tasche zieht und wehmütig betrachtet, seine Abwesenheit und sein Schweigen kompensieren. Die Requisiten des Bildes und Briefes, der ersehnt wird, nicht eintrifft, dann doch eintrifft, das Ersehnte aber nicht enthält, lenken das Interesse des Zuschauers auf einen noch nicht genauer zu bezeichnenden Mann aus der Residenz. Auf diese weisen später auch die Szenen 8 und 9: Die Magd meldet die Ankunft eines Boten, der einen Brief mit sich führe; der Bote erscheint und berichtet von einem vornehmen Herrn, der aus der Residenz auf dem Wege hierher, infolge eines Wagenbruchs jedoch am Weiterfahren noch gehindert sei. Dieses retardierende Moment in der sukzessiven Annäherung dient formal der tektonischen Spannung des dramatischen Ablaufs, inhaltlich der Satire auf die schlechten Wegverhältnisse in und um Krähwinkel. Später (I,16) wird dann mitgeteilt, daß der Fremde soeben das Stadttor passiere. Aus der Ferne wird ein Trompetenstoß vernommen, und alles eilt davon, um den Ankömmling zu sehen. Zu Beginn des zweiten Aktes kann er nicht mehr weit sein: ,,Ah! da hör' ich sie schon auf der Treppe" (II,1), und schließlich tritt der lang Ersehnte auf die Bühne. Das Näherrücken des Zeitpunktes, zu dem der fremde Herr erscheinen soll, wird durch mehrere Stationen der räumlichen Annäherung markiert: Sabine wähnt den Geliebten in der Residenzstadt, dann ist er auf dem Wege nach Krähwinkel, wird aufgehalten, fährt zum Tor hinein, ist auf der Treppe und betritt die Szene. Es ist, als werde die dramentechnisch übliche Ankündigung zu einer Verkündigung, als rücke die Erfüllung adventistischer Sehnsucht Schritt für Schritt näher. Als Olmers dann buchstäblich in Erscheinung tritt, entfährt dem Bürgermeister, ohne daß er weiß, was er sagt: ,,Heil ist meinem Hause widerfahren!" (II,2). So spricht auch Christus (,,Heute ist diesem Haus Heil widerfahren"), als er das Haus des Zöllners betritt, und er fährt fort: ,,Der Menschensohn ist ja gekommen, zu suchen und zu retten, was verloren war." Wenn der Bürgermeister nun den Fremden mit biblischen Worten willkommen heißt, spielt er mit einem Unterton tragischer Ironie auf die Enge und Erlösungsbedürftigkeit seiner Welt an, indem er hinzufügt: ,,Heil der guten Stadt Krähwinkel", doch der hier eintretende ,,Menschensohn" wird nicht Krähwinkel erretten, sondern allenfalls Sabine, und so erwidert er dem hochtrabenden Begrüßungsspruch: ,,Nicht doch, Herr Bürgermeister, ich bin schon zufrieden, wenn auch nur eine *einzige* Person (*mit einem Blick auf Sabinen*) sich über meine Ankunft freut."

Parallel zur sukzessiven Annäherung des Fremden beobachten wir die wachsende Zahl der Personen auf der Bühne; sie ist ein Zeichen dafür, daß alles nur durch den verheißenen Ankömmling in Bewegung gesetzt und gehalten wird. Am Anfang des Aufzuges sehen wir Sabine noch alleine, dann mit der Magd, später mit Großmutter, Oheim und Vater, die alle auf die Heirat mit dem ungeliebten Sperling drängen. Dann folgen Magd und Bauer und bringen Kunde von dem Fremden; von nun an mehren sich die Auftretenden rapide: die Muhmen Frau Brendel und Frau Morgenroth, Sperling, die Kinder usw. In der letzten Szene des ersten Aktes erscheinen fast alle Figuren außer Olmers ,,einer nach dem Andern" (I,16), wie es heißt. Der Kreis der ,,adventistischen" Gemeinde ist versammelt.

Hans Schumacher[4] hat das prozessionshafte Nacheinander der auftretenden Figuren unter dem Gesichtspunkt entpersönlichender Wiederholung gedeutet. Er demonstriert sie weiterhin an dem Gespann der beiden Muhmen, deren Reden auch aus *einem* Munde kommen könnten, an der ständig repetierten Lobpreisung Sperlings (I), an der Kette der Schmähungen auf Olmers (III), an dem Hintereinander-Abtreten der Staars, als sie den Bürgermeister durch den Gast brüskiert wähnen, an der Ablösbarkeit vorgebrachter Argumente im Familienrat. Dem szenischen Bau der Auftritte und Abgänge entspreche die undialogische Aneinanderreihung austauschbarer Verlautbarungen, vergleichbar den Stimmen einer Herde. Prozessionsähnliche Bewegungen und litaneihaftes Hersagen sind in der Tat Zeugnisse entindividualisierter Figuranten; sie signalisieren aber auch neben der Ohnmacht eine erwartungsvolle Frömmigkeit, ein bei aller Selbstgefälligkeit latentes Bedürfnis nach Erlösung aus der dumpf empfundenen Beschränktheit. Daher wird der Fremde als Abgesandter höheren Ortes in einer Weise verklärt, als ob man weiß Gott was von ihm erwarten dürfe. Zu seinem Empfang läßt der Bürgermeister den Türmer die Trompete blasen, die Kinder sollen weißgekleidet sein und Blumen streuen (I,9), man will ihn zur morgigen Hochzeit bitten, bei der er „obenan" sitzen soll (I,10), man hält ihn für einen inkognito reisenden Minister, schließlich sogar für den König; vom messianischen Willkommensgruß des Bürgermeisters war bereits die Rede. Der Ankömmling, der in Anspielung auf das Neue Testament seinen Einzug in die Stadt hält und der zur Hochzeit geladen wird, erlebt aber ebenso – und auch darin hat er einen Vorgänger – nach der Erhöhung die Erniedrigung, nach dem Hosiannah die Ablehnung, sobald bekannt geworden ist, daß er kein Minister und kein König ist, daß er angeblich nicht einmal einen Titel trägt und sich außerdem auch nicht nach stadtüblicher Sitte bewegt. Die am tiefsten dringende Satire gilt dem mehrfachen frommen Selbstbetrug der Krähwinkler: Sie ersehnen zur Steigerung ihres Selbstwertes und zur Erlösung aus ihrer erstarrenden Beengtheit die Ankunft eines Höheren, den sie dann aber, als er da ist, an den Maßstäben ihrer eigenen Beschränktheit messen und darum verwerfen. Er, der sie lehren könnte, daß Titel unwichtiger sind als freies natürliches Leben, wird nicht anerkannt, weil er sich frei und natürlich gebärdet und weil er keinen Titel zu haben scheint. Die potentielle selbstbefreiende Hereinnahme des anderen wird vereitelt, weil auch dieses dem Gesetz des Eigenen, des immer schon Gewesenen, unterworfen wird.

Was ist das in Krähwinkel immer schon Gewesene? Es sind vor allem und immer wieder die Kleinheit und Enge der Verhältnisse, die die Bewohner so nah zusammendrängen, daß sie kaum voneinander zu unterscheiden sind. Kein Wunder, daß sich in einer Stadt, in der an starken Posttagen 16 Briefe (I,2) eintreffen, Klatsch und Gerüchte mit Windeseile verbreiten (I,12 f.). So wenig individuell die Bewohner sind, so charakterlos ist auch die Stadt. Ihre Sehenswürdigkeiten (eine Stadtuhr mit krähendem Hahn und kopfnickendem Petrus, ein großes Hirschgeweih usw., I,9) sprechen lediglich für ihre Ubiquität. Der räumlichen Unbestimmtheit entspricht die Zeitlosigkeit, die jeden zivilisatorischen Fortschritt vereitelt; davon zeugen der Zustand der Straßen und die Einstellung gegenüber der Medizin: Kinder gegen Pocken zu impfen, gilt als bestialisch, denn „man muß dem lieben Gott nicht vorgreifen" (I,15).

Neben solchen rückständigen und stehengebliebenen Eigenschaften, die sich aus der Abgelegenheit und Immobilität des Städtchens ergeben, trägt es eine Reihe von Zügen, die nicht allein kleinen und ärmlichen Kommunen vorbehalten, sondern mit allgemeineren gesellschaftlichen und moralischen Normen verknüpft sind. Es handelt sich um überspitzte, aus einem vernünftigen Zusammenhang herausgelöste, kurz: um pervertierte Tugenden. Sparsamkeit steht jedem Gemeinwesen wohl an, doch die Straßenlaterne bei Nacht nicht anzuzünden, weil Mondschein im Kalender steht (IV,11), gereicht dem Bürgermeister nur in Krähwinkel zum Ruhme. Sinn für das

Nützliche und Praktische ehrt den Bürger, doch wird er zum Banausen, wenn er alle gepriesenen Schönheiten (die „liebliche Anhöhe", das malerische Tal, den schattigen Wald) zum Wäschetrocknen und als Obst- und Holzlieferanten ausbeutet (II,2). Höflichkeit und Rücksichtnahme gegenüber den Mitmenschen zieren auch die Krähwinkler, doch machen sie sich das Leben schwer und treten wieder einmal auf der Stelle, wenn am Ende des ersten Aktes drei Frauen sich zur Tür hinauskomplimentieren, bis der Vorhang fällt, und wenn sie nach der Pause zu Beginn des zweiten Aktes immer noch an derselben Stelle stehen und der gleichen Beschäftigung obliegen. Gerechtigkeit ist ein tragendes Fundament jeder Sozietät, doch eine Kuhdiebin neun Jahre in Untersuchungshaft zu halten, darf als unverhältnismäßig gelten. Titel, soweit sie Ausdruck bestätigten Verdienstes sind, werden nicht mißachtet, und auch Olmers, wie am Ende bekannt wird, ist „Geheimde-Commissionsrath" (IV,12). Übertrieben und lächerlich dagegen erscheint, wer unentwegt auf seine Titel zeigt und sie von allen und in jeder Situation gebührend respektiert sehen will, auch und gerade wenn es sich um „Untersteuereinnehmer" oder „Runkelrübenkommissionsassessor" handelt.

Bei allen genannten Beispielen geht es um verirrte Tugenden, die vom rechten Pfad der Mitte abgekommen sind. Sie selbst stehen in ihrer Wertigkeit außer Frage, wie die Residenz, die sie in richtiger Weise praktiziert, beweisen soll. Irrtümer und Laster entstehen durch rational unkontrollierte Tugenden, die sich aus dem Rahmen einer vernünftigen Bestimmung des Menschen gelöst und isoliert haben und daher anderen, ebenso wichtigen Anforderungen an Klugheit und Sitte widersprechen. Dieses Vertrauen in die bereits von Thomasius und Wolff vertretene gemäßigte Affektenlehre, die im Bösen nur ein durch Perversion verunstaltetes und durch entsprechende Anstrengung wiederherstellbares Gutes erblickt, verbindet Kotzebue mit der Anthropologie des aufgeklärten 18. Jahrhunderts. Seine Krähwinkler sind – ähnlich wie Wielands Abderiten – nicht borniert, weil sie keinen Verstand und keine Tugend hätten, sondern weil sie keinen rechten Gebrauch davon machen. Was Tugend und Verstand auszeichnet, gerät dabei nicht in Vergessenheit; Olmers repräsentiert den Mann von Welt, der über beides verfügt.

Ob dieses Vertrauen in eine verbindliche sittlich-gesellschaftliche Norm, die zwar bis zur Karikatur verzerrt, nicht aber außer Kraft gesetzt werden kann, um die Mitte des 19. Jahrhunderts noch lebendig ist, wollen wir am Beispiel Nestroys erkunden. Die Voraussetzungen für ein solches Vertrauen in eine soziale Ordnung, an der sogar alle Bürger mitwirkend partizipieren, scheinen 1848, im Entstehungsjahr der Posse „Freiheit in Krähwinkel", günstiger denn je zu sein. Im Februar war in Paris die Revolution ausgebrochen, die sich, wie im Juli 1830, an dem durch hohe Steuersätze beschränkten Wahlrecht entzündet hatte. Die Bewegung, an der Kleinbürgertum und Arbeiterschaft gleichermaßen teilhatten, griff rasch auf die östlichen Nachbarstaaten über, auf Baden, Österreich und Preußen. Als am 18. März 1848 in Wien 15 Demonstranten von kaiserlichen Soldaten getötet worden waren, mußte Metternich abdanken und ging nach England. Arbeiter zerstörten in den Vorstädten Maschinen und Fabrikantenhäuser. Am 14. März wurde die Pressefreiheit proklamiert, am 15. eine Verfassung zugesichert. Wenige Tage später gingen die Berliner auf die Barrikaden und fochten ihren Kampf mit dem Königtum aus. Unterdessen schritt die Revolution in Wien erfolgreich weiter: Am 29. März wurde die Zensurstelle aufgehoben, am 2. April wehte auf dem Stephansdom erstmals die schwarzrotgoldene Fahne, am 6. April vertrieb man die Ligorianer, einen politisch einflußreichen Redemptoristenorden, aus Wien, Mitte des Monats tagten im Odeon die ersten großen Volksversammlungen, und am 28. April wählte man 6 österreichische Abgeordnete zur Deutschen Nationalversammlung in Frankfurt.

Während dieser Zeit oder kurz danach entstand Nestroys „Freiheit in Krähwinkel", das am 1. Juli 1848 im Carl-Theater unter großem Jubel uraufgeführt wurde. Der Autor spielte selbst die Rolle des Protagonisten Ultra, und seine Couplets auf das „Zopfensystem" wurden in wenigen Tagen zu Wiener Gassenhauern. Das Stück erlebte bis zum Einmarsch der Kaiserlichen 36 Aufführungen, die letzte am 4. Oktober. Von Ende August bis Anfang September hielt Karl Marx Vorträge in Wiener Arbeitervereinen, am 6. Oktober verbündeten sich die Militärs mit den Arbeitern; der Kriegsminister Graf Latour wurde erschlagen. Am 17. Oktober weilte noch eine Deputation der Frankfurter Linken in Wien, doch am 26. Oktober schlossen Windischgrätz, Auersperg und Jellačić die Stadt ein und bombardierten die Vororte. Am 1. November erfolgte die Kapitulation. Untersuchungskommissionen erwirkten Verhaftungen und Hinrichtungen. Die Zensur wurde wieder eingeführt, und Franz Joseph übernahm die Regierung, die er bis 1916 behielt.

Die Wiener Revolution dauerte knapp 8 Monate (13. März bis 1. November). Während dieser Zeit schrieb und spielte Nestroy seine Posse; sie ist kein vorgreifendes Postulat, sondern das retrospektive Resultat der Revolution, nachdem Metternich Wien bereits verlassen hat. Eine ganze Reihe historischer Ereignisse ist in dem Stück verarbeitet: die Vertreibung Metternichs und der Ligorianer, die Anwesenheit der Frankfurter Freiheits- und Gleichheitskommission, der Bau der Barrikaden, die Rolle der Studenten, die Proklamation der Pressefreiheit, die Verkündigung der Konstitution und einiges andere. Das alles jedoch präsentiert Nestroy nicht mit dem Pathos eines Freiheitskämpfers, sondern in possenhafter Verzerrung des Satirikers. Daß er weder ein Vorreiter der Revolution war, bevor sie ausbrach, noch ihr Hofsänger, als sie zur Herrschaft gekommen war, hat widersprüchliche Stellungnahmen zu seiner politischen Haltung herausgefordert. Basil sieht in ihm ein Genie der Anpassung, das stets den Weg des geringsten Widerstandes ging[5]; Preisner ist der Ansicht, daß er, seit 20 Jahren unter dem Druck der Zensur schreibend, bereits längst vor der Revolution revolutionär gewesen sei, ohne daß Zensur oder Publikum das begriffen hätten[6]. Dennoch waren einige Kritiker nicht blind, als sie schon 1848 Nestroys Vorbehalte gegen den endgültigen Sieg der Revolution bemerkten und dem Skeptiker Verrat an der gemeinsamen Sache attestierten. Zugleich aber war auch die wieder zurückgekehrte Reaktion nicht schlecht beraten, als sie Nestroy wegen seines Freiheits-Dramas ungeschoren ließ, vielleicht weil sie ihn nicht ernst genug nahm oder weil sie den populären Possenreißer nicht zum Märtyrer machen wollte – wie Basil vermutet – oder weil es nicht verborgen blieb, daß das Revolutionsdrama so revolutionär gar nicht war. Um hier mehr Einblick zu gewinnen, sehen und hören wir genauer hin, wenn der Vorhang sich öffnet.

Ein Chor Krähwinkler Bürger ruft in abgedroschenen Redewendungen („Was recht is, is recht", „was z'viel is, is z'viel", „Freiheit muß sein") nach Freiheit, und dann spricht einer von ihnen: „Anders muß's werd'n und anders wird's werd'n, die Zeiten der Finsternis sind einmal vorbei." Diese Worte scheinen die Forderung des Chores zu unterstreichen, ja metaphorisch zu überhöhen und die Vision einer historischen Wende anzudeuten. Doch der Schein trügt, denn sie kommen aus dem Munde des Nachtwächters, der mit der proklamierten Abschaffung der Finsternis im nicht übertragenen Sinne die Grundlage seiner Existenz verlieren müßte. Pemperl, Klempner und Ratsbeisitzer, weist ihn dann auch sogleich auf die Konsequenz hin, daß er bei völligem Verzicht auf Dunkelheit verhungern müsse. Durch das Spiel mit der Metapher Finsternis im Doppelsinn von Nacht und geistig-politischer Dumpfheit gerät die von den Krähwinklern beanspruchte Freiheit von Anfang an in ein Zwielicht: „Freiheit muß sein" und zugleich „Freiheit kann nicht sein" – jedenfalls nicht unter den hier geltenden Bedingungen. Diese Paradoxie steckt bereits in den vorangehenden Schlußworten des Chores: „Freiheit muß sein! Wir erringen's, und sperren's uns auch leb'nslänglich ein." Der Nachsatz soll die Forderung bekräftigen, doch er hebt sie in Wahrheit auf; denn was er garantieren kann, ist lediglich Freiheit in lebenslänglicher Haft. Schon der Titel enthält dasselbe Paradoxon; denn wie verträgt sich das hohe politisch-ethische Postulat mit der dumpf-bornierten Enge des Spießertums? „Freiheit in Kräh-

185

winkel" handelt keineswegs von einer ideologisch reaktionären Verschlossenheit der Krähwinkler gegenüber der Freiheit, sondern das „in" will wörtlich verstanden sein als Hereinnahme, Verballhornung und verspießte Verzerrung dieses Ideals. Einer der Bürger möchte die Freiheit begrüßen, wenn die Krähwinkler Nationalgarde mit Grenadiermützen ausgestattet würde. Der das sagt, denkt nur an sein Geschäft, denn er ist Kürschner. Es obliegt dem Nachtwächter, diese funktionalisierte und kläglich reduzierte Existenz auf den Begriff zu bringen: „Sie sind viel mehr Kürschner als Mensch" (I,1). Doch auch der Nachtwächter mit seiner geschichtsträchtigen Ankündigung vom Ende der Finsternis und mit seinen Freiheitsgesten tappt im Dunkel ulkiger Voreingenommenheit. So wirft er dem Kürschner vor, er beziehe seine Pelzwaren aus Rußland, dem Musterland der Despotie, aus dem „nichts Liberales" kommen könne. Politisches Denken eines Arbeitenden wird abgeleitet aus der Herkunft seines Arbeitsmaterials. Bemängelt der Nachtwächter am Kürschner dessen reduzierte Menschlichkeit, so reduziert er nun seinerseits Freiheit bzw. Unfreiheit auf importierte Gegenstände, als ob sie Segen oder Fluch ihres Herkunftslandes trügen und verliehen. Bereits die erste Szene des Stückes macht deutlich, daß die Krähwinkler sich nicht etwa gegen Freiheit wehren, sondern sie vereinnahmen und verhunzen. Mindestens ebenso wichtig wie die Forderung nach Freiheit ist für Nestroy deren Verteidigung gegen ihre krähwinklige Pervertierung. Bereits zu Beginn des Stückes deutet sich an, daß, ähnlich wie bei Kotzebue, spießbürgerliche Verirrungen und Abstrusitäten gebrandmarkt werden, daß es aber kein den „Deutschen Kleinstädtern" entgegengesetztes Korrektiv, keine „Residenz" als Residuum gültiger Normen mehr gibt.

Der ungelösten und für Nestroy unlösbaren Problematik entspricht die Offenheit der revueartig-additiven Darstellung. Sie macht es notwendig, daß der Interpret, ausführlicher als ihm lieb ist, die auseinanderlaufenden und ineinander verschlungenen Fäden verfolgt. Zu dem einsträngigen, zielstrebigen Handlungsverlauf und dem sinn-konstituierenden Ausdrucksmittel des gesprochenen Wortes bei Kotzebue kontrastiert bei Nestroy eine Vielzahl verschiedenartiger expressiver und deiktischer Mittel wie Couplets, Proklamationen, Umzüge, Traumszenen, Tableaus und eine verwirrende Reihung von Verkleidungen und Verwechslungen. Die durch Häufung und Digressionen entstehende Turbulenz wird durch grob gliedernde Einschnitte und angedeutete zeitliche Strukturierung notdürftig gezügelt und in den Theaterrahmen des Aufführ- und Aufnehmbaren gezwängt. Der erste Teil, mit dem Titel „Die Revolution", umfaßt zwei Akte; der zweite, mit der Überschrift „Die Reaktion", einen Akt. Die Exposition wird in den ersten neun Auftritten geleistet, einem Block, der in drei Teile

mit je drei Szenen zerfällt. Im ersten Teil sehen wir freiheitsliebende Krähwinkler Bürger ihre Auseinandersetzung mit dem freiheitsfeindlichen
Ratsdiener Klaus austragen, im zweiten wird die politische Kontroverse auf
die privaten Verhältnisse übertragen, und es scheint, als müßten Cäcilie und
Walpurga, die Töchter der Kontrahenten Klaus und Nachtwächter, nicht
nur ihren freundschaftlichen Umgang einstellen, sondern als dürften sie
auch niemals mit ihren heimlich geliebten Beamten Sigmund Siegl und Willibald Wachs vereint werden; der Ratsdiener will Cäcilie sogar ins Kloster
schicken. Im dritten Teil der Exposition wird die politische Diskussion auf
Presseebene fortgesetzt: Pfiffspitz, der konformistische Redakteur der
Krähwinkler Zeitung, und Ultra, sein radikal-revolutionärer Mitarbeiter,
behandeln das Thema von ihren gegensätzlichen Standpunkten aus, bis
Klaus als Verfolgter die Szene betritt: Die Revolution hat begonnen.

Die Exposition enthält ihren Aufgaben gemäß eine Reihe zeitlicher Intentionen auf Vergangenes und Zukünftiges. Die für das Vorverständnis er-
forderlichen Rückgriffe auf den Hintergrund der europäischen Ereignisse
leisten im wesentlichen Ultras Lied und Monolog über die Entstehung und
Ausbreitung der Pariser Revolution, die Vertreibung Louis Philippes, das
Überspringen der Bewegung auf Deutschland, Österreich – und nun sei
Krähwinkel an der Reihe, wo es eine Menge Freiheiten, aber keine Freiheit
gebe. Damit stehen wir bereits bei den vorgreifenden Ankündigungen und
Andeutungen. Die bevorstehende, erhoffte oder befürchtete, Revolution
stimuliert das Räsonieren über die Zeit und die Vermutung, daß die „Zeiten
der Finsternis" bald vorbei sind (I,1). Der historischen Zeit entspricht die
Uhrzeit des Bühnengeschehens, denn es heißt, daß es in einer Stunde zwölf
schlagen werde. Auch in der Spielzeit also ist es bald Mitternacht, kündigt
sich die Wende an. Die Beziehung von der Uhrzeit zur historischen Zeit
knüpft wiederum der Nachtwächter, indem er dem Obrigkeitsdiener Klaus
die Zwölfe auf seinem Rücken in Aussicht stellt. Kurz vor Ausbruch des
Aufstandes prophezeit dann Ultra: „Die Zeit ist näher als Sie glauben"
(I,8). In allen drei Teilen der Exposition, in denen Rückgriffe und Vorgriffe
die Tektonik des Stückes wenigstens für den statischen Mindestbedarf sta-
bilisieren, spielt der Ratsdiener Klaus eine wichtige Rolle: in den familiären
Auftritten noch als Tyrann, in den forensischen bereits hart attackiert, an-
fangs noch zurückschlagend, am Ende aber nur noch verfolgt. Er ist als
Vertreter der Reaktion einer der Hauptgegner, gegen den die Freiheit in
Krähwinkel errungen werden muß.

Sein und des Bürgermeisters gefährlichster Feind ist Ultra, der deshalb
auch dem Ausbruch der Revolution für die Obrigkeit als Zensor gewonnen
und damit kaltgestellt werden soll, ein Ansinnen, das der freiheitstrunkene
Journalist entrüstet von sich weist. Seine politische Gegnerschaft verschärft

er durch eine private Rivalität, indem er sich in die Frau von Frankenfrei verliebt, die sowohl von den korrupten Mönchen als auch von dem heiratswilligen Bürgermeister um das Testament ihres verstorbenen Mannes gebracht werden soll. Ultra, unter der Mönchsmaske das Vertrauen des Ratsdieners erschleichend, erfährt von ihm, daß der Bürgermeister eine für Krähwinkel bestimmte Konstitution unterschlagen hat. Dieser flieht, als ihm die Bürger vor seinem Hause eine Katzenmusik als Ausdruck ihrer Mißbilligung darbieten, zu seinem Ratsdiener, versucht zu schlafen, wird aber durch drei aufeinanderfolgende Träume, die dem Zuschauer als Tableaus präsentiert werden, zunächst aufgeschreckt, schließlich wieder beruhigt: Im ersten Traum ruft ein Redner in Wien das Volk zur Freiheit auf (I,21), den zweiten Alpdruck hat der Bürgermeister bei der Vision des Sturmlaufs vom 15. Mai (I,23); Tröstliches verheißt ihm erst das letzte Bild vom Sieg der Reaktion und den Knuten schwingenden russischen Grenadieren (I,25).

Die beiden ersten Träume deuten auf die Vorgänge und Ergebnisse der beiden folgenden Akte voraus; sie bringen den Aufruf zur Revolution (II) und den Sturm auf die Barrikaden (III). Der dritte Traum des Bürgermeisters vom Sieg der Reaktion hat im Stück kein Pendant, statt dessen aber wird er in der historischen Wirklichkeit seine Erfüllung finden, und zwar bereits wenige Monate nach der Entstehung der Posse. Der im Dramenverlauf unerfüllte und trotz des reaktionsfeindlichen Schlusses wie ein Damoklesschwert über dem Drama hängende Traum hat mitveranlaßt, daß manche an Nestroys Vertrauen in den Sieg oder gar in die Berechtigung der Revolution zu zweifeln begannen, zumal nach üblicher Dramaturgie die in Träumen geleisteten Vorgriffe selten ohne Verwirklichung bleiben. Es konnte scheinen, als habe der Autor noch während der Revolution eine düstere Prophezeiung halb versteckt, die auf ihre theaterexterne Realisierung nicht vergeblich, nicht einmal lange zu warten brauchte.

Der zweite Akt bringt das Ergebnis des ersten Traumes: Nachdem Ultra, als russischer Fürst verkleidet, dem Bürgermeister die von diesem unterschlagene Konstitution entlockt hat, proklamiert er am Ende des Aufzugs, diesmal als europäischer Freiheits- und Gleichheitskommissär verkleidet, die Freiheit in Krähwinkel. Auf der Ebene der Liebeshandlung rät Klaus dem Liebhaber seiner Tochter, die Angebetete zu entführen, weil er in ihr irrtümlicherweise die Tochter seines politischen Gegners vermutet. Der dritte Akt, identisch mit dem zweiten Teil, der ,,Die Reaktion" als Titel trägt, bringt nicht den Sieg, wohl aber den versuchten Gegenschlag von seiten der Obrigkeit. Er beginnt wie der erste mit Diskussionen über die Freiheit, diesmal allerdings nicht im Wirtshaus, sondern im Salon der Frau von Frankenfrei. Statt der Bürger und Handwerker stehen jetzt die Frauen, Reakzerl Edler von Zopfen und Sperling Edler von Spatz im Vordergrund. Wie im ersten Akt tritt auch jetzt Ultra als von außen Kommender in einen geschlossenen Kreis, diesmal allerdings nicht als Verkünder der Freiheit, sondern als Werbender um Frau von Frankenfrei. Wie der Nachtwächter im ersten Akt die nahende Revolution zeitlich fixiert (12 Uhr), so antwortet nun der Bürgermeister auf die Frage, wann der Gegenschlag erfolge: „heute nachmittag um die halbdritte Stunde" (III,3). In diesem Falle scheint die neutestamentliche Sterbestunde auch das Ende der Revolution zu markieren, doch Ultra, als Metternich verkleidet, bringt die Obrigkeit dazu, nicht vor Anbruch der Nacht loszuschlagen. Als aber die Bürger, unterstützt von Studentenmasken, darunter auch die verkleidete Tochter des Ratsdieners, auf den Barrikaden erscheinen – vorher trat Ultra als Proletarier auf und verlachte das Glaubensbekenntnis der „Kapitalisten": „Heilig sei das Eigentum" (III,19) –, resigniert der Bürgermeister und folgt dem gestürzten Metternich nach London. Ultra beschließt das Stück mit den ermunternden und im Widerspruch zu dem dritten Traum des Bürgermeisters stehenden Worten, daß die Reaktion ein Gespenst sei, das nur für Furchtsame existiere: „drum sich nicht fürchten davor, dann gibt's gar keine Reaktion!" (III,25).

Mit dem politischen Ausgang, dem Sieg der Revolution, sind die happy ends der amourösen Handlung verknüpft. Walpurga, die Tochter des Nachtwächters, heiratet Willibald, der sich am Barrikadenbau beteiligt. Sigmund entführt seine Frau, die Tochter von Klaus, gegen den Willen und doch auf unfreiwillige Anstiftung ihres Vaters, der sie für das Kloster bestimmt hatte. Die beste Partie macht Ultra. Er heiratet Frau von Frankenfrei; schon ihre Namen haben sie füreinander bestimmt. Daß der radikale Revolutionär, eben noch im Gewand des Proletariers, in Adelskreise einheiratet und als Verächter des Eigentums ein beträchtliches Vermögen ergattert, ist teils Erbe des herkömmlichen Lustspielschlusses, teils Folge der alle gesellschaftlichen Unterschiede tilgenden Revolution, teils aber auch burleske und nachdenklich stimmende Verulkung eines revolutionären Hanswurst, dem eben doch der Ulk allemal besser zu Gesichte steht als die Revolution. Hier finden politisch Gewissenhafte abermals Grund, Nestroy zu beargwöhnen.

Doch gibt es überhaupt begründeten Anlaß, seiner aufrechten Freiheitsliebe zu mißtrauen? Ultra, privat und politisch Sieger auf der ganzen Linie, ist während des gesamten Stückes Drahtzieher und Räsoneur; er verkörpert ähnlich wie der Kotzebuesche Olmers die von außen kommende Figur, doch er ist mehr als das, nämlich Mönch, russischer Fürst, Metternich, allesamt Vertreter der Reaktion, und er ist Freiheitskommissar und Proletarier. Die wichtigen Handlungsimpulse gehen von ihm aus: Er ruft zum Auf-

stand, entwindet den Korrupten das Testament und die Konstitution, verkündet die Freiheit – das alles ist sein Werk, und sein geistiger Vater und
Darsteller ist Nestroy. Bei aller angedeuteten Skepsis gegen den Bestand
der Freiheit wird der Reaktion kein einziges Mal das Wort geredet. Der totale Sieg über sie erweckt nur schadenfrohes Gelächter.

Doch der Vergleich mit Olmers trügt. Ist dieser eine mit sich selbst iden-
tische Person und als solche Träger einer durch die Residenz repräsentierten Kultur und Sittlichkeit, so fehlt es Ultra sowohl an Identität als auch an
jeglicher erkennbaren Bindung an normative Ansprüche. Er sagt und tut so
viel in diesem Stück, daß es *zu* viel für *einen* Menschen ist. Er verwandelt
und spaltet sich ständig, und schließlich irrlichtert er zwischen Personen
und Positionen. Die verwirrende Vervielfältigung und grenzenaufhebende
Ausweitung seiner Rolle kann zwar im Dienste ,,diabolischer" Komik,
nicht aber im Auftrag eines ethisch-politischen Postulates stehen, denn dieses bedürfte zu seiner Verkörperung der Identität und Eindeutigkeit. Ultra
ist nicht wie Olmers eine heilsame Kontrastfigur zu Krähwinkel, sondern
eine Karikatur von Eigenschaften, deren potentielle Positivität nicht auf die
Bühne gelangt. Seine Funktion besteht einzig darin, als Katalysator Menschen, Gruppen und Institutionen so reagieren zu lassen, daß sie der Kritik
und dem Gelächter verfallen. Kommen sie mit ihm in Berührung, so verrät
sich ihre Selbst- und Gewinnsucht, ihr Betrug und Selbstbetrug, ihre
Dummheit und ihr Servilismus. Wo bei Kotzebue als Korrektiv zu Krähwinkel noch eine Welt voller Natürlichkeit, Vernünftigkeit und Lebensart
funktionierte, da reckt sich bei Nestroy nur eine hilflos suchende Geste, die
weder auf der Bühne noch im Publikum noch außerhalb des Theaters Vor-
bildhaftes zu finden imstande ist. Sie artikuliert allenfalls vage und unverbindlich, ,,ein Mensch" sein zu sollen; diese Forderung wird mehrfach erhoben (I,1; I,14). Dem Bürgermeister wird der ,,Mensch" gegenübergestellt, und wenn sie zusammen auftreten, dann gibt es halt eine ,,g'mischte
Gesellschaft" (III,2). Mit seinem Insistieren darauf, ein ,,Mensch" sein zu
sollen, scheint auch Nestroy wie Kotzebue noch in der Tradition der Aufklärung zu stehen, die für die ,,Bestimmung des Menschen" einzutreten
nicht erlahmte. Was ein ,,Mensch" sein soll, läßt sich bei Nestroy jedoch allenfalls in Negationen andeuten: nicht reduziert zu sein auf alleinherr-
schende Affekte, auf singuläre Funktionen, auf utilitaristisches und zugleich heuchlerisches Gebaren. Im Unterschied zu Kotzebue ist ein allgemein verbindliches gesellschaftlich-sittliches Substrat nicht mehr erkennbar. Die Kritik am Abzulehnenden führt nicht zur Darstellung des Erstre-
benswerten. Der Satiriker Nestroy zeigt niemals ein ,,so", sondern immer
nur ein ,,so nicht". Freiheit muß sein, daran läßt er keinen Zweifel, aber sie
sollte nicht wie die in Krähwinkel praktizierte sein. Dabei bleibt völlig of-

fen, welche Freiheit es denn zu erringen gilt, auf welchen Wegen, für wen usw.

Ein Vergleich der beiden Krähwinkeliaden ergibt trotz gleichen Sujets mehr Unterschiede als Gemeinsamkeiten. Zu den letzten gehören die kleinstädtischen Schauplätze, die Verknüpfungen mit glücklich ausgehenden Liebeshandlungen sowie einzelne Personen und deren Namen. Bürgermeister und Nachtwächter hat Nestroy seiner Vorlage entnommen, ebenso die Figuren und Namen des Ratsdieners Klaus und Sperling, den er in den Adelsstand erhebt und durch den Zusatz ,,Edler von Spatz" um einen weiteren Vogel bereichert. Den Stadtkommandanten Rummelpuff und den Journalisten Pfiffspitz fand er in Kotzebues eigenen Fortsetzungen der ,,Deutschen Kleinstädter" vor, in ,,Carolus Magnus", auch ,,Gallatag in Krähwinkel" (1806) genannt, und in ,,Des Esels Schatten oder der Prozeß in Krähwinkel" (1810)[7].

Die weitaus zahlreicheren und vor allem bedeutsameren Unterschiede zwischen beiden Krähwinkeliaden, die historisch fast durch ein halbes Jahrhundert getrennt sind, lassen sich unter die Begriffe der *Extensivierung* und *Transzendierung* der Darstellung kleinstädtischen Bürgertums subsumieren. Extensivierung liegt in der räumlichen und zeitlichen Ausweitung, in der Vermehrung und im Wechsel der Schauplätze, in der Ausdehnung und im Überspringen von Handlungszeit. Zu der konzentriert geschlossenen Form mit herkömmlicher Tektonik und Finalspannung kontrastiert die Auflösung in rasch wechselnde Bilder mit zahlreichen Detailspannungen. Die begrenzte Zahl der dramatis personae (bei Kotzebue außer einer Magd und einem Bauern nur einige Bürger; kein Volk außer ein paar Kindern) wird bei Nestroy verdoppelt. Zu ihr gehören Vertreter aller Schichten, die Adligen, die Handwerker und als Volk die Einwohner von Krähwinkel. Den allein handlungstragenden und -treibenden Dialog lösen vielfältige, oben schon erwähnte, Ausdrucksmittel ab. Aus dem Sprechstück, hochsprachlich und im Stil der Kammerspiele, wird das mundartliche totale Theater mit allen nachbarocken Spektakeltraditionen der österreichischen Volksbühne[8]. Der Ständesatire mit dem begrenzten Angriff auf hergebrachte Spießereigenschaften steht die Komödie der Freiheit gegenüber, die sich nicht allein aus dem literarischen Reservoir kleinstädtischer Lächerlichkeiten nährt, sondern ganz neue Elemente, ein Stück Geschichte, in sich aufnimmt.

Damit stehen wir an der Grenze von der Extensivierung zur Transzendierung des bisherigen Sujets; denn in ,,Freiheit in Krähwinkel" handelt es sich nicht um eine bloße Anreicherung des alten Stoffes durch politische Thematik, sondern um die Konfrontation Krähwinkels mit dem ganz anderen, mit der Freiheit. Das Spiel von der Kleinstadt wird nicht einfach wei-

tergespielt und in dem gesteckten Rahmen ausgeschöpft, sondern Krähwinkel wird an einem Maßstab gemessen, den es nie aus sich selbst beansprucht oder gar entwickelt hätte. Nestroys Posse stellt die Frage, ob und
wie sich Krähwinkel in der Auseinandersetzung mit der Freiheit bewährt,
ob es sie zurückweist oder aufnimmt und verarbeitet, ob es daran gewinnt
oder zerbricht, ob Freiheit die bornierte Kleinstadt aufhebt, überflüssig
macht, erlöst oder ob diese die Freiheit vereinnahmt und verkrähwinkelt.
Krähwinkel wird nicht nur weiter ausgemalt und differenziert, sondern
wird als bisher feste Größe einer Prüfung unterzogen, einer Instanz gegenübergestellt, mit der es ansonsten per definitionem aus Enge und Gebundenheit nichts anzufangen wußte. Das herkömmliche Sujet duldete die Behandlung aller möglichen Tugenden und Laster, Bräuche und Mißbräuche:
Bürokratie, Despotie, Servilität usw. Die Thematisierung der Freiheit dagegen sprengt die Mauern Krähwinkels, überschreitet die Grenzen der
Stadt und faßt andere Orte und Länder ins Auge. Es gibt keine korrigierende Residenz mehr, sondern sogar Wien ist ein Krähwinkel mit seinem
,,Revolutionerl", ,,Konstitutionerl" und ,,Freiheiterl"[9] (I,8).

Sollte der Eindruck entstehen, Nestroys Stück sei unpolitisch, weil die
Revolution einer lähmenden Karikatur verfällt und ein konkreter Hinweis
auf ihren endgültigen Sinn oder Unsinn fehlt, so muß dem folgendes entgegengehalten werden: Der politische Sprengstoff des Stückes liegt in der
Übertragung eines begrenzten literarischen Sujets auf die politische Realität
um 1848, und zwar nicht nur auf die zurückgebliebene Kleinstadt, sondern
auch und gerade auf die Zentrale. Die Provinz kommt nicht mehr in die Residenz, um dort von sich erhaben Dünkenden als Persiflage verlacht zu
werden, sondern um der Hauptstadt den Spiegel vorzuhalten. Da es keine
korrigierende Residenz mehr gibt, wird die Residenz selbst korrekturbedürftig und krähwinklig. Krähwinkel ist an dem neuen Maßstab keineswegs zerbrochen; es hat ihn verbogen, verkleinert, verfälscht und dann an
Österreich, Deutschland und Europa weitergereicht. ,,Freiheit muß sein",
doch sie ist wertlos und lächerlich, solange sie von Spießern ausgerufen
wird, nicht nur in Krähwinkel, sondern auch in Wien.

Den Tendenzen zur Ausweitung und Überschreitung in Inhalt und Form
der Nestroyschen Krähwinkeliade entspricht die Entwicklung der Komik.
Die zahlreichen z. T. kalauerhaften Wendungen, die durch semantische
Übertragungen und Sprünge entstehen, sind Bestandteil altösterreichischen Volkstheaters und verselbständigen sich – ähnlich wie bei Shakespeare – manchmal zu ganzen Kaskaden hintergründiger Assoziationen[10].
Aus ,,bin so frei" oder an die ,,freie Luft" gehen wird auf revolutionäre Gelüste geschlossen, und die Querverbindungen zwischen Geistig-Körperlichem und Politisch-Privatem schießen hin und her: dem ,,absoluten Vater"

steht der „radikale Erzeuger" in mehrfachem Sinne gegenüber. Der Nachtwächter hat dem Ratsdiener die Leviten gelesen, und sobald dieser allein ist, sagt er: „Aber jedes Wort soll zu den höchsten Staatsohren gelangen, nämlich zum Bürgermeister seine" (I,5). Wer das Tier mit den höchsten Ohren ist, ist unschwer zu erraten, und Klaus hilft der Assoziation nach, allerdings seinerseits mit einem anderen Adressaten, dem Nachtwächter: „Schad', daß ich nicht g'sagt hab': Sie Esel, Sie –!" (I,5).

Die sich zeitweise nur noch um sich selbst und in ihrer eigenen „diabolischen" Turbulenz drehenden Wörter und Wendungen gehen fremdartige und monströse Verbindungen ein. Namen entstehen, indem Wörter zerstückelt und zu signifikanten Verballhornungen montiert werden. Der des geheimen Staatssekretärs setzt sich zusammen aus „Reaktion" und „Zopf"; hinzu tritt eine österreichische Diminutivform und eine Adelsbezeichnung. Das Ganze ergibt „Reakzerl Edler von Zopfen"; auf analoge Weise wird auch der Name des russischen Fürsten gebildet (II,4). Andere sind schlicht identisch mit den Tätigkeiten ihrer Träger (Pemperl der Klempner, Schabenfellner der Kürschner). Wieder andere werden nicht einmal mit ihrer Tätigkeit, sondern nur mit ihrem Arbeitsmaterial gleichgesetzt. Zwei subalterne Beamte mit den vielversprechend-hehren Vornamen „Sigmund" und „Willibald" heißen nach den Utensilien ihrer Amtsstuben „Siegl" und „Wachs". Körperliches, Tierisches, Anorganisches – nichts ist so fremd, daß es nicht Material böte zum Aufbau einer karikierten Person. Wie der Manierist Giuseppe Arcimboldo auf seinen in Wien zu sehenden Bildern den Gott des Wassers als Gesicht, bestehend aus Muscheln, Fischen und Algen, und den Sommer als antlitzhafte Ansammlung von Früchten und Gemüse malt, so konstruiert Ultra als Verkörperung der Revolution seine Gestalt wie folgt: Nase: „freiheitsschnuppernd", Mund: „wie ein Schwert", besondere Kennzeichen: „unruhiger Kopf", Statur: „mittlere Barrikadenhöhe" (I,15). Hier hat sich Kotzebues *Witz* in Nestroys *Groteske*[11] verwandelt. Der Witz operiert mit Paradoxien, ohne die Logik außer Kraft zu setzen, ebensowenig wie die Kleinstadt die Residenz in Frage stellt; das Groteske dagegen treibt die Paradoxie so weit, daß unergründbar wird, was nicht paradox wäre. Das gilt sogar für die Freiheit. Hieraus erwachsen die irritierenden Verbindungen weit entlegener, ansonsten entgegengesetzter Erscheinungen, so auch von Komik und Schrecken. Kotzebue ließ es noch damit bewenden, Menschen in ihrer herdenhaften Reduktion auf tierähnlich plappernde Wesen zu zeigen (Familie der Stare und Sperlinge), was auf alte Traditionen satirischer Tier- und Fabeldichtung zurückgeht; bei Nestroy werden die Figuren den Dingen nachgebildet und bleiben diesen auf fatale Weise ähnlich (Schwert, Barrikadenhöhe, Siegel, Wachs usw.). Das macht, daß einem das Lachen im Halse stecken bleibt. Mit sei-

ner radikal ,,diabolischen" Komik, die sich den Teufel schert um jede ästhetische Ontologie, hat sich Nestroy weit von Kotzebue entfernt und ist
auf dem Wege zu Dürrenmatts ,,Besuch der alten Dame" und Peter Hand-
kes ,,Kaspar".

E ine der blutvollsten, farbigsten Gestalten aus der riesigen Galerie von
Dramenfiguren, die Gerhart Hauptmann geschaffen hat, ist die Mutter Wolffen im „Biberpelz". Sie ist eine höchst tüchtige und vitale Person,
die ihre ganze Umgebung manipuliert und nicht vor unerlaubten Mitteln
zurückschreckt, wenn es um ihren Vorteil geht. Denn bei allem Fleiß und
bei aller Tatkraft lassen sich ihre dürftigen Verhältnisse nur aufbessern,
wenn sie bei günstiger Gelegenheit ohne Skrupel zupackt. Aber sie denkt
begreiflicherweise über die bloß momentane Lebenserleichterung durch
kleine Diebereien hinaus: Sie träumt von einer besseren, komfortableren
Existenz, die sie sich nach dem Muster des wohlsituierten Bürgertums vorstellt. Eines Tages, so hofft sie, wird sie in der Equipage fahren, und ihre
Töchter, die sie beim Theater unterzubringen hofft, sollen im Luxus leben.

Mutter Wolffen weiß, daß für den Aufstieg Geld unentbehrlich ist. Aber
Reichtum ist bei den Bürgern nicht alles: Man muß auch „Bildung" vorzei-
gen können. Die Wolffen schmückt daher ihre dialektgefärbte Rede mit
Fremdwörtern, sie versucht, ihre Töchter zu etwas Feinerem zu erziehen,
und hält ihrem Mann, dem schwerfälligen Schiffszimmermann vor, er habe
keinen Sinn fürs Höhere (I,488).

Die Hoffnung auf eine bürgerliche Existenz macht es nötig, den Anschein der Wohlanständigkeit zu wahren. Nach außen hin gelingt das Mutter Wolffen gut. Aber in der eigenen Familie ergeben sich Schwierigkeiten.
Natürlich braucht sie ihrem Mann nichts vorzumachen, sie verwendet ihn
sogar als Helfer bei ihren Unternehmungen. Aber den Töchtern gegenüber,
die doch bald etwas Besseres sein sollen, darf sie die Diebstähle nicht zuge-
ben (I,490, 520). Ihre Täuschungsmanöver sind allerdings zum Scheitern
verurteilt: Aus Mutter Wolffens Kindern, so zeigt sich, können unmöglich
Unschuldslämmer werden.

Der Traum von bürgerlicher Reputierlichkeit, das „Bildungs"-Streben,
die betuliche Erziehung sind komisch, weil sie ganz offensichtlich auf Ambitionen zurückgehen, die sich niemals erfüllen können. Die Hoffnung der
Wolffen, ihre Identität wechseln zu können, indem sie sich als gebildete
Hausbesitzers-Gattin herumkutschieren läßt, erscheint deshalb so illuso-
risch, weil ihr Charakter so stark und eindeutig ausgeprägt ist: Sie ist eine

robuste, zähe, kaltschnäuzige Person, für die List und Verstellung zu selbstverständlichen Techniken der Selbstbehauptung geworden sind. Daß sie die Normen nach außen hin beredt verteidigt, die sie heimlich dauernd verletzt, geschieht gleichsam reflexionslos und ohne schlechtes Gewissen. Sie bleibt bei diesem Doppelspiel ganz sie selbst. Deshalb behält sie auch die Sympathie des Zuschauers, der ihr die Diebstähle nicht übelnimmt, weil sie nicht das Zeichen eigentlicher Bosheit oder der Heimtücke tragen: die Taten der Mutter Wolffen stürzen keinen anderen in Not, sie lenkt nicht den Verdacht auf Unschuldige, und die Pläne zu ihren Dieberereien entstehen meist spontan, nicht im Zuge eines routinierten und professionalisierten Verbrechertums. Abzusehen wäre freilich von der Wilderei, die Hauptmanns Stück jedoch als gleichsam bodenständige Gewohnheit der Landbevölkerung darstellt.

Daß der Mutter Wolffen die Sympathien des Zuschauers erhalten bleiben, hängt auch damit zusammen, daß ihr das Stück den Amtsvorsteher von Wehrhahn als Gegenspieler zuordnet. Dieser Repräsentant der preußischen Staatsautorität ist mit Monokel und Schaftstiefeln, seinem landjunkerlichen Habitus und seiner militärisch gefärbten Redeweise (vgl. die Regieanweisung I,504) schon äußerlich zum komischen Typ stilisiert. Seine fixe Idee ist es, aufgrund der Sozialistengesetze von 1878 alle subversiven Umtriebe in dem ihm anvertrauten Amtsbezirk auszumerzen: „Meine Aufgabe hier ist: mustern und säubern" (I,507).

Über dieser pflichteifrig verfolgten Absicht verliert er den Blick dafür, was sich konkret vor ihm tut. Die permanente Komik seines Auftretens liegt im Widerspruch zwischen seiner arroganten Allwissenheits-Pose und seiner Realitätsblindheit. In schneidigem Ton und mit überlegener Selbstgefälligkeit gibt er fortwährend Fehlurteile von sich. Sein Bild von den vermeintlichen Staatsfeinden, insbesondere von dem sanften Liberalen Doktor Fleischer ist grotesk:

> Bei Kaisers Geburtstag, wer war nicht dabei? Natürlich der Fleischer. Dem Mann trau' ich das Schlimmste zu. Wenn der noch so schafsdumme Jesichter macht. Man kennt sie ja, diese Wölfe im Schafspelz. Können keiner Fliege ein Beinchen ausreißen, aber wenn's drauf ankommt, sprengen die Hunde janze jroße Ortschaften in die Luft.   I,533

Allerdings ist die Figur mehr spöttischem Gelächter preisgegeben, als daß sie mit aggressivem Vernichtungswillen angegangen würde. Wehrhahn erscheint auch keineswegs gefährlich, vielmehr wirkt er wegen seiner Borniertheit harmlos. Als er am Ende seine Sympathie für Mutter Wolffen ausspricht, deren Doppelspiel er zwar nicht durchschaut, für deren Lebenstüchtigkeit er aber durchaus Sinn hat, da kommt es sogar zu einer punktuellen Übereinstimmung mit dem Zuschauer – wobei indessen auch hier die Blindheit Wehrhahns als komisches Moment im Spiel bleibt.

Mutter Wolffen und Wehrhahn, die Diebin und der die Straftat verfolgende Beamte, sind in Hauptmanns Stück nicht eigentlich in einen deutlich angelegten dramatischen Konflikt geführt. Denn die Amtsautorität, die auf die imaginären Staatsfeinde fixiert ist, bekommt die banalen Diebstähle gar nicht recht in den Blick. Am Ende des Dramas bleiben Mutter Wolffens Diebereien ganz unaufgeklärt, sie ist jedoch auch nicht jenseits der Gefahr, vielleicht doch noch erwischt zu werden, zumal sie ohne Zweifel auch künftig ihren Vorteil im Wege findiger Selbstbedienung suchen wird. Auch die Verfolgung des Doktor Fleischer durch Wehrhahn bleibt in der Schwebe. Zwar muß der Amtsvorsteher den windigen Denunzianten Motes fallen lassen, aber sein Mißtrauen gegen den „lebensgefährlichen Kerl" (I,542) ist ganz ungebrochen.

Daß Hauptmann sein Stück so ohne Lösung und rechten Abschluß enden läßt, hat immer wieder Einwände gegen die dramaturgische Konstruktion provoziert. Man glaubte außerdem beanstanden zu müssen, daß im „Biberpelz" die Einfälle und Effekte durch Wiederholung um ihre Wirkung gebracht würden: Es seien zwei Diebstähle und zwei ergebnislose Inquisitions-Szenen vorgeführt, was in der Repetition nur „ermüdend" wirken könne[1]. Solche Einwände gehen zum guten Teil von den Forderungen der herkömmlichen Dramaturgie aus, die deutlich durchgeführte Konflikte, sorgfältig akzentuierte Handlungsbogen und klare Lösungen verlangt. Diesen Erwartungen fügt sich Hauptmanns Stück offenbar nicht mehr. Auch der Versuch, die Handlung des „Biberpelz" dadurch zu beschreiben, daß man das von Gustav Freytag entwickelte Modell der „Pyramide" doppelt anwendet (für jeweils zwei Akte)[2], führt nicht zu einem befriedigenden Resultat: denn zu Beginn des dritten Akts ist der Pelzdiebstahl bereits begangen, so daß man kaum noch von „steigender Handlung" sprechen kann. Ebensowenig läßt sich im letzten Akt von einer fallenden Handlungslinie und einem Dominieren des Gegenspiels reden, ganz zu schweigen vom Fehlen eines betonten, die Handlung lösenden Schlusses.

Hauptmann entzog sich solchen formalen Ansprüchen, weil er glaubte, daß eine nach konventioneller Dramaturgie arrangierte Handlungsführung den eigentlichen Zwecken der dramatischen Kunst eher hinderlich sei. Die Darstellung des „Lebens" war ihm, der den Dramatiker gelegentlich als „Biologen" bezeichnete, die höchste Aufgabe. Aus ihr entwickelte er seine Maßstäbe für die Beurteilung formaler Fragen: „In Fällen, wo wir das Leben der dramatischen Kunstform nicht anpassen können: – sollen wir nicht diese Kunstform dem Leben anpassen?" Dieser Ansatz mußte zum Mißtrauen gegenüber der effektvoll konstruierten „Intrige" führen, weil sie das

Leben leicht verfälschend überformt und die Charaktere zur bloßen Funktion der dramaturgischen Konstruktion macht. Auch die Forderung nach einem scharf akzentuierten Schluß des Dramas, in dem die Handlungsfäden folgerichtig zusammenlaufen, erscheint Hauptmann nicht mehr zwingend. Denn: ,,Das Leben kennt nur den fortdauernden Kampf, oder es hört überhaupt auf. Das ideelle Drama, das ich schreiben möchte, wäre eines, das keine Lösung und keinen Abschluß hätte." Solche Thesen führen Hauptmann bisweilen zur grundsätzlichen, Skepsis gegen die abgerundete Form. ,,Das Fertigmachen", schreibt er 1912, ,,ist selten künstlerisch."

Allerdings sah Hauptmann deutlich, daß für die dramatische Darstellung des ,,Lebens" Vereinfachung, Konzentration und überformende Gestaltung unumgänglich sind. Aber wenn er das einräumt, betont er sogleich: ,,die geniale Klärung selbst muß von der wucherischen, unentwirrbaren Vielgestaltigkeit des Lebens doch irgendwie einen Begriff vermitteln."

Hauptmanns darstellerisches Interesse am ,,Leben" und seine Skepsis gegenüber den überlieferten Formen des Theaters sind entscheidend dafür, in welcher Gestalt sich die Gattung der Komödie in seinem Werk ausprägt. Eine Anknüpfung an das Intrigen-Lustspiel ist nach dem Gesagten kaum denkbar. Man hat dagegen geglaubt, einen Rückgriff auf die alte Tradition der Typen-Komödie konstatieren zu können[3]: In Mutter Wolffen zeige sich eine Inkarnation des Schelms, in Wehrhahn der ,,miles gloriosus", bei Krüger der ,,senex iratus", bei Motes der Intrigant usf. Sicherlich trägt Wehrhahn einige karikaturistische Züge, und ohne Zweifel sind einige Nebenfiguren wie der Schreiber Glasenapp und der Amtsdiener als komische Chargen angelegt. Im ganzen wird man aber keineswegs sagen können, Hauptmann habe die komische Wirkung seines Stückes aus dem überlieferten Figurenarsenal entwickelt. Mag seine Darstellung auch gelegentlich Anklänge an die komischen Typen der älteren Literatur zeigen, für ihn bleibt doch die stimmige Entfaltung der Figur in ihrer unverwechselbaren Lebensaura das oberste Ziel. Für die wichtigen Gestalten seines Stücks griff Hauptmann denn auch nicht auf literarische Muster, sondern auf konkrete Beobachtungen während seiner Zeit in Erkner zurück. Er glaubte, daß Gestalten wie Julian Wolff nur vor dem Hintergrund der märkischen Landschaft möglich seien, in der sie sich ,,langsam und dumpf vegetierend, wandelnden Bäumen vergleichbar, geistig und körperlich fortbewegten".

Das naturalistische Ideal einer exakten und komplexen Wiedergabe der Wirklichkeit zeigt sich am deutlichsten wohl in der Dialektsprache der Figuren. Mutter Wolffen spricht mit starker schlesischer Färbung, ihre Töchter berlinern, Krügers Sprache klingt sächsisch, und bei Wulkow gibt es niederdeutsche Spuren in einer berlinisch gefärbten Redeweise. Aber Hauptmann geht es bei aller Wirklichkeitsnähe nicht um bloße Reproduktion erfahrener Realität, sondern um deren Steigerung und Konzentrierung in der dramatischen Darstellung[4]. Das gilt auch für die Konzeption der Figuren, die sich aus der Umsetzung und Verknüpfung von Erfahrungen ergab: „Was das Original der Wolffen betrifft, es war die Gestalt einer braven und überaus arbeitsamen Frau, die mich auf einen ihr verwandten Typus hinführte, und eine, deren Überstreben wohl auf beinahe genialische Art einen Mann des Gesetzes nasführen konnte."

Den Charakter einer Komödie gewinnt der „Biberpelz" vor allem durch die satirische Darstellung Wehrhahns und seines Kampfes gegen die Windmühlen. Auch wenn dieser Teil des Dramas mit Mutter Wolffens Diebereien zunächst nicht dramaturgisch zwingend verbunden zu sein scheint, so läßt sich doch leicht zeigen, daß die beiden Komplexe mit komischer Wirkung aufeinander bezogen sind. Denn es ist offensichtlich, daß Mutter Wolffen nur dort ungeschoren ihr Spiel wird treiben können, wo die Obrigkeit sich so borniert gibt wie dieser preußische Amtsvorsteher. Zudem erscheinen ihre Taten in einem milderen Licht, wenn die Autorität, in deren Namen zu ermitteln und zu verurteilen wäre, durch eine so aufgeblasene Figur wie Wehrhahn repräsentiert wird. Ironischerweise bestätigt der mit den Ermittlungen befaßte Amtsvorsteher der Mutter Wolffen am Ende ihre Ehrlichkeit: Er, der sich so überlegen und erfahren glaubt, hält die Diebin, die ihn sehr wohl durchschaut hat, für naiv:

WEHRHAHN . . . *Zu Wulkow.* Das ist nämlich hier unsre fleißige Waschfrau. Die denkt, alle Menschen sind so wie sie. *Zu Frau Wolff.* So is't's aber leider nicht in der Welt. Sie sehen die Menschen nur von außen an. Unsereins blickt nun schon etwas tiefer.   I,542

An den anderen Aktschlüssen hat diese hochironische Konstellation Parallelen[5]: Im ersten Akt bringt Mutter Wolffen den Amtsdiener dazu, beim Aufbruch zum Holzdiebstahl die Laterne zu halten, im zweiten läßt Wehrhahn den bestohlenen Rentier Krüger mit seiner Anzeige ins Leere laufen und zieht sich auf seinen imaginären Kampf für die „höchsten Güter der Nation" zurück (I,517); und am Ende des dritten Akts fuchtelt Krüger, ohne es zu ahnen, mit einem Stück des gestohlenen Holzes herum und schwört den Dieben, in deren Küche er steht, Rache.

Offenbar ist das Arrangieren solcher ironischer Szenen ein wichtiges dramaturgisches Mittel im „Biberpelz", das auch mit einer gewissen Steigerung eingesetzt wird. Vor allem im vierten Akte ist der Effekt dadurch verstärkt, daß die Affäre für Mutter Wolffen zunächst bedrohlicher erscheint: Auch der Hehler Wulkow ist in Wehrhahns Amtszimmer anwesend, und er ist sogar mit dem corpus delicti gesehen worden. Aber die Situation kehrt sich unversehens um, als Wehrhahn ausgerechnet Wulkow als Zeugen dafür anruft, daß auch die Spreeschiffer häufig Pelze tragen. Das Loblied des Amtsvorstehers auf die Ehrlichkeit der Wolffen treibt dann die Ironie auf die Spitze.

Diese ironischen Konstellationen sind wirksame komische Elemente im „Biberpelz": Sie machen die Beschränktheit der Figuren, ihre Anfälligkeit für Täuschungen sichtbar. Der ironische Effekt entsteht dadurch, daß in den Situationen jeweils mehr liegt, als den Figuren aus ihrer bornierten Perspektive aufgeht. Das gilt auch, wenn man aufs Ganze blickt, für Mutter Wolffen, die scheinbare Siegerin des Stücks. Denn sie durchschaut nicht, daß der „Lebenskampf einer Waschfrau", den sie durchkämpft, am Ende erfolglos bleiben muß. Ihre kleinen Triumphe und ihre virtuose Fähigkeit, die anderen zu düpieren, werden sie nicht zu Equipage und Villa bringen, und alles Aufschnappen von Fremdwörtern kann sie nicht zur „gebildeten" Dame machen. Die Ironie des Stücks richtet sich daher auch gegen sie, rückt sie in ein komisches Licht, macht aber an ihr zugleich eine tragische Nuance sichtbar. Womit sich hier der von Hauptmann auf „Schluck und Jau" gemünzte Satz bestätigt, daß es keine Komödie gebe, die nicht zugleich auch Tragikomödie wäre[6].

Der Autor konnte daher mit Recht geltend machen, es sei nicht seine Absicht gewesen, die Taten der Wolffen zu rechtfertigen[7]. Er antwortet mit dieser Feststellung auf zahlreiche kritische Stimmen, die im „Biberpelz" eine bedenkliche Glorifizierung der Gaunerei finden wollten. Solche Einwände melden sich bei Kritikern wie Reinhold Schneider und Rudolf Alexander Schröder, aber auch schon früh in populären Besprechungen des Stücks[8]. Man übersah dabei, daß sich die Taten der Mutter Wolffen mit Normen der approbierten Moral kaum angemessen beurteilen lassen. Mit Recht hat Schrimpf in seiner Analyse des „Biberpelz" die Haltung der Wolffen als „vormoralisch" bezeichnet. Denn es geht hier um vitale Selbstbehauptung an einer Randposition der Gesellschaft, um gleichsam naturwüchsige Lebenstendenzen, die noch nicht durch moralisches Bewußtsein gebrochen oder durch gesellschaftliche Rücksichten domestiziert wären.

Gerhard Kaiser hat sogar die moralisierenden Einwände gegen Hauptmanns Darstellung umgekehrt und die Norm in der Heldin, in Mutter Wolffen sehen wollen, während die „korrupte, parasitäre Gesellschaft, repräsentiert durch Privatiers, Rentner und einen dummen, größenwahnsinnigen Amtsvorsteher", von der Norm abgefallen sei. Er betont allerdings, daß „diese Norm, für die die Wolffen steht, nicht eine der Moral und der Idee [ist] – eine solche Position der Idee gibt es bei Hauptmann nicht mehr –, sondern eine Norm des vitalen, bedenkenlosen, gesunden Lebens, das gegenüber der innerlich hohlen Macht im Recht ist".

Man muß indessen im Blick behalten, daß die Absichten Mutter Wolffens selber auch auf eine parasitäre Existenz hinauslaufen und daß die von ihr eingesetzten Mittel des Diebstahls und der Täuschung zwar einem Wehrhahn und einem Krüger gegenüber nicht sonderlich verwerflich scheinen mögen, daß sie aber kaum als „Norm" gelten können, weil sie im Grunde jeder sozialen Lebensform widerstreiten. Die Asozialität, die in der „vormoralischen" Haltung der Wolffen hervortritt, hat jedoch paradoxerweise – das muß man sich zum angemessenen Verständnis der Figur vergegenwärtigen – soziale Gründe: Denn ihre dürftigen Lebensumstände lassen der Waschfrau gar keine legale Möglichkeit, sich dem von der Gesellschaft selbst verklärten Ziel einer besitzbürgerlichen Existenz zu nähern. Daß Mutter Wolffen trotz ihrer „vormoralischen" Spontaneität und trotz ihres Kleinkrieges gegen die geltenden Besitzverhältnisse nicht schlechtweg asozial ist, das bezeugen ihr Arbeitseifer und ihre natürliche Gutmütigkeit, die ihr allgemeine Beliebtheit verschaffen. Am Ende des Stücks haben sowohl Wehrhahn als auch Krüger und Fleischer, die bei allen Unterschieden der politischen Orientierung doch insgesamt als Vertreter der gesellschaftlichen Ordnung gelten können, die beste Meinung von der tüchtigen und biederen Mutter Wolffen. Das geht zwar zum Teil auf ihr raffiniertes Doppelspiel zurück, beruht aber auch darauf, daß sie sich mit ihren von der Gesellschaft anerkannten Tugenden Sympathien erwirbt. Im übrigen sucht sie ihren Vorteil nicht um jeden Preis: Mit Wehrhahns Überwachungs- und Denunziationssystem möchte sie nichts zu schaffen haben, sie warnt vielmehr den arglosen Doktor Fleischer vor den Intrigen, die von Amts wegen gegen ihn gesponnen werden.

Ohne Zweifel hat Hauptmanns „Diebskomödie" in der Darstellung von Mutter Wolffens Verhältnis zur Gesellschaft sozialkritische Implikationen, die deutlicher noch in der Satire auf den preußischen Obrigkeitsstaat hervortreten. In diesem zweiten Moment liegt der früheste Gestaltungsimpuls für den „Biberpelz": Es waren konkrete Erfahrungen mit dem Amtsvorsteher Oscar von Busse in Erkner, die Hauptmann zunächst zu einer kritischen Abrechnung mit der Kaste der preußischen Staatsdiener inspirierten, bevor die Mutter-Wolffen-Thematik dann zusätzlich ins Spiel kam. Das Stück läßt jedoch bei aller satirischen Bissigkeit keine revolutionären oder genauer definierbaren politischen Tendenzen spüren. Wie ein marxistischer Kritiker meinen konnte, der „Biberpelz" habe „das proletarische Selbstvertrauen und Aktionsverlangen stärken können", ist nicht recht einzusehen. Denn Mutter Wolffen ist keineswegs eine klassenbewußte Proletarierin. Im Gegenteil: sie träumt von einer Zukunft in bequemer Bürgerlichkeit und will durchaus nicht die sozialen Verhältnisse im ganzen, sondern nur ihre eigenen ändern. Die Abwesenheit aller handfesten Tendenz entspricht Hauptmanns Kunstverständnis. Ihm schien, das Drama habe die Aufgabe, den Kampf als das Prinzip des Lebens „in seiner Tragik, seiner Komik oder in seiner Tragikomik" darzustellen. Dabei soll gelten: „Ein Drama steht um so höher, je parteiloser es ist."

Acht Jahre nach dem Erscheinen des „Biberpelz" trat Gerhart Hauptmann mit einem neuen Drama hervor, in dem die Protagonisten der Diebskomödie – wenn auch in etwas vorgerücktem Alter und in veränderten Umständen – wieder aufleben. Man hat den „Roten Hahn" häufig einfach als eine Fortsetzung des früheren Stücks verstanden, in der die Brandstiftung zum Zweck des Versicherungsbetrugs als neuer Streich an die Kette der früheren angefügt ist. Fast immer betrachtete man deshalb das neue Stück ganz vom „Biberpelz" her und kam dabei zu sehr abschätzigen Urteilen: der komödiantische Ton sei schwächer, die Situationen weniger effektvoll, insbesondere die Figur der Mutter Wolffen beträchtlich blasser. Hauptmanns Versuch, sich selber zu imitieren und die eigene erfolgreiche Erfindung in einer Fortsetzung auszubeuten, habe zu einem unbefriedigenden Resultat geführt[9].

Diese verbreitete Einschätzung, die den „Biberpelz" wie selbstverständlich zum Maßstab für die Beurteilung des späteren Stücks nimmt, findet jedoch nicht zu einer angemessenen Interpretation. Denn Hauptmann verfolgt im „Roten Hahn" durchaus andere Intentionen und schlägt einen anderen Ton an als in der früheren „Diebskomödie". Schon die äußere Struktur des Stücks ist sichtbar verändert: Mutter Wolffen und Wehrhahn beherrschen die Szene nicht mehr so eindeutig wie früher, die beiden Protagonisten sind vielmehr in eine breit geschilderte Gruppe zurückgetreten, die als ganze das Darstellungsinteresse auf sich zieht.

Schon im „Biberpelz" hatte Hauptmann sich bemüht, die Vorgänge des Stücks in ihren gesellschaftlichen Bezügen darzustellen. Die Vorbemerkung nennt als Zeit der Handlung den „Septennatskampf", das heißt die Epoche der hitzigen Auseinandersetzung zwischen Bismarck und der Opposition um den Militäretat in den Jahren 1887/88. Im Stück war das Klima dieser Kämpfe in Wehrhahns Mißtrauen und Verfolgungseifer gegenüber allen staatsfeindlichen Bestrebungen zu spüren gewesen. Im „Roten Hahn" ist der „Kampf um die Lex Heinze" als zeitgeschichtlicher Bezugspunkt genannt. Es handelt sich dabei um seinerzeit heißumstrittene Änderungen des Strafgesetzbuchs, unter anderem auch der Vorschriften über die Verbreitung unzüchtiger Schriften[10]. Unter den liberalen Intellektuellen befürchtete man, das Gesetz könnte zu einer Einschränkung der Meinungs- und Kunstfreiheit benutzt werden. Die ersten Entwürfe von Hauptmanns Stück (die seit 1969 in der Centenar-Ausgabe zugänglich sind), nehmen die aktuelle Debatte ausdrücklich auf. Aber der Versuch einer Verbindung dieses Themas mit dem Mutter-Wolffen-Stoff scheiterte: Die beiden Komplexe blieben, wie der Text zeigt, ohne einleuchtenden Bezug nebeneinander stehen[11]. Hauptmann hat daher die Anspielungen und Diskussionen, die sich auf das neue Strafgesetz bezogen, aus dem Stück gestrichen. Spuren dieses Themas sind nur noch indirekt, in der Darstellung Wehrhahns, zu fassen: Seine religiösen Phrasen, die immer eigentlich das staatliche Ordnungsinteresse meinen, und sein Einsatz für den Kirchenbau, für den er einen Orden bekommen hat, bezeichnen jene Mentalität, die hinter der ,,Lex Heinze" stand.

Hauptmanns Absicht, das Ende der Mutter Wolffen in einem breiteren sozialen Zusammenhang darzustellen, ließ sich offenbar nicht durch die bloße Zitierung einer aktuellen Streitfrage einlösen. Es erwies sich vielmehr als nötig, das breite Panorama einer im Umbruch befindlichen, korrumpierten Gesellschaft zu entwerfen. Das führte zu der schon kurz charakterisierten eigentümlichen Struktur des Dramas.

In dem dreizehn Jahre nach dem ,,Biberpelz" einsetzenden ,,Roten Hahn" präsentiert sich die Mutter Wolffen beträchtlich verändert. Sie ist jetzt in einer neuen Ehe mit jenem dubiosen Schuster Fielitz verheiratet, vor dem sie früher ihre Töchter gewarnt hat (vgl. ,,Biberpelz", 1. Akt, I,489). Schon dieser Umstand deutet auf einen Verfall, auf den Verlust ihres gesunden, kräftigen Instinktes hin. Und in der Tat ist die ehemals wendige und vitale Wolffen zu einer alten und kranken Frau Fielitz geworden, die Wehrhahn beredt ihre Leiden klagt (II,15) und die ihrem Mann mit Zukunftsängsten in den Ohren liegt:

> Ich bin nischt meh wert, und du bist nischt meh wert. Aso is Punktum! Ich tu' mich ni ausnehm'. Und wenn ma sich da keen'n Rickhalt ni schafft, da muß man zuletzt doch noch uf a Bettel. Da mag ma sich sperrn asu viel, wie ma will.
>
> II,24

Sie fühlt sich offenbar nicht mehr fähig, Personen und Umstände listig zu manipulieren und günstige Gelegenheiten geistesgegenwärtig auszunutzen. Vielmehr faßt sie jetzt den Plan, durch einen großen kriminellen Coup, durch die Brandstiftung im eigenen Haus, ihre Zukunft zu sichern. Sorgsam lenkt sie dabei den Verdacht auf den schwachsinnigen Sohn des Nachbarn Rauchhaupt, während sie früher nie versucht hat, sich auf Kosten Unschuldiger reinzuwaschen.

Wenn Frau Fielitz ihr Haus anzündet, dann agiert sie nicht mehr wie die alte Mutter Wolffen als die findige, ganz auf sich gestellte einzelne, die sich mit spontanen Streichen durch die Schwierigkeiten des Alltags hilft, sondern sie läßt sich auf ein sorgfältig vorbereitetes Betrugsmanöver ein, das offenbar in der Welt des ,,Roten Hahn" nicht ungewöhnlich ist. Im ersten Akt des Stücks wird vom Gastwirt Grabow berichtet, der sein Anwesen in

Flammen hat aufgehen lassen, bei welcher Gelegenheit die Feuerwehr und allen voran ihr Spritzenmeister Langheinrich sich mehr dem Bier als den Löscharbeiten gewidmet haben (II,20 f.). Mit diesem Talent wird sich Langheinrich auch beim Brand des Fielitzschen Hauses bewähren. Außerdem findet er ein Stück Zündschnur und verheimlicht es bei der amtlichen Untersuchung, benutzt es dann aber als Erpressungsmittel, um der Familie Fielitz nach dem Brand eine überhöhte Miete abzunehmen. An diesem munteren Spritzen- und Schmiedemeister zeigt sich die skrupellose, inhumane Habgier der Gesellschaft sehr handfest: Er hat eine begüterte, aber bucklige Frau geheiratet und beutet ihre Arbeitskraft ohne Rücksicht aus; als sie krank wird, sorgt er dafür, daß sie keine rechte Pflege bekommt, und betrügt sie bei jeder Gelegenheit.

Solche Inhumanität, solche Raffgier und Korruption sind in der Gesellschaft des „Roten Hahn" allgemein geworden. Frau Fielitz selbst zeigt mit ihren Plänen, daß sie die Zeichen der Zeit verstanden hat. Allerdings kann man ihre bedenklichen Praktiken wohl kaum damit hinreichend kennzeichnen, daß man sie, wozu manche marxistische Kritiker neigen, einfach als „bürgerlich" qualifiziert[12]. Vielmehr sind die Taten, die in dieser Gesellschaft gang und gäbe geworden sind, Ausdruck einer tiefen sozialen Orientierungskrise. In Hauptmanns Stück spiegelt sich Deutschlands Wandel vom Agrar- zum Industriestaat, der sich im letzten Drittel des 19. Jahrhunderts vollzog und der die überlieferte Sozialstruktur und die herkömmlichen Wertordnungen zerstörte. An Neuem zeigt sich zunächst nichts anderes als der Kampf der entfesselten Egoismen. Die Obrigkeit, die eine formelle Ordnung und ihre eigene Machtposition aufrechterhalten will, sucht Zuflucht bei überholten Ideologien und bleibt im Grunde gegenüber der Dynamik des historischen Prozesses hilflos. Wehrhahns religiös gefärbte Tiraden kaschieren nur unvollkommen, daß er eigentlich kein anderes Mittel zur Verteidigung seiner Autorität hat als die handfeste Gewalt. Den schwachsinnigen Gustav, den er für den Brandstifter im Fielitzschen Haus hält, fährt er an:

> Und dir, Junge, dir sag' ich: Es jibt einen Jott! Verstehst du, es jibt einen Jott im Himmel, vor dem keine Schandtat verborgen ist. Nächstenliebe! Christlicher Geist! Hosen stramm und den Hintern versohlt! Dir wollt' ich das Feuermachen schon austreiben! Lümmel infamer! Taugenichts! Jawohl, Doktor Boxer. Verstehn Sie mich! Sie können jetrost mit den Achseln zucken, das stört mich im allerjeringsten nicht. Sie können sogar die Feder erjreifen und öffentlich Zeter und Mordio schrein! Prügel! Ohrfeigen! Christliche Zucht!   II,51 f.

In dieser Gesellschaft gibt es weder bei der Obrigkeit noch im Volk irgendeine Perspektive auf eine neue, humanere, überzeugende Ordnung. Doktor

Boxer, der während der Geltung der Sozialistengesetze verfolgt und in eine Tätigkeit als Schiffsarzt gedrängt worden war, dann aber „gegen Politik (. . .) abgekühlt" (II,35) in sein Heimatdorf zurückkehrt, um sich dort niederzulassen, sieht am Ende keinen anderen Ausweg zu einer halbwegs erträglichen Existenz, als wieder zur See zu fahren. Da das Stück auf diesen Doktor Boxer (und zwar allein auf ihn) die Sympathien des Zuschauers lenkt, darf man annehmen, daß dessen pessimistisches Urteil der Meinung des Autors entspricht.

Symbolfigur für den dubiosen Fortschritt der Gesellschaft ist der Schwiegersohn der Frau Fielitz, der Bauführer und Spekulant Schmarowski. Zunächst gibt er sich bigott und konservativ, später schwenkt er ins oppositionelle Lager, weil er hier eine gute Basis für seine Unternehmungen wittert: „Soziale Sache! Riesenjeschäft!" (II,66). Auch der aufsässige Schmiedegeselle Ede, der bei Wehrhahn wegen politischer Umtriebe schlecht angeschrieben ist, fällt auf den aalglatten Heuchler und Spekulanten herein:

> Ick ha dem Kerlchen nich riechen jemocht. Aber nu . . . nee . . . wo er vernünftig is und so for jesunde Ideen tut instehn: keene Willkür und Polizeijewalt, denn . . . denn nu lass' ick ihm ooch mit hochleben all! II,72

Diesem Schmarowski gibt sich Frau Fielitz in die Hände. Von ihm stammt der Plan, auf dem günstig gelegenen Grundstück der Familie eine Mietskaserne zu bauen, ihm vertraut sie ihre Sparbücher an, an seinen Spekulationen will sie teilhaben. Getrieben ist sie dabei von der Angst, im allgemeinen Kampf unterzugehen und plötzlich mit leeren Händen dazustehen. Daß man es sich nicht leisten kann, bei der Wahl der Mittel wählerisch zu sein, glaubt sie aus ihrer Erfahrung gelernt zu haben. Am Ende, in der letzten Unterhaltung mit ihrem Verfolger Rauchhaupt, gibt sie ein desillusioniertes Lebensresümee:

> Was sein mir: Sie, ich und mir alle zusamm? Mir han uns mußt schinden und schuften durchs Leben, eener so gutt wie der andere dahier. Nu etwa! Aso! Mir wern voll Bescheed wissen. Wer ni mitmacht, is faul, wer de mitmacht, is schlecht. – Ma hullt doch bloß all's aus'm Dreck raus. Unsereens muß jeden Dreck doch anfassen! Da heeßt's immer: gutt sein. Wie fängt ma's ock an? Aber nee, wo wer'n mir denn Frieden machen! Ufbegehrt ha ich, das is wahr. Nu ganz natierlich ooch! Ma will ebens aus dem Matsche raskomm, wo mir alle uns rum beißen tun mitsamm . . . Raus! Fort! II,70

Bei aller Desillusionierung und Resignation bleiben aber auch in dieser Situation der Selbsterhaltungstrieb und der Geschäftssinn lebendig: die Fielitz erreicht für den Augenblick ein Einverständnis mit Rauchhaupt, der ihrem Verbrechen auf der Spur ist, und sie fädelt bereits die nächste Spekulation ein, indem sie Schmarowskis Interesse an Rauchhaupts Grundstück durchblicken läßt. Aber der Lebenskampf der Frau Fielitz steht schon an seinem abrupten Ende. Aufgerieben von den Mühen ihrer Arbeitsjahre und zermürbt von den Ängsten nach der Brandstiftung, stirbt sie einen plötzlichen Tod, mit halbbewußten Worten und krampfhaften Gesten, die noch einmal die Signatur ihrer ganzen Existenz andeuten:

FRAU FIELITZ *greift in eigentümlicher Weise mit beiden Händen hoch über sich.* Ma langt . . . Ma langt . . . Ma langt immer so.
DOKTOR BOXER. Nach was denn?
FRAU FIELITZ, *wie vorher.* Ma langt . . . ma langt nach was. *Die Arme fallen ihr herunter, sie schweigt.* II,73

Von diesem Ende her und überhaupt aus der Perspektive des ,,Roten Hahn" erscheint die Mutter Wolffen des ,,Biberpelz" in einem neuen Licht. Die Erfolge der wendigen und kaltschnäuzigen Schelmin erweisen sich ebenso wie die ironisch-offene Konstellation am Ende des Stücks als sehr vorläufig[13]. Sobald die Vitalität nachläßt und sich der gesellschaftliche Rahmen ändert, ist die Lebensform der Mutter Wolffen nicht mehr möglich. Sie wird sich auf gröbere und riskantere Streiche einlassen, die beklemmende Ängste hervorrufen und auf ein tristes, einsames Ende hinführen. Im ,,Biberpelz" hatten noch fast feudale Verhältnisse geherrscht, innerhalb deren die Listen der Mutter Wolffen als eine gleichsam naturwüchsige Lebenstechnik der Benachteiligten gelten konnten. Im ,,Roten Hahn" ist die Gesellschaft in unruhiger Bewegung, sie ist infiziert vom Baufieber, vom Spekulationsgeist, vom ökonomischen Kampf aller gegen alle. Was mit Frau Fielitz vorgeht, die zu den Besitzenden gehören und mit den Wölfen heulen möchte, wird verständlich aus dem sozialen Zusammenhang, in dem sie sich bewegt.

Offenbar sind es diese verschiedenen Phasen des ,,Lebenskampfes einer Waschfrau", die Hauptmanns beide Stücke von der Mutter Wolffen dramatisch vorführen wollen. Dagegen bleibt der mit großem interpretatorischen Aufwand unternommene Versuch, den ,,Biberpelz" als Darstellung des vorzivilisatorischen Matriarchats und den ,,Roten Hahn" als dessen Niedergang in einer Männerwelt zu verstehen, ohne rechte Plausibilität. Diese Deutung gründet auf einer etwas willkürlich konstruierten Parallele zu Hauptmanns 25 Jahre später veröffentlichtem Roman ,,Die Insel der großen Mutter"[14].

Die Struktur des ,,Roten Hahn" zeigt eindeutig, daß sich die Darstellungsabsicht auf die Beschreibung eines sozialen Zustands richtet. Hatte es im ,,Biberpelz" schon keine beherrschende Intrige mehr gegeben, so fehlen hier sogar die eindeutig dominierenden Figuren. Das Stück bietet nur noch

,,lebende Bilder der Gesellschaft". Hauptmanns Intentionen realisieren sich jedoch nicht ohne Schwierigkeiten. Denn der Zuschauer glaubt leicht, er dürfe viele szenische Details und Dialogbemerkungen als atmosphärisches Beiwerk vernachlässigen, während in ihnen doch bedeutsame Informationen zum eigentlichen Thema, nämlich zur Beschreibung dieser heruntergekommenen Dorfgemeinschaft stecken. Die Aufmerksamkeit des Publikums geht fehl, wenn sie nach einer tragenden Handlung fahndet und als bedeutsam nur anerkennt, was als Moment dieser Handlung betont hervortritt.

Daß Hauptmanns Absicht, die szenische Beschreibung eines sozialen Zustandes zu geben, ebenso wie die von ihm zu diesem Zweck verwandte Technik von den Prinzipien herkömmlicher Dramatik entschieden abweicht und daß sie deshalb einer neuen Blickweise bedarf, hat Alfred Kerr schon kurz nach dem Erscheinen des Stücks ausgesprochen: ,,Wie ist Hauptmanns Form? Wie sieht er? Er sieht lebensecht, in dramatischer Gestalt. Sieht er zugleich theaterentsprechend? Es giebt Unterschiede, Zwischengrade, Stufungen. Die Formel scheint mir die: er sieht episch und drückt es dramatisch aus, nämlich in direkter Rede (. . .). Er will die Zuschauer gewöhnen, anders zu betrachten; auf andere Art die Ohren zu spitzen. Man sagt: in diesem Stück liegt viel, aber es kommt nicht heraus! Er sagt: es liegt viel drin, warum hört ihrs noch nicht heraus! Welche Partei wird siegen? Es steht fest, daß auf uns Alle die Wirkung dieser bedeutsamen Tragikomödie gering war. Es steht mir nicht fest, daß sie es immer sein muß."

Fast hundert Jahre nach den Anfängen des deutschen Naturalismus sollten genügend Erfahrungen mit neuen dramatischen Formen, insbesondere mit verschiedenen Varianten des epischen Theaters vorliegen, um auch die Eigenart von Hauptmanns ,,Rotem Hahn" zu verstehen und anzuerkennen. Das Stück läßt sich nicht als schwächliche Imitation des ,,Biberpelz" abtun, es hat vielmehr selbständige Absichten und einen eigenen dramatischen Stil. Die tragikomischen Momente, auf die der Untertitel hindeutet, heben das Stuck deutlich von der früher geschriebenen Komödie ab. Zwar ist auch der ,,Rote Hahn" am Ende zu einer ironischen Konstellation geführt, indem der Augenblick des Triumphes (das Richtfest des neuen Hauses) zusammenfällt mit dem Tod, der die Vergeblichkeit aller Anstrengungen demonstriert. Aber die tragische Nuancierung ist gegenüber der Ironie des ,,Biberpelz"-Schlusses doch unverkennbar stärker. Auch bei der Darstellung der Fielitz sind neue Momente im Spiel: Ihre Unschuldspose ist von Ängsten vor der Entlarvung begleitet, wodurch die komische Wirkung durch Mitleid gebrochen wird. Im ,,Biberpelz" hatte die selbstsichere Mutter Wolffen solche Beklemmungen nicht gekannt, vielmehr hatten sich dort die komischen Effekte ihres Doppelspiels ganz ungebrochen entfalten können[15].

Trotz solcher deutlichen Unterscheidungen bleibt der Zusammenhang des „Roten Hahn" mit der früheren Diebskomödie sinnvoll und erhellend für beide Stücke, die jeweils nur einen Aspekt des „Lebenskampfes" beleuchten: Was sich zunächst als Gauner-Komik darstellen konnte, gerät später in ein tragisches Schlaglicht, als die kraftvolle Vitalität der Mutter Wolffen gebrochen ist und ihr naturwüchsiges Schelmentum sich in einer veränderten Gesellschaft in Raffgier und bedenkenlose Kriminalität verwandelt.

Unter Bert Brechts Leitung hat das Berliner Ensemble zu Beginn der fünfziger Jahre Hauptmanns Doppeldrama über den „Lebenskampf einer Waschfrau" bearbeitet und aufgeführt. Die dabei entstandene Fassung hat als ein von prominenter Hand unternommener Versuch der Aktualisierung und Umakzentuierung der Hauptmannschen Stücke die Aufmerksamkeit der Interpreten auf sich gezogen[16]. Interessant ist das Unternehmen auch deshalb, weil hier der Versuch gemacht ist, den „Roten Hahn", der bis dahin immer im Schatten des „Biberpelz" geblieben war, für die Bühne zu gewinnen.

Man darf wohl annehmen, daß Brechts Beschäftigung mit dem „Biberpelz" durch die Figur der Mutter Wolffen angeregt wurde, die mit seiner eigenen Mutter Courage viel gemeinsam hat. Eine handfeste Beeinflussung der Brechtschen „Chronik aus dem dreißigjährigen Krieg" durch Hauptmanns Mutter-Wolffen-Dramen ist zwar nicht nachzuweisen[17], aber die Verwandtschaft der beiden Protagonistinnen ist unverkennbar: Beide sind vitale, robuste Personen, beide sind entschlossen, sich aus ihren miserablen Verhältnissen herauszuarbeiten, und beide erscheinen am Ende trotz aller Lebenstüchtigkeit und allen Aufstiegswillens als Opfer, zugrundegerichtet und hoffnungslos. Für Brecht ist seine Heldin ein Beispiel falschen Verhaltens, das der Zuschauer zur eigenen Belehrung durchschauen soll. Bei Hauptmann ist die Biographie der Mutter Wolffen ein komplexer Lebensvorgang mit komischen und tragischen Aspekten, an dem sich die Determiniertheit des Menschen und die Unentrinnbarkeit des Leides erkennen läßt. Keinesfalls ist die Wolff-Fielitz eine Demonstrationsfigur, aus deren Fehlern der Zuschauer politische oder moralische Belehrung schöpfen sollte. Die Differenzen in der Anlage der Figuren können schon andeuten, in welcher Hinsicht Brecht an Hauptmann Kritik üben und wie er dessen Stücke bei einer Adaption an seine Theaterpraxis ändern würde.

Um die Tendenz von Brechts Bearbeitung zu verstehen, bedarf es eines kurzen Blicks auf seine Einschätzung Hauptmanns und des Naturalismus überhaupt. Der marxistische Stückeschreiber gestand zu, daß die Naturalisten „einige epische Elemente" für das moderne Theater gewonnen hätten und daß ihre Bestrebungen ein relativer Fortschritt gegenüber dem zu ihrer Zeit herrschenden „Wagnerianismus" gewesen seien. Aber im ganzen erscheinen ihm die Prinzipien des Naturalismus als „spätbürgerliches Schema", weil sie nicht zu einem Verständnis des gesellschaftlichen Prozesses führen, das marxistischer Überzeugung entspräche. Brecht geht so weit, die ganze literarische Strömung wegen dieser Beschränkung als ideologisches Täuschungsmanöver zu verurteilen: „Das Wort Naturalismus ist selber schon ein Verbrechen. Die bei uns bestehenden Verhältnisse zwischen den Menschen als natürliche hinzustellen, wobei der Mensch als ein Stück Natur, also als unfähig, diese Verhältnisse zu ändern, betrachtet wird, ist eben verbrecherisch. Eine ganz bestimmte Schicht versucht hier unter dem Deckmantel des Mitleids mit den Benachteiligten die Benachteiligung als natürliche Kategorie menschlicher Schicksale zu sichern." Solche Kunst kann selbstverständlich authentischen Realismus nicht erreichen. Denn Bedingung dafür wäre – Brechts immer wiederholter These zufolge –, daß die richtige Perspektive auf die Welt gewonnen ist: „Damit echter Realismus möglich wird, muß eine Möglichkeit der Lösung aller gesellschaftlichen Probleme (einer Beherrschung der Wirklichkeit) gegeben sein."

Bei dieser grundsätzlichen Einstellung versteht es sich, daß Brecht ein naturalistisches Stück wie den „Biberpelz" kaum akzeptieren und unverändert aufführen konnte. Da er sich im sicheren Besitz der Erkenntnisse glaubte, die „eine Möglichkeit der Lösung aller gesellschaftlichen Probleme" eröffnen, konnte er sich die Rettung des Stücks vor der Blindheit seines Autors zutrauen. Es mußte ihm darum gehen, dem oberflächlichen, ja tendenziell verbrecherischen Naturalismus so aufzuhelfen, daß er doch noch zum „echten Realismus" wurde.

Brecht war bewußt, daß sich diese Absicht nicht ohne tiefe Eingriffe verwirklichen ließ. Er fühlte sich daher auch veranlaßt, die einschneidende Bearbeitungs-Praxis des Berliner Ensembles zu erläutern: „Wir beschlossen, Hauptmann voll zu vertrauen, was seine Kunst der Beobachtung anbelangt (das heißt wir erforschten den Sinn jedes kleinsten Details und bewahrten es, wenn irgend möglich), weniger zu vertrauen aber seiner Kenntnis des historisch Wesentlichen. Wir mußten also die Arbeiterbewegung (Sozialdemokratie) in Sicht bringen, welche Hauptmann nahezu völlig übersieht. Den Vertreter des liberalen Bürgertums, Dr. Fleischer, beließen wir natürlich, setzten aber seinen Liberalismus gegen die radikalen Forderungen der Arbeiterbewegung ab, das heißt gaben ihm einen leise komischen Anstrich. Im ‚Roten Hahn' führten wir an Stelle des Rauchhaupt den sozialdemokratischen Arbeiter Rauert ein."

Schon die hier aufgezählten Änderungen zeigen, wie sehr Hauptmanns Text von den Bearbeitern ergänzt, überformt, umakzentuiert worden ist. Die Zusammenfassung der beiden Stücke zu einem einzigen Theaterabend machte außerdem rigorose Striche nötig. Ganze Akte mußten fortfallen, zugleich aber wurden auch gänzlich neue Szenen und Figuren eingeführt. Ein Vergleich einzelner Textpartien, wie ihn die Dokumentation des Berliner Ensembles ermöglicht, kann deutlich machen, daß über weite Strecken kaum ein Satz aus Hauptmanns Text unverändert geblieben ist. Auch die Anlage der Figuren und die Motivierung ihres Verhaltens sind gegenüber den Vorlagen tiefgreifend umgestaltet: Die Tochter Leontine wird in Zusammenhang mit einem sozialdemokratischen Liebhaber gebracht, Wehrhahn ist perfider geworden und tritt als Mitwisser der Brandstiftung auf: Er „läßt durchblicken, daß er die Wahrheit weiß oder mindestens ahnt. Er steht nach wie vor zur Wolffen, die für ihn das Volk darstellt, wie er es braucht. Er wird zu ihrem Komplicen. Der Staat und sein Untertan haben ein Gentleman-Agreement geschlossen." Der von Hauptmann positiv gemeinte Dr. Fleischer ist der Lächerlichkeit preisgegeben, für den unpolitisch gewordenen aber gleichwohl aufrechten Dr. Boxer bleibt kein Platz mehr. Mutter Wolffen bekommt, da die beiden Stücke zusammengelegt sind, schon zu Beginn bedenkliche und bösartige Züge, und sie wird später nach der Brandstiftung in einen Kontrast zur Dorfgemeinschaft gebracht. Die Bemühung um ideologische Eindeutigkeit und Klarheit der Zeichnung führt hier zu einer beträchtlichen Verminderung an Komplexität gegenüber der Vorlage: Die kriminell gewordene Fielitz rückt eindeutig auf die Seite der Obrigkeit, mit der sie kollaboriert und von der sie sich gegen die aufgebrachte Volksmenge schützen läßt. Der arbeitslose Sozialdemokrat Rauert wird zum Sprachrohr einer politischen Verurteilung der Frau Wolff-Fielitz und ihrer dubiosen Unternehmungen:

> Sie ham jegloobt, Se könn sich jesundstoßen, wenn Sie Brand lejen, Sie ham's nich jeschafft, und die anderen, die Jroßen, werden's ooch nich schaffen. Sie werden nur alles zugrunde richten. Sie sind aus Peterswalde, Sie sind die Tochter von 'nem Weber, Frau Fielitz. Et jibt sowat wie 'ne Arbeiterbewejung, davon müssen Se jehört haben, sie sind 'nen andern Weg jejangen, Ihren eigenen, nich mit Ihrer Klasse! Jetzt, wo Se bis zum Halse im Dreck stecken, woll'n Se von uns Mitgefühl. Nee, det is nich.

Dieser Kommentar stempelt das Verhalten der Fielitz zum Demonstrationsfall für politisch verwerflichen Egoismus, der sich gerechterweise am Ende selbst bestraft. Die Annäherung der Figur an das Muster der Mutter Courage, die ja auch als lehrreiches Exempel für soziales Fehlverhalten aufgefaßt werden sollte, ist unverkennbar. Darüber hinaus will die Bearbeitung des Brecht-Ensembles die Taten der kriminell gewordenen Waschfrau als Symbol für den imperialistischen Expansionsdrang des Deutschen Reiches erscheinen lassen: Sie setzt absichtsvoll das Richtfest des neuen Hauses mit einer nationalistischen Flotten-Feier in Parallele.

Mit solcher Eindeutigkeit des Urteils, ja schon mit der betonten Profilierung einer politischen Tendenz ist Hauptmanns naturalistischer Darstellungsstil verlassen. Überhaupt geht es dem Berliner Ensemble ganz offensichtlich nicht mehr um die Aufführung eines bestimmten Theatertextes aus dem Fundus der Tradition, sondern um die Realisierung neuer, eigener Absichten. Hauptmanns Stücke liefern dazu nur das Rohmaterial, über das frei verfügt wird; für sich, als Texte aus einer bestimmten Epoche und mit einer historisch begründeten Weltsicht sind sie nicht mehr von Interesse. Offensichtlich ist diese Methode, mit der Überlieferung zu verfahren, nicht ganz unbedenklich, insbesondere dann nicht, wenn man sie zum allgemeinen Brauch machen wollte. Selbst ein Aufsatz im Dokumentations-Band des Berliner Ensembles kann sich warnender Töne nicht enthalten: „Aus dieser Arbeitsweise ein Prinzip zu machen, würde heißen, daß fast die gesamte Weltliteratur umgeschrieben werden müßte. Wenn man sich das vor Augen hält, erkennt man die Gefahr, die das Experiment des Berliner Ensembles in sich birgt. Der Schaden, der entstehen könnte, wenn etwa unsere klassischen Dramen in die Hände unberufener Umdichter und Fortsetzer fielen, ist nicht abzusehen. Was einmal unter der Leitung eines Bertolt Brecht und unter besonderen Bedingungen gelungen ist, darf nicht zum Schema werden." Brechts Hauptmann-Adaption wurde wohl wegen solcher Bedenken nicht zum methodischen Muster bei der „Aneignung des klassischen Erbes", die sich die Kulturpolitik der DDR zum Programm machte.

Wenn man Brechts Bearbeitung gerecht werden will, muß man sich ihm gegenüber wohl liberaler verhalten, als er selbst es gegenüber Hauptmann für nötig hielt. Man wird seine neuen, eigenständigen Darstellungsabsichten anerkennen und es daher als selbstverständlich hinnehmen, daß er sich von Hauptmanns Text und dessen Wertungen löste. Ob man die Brechtsche Bearbeitung des Mutter-Wolffen-Stoffes als geglückt betrachten kann, ist dann unmöglich durch einen vergleichenden Blick auf den originalen „Biberpelz" und den „Roten Hahn" auszumachen; vielmehr wäre dazu eine detaillierte Analyse der Neufassung selbst erforderlich, die jedoch vorerst deshalb nicht zu leisten ist, weil der Text bis heute nicht in seinem vollen Umfang veröffentlicht wurde. Irreführend ist allerdings, daß das Berliner Ensemble seine Bearbeitung mit der Autorenangabe „Von Gerhart Hauptmann" ankündigte. Man hätte manche Mißverständnisse und manche Zweifel an der Legitimität des Verfahrens vermeiden können, wenn man dem neuen Stück auch einen neuen Titel gegeben hätte, wobei sich durch einen Hinweis hätte klarstellen lassen, daß man Motive aus den Dramen Hauptmanns verwendet hat. Solche Umarbeitung reizvoller Stoffe und wirksamer Dramenfiguren ist seit Jahrhunderten guter Brauch und selbstverständliche Praxis eines vitalen Theaters. Sie verliert auch nicht nach dem Erwachen des historischen Sinns ihre Berechtigung, wenngleich der Umgang mit der Tradition nach der Ausbreitung eines differenzierteren Geschichtsbewußtseins wohl nicht mehr in der alten Unbekümmertheit möglich ist.

Bei der Bearbeitung des „Biberpelz" und des „Roten Hahn" ging es dem Brecht-Ensemble gar nicht um die adäquate Deutung und szenische Realisierung des historischen Texts, sondern um dessen produktive Umsetzung in ein neues Werk, das seinen eigenen Stil finden mußte und im Dienst neuer Absichten stand. Man darf es jedoch als Bestätigung für die suggestive Kraft von Gerhart Hauptmanns Menschendarstellung und als Beweis für die Bedeutung seiner Mutter-Wolffen-Dramen werten, daß Brecht für seine Theaterarbeit gerade dieses Material wählte.

Dat census honores
Ovid, Amores 3,8

Ein neues Theater braucht eine neue Komödie. Unter einem allgemeinen Motto solcher Art könnten Carl Sternheims Beziehungen zum Theater seiner Zeit dargestellt werden, vor allem, wenn man an Sternheims ‚Durchbruch‘ auf der deutschen Bühne und das heißt, an die Bühne Max Reinhardts denkt. Weniger allgemein sind in diesem Zusammenhang einige Sätze, die Arthur Kahane, der erste Dramaturg Reinhardts seit 1902, im Hinblick auf eine Molière-Aufführung des Jahres 1912 schrieb und die eine subtile Abrechnung mit zeitgenössischen Klischee-Vorstellungen von der französischen Komödie bedeuten. Es handelt sich bei dem Stück um ,,George Dandin oder der beschämte Ehemann. Eine Komödie mit Tänzen und Zwischenspielen‘‘[1], eine Neuübertragung und Bearbeitung, die – nach Reinhardts Anregung – zunächst Carl Sternheim vornehmen sollte, die dieser dann aber dem befreundeten Karl Vollmoeller überlassen hatte[2].

Das Wesen der Tragik ist optimistisch. Sie glaubt an den Fortschritt, an die Weiterentwicklung der menschlichen Individualität über sich hinaus.
Die Komik ist skeptisch. Sie hält nicht viel von Menschen, hält ihn für lächerlich, klein, schlecht. Vor allem aber für unverbesserlich und unveränderlich. (. . .)
Es ist kein Zufall, daß keine Kunstform repräsentativer für die französische Literatur ist als die Komödie.
Vor allem setzt sie Wirklichkeitssinn voraus. Wirklichkeitssinn nicht als Kunsttechnik, sondern als Art, das Leben zu sehen, wie ihn die Franzosen, diese angeblichen Formalisten, allen andern voraus haben. (. . .) Wo bleibt das landläufige Zerrbild geleckter Salonhaftigkeit, effeminierter Oberflächlichkeit, geckischer Zierlichkeit (. . .) Gauloiserie –, das ist Kraft, Derbheit, Saftigkeit, nackte, hüllenlose Aufrichtigkeit; freilich auch Grazie und Witz.
Dieser unerbittliche Wirklichkeitssinn (. . .) ist das Fundament der Molièreschen Charakterkomödie. (. . .) Aber, im letzten Grunde: je schöner alle Künste sind, die er (scl. Molière) spielen läßt, um so weniger können sie täuschen; das Menschliche ist in diesem Künstler so stark, daß immer wieder das eigene, weiße, leidgefurchte, tränenüberströmte Antlitz hervorsieht, und eine tiefe Stimme das Lied singt von getäuschter Liebe, Menschenhaß und grenzenloser Einsamkeit. (. . .)
So ist auch ‚George Dandin‘ entstanden. (. . .)
George Dandin wird in Frankreich, einer alten Tradition zufolge, als Pierrot gespielt.

Kahanes Äußerung enthält mehr als ein subtiles Plädoyer für Molière. Sie verweist auf ein Dilemma im Verhältnis zwischen Komödie und Theater, das ihrer Geschichte in die Wiege gelegt ist, und auf die spezielle krisenhafte Zuspitzung, die sich seit den letzten Jahrzehnten des 19. Jahrhunderts ergeben hat. Kahane demonstriert außerdem die Zusammenhänge, in denen das Reinhardtsche Theater – eine ,,Macht", ,,von der, weit über Berlin hinaus, in hundert deutschen Städten das Bühnenwesen und auch das sonstige Kunstwesen influenziert wird" – die Regeneration der Komödie versucht; denn Reinhardt lag ja keineswegs nur, wie gelegentlich unterstellt wird, an einer Erneuerung eines klassischen Welt-Repertoires aus dem Geiste des Spiels, sondern auch an der zeitgemäßen Wiederbelebung gerade derjenigen Gattung, die das Komödiantisch-Spielerische im Begriff führt, und in diesem Sinne kommt Reinhardt im Verhältnis zu Sternheim, wie zu Hofmannsthal[3] und – unter veränderten Vorzeichen – zu Wedekind, eine theatergeschichtliche Patenschaft zu[4], wie sie eine halbe Generation vor ihm Otto Brahm im Verhältnis zu Hauptmann und Ibsen zugefallen war. Weiterhin zeichnet sich in Kahanes Darlegungen der Hintergrund ab, der für Sternheims Auseinandersetzung mit der Molièreschen Komödie bestimmend ist; einzelne Wendungen spiegeln geradezu Sternheims eigene Formulierungen aus seinen Molière- bzw. Dramen-Essays dieser Jahre, so daß die vielzitierte Rede vom ,,deutschen Molière"[5] hier ihre theatergeschichtliche Präzisierung (und Einschränkung) erfahren kann. Schließlich ergeben sich aus Kahanes Antithetik von ,,Wirklichkeitssinn" und ,,Kunsttechnik", von neu verstandener ,,Gauloiserie" und der durchdringenden ,,tiefen Stimme" nicht nur Hinweise auf dezidierte Sternheimsche Verfahrensweisen, sondern auch auf *das* Grundproblem des Sternheimschen Komödienwerks, das sich in der lebhaften Kontroverse um Technik und Ideologie dieses Werkes von der ersten Stunde bis in die jüngste Diskussion hinein durchhält und nicht zuletzt auch die Theaterrezeption beeinflußt.

Es scheint in der Literaturgeschichte Epochen und Strömungen zu geben, die der Komödie als literarischer Gattung günstig sind, andere, die ihr nur wenig entgegenkommen. Auf der Seite des Theaters ergibt sich ein anderes Bild: zu allen Zeiten ist die Komödie in ihren vielerlei Spielarten Favorit der Spielpläne, Kassenschlager, Liebling des Publikums. Offensichtlich ist die Beziehung zwischen der Komödie als literarischem Werk und der Komödie als Theaterartikel, der dem ständig gegebenen Unterhaltungsbedürfnis Rechnung trägt, nicht ohne Spannung, wenngleich sich zu Zeiten auch ein schiedlich friedliches Nebeneinander zu ergeben scheint, wie etwa in der zweiten Hälfte des 19. Jahrhunderts in Deutschland.

Diese anscheinend problemlose Koexistenz geht freilich um die Jahrhundertwende zu Ende, die Diskrepanz kommt zu Bewußtsein. Auf der einen Seite hat die Boulevard-Komödie und die unterhaltende Gesellschaftsdramatik in den Augen der Zeitgenossen endgültig abgewirtschaftet. Sie trägt den Makel ihrer „französischen" Erscheinungsform, die mit dem Klischee von formaler Brillanz und inhaltlicher Substanzlosigkeit, von gefälliger Glätte und seichter Problematik abgetan wird. Daß sie in die Sackgasse des Dauererfolgs geraten ist, weist sie als Ware einer scheinbar problemlosen, in Wirklichkeit problemverdeckenden Kulturindustrie aus. Die handfeste Komik ist ohnehin vom Theater abgewandert in Zirkus und Revue oder fristet ihr Dasein auf dem als Lokal- oder Mundartbühne drapierten Schwanktheater. Auf der anderen Seite hat sich eine Theaterrevolution im Zeichen des Naturalismus abgespielt, die aber keineswegs – sieht man von dem Einzelerfolg von Hauptmanns „Biberpelz" ab – zu einer provokativen Erneuerung der Komödie auf breiterer Basis geführt hat, zu schweigen von den nachnaturalistischen Strömungen in Deutschland. Ein sich ständig vergrößernder Abstand zwischen der Komödie als gängiger Theaterware und einem neuen, anspruchsvollen Theater bildet die Voraussetzung für die Dynamik, welche die Gattungsgeschichte der Komödie in den Jahren um und nach 1910 bestimmt. Zu diesem Zeitpunkt ist der provokative Elan des Naturalismus weitgehend erloschen, die Autoren der ersten Stunde haben längst Heimatrecht auf den deutschen Bühnen erworben. Erhalten geblieben ist aber die provokative Note auf Seiten des regenerierten Theaters, wobei sich die führenden Spielleiter der deutschen Bühnen dieser Tatsache durchaus bewußt sind.

Über die Ära Brahm und ihre Folgezeit weiß Hofmannsthal zu berichten, daß „in die Zuhörerschaft wieder Nerv und Einheit" gekommen sei; „das Vage und Schlaffe eines bloß vom herkömmlichen Bildungsbedürfnis zusammengehaltenen Publikums machte einem lebendigen Interesse Platz: das Gefühl der Epoche, des Augenblicks war stark und die Teilnahme an einer notwendigen Entwicklung, in der das Soziale und Künstlerische einander hervorhoben". Provokation und Innovation auf dem Theater sind zumindest bei einem Teil des Publikums bereits Momente, die fast erwartet werden. Diese Voraussetzung begünstigt die Neuorientierung der Bühnen und ihres „Spielraums" auf der Basis vielseitiger Theater- und Aufführungsexperimente[6].

In diesen Zeitraum fallen Versuche zur literarischen Erneuerung der Komödie; sie stehen im Zeichen des Theaters, das sich als Ort eines eigenständigen theatralischen Spiels versteht und die mitwirkende, aktive Phantasie als *die* theatralische Kompetenz des Zuschauers in die Konzeption der *imaginativ* verstandenen totalen Bühnenillusion einbezieht. Für Max

Reinhardt bedeutet die Erneuerung der Komödie – wie insgesamt die Frage der Erneuerung des Repertoires – zunächst die Theater-Renaissance der klassischen Komödie, anfangs überwiegend Shakespeares, dessen Komödienwerk bis zu dieser Zeit „besonders stiefmütterlich" behandelt worden war. Signalwirkung hat die ganz auf Imagination des Spiels abgestimmte Inszenierung des „Sommernachtstraums" von 1905; daß gleichzeitig eine neue thematische Relevanz der Komödie angestrebt ist, verdeutlicht die nächste Shakespeare-Aufführung „Der Kaufmann von Venedig" (1905), mit sehr intensiver tragisch akzentuierender Gestaltung der Shylock-Handlung[7]. Wie stark in Reinhardts ersten zwei Jahrzehnten das Bemühen um Repertoire-Erneuerung und um Durchsetzung aktueller Dramatik noch Hand in Hand gehen, zeigt das Engagement für Wedekind, das mit „Frühlings Erwachen" (1906) einen spektakulären Höhepunkt erreicht und bis zu den Wedekind-Zyklen des Jahres 1912 führt.

Die Möglichkeiten einer Wiederbelebung aus dem Geiste des Spiels – unter Einbeziehung aller Stilmöglichkeiten des 17. Jahrhunderts, einschließlich der Commedia dell'arte[8] – sowie einer thematisch provozierenden, zeitgemäßen Akzentsetzung bestimmen Reinhardts Interesse für die klassische Komödie Molières[9]. Im Sinne dieser Synthese – bei leichtem Übergewicht der theatralisch-spielerischen Komponente – steht Reinhardt Pate bei Hofmannsthals Komödien-Versuchen dieser Jahre. Er führt 1910 „Christinas Heimreise" und die Hofmannsthalsche Molière-Bearbeitung „Die Heirat wider Willen" auf, leistet unsichtbare Hebammendienste bei der Uraufführung des „Rosenkavaliers" (Dresden 1911) und inszeniert die ausdrücklich ihm zugedachte Urfassung von „Ariadne auf Naxos" als Stück im Stück, das heißt als Oper innerhalb der Molièreschen Komödie „Der Bürger als Edelmann" (Stuttgart 1911).

Die grundsätzliche Intention dieser Unternehmungen sollte nicht unterschätzt werden, da es in der Tat um eine Rettung der literarischen Komödie als eines anspruchsvollen Genres jenseits des Unterhaltungsbetriebs geht[10], nachdem auf dem Felde von Schauspiel und Tragödie – abgesehen von Ibsen und Hauptmann – mit Wedekind und Strindberg die Lebensfähigkeit und aktuelle Brisanz nachgewiesen und immerhin im Ausland mit Shaw auch eine neue Komödienform in Reichweite gerückt war[11]. Es ist daher nicht verwunderlich, daß sich Reinhardt nach weiteren Bundesgenossen umsah, die sich wie der Hausautor Hofmannsthal dieser Aufgabe stellten. Er ging dabei von seinen Grundprinzipien aus, die Kontinuität von Tradition und modernem Theater herzustellen, klassische Werke so zu spielen, wie wenn sie „Leben von heute wären", und die Autoren direkt an das Theater, seine Möglichkeiten und Wirkungsweisen, möglichst durch den direkten Auftrag zu binden.

Inspiriert von Reinhardts Theaterkonzeption ist der Versuch einer Zusammenarbeit zwischen Hofmannsthal und Sternheim, die sich um 1910 als Komödien-Autoren keineswegs so fremd gegenüberstanden, wie man heute anzunehmen geneigt ist. Zeitweise planten sie eine gemeinsame Molière-Ausgabe, die u. a. wohl als Grundlage für einen Reinhardtschen Molière-Zyklus gedacht war. Sternheims eigener Neubeginn als Dramatiker, der mit der Zuwendung zur Komödie zusammenfällt, ist von analogen Zusammenhängen gezeichnet. Nach dem Zeugnis seiner Frau Thea wurde er von einer Aufführung von ,,George Dandin'' am Odéon in Paris (1909) zum Thema der ,,Hose'' angeregt[12], die dann unter dem von der Zensur erzwungenen Titel ,,Der Riese'' bei Reinhardt über die Bühne ging; im selben Jahr (1911) folgte noch ,,Die Kassette''[13]. Etwa gleichzeitig versuchte sich Sternheim an der genannten Übertragung von ,,George Dandin'' für Reinhardt; zu der Aufführung der Vollmoellerschen Fassung schrieb er den ersten Molière-Aufsatz, ,,Molière der Bürger'', in dem er die besondere Aktualität des älteren Autors damit begründete, daß sich die in Frage stehenden Epochen erstaunlich glichen, weil sich jeweils eine Krise des Bürgertums abzeichne: Aufgrund einer modischen Nachahmung der Lebensformen höherer Kreise drohe dem Bürger der Verlust seiner Eigenständigkeit. Auf der Basis dieser Feststellung kann Sternheim Molière und sich selbst in analoger Position sehen und die Aufgabe der Komödie entsprechend bestimmen: Es galt und gilt – und hier finden sich deutliche Parallelen zu Kahanes Formulierungen – dem Bürger in hartem Zugriff seine entliehenen Verhaltens-, Denk- und Sprachmuster zu zerstören, um ihm dann nach der Maxime ,,O Bürger, sei Du!'' – so drückt sich Sternheim bereits 1912 aus! – neuen Mut machen zu können.

Bei der Grundsätzlichkeit, mit der Sternheim sich hier mit dem Bild Molières identifiziert, ist es nicht verwunderlich, daß die Auseinandersetzung mit dessen Werk die Entstehung der weiteren Stücke ,,Aus dem bürgerlichen Heldenleben'' begleitet – die Folge tritt sozusagen an die Stelle des Molière-Zyklus, wie ja auch ,,Bürger Schippel'' ursprünglich ,,Le Prolétaire bourgeois'' heißen sollte. Einen weiteren Höhepunkt erreicht die Beschäftigung mit Molière dann – immer noch unter der Ägide des spiritus rector Reinhardt – mit der Bearbeitung von ,,L'Avare'' 1916, die ebenfalls den Untertitel ,,Komödie mit Tänzen und Zwischenspielen'' tragen könnte und die den Anlaß für den zweiten Aufsatz ,,Molière'' bietet. Er steht ganz unter dem Gedanken von der Verantwortung des Komödiendichters ,,für das Wohl der angeredeten Menschheit''; es geht ihm letztlich um einen gravierenden Schaden, der an ,,irgendeiner Stelle der Welt'' sichtbar geworden ist. Im Unterschied zum Tragiker, der einen solchen Schaden in der jeweiligen Umwelt seines Dramenhelden aufspürt, verlegt ihn der Komödienautor in die Figur des Helden selbst. Wenn er dabei so stark überzeichnet, daß der Held geradezu „besessen", daß er „mit fanatischer Lust" auf den ominösen Defekt fixiert erscheint, so zu dem Zweck, den Zuschauer mit den schadhaften Verhältnissen unausweichlich zu konfrontieren.

Daß Sternheim diese grundsätzlichen theoretischen Überlegungen, die in direkter Analogie zu Kahane eine entschiedene Aufwertung und Neubegründung der Gattung zum Ziel haben, gerade im Zusammenhang mit „L'Avare" anstellt, ist insofern bezeichnend, als damit der thematische Akzent angedeutet wird, unter dem Sternheim als ‚deutscher Molière' seine bürgerlichen Helden auf die Bühne bringt: Das alte europäische Komödienthema vom Geld, das seit Plautus' „Aulularia" immer wieder en vogue und das als „Hefe und Leim" der Intrige im 19. Jahrhundert ständig an der Tagesordnung ist, nicht nur in der Wiener Volkskomödie sondern auch im unübersehbaren Strom der französischen Unterhaltungsdramatik[14] – dieses Thema bildet den Angelpunkt von Sternheims Versuch, die Molièresche Komödie in zeitgemäß provokativer Form für das deutsche Theater fruchtbar zu machen. Die Absage an die leicht konsumierbare Unterhaltungs-Komödie und die ihr entsprechende Unterhaltungs-Bühne ist dabei ebenso radikal wie der Anspruch an das neue Theater.

Sternheims eigene Version der Geldtopf-Komödie ist „Die Kassette"[15]. Die Szenerie scheint bekannt: altes Komödiengelände der Klassiker des 17. und 18. Jahrhunderts. Techniken und Coups des Komödienfundus von der Commedia dell'arte bis zum Vaudeville kommen zur Geltung. Die herrsch- und zanksüchtige Alte, die auf dem Vermögen sitzt, die jungen Verwandten, die – äußerlich liebedienerisch, aber mit innerem Groll – nach dem Erbe schielen, dies verheißt eine Neuauflage des Erbschleicher-Schwanks – und in der Tat wird Krull später auch so beschimpft (III,3) – zu werden. Ein Dienstmädchen, das nach Art des früheren Kammerkätzchens bald mit diesem, bald mit jenem die Familienvertraulichkeiten bespricht, und ein Don Juan-Typ, der mit ihm und zugleich mit der Hausherrin anbandelt, gehören genauso zum vertrauten Personal. Der schwächliche Hausherr, der zwei Frauen gleichzeitig nach dem Mund redet und von beiden schikaniert wird, hat geläufiges Possen-Profil. Alte Symmetrien bestimmen die Konstellation der Komödien-Figuren, ganze Szenen wirken wie Kontrafakturen bekannter Auftritte. Das Verstecken der Geld-Kassette (IV,2) bildet bei Molière wie bereits bei Plautus eine Paradeszene; das Malheur des Liebhabers, der beim nächtlichen Rendezvous überrascht wird (IV,8), gehört zum Bestand der Commedia dell'arte, nicht weniger als die Aufsetzung des Testaments mit Hilfe eines beflissenen, aber die Sachlage nicht durchschauenden Notars (III,7). Zwischenfälle harmloser Art – Fanny läßt das Tablett mit Flaschen und Gläsern fallen (I,8) – oder weniger harmloser Art – der Lauscherin wird von der Belauschten die Tür an den Kopf geschlagen (II,1) – knüpfen an die alte Technik der ‚Lazzi' an.

Anklänge an die Traditionen der Komödie, die das ganze Stück durchsetzen und stellenweise geradezu die Form des szenischen Zitats annehmen, wirken aber keineswegs als einfache, epigonale Anleihen[16]. Sie verleihen dem Stück den Charakter eines Spiels mit doppeltem Boden. Die alten Muster bleiben erkennbar, sind jedoch in eine neue Lage transponiert, vergleichbar den alten Sätzen eines Pergolesi in Strawinskys Pulcinella-Suite. Abgesehen von der sprachlich-stilistischen Verformung ist die szenische Verwendung der Versatzstücke ausgesprochen befremdend. Die alten Szenen stehen in Handlungszusammenhängen, die ganz anders verlaufen, als die traditionellen Ansätze erwarten lassen. Die begüterte Alte behält die Oberhand, in der Notar-Szene wird sie keineswegs übers Ohr gehauen, sondern düpiert die anderen; das Testament besiegelt nicht die finanzielle Sicherung einer jungen Ehe, sondern entzieht dieser den materiellen Boden. Die Heirat selbst wird nicht – wie in der Komödie der vergangenen Jahrhunderte – nur in statu nascendi gezeigt, sondern auch post festum und erweist sich dann keineswegs als happy end, vielmehr als legitimiertes Konkubinat. Das Komödienfinale gehört nicht dem ‚glücklichen' Paar – die letzten Auftritte fallen den enttäuschten Frauen zu, die von den Männern um der Kassette willen, welche den Platz im Bett eingenommen hat, betrogen werden, wobei diese Männer – Zitat der Tradition im traditionssprengenden Schluß – ihrerseits betrogene Betrüger sind, da ihnen die Kassette nie gehören wird.

Überhaupt – und dies dürfte zunächst das Befremdlichste an der Handlungsführung sein – kommt es nicht zu einer über Intrigen und Gegenintrigen hinweg sich einstellenden Gruppierung der Personen nach Recht und Unrecht, Gut und Böse, Lächerlichkeit und Achtbarkeit, schon gar nicht zu einer moralischen Front der Jungen gegen die borniertn Alten. Hier paktiert jeder mit jedem, wie es seine augenblickliche Lage und seine Ziele verlangen, jeder benutzt jeden zu seinem Zweck, Konflikte werden nicht gelöst, sondern stabilisiert, die einzige Versöhnung – zwischen Krull und Seidenschnur – entbehrt der Grundlage und findet im Bodenlosen statt.

Alle diese Verschiebungen, gemessen an der herkömmlichen Komödien-Dramaturgie, ihren Figurenmodellen und Handlungsmustern, erklären sich aus der grundlegenden thematischen Verlagerung, die sich bereits im Titel gegenüber dem Titel von Molières Musterstück andeutet. Nicht der Geizige als Person, der die Unmoral bezüglich des Mammon verkörpert, steht im Mittelpunkt, sondern dieser Mammon selbst, die Kassette und die in ihr repräsentierten „Weltgesetze" (III,6). „Das prächtige Requisit" (III,3), nicht eine Person, bildet das Zentrum des Geschehens und bestimmt letztlich die dramatische Anlage. Sein Gesetz macht das Spiel der Figuren zum ‚Marionettentanz' von Täuschung, Enttäuschung und Vergeblichkeit. Die dramaturgische Schlüsselrolle des Requisits, das nicht ohne Grund als Bombe mit Zeitzünder – Zeitzünder auch im formalen Sinne der dramatischen Spannung zu verstehen – bezeichnet wird, läßt sich bis in Einzelheiten der Disposition nachweisen. Genauer gesagt, die Artistik der Szenenführung funktionalisiert das gesamte Geschehen im Hinblick auf den Charakter des Titelrequisits. Die Szenen selbst, die überwiegend zugleich Spiel und Spiel-Zitat sind, werden durch lakonische Verknappung von vornherein auf den Nenner eines ständig variierten Schlagabtauschs gebracht. Der Dialog nimmt dadurch die hektischen Züge des pausenlosen Zweikampfes an, der konsequenterweise an mehreren Stellen ins Handgreifliche übergeht. Der Szenennexus gestaltet sich komödiantisch-spielerisch nach Maßgabe der knappsten Engführung von Konfrontationen. Die Mine unterm Bett erzwingt, daß alle Mittel der Komödiendramaturgie dem häuslichen Kleinkrieg dienstbar gemacht werden.

Um was für einen Kleinkrieg handelt es sich? Wohlgemerkt, klassische Komödienzwiste bilden das Gerüst, verleihen den Figuren die groben Umrisse, welche die Gattung vorgibt, die Ausgestaltung aber führt ins Konkrete, Aktuelle, das sozialgeschichtlich genau lokalisiert werden kann. Ein Interieur wilhelminischen Kleinbürgertums entfaltet sich in typischen ‚Lebensläufen nach aufsteigender Linie': der mühsam – um den Preis zahlloser Demütigungen – zum Oberlehrer Aufgestiegene, der die Omnipotenzwünsche seines Zeitalters in sich reproduziert; der ständig um den errungenen Status bangende Fotograf, der einem ebenfalls zeitgenössisch-modischen Phantom von Künstlerberuf und moderner Denkweise nachjagt, um sich selbst über die Prosa seiner wirklichen Beschäftigung hinwegzutäuschen; die Frauengestalten, die bei aller gewahrten Häuslichkeit um die Herrschaft über den Mann und die Vorherrschaft im Haus kämpfen oder die – backfischhaft und auf absehbar kurze Zeit – von der Gartenlaube der Liebe träumen. Diese Lebensläufe sind eingerückt in eine präzis-zeitgenössische Fassadenwelt von ‚geheiligten' Familienbanden, von ‚unantastbarem' kulturellem und literarischem Erbe, von ‚unverbrüchlichen' moralischen Grundsätzen, von unbezweifelter Kirchenzugehörigkeit und selbstverständlichem Sozialprestige bis hin zur Hochzeits- und Bildungsreise als den Normalformen des zeitgenössischen Tourismus. Daß diese Fassadenwelt zugleich ‚unterminiert' erscheint, das heißt, daß sie letztlich restlos auf diejenigen Aufstiegsgesetze, welche die Kassette diktiert, zurückgeführt werden kann, dies macht die zeitliche Aktualität des Themas wie auch der

Komödienform aus. Sternheims Erneuerung der Komödie gewinnt ihre inhaltliche Brisanz nicht weniger aus der Gegenwart, aus dem – wie er selbst am liebsten sagte – „juste milieu", das heißt aus dessen kleinbürgerlicher Variante, als sie die dramaturgische Brillanz aus der deutlich sichtbaren Verformung von alten Komödientraditionen gewinnt. Die doppelte Profilierung der Gestalten und des Geschehens bildet den eigentlichen Nerv der Neuerung, da sich das Kleinbürgerlich-Wilhelminische als das – bei aller Vehemenz des Agierens – Kleinformatige und Bornierte am großen Format der zugrundegelegten Komödienmuster bricht, ständig diskreditiert, unmöglich macht.

Der Eingangsakt hält sich am ehesten noch im Rahmen des Geläufigen. Einleitender Domestikendialog und eine Folge von Begrüßungsszenen geben Gelegenheit, die Hauptfiguren zu exponieren und ihre sich abzeichnenden persönlichen Spannungen aufzuzeigen. Die gleich zu Beginn vorbereitete Eröffnung über die Bedeutung der Kassette wird durch die genaueren Ausführungen und Absichten der Erbtante aufgenommen und konkretisiert. Damit hebt sich fast schlagartig das Niveau der Auseinandersetzungen auf das eines rückhaltlos geführten Machtkampfes, für den Krull die Devise „An die Gewehre" (I,6) ausgibt. Die spielerische Coda-Szene, welche an die Empfangszeremonien des Anfangs anknüpft, zeigt in burlesker Weise, wie die Kassette bereits die Herrschaft über die menschlichen Beziehungen übernommen hat.

Der zweite Akt regelt die Folge der Konfrontationen nach dem szenisch-komödiantischen Prinzip der zwei Türen, die jeweils in die Zimmer der Kontrahenten führen. Krull versucht – wobei sich groteske Nahtstellen ergeben –, nach beiden Seiten Vorteile zu erringen, sieht sich aber im Banne des Requisits außerstande zu irgendeiner Vermittlung. Die große Photographierszene zwischen Seidenschnur und Lydia stellt sich als komödiantisches Intermezzo, als Spiel im Spiel dar, das seinen Schwerpunkt in der Parodie, vorwiegend der literarischen Parodie, hat. Nach dieser Einlage verschärft sich der Kampf zwischen Krull und den Frauen im Sinne gesteigerter Aggression und führt zu seinem eigenen Zusammenbruch. Die lakonische Coda-Szene nimmt das parodistische Intermezzo wieder auf.

Der Mittelakt ist durch die Monologe Krulls strukturiert, welche die bewußtseinsbestimmende Macht der Kassette zum Inhalt haben. Sie trennen die erste Konfrontation mit Seidenschnur, in die eine Reprise der Photographierszene einmontiert ist, und den ersten durchschlagenden Streit mit Fanny von der totalen Auseinandersetzung mit Elsbeth, in der sich bereits die Niederlage von Krull abzeichnet.

Der Akt-Schluß bringt eine beispiellose Komprimierung: Krull erhält in einem Scheinmanöver die Verfügung über die Kassette, während sie ihm gleichzeitig – ,,Es klappt auf die Minute" (III,6) – durch die testamentarische Verfügung für immer entzogen wird.

Nach herkömmlichem Komödienbauplan müßte nach dieser Szene nun entweder die Revision des Geschehenen, die Überlistung der Alten, notfalls mit Hilfe eines deus ex machina, erfolgen, oder mittels eines neuen Motivs die Handlung neu angekurbelt werden. Nichts dergleichen geschieht. Sternheim begnügt sich damit, die geschaffene Situation auszuspielen; denn Thema ist nicht der moralische Defekt des Besitzers, sondern das Schwerefeld der Kassette, und dieses ist noch nicht in allen seinen Bereichen dargestellt. Es folgt daraus, daß nach dem – traditionellerweise – als Höhepunkt zu verstehenden Mittelakt jetzt erst die komödiantisch dichtesten und farbigsten Szenenkomplexe eingefügt werden.

So kommt es zunächst zu einem großangelegten, parodistisch auf literarische Muster abgestimmten Notturno in Callotscher Manier, einem gespenstischen Reigen um die Kassette, wobei die komödiantische Nutzung des Raumes, hier des Balkonzimmers, besonders raffiniert ist. Den Eingang bildet – in klassischer Rendezvous-Konstellation der alten Komödie – die Travestie der Balkonszene aus ,,Romeo und Julia", angereichert mit Zitaten aus der Entführungsszene Lorenzo-Jessica aus ,,Der Kaufmann von Venedig". Unterbrochen wird die Liebesszene von dem nachtwandelnden Krull, der zweimal – hier die direkte Anlehnung an Molière und Plautus – ein Versteck für die Kassette sucht – und dabei Wagners Fafner und den Nibelungenhort zitierend bemüht.

Kontrapunktisch ist ein dritter Nachtwandler-Monolog eingeschaltet: Fanny sieht sich von der Kassette bei Krull verdrängt und nimmt mit Seidenschnur vorlieb. Die Abrundung des Reigens, analog zur Eingangsszene gestaltet, bildet Seidenschnurs mißglückender Versuch, über den Balkon zurückzukehren; dieser herkömmliche coup de théâtre löst das Notturno ins Burleske auf und bietet zugleich den Ansatz für den Schlußakt.

Dieser steht kompositorisch in demselben Verhältnis zum ersten Akt wie die jeweiligen Coda-Szenen zu den Einzelakten. Rückkehr aus den Flitterwochen, Reisebericht, Kontroverse mit der alten Tante, der frischgebackene Ehemann wieder in der Klemme zwischen den Ansprüchen zweier Frauen – die Ausgangslage des ersten Aktes stellt sich mit neuen Figuren wieder her. Ein ebenfalls als Reprise angelegter Zweikampf zwischen Fanny und Elsbeth leitet über zur letzten, erneut bis zur Tätlichkeit gesteigerten Konfrontation zwischen Krull und Seidenschnur, die indessen in eine Versöhnung mündet: das happy end nicht im Zeichen der Liebe, sondern im Zeichen der Kassette, die bereits der Kirche gehört. Auch diesem Trug-Schluß folgt noch eine Coda, die als szenische Reprise das virtuoskomödiantische Spiel der Türen im zweiten und vierten Akt aufnimmt:

Fanny, die nunmehr von zwei Männern mit der Kassette betrogen wird, versinnbildlicht wortlos-pantomimisch das Fazit, daß alle zwischenmenschlichen Beziehungen in die Brüche gegangen sind.

Die Szenenführung insgesamt zeigt deutlich die artistische Verwendung des Komödiantischen, die Sternheims Verfahren bestimmt. Die Dramaturgie erlaubt dabei – trotz aller Funktionalisierung der Einzelszenen auf den hektischen Ablauf des Ganzen –, daß sich das Spielerisch-Burleske, wie in den Photographier- und Balkonszenen, zum Intermezzo verselbständigt – ganz im Einklang mit der Reinhardtschen Komödien-Regie, die solche theatralische Ausgestaltung vorsieht und der Sternheim in seiner „L'Avare"-Bearbeitung durch einen ganzen zusätzlichen Akt mit Balletteinlagen Rechnung trug. Daß in der „Kassette" die Schlüsselszenen fast ausnahmslos doppelbödig sind[17], sei es, daß sie Paradeszenen der Komödientradition durchscheinen lassen, sei es, daß sie Reprise-Charakter innerhalb des Stükkes tragen, demonstriert das Vorgehen bei der Regeneration des Genres: Aus dem Fundus der Komödiengeschichte erstellt der Autor mit virtuoser „Kunsttechnik" – um auf Kahanes Formulierungen zurückzukommen – ein formales Spiel-Modell, in das er, getrieben von „unerbittlichem Wirklichkeitssinn", den „Schaden" der Welt thematisch einbringt, um so auf ihn die Aufmerksamkeit zu lenken. Für dieses anti-naturalistische Vorgehen besagt „Modell", daß ein artifizieller Spiel-Rahmen die Versuchsanordnung abgibt, innerhalb dessen der „Schaden" durchgespielt und als solcher sichtbar gemacht wird. Das Gesamtbild, das Resultat, ist zur Wirklichkeit in Beziehung zu setzen, Einzelzüge oder der Verlauf des Spiels nicht, denn dieser folgt seinem eigenen Prinzip[18]. Dennoch stehen sich Rahmen und Inhalt keineswegs vermittlungslos gegenüber. Der Tanz um das goldene Kalb, der alle menschlichen Verhältnisse deformiert, deformiert auch die Komödien-Konstellationen, an denen er festgemacht ist. Den formalen Szenen-Mustern, denen die immanente Intention auf eine – wie auch immer utopisch zu verstehende – restitutio in integrum eigen ist, wird gerade diese Ausrichtung genommen. Die konsequente Verweigerung der Lösung wertet sie um, und in diesem Sinne begründet sich die Sternheimische Komödie als ‚Anti-Komödie'.

Stärkstes Mittel zu dieser Umwertung ist außer der funktionalen Abwandlung des Finalgefälles die Sternheimsche Sprache, die von Anfang an den kommunikativen Sinn des alten Komödien-Dialogs untergräbt. Auch auf dieser Ebene gehen konstruktive Artistik und demolierende Aushöhlung Hand in Hand. Die Sternheimsche Auszehrung des Dialogs hat ihre handfesten Symptome in der Stichomythie der Ein-Wort-Repliken (V,5), im Leerlauf reiner Gesprächsfloskeln (II,6), im simultanen Sprechen nichtssagender Wendungen (II,6; V,1). Dies sind aber nur extreme Symptome; die Auszehrung ist grundsätzlicher Art. Über weite Strecken besteht der Dialog aus montierten Klischees aus allen Bereichen des Lebens, vom Tourismus bis zum Bildungsjargon, vom pseudophilosophischen Tiefsinn bis zur mehr oder weniger bibelfesten Erbaulichkeit, aus allen jenen Bereichen also, in denen nach Sternheim die ‚Metapher‘ des unhaltbaren Ideals, der moralischen Verbrämung oder der romantisierenden Verklärung die wahre Wirklichkeit verdeckt. Dazu kommen die zahllosen Zitate aus der Literatur, in der Aufmachung von Bildungs- Anthologien oder hemmungsloser Verkitschung. Das Verfahren, die Klischees und Zitate vermittlungslos aufeinanderprallen zu lassen, sie in der Engführung der stilistisch heterogenen Reihe aneinanderzustücken, enthüllt, daß das Klischee als solches nicht Kontakt vermittelt, sondern nivelliert und depersonalisiert. Auch auf diesem Wege werden traditionelle Dialogtechniken der Komödie aufgenommen, zugleich aber radikalisiert; der sprachsatirische Duktus der alten Komödie, der den individuellen Sprach-Spleen aufdeckt, nimmt totale Ausmaße an und zeigt auf, daß individuelles Sprechen im Feld der Allgemeinheit des Klischees überhaupt nicht möglich ist: ‚‚. . . hier pulst Individualität und modern denkender Mensch fraglos‘‘ (II,9). Nur scheinbar widerspricht dem Gesagten der Umgang mit der literarischen Reminiszenz; diese ist ‚‚gesunkenes Kulturgut‘‘, gebraucht im Modus der Abnutzung, inhaltsleerer Schnörkel zur Vorspiegelung einer kulturellen Aura, die Talmi geworden, oder eines Gefühls, das nicht vorhanden ist: ‚‚Ein Königreich für ein Fis!‘‘ (IV,1).

Auch die scheinbaren Manierismen der Sternheimschen Sprache, die Elision der Artikel, der weitgehende Verzicht auf Modalverben, auf differenzierende Attribute und nuancierende Partikel, die Abbreviatur der Syntax, die Wortstellung à rebours, vor allem die vorangestellten Genitivattribute und die Versetzung des Prädikats und Subjekts – diese Eigenarten sind alles andere als a-funktional. Die Technik, die ‚‚selbstverständlichsten Bindeglieder eines natürlichen Gesprächs‘‘ auszulassen, nehmen der Diktion die Mitteltöne, die syntaktischen Ligaturen, die semantischen Vermittlungen. Übrig bleibt das krasse Gegeneinander vereinzelter Informationsblöcke, die gerade in der Isolierung als vorfabriziert, als persönlich nicht angeeignetes Allerweltsgut erscheinen. Konsequenterweise entfällt die sprachliche Charakterisierung und Differenzierung der Personen, ein Stilmerkmal, das Sternheim mit Wedekind vom Naturalismus absetzt und – in einem eher formalen als inhaltlichen Sinne – mit dem Expressionismus verbindet.

Trotz allem bleibt Sternheims Sprachgestaltung von einer eigenartigen Brillanz[19], die durchaus an der Dialogtradition der Komödie geschult ist – sie ist im übrigen durch und durch theatralisch, schauspielerisch höchst wirkungsvoll zu gestalten. Aber es ist eine Komödien-Brillanz der verschobenen Proportionen. Statt des rhetorischen Glanzes der alten Komödiensprache leuchten die grellen Farben der verräterisch montierten Slogans, die nuancenreiche Anspielung wird zur verballhornenden Platitüde, die elegante Pointe zum – bezogen auf den Sprecher – freiwilligen oder unfreiwilligen Gag, die tiefsinnige oder ironische Metapher gerät zum Kalauer, das glänzende Bonmot zum zynischen Lakonismus. Das Parlando des Sich-Unterhaltens wird zum Furioso der Phraseologie, der Phraseologie des spätwilhelminischen Bürgertums, das seine kulturellen Ansprüche im Widerspruch zwischen veräußerlichtem Traditionsbegriff und einer bereits als Besitz reklamierten Modernität bloßstellt, das diesen Ansprüchen alle persönliche Vertretbarkeit und alle Verbindlichkeit in dem Moment nimmt, in dem es sie äußert. So hebt sich das jeweils Verbindlich-Persönliche auf in sprachliche Kraftakte, mit denen sich der Sprecher selbst behauptet.

Damit ist die Kommunikationsleistung von Sprache, soweit sie personalen Kontakt vermittelt, paralysiert. Übrig bleibt ein Doppeltes: die Scheinautorität einer Sprache der gängigen Vorprägung, deren Allgemeinheit aber die Vermittlung des Individuellen mit dem Sozialen des Sprechers gerade verhindert, zum anderen die Sprache als Kampfinstrument. Nicht umsonst nehmen die trivialisierten Kampf- und Kriegsmetaphern so breiten Raum in dem Stück ein. Das Wort ist das Messer, es birgt „Krach und Katastrophe" (Fossil I,1), es ist nur noch Vehikel der verbalen Attacke, die nichts anderes darstellt als die Vorbereitung der Tätlichkeit mit anderen Mitteln. Auch in diesem Zusammenhang bleibt die Sternheimsche Diktion im höchsten Maße komödiantisch: nicht nur im herkömmlichen Sinne, wie ja auch die alte Komödie als Grenzform die Schimpfkanonade kennt, die gelegentlich in Prügel endet. Bei Sternheim ist vielmehr die Grenze generalisiert, die Sprache selbst wird zum Kampffeld, die Szene damit in einer dezidiert modernen Weise komödiantisch, mit allen schauspielerischen und szenischen Möglichkeiten, die daraus folgen: der Dialog als sprachlicher Slap-Stick.

Wer bleibt in den Zweikämpfen Sieger, wer verliert? Auf jeden Fall ist man als Zuschauer bereit, jedem, der verliert, dies zu gönnen, und daß Elsbeth sich so uneingeschränkt behaupten darf, empfindet man fast als Heimtücke ihres Autors, abgesehen davon, daß die Kassette letztlich siegt. Alle Figuren erscheinen unangenehm bis widerlich, die Sieger erwecken keine Sympathie oder Anerkennung, die Verlierer kein spontanes Mitleid. Von Anfang an hat man Sternheim die Art seiner Figuren vorgeworfen, man vermißte die Seele[20], die menschliche Ausstrahlung, sah in ihnen Monstren, „Scheusale" (III,3), „Bestien" (III,4), „Fossilien", die Vorzeitlich-Unmenschliches in die Gegenwart eintragen – wobei die Erfahrungen Europas

225

seit 1914 geeignet sind, dem Sternheimschen bestiarium humanum (III,4) durchaus Glaubwürdigkeit zu verleihen.

Tatsächlich beruht das Befremdende auf genau kalkulierten Gestaltungsprinzipien. Sternheims Figuren sind – wie seine Sprache – alles Verbindenden und Verbindlich-Normalen entkleidet; jede Mittellage des Agierens ist ihnen genommen, sie bewegen sich ausschließlich in Extremen, in Attacke und Rückzug, Triumph und Niederlage. Ihr Lebenselement ist die Strategie. Nimmt man hinzu, daß ihnen in der ,,Kassette" auch die letzte Spur idealer Motive in Tun und Lassen entrissen wird, daß ihre Unmoral kleinlich, ihre Unmenschlichkeit schäbig erscheint, so zeigt sich der Generalnenner der Figuren-Konzeption. Sie sind monistisch, einlinig auf *ein* inhaltliches Grundmotiv des Verhaltens, das formal im pejorativ verzerrenden Kleinformat gehalten ist, festgelegt: auf einen kahlen Eros (Fanny), auf die nackte psychische Machtausübung (Elsbeth), auf uneingeschränkte Geld- und Machtgier (Krull). Im Verhältnis zur Übermacht des Grundtriebs ist – ohne daß psychologische Stimmigkeit im Einzelfall auch nur erstrebt wäre – der Intellekt nur ein unter Umständen hemmendes Anhängsel. Aufgrund dieser Linearität sperren sich die Figuren jedem Versuch des Zuschauers, sich mit ihnen zu identifizieren; aufgrund der Kleinlichkeit, die in der Überdimension gezeigt wird, wirken sie monströs. Letzte Reste von Unmittelbarkeit sind eliminiert zugunsten der mittelbaren Funktionalisierung auf das Planspiel der Komödie, das Feind-Feind-Spiel, das Sternheims dramaturgisches Konzept ausmacht.

Damit ist zugleich bestätigt, daß die Aussage des Ganzen absoluten Vorrang hat vor den Einzelzügen, der Einzelfigur, auch vor den Kassetten-Monologen Krulls mit ihren Tiraden über das Kapital (III,1/IV,7)[21]. Die Frage nach dieser Gesamtaussage führt freilich ins Zentrum der Sternheim-Kontroverse. Sie entspringt der Gestalt seiner Stücke, wird verschärft und vielfach auf die Pfade des Mißverständnisses geführt durch Sternheims eigene Werkdeutung der späteren Jahre, sie wird immer wieder neu entfacht durch vehemente Polemiken, wie etwa die Seebalds, oder auf eine neue Ebene gehoben, wie durch den angestrengten, auch extreme Wertprädikate nicht scheuenden Versuch Emrichs, Sternheim jenseits aller vereinfachenden Sichtweisen gerecht zu werden.

Es liegt nahe, in der ,,Kassette" die, wenn auch zugespitzte, so doch in deutlicher Traditionslinie stehende Satire der kleinbürgerlichen Moral- und Wertvorstellungen in toto zu erblicken; positives Kriterium ist dann das nicht mehr beschönigende Eingeständnis, sich dem Gesetz der Kassette, der ökonomischen Realität als letzter Norm, und sonst nichts verpflichtet zu fühlen. Gerade aus dieser Sicht ist es auch möglich, auf den Satire-Begriff ganz zu verzichten, weil das Prinzip des Realitätsbewußtseins im Stück selbst gar nicht als positiver Maßstab ausgegeben wird, und einen völligen Wertzerfall[22], einen radikalen Nihilismus zu konstatieren.

Auf dem Wege einer weiteren perspektivischen Verschiebung läßt sich besonders hervorheben, daß gerade das forcierte Realitätsprinzip eines Krull noch Schiffbruch erleidet und erst dadurch die Satire „vollständig wird", weil sie so eine „Welt völliger Austauschbarkeit" darstellt, „in der alles nur noch Mittel ist, weil das, was nur Mittel sein kann, zum einzigen Zweck wurde".

Die Möglichkeit, von der Auffassung des Stückes als vollständiger Satire abzurücken, bietet die besondere Akzentuierung der inhaltlichen Seite der Triebkräfte als „animalischer" Instinkte. Eros und der durch den Besitz fundierte triebhafte Machtanspruch bringen dann gemeinsam die herkömmlichen ethischen Werte von Ehe- und Familienbeziehung zum Verschwinden, tragen aber zugleich unter sich den Kampf um die Hegemonie aus. Mit dem Sieg der materiellen Macht siegt zugleich das asoziale Prinzip über das soziale. Die geistesgeschichtliche Zuordnung hat in diesem Zusammenhang aufzuweisen, in welchem Sinne Sternheim die Tradition des europäischen Immoralismus fortsetzt und dem radikalen Subjektivismus etwa eines Stirner verhaftet ist[23]. Es bildet gleichsam die ökonomische Variante des Subjektivismus, wenn man die seit Descartes die europäische Tradition bestimmende Selbstbegründung des Ich bei Sternheim in der Weise aufgehoben und persifliert sieht, daß hier der kommerzielle Akt die Selbstsetzung des Ich ersetzt[24].

Von dieser Auffassung ist nur ein Schritt der Abstraktion nötig, um zu der vielerörterten Selbstdeutung Sternheims zu kommen, der zufolge es in seinen Stücken weder um die Satire noch um die moralisierende Herabsetzung des Bürgertums gehe, sondern um tatsächliches Heldentum, den Mut zur „eigenen Nuance", die Durchsetzung der individuellen Natur jenseits von Gut und Böse. Den geistesgeschichtlichen Kontext bildet der Lebensbegriff der zeitgenössischen Philosophie, einschließlich der vitalistischen Varianten. Als Kronzeuge wird Nietzsche genannt, dessen Konzeptionen von der Sklavenmoral und vom Übermenschen bei Sternheim wiederkehren, freilich verschoben und verzerrt, einerseits eingeengt auf die Polemik gegen herkömmliche Moral und abbruchreifen Schein-Idealismus, andererseits nicht weniger eingegrenzt auf die Apotheose des Über-Bürgers, des ‚bourgeois superman', der in der Enge unangetasteter bürgerlicher Lebensverhältnisse mit allen Mitteln der Anpassung und Verstellung seine Triebwünsche durchsetzt. Anhaltspunkte für diese Interpretation bietet auch die „Kassette"; denn wie in der Komödientradition und im Falle von „Maske" in „Die Hose" gibt es den sprechenden Namen: Die Besitzerin des Requisits nennt sich „Treu".

Ausgehend von diesem angeblichen „Heldentum" liegt der Hinweis nahe, daß sich auf der Basis einer Maskeschen oder Treuschen Nuance eine Gesellschaft weder revolutionieren noch korrigieren[25], noch überhaupt denken läßt und daß die Aporie von Sternheims Konzept in seiner späteren Forderung eines „natürlichen Sozialismus", als Schranke und Gegengewicht des Individualitätsprinzips, den illusionären Ausdruck findet[26]. Genauso nahe liegt es, die Sternheimsche ‚Formel' von der Nuance beim Wort, beim rücksichtslos brutalen Wort seiner Maskes und Krulls zu nehmen, was zeitweise sogar den Argwohn hervorrufen konnte, „Sternheim habe, in ästhetischem Kurzschluß, recht eigentlich die kommende Brutalität des deutsch-faschistischen Bürgertums provozieren helfen". Eine solche Vermutung würde die Wirkung Sternheims ebenso überschätzen, wie die Bedeutung der ‚Formel' für sein Komödienwerk, abgesehen davon, daß sich nicht nachweisen läßt, daß die Stücke „aus dem bürgerlichen Heldenleben" jemals bei einer Aufführung im Sinne von Sternheims ‚Formel' verstanden worden sind[27] oder überhaupt verstanden werden konnten[28]. Aber nicht nur aus diesem Grunde ist fraglich, inwieweit diese ‚Formel', deren polemisches Gegenstück die Abwehr der Begriffe „Satire" und „moralische Belehrung" etc. bildet, zum Leitfaden des Werkverständnisses gemacht werden können. Auf keinen Fall dürfen Sternheims Dekrete in eigener Sache unbefragt als ultima ratio hingenommen werden, als Universalschlüssel zu *der* wahren Sternheim-Auffassung. Dazu sind diese Begriffe – ganz abgesehen von dem grundsätzlichen Problem des Verhältnisses von Werk und (nachträglicher) Autoreninterpretation – viel zu apologetisch und zeitverhaftet. Macht man sich klar, daß in den Augen Sternheims ein für die Dramatik erhobener moralischer Anspruch fast unweigerlich in die Nähe von Schiller, von Schiller-Epigonalität und bürgerlichem Schiller-Kult weisen mußte, oder daß ein „didaktischer" Anspruch die Assoziation des um die Jahrhundertwende zum Schimpfwort degradierten Begriffs des Thesenstücks allzuleicht hervorrufen konnte, so liegt die Abwehrfunktion der Sternheimschen Formulierungen auf der Hand. Dasselbe gilt für die Zurückweisung des Begriffs „satirisch", der in der Mehrzahl der Rezensionen der Stücke – gelegentlich auch, um den Autor als „bloß satirisch" Molière gegenüber abzuwerten – auftauchte und zu verraten schien, daß man kurzerhand mit der Herausforderung seiner Stücke durch Etikettierung fertig wurde, zumal mit einem Etikett, das vielerlei andere literarische Formen vom „satirischen Wochenblatt" bis zur Serenissimus-Szene des Kabaretts tragen konnte. Auf jeden Fall mußte Sternheim in Termini dieser Art den Ernst seiner Komödienreform verkannt, sein Werk vorschnell in gängige Verstehensmuster eingeordnet sehen.

Das Verdikt des Autors bedeutet unter diesen Umständen keineswegs, daß die Begriffe, in literaturwissenschaftlich genauem Sinn, auf Sternheims Werk nicht anzuwenden wären, ja anzuwenden sind, was vor allem für den Begriff ‚Satire‘, etwa in der Definition von Arntzen gilt, aber auch für den Begriff des ‚Moralisch-Didaktischen‘, zumal er in dem frühen Molière-Aufsatz ein Pendant in ,,Warnung" und ,,Überredung" hat[29].

Dieselbe Vorsicht und Differenzierung ist bei der von Sternheim später immer apodiktischer formulierten Lehre von der ,,eigenen Nuance" geboten. Sie gewinnt zum erstenmal Oberhand, als sich der Dichter – nicht nur wegen des Aufführungsverbots während der Kriegsjahre, das ihn auf Bearbeitungen zurückwirft – an die Wand gedrängt sieht. Von der Kritik wird er im Vergleich zu den neueren – expressionistischen – Autoren, im Vergleich zu deren Geist- und Zukunftsvisionen, immer häufiger der alten Garde zugerechnet, als ,,Enkel des Hofmannsthal-Zeitalters" bezeichnet. Zur gleichen Zeit (1917) entzieht sich ihm Max Reinhardt, der mit der ,,L'Avare"-Bearbeitung die letzte Sternheim-Uraufführung auf die Bühne bringt. Er eröffnet seine neue Experimentierbühne, ein Theater der neuen Avantgarde – nicht mehr für Sternheim, sondern für die von diesem so heftig abgelehnten expressionistischen Dramatiker. Sternheim verliert den bis dahin selbstverständlichen Rückhalt eines Bewußtseins, fraglos zur Avantgarde auf dem bedeutendsten Theater der Zeit zu gehören, – ,,Als ich des deutschen Theaters zaghaft gezeigtes literarisches Prunkstück war", schreibt er bereits 1917 im Rückblick auf die Jahre der Zusammenarbeit mit Reinhardt. Erst zu diesem Zeitpunkt macht sich Sternheim – nachdem er früher jeden Kommentar zu einem eigenen Stück abgelehnt hat[30] – daran, seine eigenen Stücke zu interpretieren, ihnen eine positiv-inhaltliche Rechtfertigung zu unterschieben, die sie offensichtlich dem Rang expressionistischer Programmatik gedanklich gleichordnen soll, wenn sie auch inhaltlich dem Anti-Bürger-Pathos des Expressionismus schroff entgegentritt. Es ist für die apologetische Funktion der Sternheimschen Werkkommentare seit dem Essay ,,Das gerettete Bürgertum" (1918) bezeichnend, daß diese sich um so stärker in der Doktrin verfestigen, je mehr sich Sternheim vom deutschen Theater, vor allem von Reinhardt, nicht mehr genügend berücksichtigt findet[31].

So sollte man sich auch auf dieser Ebene von Sternheims theoretischen Äußerungen keine Scheuklappen anlegen lassen und die Inkongruenz zwischen Autor-Deutung und vor allem dem frühen Komödienwerk nicht mit erzwungenen Konstruktionen – etwa der Unterscheidung zwischen den eigentlichen Bürger-Helden der individuellen Natur und der satirisch behandelten mediokren Umgebung[32] – oder forcierter Harmonisierung zu glätten suchen. Die Sternheimsche ‚Formel‘, verstanden als verhärtete, ideologisch gewordene Formulierung von Gedanken, die in der Frühzeit des ersten Molière-Aufsatzes historisch und soziologisch differenzierter angelegt waren, läßt sich als Fingerzeig verstehen: Sie verwehrt zu Recht die wohlfeile abschätzende Aburteilung der Sternheimschen – ohnehin schon satirisch bloßgestellten – Figurenwelt, nach welcher der Rückzug in das arcanum des ,,Nicht-Betroffen" so leicht fällt; Emrich hatte in diesem Sinne durchaus recht, wenn er gegen ein verharmlosendes, problemlos gewordenes Sternheim-Verständnis zu Felde zog. Zugleich aber stellt sich bei genauem Zusehen heraus, daß sich ein Stück wie ,,Die Kassette" nicht auf den doktrinären Nenner bringen läßt. Zwar ist die ‚Formel' zunächst anwendbar, denn Elsbeth Treu führt sie ja im Namen, aber damit fangen die Schwierigkeiten erst an; denn Fanny ist nicht weniger auf ihre ,,originale, einmalige Natur" ausgerichtet, und Krull und Seidenschnur verfolgen ihr originales Interesse ebenso anpassungsbereit wie unbeirrbar. Die Komödie ist unter diesem Aspekt entweder ein Lehrstück über die Gefahren der Anpassung, weil diese dem Durchsetzungsbereiten den Blick für das Real-Mögliche trübt, oder die Demonstration dessen, was passiert, wenn mehrere Individuen mit der Bereitschaft zu Kampf gegeneinander antreten. So oder so wäre es die Widerlegung der Möglichkeit, daß ,,originaler Natur" mit uneingeschränkter Erfolgschance ,,gelebt" werden kann, selbst wenn dies allen Ernstes versucht wird.

Weder mit noch ohne Sternheimsche ‚Formel' ist das Drama ohne weiteres auf einen Nenner zu bringen. Man sollte sich daher auch erneut fragen, was für eine Note es in das ,,bürgerliche Heldenleben" insgesamt bringt. Wenn die gleichsam monolithische Maske-Trilogie (,,Die Hose", ,,Der Snob", ,,1913") im Sinne des sozialen Aufstiegs verstanden werden kann, so bildet ,,Bürger Schippel" ein Seitenstück, den sozialen Aufstieg auf anderer Basis, ,,Die Kassette" aber ist entweder eine Ausnahme, weil keine soziale Aufbesserung stattfindet, oder ein Gegenstück, sofern sie Aufstiegswillen, Durchsetzungsbereitschaft am faktischen Besitz scheitern läßt: der forcierte Maske-Trieb als letzte Form des Selbstverlusts. Diesem Problem wäre aber mit der früheren Sternheimschen Formulierung von der ,,Besessenheit" des Helden durch eine ,,fanatische", ,,moribunde" Eigenart, die ihm sogar tragische Züge verleiht, besser Rechnung zu tragen als mit der späteren ‚Formel'; denn sie hält offen, was später einseitig verfestigt wird, und sie weist dem Betrachter, statt ihn zu bevormunden, ,,die Rolle der Perspektivfigur zu, die das verwirrende Geschehen auf der Bühne ohne (. . .) Hilfestellung interpretieren muß". Diese ,,Besessenheit" wirkt aber vor allem in dem Sinne ambivalent, daß sie trotz aller Abneigung und Distanz zu den Figuren einen letzten Rest-Eindruck von menschlicher Leidensfähigkeit, noch in der Pose des Triumphs, vermittelt. In diesem Sinne wirken die alten Szenenmuster der Komödie nach, gegen alle Umwertung der Szenerie, Verzerrung der Figuren und Deformation ihres Sprechens. So wird in Sternheims Komödie, vor allem an den Frauengestalten der „Kassette", noch einmal ansichtig, was Kahane an Molières Stücken hervorzuheben wußte: getäuschte Liebe, Menschenhaß und grenzenlose Einsamkeit. Bei allem Monströsen bleiben die Figuren gerade in ihrer hoffnungslosen Einseitigkeit noch erbärmlich und bejammernswert, auch diejenigen, die am rücksichtslosesten der eigenen Natur leben, weil sie nicht nur Herren, sondern auch Sklaven ihrer selbst sind. Noch im Besitz der Kassette sind sie deren Opfer. Und: auch eine menschliche Lebensform, die definitiv keine Zukunft hat – und die „Kassette" verweigert ihren Figuren im Gegensatz zur Maske-Trilogie mit dem Schluß von „1913", auch eine letzte, dürftige Leerformel von Zukunftsversprechen –, ist noch der Nachsicht der Nachgeborenen anheimgestellt. Vielleicht ist dies die humane Substanz von Sternheims Frühwerk, um so bedenkenswerter, je radikaler die Darstellung: das Pierrot-Antlitz George Dandins, noch unter den von Zynismus gezeichneten Zügen eines Krull, einer Elsbeth, sicherlich einer Fanny.

Die Rezeptionsgeschichte von Sternheims Komödienwerk zeigt, wie sehr dieses an seine Zeit gebunden ist: inhaltlich an die Spätphase des Wilhelminismus, der es seine Aggressivität ex negativo verdankt, theater- und gattungsgeschichtlich an die Aufbruchsjahre eines neuen Theaters und seiner Konzeption vom Komödien-Spiel, der es seine dramaturgische Brisanz verdankt. Als diese Koinzidenz von geschichtlicher Ära und theatergeschichtlichem Umbruch nach den ersten beiden Weltkriegsjahren zu Ende ist, gerät Sternheims Schaffen mehr und mehr ins Abseits – trotz des Publikumserfolgs der „Marquise von Arcis" und des „Fossils", des Schlußsteins der Maske-Dramen. Sternheims Wirkungsgeschichte ist die Wirkung der Komödien „aus dem bürgerlichen Heldenleben", so auch der „Kassette", deren skandalisierender Elan[33] auch nach 1945 erneut zum Durchbruch kommt[34]. Die deutsche Literatur des 20. Jahrhunderts verdankt Sternheim aber außer diesen und einigen weiteren Virtuosenstücken des Komödien-Repertoires noch Grundlegenderes: die thematische Wiederbelebung und die theatralisch-dramaturgische Renaissance der literarischen Komödie, die neue Basis, von der die moderne Komödien-Entwicklung ihren Ausgang nimmt[35].

Aus dem Jahre 1920 ist eine bezeichnende Anekdote von Thea Bauer Sternheim überliefert: Albert Bassermann, der Krull der Uraufführung, erklärte sich bereit, die Rolle erneut zu spielen, wenn Sternheim den Schluß abändern und Krull die Kassette erben lassen würde[36]. Für den Schauspieler mag es dabei lediglich um den wirkungssicheren Abgang gegangen sein. Für Sternheim, der in seiner „L'Avare"-Bearbeitung gerade den konven-

tionellen Schluß abgeändert hatte, bedeutete der Vorschlag die Rückver-
wandlung seiner aggressiven Komödie in publikumskonformes Unterhaltungstheater, die Rückkehr zum ‚Schwank nach Molière'. Er hielt an *seiner*
,,Kassette'' fest, im Bewußtsein, dem neuen Theater das gegeben zu haben,
was des Theaters ist; er hätte sich auf einen Rezensenten des Jahres 1912 berufen können, der hinter der ,,Kassette'' endlich die ,,Hand'' eines Autors
erkannte, ,,die das Theater meistert''.

—

HOFMANNSTHAL · DER UNBESTECHLICHE

Die Handlung der Komödie spielt auf dem Gut einer alten Baronin in Niederösterreich, im Jahre 1912. Außer der Baronin, einem pensionierten General und der Dienerschaft halten sich dort Jaromir, der Sohn der Baronin, dessen Frau Anna und beider Kind auf, das wie der Vater Jaromir heißt.

Um die Familie des Barons Jaromir, um seine Ehe geht es. Die Komödie – „comique sérieux"[1] in ihrem Grundcharakter – hat Züge eines sentimentalen Familiendramas. An mehreren Stellen des Stücks taucht z. B. der vierjährige Jaromir auf und erinnert mit seinem hellen Kinderstimmchen unbewußt-beziehungsvoll an Elternpflichten, wie sie insbesondere Vater Jaromir versäumt.

Daß Hofmannsthals „Unbestechlicher" kein sentimentales Familiendrama, sondern vorwiegend eine Komödie geworden ist, verdankt man vor allem der Hauptfigur, dem Diener Theodor. Der „Unbestechliche" ist eine Diener-Komödie, ein Stück, das in einer sehr alten Tradition steht, diese aber nicht einfach kopiert, sondern etwas Neues darstellt. Das Neue liegt hauptsächlich in dem Charakter eben des Theodor; Theodor ist – wie Robert Musil geschrieben hat – „in einer erschütternden Weise komisch", auf ihm beruht das „bedeutsam Lustige dieses Stückes".

Bei Gelegenheit der Generalprobe der Komödie im Wiener Reimund-Theater am 15. März 1923 und angesichts des starken Eindrucks, den der Hauptdarsteller, Max Pallenberg, auf ihn gemacht hatte, notierte Musil Gültiges über die Möglichkeiten der von Hofmannsthal geschaffenen Rolle: „Pallenberg gab ihm [dem Theodor] einen leisen wie von vielen in deutscher Umgebung verbrachten Jahren verschlissenen tschechischen Akzent und setzte schon dadurch um ihn eine Atmosphäre des unausgelebten Protestes und verschlossenen Eigensinns, in die er hineinbaute, unerschöpflich an Einzelzügen, was er an verschlossenem Eigensinn der Einsamkeit, heimlichen Glück u. Unglück eines Sittenrichters, der einmal im Leben endlich zum Rechte kommt, Besserwisserei, Fanatismus, u dem irrsinnigen so wichtigen Herzensbedürfnis der Menschen, die Welt einmal nach sich auszudenken", in sich trägt[2].

Der erste Akt bereits – er ist höchst brillant konstruiert und rein technisch-dramaturgisch das Beste an dem Stück – rückt die überragende Rolle Theodors in volles Licht. Ähnlich wie es bei dem von Hofmannsthal bewunderten und von ihm viel studierten Molière[3] im ,,Tartuffe" der Fall ist, müssen die Zuschauer auf den ersten Auftritt des komischen Helden lange, genau: 10 Szenen lang, warten – Gelegenheit, ihn von verschiedenen Personen charakterisieren zu lassen, ehe er sich durch sein Erscheinen selbst charakterisiert.

Unterdessen ist die Handlung schon in vollem Gange. Man bemerkt die ratlose Verärgerung der alten Baronin, sieht eine verbiestert hin- und herrennende Dienerschaft. Hofmannsthal hat das ,erregende Moment' in die unmittelbare Vorgeschichte der Handlung verlegt; zugunsten der dramatischen Wirkung hat er sich darauf beschränkt, die hektischen Folgen jenes Moments, die gestisch und akustisch die Eingangsszenen beherrschen, zu geben statt es selbst. Ausgerechnet in dem Augenblick, da sich Melanie Galattis und Marie am Rain, die Ex-Geliebten Baron Jaromirs (sie tragen symbolisch gewählte Namen), zu Besuch angemeldet haben, scheint der erste und oberste der Diener, ohne den nichts klappt, auszufallen! Die Baronin teilt in I,4 mit, was Schlimmes passiert ist: ,,Der Theodor hat mir am Ersten gekündigt! Heute ist der vierzehnte Tag, und er hat seine Kündigung bis zu dieser Stunde nicht zurückgenommen und sich obendrein krank gemeldet."

Der Zuschauer begreift nach und nach, daß es sich bei Theodors Krankheit um einen taktischen Zug und den Teil einer weitblickenden Intrige handelt. Freilich – es ist keine Intrige in profaner Absicht wie in vielen Komödien, wo es um persönliche Bereicherung, Liebesgenuß und dergleichen Handfestes geht. Der ,,Unbestechliche", ,,L'Incorruptible", wie Theodor mit einem Beinamen des ,tugendhaften' Robespierre vom Autor genannt wird, verfolgt höheren, sittlichen Zweck. Er will verhindern, daß Baron Jaromir seine alten, frivolen Junggesellengewohnheiten wiederaufnimmt und daß die arglos-reine Anna leiden muß.

Auch Jaromir, der sich für einen Schriftsteller hält und deshalb Künstler-Freiheiten für sich beansprucht, hat bei aller seiner Zerstreutheit eine Intrige ausgeheckt. So sind Melanie und Marie auf seine Initiative hin und allein seinetwegen gekommen, während es so aussehen soll, als gelte ihr Aufenthalt der alten Baronin. Selbst den Seitensprung hat Jaromir schon geplant. Die ominöse Dachreparatur, von der mehrfach scheinbar harmlos die Rede ist, dient zu nichts anderem, als nächtens dem Herrn Baron einen sicheren ehebrecherischen Gang von seinem Arbeitsraum in das daneben liegende Gästezimmer Melanies zu ermöglichen.

Eine moralische Intrige steht somit gegen eine unmoralische Intrige[4], und die dramatische Pointe des Ganzen läuft auf einen Sieg der erstern über die letztere hinaus. Das ist zugleich als eine erheiternde Pointe gemeint, insofern jener Sieg in doppelter Hinsicht das Prinzip der Wahrscheinlichkeit und dessen oft bedrückende Vorherrschaft außer Kraft setzt: Der Diener, aus der Position sozialer Schwäche handelnd, triumphiert hier einmal über den Herrn; das ‚Gute' setzt sich, was ja nicht einmal in Komödien das Übliche ist, gegen das ‚Schlechte' durch.

Damit beides – gegen die gewöhnliche Erfahrung – gelingt, muß zum einen der Diener über außerordentliche Fähigkeiten verfügen: In der Tat grenzen Theodors Kräfte ans Zauberische, er ist ein „Erzengel"[5], stellenweise scheint er die Gabe der Ubiquität und des Gedankenlesens zu besitzen. Zum andern muß es in der Umgebung des sittlich motivierten Dieners Menschen geben, die, damit er zum Zug kommen kann, noch ein Organ für einen solchen Charakter besitzen. Auch für die Erfüllung dieser Prämisse ist gesorgt: Die Gestalten auf dem Gutshof, selbst Jaromir, der Treulose, der Abenteurer, selbst die raffinierte Melanie, sind im Kern gut; es handelt sich, auf verschiedenen Rangebenen, gewissermaßen um Menschen im emphatischen Sinn des Worts; sie konstituieren die grundlegende sittliche Homogenität, die für fast alle Komödien Hofmannsthals charakteristisch ist.

Damit dem Zuschauer angesichts einer enragiert sittlich handelnden Hauptfigur wie des Theodor nicht – statt heiter – bänglich zumute werde, damit er „jene geistreiche Heiterkeit und Freiheit des Gemüts" bewahren kann, „welche" – laut Goethe – „in uns hervorzubringen das schöne Ziel der Komödie ist", hat Hofmannsthal, dem Aristoteles getreu[6], seinen „Erzengel" seinerseits mit einigen ‚Fehlern' versehen. Dazu gehört die Eigentümlichkeit Theodors, die Sphäre des sittlich Allgemeinen, Objektiven mit der seiner Besonderheit, der Subjektivität zu vermischen, ja deren Identität immer wieder komisch zu prätendieren. Dazu zählt ferner die Tatsache, daß der sittenstrenge Diener „doch auch kein Heiliger" ist. So läßt Theodor, virtuos wie er ist, neben seiner großen, moralischen Intrige eine kleine, weniger moralische Intrige mitlaufen, durch die er sich die liebenswert ordinäre Hermine gefügig macht; am Schluß ist es der Diener, der über den frisch reparierten Dachsteg zu der Geliebten eilt, nicht der Herr.

Zu den komischen ‚Fehlern' des Theodor rechnet auch seine Sprechweise. In dem großen Gespräch zwischen ihm und der alten Baronin (als Figur ist diese eine Art Variante der prächtig unsentimentalen Gestalt der Großmutter aus dem kleinen Drama „Der weiße Fächer" von 1897) durchbricht Theodor die Schranken gesellschaftlicher Ausdrucksweise (I,12)[7]. Seine Diktion irrlichtert zwischen Erhabenem und Trivialem, sie ist so umständlich wie energisch-zielbewußt, so abgeschmackt wie feierlich-ergreifend.

In Parenthese sei angemerkt, daß es hier für Hofmannsthal außer der Absicht, den Gesetzen der komischen Gattung gerecht zu werden und seine Komödienhandlung auch von der sprachlichen Seite her auf erheiternd kontrastreiche Weise zu gliedern, um die Lösung eines Problems von zeitgeschichtlich prinzipieller Bedeutung ging: Dem in die Krise geratenen, durch quasi Sprachlosigkeit betroffenen Sittlichen sollte trotz allem Sprache verliehen werden; das komische Genre selbst sollte – durchaus paradoxer Weise – als Medium einer ernsthaften Behandlung des Sittlichen in einer Gesellschaft dienen, für die dessen unvermittelt ernsthafte Artikulation in unfreiwilliger Dialektik ins komische Gegenteil umzuschlagen, lächerlich (im ästhetisch negativen Sinn) zu werden pflegt[8].

Nachdem Theodor im ersten Akt durch ebenso pragmatische wie metaphysisch-sittliche Erpressung seine vorläufige Absicht erreicht hat, nachdem ihm feierlich, in Anwesenheit der übrigen Dienerschaft, ,,wieder die Aufsicht über das Ganze"[9] übertragen worden ist, kann er seine Intrige im folgenden ziemlich unbehindert weiterspinnen und zum Sieg führen. Sein Endziel hat er in der vierzehnten Szene des ersten Akts in einer der lächerlich hyperbolischen Anwandlungen von Gottähnlichkeit, die man bei ihm beobachten kann, vorgreifend umrissen: ,,Meine Genugtuung wünsche ich zu erblicken darin, daß das ganze Gebäude von Eitelkeit und Lüge zusammenstürzen muß, als eine unbegreifliche Wirkung meiner höheren Kräfte."

Das ,,Gebäude" ,,stürzt" nun zwar zum Komödienglück aller Beteiligten am Ende ,,zusammen", aber es tut dies zum Teil infolge eigener Unsolidität, gleichsam vermöge der sublimen Nichtigkeit, die in Hofmannsthals, des Platonikers[10], Augen dem Schlechten offenbar eignet. Darin liegt eine Grenze der Intrige Theodors. Dieser muß eben hierdurch, von seiten des inneren Geschehens, auf das er trotz aller Geschicklichkeit nur partiellen Einfluß hat, und noch über die Relativierung durch die erwähnten ,Fehler' hinaus eine komische Schwächung seines imposanten dramatischen Charakters hinnehmen[11]. Ob er in den Akten II, III und IV, die eng ineinandergreifen und eigentlich einen einzigen großen Akt abgeben können[12], die Figuren des Gegenspiels ,,direkt" anspielt, so die hilflose Marie – ob er sie ,,von der Bande" her angeht, so die erfahrene Melanie – sein souveränes ,,Billardspiel" ad majorem virtutis gloriam hinkt hinter dem eigentlichen Prozeß, auf den es ankommt, immer ein wenig her und kann bestenfalls die Auflösung zum Positiven beschleunigen helfen, die aus sich schon im Gange ist.

Marie vollzieht die Abwendung von ihrem Verführer, Jaromir, im Grunde aus der sittlichen Kraft dessen, was ihre Schwäche scheint: ihrer schuldbewußten Angst. Melanie bedarf robuster Nachhilfe durch sekundäre Motivation[13]. Doch auch sie leistet das Zusichselberfinden letztes Endes aus sich selbst. Schon bei der Ankunft lebt sie nur noch halb in der früheren Liebesillusion, ist sie als sittliche Person den Machinationen ihrer eigenen Sinnlichkeit voraus – eine Tatsache, die Hofmannsthal mit seiner Vorliebe für Gebärden als suggestivste Sprache des Unbewußten durch das Motiv des Zerreißens der Perlenkette in II,3, eine Pantomime erotischer Desillusionierung, veranschaulicht hat[14]. Vergeblich beschwört Jaromir die Magie vergangener Liebe, die für ihn im Begriff „Gebhartstetten" zusammengefaßt ist[15] – Melanie erkennt am Ende: „(. . .) ich habe anderswo das, was schließlich meine Existenz ist."

Genaugenommen hat der „Unbestechliche" infolge des dargelegten Zusammenhangs zwei Handlungsstränge oder besser: eine äußere und eine innere Handlung. Spätestens im fünften Akt wird das für den Zuschauer sichtbar. In der Abreise der beiden ehemaligen Geliebten Jaromirs und in dem damit verbundenen heiter-nervösen, ‚mimischen' Wirbel vollendet sich sinnfällig die Intrigen-Handlung, manifestiert sich Theodors Triumph – wie selbst dem General, der sonst wenig bemerkt, nicht entgeht; er konstatiert, in Theodors „Gang" liege plötzlich „ein förmlicher Krampf von Hochmut".

Die andere, verborgenere Handlung dagegen gipfelt in dem Gespräch zwischen den einander entfremdeten Eheleuten Jaromir und Anna[16]. Das Gespräch ist Begegnung in pointiertem Sinn: Die zwei finden zueinander. Was geschieht, liegt außerhalb der Sphäre einer Intrige, ja im Grunde außerhalb des Dramatischen im besonderen wie der Welt der Erscheinungen im allgemeinen, es spielt in einer Dimension von Einsamkeit und seelischer Exklusivität, die auch dem „Sozialen", dem „Allomatischen"[17] bei Hofmannsthal untilgbar anhaften. Die Empfindsamkeit als eine Grundschicht, über der alle Komödien des Dichters aufgebaut scheinen und die die zwischenmenschlichen Beziehungen im „Unbestechlichen" selbst noch an den Rändern der Handlung mitbestimmt (der tumbe General z. B. ist eine im wesentlichen empfindsame Gestalt, der seelenhaft verfeinerte Agroikos der alten Komödie) – die Empfindsamkeit geht hier am Ende auffällig und echt Hofmannsthalisch in die Dimension des Mysterienspiels über. Mit diesem Mysterienspiel-Kern[18] und dem auch sonst im Werk Hofmannsthals gegenwärtigen Fasziniertsein durch ein – wie immer zu definierendes – Wunderbares dürfte es zusammenhängen, daß Jaromir und Anna als dramatische Charaktere in bedenklicher Weise Skizzen geblieben, daß ihre menschliche Verwandlung und Steigerung im Komödien-Finale durch vorhergehende Entwicklung wenig oder gar nicht vorbereitet worden sind. Obwohl Hofmannsthal hier zum Schaden der Komödie einiges versäumt hat (Anna erscheint zu bläßlich nobel, Jaromir zu statisch-egozentrisch) – solches Versäumnis ist in seiner Dramaturgie[19] wie in seiner Poetik überhaupt gleichsam systembedingt.

Ein wichtiger Augenblick der Komödie muß noch erwähnt werden: Theodors Figaro-Moment, seine rebellische Anwandlung in der vierten Szene des vierten Aktes[20]. Fehlte die Szene, wäre diese Komödie, die schon durch das im ganzen kraftlose Gegenspiel geschwächt ist, allzu leichtgewichtig. Theodor mit seiner hohen Vorstellung vom Dienen, das bei ihm ja nicht bloß soziale Maske, sondern sittliche Substanz seiner Existenz ist, zeigt hier – ähnlich wie der Bettler im „Salzburger Großen Welttheater" –, daß seine Bejahung der bestehenden Ordnung die Möglichkeit von deren Verneinung in sich schließt. Das Sittliche, das sich in Theodor komisch verkörpert, revoltiert in der genannten Szene durchaus ernsthaft gegen die, die es gesellschaftlich nicht mehr repräsentieren: die zeitgenössischen, insbesondere jungen Vertreter der herrschenden Schicht. Der Angriff zielt zunächst auf Jaromir und seine – im Kierkegaardschen Sinn – ästhetische Existenz, er richtet sich darüber hinaus in einer vehementen Anklage gegen die „oberste(n) Vierhundert", die zu eigensüchtigem, unproduktivem Gebrauch die durch die gesamte Gesellschaft erzeugten kulturellen und technischen Mittel bedenkenlos verschleißen: „(. . .) da müssen Eisenbahnen her und Hotel muß her! und Dienerschaft muß her, und Schlafwagen her und Automobil und Theater muß her" usw. Wieder hat Hofmannsthal die wesentliche Aussage in einer symbolischen Gebärde konzentriert; sie ist hier von aggressiver Wildheit: Theodor „hat blitzschnell Jaromirs Photographie aus dem Rahmen gezogen, reißt sie mitten durch und schiebt sie zerrissen wieder hinein." –

Hofmannsthal hat den „Unbestechlichen", seine letzte vollendete Prosakomödie, unmittelbar nach der Fertigstellung des „Salzburger Großen Welttheaters" (1922) und neben der Arbeit an dem Trauerspiel „Der Turm" „so hingeschrieben". Das Stück entstand in relativ kurzer Zeit, es lag im Dezember 1922 fertig vor und wurde am 16. März 1923 – „wie es scheint mit sehr großem Erfolg" – uraufgeführt. Danach hat sich Hofmannsthal um die Komödie offenbar nicht mehr viel gekümmert; lediglich den ersten Akt gab er 1923 bei der „Neuen Freien Presse" heraus; der gesamte Text wurde erst 1956 – Jahrzehnte nach dem Tode Hofmannsthals (1929) – in den „Gesammelten Werken" veröffentlicht.

Diese Umstände seiner Entstehung und seiner Edition scheinen den „Unbestechlichen" als ein entschiedenes Nebenwerk ohne sonderliche Bedeutung über den Tag hinaus zu qualifizieren. Doch wäre das Stück mit solcher Einordnung erheblich unterschätzt. Den Rang des „Schwierigen" (1918, uraufg. 1921) – darüber muß nicht lange gegrübelt werden – erreicht der „Unbestechliche" freilich nicht. Jenes „Lustspiel" mit der Fülle seiner interessanten Gestalten, seiner komplexen Dialektik von Oberflächen- und Tiefenstruktur und, vor allem, seiner rätselhaft todessüchtigen Mittelpunktsfigur, in der die feinsten Tugenden der bürgerlich-feudalen Klasse noch einmal vereinigt sind und in der sie gleichzeitig zu Ende gehen, ist ein Glücksfall in der an guten Komödien armen Literaturgeschichte des 20. Jahrhunderts. Unterhalb solcher Gipfelleistung aber, an deren Norm auch nur die übrige Lustspielproduktion Hofmannsthals zu messen ungerecht wäre, kann der „Unbestechliche" seinen Platz sehr wohl behaupten. Auch haben E. Rösch, G. L. A. Schnetzer und insbesondere Norbert Altenhofer mit seiner genauen und umfassenden Monographie[21] inzwischen auf die Bedeutung aufmerksam gemacht, die dem Stück im Gesamtschaffen Hofmannsthals wie auch in der Geschichte der Gattung Komödie zukommt.

Als Erweis der – zumindest relativen – Lebensfähigkeit des „Unbestechlichen" kann auch das Zeugnis seiner Wirkungsgeschichte im Theater dienen: Seit der ersten Nachkriegsaufführung in Düsseldorf (am 26. 9. 1953, Regie: Fritz Peter Buch) ist die Komödie sehr häufig – allein von 1955/56 bis 1966/67 417 mal – gespielt worden. Sie kam im Akademietheater des Wiener Burgtheaters (am 12. 1. 1957, Regie: Ernst Lothar, Hauptdarsteller: Josef Meinrad) ebenso wie auf Bühnen des Ruhrgebiets und Westfalens, vor Publikum von je verschiedener Sozialstruktur, zur Aufführung und hatte durchweg beträchtlichen Erfolg. Gelegentlich ist das Stück selbst von Strafgefangenen, einem ihm von Haus aus gleichsam konträr entgegengesetzten Publikum, mit großem, angesichts der Thematik und gesellschaftlichen Szenerie einigermaßen verwunderlichem Beifall aufgenommen worden[22] – letzteres eine wirkungsgeschichtliche Kuriosität, die die kritische These einer allverwendbaren Harmlosigkeit der Komödie nahelegt, allerdings auch nachdrücklich auf das rein empirisch-literatursoziologisch bedeutsame Faktum hinweist, daß es hier – um welchen Preis immer – einem modernen Dichter offensichtlich gelungen ist, von den exklusiven Fin-de-siècle-Höhen neuromantisch-symbolistischer Literaturproduktion hinunter den Weg zu einem breiteren, selbst sozial gemischten Publikum zu finden.

Das Bestreben, die Kluft zwischen hoher und niederer Kunst und entsprechender Kunstrezeption zu schließen[23], läßt sich hier und da schon im Werk des jungen Hofmannsthal beobachten; eben diese Tendenz war eins der Hindernisse bei dem literarischen Verkehr Hofmannsthals mit dem esoterischen George Kreis gewesen. Der gattungspoetische Übergang dann von der „vorwiegend lyrisch-subjektive(n) Epoche" der eigentlichen Lyrik und der kleinen lyrischen Dramen hin zum vollgültigen Drama als der auf gesellschaftliche Objektivität angelegten Form verlieh jenem Bestreben des Dichters einen markanten neuen, von ihm selbst als Epoche empfundenen Ausdruck. Hofmannsthal bemächtigte sich dabei nicht zufällig mit Vorliebe antiker und christlicher Mythologien. Im Anschluß an deren auch stofflich imposante Tradition erblickte er die beste Chance, die von ihm intendierte Objektivität, auch und gerade was das rezeptionsästhetische Interesse betraf, zu gewinnen.

Doch durch das mit Bildungslast beschwerte, mit dem Hautgout schlechter Historizität unausrottbar behaftete Dichten, wie es sich in manchen der antikischen, der mittelalterlich-christlich und christlich-barock inspirierten Stücke ausgeprägt hat, wirkte Hofmannsthal für viele kritische Zeitgenossen befremdlich und fatal, nahm er sich in ihren Augen wie ein Überredungskünstler aus, dessen Stimme insbesondere dann künstlich und überanstrengt klang, wenn sie naive Töne zu erzeugen suchte[24].

In seinen Komödien jedoch verwandte Hofmannsthal eine andere Methode als in den erwähnten Versuchen. Indem er hier im Verhältnis zur Geschichtlichkeit einen – unter den Prämissen seiner Zeit – tendenziell produktiveren Punkt wählte, indem er den Phantasieakt mit der künstlerischen Reflexion auf Figur und Physiognomie einer unmittelbar vergangenen Vergangenheit als ideell und zum Teil materiell lebendigen Bestandteil der Gegenwart verknüpfte, wuchs den Fabelkonstruktionen der Komödien eine ästhetisch eigentümliche, substantielle Qualität zu. Diese kann, ungeachtet der Leichtigkeit und scheinbaren Anspruchslosigkeit der ästhetischen Gebilde, mit dem Hinweis auf den Unterschied zwischen Mythologie (in der Bedeutung eines – im Doppelsinn – fertigen geschichtlichen Symbolsystems) und Mythos (in der Bedeutung eines wesentlich noch unfertigen, die Phantasie ‚natürlich‘ anregenden Symbolsystems) beschrieben werden – wobei hier die Frage zunächst offen bleiben darf, wieweit das, was von Hofmannsthal selbst als ,,Mythos" entworfen[25] und realisiert wurde, inzwischen seinerseits zur Mythologie geworden ist. Jedenfalls: Sämtliche Komödien Hofmannsthals – und zu ihnen muß man komödienhafte Libretti wie ,,Der Rosenkavalier" (1910) und ,,Arabella" (1927–1929) hinzurechnen – sind dem Wunsch des Dichters entsprungen, gegen eine von ihm als chaotisch empfundene Zeit dramatische – das ist: figürlich und sprachlich ‚handelnde‘ – Mythen zu stellen und damit das in diesen verkörperte Positive zugleich vor dem ihm drohenden Untergang zu bewahren.

Das ist der Sinn der viel und meist abfällig zitierten ,,schöpferischen Restauration" oder auch ,,konservativen Revolution", deren Idee Hofmannsthal hochhielt[26] – eine Bestrebung, die im eigentlichen Fach des Autors, der Dichtkunst, eine essentiell andere Eigenschaft besitzt als in der ästhetisch heteronomen Sphäre der programmatischen Manifeste, der ,theoretisch‘ expliziten Reden und Essays, in denen Hofmannsthal aus der Dilettanten-Not, ,,weitschweifig oder ungeschickt" zur ihm ungewohnten abstrakten Sache reden zu müssen, meist (nicht immer) vergeblich eine schriftstellerische Tugend machte.

240

Der Komödiendichter Hofmannsthal ist zweifellos weiser als der konservativistische Kulturpolitiker Hofmannsthal gewesen. Die österreichische Adelsgesellschaft, die im wesentlichen das Ensemble seiner Lustspiele ausmacht und in deren ins Kulturelle sublimierter Atmosphäre Hofmannsthal selbst noch aufwuchs, wird in den Komödien so zwar erhöht, sie wird aber – ihrer tatsächlichen Rolle im 20. Jahrhundert entsprechend – zugleich und unnachsichtig in Distanz gerückt: in die des Komischen und des Anachronistischen[27]. Beide Momente, die einander wechselseitig bedingen und den geschichtlich-empirischen Stoff zu einem der historischen Er-innerung (im eigentlichen Wortverstand) machen, konstituieren den Mythos in den Komödien Hofmannsthals.

Der „Unbestechliche" ist Teil des poetischen Mythos der österreichischen bzw. altösterreichischen, eine „Verbindung zwischen Volk und Oberen" angeblich organisch erzeugenden Gesellschaft, wie sie Hofmannsthals idealistischer[28] Geschichtssinn sich vorstellte, und nichts demonstriert wohl das Bewußtsein des Dichters von der dialektischen Spannung des Mythos zwischen historischem Verlust und seelenhaftem Besitz, zwischen entschwundener Realität und bewahrender Phantasie so deutlich wie der fundamentale gesellschaftliche ‚Witz' seiner letzten Prosa-Komödie, der darin besteht, daß hier nur mehr der Diener imstande ist, die zerfallende Ordnung jener Gesellschaft wiederherzustellen und das sittliche Prinzip, auf dem sie basierte, zu retten. Die Drastik des hier sich betätigenden Humors grenzt partiell an die Selbstpersiflage, insofern die relativierende Komik, die in dem Stück die sittlich motivierte Restaurationsbemühung Theodors samt seiner Suada trifft (ohne daß beide freilich satirisch desavouiert würden), zugleich die ähnlich gearteten und sogar sprachlich verwandten Anstrengungen Hofmannsthals selbst kritisch widerspiegelt[29].

Keine Frage – in Hofmannsthals Versuch der Wiederherstellung eines „geistigen Austriazismus"[30] durch den Mythos seiner Komödien liegt ein „Moment" der – ihrer selbst bewußten – „Don-Quijoterie". Der Humor dieser Komödien, dessen Beziehung zu Schwermut und Tod schon bei erster Lektüre sich aufdrängt (vgl. insbesondere den „Schwierigen"), korrespondiert seinem gesellschaftlichen Wesen nach mit einer skeptischen, ja tief pessimistischen Betrachtung der Lage des damaligen Europa und der sie bestimmenden sozialen Kräfte.

Hofmannsthal hat sich, von schwächeren Augenblicken insbesondere während des Ersten Weltkriegs abgesehen, nicht der Illusion hingegeben, die Restbestände süddeutsch-österreichischen Feudalismus könnten ein konkret-soziologisch bedeutsamer Faktor zur Besserung der materiellen Situation des Abendlandes sein. Auch trifft nicht zu, wie in der Hofmannsthal-Forschung immer wieder behauptet wird, daß der unglückliche

Ausgang des Ersten Weltkriegs und die Zerstörung der Donau-Monarchie den Dichter plötzlich in Resignation und Verzweiflung gestürzt hätten. Der Erste Weltkrieg ist nicht einmal für das Komödienschaffen der Einschnitt gewesen, als den man ihn oft hinstellt[31].

Eins der Grundthemen Hofmannsthals, die „tödliche Angst vor der Unentrinnbarkeit des Lebens", ist für das Frühwerk bereits zentral. Jenes Thema, zu Unrecht meist lebensphilosophisch-abstrakt interpretiert, besitzt in der Dichtung Hofmannsthals seine sehr konkreten gesellschaftlichen Bezüge. Es weist – höchst eindringlich zumal in dem nur mit den besten Arbeiten eines Kafka vergleichbaren „Märchen der 672. Nacht" (1894) – auf den drohenden Untergang nicht nur eines Individuums, sondern einer ganzen Klasse, der „Reichen" (wie es mehrmals in der Erzählung heißt). Im „Brief des letzten Contarin" (1902) läßt Hofmannsthal den Vertreter eines einst „illustren" Geschlechts sich äußern. Der skizzierte „Brief" ist das Fragment eines aus intimer Sicht gedichteten gesellschaftlichen Verfalls, in dem die literarische Feudalismus-Fiktion im Grunde eine Aussage über die untergehende bürgerliche Gesellschaft mit einschließt. „Man kann nichts restaurieren", schreibt der letzte Contarin. „Die Alten hatten Perlenglanz innerlich"; und er zieht folgendes Fazit: „Wir sind anders als jene anderen (die Alten) (. . .) Diese Distanz, und pietätvolle Distanz, ist das Koordinatensystem unseres Geistes (. . .) uns ziemt hypothetischer Besitz von allem."

Das sind Stichworte für ein rechtes Verständnis des mythischen Restaurationsversuchs der Hofmannsthalschen Komödien. Hofmannsthal, der Dichter, wußte, was der Aufsatzschreiber Hofmannsthal vielleicht bisweilen vergaß: „(. . .) das, was fünfzehn Jahre hinter uns liegt, ist so fern von uns, so unerreichbar wie Sesostris und Nimrod." Über das „Gesellschaftslustspiel" – gemeint ist der „Schwierige", aber das Gesagte trifft genauso auf den „Unbestechlichen" zu – schreibt Hofmannsthal im November 1919 an Arthur Schnitzler: „Vielleicht hätte ich die Gesellschaft, die es darstellt, die Österreichische aristokratische Gesellschaft, nie mit so viel Liebe in ihrem charme und ihrer Qualität darstellen können als in dem historischen Augenblick wo sie, die bis vor kurzem eine Gegebenheit, ja eine Macht war, sich leise u. geisterhaft ins Nichts auflöst, wie ein übriggebliebenes Nebelwölkchen am Morgen."

Unnötig zu erwähnen, daß für Hofmannsthal auch der Diener als Teil dieser österreichischen aristokratischen Gesellschaft längst in „Nichts" aufgelöst war. Bereits vor der Jahrhundertwende hatte Hofmannsthal das Nichtvorhandensein des treuergebenen, feinfühligen österreichischen Dieners in einem launigen Abschnitt seines Essays „Eduard von Bauernfelds dramatischer Nachlaß" ironisch beklagt: „Der Diener ist heutzutage uniform wie ein Lampenzylinder, unpersönlich wie ein Suppenlöffel. Er heißt irgendwie, verbeugt sich, macht Türen auf und schweigt. Damals war das anders. Damals hieß er nicht irgendwie, sondern er war ‚unser Johann‘, ‚unser Alois‘. Er war häufig im Haus geboren; jedenfalls war er jahrelang im gleichen Haus; er hatte die jungen Herren, manchmal auch die jungen Damen, sozusagen aufgezogen. Er hatte etwas von dem Sklaven der antiken Komödie, von dem Gracioso des spanischen Lustspiels. Er hatte eine Lebensanschauung; er machte und empfing Konfidenzen; er ignorierte gewisse Gäste des Hauses, die er nicht gern ‚bei uns‘ sieht, und beehrte andere mit seinem Wohlwollen. Er ist das Gewissen und die Karikatur der Herrschaft; er ist eines von den klammernden Organen, mit denen die soziale Komödie sich am Muttergrund des Natürlichen festwachsen will.“

Diese Stelle des Frühwerks kann geradezu als Entstehungskeim der Diener-Komödie von 1922 aufgefaßt werden. Sämtliche wesentlichen Ingredienzien für die Schaffung der Gestalt des Theodor sind hier versammelt. Selbst der komische Widerspruch im späteren Diener, der in der Tat das höhere „Gewissen“ der adligen Gesellschaft darstellt und zugleich deren Herrschaftsallüre karikaturistisch nachahmt, ist schon klar umrissen. Der sittliche und weltanschauliche Aspekt, mit dem die Konzeption des Hofmannsthalschen Theodor die Figur des Sklaven der antiken und der spanischen Komödie transzendiert, die entscheidende Differenz ferner zur republikanisch aufsässigen, „gallischen“ Diener-Gestalt des Beaumarchaisschen Figaro[32] treten nicht minder deutlich hervor. Bezeichnend übrigens für den ‚mythischen‘ Ansatz Hofmannsthals, daß schon in dem Essay die empirisch-historische und die literarische Erinnerung ununterscheidbar durcheinanderspielen.

Der heitere Ton der zitierten Diener-Passage darf einen freilich nicht den erwähnten gesellschafts‚theoretischen‘ Pessimismus vergessen lassen, dem diese Heiterkeit ebenso wie der Humor des „Unbestechlichen“ entstammen.

Der aktive, erfolgreiche Theodor kann als komische Kontrafaktur des schweigsamen, ‚nicht-handelnden‘ Grafen Bühl, des „Schwierigen“, mehr noch des passiven, leidenden Sigismund aus dem Geschichtsdrama „Der Turm“ gedeutet werden, dem Stück, an dem Hofmannsthal während der Abfassung des „Unbestechlichen“ arbeitete und das in seiner dritten Fassung (von 1927), der ohne den hoffnungsvoll-utopischen „Kinderkönig“, eine geschichtsphilosophische Position von nicht leicht zu überbietender Düsterkeit und Ratlosigkeit erkennen läßt.

In anderer, wohl triftigerer Betrachtung läßt sich die Figur des treuen, auf die Destruktion seiner Herrschaft verzichtenden Dieners als eine Art

Beschwichtigung der Angst Hofmannsthals speziell vor den ihm nicht geheuren proletarischen Massen der modernen Industriegesellschaft[33] interpretieren. Der Komödien-Mythos vom altösterreichischen Diener gewinnt in solcher Sicht die Funktion einer Therapie vermittelst des hier heiter auftretenden ästhetischen Elements und eines in ihm beschworenen sozialen Gegen-Bilds. Von einem Therapie-Versuch muß in einem buchstäblichen Sinn die Rede sein. Denn jene Angst, die von einem klassenbedingten Mangel an gesellschaftlicher Erkenntnis herrühren mag, äußert sich bei Hofmannsthal durchaus als ein Leiden, von dessen alles andere als nur geistiger Qualität insbesondere zahlreiche Briefe zeugen, etwa die nicht ohne Bewegung zu lesende subjektive und mehr als subjektive Mitteilung an Carl Burckhardt vom Juni 1920[34].

Mit seinem ,,unbestechlichen'' Diener ,setzte' Hofmannsthal einen Begriff von Volk, dem in der zeitgenössischen Realität, wie dem Dichter selbst bewußt war, kaum mehr etwas entsprach. Hofmannsthal ,setzte' diesen Begriff nicht nur als Begriff, vielmehr suchte er ihm kraft Poesie und bewahrender historischer Erinnerung, die hier ein und dasselbe geworden scheinen, zu paradoxer Anschauung zu verhelfen, zur Existenz einer ästhetischen Wirklichkeit gegen die vorherrschende politisch-gesellschaftliche, ,reale' Wirklichkeit.

Hofmannsthal hat damit in gewissem Sinn die Anweisung befolgt, die er 1917 in einer kleinen gesellschaftstheoretischen Betrachtung seines Tagebuchs unter dem Titel ,,Volk'' umriß. Er beginnt die Notiz mit der Maxime: ,,Das Volk wie die Gesellschaft muß immer wieder postuliert werden.'' Im folgenden begründet er die Forderung mit dem Argument, daß der Begriff des Volks ,,schattenhafter geworden'' sei, ,,weil sein rechter Gegensatz fehlt'' – denn: ,,die Reichen sind ein erbärmlicher Gegensatz'' –; und er geht dann zu einer Definition von ,,Volk'' über, die sich als eine typisch idealistische (und überdies individualistische, nämlich auf die Vorstellung von Einzelnen abstellende) Begriffsdeduktion oder besser als ein mythisierend-poetisierender Entwurf von ,,Volk'' in nuce erweist. Die offenkundig spontane Niederschrift schlägt am Ende in eine Art Bekenntnis – mit bezeichnender emphatischer Selbstanrede – um. Dort offenbart Hofmannsthal, halb unfreiwillig, seine eigene Situation als die eines aller konkreter Gesellschaft entfremdeten Dichters. Von den besonderen Menschen, deren imaginierte Tugenden ihm den seinem soziologischen Inhalt nach absolut haltlosen Begriff ,,Volk'' faßbar machen sollen, heißt es: ,Triffst du auf Menschen (. . .) unter denen du zu Hause und fremd zugleich eine Art Heimweh nach einem Zustand des Geistes empfindest, der dir wohl nicht fremd aber so unzugänglich ist als das verlorene Paradies, so wisse: du bist unterm Volk.''

Mit dem ,,Unbestechlichen'' hat Hofmannsthal im Sinn dieser Äußerung
einen Blick auf das ,,Volk'' als das in moderner Gesellschaft endgültig ,,ver-
lorene Paradies'' geworfen.

Gewiß trifft zu, daß das Stück gerade dort, wo es in Handlungsführung
und Konfigurationen naiv scheint, entschieden sentimentalisch ist (in der
Bedeutung des Schillerschen Begriffs). Damit ist es jedoch nicht auch schon
durchgängiger Ausdruck von schlechter Ideologie. Indem Hofmannsthal
seinem Mythos von dem ,,Volk'' als einem dienenden die Form einer Komödie gegeben hat, hat er zugleich eine geschichtliche Wahrheit signalisiert: daß das Volk längst nicht mehr dient, nicht einmal, wo es sich in die
vorgegebene Ordnung fügt.

Als ein reeller, nicht realistischer Gehalt der Komödie bleibt die hoff-
nungsvolle Andeutung einer Klassenversöhnung – aller gegenteiligen empi-
rischen Erfahrung der Epoche zum Trotz. Mag sein, daß der ,,Unbestechli-
che'' dazu angetan war und ist, über die konkret-historischen Schwierigkeiten jener Versöhnung zu täuschen[35]. Aber der Erfolg der Komödie erklärt
sich wohl nicht allein aus solcher Täuschung.

Mißverständnissen bieten sich die Stücke Horváths geradezu an. Im Gegensatz zu denen Brechts, die jedem möglichen Mißverständnis von vornherein mit Warnungstafeln der Theorie begegnen, hat Horváth für seine Stücke derartige verbindliche Rezeptionsanweisungen nicht gegeben. Wo seine beiläufigen Bemerkungen („Cronauer-Interview", „Gebrauchsanweisung") dafür genommen werden, da geschieht das eben unter Voraussetzung der Brechtschen Auffassungen. Für das Verständnis Horváths ist diese Voraussetzung aber eher belastend. (Für Brechts Werk hat die Theorie das Mißverständnis zwar ausgeschlossen, das Verständnis dafür aber allzuhäufig auf Banalitäten reduziert[1].)

Einem Zeitalter, das mit literarischen Arbeiten fast nur noch etwas anfangen kann, wenn sie entweder den Kommentar mitliefern oder wegen ihrer Dunkelheit die Interpretation beliebig zu machen scheinen, müssen Dramen mißverständlich sein, die deutlich sind und dennoch hermetisch wirken: Keine Szene, die nicht unmittelbar aufgefaßt werden könnte, keine, von der sich zweifelsfrei sagen ließe, was sie bedeutet. Ist dieses Stück „Geschichten aus dem Wiener Wald" zum Beispiel eine Komödie? Gibt es komische Szenen darin? Ist das Verhalten seiner Figuren lächerlich? Läßt es lachen? Der Zynismus, der im Zweifelsfalle von schwarzer Komik redet, wird sich da zu helfen wissen. Das Publikum vieler Aufführungen fand meist, es gäbe wenig zu lachen. Es war gemeinhin unmutig, jedenfalls das Wiener Publikum[2]; allenfalls war es schadenfroh, jedenfalls das Nichtwiener Publikum[3].

Was wäre auch so komisch daran, daß die Marianne nicht den Metzger Oskar heiratet, sondern sich mit Alfred zusammentut, ein Kind von ihm bekommt, sich mit dem Kind durchzubringen sucht und am Ende Oskar und seiner „Liebe" doch nicht entgeht?

Aber wenn die Handlung nicht komisch ist und nicht zum Lachen bringt, so beantwortet das noch nicht die Frage nach der Komödie. Denn die wird nicht durch Komik *konstituiert*. Komödie ist vielmehr als eine dramatische Intention zu begreifen, die sich jeweils realisiert in der Konstellation ihrer kritischen und utopischen als geschichtlicher Momente, und zwar durch die Darstellung ihrer Charaktere im Dialog[4].

Ihre kritischen Momente beziehen sich, wie die Geschichte der deutschen Komödie zeigt, schon seit dem Ende des 18. Jahrhunderts auf das Ganze als gesellschaftliches. Dies ist ein Stichwort, das den Interpreten heute des Einverständnisses ganzer Seminare und Forscherteams versichern, allerdings inzwischen einzelne auch dazu bringen kann, bei dessen Nennung nicht mehr weiterzulesen, weil sie im Gebrauch dieses Wortes nur noch einen automatischen Reflex, aber keine Reflexion mehr zu erkennen vermögen.

Eine solche Reaktion wäre, zumindest was dieses Stück von Horváth anlangt, für den so unverständlich nicht, der den Anfang eines ,,Beitrages zur Gesellschaftskritik'' über die Figur der Marianne gelesen hat, der in einem Band mit Materialien über Horváths Stück abgedruckt ist (und wohl dessen Verständnis dienen soll, aber das größere Verdienst hat, die Mißverständnisse zu dokumentieren): ,,Marianne, die durchaus eigene Vorstellungen von ihrer Zukunft hatte – sie wollte rhythmische Gymnastik studieren und dann ein eigenes Institut gründen –, wird von ihrem Vater bewußt an der Entfaltung ihrer Persönlichkeit und Eigenständigkeit gehindert.''

Warum wirkt das so, als sei es aus einer nachgelassenen Horváth-Szene, in der ein Journalist – z. B. Schminke[5] – eine sozialkritische Reportage über das Schicksal der Marianne in irgendeinem ,,Vorwärts'' schreibt? Weil ,,rhythmische Gymnastik'' ein Wort ist, das sich als Hinweis aufs Konventikel weder dazu eignet noch dazu dienen soll, das Thema ,Emanzipation der Frau' im Stück ernsthaft zu präsentieren. Horváth vermittelt durch gerade diesen Berufswunsch und den Zusammenhang des Dialogs (1,3 = I,177)[6], in dem er auftaucht, ganz etwas anderes als ein Signal für Emanzipation.

,,Ganz etwas anderes'' soll im Augenblick nicht mehr sagen, als daß das kritische Moment dieser Komödie, sollte es denn eine sein, nicht mit einer Gesellschaftskritik identifiziert werden darf, die ein so deutliches und schwieriges Stück wie Horváths nur als Bilderbogen zu dickfelligen Thesen betrachten kann[7].

Ergibt der direkte gesellschaftskritische Zugriff nicht mehr als ein banales Mißverständnis[8], so scheint sich die Frage nach den utopischen Momenten leicht davor bewahren zu können. Denn der gute Schluß, in dem sie sich explizit manifestieren, ist hier so drastisch als seine eigene Parodie erkennbar, daß er eher als Zerstörung der Komödie oder gar als Ende eines Trauerspiels gelten kann. Nur muß beachtet werden, daß eine solche Parodie des happy ends in der deutschen Komödie Tradition hat. Schon in Lenzens ,,Hofmeister'' z. B. wird das Schema des guten Schlusses, die Verbindung der Liebenden, beibehalten, aber die sich da mit dem Segen der Eltern verbinden, sind Beschädigte in jedem Sinn[9]. Hier hat gar einer gewartet, bis

Marianne „nicht mehr kann" und damit auch seiner Liebe nicht mehr entgehen kann, um sie, „Kuß auf den Mund", schließlich abzuschleppen. Aber wenn Parodie sinnvoll funktionieren soll, hebt sie in sich das Parodierte auf und stellt es weder als finsteren Spaß noch als einfaches Gegenteil dessen aus, was es einmal bedeutete. Horváth hat in den Vorarbeiten deutlich auf das Verhältnis von Parodie zum Parodierten hingewiesen, als er eine Schlußszene, nein ein Schlußtableau konzipierte (auch bei Lenz hat die Schlußszene Tableau-Charakter[10]): „. . . in einem kitschigen Barocksaal wird Oskars und Mariannens Hochzeit gefeiert"; auf ihr trifft sich das ganze Personal des Stückes, „ja selbst der Mister fehlt nicht" (VII,209). Wie das Kitschige als Verkommenes auf das zurückweist, was zum Kitsch werden konnte, so ist die parodierende Darstellung die Provokation, die auf Destruktion des Kitschigen so gut hinaus will wie auf Neukonstruktion dessen, was kitschig verkommen ist. Horváths Stück ist randvoll von diesem Kitschigen[11], das das verkommene utopische Moment repräsentiert und schon darum nicht einfach als lächerlich gelten kann. Im Kitschigen zeigt sich vielmehr das utopische Moment als festgebanntes, fixiertes, unerlöstes und damit als eines, das die Komödie einmahnt.

Doch ist, bevor genaueres über Kritisches und Utopisches in diesem Stück ausgemacht werden kann, noch das weitere Mißverständnis zu begreifen, dem Horváth durch die Benennung „Volksstück" Vorschub geleistet hat. Wenngleich man fast immer faktisch über Varianten der Intention Komödie spricht, wenn man von Horváths Dramen unter Gattungsaspekten redet, so kommt der Name „Komödie" selten genug vor. Um so häufiger wird für die meisten seiner Stücke die Bezeichnung gebraucht, die Horváth fünf von ihnen gab. Diesem Volksstück wird dann unter Verwendung der Bemerkungen Horváths alsbald eine Theorie, Poetik, Geschichte appliziert[12].

Nun zeigen aber sowohl Horváths Bemerkungen wie die theoretischen, poetologischen, historischen Versuche zum Volksstück, wie wenig mit diesem Namen anzufangen ist, wenn man ihn als den einer Gattung begreifen will. Horváth selbst sagt, alle seine Stücke seien Tragödien („Gebrauchsanweisung", VIII,664). Das bedeutete, daß auch sein „neues Volksstück" Tragödie wäre. Da er nun weiter sagt, er „zerstöre" das „alte Volksstück" (VIII, 663), das, was immer dazu gezählt werden mag, entschieden mehr Komödie war als Trauerspiel, so scheint sich darin eine historisch-systematische Reflexion anzuzeigen. Doch sagt Horváth wiederum, er wolle das alte Volksstück fortsetzen, erneuern (VIII,663); seine Stücke selbst zeigen aber vor allem, wie viele Momente der Intention Komödie, aber auch wie viele parodistische und satirische sie enthalten (was Horváth, an deren verengtem zeitgenössischen Verständnis orientiert, bestritt)[13].

Das läßt alsbald an Horváths historisch-systematischer Reflexion wieder zweifeln. Mit einer solchen Reflexion sind auch die Theoretiker und Historiker des Volksstücks offenbar nicht weit gekommen. Ein Aufsatzband „Das Volksstück im 19. und 20. Jahrhundert" zeigt das eindrücklich. Theoretisch erweist sich darin das Volksstück als eine Inhalts- und Rezeptionsspezifizierung der Komödie. Es wird darum auch unsere Auffassung vom Lustspiel als Intention (freilich ohne Quellenangabe) zitiert und von der „Intention Volksstück" gesprochen. Wo von anderem als dieser Spezifikation der Komödiengeschichte gehandelt wird, geht es um eine soziologische Größe: das Volkstheater, das selbstverständlich durch Bearbeitung, Regie etc. sich nahezu alle dramatischen Hervorbringungen anverwandeln kann. R. Bauer hebt in einem gut dokumentierenden Aufsatz des Bandes hervor, daß erst bei Anzengruber die Bezeichnung Volksstück sich „endgültig durchsetzt"[14], was aber bedeutet, daß sie überhaupt erst bei ihm bewußt und ständig verwendet wird und nicht schon bei Nestroy[15].

Nun zeigt sich bei Anzengruber, daß es sich bei seinen Volksstücken zumeist um Fortführungen, wenn nicht der rührenden Komödie der Empfindsamkeit, so doch der allgemeinen Erscheinung der ernsten Komödie handelt, von der diese ein erstes historisches Beispiel war[16]. Auch die erbaulich-didaktischen Absichten Anzengrubers entsprechen sehr genau den Absichten der Komödienautoren der Aufklärung und ihrer Nachfolger. Die dramaturgischen Momente „Dialekt" und „Gesang" schließlich sind der Wiener Lokalposse eigen. Immerhin ist dieses einigermaßen eklektizistische Volksstück Anzengrubers das Modell, von dem sich Horváth offenbar abstößt und von dem er wohl als vom „alten Volksstück" spricht. Bei Anzengruber ist eine Reihe von Momenten – der Stadt-Land-Kontrast, der Dialektgebrauch, die Art der Probleme und Konflikte, die Charakterdarstellung, der Gesang – zu dem Volkstümlichen amalgamiert, das Horváth zitiert und zerstört, um Zuschauererwartungen zu zerstören.

So unverkennbar die Beziehungen zum Volksstück Anzengrubers sind, so wenig bedeuteten sie, wenn es sich bei Horváth um dessen Parodie als Kritik nur an Anzengruber handelte. Horváth benutzt das traditionelle Volksstück vielmehr, wie wir sagten, als Modell, von dem er sich abstößt als von einem Dramenmodell, das das Bewußtsein eines bestimmten Publikums mitbestimmt hat. Das wird sofort deutlich, wenn man die Funktion der Musik bei Anzengruber und bei Horváth analysiert[17].

In Horváths Stück kommen – wie in zahlreichen Stücken Anzengrubers – Lieder vor. Obwohl es sich auch bei Horváth um volkstümliche Lieder handelt, sind es doch nicht solche, die – wie bei Anzengruber – Ausdruck der vom Stück bestätigten Naivität seiner Figuren sind, sondern Schlager bzw. zu Schlagern gewordene Lieder, die von den Figuren gewissermaßen als Ausweis ihres Wienertums „beim Heurigen" vorgezeigt werden[18]. Außerdem übt durch das ganze Stück hin eine Realschülerin Walzer auf dem Klavier, die Großmutter spielt Walzer und Marsch auf der Zither, eine Tante hält bei der Verlobung Mariannes ein Reisegrammophon bereit, das unter anderem einen Strauß-Walzer spielt, und Oskar singt ein Operettenlied.

Die Figuren, genauer die in den verschiedenen Figuren repräsentierten Generationen (Zeit als menschliches Leben also) zeigen sich nicht so sehr von Musik schlechthin bestimmt, sondern von einer Wiener Musik, die als Lied, Marsch und Walzer in der Wiener Operette aufgehoben und damit zum Teil eines (historischen) Theatergenres geworden ist.

Als diese Musik und als ein solches Theatergenre repräsentieren sie wiederum eine sprachliche Konvention, die so gut Wien im allgemeinen ausdrückt wie seinen Bewohnern zum Ausdruck ihrer eigenen Identität geworden ist. Sie werden – wie die Realschülerin[19] – in diese Musik eingeübt, und sie brauchen sie, um sich, ob modern oder altväterisch, selbst ausdrükken zu können. Keinesfalls karikiert Horváth seine Figuren als Figuren der Operette: nicht ein einziges Handlungsmoment läßt darauf schließen, sondern er zeigt seine Figuren als ‚entwickelte' Figuren des Volksstücks. Es sind die scheinbar naiven und einfachen Leute, die von Wiener Musik, von Wiener Operette umgeben sind und in dieser Musik sich selbst ausgedrückt glauben[20].

So heißt es am Anfang wie am Ende: „In der Luft" sei „ein Klingen und Singen – als verklänge irgendwo immer wieder der Walzer ‚Geschichten aus dem Wiener Wald'" bzw. „als spielte [ihn] ein himmlisches Streichorchester" (1,1 = I,159; 3,4 = I,251). Die Figuren spielen und singen diese Wiener Musik also nicht nur, sie leben nicht nur mit ihr, sondern *in* ihr: das ganze Geschehen des Stücks, das den Namen eines Strauß-Walzers als Titel hat, ist eingetaucht in diese Musik, spielt – genauer gesagt – unter der Voraussetzung und der Bedingung dieser Musik.

Was bedeutet das? Für die Komödie ist Musik immer schon wichtig gewesen. Sie repräsentiert schon bei Aristophanes, bei Shakespeare, ja selbst bei Molière das utopische Moment, insofern es die Möglichkeiten des gewöhnlichen Sprechens der Komödie übersteigt. Schon in der frühen Komödie Horváths „Zur schönen Aussicht" zeigt sich das, allerdings in einer Horváthschen Variante, die, wenn nicht das Verkümmerte, so doch das Unrealisierbare des utopischen Moments betont: die „verlebte" Ada sagt z. B.: „Wenn ich die Wörter nur verstehen würde, diese Silben aus einem anderen Reich, so könnten wir singen –" (2 = III,33). Musik wird von den Figuren als eine andere Sprache erinnert, die, auf was ihre „Sehnsucht" hinaus will und was ihre Wahrheit ausmacht, ausdrücken soll. Doch die reale Musik Adas besteht aus „Südseeweisen", „sentimentalen Gassenhauern" und „Schmachtfetzen" einer „blonden Geige" (1 = III,9 u. 29).

Das Prekäre der Musik erscheint bei Horváth darin, daß sie zwar dem Subjekt sich als erweitertes Sprechen anbietet, aber von ihm alsbald als bloßer Ausdruck*ersatz* akzeptiert wird, der die eigene Bemühung, das „Abarbeiten am Begriff" auch und gerade, wo es um die ganz eigenen Gefühle geht oder zu gehen scheint, also das eigene Sprechen verhindert. Dementsprechend sagt auch Marianne noch: „Jetzt gehts mir gut. Jetzt möcht ich singen. Immer, wenn ich traurig bin, möcht ich singen –" (1,4 = I,188). In der „Italienischen Nacht" ist Musik bereits das, was alles Sprechen der einzelnen Figuren dominiert und was ihm vorausgeht. Nur die beiden Schlußbilder, in denen es Ansätze zu einer sprachlichen Auseinandersetzung gibt (Anna – Martin; Major – Adele) sind nicht von Musik beherrscht (6 u. 7 = I,138–156). Die „Geschichten aus dem Wiener Wald" sind es vom Anfang bis zum Ende. Und nicht weil es ein Wiener Stück ist, ist es auch Wiener Musik, vielmehr ist diese Musik besonders geeignet, an dem, was sie als ihre eigene Geschichte ist, das Prekäre der Musik als ‚anderes Sprechen', als Ausdruck und als Aussprechen des Utopischen kenntlich zu machen. Diese Wiener Musik erscheint in ihrem historischen Anfang, insofern sie gleichzeitig absolute, allein durch Melodie und Rhythmus wie durchaus konkrete, fürs Tanzen bestimmte Musik ist, als Ausdruck der Freude, bestätigender Weltteilnahme wirklicher Menschen.

Auch ohne eine genauere Analyse der Reflexion von Musik durch deren Rezeption kann man feststellen, daß Musik, gerade volkstümliche Musik häufig, wenn nicht gar immer zu konventionhafter Erstarrung tendiert und daß gleichzeitig Momente der Improvisation dem entgegenwirken können. Aber abgesehen davon, daß es sich bei den meisten dieser Vorgänge historisch um solche aus Epochen ‚vor' der der Subjektivität handelt, also vor der der Notwendigkeit eigenen Sprechens, soll nun gerade das Konventionelle selbst (die auf ihre formalen und Wirkungsschemata festgelegte Wiener Musik) als Ausdruck ausgegeben werden, was sich unter anderem darin zeigt, daß der absoluten, durchs rezipierende Subjekt erst zu konkretisierenden Musik bedeutungsvolle Namen gegeben werden. In diesen Namen der Straußschen Walzer wird deren Ausdruck, den sie erst in der Reflexion des rezipierenden Subjekts gewinnen könnten, greifbar, ganz äußerlich und reproduzierbar.

Der Name ist so Signal ihres Erfolgs, weil nun das, was Wien ausmacht, unter diesem Namen angeboten und empfangen werden kann, ohne daß sich das rezipierende Subjekt noch um eine eigene Reflexion zu bemühen hätte. Musik, unter diese Namen gezwungen, ist nun nicht mehr eine erweiterte Sprache, sondern deren Borniertung, ja deren Ersatz: Walzerklang bringt nichts anderes als das Stichwort „Wien" hervor.

Horváth zeigt, daß es dabei wesentlich um ein Moment der Sprachgeschichte als menschlicher Geschichte geht. Das Sprachliche der Musik, das ihre Ausdrucksmöglichkeit wie ihre Utopiemöglichkeit impliziert, ist Voraussetzung für die angemessene Einschätzung der Musik in Horváths Stück. Darin geht es ja immer wieder um die *Namen* dieser Musik, d. h. es muß vom Rezipienten realisiert werden, daß Walzer gespielt werden, die „Geschichten aus dem Wiener Wald", „An der schönen blauen Donau" etc. heißen, und es muß ihm so begreiflich werden, daß dieses Sprechen, in dem Ausdruck zum automatisch Herstellbaren mit einer einzigen Bedeutung pervertiert ist, wie alles Sprechen Wirklichkeit verändert und bestimmt hat.

Das ganze Stück heißt wie ein Straußscher Walzer, um die Bedingung zu markieren, unter der sich alles, was geschieht, abspielt. So spielen etliche Bilder „Draußen in der Wachau" (1,1; 2,5; 3,2; 3,4) und wird die Donau in den Regieanmerkungen durchweg als die „schöne blaue Donau" apostrophiert (an der das vierte Bild des zweiten Teiles spielt), was auf dieses Sprechen als Apriori hinweist, das längst über das Bewußtsein der einzelnen Figuren hinausgehend eine ganze Landschaft als nur unter dieser Phrase erfahrbar ausweist.

Das Stück beginnt also, als seien seine Figuren, als sei seine Szene die eines Volksstückes von Anzengruber, doch haben sich dessen „einfache Menschen", ja hat sich die Natur, in der sie leben, ohne daß man dies dem Äußeren dieser Figuren oder der Kulisse abmerken könnte, vollständig verändert. Diese Volksstückfiguren haben nicht eine eigene Geschichte, sie erleben „Geschichten aus dem Wiener Wald", sie wohnen „draußen in der Wachau", und statt der Donau fließt „die schöne blaue Donau".

Es ist längst aufgefallen, daß ‚Sprache' für Horváths Stücke, daß sie für dieses Stück eine erhebliche Bedeutung hat. Horváth hat aber auch hier wieder für ein Mißverständnis gesorgt, als er die Sprache (als das Sprechen seiner Figuren) auf den Namen „Bildungsjargon" festgelegt hat[21]. Immerhin hätte aus den Zusammenhängen, in denen dieses Wort gebraucht wird, erkannt werden können, daß es mehr bezeichnen soll als das Idiom dieser Figuren, insofern es sich vom Hochdeutschen oder vom Dialekt der Figuren anderer Dramenautoren abhebt oder insofern es ein sozio-linguistisches Modell abgeben soll[22].

Horváth konstatiert einmal sehr abstrakt: der Mensch werde „erst lebendig durch die Sprache" („Gebrauchsanweisung", VIII,662). Er sagt an anderer Stelle, er wolle „heutige Menschen" darstellen („Interview",

I,11), heutige Menschen seien in Europa zum größten Teil Kleinbürger, Kleinbürger sprächen „Bildungsjargon", der die Dialekte zersetzt habe (VIII,662 f.). Dies ist ein interessanter Zusammenhang. „Bildungsjargon" ist darin das wichtigste Wort, denn es setzt anstelle der abstrakten Feststellung, der Mensch werde lebendig durch die Sprache, die zwar noch nicht konkrete, aber offenbar historisch tendierende: Darstellung des Menschen als des *heutigen* Menschen (in Europa) bedeute Darstellung seines Sprechens als „Bildungsjargon".

Begreife ich also, was „Bildungsjargon" ist, so begreife ich nach der Vorstellung Horváths nicht allein das Sprechen des „heutigen Menschen", sondern vielmehr, was dieser selbst ist[23].

Damit ist aber zunächst nur die große Relevanz dessen, was „Bildungsjargon" bezeichnen soll, festgestellt: ein bestimmtes Sprechen wird als konstitutiv für „heutige Menschen", die Darstellung dieses Sprechens als konstitutiv für Horváths Drama behauptet. Aber welchen Inhalt das Wort hat, was dieses Sprechen bezeichnen soll, ist nur der Analyse des dramatischen Dialogs abzunehmen. Etwas von diesem Inhalt war schon erkennbar geworden bei den Hinweisen auf das für das Sprechen, also für das ‚Dasein‘ der Figuren Apriorische der Musik als dieser Wiener Musik. Das Intentionale des Dialogs kann, was „Bildungsjargon" bezeichnen soll, inhaltlich sichtbarer machen.

Nach der landläufigen, auf Aristoteles' Tragödienpoetik zurückgehenden Vorstellung, vermittelt sich im dramatischen Dialog Handlung, wobei Handlung als dramatische in den letzten zwei Jahrhunderten als abbildende Nachahmung von Taten begriffen wurde.

Sieht man von der Fragwürdigkeit dieser Auffassung ab, so vermittelt der Horváthsche Dialog sicher nicht Handlung als Tat im Sinne seines Ergebnisses, sondern er tendiert immer wieder entweder auf das, was als szenische Anmerkung „Stille" heißt oder auf eine Art von Aggressivität als Negativität des Tuns. Doch schließt beides nur selten den Dialog ab, es unterbricht ihn meistens nur, so daß er danach alsbald weiterläuft[24]. Der Dialog, der aus einem Sprechen besteht, das Horváth „Bildungsjargon" nennt, setzt also immer wieder aus, ja er läuft auf dieses Aussetzen in „Stille" oder Aggressivität zu.

Ein Dialogpartikel am Anfang des Stückes dort, wo die Mutter und Alfred zusammen sind, unmittelbar nach einer Anmerkung „Stille":

DIE MUTTER. Bist du noch bei der Bank?
ALFRED. Nein.
DIE MUTTER. Sondern?
Stille.   1,1 = I,160

253

Ein Stückchen Informationsdialog, der in vielen gängigen Theaterstücken seit dem 19. Jahrhundert vorkommen könnte. Von ,,Bildungsjargon" in spezifischerem Sinne kann bei dieser Kargheit nicht die Rede sein. Und warum die Unterbrechung? Alfred könnte doch, ob er nun lügen oder die Wahrheit sprechen würde, direkt darauf antworten.

Der Dialog zwischen Mutter und Sohn, der vorausgeht, läuft so lange störungslos, als er dem durch die ersten Sätze beider entworfenen Redemuster folgt. Die Mutter spricht den ,,lieben Alfred" an, und der stellt sich als sehr beschäftigter Alfred vor. Scheinbar wird dieser Dialog konkret, als die Mutter den lieben und beschäftigten Alfred nach seinem Freund Hierlinger fragt, was ganz natürlich ist, weil ihn eben der mit seinem Auto zum Häuschen der Mutter gebracht hat.

Diese Konkretheit gerät freilich sofort vor ein Problem, insofern dem Hierlinger, wenn er Alfred wieder abholt, etwas angeboten werden soll und Alfred das einzig Anzubietende, saure Milch, zum großen Teil selbst aufgegessen hat. Aber gerade dieses kleine Problem läßt Alfred sofort die Möglichkeiten des Redemusters erkennen und den Hierlinger als sowohl nikotinkranken wie hochanständigen Kaufmann ,gebrauchen', mit dem er ,,eben" zu tun habe, läßt ihn also die Formel ,beschäftigter Alfred' mit weiteren Sätzen anreichern.

Doch scheint der Vorrat an Sätzen für die Realisierung des eingangs entworfenen Redemusters verbraucht, als die Mutter auf die letzte Feststellung Alfreds hin fragt: ,,Geschäftlich?" Denn Alfred sagt nur noch: ,,Auch das." Dann wieder ,,Stille". Die Vokabel ,,geschäftlich" entspricht zwar durchaus dem Redemuster, aber ihm ist nun jede rhetorische Fülle genommen; es tritt darin rein hervor, daß dies eine Frage ist, die nichts mehr weiterführen kann. So braucht es wieder die Unterbrechung ,,Stille".

Danach aber scheint die Mutter in der anfangs zitierten Frage, ob Alfred noch bei der Bank sei, gerade über die Abstraktheit ihrer ersten Frage hinauszukommen. Hier geschieht nun das Gegenteil dessen, was wenige Worte vorher den Dialog in ,,Stille" unterbrach. War dort dem Redemuster selbst nichts mehr abzugewinnen, lief der Automatismus des Dialogs sich tot, so wird dieser Dialog hier von einem ,Unpassenden', nämlich einer konkreten Informationsfrage (im Gegensatz zur abstrakten ersten Frage) unterbrochen und muß erst dem Redemuster wieder angepaßt werden. Dazu treibt Alfred wieder rhetorischen, von der Konkretheit der Frage ablenkenden Aufwand.

ALFRED. Ich taug nicht zum Beamten, das bietet nämlich keine Entfaltungsmöglichkeiten. Die Arbeit im alten Sinne rentiert sich nicht mehr. Wer heutzutag vorwärtskommen will, muß mit der Arbeit der anderen arbeiten. Ich hab mich selbständig gemacht. Finanzierungsgeschäfte und so –   1,1 = I,160

Die Information ,,Ich hab mich selbständig gemacht", selbst abstrakt, ist in Sätzen versteckt und Sätzen angepaßt, die nicht als Ausreden so sehr dienen (weil die Mutter an irgendeine kritische Bemerkung zu ihrem ,,lieben Alfred" gar nicht denkt), sondern vielmehr dem Weiterreden nach Art des gleich anfangs entworfenen Redemusters und damit der Verhinderung konkreten Sprechens, also z. B. auf den Partner bezogener Fragen und Antworten.

Entweder gehen also bei Horváth dem Dialog als ganzem die Worte aus, nämlich die dem Redemuster entsprechenden Worte, und es muß eine andere Reihe entsprechender Worte und Sätze begonnen werden, oder der jeweilige Partner hat keine Worte mehr, weil plötzlich anders gesprochen wird als zu erwarten steht: unpassend, wobei es sich, wie das Beispiel zeigt, um inhaltlich ganz Harmloses und Beiläufiges handeln kann.

Unpassend und unerwartet in hohem Grade sind selbstverständlich aggressive Äußerungen, die entweder eine Steigerung dieses Anderssprechens im Sinne einer Steigerung der Provokation darstellen oder/und Reaktionen auf die Provokation, die in jedem Anderssprechen bereits liegt. Die provozierende und reagierende Aggression tritt statt ,,Stille" auf, ja sie kann auch, wenn ins Redemuster nicht zurückgefunden werden kann, der ,,Stille" folgen.

Der Auftritt Großmutter/Alfred ist dafür ein Beispiel. Die Großmutter beschwert sich über die ihr gestohlene Milch. Sie findet aber rasch in ein Redemuster und sagt, als sie hört, ,,der liebe Alfred" habe ,,noch so einen starken Gusto gehabt":

> Hat er gehabt? Hat er gehabt? – Und da werd ich gar nicht gefragt? Als ob ich schon gar nicht mehr da wär – *Zur Mutter.* Tät dir so passen!   1,1 = I,161

Zunächst ist es das zu erwartende Reden; sie verfügt über die Worte, die die vernachlässigte alte Frau repräsentieren sollen. Dann folgt eine vergleichsweise harmlose aggressive Provokation. Aber die Mutter antwortet nicht nur nicht entsprechend, sie antwortet gar nicht; statt ihrer gibt es eine aggressive Reaktion Alfreds:

> ALFRED. Bäääh! *Er streckt ihr die Zunge heraus.*
> *Stille.*
> DIE GROSSMUTTER. Bäääh! *Sie streckt ihm die Zunge heraus.*
> *Stille.*   1,1 = I,161

Die Großmutter, die einen Augenblick sprachlos ist, d. h. nach der aggressiven Reaktion nicht passend in das Redemuster zurücklenken kann, reagiert ihrerseits mit einer Aggression, freilich einer, die nun gar die Aggression dadurch ,musterhaft' macht, daß sie nichts als eine Wiederholung der aggressiven Reaktion Alfreds ist. Damit droht die Aggression selbst sich totzulaufen. Doch die Großmutter versteht es, darüber hinwegzukommen und nun auf der Basis der Aggression ‚musterhaft' weiterzureden.

> *Kreischt.* Jetzt möcht ich überhaupt keine Milch mehr haben! Da! *Sie schüttet die Schale aus.*
> $\qquad$ 1,1 = I,161

Zum einen also tendiert der Dialog bei Horváth ständig darauf, als dieser Dialog zu stocken, ans Ende zu kommen, was wichtig für die Beurteilung der Intentionen der Stücke Horváths ist; zum anderen aber erweist sich noch die emphatischste Zäsur des Dialogs, die Aggression, als bloße Unterbrechung, so daß selbst das aggressive Reden als Teil dessen sich zeigt, was Horváth den „Bildungsjargon" nannte. Und zum dritten muß gesehen werden, daß nicht nur aggressives Reden provozierend in den Automatismus dieses Dialogs einbricht (ihn freilich jedesmal auch nur unterbricht), sondern daß dies auch so harmlose Stellen wie die zitierte Informationsfrage der Mutter tun können.

„Stille", aggressives Sprechen (oder Verhalten) und winzige Ansätze zu informativem Sprechen könnten als Fond verstanden werden, von dem sich das übliche Sprechen der Figuren, ihre Umgangsrede als durchgängig verstelltes Sprechen abhebt und sich psychologisch oder moralisch als Heucheln oder als Lüge erweist. Dieser Annahme dient die weitere mißverständliche Bemerkung Horváths, er wolle vor allem anderen das Bewußtsein demaskieren. Mißverständlich ist diese Bemerkung darin, daß sie bedeuten kann, die Ausstellung des Sprechens, das Horváth „Bildungsjargon" nennt, diene dazu, das Bewußtsein der Figuren als maskiertes zu zeigen und damit zu demaskieren[25].

Doch die Figuren seiner Stücke, dieses Stücks sind keine Vorstadttartuffes: keiner will durch sein Sprechen *als* Sprechen einen anderen täuschen, alle sprechen die gleiche Sprache, obwohl sie zu verschiedenen Generationen gehören, aus unterschiedlichen Interessen handeln, ob sie nun ‚gut' sind wie Marianne, sadistisch wie Oskar, filouhaft wie Alfred. Gemeinsam ist ihnen dieses Sprechen wie den Figuren Shakespeares, Schillers und noch Hebbels der Blankvers. Nur ordnet es sich nicht wie diese zum Ganzen des Dramas als Handlung, sondern zerfällt in zahlreiche Dialogpartikel, obwohl die Sprecher gerade einen Gesprächsverlauf intendieren, der dem entspricht, was der Blankvers zu garantieren scheint: Widerstandslosigkeit der Rede.

Zu diesem allen Figuren gemeinsamen Sprechen gehören, um ein einfaches Modell zu wählen, wie zu der Rede des Schillerschen Dramas Sentenzen.

ALFRED. Die Arbeit im alten Sinne rentiert sich nicht mehr.	1,1 = I,160
DIE MUTTER. Eine reiche Partie ist nicht das letzte.	1,1 = I,161
RITTMEISTER. Wir müssen alle mal fort.	1,2 = I,167
VALERIE. Das ist halt das Glück in der Liebe.	1,2 = I,168
MARIANNE. Arbeit schändet nicht . . .	1,2 = I,169
ZAUBERKÖNIG. Selbst das Wetter ist verrückt geworden!	1,2 = I,170
OSKAR. Man ist und bleibt allein.	1,2 = I,172
ERICH. Dieser Punkt ist mir heilig . . .	1,3 = I,180

Alle sprechen Sätze wie diese – einfache Aussagesätze, wohlgeformte Sätze –, auf die zwar nicht wie im klassischen Drama Dialog oder Monolog pointierend zulaufen als auf ein Emblem der Handlung oder in denen sie kulminieren, die vielmehr die Rede der Figuren Horváths als untereinander austauschbare, aber gerade dadurch als Teil des gemeinsamen Sprechens kennzeichnet. Die Austauschbarkeit dieser Sätze zwischen den Figuren zeigt Horváth drastisch, wenn er in inhaltlich völlig gegensätzlichen Situationen – einmal Bekenntnis Mariannes zu Alfred, zum anderen Trennung Alfreds von Marianne – die doch angeblich völlig unterschiedlichen Charaktere (den einen in der endgültigen Fassung, den anderen in einem Entwurf) zum Beispiel sagen läßt: ,,Jetzt bricht der Sklave seine (die) Fessel(n)" (1,4 = I,191; VII,176).

Für diese Figuren bestehen nicht irgendwelche Sprachbarrieren im soziolinguistischen Sinn, vielmehr formulieren sie alle völlig selbstverständlich allgemeine Urteile, gleich, ob sie dabei vorgeformte übernehmen, was ihre Kenntnis solcher Sätze beweist, oder ob sie neue musterhaft bilden. Doch ist die Art, Sätze zu gebrauchen oder neue zu bilden, die nur sehr oberflächlich mit der Vokabel ,,Bildungsjargon" zu kennzeichnen wäre[26], natürlich nur ein Moment eines in sich differenzierten Sprechens, das auf anderes Gemeinsames hin noch genauer betrachtet werden muß.

Wir wählen zum Vergleich kurze Redestücke zweier Figuren, die nach dem Handlungsverlauf nichts miteinander zu tun haben, verschiedenen Generationen und verschiedenen Klassen angehören und nicht einmal landschaftlich zusammengehören: Es geht um Redestücke der Großmutter und Erichs. Die Großmutter fragt am Schluß des ersten Bildes des ersten Teils Alfred, wann er ihr das Geld, das sie ihm geliehen habe, zurückgeben werde. Alfred fragt dagegen: ,,Zu was brauchst du denn dein Geld?"

DIE GROSSMUTTER. Nächsten Monat werd ich achtzig – und ich möcht um mein eigenes Geld begraben werden, ich möcht keine milden Gaben, du kennst mich ja –
I,165

Im dritten Bild des ersten Teils spricht Valerie mit Erich, der aus Kassel stammt, und fragt ihn, wie ihm unsere ,,Wiener Stadt" und dann, wie ihm ,,die süßen Wiener Maderln" gefallen.

ERICH. Offen gesagt: Ich kann mit jungen Mädchen nichts anfangen. Ich war nämlich schon mal verlobt und hatte nur bittere Enttäuschungen, weil Käthe eben zu jung war, um meinem Ich Verständnis entgegenbringen zu können.   I,186

Die beiden kurzen Redestücke haben auch thematisch nichts miteinander zu tun. Aber sie zeigen Gemeinsamkeiten des Sprechens, das freilich auch hier durch die problematische Vokabel „Bildungsjargon" nicht angemessen bezeichnet ist. Allenfalls könnte dazu Erichs Formulierung „um meinem Ich Verständnis entgegenbringen zu können" gerechnet werden.

Das Gemeinsame besteht zunächst in durchaus Formalem. Im Reden beider gibt es je einen Satz, der Faktisches festhält, den Gesprächspartner informiert. „Nächsten Monat werd ich achtzig". / „Ich war (nämlich) schon mal verlobt". Diese Protokollsätze werden in sehr ähnlicher Weise mit anderen Sätzen verknüpft, wobei jeweils eine Art der Verknüpfung logisch, die andere Art emphatisch ist.

Aber dieses Gemeinsame an Formalem ist natürlich so abstrakt, daß es nichtssagend ist und nur eine Möglichkeit von Deutschsprechen vermittelt. Erst wenn das Formale als ein Inhaltliches zu erscheinen vermag, könnte das Gemeinsame vielsagend werden.

Die Großmutter spricht aus, wie alt sie ist und damit, daß sie bald sterben wird; Erich sagt, daß er schon einmal verlobt war. Beides läßt weitere Feststellungen oder Reflexionen sehr verschiedener Art zu, die sich in syntaktisch unterschiedlichen Verknüpfungen darstellen können. Hier fällt auf, daß es in *beiden* Fällen mit einem „und" weitergeht, so daß das folgende in eine so unmittelbare wie selbstverständliche Beziehung zu dem Vorhergehenden gerät, wie es sie als Reflexion des Faktischen gar nicht haben kann.

Bald sterben zu müssen *und* das Begräbnis mit eigenem Geld zu bezahlen / Verlobt gewesen zu sein *und* bittere Enttäuschungen gehabt zu haben: das wird zu einem Zusammenhang, der keinen Zweifel duldet, so weit Faktisches und diese Konsequenzen auch voneinander entfernt sein mögen, d. h. so sehr sie der Vermittlung bedürfen. Aber die Verknüpfung wird, auch syntaktisch, noch enger.

Asyndetisch fügt die Großmutter den Wunsch, für eigenes Geld begraben zu werden, und den, beim Begräbnis nicht auf milde Gaben angewiesen zu sein, aneinander. Der Zusammenhang zwischen dem Wunsch nach eigenem Geld und der Ablehnung fremden Geldes soll ohne jede Hilfe einer Begründungspartikel plausibel sein, insofern Geld als Hilfe anderer durch „milde Gaben" qualifiziert wird. Aber was so selbstverständlich zusammengerückt wird, als seien es die zwei Seiten einer Sache, verrät sich als im ganzen willkürliche Konstruktion, vor allem, insofern der Zusammenhang ja gerade in der Zeit nach dem Tode sich bewähren soll.

In Erichs Bemerkungen stehen dagegen Begründungspartikel. Warum bittere Enttäuschung? ,,*Weil* Käthe eben zu jung war". Zu was zu jung? ,,*Um* meinem Ich Verständnis entgegenbringen zu können". Hier scheint alles auch syntaktisch fugendicht zu sein, zumal der Inhalt der Begründung ihrer Form angemessen ist: Jugend als Unreife führt zur Enttäuschung. Nur spricht hier selbst ein ganz junger Mann, der erst durch eine Selbststilisierung (,,mein Ich") die Aussage, die für ihn gerade nicht zuträfe, sich anpassen muß: Statt Käthes und Erichs, zweier junger Leute, präsentiert Erichs Satz: die zu junge Käthe und ,,mein Ich".

Bei der alten Großmutter wie bei dem jungen Erich wird auf ganz analoge Weise: durch ein bestimmtes syntaktisches Operieren, das den Begründungszusammenhang herstellen soll, der Inhalt der Sätze ,,überredet". In beiden Fällen wird auch analog dieser scheinbare Begründungszusammenhang abgeschlossen bzw. eingeleitet durch ein so absolutes wie persönliches statement: ,,Du kennst mich ja" bzw. ,,Offen gesagt: ich kann mit jungen Mädchen nichts anfangen". Der Großmutter Resümee hebt alles, was doch zu fragen bzw. erst zu erklären wäre, in sich auf; Erichs Einleitung bestimmt sofort die Perspektive, in der der nächste Satz aufzufassen ist, als eine so allgemeine, daß die Frage danach, wie kohärent dieser Satz als Aussage sei, gar nicht laut werden kann.

,,Bildungsjargon" ist dies allenfalls darin, daß die Sprecher alle über eine Sprachkompetenz verfügen, die ihnen die Hervorbringung von ,,wohlgeformten" Sätzen gestattet (unter Berücksichtigung dessen, daß es sich um gesprochene Sprache handelt). Die kann freilich die inkohärenten Inhalte nicht als kohärente erscheinen und damit den Dialog nicht als durchgängige Realisierung eines Redemusters gelingen lassen. (Das wird in Wahrheit auch nie realisiert, sondern immer wieder von ,,Stille" und Aggression unterbrochen.)

Setzt man diese Art von Sprachkompetenz in Beziehung zu dem, was tatsächlich in den Sentenzen und persönlichen statements, wie sie die Großmutter und Erich in den beiden Zitaten machen, sich meldet, so kommt man dem Sinn dieses Sprechens um einen weiteren Schritt näher.

Sentenzen und statements scheinen sehr gegensätzlich zu sein: Die Sentenz ist immer schon ein allgemeiner Satz; die angeführten Sätze der Großmutter und Erichs wollen gerade Ausdruck des Individuums sein. Doch haben sie in ihrem statement-Charakter die abstrakte Allgemeinheit der Sentenzen und sind, sieht man von winzigen Resten der Situationsgebundenheit ab, austauschbar wie jene. – So ist eine bestimmte Struktur dieses Redens auszumachen, die zeigt, durch welche Mittel sich das Redemuster immer neu herstellen kann: es sind die einer von vornherein und ausschließlich formal erfahrenen Sprachkompetenz, d. h., statt der Dialektik von

Sprachkompetenz und Sprechakt geht es den Sprechern um Sprachbeherr-schung.

Im Dialog beziehen sich die Sätze der Sprecher, ob sie nun ausdrücken, beschreiben oder mitteilen, entweder auf inhaltlich Gemeinsames, oder sie stellen ein solches Gemeinsames her bzw. (als Negativ dessen) zerstören es ausdrücklich.

In Horváths Stück kann man weder von der Voraussetzung noch von der Herstellung eines inhaltlich Gemeinsamen, also auch nicht von dessen Zer-störung sprechen, das ,,Gemeinsame" ist allein das Sprechen selbst als Re-gelbeachtung (als sozusagen angewandte Linguistik) und als Reihung mo-nadischer Rede, wie sie beispielhaft in Sentenz und statement erscheint.

In der Horváth-Literatur wird durchweg davon gesprochen, daß Hor-váths Figuren aneinander vorbeireden[27]. In Wahrheit wird der Dialog aber bei Horváth nicht verfehlt, er ist von vornherein nicht auf seine Herstellung angelegt und erinnert nur in den Unterbrechungen an ihn, bzw. er wird von den Dialogpartnern lediglich als Realisierung eines Redemusters verstan-den, man könnte auch sagen: als Kommunikationszwang. Es sind Figuren, die nichts und darum einander nichts zu sagen haben, aber gewissermaßen unter dem Druck stehen, ihre Sprachkompetenz manifestieren zu müssen und darin sich selbst. Insofern sie aber die Sprache beherrschen, und das heißt, sie als bloßes Instrument benutzen, sind sie ihr gleichzeitig als dem ihnen Fremden, aber Unentbehrlichen ausgeliefert. Ihr Problem ist gerade nicht die Sprachbarriere, die sie nicht überwinden können, sondern viel-mehr die Widerstandslosigkeit ihres Sprechens.

Weil sie nur weiterreden wollen, von ,,Stille" und Aggression allenfalls unterbrochen, werden sie weitergeredet. Doch ist zu fragen, ob die er-staunliche Redesicherheit der Figuren anzeigt, daß sie als der Übermacht der Sprache von vornherein Ausgelieferte zu verstehen sind oder daß sie vielmehr in die selbstgegrabene Grube ihres Sprechens fallen?

,,An der schönen blauen Donau", aus der Marianne dann steigt, spielt ,,der lieben Tante ihr Reisegrammophon den ,Frühlingsstimmen-Walzer' von Johann Strauß". Dessen ständige und mechanische Wiederholung erweist die Landschaft als musikalische Kulisse, in der man sich dann wie-der so verhält, verhalten muß wie Alfred und Marianne.

ALFRED *lüftet den Strohhut.* Ich wußte es, daß Sie hier landen werden.
MARIANNE. Woher wußten Sie das?
ALFRED. Ich wußt es.
Stille.   1,4 = I,187 f.

Der Dialog, in dem die Liebe der beiden sich ,herausstellen' sollte, ist zu Ende, ehe er noch als Dialog begonnen hat. Aber nur weil Alfred mit einem so glatt passenden Satz beginnt. Die so begonnene Rede liefe ohne Anstände weiter, spräche Marianne nicht etwas Unpassendes. Aus ferner Erinnerung daran, daß Sätze etwas bedeuten, fragt sie konkret. Schon stockt dieses Reden, wenngleich die bloße Wiederholung noch den Anschein der Pointe hat. Man macht einen neuen Anlauf:

MARIANNE. Die Donau ist weich wie Samt –
ALFRED. Wie Samt.
MARIANNE. Heut möcht ich weit weg – heut könnt man im Freien übernachten.
ALFRED. Leicht.
MARIANNE. Ach, wir armen Kulturmenschen! Was haben wir von unserer Natur!
ALFRED. Was haben wir aus unserer Natur gemacht? Eine Zwangsjacke. Keiner darf,
    wie er will.
MARIANNE. Und keiner will, wie er darf.
    Stille.
ALFRED. Und keiner darf, wie er kann.
MARIANNE. Und keiner kann, wie er soll –[28]   1,4 = I,188

Klänge es nicht fast zynisch, könnte man von diesem Redestück als einer Erfüllung des Horváthschen Dialogs sprechen. Das Gängige des oben zitierten Dialoganfangs unterdrückt auch das geringste Konkrete. Die Wiederholung Alfreds vor „Stille" evoziert geradezu den Automatismus des folgenden. Aber Mariannes ,poetisches Sprechen' erzeugt nicht einmal die Stimmung, für die solch ein Reden ja stehen soll, sie ist eine rhetorische Pflichterfüllung, die Alfred den Anschluß verschafft, der so bedeutungsvoll ist wie die Duettrepetition in einer Operette. Störungslos geht es weiter: schon sind beide bei der Reihung von Sentenzen angekommen, die, insofern sie nur dank gleicher Wörter zusammenstimmen, Redensarten sind. Und nun gibt es wirklich zwei Seelen und eine Gedankenlosigkeit: als spiele ein sprechender Computer die Varianten eines Satzmusters durch, sagen sie die Lektion auf, die beide in der Gemeinsamkeit eines aufs bloße Kommunikationsmodell heruntergekommenen Sprechens als zusammengehörig erweist.
„Alfred umarmt sie mit großer Gebärde, und sie wehrt sich mit keiner Faser – ein langer Kuß" (1,4 = I,188). Was an dieser zentralen Stelle des Stücks sichtbar wird, ist überall und immer wieder. Immer wieder die Reihung sentenziöser wie ,eigener' Sätze als abstrakter, die scheinhaften Begründungszusammenhänge, die das kommunikative Muster realisieren, immer wieder die Unterbrechung durch „Stille" und Aggression und die Wiederaufnahme des Redemusters. „Bildungsjargon" ist der mißverständliche, längst mißverstandene Terminus für ein *allgemeines* Sprechen, das allerdings in der Benutzung von gewissermaßen approbierten Vokabeln, von Ausdrücken, die „gebildet" klingen, das Zentrale dieses allgemeinen Spre-

chens besonders sichtbar macht: nämlich das Verfügen *über Sprache,* ihre Beherrschung, statt des Reflektierens *in Sprache.* Dieses Mißverhältnis zum eigenen Sprechen verfehlt Sprache als Ausdruck, Mitteilung und Benennung in gleicher Weise[29].

In Horváths Stück erkennt man ex negativo, wie sehr Drama als Handlung Sprechen ist, wie sehr dieses nicht Handeln vorbereitet oder begleitet, wie sehr Handeln ein Modus des Sprechens ist, in dem jenes allein und immer schon sich vermittelt. Ex negativo, insofern hier alle Reden nur Redensarten sind, aus deren Zufälligem sich das Drama als Handlungsnachahmung konstituiert. Was geschieht, ist nur noch die Objektivierung der Redensarten.

In der ersten Begegnung Mariannes mit Alfred wirkt das Phrasenhafte sich noch im stummen Sprechen von Geste und Mimik aus:

MARIANNE *dreht sich um – erblickt Alfred und ist fast fasziniert.*
ALFRED *lächelt.*
MARIANNE *lächelt auch.*
ALFRED *grüßt charmant.*
MARIANNE *dankt.*   1,2 = I,173

Diese Pantomime begleitet „die Realschülerin im zweiten Stock" mit einem Walzer, der abbricht, als Marianne den Vorhang, als sei er der eines Privattheaters, fallenläßt. Doch ist es nicht genau, von Pantomime zu sprechen, weil das Wort nicht deutlich genug machen kann, wie sehr Horváth gerade diese stumme Begegnung als Sprechen, und zwar als schematisches Sprechen, darstellt. Denn es ist ja nicht pantomimisch sichtbar zu machen, daß Marianne „fast fasziniert" ist. Und daß Alfred „charmant" grüßt, müßte als Zitat eines Grußes sichtbar gemacht werden, denn das Wort soll nicht einen Gruß von außen her charakterisieren, als das es lächerlich wäre, sondern „charmant" reflektiert, was Alfred und Marianne über Grüßen im Kopf haben, wenn sie an dieser Stelle ihrer stummen Rollen angekommen sind. Noch die Gesten sind Phrasen, insofern die Vorstellungen beider von den Redensarten beherrscht werden, die sie bis zuletzt als ihr eigenes Sprechen mißverstehen, weil sie es ja in allen Lebenslagen zur Verfügung haben.

So besteht alles, was zwischen Marianne und Alfred sich als Liebe zu entwickeln scheint, aus den Redensarten, die denen am Anfang des vierten Bildes im ersten Teil weitgehend entsprechen. Aber wiederum bedeutet das nicht, daß sie einander belügen wollen, daß sie ihre Gefühle nur heucheln. Hinter ihren Phrasen ist nicht noch etwas anderes, ihre Wahrheit. *Sie sind ihr Sprechen,* aber ihr Sprechen ist das dem Subjekt fremdeste, weil nie als Sprechen reflektiertes, es ist das ganz objektive, von den Figuren beherrschte Sprechen, das nur noch den einen Zweck hat, weiterzugehen, ‚reine' Kommunikation zu sein. Von Stichwort zu Stichwort hüpfend entsteht das, was die Figuren, hätten sie ein Bewußtsein von sich als Figuren, gern Gespräch nennen würden und zugleich als dessen Schein erkennen müßten. Aber dieser Dialog als Darstellung scheinhafter Gespräche ist dennoch ein dramatischer, nämlich die Handlung. Ja weil dieser Dialog selbst aufgrund redensartlicher Voraussetzungen sich entwickelt, weil er nichts als der Ablauf von Redensarten ist, ist die Beziehung Mariannes und Alfreds ebenfalls nur eine redensartliche. Es entsteht das, was entsteht, wenn ein Wort das andere gibt.

Die Konsequenz dieses Dialogs besteht in nichts anderem als einem Automatismus. Nicht zwei Sätze weit reicht zum Beispiel Logik als Konsequenz eines Redestücks. Sagt Marianne nach dem langen Kuß ,,Ich habs gewußt, ich habs gewußt –" und stimmt dem Alfred bei: ,,Ich auch", so steht dazu völlig disparat auf Mariannes Frage: ,,Liebst du mich, wie du solltest –?" Alfreds Auskunft: ,,Das hab' ich im Gefühl." Aber dank des Automatismus kann auch diese Auffassung wieder geändert werden, und zwar durch Alfred selbst: Ein paar Zeilen weiter rollt der gleiche Dialogteil noch einmal ab, doch sagt er nun inhaltlich geradezu das Gegenteil. Den Sprechern aber geht es wie stets nur um die Aktualisierung des Redemusters.

ALFRED. Liebst du mich?
MARIANNE. Sehr.
ALFRED. So wie du solltest? Ich meine, ob du mich vernünftig liebst?

$$1,4 = I,188 \text{ f.}$$

Der eigene Dialog wächst den Sprechern wahrhaft über den Kopf und produziert ein Geschehen, aus dem die Sprecher, soweit sie von sich selbst berechtigt als von ,,Ich" sprechen könnten, verschwunden sind, und in dem noch die Kindeszeugung nichts als die unausbleibliche Konsequenz einer Redensart ist[30]:

MARIANNE. [. . .] jetzt, siehst du, jetzt bin ich schon ganz weit fort von mir – ganz dort hinten, ich kann mich kaum mehr sehen. – Von dir möcht ich ein Kind haben –
$$1,4 = I,192$$

Es ist das Satyrspiel zu Fausts und Helenas Dialog, der wahrhaft produktiv war: den anderen und sich selbst und Euphorion hervorbringend:

HELENA. Ich fühle mich so fern und doch so nah
Und sage nur zu gern: da bin ich! da!
FAUST. Ich athme kaum, mir zittert, stockt das Wort,
Es ist ein Traum, verschwunden Tag und Ort!
HELENA. Ich scheine mir verlebt und doch so neu,
In dich verwebt, dem Unbekannten treu[31].

Es gibt zwei Stellen in Horváths Stück, wo der Versuch gemacht wird, den Automatismus des Geschehens als Folge des automatischen Redens zu durchbrechen. Beide Male handelt es sich um Marianne und ihr Kind.

Im Bild sieben (Stephansdom) des zweiten Teils widersteht Marianne einen Augenblick dem Reden des Beichtvaters. Das wird als eines gezeigt, in dem das Redensartliche das, wovon es zu reden behauptet, so überwuchert hat, daß es geradezu als Modell des automatischen Redens sich vorführt. Als dieses Reden den höchsten Grad von Phrasenhaftigkeit erreicht hat, insofern es sich völlig an die Stelle der Situation setzt und so aus der unehelichen Empfängnis automatisch den Zustand der Todsünde macht, der ein vorgeschriebener Reuesatz zu entsprechen hätte, sagt Marianne das unerwartete Gegenteil, für einen Augenblick ein eigenes Sprechen realisierend. Aber daß dies sich nicht fortsetzt, daß Marianne an die Litanei des allgemeinen Gebetes ein litaneihaftes Reden anschließt, ohne Selbstbewußtsein an einen ,,lieben Gott" gerichtet, liegt in der wahren Konsequenz des Horváthschen Dramas. Denn da sie nur die Redensart abwehrt, begreift Marianne noch nicht, daß das, was als Ausdruck subjektiven Bewußtseins nur Redensart ist, auch ein Wahres vermitteln könnte, wenn es in einen Reflexionszusammenhang einbezogen würde: Der Zustand der Todsünde wäre dann gerade der aus Redensarten bestehende der Bewußtlosigkeit, auf den der Beichtvater sogar noch einmal weist (natürlich wieder ohne Bewußtsein davon), wenn er sagt: ,,Und komme erst mit dir ins reine, ehe du vor unseren Herrgott trittst –" (I,217). Hier erscheint durch die Phrase hindurch ein Wahres (nämlich als auf die Situation bezogenes Allgemeines, aber nur für den bemerkbar, der bereits seines eigenen Sprechens sich bewußt wäre). Marianne kann es nicht bemerken, weil sie, was daran aufschließbar wäre, sich schon selbst wieder verschlossen hat bzw. verschließt. Der fordernde Hinweis aufs Selbstbewußtsein entgeht ihr, weil sie der alten Phrase von der Reue mit der neuen von der Naturwidrigkeit solcher Reue begegnet und weil sie ,,unseren Herrgott", der ohne Selbstbewußtsein gar nicht erreichbar ist und ohne dieses also auch nur Redensart, auf die Redensart eines zwar nicht mehr geglaubten, aber gerade darum erwünschten, nämlich apostrophierbaren ,,lieben Gottes" heruntergebracht hat.

Der zweite Versuch Mariannes, die Phrasenwelt, die aus ihrem eigenen Reden sich erhält, zu durchbrechen, besteht in einer Aggression. Als sie im letzten Bild hört, daß ihr Kind tot ist, ,,stürzt" sie ,,sich plötzlich lautlos" auf die Großmutter ,,und will sie mit der Zither (. . .) erschlagen" (I,249). Sie kann gar nicht wissen, daß die Großmutter tatsächlich am Tod des Kindes die Schuld trägt. Aber sie hat die Großmutter beobachtet, die ein Kinderspielzeug ,,neugierig" aufgehoben und damit geläutet hat. Nicht mehr als eine Ahnung ist hier und eine daraus erwachsende sprachlose Aggression. Die aber trifft nicht nur die tatsächlich Schuldige, sondern kehrt auch mit der Zither dasjenige gegen die Alte, das als Instrument und Emblem des „Singens und Klingens" zu verstehen ist, in dem als bedeutungsfixierter Musik das automatische Reden für das ganze Stück schon vorgeprägt ist.

Das könnte freilich so mißverstanden werden, als sei dieses Sprechen nur noch in aktionistischer, also vorbewußter Aggression zu überwinden. Aggression markiert jedoch bei Horváth durchweg nur die Unterbrechung des geläufigen Redens, nach der erst ein ‚neuer Satz' beginnen müßte, was freilich so wenig geschieht wie nach der Unterbrechung „Stille"[32]. Doch zielt hier die Aggression, als sie auf die Tötung der Alten hinauslaufen soll, und zwar als eine Tötung vor aller Augen, notwendig auf eine Änderung des Bisherigen, im „Singen und Klingen" Bedeuteten, deren erstes Zeichen Mariannes Schrei wäre. Wie sehr auch diese Änderung als Tötung nur negativ wäre, sie könnte über den Schrei zur Artikulation und Reflexion führen. Doch steht, bevor noch Marianne zuschlagen und schreien kann, der liebende Oskar bereit und „drückt ihr die Kehle zu" (I,250), als sei es wichtiger den Schrei zu verhindern als den Schlag.

Der Schluß ist nichts anderes als die Wiederherstellung der geläufigen Rede, in die auch die noch ein paarmal aufbegehrende Marianne eingefügt wird, die freilich mit ihren letzten zwei, drei Sätzen sich selbst in den Zusammenhang der Redensarten zurückführt. Deren unaufhörliches Kontinuum stellt sich im „Klingen und Singen, als spielte ein himmlisches Streichorchester die ‚Geschichten aus dem Wiener Wald' von Johann Strauß" (I,251), rein und ganz wieder her. Ist dies nicht allenfalls der Schluß einer Komödienparodie, der sich als solcher noch drastischer im Schluß der Variante „Siebentes Bild" zeigt: „. . . in einem kitschigen Barocksaal wird Oskars und Mariannens Hochzeit gefeiert . . ."? (VII,209).

Kann der Kitsch trotz der in jedem Satz, insofern er einer aus Redensarten ist, sich anzeigenden permanenten Katastrophe noch das verbogene, kümmerliche Zeichen für die Wahrheit eines guten Schlusses sein?

Am Anfang ist darauf hingewiesen worden, daß so tatsächlich das Verfahren der Komödie, der deutschen zumindest, schon seit dem „Sturm und Drang" ist[33]. Die falschen und traurigen happy ends mahnen die richtigen ein, insofern sie die Konsequenzen eines Handelns sind, das zwar mißlingendes Handeln ist, aber nicht total, sondern hier und jetzt und unter diesen Bedingungen. Immer bedeuten diese Schlüsse: was so verkehrt endet, hätte auch richtig, nämlich wahrhaft glücklich enden können. So gut sich in solchen Schlüssen Gesellschaft als ‚falsche' reflektiert, so wenig leistet eine Interpretation, die das pauschal konstatiert und damit die Figuren der Komödie des 19. und 20. Jahrhunderts auf Funktionäre der Gesellschaft reduziert. Schon seit Lessing, spätestens aber seit Kleist ist immer auch das Individuum als sich in seinem Selbstbewußtsein behinderndes im Spiel, ist damit sein Sprechen zunehmend Gegenstand der Darstellung[34].

Bei Horváth ist das Sprechen als das der Figuren ganz deren Handeln, aber als mißlingendes. Immer sind diese Figuren mit ihrem Sprechen schon von einem Allgemeinen umgeben, das als ,,Singen und Klingen" nicht einfach nur ,,langue" ist, sondern ein gewordenes und bedeutsames Sprechen. Insofern es aber ein historisch gewordenes ist, d. h. nichts anderes nämlich als das Substrat dessen, was Horváth mißverständlich genug ,,Bildungsjargon" genannt hat, ist es, wie sehr es das Sprechen des einzelnen von vornherein zum automatischen bestimmt, nichts weniger als unabänderlich. Das Drama als Komödie ist nun durch die Konstellationen gekennzeichnet, in denen das als System sich durchsetzende allgemeine Sprechen, das ,,Singen und Klingen", und das Sprechen der einzelnen Figuren sich begegnet. Die Figuren suchen dem allgemeinen Sprechen immer aufs neue zu entsprechen: Musik als das Emblem dieses allgemeinen Sprechens begleitet immer wieder die Dialoge. Wie diese durch ,,Stille" und Aggressionen unterbrochen werden, so bricht auch die Musik im Stück ab oder endet. Und wie diese am Anfang schon da ist und am Ende noch weiter ,,in der Luft" ist, so setzt auch das Sprechen der Figuren irgendwo ein und könnte immer so weitergehen.

Insofern Horváth das Sprechen, das er ,,Bildungsjargon" nennt, als das *historisch* allgemeine und das individuelle Sprechen gleichzeitig zum ,,Thema" seines Stückes macht, fallen die Abstraktionen von gesellschaftlichem Ganzen, das nicht darstellbar wäre, und dargestelltem Einzelnen, der nur exemplifizierend funktioniert, hin. Weder wird das Problematische des Ganzen geleugnet noch das des Einzelnen, weder wird also eine Individualitätsproblematik behauptet, die vor oder über aller gesellschaftlichen besteht, noch eine gesellschaftliche Problematik, die alle individuelle durchaus bestimme. Sprechen als historisch allgemeines ist nicht nur ein gewordenes, also auch veränderbares Sprechen, sondern ein aus dem sprachlichen Verhalten vieler Einzelner gewordenes. Das Klingen und Singen als das *dieser* Walzer und *dieser* Operetten ist das demokratische, aber schlimme Ergebnis konkreten, d. h. räumlich und zeitlich bestimmten sprachlichen Verhaltens von Mehrheiten. Das Sprechen der einzelnen Figuren ist die Teilnahme an diesem allgemeinen, aber als dessen bereitwillige, ständige Affirmation ist es ein Verhalten, das Sprache nicht als Barriere und nicht als Widerstand, sondern als Widerstandslosigkeit, als den Automatismus erfahren will, der Selbstbewußtsein überflüssig macht. Doch ist dies ein Schein. Immer wieder hakt dieser Automatismus, das Sprechen endet in ,,Stille" oder Aggression. Statt darin freilich eine Chance zu begreifen, sucht der Sprecher durchweg nur den Automatismus seines Sprechens wieder in Gang zu bringen. Darin besteht im wesentlichen seine Bemühung. Dessen Absurdes kann allein der Leser/Zuschauer bemerken, insofern und so lange er dieses Sprechen als falsches begreift. Dramaturgisch ist ihm dazu eben durch „Stille" die Möglichkeit gegeben, die den Figuren nur Unterbrechung ihres Sprechens ist und bis heute von den Regisseuren als Pause zu Reflexionen des Zuschauers so gut wie unbeachtet geblieben ist[35].

Wie aber kann der Leser/Zuschauer dieses Sprechen durch „Stille" als *falsches* begreifen?

Zunächst einmal, indem er durch „Stille" auf Sprechen als offenbar zentrale Kategorie des Stückes aufmerksam wird. Zum zweiten, indem er es dadurch erst als *dieses* Sprechen bemerkt, das zu auffällig ist denn als bloßes Stichwortgeben für Abbildung gesellschaftlicher Abläufe zu dienen. Zum dritten, insofern er bemerkt, daß dieses Sprechen einerseits hemmungslos ablaufen soll, andererseits Katastrophen produziert.

Erst durch diese Reflexion wird der Leser/Zuschauer aber in den Stand gesetzt, genauer darauf zu achten, was dieses Sprechen ausmacht und in welcher Beziehung es zum „Singen und Klingen" steht. Er wird einmal darauf achten, daß die Manifestationen dieses „Singens und Klingens" solche sind, die auch ihm als Gefühlsäußerungen gelten, und daß dies geschehen konnte durch Fixierung ihrer Ausdrucks- und Bedeutungsmomente, die dem Interesse kommerzieller wie ideologischer Vermittler und kommerzialisierter Medien entspricht, aber auch der Widerstandslosigkeit der Rezipienten entgegenkommt.

Er wird aber auch darauf achten, wie das Sprechen der Figuren reziprok als personifizierte Allgemeinheiten sich erweist und daß dies möglich ist, weil die Figuren Sprechen als die Phrasenhaftigkeit identifizieren, die ihnen z. B. als Zeitung und Radio frei Haus geliefert wird[36].

Horváths Dramaturgie, die das bewußtlose Sprechen selbst zum Thema wählt und dessen Mimesis als Intention, ist an Karl Kraus' Sprachreflexion orientiert, und zwar insbesondere an der, die zum Drama tendierte: den „Letzten Tagen der Menschheit".

Doch verfährt Horváth im Gegensatz zu Kraus nicht so, daß er aus wirklichen Zitaten Figuren seines Stückes rekonstruiert, Zitaten, die durchweg direkt oder indirekt der Zeitung entstammen. Vielmehr konstruiert Horváth aus seinen Vorstellungen vom Sprechen der Zeitungen seine Figuren, was ohne die Rezeption von Karl Kraus allerdings kaum hätte geleistet werden können[37].

Denn erst diese Rezeption konnte ihm das, was er selbst „Bildungsjargon" nannte, als universelles Phänomen begreiflich machen: es ist das, was als „Singen und Klingen" immer schon da ist, aber was sich durch das hemmungslose Nachsprechen der einzelnen erst erhält und erneuert.

Kraus sah das, was sich in einem Jahrhundert, seitdem nämlich die Sprecher keine Möglichkeiten mehr haben, an einer verbindlichen und gemeinsamen Sprache selbstverständlich teilzuhaben, an veröffentlichter Privatmeinung aufgehäuft hatte, die ihr Allgemeines nur im Konventionellen der Phrase hat, als Genesis der Menschheitstragödie, insofern die Kommunikation als nichtssagende, als absolutes Medium, unausweichlich die Katastrophe als den Ausdruck sinnlosen Geschehens heraufführte[38].

Horváth hingegen deutet mit jeder ,,Stille" die Möglichkeit der Sprecherfiguren an, über die Hemmungslosigkeit ihres Sprechens hinauszukommen, doch zielt er auf die Möglichkeit des Lesers/Zuschauers als realen Sprechers, diese Hemmungslosigkeit dadurch zu überwinden, daß er, mit der Genese, den Phänomenen und der Konsequenz dieses Sprechens im Drama drastisch konfrontiert, endlich in sich selbst erwacht (Lichtenberg). Als beendbares, nicht nur augenblickhaft zu unterbrechendes ergibt dieses katastrophenproduzierende Sprechen eine Komödie. Doch so prekär, daß Horváth erst in der paradoxen Verbindung ,,Komödie eines Untergangs", wie er ,,Pompeji", sein letztes Stück, nannte, explizit von ihr spricht.

Erst in den Katakomben scheint sich zeigen zu können, wie es zu einem glücklichen Ende kommen müßte. Auch dort, in ,,einer anderen Welt", allerdings keineswegs automatisch. Vielmehr muß die schon wieder beginnende Suada der Redensarten von ,,dem Herrn" unterbrochen werden, den nur eine ganz perspektivlose Interpretation eindeutig als Apostel Paulus feststellen kann. Dieser ,,Herr" braucht, um sich ,,sammeln" zu können, Zeitgenossen, die ,,etwas ruhiger", ,,etwas stiller" sind, die nicht so viel reden.

Die Alternative zu jenem Sprechen ist also nicht einfach Schweigen. Der Wunsch des ,,Herrn" hängt vielmehr gerade mit richtigem Sprechen zusammen, das ,,Sammlung" voraussetzt und das das Persönliche als das Allgemeine begriffen hat: ,,der Herr" schreibt nichts als Briefe, aber es sind Briefe ,,gleich an ganze Städte". In den ,,Geschichten aus dem Wiener Wald" aber heißen die persönlichsten Sätze: ,,Du entgehst mir nicht" – ,,Du erhöhst mich" – ,,Ich kann mich kaum mehr sehen". Und explodieren die in der Katastrophe, so ertönt als höhnendes Echo: ,,In der Luft ist ein Klingen und Singen".

ZUCKMAYER · DER HAUPTMANN VON KÖPENICK

D er Hauptmann von Köpenick", das Stück, das neben dem „Fröhlichen Weinberg" Zuckmayers Ruhm als Dramatiker begründete und
sich seit über fünfundvierzig Jahren im Spielplan behauptet, hat die unterschiedlichsten Deutungen erfahren. Ausgehend vom Untertitel „Ein deutsches Märchen", von den Märchen-Motti an Anfang und Schluß, Voigts
„Jeschichte von den Bremer Stadtmusikanten" (II,12) und Äußerungen
Zuckmayers über den gleichnishaften und überzeitlichen Sinn der transparenten Märchenform, interpretierte man das Stück als Märchen, erinnerte
sich vielleicht an das Märchenmotiv vom König für einen Tag und seine Parallelen in der Komödientradition oder an „Kleider machen Leute" (vgl.
III,15, Schild im Kleiderladen)[1]. Doch bricht das Geschehen um den historischen Hauptmann von Köpenick, seine Authentizität und komische Widerspiegelung im Stück, die Märchenwirklichkeit auf. Das Spiel um des
Kaisers Kleid, die Uniform, weist hinaus auf die historische Wirklichkeit
der Wilhelminischen Ära, der es entspringt.

Eine andere Deutung geht in die Richtung des Zeitbildes bzw. Zeitstük-
kes. Dabei ergeben sich zwei Auffassungen. Die eine hebt die kritische Verarbeitung des historischen Falles und seine politische Bedeutung zum Ende
der Weimarer Republik hervor, die andere bestreitet die satirische, gesellschaftskritische Wirkkraft und sieht in dem Stück mehr eine „Illumi-
nierung des preußischen Idylls", ein „behagliches preußisches Anekdoten-
geplänkel". Auf die bedenkliche Grenze zwischen der Komik des Zivils
und der Uniform, zwischen „amüsanter Anekdotensammlung um den
Hauptmann von Köpenick" und Ansätzen zu einer kritischen Darstellung
des bürgerlichen und militärischen kaiserlichen Deutschlands hat bereits
Herbert Ihering in der Kritik der Uraufführung hingewiesen; der eine
könne im Stück den Militärschwank, der andere eine leichte soziale Anklage, der dritte die Satire sehen[2].

Der Gegensatz von possenhaft-situationskomischen Elementen, satirischer Gestaltung des Stoffes und heiter-humorvoller Lösung von Spannungen kann als Inkonsequenz des Autors, als „verworrener Idealismus", Mi-
lieuverliebtheit und Mangel an gesellschaftskritischer Perspektive interpretiert werden[3]. Zugleich aber zeigt sich in ihm eine Spielbreite komischer

Strukturelemente auf allen Darstellungsebenen, die eine Festlegung des Stückes als Zeit-, Charakter- oder Situationskomödie ebensowenig zuläßt wie als dramatische Satire, Tragikomödie, Kriminalkomödie oder gar Lustspiel (märchenhafte Elemente, Zug zur Versöhnung). Vieles spricht dafür, besonders wenn man an die Faktoren der Entstehung und an ähnliche Intentionen bei Marieluise Fleißer und Ödön von Horváth denkt, das Drama als Volksstück zu verstehen[4]. Die erneuerte Volksstück-Form erlaubte die Verbindung heterogener Elemente; das Milieuhafte und Atmosphärische der lokalen Bindung steht neben zeitbezogener Sozialkritik, mildert diese oft; Situationskomik, humorvolle und rührende Züge, Sprachkomik bis zur Satire bringen in ihrer Abfolge bzw. im Ineinanderverschränktsein einen Bilderbogen hervor, dessen Stil- und Spielebenen die mimisch-theatralischen wie sprachlich-wirklichkeitsbezogenen Elemente des volkstümlich gewordenen Stoffes ausschöpfen. Der Charakter des Volksstücks hebt den Gegensatz zwischen satirischen und possenhaften Elementen auf; die Komik der Situation macht den sozialen und politischen Hintergrund erst transparent und akzentuiert ihn für eine satirische Durchleuchtung. Zugleich erhält die Komödienfabel die Potenz der Aktualisierbarkeit; das Geschehen ist auf ähnliche Fälle in der Geschichte übertragbar.

Diese Übertragbarkeit des historischen Sinns eignet auch der Anekdote, und man kann die von Zuckmayer gestaltete Köpenickiade eine dramatische Anekdote nennen, wenn man nicht an eine zur Klatschgeschichte abgesunkene Form denkt, sondern eine Erzählung meint, die historisches Geschehen in dramatischer Zuspitzung, durch fiktionale Einbettung bzw. Umgestaltung am Beispiel einer herausgehobenen Person so prägnant vermittelt, daß der erzählte Fall eine über den historischen Augenblick hinausweisende Geltung erhält. Unternimmt man eine Deutung des Stücks als Anekdote, spielt einmal die Stoffgeschichte vom historischen Ereignis bis zu Zuckmayers Aufnahme eine Rolle, zum anderen stellt sich die Frage nach der bestätigenden oder kritischen Intention des Anekdotischen im Zusammenspiel mit der Unterhaltungsfunktion, schließlich hängt damit auch die Interpretation der Hauptfigur zusammen. War Wilhelm Voigt mehr der pfiffige Hochstapler, ein Schelm und Abenteurer, der den mißlungenen Ausbruch aus der bürgerlich-engen Welt am Schluß mit Lachen quittiert – die Verfilmungen des Stückes deuten in diese Richtung –, oder war er die gequälte Kreatur, die am System, das ihr Heimat und Lebensraum verweigert, selbst dort scheitert, wo sie sich mit Mitteln des Systems gegen es auflehnt? Wie sind von daher das ,,große, befreite und mächtige Gelächter" (III,21) und Voigts zusammenfassender Ausruf ,,Unmöglich!!" (ebd.) am Schluß zu verstehen? Welchen Formen der Komik entspringt welches Lachen, und gegen wen ist es gerichtet?

Die historischen Fakten sind schnell berichtet. Am 16. Oktober 1906 besetzt der arbeitslose, mehrfach vorbestrafte Schuster Wilhelm Voigt, nachdem er sich durch eine beim Trödler erstandene Hauptmanns-Uniform verwandelt und eine Wachmannschaft unter sein Kommando gebracht hatte, das Köpenicker Rathaus, verhaftete den Bürgermeister, ließ sich die Stadtkasse übergeben und verschwand[5]. – Je nach ihrer politischen Einstellung wurde das Ereignis von den Zeitungen kommentiert.

Der sozialdemokratische „Vorwärts" schrieb: „Die Welt lacht. Über die deutschen Grenzen hinaus, über den englischen Kanal und den atlantischen Ozean dringt schrilles Hohngelächter. Die Welt lacht auf Kosten des preußischen Junkerstaats." Er sieht die Schuld im Militarismus, der zum Kadavergehorsam erzieht: „Überall in Preußen wäre unter gleichen Verhältnissen die gleiche blinde Unterordnung erfolgt."

Die konservative „Neue Preußische Zeitung" wandte sich gegen eine Aufbauschung des „Gaunerstreichs in Köpenick" zu einer politischen Demonstration gegen den Militarismus: „Wer daraus, daß ein Pseudohauptmann ein paar Soldaten unter seine Kommandogewalt bringen und zu einem Verbrechen gebrauchen konnte, den Schluß ziehen will, daß in Preußen die Pflicht des militärischen Gehorsams überspannt werde, der nenne uns doch ein Heer, in dem der Soldat bei jedem Dienstbefehl die schriftliche Autorisation seiner Vorgesetzten, ihr Patent und die Gesetzmäßigkeit der befohlenen Handlung nachprüfen darf oder muß."

Die „Königlich privilegierte Berlinische Zeitung" fürchtete, daß das Beispiel in Verbrecherkreisen Schule macht und es sich zeigt, „wie gefährlich die gesetzlich angeordnete Ohnmacht der Polizei und des Publikums gegenüber dem Träger der Uniform für die öffentliche Sicherheit und Ordnung ist." Denn: „In der Tat, des Königs Rock, oder vielmehr der Offiziersrock, ist eine rechtliche, vom Gesetz privilegierte Einrichtung, ganz unabhängig von der Person, die in dem Rocke steckt."

Leise Kritik an Macht und Wirkung der Uniform übt auch das „Berliner Tageblatt": „Es ist ein beschämendes Zeichen für Bürgersinn, Mannesmut vor Königsthronen, Rechtsstaat und Konstitutionalismus, und wie die schönen Worte alle heißen mögen, aber es ist nun einmal eine Tatsache, daß in Preußen die Uniform herrscht und regiert. Vor der Uniform liegen alle auf dem Bauch (.). Wer die Uniform trägt, der siegt, nicht weil er besser oder klüger oder weitsichtiger wäre als die anderen, sondern weil er uniformiert ist."

Am 26. Oktober 1906 wurde der 57jährige Voigt verhaftet und im Dezember zu vier Jahren Gefängnis verurteilt; bereits nach zwanzig Monaten konnte er aufgrund einer Begnadigung des Kaisers das Gefängnis wieder verlassen. Zu diesem Zeitpunkt hatte er fast dreißig Jahre hinter Gefängnismauern zugebracht. Die „Berliner Morgenpost" kommentierte: „Die Traurigkeit, die in Voigts Schicksal liegt, ist nicht ganz vom Fatum, sondern zum guten Teile von der Unzulänglichkeit der von uns selbst gesetzten Institutionen verursacht" und wünscht, daß der Prozeß „von dauernder Nachwirkung auf unser Straf- und Polizeisystem bleibt".

Nach der Entlassung beginnt für den ehemaligen Schuhmacher der zweite Teil der Köpenickiade. Er reist durch Deutschland und verkauft Postkarten mit seinem Autogramm, im Ausland tritt er auf Varietébühnen als Hauptmann von Köpenick auf; 1909 schreibt er seine Autobiographie. In Luxemburg, wo er sich 1912 niederließ und 1922 starb und begraben wurde, soll ihm jetzt ein Denkmal errichtet werden.

Das zeitgenössische Unterhaltungstheater nahm den Stoff aus der Wirklichkeit schnell auf; eine Vielzahl von Schwänken, Operetten, Parodien und Moritaten entstand, die alle die menschliche und politische Problematik übersahen und nur die Handlungskomik des Stoffes ausbeuteten. Zu einer tiefergehenden Bearbeitung der menschlichen und gesellschaftlichen Hintergründe des Schelmenstreichs bzw. der Verzweiflungstat, wie sie Voigt selbst in seiner Biographie mit der Anspielung auf Michael Kohlhaas andeutet, drang man nicht vor. Um 1930 wurde neben Zuckmayer Wilhelm Schäfer auf den Stoff aufmerksam. Sein Roman behandelt die gesamte Lebensgeschichte Wilhelm Voigts; Uniform- und Obrigkeitsthematik klingen immer wieder an, bleiben aber wie das letzte Kapitel, das die eigentliche Köpenickiade schildert, im Sentimentalen stecken.

Zuckmayer, der für einen Autoren-Wettbewerb an einem „Eulenspiegel"-Stück arbeitete, erhielt von Fritz Kortner, der zunächst an einen Film dachte, die Anregung zum „Hauptmann von Köpenick". Nachdem sein Eulenspiegel-Plan scheiterte „an der Diskrepanz zwischen dem Vorwurf des alten Volksbuches (. . .) und der Zeitnähe, dem Gegenwartsgehalt, der lebendigen Wirklichkeit", hatte er hier einen Stoff gefunden, der ihm seine ursprüngliche Intention verwirklichen half. Nach dem Studium der alten Zeitungsberichte und der Prozeßakten wurde Zuckmayer klar, daß Wilhelm Voigt, dessen Auftritt er selbst bei einer Mainzer Fastnacht miterlebte, sein Eulenspiegel war, der „durch Mutterwitz und menschliche Einsicht" Zeit und Gesellschaft seinen Spiegel vorhalten sollte. Die politische Situation im Jahre 1930, „in dem die Nationalsozialisten als zweitstärkste Partei in den Reichstag einzogen und die Nation in einen neuen Uniform-Taumel versetzten", bekräftigte Zuckmayers Entschluß, das Stück zu schreiben: „Ich schrieb es ganz bewußt als Warnung (oder Exempel) – in der transparenten Märchenform – im Augenblick des Hochkommens der Nazis (. . .). Trotzdem ist das Menschliche und Überzeitliche an dem Stück, wie überhaupt an meinen Stücken entscheidend."

Vergleicht man die überlieferten Fakten der historischen Köpenickiade und der Berichterstattung in den Zeitungen mit Zuckmayers Stoffgestaltung, zeigen sich neben Parallelen vor allem Unterschiede in der Konzeption Voigts und der Problematisierung der vom Stoff nicht oder nur teilweise vorgegebenen Aspekte (Militär- und Uniformthematik; Resozialisierungsthematik; Heimat- und Menschenordnungsthematik). Insofern hat der Hinweis nach dem Personenverzeichnis „Die tatsächlichen Begebenheiten bilden nur den Anlaß zu diesem Stück. Stoff und Gestalten sind völlig frei behandelt" seine Berechtigung. Bei der Frage, was Zuckmayer aus dem Stoff gemacht habe, ergeben sich – je nach der Position des Interpreten – unterschiedliche Antworten. So meinen die einen, er habe Unrecht am Stoff begangen, indem er den historischen Vorfall nicht unter satirisch-gesellschaftskritischer Perspektive gestaltete und den die politische Problematik des Wilhelminischen Reiches treffenden Witz in einer breiten, detailverliebten Bilderfolge verspielte. Andere sehen mehr den überzeitlichen Verweisungscharakter, in dem das jeweils Historische – sowohl der Vorfall selbst wie seine dramatische Aktualisierung am Vorabend der Machtergreifung Hitlers – ebenso aufgehoben ist wie die komödienhafte Situation vom Geniestreich eines Zuchthäuslers. Sie sehen im Stück eine Anklage gegen die Unterdrückung, eine Verteidigung des Menschlichen überhaupt; die Uniform ist Symbol für das Unmenschliche und die große Versuchung des Menschen; Wilhelm Voigt ist der Heimatsucher[6].

Zuckmayer selbst intendierte, wenn man seiner oben zitierten Äußerung und seiner Biographie glauben will, in der Darstellung Voigts eine Figur, die „– durch die Not helle geworden – einer Zeit und einem Volk die Wahrheit exemplifiziert". Das „Eulenspiegel-Bild des Unfugs" sollte vor der drohenden Gefahr warnen, zugleich aber die Hoffnung auf menschliche Einsicht erhalten. „Nicht ‚die Geißel schwingend', sondern das Menschenbild beschwörend", schien Zuckmayer die märchenhafte Erzählung einer Geschichte im Komödienton geeignet, „sie über den Anlaß hinaus mit überzeitlichem Wahrsinn zu erfüllen". Er wollte, obwohl das Stück als „Politikum (...) gemeint war", auch die Gegenseite, das Militär vor allem, „mit dem Versuch zu dramatischer Gerechtigkeit" darstellen und nicht „einseitige(r) Tendenz oder ‚Propaganda'" verfallen. Man kann dies auch als schwankende unverbindliche Haltung auffassen, obwohl das Stück tatsächlich als Politikum begriffen und seine Aufführung nach der Machtergreifung der Nationalsozialisten verboten wurde. Dramatische Gerechtigkeit und abgebildete Wirklichkeit geraten vor der historischen Situation in Widerspruch, weil es Zuckmayer weitgehend versäumt, die Ereignisse von 1906 (im Stück etwa 1910) vor den Hintergrund des sich anbahnenden Ersten Weltkriegs zu stellen. Die wenigen Andeutungen auf die Kriegsgefahr (vgl. III,16) reichen nicht aus, um die Warnung, die der Autor intendiert, herauszuhören. Hat Zuckmayer, zu sehr auf den ,,überzeitlichen Wahrsinn" und auf ,,dramatische Gerechtigkeit" bedacht, die politische Problematik vernachlässigt; ist die Biographie des Schusters wichtiger als der historische Kontext, in dem sie sich ereignet? Oder muß der Autor vor seinen eigenen nachträglichen Äußerungen zum Stück in Schutz genommen werden; trifft vielleicht der an Heinrich Heines ,,Deutschland. Ein Wintermärchen" anklingende ironisch-satirische Untertitel ,,Ein deutsches Märchen" genauer die Intention[7]? Von diesen und den eingangs gestellten Fragen hat eine Analyse auszugehen.

Kortners ursprüngliche Anregung zum Film-Drehbuch, Nachwirkungen des expressionistischen Stationendramas, Piscators Theater und die Erneuerungsversuche des Volksstücks in der Weimarer Zeit finden ihren Niederschlag im bilderbogenartigen, filmischen Aufbau des Dreiakters, dessen einundzwanzig Szenen symmetrisch um die Achse der 11. Szene (II) montiert sind und durch Auf- und Abblenden, Wechsel des Schauplatzes usw. gegeneinander abgegrenzt werden. In nur vier der einundzwanzig Szenen tritt die Hauptfigur nicht auf; die Uniform und Wilhelm Voigt sind die Fixpunkte, auf die hin die einzelnen Einstellungen vorgenommen und um die die Bilder und Figuren gruppiert werden. Zwar enthalten beide Handlungsstränge, Voigts Kampf um Aufenthaltserlaubnis oder Paß und die Geschichte der Uniform, eine dramatische Längsspannung, die – durch die Zusammenführung der beiden Stränge in III,15 verstärkt – auf den Ausgang und die Lösung des Konflikts gerichtet ist, doch wird der Fortgang der Handlung durch das Eigengewicht der einzelnen Szenen aufgehalten und damit der Blick auf die erzählten Bilder gelenkt. Ortswechsel, Bühnenbild, detaillierte Bühnenanweisungen, mimische und gestische Elemente sowie die Musik unterstützen den filmisch-erzählenden Grundcharakter, der den Zuschauer distanzieren und befähigen soll, die dem gesellschaftlichen Problem immanente Dramatik zu erkennen. Bewegte Szenerie und Theatralik (Ortswechsel, Verkleidungen, handlungsstarke Szenen) dienen weniger der Längsspannung als der Profilgebung des Einzelbildes und damit der Akzentuierung des Problems.

Dies zeigt sich vor allem auch in den Aktschlüssen. In I,7 werden der spätere Köpenicker Bürgermeister Obermüller und die Uniform vorgeführt: ,,WORMSER (. . .) Was heutzutag nich alles Offizier wird! (. . .) *Dunkel, Militärmarsch, nah, mächtig*"; II,14 endet nach dem Dialog Voigt–Hoprecht mit dessen Ausruf ,,Der Mensch – der Mensch is ja gefährlich!!"; den Aktschluß III,21 bildet Voigts erkennendes und zusammenfassendes Gelächter mit dem Ausruf ,,Unmöglich!!". Hier wie auch an anderen Stellen wird der Verweisungscharakter der Einzelszenen sichtbar, die durch visuelle oder akustische Anspielung bzw. Wiederholung (Uniformladen, Militärmusik usw.), dramaturgische Funktion (Exposition, Vorausdeutung, Resümee) und Thematik (Mensch und Uniform; Bürger und Staat; Recht, Pflicht und Ordnung usw.) aufeinander bezogen sind.

Charakteristisch ist auch die theatralische Profilierung der Handlung durch Wahl und Wechsel der Schauplätze, durch mimisch-gestische und musikalische Gestaltung. Die neunzehn verschiedenen Bühnenorte lassen sich in drei Gruppen einteilen, in private (Möbliertes Zimmer, bürgerliche Wohnstube, Schlafzimmer, Stube mit Bett), öffentliche (Uniformladen, Café National, Personalbüro, Herberge, Allee, Bahnhof u. a.) und amtlich-polizeiliche (Polizeibüro, Zuchthauskapelle, Amtszimmer des Bürgermeisters u. a.).

Fünf Szenen spielen in der privaten Sphäre; Schlettows Abschied von der Uniform (I,5), Voigts Heimkehr als verlorener Sohn (II,9), Obermüllers Warten auf die neue Uniform (II,10), die Szene mit dem kranken Mädchen, in der Voigt das polizeiliche Ausweisungsschreiben erhält (II,12) und seine Diskussion mit Hoprecht um den Menschen und die Menschenordnung (II,14). Im dritten Akt gibt es keine Szenen in der privaten Sphäre, mit der Verwandlung Voigts wird sein Fall ein öffentlicher. Die Szenen sind durch das Motiv der Uniform (I,5; II,9, 10, 14) und das Motiv der Heimatsuche (II,9, 12) miteinander verbunden. Eine besondere Bedeutung kommt dabei dem Märchen-Intermezzo in II,12 zu. In dieser Szene, die mit ihren rührenden Elementen („larmoyantes Lied", Märchen, Dachstuben-Atmosphäre) als Ruhepunkt in der Handlung und als Sperrung gegen die Szenen II,11 (Ohnmacht der Bürger vor den Befehlen des Militärs) und II,13 (Festsouper bei Dressel; Mädchen in Uniform) wirkt, wird das Heimat-Thema auf zwei Ebenen dargestellt, die durch den von außen einbrechenden Ausweisungsbefehl aufeinander bezogen sind. Überdies deutet die Konzentration der privaten Szenen im zweiten Akt den Umschlag bei Voigt von der getretenen Kreatur zum handelnden Subjekt an. Der Blick durchs Schlüsselloch auf dem Polizeibüro in Rixdorf in II,11 – der Symmetrieachse des Stücks – belehrt ihn über die Möglichkeiten des Uniformtragers. Schon hier beginnt seine Verwandlung, die das Märchen-Motto in II,12 „Komm mit, sagt der Hahn – etwas Besseres als den Tod werden wir überall finden" andeutet und Hoprechts Ausruf in II,14 „. . . der Mensch is ja gefährlich!!" vollends sichtbar macht.

Die sechs amtlich-polizeilichen Szenen dokumentieren Voigts Kampf mit den Behörden um seine Daseinsberechtigung. In I,2 (Polizeibüro in Potsdam; „geschlossene Fenster, muffige Luft, Kaiserbild, Pickelhauben und Gendarmeriesäbel") sehen wir Voigts erfolgloses Bemühen um Aufenthaltsgenehmigung bzw. Paß; in II,8 wird er beim Soldatenspiel im

Zuchthaus „mit dem Wesen und der Disziplin unserer deutschen Armee" vertraut, dies soll ihn – nach der Rede des Zuchthausdirektors – „befähigen, auch im zivilen Leben, so schwer es anfangs sein mag, wieder seinen Mann zu stellen", – im Blick auf den Schluß eine ungewollt ironische Vorausdeutung. Im Polizeibüro in Rixdorf (II, 11) endet Voigts zweiter vergeblicher Versuch, sein Dasein durch Stempel und Papier beglaubigt zu bekommen, aber er erhält durch den Auftritt des Leutnants Einblicke (Schlüsselloch!) in die Möglichkeiten der uniformierten Macht. Als Episoden-Figur ist in dieser Szene der „Vorwärts"-Leser wichtig, der einerseits Gedanken der Diskussion zwischen Hoprecht und Voigt (II,14) vorwegnimmt („Is son Amt für die Menschen da – oder die Menschen fürs Amt?!"; „Wir sind aber hier keene Soldaten, wir sind hier Staatsbürjer."), andererseits aber durch seinen ihm zweimal unterlaufenden Versprecher („. . .und deshalb verlange ick hier trotzdem meine staatsbürjerliche Pflicht, Recht wollt ick sagen") seine Unzulänglichkeit und die wahren Machtverhältnisse offenbart. Die drei letzten amtlich-polizeilichen Szenen (II, 18, 19, 21) handeln von Voigts Rathausbesetzung bzw. seinem Auftritt im Polizeipräsidium. Hier kehrt er, läßt man die Soldatenspiel-Szene fort, die die Thematik auf anderer Ebene akzentuiert, die Machtverhältnisse der vorangegangenen Obrigkeitsszenen um; selbst im Polizeipräsidium wirkt noch der Zauber der Montur im leutseligen Verhalten der Beamten nach.

Ungefähr die Hälfte aller Szenen spielt an öffentlichen Orten, die durch die Uniform- und die Heimatthematik mit den anderen Schauplätzen verklammert sind. Uniformladen (I,1, 7) und Kleiderladen (III,15) demonstrieren mit Aufstieg und Fall einer Uniform die Schicksale der Menschen in einer von der militärischen Rangordnung bestimmten Gesellschaft. Die Szenen im Café National (I,3) und im Personalbüro der Schuhfabrik (I,4) machen den Einfluß des Militärischen auf das zivile Leben sinnfällig. Schlettows Verhaftung zeigt die Grenzen eines Offiziers ohne Uniform: „SCHUTZMANN (. . .) Ohne Charge biste vor mir 'n janz deemlicher Zivilist" (I,3) und deutet – im umgekehrten Sinne – auf den Streich des Zivilisten Voigt in Uniform voraus. Man glaubt nur der Uniform. Vorausdeutend wirkt auch eine Passage in I,3; während der Uniform-Anprobe Schlettows erscheint Voigt in der Ladentüre:

WILHELM VOIGT *schmächtige Gestalt, mager und etwas gebückt, leicht angedeutete O-Beine, hohles Gesicht mit starken Backenknochen, grauer Schnurrbart, fahle Hautfarbe (. . .). Er hält den Türgriff fest und schaut wie erstaunt in den Laden.*
WORMSER. Was wollense denn? Habense was abzugeben?
VOIGT. Nee. *Er schließt die Tür, geht weiter.*
v. SCHLETTOW. Was will denn der, sieht ja aus wie ne Leiche auf Urlaub.
WORMSER. Ich weiß nich – vielleicht will er sich ne Gardeuniform bestellen.   I,1

Schlettows Abschied von der Uniform deutet spiegelbildlich verkehrt auf Voigts Tat voraus; die Tragik seines Schicksals (,, . . . in Staatsbürjerkluft – da komm ick mir immer vor wie ne halbe Portion ohne Mostrich", I,3) ist mit der Komik der vergleichbaren Situationen in III,18 und 19 so verbunden, daß die tragikomische Wirkung der Szenenverklammerung ein Abrutschen in den Militärschwank verhindert, der in II,13 dominiert. Die Geschehnisse in der Herberge zur Heimat (I,6) und im Park von Sanssouci (III,16) dienen einerseits der Veranschaulichung des Milieus, andererseits halten sie die Wirkung der Uniform im zivilen Leben wach; die schwankhafte Situation vor der Bahnhofstoilette (III,17) wiederholt dies auf anderer Ebene. I,6 führt überdies die Heimatthematik weiter, während in III,16 – ein Ruhepunkt in der Handlung kurz vor den Ereignissen in Köpenick – zum ersten und einzigen Mal der Hintergrund des drohenden Weltkriegs angedeutet wird:

ZWEI ÄLTERE OFFIZIERE *in Uniform kommen (. . .)*

DER ERSTE. Nein, Herr Kamerad, die Marokkokrise, und der Balkan, das ewige Pulverfaß. – Wenn's mal hochgeht, dann stehn wir da mit unsrer ungedienten Ersatzreserve.

DER ZWEITE. Verzeihung, Herr Kamerad, Sie unken, seit ich Sie kenne. Is ja ganz ausgeschlossen, denkt doch in Europa heutzutage kein Mensch ernsthaft an Krieg.

DER ERSTE. Das ist ja das Unglück, Herr Kamerad, daß keiner ernsthaft dran denkt! Man sollte daran denken – um es zu verhüten!

DER ZWEITE. Ausgeschlossen, Krieg is Wahnsinn. Denkense mal an die neuen weittragenden Dinger. Da wäre ja in vierzehn Tagen alles futsch. Nee, nee, Wilhelm bleibt Friedenskaiser.

DER ERSTE. Ich traue dem Frieden nicht (. . .).   III,16

Die öffentlichen Bühnenorte zeigen vor allem die sämtliche Lebensbereiche überformende Militarisierung, die sich zum Teil in den Privatszenen fortsetzt (vgl. II,9, 10, 14; Hoprechts und Obermüllers Stellung zu Uniform und Militär). Im Mittelpunkt steht dabei immer die Uniform. Sinnenfällig wird diese Überformung auch in Bühnenbild, Mimik und Gestik der Figuren (vgl. die detaillierten Bühnenanweisungen) und in der musikalischen Gestaltung, die allerdings vom ersten bis zum dritten Akt in dem Maße abnimmt, in dem Voigt selbst die Initiative ergreift.

Die ganze erste Szene wird von Militärmusik begleitet; in I,3 beherrscht ein grölender Grenadier die Szene; in I,6 hört man von ferne das Kasernensignal; in I,7 ist die Militärmusik fern und wird am Ende der Szene ,,nah" und ,,mächtig". Die zivile Musik vertreten Schlager (I,4 und II,12), moritatähnliches bzw. ,,larmoyantes Lied" (II,12 und III,20), Couplet (II,13), Choral (II,8) und Drehorgeltöne (III,16). Militär- und Zivilmusik dienen der Untermalung und Akzentuierung der Szenerie, sie charakterisieren in witziger oder melodramatischer Funktion die Ereignisse und unterstützen mit dem Bühnenbild die Verbindung der Szenen.

Im Bühnenbild dominieren Kaiserbilder und militärische Attribute (I,1, 2, 5, 7; II,9, 11, 14; in III,16 tragen sogar die Kinder Uniform), die den Weg der Uniform für Schlettow über Obermüller und das Ballkostüm bis zum Trödlerladen begleiten (I,1, 5, 7; II,9, 10, 13; III,15 u. a.), und die Darstellung von Menschen vor und hinter Schranken (Polizeibüro und Personalbüro) und in Verschlägen (Herberge). Dialog- und Gruppenszenen, Handlungs- und Reflexionsszenen strukturieren mit dem schaubaren Bühnengeschehen das Stück. Die gesellschaftlichen Momentaufnahmen und einzelnen Lebensausschnitte in den Szenen ergeben zusammen ein Bild der unentwirrbaren Vermischung von bürgerlicher und militärischer Sphäre. Die satirische Perspektive läßt Soldaten spielende Zuchthäusler ebenso normal erscheinen wie sich militärisch gebärdende Zivilisten; die polizei- und militärstaatliche Denkweise läßt dem Einzelmenschen keinen Spielraum in der bürgerlichen Enge, dem Gestrauchelten oder Außenseiter verbietet sie gar zu leben. Hilflos dem Perfektionismus des Systems ausgeliefert, zieht man die Konsequenzen und beugt sich der Ordnung und Pflicht (wie Schlettow, Hoprecht und Obermüller); nur Voigt – schon außerhalb des Systems stehend – entdeckt bei seinen Bemühungen um Resozialisierung die Asozialität des Staates und zugleich den Schlüssel, hinter die Kulissen zu gelangen, diese als solche bloßzustellen und – für einen Augenblick – Geschichte zu machen.

Die offene Form des Dramas verbindet sich mit Strukturprinzipien der Geschlossenheit; die episch angelegte Bilderfolge, nicht selten satirisch erzählend, wird zum Schluß hin auf die für Zeit und Gesellschaft prägnante Pointe zugespitzt. Die rührenden, komischen und realistischen Szenen befriedigen das Schaubedürfnis des Zuschauers, zugleich jedoch erzeugen sie erst den anekdotischen Sinn des Vorfalls. Gerade die ästhetischen und fiktionalen Mittel fügen dem Dokumentarischen des Falles das Nachdenkenswerte hinzu, das über das Geschehen hinausweist. Insofern kann der Schluß als für den Zuschauer offen gedeutet werden.

Die Figurenkonstellation entspricht dem dramaturgischen Grundprinzip der kontrastiven, additiven oder differenzierenden Verklammerung von Szenen. Neben Voigt haben umfangmäßig Schlettow, Obermüller und Wormser, in zwei Szenen auch Hoprecht, bedeutenden Anteil am Geschehen. Sie verkörpern die wesentlichen Seiten des Systems. Die übrigen Personen – es dürften über hundert sein – dienen der Charakteristik bzw. Typisierung des Milieus, der Atmosphäre in den episodischen Detailszenen. Außer Voigt repräsentieren alle Figuren mehr oder weniger die wilhelminische Gesellschaft; nur bei Wabschke und Obermüller lassen sich Ansätze zu einer distanzierten Haltung erkennen. Wabschke (vgl. I,1 und 7) identifiziert sich keineswegs mit der bramarbasierenden Verherrlichung des auf das preußische Soldatentum gegründeten Staates wie etwa sein Chef Wormser: ,,Der alte Fritz, der kategorische Imperativ, und unser Exerzierreglement, das macht uns keiner nach! Das und die Klassiker, damit hammer's geschafft in der Welt" (I,1). – Obermüller leistet anfangs dem falschen Hauptmann Widerstand, muß sich dann aber dessen Legitimation (,,Kommando vor Gewehr", III,19) unterwerfen. Bis auf einige Episodenfiguren (z. B. das kranke Mädchen und der Deserteur Gebweiler), die das Heimatmotiv Voigts wiederholen und variieren, sind die übrigen ,,Zeitgenossen aller Art" (so Zuckmayer im Personenverzeichnis) entweder unterwürfige und gehorchende oder überhebliche, intolerante und befehlende Typen. Als solche dienen sie der – zum Teil karikaturistischen – Veranschaulichung des Systems und sind der kollektive Gegner Voigts; zugleich fungieren sie – je nach Anlage und Situation – als Parallel- und Kontrastfiguren zu Voigt oder als Randfiguren, die seine Problematik in anderer Weise widerspiegeln. Alle sprechen sie, bis auf die entwurzelten Figuren in der ,,Herberge zur Heimat" (I,6), im Berliner Dialekt, der kaum soziale Unterschiede der Sprecher erkennen läßt; diese werden durch andere Attribute und durch eine Abtönung der Sprechweise verdeutlicht. Wichtig ist die – auch im Sprachlichen sichtbare – regionale Begrenzung, die Einheit von Milieu und Atmosphäre garantiert. Sie unterstützt das Heimatmotiv Voigts (,,. . . ick habe mir eben so sehr zu Hause jesehnt. Det war dumm von mir", I,2), unterstreicht die Homogenität des gesellschaftlichen Systems und verstärkt den Wirklichkeitsbezug des Bühnengeschehens. Der Dialekt wird zur Metapher für Potsdam, Berlin und Preußentum; gleichzeitig erlaubt er rang- und standesmäßige Differenzierungen, indem seine stilistischen Möglichkeiten und der Kontrast zur Hochsprache und zur Sprache der Militärs ausgeschöpft werden.

Besonders bei Wormser enthüllt die Sprache den Menschen. Der Schneider verdankt Geschäft und Renommee der Uniform-Hochkonjunktur. Er weiß, daß seine uniformbesessenen Zeitgenossen von ihm abhängig sind, weil er erst aus ihnen richtige Menschen machen kann: ,,. . . ich sage immer: vom Gefreiten aufwärts beginnt der Darwinismus. Aber der Mensch, der Mensch fängt erst beim Leutnant an" (I,7). Geschickt erkennt er die Schwächen seiner Kunden und schlägt daraus Kapital. Platitüden, Frechheit und plumpe Aufschneiderei gehören für den Emporkömmling zum Geschäft:

(. . .) Was, wird er (der Kaiser) rufen, von meinem lieben Wormser!! Bei dem laß ich ja selbst arbeiten. Also dann sind de Knöppe richtig, und mein Zollstock ist falsch!! Hier habense 'n Orden, da die geflochtenen Achselstücke, machense so weiter, Herr Major – *sprudelnd* – Sehnse, wennse beim Wormser arbeiten lassen, da sinse schon befördert!! I,1

Wormser, das zeigen die Szenen mit Schlettow, Obermüller und beim Festsouper (II,13), paßt sich sprachlich jeweils seinem Gegenüber an.

Hauptmann von Schlettow spricht auch außer Dienst im Kasernen- und Kasinojargon. Er bevorzugt die Befehlsform, seine Sätze sind abgehackt, die Ausdrucksweise ist betont salopp, nicht selten äußert er nichtssagende Redensarten. Auch für ihn beginnt der Mensch erst, wenn er mit der Uniform „die ganze bessere Haltung" (I,1) bekommt. In den Kleinigkeiten, an denen man den Soldaten erkenne, steckt für ihn der tiefere Sinn, das fängt bei den Gesäßknöpfen und beim Stechschritt an und hört beim blinden Gehorsam auf. Die Uniform gibt Schlettow „'n kolossalen Halt, da is man 'n ganz anderer Kerl (. . .). Aufn bunten Rock kein Stäubchen – das is mir Lebensaufgabe" (I,3). Mit dieser Haltung akzeptiert er, Sproß einer „Offiziersfamilie seitm Siebenjährigen Krieg, Großvater noch gewöhnlicher Linieninfantrist" (I,3), das Ende seiner militärischen Laufbahn.

Wabschkes Sprache trifft mit schlagfertigem Witz und trockenen Bemerkungen das phrasenhafte und patriotische Gerede. Auf Wormsers Schwärmerei „Prachtvoll son alter Preußenmarsch, was? Das reißt ein'n hoch, das geht ein'n in die Knochen!" meint er: „Da kann 'n Laubfrosch Polka tanzen lernen" (I,7); dem ins Manöver ziehenden Obermüller ruft der bucklige Zuschneider unmilitärisch nach: „Viel Vagniegn, Herr Bürjermeister, Heil und Sieg! Hipp hipp, hurra!" (II,10). Anders als für Schlettow und Obermüller, die in Militär und Uniform ihre Lebensaufgabe sehen, und für Wormser, dem die Uniform das große Geschäft bedeutet, zählt für Wabschke in erster Linie der Mensch. Dem abgedankten Schlettow sagt er tröstend: „Ick meine – *fast zart, behutsam* –, det Militär is ja sehr scheen, aber es is nu wirklich nich det einzige uff de Welt (. . .) ick meine – wenn eener 'n richtiger Mensch is, det is doch de Hauptsache, nich?" (I,5). Wabschke nimmt mit seiner Pfiffigkeit und der Fähigkeit, hinter die Militärkulissen zu blicken, schon einige Züge Wilhelm Voigts vorweg.

Obermüller hat zweifellos seine eigenen Ansichten über das System und bemüht sich um Differenzierungen zwischen Beamtentum und Militär. Doch ist er ein Karrieretyp, der sich beflissen bemüht, den Anforderungen zu entsprechen, welche die Konvention an einen Mann seines Standes und seiner Ambitionen stellt:

> Kleider machen Leute, da ist nun doch was Wahres dran. So ne Uniform hebt entschieden – es geht ein gewisser Zauber von ihr aus – (. . .) Das Große ist bei uns die Idee des Volksheeres, in dem jeder Mann den Platz einnimmt, der ihm in der sozialen Struktur der Volksgemeinschaft zukommt. Freie Bahn dem Tüchtigen!

Das ist die deutsche Devise! Die Idee der individuellen Freiheit verschmilzt bei uns mit der konstitutionellen Idee zu einem entwicklungsfähigen Ganzen. Das System ist monarchisch – aber wir leben – angewandte Demokratie! Das ist meine Überzeugung!   I,7

Widersprüche zwischen Sprechen und Handeln charakterisieren Obermüllers gespaltene Haltung, die sich auch bei der Verhaftung durch Voigt zeigen; zuletzt siegt bei ihm immer der Untertanengeist.

Voigts unorthodoxe Sehweise und seine schöpferischen Fähigkeiten, die ihn mit Schwejk vergleichen lassen, äußern sich vor allem in seiner sprachlichen Geschicklichkeit. Auf dem Polizeibüro in Potsdam demonstriert er seine Sprachgewandtheit, die letztlich auch Ausdruck seiner Handlungskompetenz ist, indem er den Erklärungen des Beamten unerwartete, originelle und hintergründige Wendungen gibt. Er verdreht die geläufigen Redensarten: ,,Sie sind ja 'n ganz schwerer Junge.'' – ,,Ick weeß nich, Herr Kommissär, ick werde in letzter Zeit immer leichter'' (I,2) oder gibt ihnen den Sinn zurück, der durch häufigen Gebrauch verloren gegangen ist: zu ,,Wer einmal auf die schiefe Bahn gerät –'' erklärt Voigt: ,,Da hamse janz recht. Det is, wie wenn se ne Laus uff ne Glasscheibe setzen. Da kannse nur krabbeln und krabbeln un rutscht ejal immer wieder runter'' (I,2). Auf die Frage des Zuchthausdirektors, woher er die militärische Auffassungsgabe habe, antwortet er ironisch: ,,Det hat'n Preuße im Blut, Herr Direktor'' (II,8). Ironie, gemischt mit Verzweiflung, begleitet sein Bemühen um Aufenthaltserlaubnis:

Ick reg mir jarnich uff, ick will nur 'n Papier haben. 'n Papier, det is doch mehr wert als de janze menschliche Konstitution, det brauch ick doch neetjer als det tägliche Brot!
(. . .)
Nee, nee ick reg mir jarnich uff, aber't muß ja nu 'n Platz geben, wo der Mensch hingehört! Wenn ick keene Meldung kriege und nich hier bleiben darf, denn will'ck wenigstens 'n Paß haben, det ick raus kann! Ick kann ja nu mit de Füße nich in de Luft baumeln, det kann ja nur 'n Erhenkter!   I,2

Voigts Sprache verrät emotionale Betroffenheit und zugleich rational-kritische Durchdringung der Wirklichkeit. Der Abgrund, der ihn – auch sprachlich – von den Repräsentanten der Gesellschaft trennt, wird besonders im Gespräch zwischen Hoprecht und ihm (II,14) augenfällig, in dem sie auf das ihnen vom System angetane Unrecht verschieden reagieren. Hoprecht und Voigt verwenden die gleichen Wörter, sprechen aber nicht dieselbe Sprache. Die Wörter Heimat und Vaterland haben für Hoprecht einen abstrakten Inhalt und bedeuten dasselbe wie Pflicht, Recht und Ordnung. Voigt dagegen setzt die scheinbar wertneutralen Begriffe in Beziehung zum

Menschen und zu seiner konkreten Erfahrung, erkennt den emotionalen Hintergrund und deckt den sinnentleerten Gebrauch der Wörter auf: „Wo is denn de Heimat, Mensch? In 'n Polizeibüro? Oder hier, ins Papier drinnen?! Ick seh ja gar keene Heimat mehr, vor lauter Bezirke!!" (II,14).

In der Szene II,14 nimmt das durchgängig behandelte Thema Mensch und Ordnung eine zentrale Stellung ein; sie wird oft als Schlüsselszene des Stückes interpretiert. Auf anderer Ebene wiederholen die Märchen-Motti an Anfang und Schluß, die mehr für den Leser gedacht sind, das Thema, besonders: „ ‚Nein', sagte der Zwerg, ‚laßt uns vom Menschen reden! Etwas lebendiges ist mir lieber als alle Schätze der Welt.' "

Voigt beansprucht nicht mehr als die einfachen Grundrechte des Menschen. Der Mensch braucht einen festen Wohnsitz, Arbeit und freundlichen Umgang mit Menschen, mit denen er in seiner Muttersprache als unverlierbarem Besitz (vgl. I,2) kommuniziert. Um diese Grundrechte sieht er sich durch einen Staat betrogen, der nicht den Menschen dient, sondern dem die Menschen als Untertanen dienen:

HOPRECHT. (. . .) Wir leben in 'n Staat – und wir leben in ne Ordnung – da kannste dir nich außerhalb stellen, das darfste nich! So schwer's auch hält – da mußte dich wieder reinfügen!

VOIGT. Wo rein? In Staat? In ne Ordnung? Ohne Aufenthalt? Und ohne Paß?

HOPRECHT. Einmal kriegste 's doch! Einmal kommste doch wieder rein!

VOIGT. So – und wat soll ick drinnen? Wat hilft et mir denn? Da wer'ck noch lange kein Mensch von! (. . .)

HOPRECHT. Du willst dich nich unterordnen, das isse's! Wer 'n Mensch sein will – der muß sich unterordnen, verstanden?!

VOIGT. Unterordnen. Jewiß! Aber unter wat drunter?! Det will ick janz jenau wissen! Denn muß de Ordnung richtig sein, Friedrich, det isse nich!   II,14

In diesem vom Staat inszenierten Teufelskreis von Ordnungen und Verordnungen verliert Voigt die Berechtigung, Mensch zu sein. Zum Menschen gehören Ausweispapiere, Beruf, Haltung und am besten Uniform. Nur mit diesen Mitteln kann man ein ordentlicher Mensch werden; Voigts Verwandlung bringt dies deutlich zum Ausdruck. Die Verehrung der Ordnung spiegelt sich ironisch in Voigts den Offiziersjargon imitierendem Befehl: „Bringen Sie mal gefälligst Ihre Kleider in Ordnung" (III,19). Er hat das „Loch" in der Ordnung (vgl. II,14) erkannt und die Wörter Mensch, Heimat, Staat und Ordnung im Mund der Vertreter des Wilhelminischen Systems als leere Phrasen entlarvt.

Hoprecht, der kleinbürgerliche Beamte, bieder, aufrichtig und einfach, mit Zeit und Staat zufrieden, akzeptiert sein Schicksal – er ist nicht befördert worden – unterwürfig („Na, nu kann man eben nichts machen", II,14), obwohl er erkennt, daß es „nachm Papier, und nicht nachm Verdienst, nachm Menschen" (II,14) geht. Voigt wird nach der Beerdigung des Mädchens vom resignierenden Ausgestoßenen zum Ankläger jener Ordnung, der Hoprecht dient und gehorcht. Hoprecht bedient sich in der Auseinandersetzung mit Voigt der Sprache der offiziellen Konvention. Voigt dagegen macht deutlich, daß die unmenschliche Ordnung des Staates längst die Menschen überwuchert, Recht und Gerechtigkeit pervertiert hat:

HOPRECHT. (. . .) Ich weiß, daß bei uns das Recht über alles geht!
VOIGT. Auch übern Menschen, Friedrich! Übern Menschen, mit Leib und mit Seele!
Da jeht et rüber, und denn steht er nich mehr uff.   II,14

Voigts sprachliche Wirklichkeitsanalyse und -bewältigung ist Ausdruck einer inneren Freiheit, die er durch die Begegnung mit den Vertretern der Macht und mit den Menschen (vgl. vor allem II,12) gewonnen hat. Die Sehnsucht nach Freiheit und Sonne, die er mit dem kranken Mädchen teilt, ist ein wesentlicher Teil der Menschennatur und läßt sein Hadern mit der Weltordnung (vgl. II,14) gerechtfertigt erscheinen; Perfektionismus der Gesetzgebung statt Gerechtigkeit und Mißachtung der Menschenwürde hindern den Menschen als Mensch zu leben, machen aus ihm „Fußmatte" (II,14) oder Nummer im System. Die innere Freiheit führt zur Handlungsfreiheit: „Ick wer mir nu mal 'n bißken ranhalten, wer ick. Was de andern können, det kann ick noch lange" (II,14). Für Hoprecht ist Voigts Verhalten systemfeindlich und er darum ein „gefährlicher Mensch".

Doch obwohl Voigt den Punkt erkennt, an dem sich das Wilhelminische System aus den Angeln heben ließe, kann er allein die Welt nicht ändern. Es geht ihm zuerst darum, seine eigene Menschenwürde wiederherzustellen. Für kurze Zeit müssen die Vertreter der Gesellschaft, die ihn ausstießen und als Fußmatte behandelten, mit ihm die Rolle tauschen. An den im Blitzlicht der Satire erscheinenden Mißständen der Gesellschaft ändert sich ebensowenig wie die systemgläubigen und intoleranten oder opportunistischen Menschen gebessert werden. Das durch die Entlarvung der herrschenden Verhältnisse bewirkte Lachen erschüttert den Staat kaum, ja wirkt am Ende fast als von den Herrschenden eingeplant: sogar der Kaiser hat gelacht, „kein Volk der Erde macht uns das nach" (III,21). Damit droht Voigts befreites Lachen am Schluß auf ihn selbst zurückzufallen und seinen satirischen Angriffscharakter zu verlieren:

VOIGT *tritt vor den Spiegel (. . .) steht zuerst ganz ruhig – dann beginnen seine Schultern zu zucken, ohne daß man einen Laut hört (. . .) dann dreht er sich langsam um – lacht – lacht immer mehr, lacht übers ganze Gesicht, mit dem ganzen Körper, aus dem ganzen Wesen – lacht, bis ihm der Atem wegbleibt und die Tränen herunterlaufen. Aus diesem Lachen formt sich ein Wort – erst leise, unverständlich fast – dann immer stärker, deutlicher, endgültiger – schließlich in neuem, großem, befreitem und mächtigem Gelächter alles zusammenfassend* Unmöglich!!   III,21

Nicht zuletzt an der Schlußszene scheiden sich die Meinungen der Interpreten. Die einen erkennen eine Auflösung der Satire in versöhnliches Gelächter, die Erlösung der tragischen Grundspannung ins Komische; Voigt breche am Ende über sich und die anderen in homerisches Gelächter aus. Die dem Humor sich nähernde Komik begrenze den Angriff auf den Wilhelminismus, nehme den sozialen Problemen die Schärfe, lasse das Stück optimistisch schließen und garantiere das Lustspielhafte[8]. Andere sehen, obwohl Zuckmayer am Ende seinen Helden (Anti-Helden) noch zum Sieger erhebe, der die Hohlheit der Uniform durchschaut, im Schlußlachen eine groteske, das System bestätigende Aktion. Indem der Autor Lachen von rechts und von links ermögliche, keine eindeutige Position beziehe, zeige er eine ,,erschütternde Ahnungslosigkeit . . . über den Stand der politischen Dinge", isoliere er die Uniformierung, statt sie kritisch darzustellen, verfalle der Fetischierung, die er bekämpfen wolle, und verfehle damit die Intention der Komödie[9].

Die Schlußszene auf dem Polizeipräsidium, in der Voigt sich, die Uniform und die andern im Spiegel erkennt, macht noch einmal deutlich, daß die Verflochtenheit des Menschlichen mit dem Gesellschaftlichen und Historischen im dramatisch-theatralischen Spiel keine einseitige Interpretation zugunsten des Menschlichen oder des Politischen zuläßt. Dies gilt insbesondere für den Nachweis der Diskrepanz zwischen Stoff, historischen Fakten und ihrer komödienhaften Verarbeitung; historische Wirklichkeit und die im Komödienspiel hergestellte Realität sind nicht deckungsgleich, vielmehr ist der Realitätsbezug dem Spielhaften integriert[10]. Die dargestellten Fakten in der satirischen Zeichnung (Militarisierung aller Lebensbereiche; Uniform als absolute Vollmacht; Untertanen- und Mitläufertum; Uniformierung der Menschen im System usw.) lassen sich leicht in der Realität des zu Ende gehenden Wilhelminischen Zeitalters nachweisen, im Spielgeschehen des Stücks ist aber die politische Problematik, von einigen als das Schwächste am Stück bezeichnet, gebunden an die Bilderfolge vom Schicksal Wilhelm Voigts. Innensicht (Heimatsuche, Analyse des Menschlichen) und Außensicht (Kritik an den gesellschaftlichen Zuständen) sind in der szenischen Metapher der Uniform verknüpft; so erweist sich die Komödie der Uniform zugleich als Komödie des Zivils. Die Schlußszene zeigt noch einmal auf allen Ebenen komischer Gestaltung und mit allen Funktionen der Komik – vom heiter-versöhnlichen Lachen über die Schadenfreude zum ironischen und aggressiven satirischen Lachen – die Widersprüche zwischen Mensch und Uniform, kreatürlichem Leben und mechanisch funktionierendem System, zwischen der Lebensgeschichte des einzelnen und der Zeitgeschichte.

Daß die Zeitgeschichte nicht nur des Kolorits und ein wenig um der Authentizität willen angespielt und das Satirische – zumindest für den wachen Zuschauer – durchaus nicht im Kolportagehaften verspielt wurde[11], beweist die Rezeption des Stückes. Zwei Jahre nach der Uraufführung (5. März 1931 im Deutschen Theater, Berlin) erging durch die Nationalsozialisten das Aufführungsverbot. Im ersten Jahrzehnt nach dem zweiten Weltkrieg gehörte ,,Der Hauptmann von Köpenick" zu den erfolgreichsten Stücken auf dem deutschen Theater; in Österreich und in der Schweiz wurde die preußisch-deutsche Thematik als weniger aktuell empfunden. Die Kritiken zur Uraufführung heben die Verbindung von ,,Lustspiel und Leidspiel" (Alfred Polgar) hervor, betonen die ausgleichende Gerechtigkeit der Komik, welche die Menschen trifft und das System[12]. Einige erkennen die Ambivalenz von Bejahung (Erinnerungsbild des Wilhelminischen Militarismus) und Verneinung (Satire und Situationskomik), die es dem Großteil des Publikums unmöglich mache, zwischen Militärschwank, sozialer Anklage und Satire zu unterscheiden. Die doppelte Perspektive verhindert das einseitige Tendenzstück, ist aber – das zeigen auch Verfilmung und Fernseh-Adaption – der Gefahr des Mißverständnisses ausgesetzt, dies um so mehr, je stärker der pfiffige Gaunerstreich und die vermeintlich humorige Berliner Dialekt-Atmosphäre betont, aber die zeitgeschichtliche Dimension und politische Bedeutung vernachlässigt werden. Goebbels und Alfred Kerr erkannten in konträrer Weise den politischen Sinn; nach Goebbels hat Zuckmayer einen Schuß ins Leere abgegeben, selbst in der Karikatur wirke das Preußentum noch überzeugend (,,es hatte Stil, Charakter, inneres Taktgefühl, es hatte seine Symbolik und brachte auch noch hier und da einen Kerl hervor, der quer durch die Parteien Achtung und Bewunderung auslöste"); Kerr dagegen ahnte die Gefahr, die von einem solchen Kerl ausgehen könnte, und sieht im Stück den Anfang eines Schauspiels der Republik, ,,die mit sehenden Augen alles zuläßt, was auf ihren Sturz gerichtet ist und die nicht eingreift. Wer schreibt es, . . . wenn auch zu spät???"

Man mag sich 1931 dagegen gewehrt haben, in einem Zuchthäusler einen Märtyrer des Systems und kompetenten Ankläger von Preußentum und Gesellschaft zu sehen; man konnte das Geschehen als ,,deutsches Märchen" ohne Folgen für die Gegenwart verstehen, aber kann man dies nach dem zweiten Weltkrieg auch noch? Das zugleich Identifikation und Distanzierung des Zuschauers ermöglichende Komödienspiel verwandelt die abgebildete Wirklichkeit in ein Wechselspiel aus Fiktion und unter komischer Perspektive erscheinender historischer Realität, wie es der Anekdote eignet[13]. Die Anekdote erzählt ein historisch wahres oder mögliches, menschlich und gesellschaftlich bedeutsames Ereignis in unterhaltender, vielfach kritischer, pointiert zuspitzender Weise. Vom Rand der Geschichte wagt sie einen scharfen, wesenserhellenden Blick auf die kleinen

Vorfälle, die große historische Abläufe erklären helfen. Die Verschränkung von besonderem Ereignis, zeitgeschichtlichem Kontext und über den Einzelfall hinausweisender Bedeutung erzeugt eine Haltung der Nachdenklichkeit, die eine Übertragung und Aktualisierung der dargebotenen Wirklichkeit ermöglicht. In dieser Weise hat Zuckmayer die dramatische Anekdote vom – im doppelten Sinne – verhinderten deutschen Untertan geschrieben, der blitzartig die zeitgeschichtlich erkennbare und überzeitlich latente Gefahr der Uniformierung und Gleichschaltung erhellt.

JOST HERMAND

—

BRECHT · HERR PUNTILA UND SEIN KNECHT MATTI

> Das Theater des wissenschaftlichen Zeitalters
> vermag die Dialektik zum Genuß zu machen
> Kleines Organon

S eitdem es Brecht gibt, gibt es einen Streit um Brecht. Schon in den sogenannten ‚Zwanziger Jahren‘ war sein Name so skandalumwittert, wie
sich das ein erfolgslüsterner Literat nur wünschen konnte. Brecht galt damals als Bürgerschreck, als ‚enfant terrible‘, als Dichter der ‚Dreigroschen-
oper‘‘, als einer, der alles wagt, auch das Tollste, Frechste, Riskanteste.
Doch in jener ‚Zeit, die nun vergangen ist‘, spielte sich diese Fehde noch
weitgehend im Bereich des Literarischen, also Ungefährlichen ab. Wirklich
brisant wurde sie erst mit der Machtübergabe an die Nazis, den Exiljahren
und seiner Übersiedlung nach Ost-Berlin, durch die auch Brecht in die Maschinerie jenes heißen oder kalten Klassenkrieges geriet, der bis heute andauert. Nach 1948 war der Autor von ,,Mann ist Mann‘‘ kein Salonbol-
schewist mehr, dessen Wirkung sich auf bestimmte theaterinteressierte
Gruppen und Grüppchen beschränkte, sondern ein internationales Politikum, um das in Ost- und Westdeutschland, in England und China, in den
USA und in der UdSSR mit derselben Intensität gerungen wurde. Ein allgemeines Tauziehen um Brecht setzte ein. Die Sozialisten, Humanisten,
Idealisten, Kommunisten, Germanisten: jeder wollte ihn für sich beanspruchen und in seine Weltanschauung integrieren. Man weiß, wie sich das
auf die Interpretation seiner ‚großen‘ Stücke wie der ,,Mutter Courage‘‘,
des ,,Galilei‘‘ und des ,,Guten Menschen von Sezuan‘‘ ausgewirkt hat. Hier
steht immer noch Meinung gegen Meinung, Ideologie gegen Ideologie.
Doch gilt das auch für seine ‚Komödien‘, in denen es sich Brecht offensichtlich etwas ‚leichter‘ macht und das Politische, Didaktische, Dialektische
zugunsten des Derb-Drastischen und Unbeschwert-Vergnüglichen in den
Hintergrund treten läßt? Oder ist Brecht auch in seinen Komödien ein
durchaus ‚ernster‘ Autor?

Sehen wir uns daraufhin das Stück ,,Herr Puntila und sein Knecht Matti‘‘
(1940) an. ‚Warum gerade dieses?‘, werden manche fragen. Weil es von
‚bürgerlichen‘ Kritikern meist als ein absolut unideologisches, unkommu-
nistisches Stück Brechts deklariert wird und sich daher auf westlichen Bühnen einer besonderen Beliebtheit erfreut. Im ,,Puntila/Matti‘‘ glauben diese
Kreise eine ‚wahre Dichtung‘ entdeckt zu haben, wo sich nicht der Theoretiker, sondern der Menschengestalter Brecht, der Gerhart-Hauptmann-

Brecht, der „Biberpelz"-Brecht durchgesetzt habe. Mit dem Puntila sei ihm eine ‚vollsaftige Figur' gelungen, hört man immer wieder, deren ungebärdige Vitalität den sozialkritischen Aspekt dieses Stückes völlig in den Hintergrund dränge. So behauptet etwa Martin Esslin, daß Brecht hier gegen seine eigenen Doktrinen verstoße, indem er seine geheimen Sympathien nicht dem Unterdrückten, dem Knecht Matti, sondern dem Ausbeuter, dem Herrn Puntila, zuwende, einem „great character", „who steals the play". „Mit Puntila ist dem marxistischen Autor eine Figur davongelaufen", heißt es bei Volker Klotz, „die er ideologisch nicht mehr einholen konnte." Franz Herbert Crumbach meint, daß es in diesem Stück, wo alles auf „Spaß" angelegt sei, eigentlich gar „keinen Konflikt" gebe. Das Ganze erscheint ihm wie ein „Kunstwerk", dessen agitatorischer Charakter recht „ungeschickt und wie nachträglich hineingeflickt" wirke. Marianne Kesting erklärt im Hinblick auf den „Puntila/Matti": „Der politische Gehalt ist denkbar gering und wird vom Komischen überspielt." Auch Fritz Martini betont neben der „sozialen Programmatik" vor allem die „alte Tradition der Typenkomödie" und die „Freude an der anarchisch-elementaren Natur". Hans Egon Holthusen sieht in Puntila einen „genialischen Dionysiker", der seinem „Partner Matti entschieden überlegen" sei. Herbert Lüthy nennt das Ganze ein „schwankartiges Volksstück", mit dem sich Brecht aus der „Zwangsanstalt des ‚epischen Theaters' zu befreien" suche. Frederic Ewen drängt das Politische so stark in den Hintergrund, daß seine „Puntila/Matti"-Interpretation schließlich beim „theatre of absurdity" landet. Andere haben vom ‚Säufer' Brecht gesprochen, der sich in der Gestalt des Puntila selbst porträtiere. Wieder andere fanden es geradezu gemein, daß Matti seinen Herrn am Schluß des Stückes schnöde verläßt, anstatt ihm weiterhin in seinen ‚nüchternen' Stunden den nötigen Trost zu spenden. „Wir zürnen Matti", schreibt Crumbach empört, „wenn er sich am Ende aus dem Staub macht. Gegen den tatsächlichen Verlauf der Fabel setzen wir die Überzeugung, daß zwischen einem solchen Herrn und einem solchen Gesinde ein modus vivendi zu finden sein müsse." Kurz gesagt, die ‚bürgerliche' Meinung besteht weitgehend darin, daß Brecht in diesem Drama seiner dichterischen Phantasie und Gestaltungsfreude einfach freien Lauf gelassen habe, ohne sich groß um irgendwelche weltanschaulichen oder gar politischen Probleme zu kümmern[1]. Der „Puntila/Matti" ist für viele gerade darum ein ‚gutes Stück', weil hier die Praxis einmal nicht an der Theorie gemessen werde, sondern sich alles in komischer, das heißt ‚urwüchsiger' Anarchie abspiele.

Und in diesem Sinne wird das Ganze ja auch meist aufgeführt, jedenfalls im Bereich der westlichen Welt. Man macht es sich leicht und spielt den „Puntila/Matti" wie einen Nestroy, ein derbes Volksstück oder – besten-

288

falls – einen mit Klamauk versehenen „Biberpelz". So heißt es 1965 von einer Aufführung dieses Stücks im Berliner Schiller-Theater: „Daß die Gemütlichkeit nicht aufhört, dafür sorgen die beiden Hauptdarsteller: Curt Bois und Carl Raddatz. Bois ist ein angeheiterter Puntila. Daß er auch einen schlechten Charakter habe, wird kaum einmal deutlich, denn auch nüchtern ist er eher überreizt als böse. Raddatz als Matti trug dazu bei, den Rest an Aggressivität noch zu verwischen. Er gab den Matti humorig, gut gelaunt, mit seiner gutmütig sonoren Stimme schien er immer anzusagen, daß alles ja nicht so ernst sei, man spiele eben ein bißchen". Und zwar wird diese verharmlosende Grundeinstellung mit den Worten entschuldigt: „Der ‚Puntila' ist eins der heikelsten Werke Brechts; die Didaktik, sonst Substanz seiner Dramatik, wirkt hier aufgesetzt, sie kommt nicht ganz überein mit den Figuren; deren Eigenleben hat etwas Wildwucherndes." Ähnliches liest man 1966 von einer Kölner Inszenierung: „ ‚Puntila', ein Volksstück, dessen Lehrstückcharakter und dessen etwas künstlich hineingeflickte, inzwischen überholte klassenkämpferische Tendenz – hie kapitalistischer Herr, hie proletarischer Knecht – von der poetischen Kraft des Menschengestalters Brecht überwunden wird." Das gleiche gilt für eine Düsseldorfer Aufführung vom Jahre 1969, wo man die „soziale Dialektik" zwischen Puntila und Matti „in hochgetrimmter Heiterkeit ertrinken ließ". Ja, in Bonn wurde dieses Stück noch 1973 so unverbindlich inszeniert, daß Matti wie ein harmloser Drückeberger wirkte[2].

Wenn das zufällig herausgegriffene Einzelfälle wären, könnte man über solche Interpretationen oder Aufführungen schweigend hinwegsehen. Doch man spürt die Absicht und ist folgerichtig verstimmt. Immer wieder wird der vom ‚Allgemein-Menschlichen' ergriffene Brecht gegen den Theoretiker des epischen oder besser dialektischen Theaters ausgespielt, um seine Stücke zu entideologisieren und damit ins ‚Poetische' abzuschieben. Bei anderen Stücken, wie der „Mutter Courage" oder dem „Galilei", haben ‚kritische' Kritiker solche Tendenzen schon vor Jahren zurückgewiesen, zumal Brecht zu diesen Werken so klare Selbstaussagen hinterlassen hat, daß man über die politische Absicht dieser Dramen kaum noch zu diskutieren braucht. Anders steht es dagegen mit dem „Puntila/Matti", zu dem sich Brecht nur sehr kärglich geäußert hat. Hier scheint es keine allzu großen ‚Probleme' zu geben, weshalb man dieses Stück meist etwas harmloser spielt und in seiner komödiantischen Art in das gehobene Unterhaltungsgenre einreiht. Schließlich wirken schon die Figuren des „Puntila/Matti", als stammten sie aus einer abgegriffenen ‚Mär aus alten Zeiten': der reiche Großgrundbesitzer mit seiner schönen Tochter, der seinen Wald verkaufen will, um ihr eine stattliche Mitgift geben zu können – und daneben sein treuer Knecht, der ihm in allen Lebenslagen, besonders im Zustand der Trunkenheit, wieder auf die Beine hilft und ihn erst am Schluß verläßt, weil er Puntilas Anfälle von Nüchternheit nicht länger ertragen kann.

Außerdem nennt sich dieses Werk als einziges abendfüllendes Brecht-Drama ein „Volksstück", scheint also von vornherein mehr auf das Populäre oder Primitive abgestimmt zu sein. Und so spielen im „Puntila/Matti", wie in allen echten Volksstücken, Erotik, Alkohol und familiäre Streitigkeiten eine besonders große Rolle[3]. Ständig wird geflucht, gesoffen und herumgebrüllt, um dem Ganzen etwas Saftiges, Kerniges und Derb-Originelles zu geben. Man könnte sagen: ‚Was soll hier Sozialismus? Ist nicht bequem. / Nur wer im Suffe lebt, lebt angenehm!' Fast in jeder Szene scheint in diesem Werk das ‚Elementare', die zügellose Triebsphäre des ‚natürlichen' Menschen vorzuherrschen. Welchen Sinn hat daher bei einer solchen ‚Komödie' ein angestrengtes Theoretisieren! Ist dies nicht im besten Sinne ‚kulinarisches' Theater, wo man die unterhaltenden Gags und Lazzi auf der Stelle konsumiert, ohne sich groß Gedanken darüber zu machen? Sicher gibt es viele, die den guten Puntila wegen seiner überschäumenden Vitalität aufrichtig beneiden, wenn sie auch seine zeitweiligen Anfälle von Nüchternheit nicht gern teilen würden. Schließlich scheint er im Grunde seines Herzens doch ein prächtiger Kerl zu sein, der jede Kreatur an sein großes Herz zu ziehen versucht, wenn ihn der alles verklärende Aquavit-Rausch überkommt.

Doch ist dies wirklich nur ein Lustspiel fürs ‚Volk', also für Leute mit beschränkter Intelligenz, die sich nur amüsieren wollen? Oder gehen hier nicht viel kompliziertere Dinge vor sich? Wirkt nicht die ständige Gespaltenheit Puntilas wie ein dialektischer Prozeß, der auf den Gesamtwiderspruch der hier geschilderten Gesellschaft hindeuten soll? Und wie kann überhaupt Brecht, falls er je ein guter Kommunist gewesen ist, dieses Stück herablassend als ‚Volksstück' bezeichnen, als dichte er hier quasi in Hemdsärmeln, um auch den geistig Minderbemittelten einmal einen Spaß zu bereiten? Ist nicht der Begriff ‚Volk' für einen sozialistischen Theoretiker einer der höchsten Begriffe schlechthin, den man nur mit der nötigen Reverenz aussprechen darf? All dies sollte uns an sich warnen, im „Puntila/Matti" lediglich eine zweitklassige ‚Volkskomödie' zu sehen.

Ich glaube, dieses Drama gehört zu den besten Stücken Brechts überhaupt, das heißt zu jener Reihe von Meisterwerken von der „Mutter Courage" bis zum „Kaukasischen Kreidekreis", die in dem Zeitraum zwischen 1938 und 1944 geschrieben wurden. Der „Puntila/Matti" entstand 1940. Was Brecht in diesen Jahren im Auge hatte, war eine immer stärkere Integrierung von ‚Volkstümlichkeit und Realismus', wie einer seiner wichtigsten Aufsätze von 1938 heißt. Diese Absicht läßt sich nur verstehen, wenn man sie vor dem Hintergrund der dogmatischen Verhärtung des ‚sozialisti-

schen Realismus' unter Stalin interpretiert, durch die auch Brechts „hoch-
bewußte, distanzierende Ästhetik" in den Verdacht des Formalismus und
der Volksferne geraten war[4]. Wenn er also seinen „Puntila/Matti" als ein
„Volksstück" bezeichnet, so ist das einerseits ein Versuch, solchen Angrif-
fen die Spitze abzubrechen, andererseits will er damit den sogenannten
‚Murxisten' Lukács'scher Prägung eine deutliche Lehre erteilen und ihnen
zeigen, wie ein wirklicher ‚Realismus' auszusehen habe. Wonach er hier
strebt, ist also weder das im stalinistischen noch im nazistischen Sinne
Volkstümliche oder „Tümliche", wie er es gern abschätzig nennt (19,323),
sondern etwas, das in seiner komödiantisch-dialektischen Art alle Schichten des Volkes anspricht und nicht nur den ‚niederen' Klassen ein billiges
Amüsement gewährt[5].

So betrachtet, ist die Bezeichnung ‚Volksstück' für Brecht in diesen Jahren eher ein Adelsprädikat, hinter dem sich eine seiner höchsten Ambitionen verbirgt. Er schreibt dazu in seinen „Anmerkungen zum Volksstück",
die im gleichen Jahr wie der „Puntila/Matti" entstanden: „Das Volksstück
ist für gewöhnlich krudes und anspruchsloses Theater, und die gelehrte
Ästhetik schweigt es tot oder behandelt es herablassend. Im letzteren Fall
wünscht sie es nicht anders, als es ist, so wie gewisse Regimes sich ihr Volk
wünschen: krud und anspruchslos. Da gibt es derbe Späße gemischt mit
Rührseligkeiten, da ist hanebüchene Moral und billige Sexualität. Die Bösen werden bestraft, und die Guten geheiratet, die Fleißigen machen eine
Erbschaft, die Faulen haben das Nachsehen. Die Technik der Volksstück-
schreiber ist ziemlich international und ändert sich beinahe nie. (. . .) Das
Volksstück war eine lange verachtete und dem Dilettantismus und der Routine überlassene Gattung. Es ist an der Zeit, ihr das hohe Ziel zu stecken, zu
dem ihre Benennung diese Gattung eigentlich von vornherein verpflichtet"
(17,1162, 1169).

Das ‚hohe Ziel' ist also da. Brecht greift hier nicht in die „Rumpelkam-
mer des ‚Ewig-Komischen' ", wie es in dem Band „Theaterarbeit" heißt,
sondern arbeitet bewußt mit ‚erhabenen' Shakespeare-Anklängen[6], echter
schauspielerischer „Artistik" und einem Vortragsstil, als würden alle
Worte wie auf „goldenen Tellern" gereicht (17,1167). Auch die V-Effekte,
wie das Spiel im Spiel, die eingelegten Erzählungen, die Songs, die demonstrative Gestik, die verfremdenden Requisiten: alles ist genauso durchdacht
wie bei seinen ‚großen' Stücken. Es geht also nicht um ‚Tümliches', sondern um die Veredlung einer ausgesprochen ‚unliterarischen' Form, was
Brecht auch im Bereich der Kalendergeschichte und des Bänkelsangs versucht hat, um der falschen Esoterik der bewußt ‚modernistischen' Dichtung entgegenzuarbeiten. Und so macht er auch hier einen eigenen Gegenentwurf zu einer bisher als niedrig verschrieenen Gattung, um ihr eine Po-

pularität zu geben, die nicht nur dem legendären ‚Mann von der Straße‘, sondern auch dem intellektuell Anspruchsvollen etwas bietet.

Die erste Anregung zu diesem Stück erhielt Brecht im Herbst 1940, als er mit seiner Familie und Margarete Steffin auf dem Gut Marlebäck der finnischen Dichterin Hella Wuolijoki weilte. Brecht scheint Frau Wuolijoki, die der kommunistischen Partei angehörte und nach 1945 Direktorin des finnischen Rundfunks wurde, in dieser Zeit von seiner Arbeit am „Guten Menschen von Sezuan“ erzählt zu haben, worauf sie ihm ein altes Filmskript, die „Sahanpuruprinsessa“ („Die Sägespäneprinzessin“), vorlas, das sie Mitte der dreißiger Jahre für den Suomi-Film verfaßt hatte, worin es ebenfalls um das Problem einer gespaltenen Persönlichkeit geht[7]. Als Brecht dieses Skript, das noch unverfilmt war, als ‚recht interessant‘ bezeichnete, schlug sie ihm vor, das Ganze in ein Drama umzuschreiben und sich dann gemeinsam mit ihr an einem Wettbewerb für Volksstücke zu beteiligen.

Die Fabel dieser „Sägespäneprinzessin“ verläuft etwa folgendermaßen: 1. Akt: Puntila säuft mit anderen Honoratioren auf Kurgela und macht in beschwipstem Zustand den Vorschlag, der strengen Tante Hanna, die ihn immer wieder zu zähmen versucht, mit dem gesamten Gesinde ein Ständchen zu bringen. Doch die anderen lehnen entrüstet ab, und Tante Hanna und Tochter Eva verstecken schnell die restlichen Flaschen. Danach macht der Schoffför Kalle, der eigentlich ein verkleideter Dr. Vuorinen ist, Eva den Hof. 2. Akt: Puntila erzählt von seiner Fahrt zum ungesetzlichen Schnaps und seiner Verlobung mit den fünf Bräuten. „Im Suff sind wir alle Brüder“, behauptet er, worauf ihn Kalle mit den Worten umarmt: „Ich habe einen guten Herrn.“ Anschließend verteilt Puntila Hundertmarkscheine. Als die fünf Bräute eintreffen, ist er zu Tode erschrocken und bittet Kalle, ihm aus der Patsche zu helfen. Kalle verlangt dafür Eva zur Braut, was ihm sofort zugestanden wird. 3. Akt: Kalle versucht Eva zu entführen und schwärmt von einem romantischen Armeleuteleben in kleiner Stube. Als Puntila wieder nüchtern wird, entläßt er Kalle kurzentschlossen. Kalle gibt sich daraufhin als Dr. Vuorinen zu erkennen, und das Skript schließt mit einer Doppelverlobung zwischen Puntila und Hanna und Vuorinen und Eva. Mündlich scheint Hella Wuolijoki noch die ‚Erzählungen der vier Bräute‘ zu dem Ganzen beigesteuert zu haben.

Aufgrund dieser Vorlage begann Brecht am 27. August mit seiner eigenen Version des „Puntila“, wie man dem „Arbeitsjournal“ entnehmen kann. Im Gegensatz zu Hella Wuolijoki, die an eine „leichte Komödie“ oder „Farce“ gedacht hatte, mit der sie das „Publikum in erster Linie amüsieren wollte“[8], scheute Brecht nicht davor zurück, die „psychologisierenden Gespräche“, die „konventionelle dramatische Technik“ und die falschen ‚Tümlichkeiten‘ der Vorlage einfach „niederzureißen“[9]. Doch trotz aller Änderungen scheint er sich bei seinem ersten Entwurf noch stark an die Figur des Puntila gehalten zu haben, was der Arbeitstitel „Die zwei Seelen des Herrn Puntila oder Der Regen fällt immer nach unten" beweist[10]. Eine so einseitige Perspektive verstieß jedoch gegen Brechts Gesellschaftsbild. Er tilgte daher alles ‚Dionysische', mit dem Hella Wuolijoki diesen „Bacchus von Häme", der in Wirklichkeit ein Schwager von ihr war, ausgestattet hatte[11], und hob dafür mehr die materialistischen Aspekte hervor. Ebensowenig paßten ihm die intrigante Hanna und der verkleidete Dr. Vuorinen, die er einfach wegließ, um dafür den proletarischen Matti in die Handlung einführen zu können. Und zwar griff er für diese Figur auf den von ihm so bewunderten „Schwejk-Ton" zurück, um so dem „Puntila-Ton" einen würdigen Kontrast zu geben[12]. Ebenso wichtig für die weitere Ausgestaltung des dialektischen Gegensatzes zwischen Herr und Knecht scheinen der Film „City Lights" (1931) von Charly Chaplin und der Roman „Jakob und sein Herr" von Denis Diderot gewesen zu sein, den Brecht damals sehr genau gelesen haben muß[13] und der auch das Konzept der „Flüchtlingsgespräche" vom folgenden Jahr stark beeinflußt haben muß. Eine weitere Anregung für das Herr-Diener-Verhältnis empfing Brecht auf einem Gesindemarkt, den er im September 1940 in der Nähe Marlebäcks besuchte und dessen Eindrücke er in der vierten Szene verarbeitete.

Durch all diese Einflüsse scheint der Aufbau des Ganzen etwas ins Wanken gekommen zu sein. Brecht griff daher als geschickter Praktiker kurzentschlossen auf eine bereits bestehende Volkskomödie zurück, in der sich alle diese Handlungselemente bequem unterbringen ließen und die zugleich eine ideale Basis für eine konsequente Umfunktionierung abgab. Und so steckt nicht nur im „Baal" oder der „Heiligen Johanna", sondern auch im „Puntila/Matti" ein geschickt getarnter und doch sehr offensichtlicher Gegenentwurf. Aber an welche Volkskomödie mag Brecht hier gedacht haben? Nach meiner Meinung kann dieses Modell nur Zuckmayers „Der fröhliche Weinberg" (1925) gewesen sein, das zu den erfolgreichsten Dramen der zwanziger Jahre gehört und mit dem Brecht bis ins Detail hinein vertraut war. Obendrein scheint auch Hella Wuolijoki dieses Stück gut gekannt zu haben, wodurch der „Puntila/Matti" quasi ein Doppelgegenentwurf wäre.

Schließlich handelt es sich im „Fröhlichen Weinberg" ebenfalls um einen reichen Gutsbesitzer, nämlich den vermögenden Winzer Gunderloch am Rhein, der einen halben Weinberg verkaufen will, um seiner Tochter eine stattliche Mitgift zu geben. Auch er strebt ins ‚Höhere' und möchte sein Klärchen mit einem arroganten Couleurstudenten, dem albernen Knuzius, verheiraten, während sie wie die Eva in Brechts „Puntila/Matti" lieber einen Prachtkerl aus dem Volke haben möchte. Beide, der finnische Attaché und der deutsche Studentenfatzke, sind reine Mitgiftjäger und werden von ihren Schwiegervätern in spe als schwächlich oder ‚nicht Manns genug' bezeichnet[14]. Sowohl Klärchen als auch Eva versuchen sich der drohenden Verlobung in letzter Minute durch eine überstürzte Abreise zu entziehen. Doch fast noch wichtiger ist die verhinderte Verlobungsfeier, die in beiden Stücken im Mittelpunkt steht und in eine allgemeine Besäufnis ausartet. So weit scheint alles identisch zu sein[15].

Doch dann kommt der Schluß, wo der ,,Fröhliche Weinberg" und der ,,Puntila/Matti" plötzlich weit voneinander abweichen. Bei Zuckmayer herrscht das herkömmliche Komödien-Happyend: Knuzius landet auf dem Misthaufen, das gute Klärchen bekommt ihren Rheinschiffer und selbst für den alten Gunderloch fällt noch ein prächtiges Weibsbild ab – und alles schwimmt in eitel Harmonie und Seligkeit. Nicht der Auseinanderfall einer Familie, ja fast der gesamten Gesellschaft, wie bei Brecht, steht am Ende, sondern eine geradezu märchenhaft zustande gekommene Doppelverlobung, die ein Photograph der ‚Neuen Sachlichkeit' sofort aufs Bild zu bannen versucht. Während es in dem einen Stück ständig um Grundsätzliches geht, werden in dem anderen nur momentane Unstimmigkeiten behandelt, die sich mit etwas gutem Willen wieder aus der Welt schaffen lassen. Matti weiß ganz genau, in welche Schwierigkeiten er durch eine Heirat mit Eva geraten würde. Daher schlägt er sie lieber aus. Bei dem Zuckmayerschen Brautpaar scheint dagegen Geld überhaupt keine Rolle zu spielen. Sein Klärchen verzichtet freiwillig auf ihre Mitgift und wird mit liebevollem Augenaufschlag ein ‚Schiffermädchen'. ,,In eme Schlepphäusche aufm Rhein fahre", sagt sie gerührt, ,,das hab ich mir immer gewünscht." Worauf der gute Jochen seinem Schwiegervater strahlend erklärt: ,,Mitgift, Erbschaft un Familiegut, das hat sich überlebt, das brauche wir heut nit mehr! Mir komme von unne ruff und schaffes selber!" Dieselbe Gegensätzlichkeit zeigt sich im Verhältnis zur ‚Natur'. Während bei Zuckmayer der Reiche und der Arme beim Anblick der in der Morgensonne dampfenden Weinberge in einen fast gleichlautenden Wonnejubel ausbrechen[16], antwortet Matti auf die Frage seines Herrn, ob ihm nicht ,,das Herz aufgehe", wenn er die schönen finnischen Wälder betrachte, mit säuerlich verzogener Miene: ,,Das Herz geht mir auf, wenn ich Ihre Wälder seh, Herr Puntila!" (4,1707).

Was bei Brecht also fehlt, ist sowohl das Krude als auch jedes romantisierende Versöhnlertum. Er läßt sich nicht durch den Mythos der Volksgemeinschaft verwirren, wie das selbst Zuckmayer passiert, sondern stellt die sozialen Gegensätze so klar wie nur möglich heraus. Bei ihm wird das alte ‚Volksstück', das – von den Stücken Ödön von Horváths einmal abgesehen

– stets einen leicht sentimentalen und nostalgischen Charakter hatte, endlich vom Kopf auf die Füße gestellt. Brecht gibt sich alle Mühe, dieser so lange verachteten Gattung mit seinem ,,Puntila/Matti" einen sozialistischen und damit würdigen Charakter zu geben. Als Hella Wuolijoki seine Bearbeitung der ,,Sägespäneprinzessin" zum erstenmal vorgelegt bekam, war sie ,,sehr erschrocken", wie Brecht am 24. September in sein ,,Arbeitsjournal" notiert. Sie hatte sich das Ganze wesentlich ,,dramatischer" und ,,lustiger" vorgestellt, also mehr im Sinne einer naturalistischen Milieukomödie à la Zuckmayer. Doch Brecht scheint sie schnell für seine Intentionen gewonnen zu haben, worauf sie seine Bearbeitung im Januar 1941 unter dem Titel ,,Iso-Heikkilän isäntä ja hänen renkinsä Kalle" (,,Der Gutsherr Iso-Heikkilä und sein Knecht Kalle") ins Finnische übertrug. In dieser Form ist der ,,Sägespäne-Puntila" dann 1946 in Helsinki im Druck erschienen, und zwar mit dem Untertitel ,,Komödienerzählung über die tavastländische Trunkenheit". Einen Preis hat er allerdings nie erhalten[17].

Unzufrieden und experimentierfreudig, wie Brecht nun einmal war, ging er schon 1941 und dann noch einmal im amerikanischen Exil an eine Zweitund Drittbearbeitung des ,,Puntila/Matti" heran, um das sogenannte ,Volksstück' endlich aus den Fesseln der bürgerlichen Ästhetik zu befreien. Brecht gelang das, indem er die verfremdenden Elemente noch verstärkte und zugleich die Dialektik zwischen Herr und Knecht immer schärfer herauspräparierte. Lassen wir uns daher bei der Interpretation dieses Werks nicht von der Vorstellung der älteren ,Volkskomödie' verwirren. Schließlich liegt diesem Drama – trotz aller Bäuerlichkeit – eine Dialektik zugrunde, die sich durchaus mit ähnlichen Elementen in der ,,Mutter Courage" oder dem ,,Galilei" vergleichen läßt. Auch der ,,Puntila/Matti" ist so widerspruchsvoll, so facettenreich, so satirisch und zugleich so ,genüßlich', wie man sich das von Brecht nur wünschen kann. Für die Deutung der beiden Hauptgestalten gilt es dabei vor allem zwei Aspekte im Auge zu behalten: die Dialektik zwischen dem guten und dem bösen Puntila – und die Dialektik zwischen Puntila dem Herrn und Matti dem Knecht.

Was soll eigentlich das ständige Spiel mit dem Wechsel von Suff und Nüchternheit, dem Puntila von Szene zu Szene unterworfen wird? Ist dies nur ein komödiantischer Gag? Als solcher wäre er weder besonders originell noch besonders komisch, obwohl hier auch die bloßen Lacher durchaus auf ihre Kosten kommen. Ja, manche dieser Besäufnisszenen gehören zum Besten, was die Geschichte des deutschen Lustspiels überhaupt aufzuweisen hat. Man denke an die große Anfangsszene, wo Puntila alle unter den Tisch getrunken hat und selbstvergessen auf dem Aquavitmeer wandelt. Das gleiche gilt für die von Brecht erfundene Verlobungsszene mit all ihrer beschwipsten Heiterkeit. Und doch spürt man immer wieder, daß diese Komik nie zum Selbstzweck entartet. Denn in all diesem turbulenten Wechselspiel geht es Brecht stets um den sehr ernst aufgefaßten Gegensatz zwischen der echten und der falschen Menschlichkeit. Wie der dicke Millionär in Charly Chaplins ,,City Lights“, der dem guten Charly erst seine Geldbörse schenkt und dann die Polizei rufen läßt, ist auch Puntila ständig hin und her gerissen zwischen seiner nur im Suff zum Durchbruch kommenden ,Gutherzigkeit‘ und seiner gesellschaftlichen Rolle als tyrannischem Gutsbesitzer, die ihm bei jedem Anfall von Nüchternheit wieder zum Bewußtsein kommt.

Brecht unterscheidet sich in diesem Punkte grundsätzlich von vielen anderen sozialkritisch engagierten Dichtern, indem er den Besitzenden, den Großgrundbesitzer, den Kapitalisten nicht als böses Schreckbild auftreten läßt, sondern lediglich seine gesellschaftliche Rollenhaltung beschreibt. Alle seine Figuren, ob nun die Armen oder Reichen, sind für ihn nur Mitglieder eines großen dialektischen Welttheaters, dessen Drahtzieher nicht mehr die himmlischen, sondern die politischen und ökonomischen Mächte sind. Statt im moralischen Sinne von ,gut‘ und ,böse‘ auszugehen, wird hier nur die durch die jeweilige Situation bedingte Handlungsweise vorgeführt, die den ursprünglich ,guten Menschen‘ im Sinne Rousseaus zu Taten verpflichtet, die seinem innersten Wesen zutiefst widersprechen. Puntila ist daher kein böser Kapitalist, der lediglich aus Gier und Habsucht handelt, sondern ein von seiner natürlichen Güte ,entfremdeter‘ Mensch, der durch die gesellschaftliche Rolle eines Großgrundbesitzers zu einem herrischen und ausbeuterischen Gebaren gezwungen wird, ohne das er sich als ,Estatium possessor‘ im erbitterten Konkurrenzkampf des kapitalistischen Systems gar nicht behaupten könnte. Sein eigentliches Wesen kommt daher nur im Zustand des Außersichselbstseins zum Durchbruch, das heißt im Suff. Nur dann spricht er von der Verbrüderung aller Menschen und möchte die armen Knechtlein zu Mitbesitzern seiner Wiesen und Wälder machen, als sei die konkrete gesellschaftliche Situation völlig außer Kurs gesetzt. Doch wehe, wenn er aus diesem Zustand erwacht! Dann ist er wieder der Großgrundbesitzer, der jeden anschnauzt, nur nach seiner Arbeitskraft beurteilt, übers Ohr zu hauen versucht und von brüderlicher Vertrautheit mit seinen Knechten nichts mehr wissen will.

Brecht weist damit auf die gleiche Einsicht hin, die schon der ,,Heiligen Johanna der Schlachthöfe“ zugrunde liegt: im Rahmen deutlich markierter Klassengesellschaften handelt der einzelne stets kastenmäßig determiniert und unterdrückt seine ursprünglich ,guten‘ Regungen zugunsten des ökonomischen Kalküls. Im ,,Guten Menschen“, den Brecht fast gleichzeitig mit dem ,,Puntila/Matti“ geschrieben hat, wird diese Spaltung in naturgegebene Güte und gesellschaftliche Konkurrenzhaltung in der Doppelfigur

Shen Te/Shui Ta in den Mittelpunkt eines ganzen Stücks gestellt. Doch schon in ,,Mann ist Mann", den ,,Sieben Todsünden" und dem ,,Galilei" finden sich Vorstufen zu solchen ,,Split Characters"[18]. Es gibt Brecht-Interpreten, die diesen Konflikt als notwendig ,,tragisch" bezeichnen[19]. Eine solche Sicht erscheint mir bei Puntila völlig fehl am Platze. Schließlich geht es bei ihm weder um den psychologischen Kampf zwischen ,,Herzensgüte und teuflischer Kälte", von dem Crumbach spricht, noch um den Konflikt jener berühmten ,zwei Seelen, ach in meiner Brust', der die goethezeitlichen Idealisten so tragisch erschütterte. Genau besehen wirkt seine Gespaltenheit eher wie ein theatralisch-dialektischer Trick, der in seiner Komik zugleich zur Verfremdung dieser Figur beiträgt. ,,Die beiden Puntilas verfremden sich wechselseitig", schreibt Paul Rilla einmal höchst einsichtig, ,,der Betrunkene den Nüchternen, der Nüchterne den Betrunkenen." Auch Fritz Martini, der an der Gestalt des Puntila weniger das psychologisch ,,Originelle" als das sozial ,,Provozierende" hervorhebt, behauptet ähnliches: ,,Puntila produziert in sich selbst den V-Effekt, indem seine beiden Wesenshälften grell aufeinander hinweisen, sich gegenseitig der Kritik unterziehen und mit schonungsloser Ironie widerlegen." Kein Wunder also, daß sein Verbrüderungspathos vor dem Hintergrund der nüchternen Alltagswelt wie eine sentimentale Humanitätsduselei wirkt, während die nüchterne Alltagswelt vor dem Hintergrund seines Verbrüderungspathos einen ausgesprochen brutalen und unmenschlichen Eindruck erweckt. Und damit ist für Brecht die Notwendigkeit der Änderung eines solchen Systems ein für allemal bewiesen.

Wenn man die Analyse dieser Dialektik einmal so weit getrieben hat, läßt sich ihr noch ein anderer Aspekt abgewinnen. Aufgrund dieser wechselseitigen Verfremdung wirken nämlich alle hochtönenden Worte, die Puntila im Zustand des Berauschtseins von den Lippen fließen, nicht nur als Ausdruck seiner ursprünglichen Herzensgüte, die lediglich durch den gesellschaftlichen Rollenzwang ins Unbarmherzige entfremdet wird, sondern auch als bloßes Suffpalaver. Man soll hier nicht nur lachen, sondern zugleich die Hohlheit solcher gleisnerischen Phrasen durchschauen, vor allem wenn sie von einem ,Großkopfeten' stammen. ,,Es ist so wenig trunkener Mund, wahrer Mund, daß man es weit eher trunkener Mund, Lügenmund nennen könnte", heißt es in Diderots ,,Jakob und sein Herr", in dem der Alkoholkonsum ebenfalls recht beträchtliche Ausmaße annimmt. Man könnte daher mit derselben Berechtigung behaupten: von ,Verbrüderung' sprechen solche Leute nur im Rausch, im Dusel, wenn sie nicht mehr ganz bei Troste sind. So sagt etwa Paul Dessau, daß gerade das ,,Sympathische", das Puntila in seiner Besoffenheit ausstrahle, ihn für die anderen so ,,gefährlich" mache. Ähnlich argumentieren Ilja Fradkin, Alfred Bergstedt und

Fritz Hennenberg, die darauf hinweisen, daß die „Unmenschlichkeit des Ausbeuters" auch hinter „äußerlicher Freundlichkeit" nicht verschwinden könne, da sie zum „Merkmal seiner Klasse" gehöre. Auch für Paul Rilla treibt Puntila mit seinen Untergebenen nur ein „betrunkenes Spiel", das an „pure Willkür" grenzt. Nach seiner Meinung empfindet Matti, der die wahre Nüchternheit besitze, die sozialen Verbrüderungstendenzen des betrunkenen Puntila fast noch peinlicher und tyrannischer als dessen barschen Kommandoton. Denn durch den „Clinch der Vertraulichkeit", meint Henning Rischbieter, mit dem Puntila seinen „Gegner an seine trunkene ,Menschlichkeit' fesselt", will er diesen ja nur „schwächen". Dafür spricht, daß Puntila, wie schon sein Vorgänger Mauler in der „Heiligen Johanna", selten geschäftliche Mißerfolge hat, wenn er seinem ,weichen Herzen' folgt. Wie ganz anders muß Shen Te unter ihrer ,Güte' leiden! Bei einem reichen Herrn bleiben dagegen solche Allüren immer unverbindlich. Er kann sich alles leisten: ob nun Brutalität oder Güte. Leute wie er stehen in ihrem ,moralischen' Verhalten von vornherein jenseits von Gut und Böse. Matti als erfahrener Praktiker will daher nicht ,Menschlichkeit', sondern Sachlichkeit. Ihm sind geregelte Arbeitsverhältnisse lieber als ,gutgemeinte' menschliche Annäherungsversuche. Als man ihm diese verweigert, kehrt er am Schluß dem ,guten' Puntila einfach die kalte Schulter zu[20].

Mit dieser radikalen Entlarvung aller klassenversöhnlerischen Beschwichtigungstendenzen stellt sich auch im „Puntila/Matti" notwendig die Frage einer antifaschistischen Nebenabsicht. Denn schließlich wurde dieses Werk im Jahre 1940 geschrieben, als das Hitler-Reich von Tag zu Tag immer bedrohlichere Ausmaße anzunehmen begann und selbst Finnland kein sicheres Exil mehr bot. Bewußt oder unbewußt muß daher auch diesem Stück eine kritische Haltung dem Faschismus gegenüber zugrunde liegen. Und so hat denn Puntila, der selbstverständlich zum „Nationalen Schutzkorps" gehört, durchaus manche Züge mit dem dicken und jovialen Hermann Göring, dem damaligen Reichsluftfahrtminister, gemein. Auch er ist der äußerlich gutmütige, leicht angetrunkene, prachtvolle Kerl, der selbst in seinen Herrscherallüren dem niederen Volk Vertrauen einflößt, weshalb solche Gestalten von weniger sympathischen Tyrannen gern als propagandistische Aushängeschilder verwandt werden[21]. Eine ähnliche Rolle spielt der ,gute, alte' Dogsborough in Brechts Hitler-Historie „Der aufhaltsame Aufstieg des Arturo Ui" (1941), der an den ehemaligen Reichspräsidenten Hindenburg erinnern soll. Man sollte daher Puntila auch einmal unter diesem Aspekt betrachten. Schließlich hat sein berauschtes Gerede von einer gemeinsamen Buchführung mit seinen Arbeitern einen deutlichen Anklang an die faschistische Phrase ,Gemeinnutz geht vor Eigennutz', mit der man 1933 den Sozialdemokraten und Kommunisten den

Wind aus den Segeln zu nehmen hoffte, indem man sich ebenfalls ‚sozialistisch' gebärdete. Was Brecht von solchen Phrasen hielt, beweisen sein
„Ui", das „Lied von der Tünche" oder die ständig wiederkehrende Formulierung vom ‚Anstreicher Hitler', der den tiefen Riß zwischen den Klassen mit seinem Lügenpinsel zuzukleistern versuche (9,441). Ja, in seinem
antifaschistischen „Lied vom Klassenfeind" gebraucht er zwölfmal die
Formel „Der Regen fließt immer nach unten" (9,435 ff.), die er ursprünglich als Untertitel seines „Puntila/Matti" vorgesehen hatte, um damit auf
die lapidarste Weise auf ein Grundgesetz der sozialen Ordnung hinzuwei-
sen, das selbst mit den schönsten Worten nicht aus der Welt zu schaffen sei.

Eine ähnliche Ambivalenz äußert sich in Puntilas begeisterten Hymnen
auf die Wälder, Flüsse, Berge und Wiesen des gesegneten Tavastlandes, die
in ihren ‚Blut-und-Boden'-Tendenzen durchaus faschistische Untertöne
haben. Vor allem die Hatelmabergszene ist nicht nur ein naiver Gesang auf
die „Heimat", wie Crumbach meint, sondern auch eine indirekte Entlarvung jener „faulen Mystik" (18,231), die im Nazi-Deutschland mit Begriffen wie ‚Volk', ‚Heimat' und ‚Glaube' getrieben wurde. Schließlich ist es ja
Puntila und nicht Matti, der von dieser Landschaft schwärmt, als wärs ein
Stück von ihm. Brechts Dialektik schlägt daher in der Puntila-Figur nach
beiden Seiten aus, indem sie uns die Entfremdung des Menschen von seiner
wahren Natur und zugleich die schamlose Ausschlachtung der noblen
These einer allgemeinen Brüderschaft aller Menschen bewußt zu machen
versucht. Einerseits ist diese Gestalt positiv gesehen, andererseits liegt ihr
eine deutlich entlarvende Absicht zugrunde. Bei einer solchen Kompli-
ziertheit noch von einer ‚Volkskomödie' älteren Schlages zu sprechen, verbietet sich fast von selbst.

Dasselbe gilt für die ständig evidente Dialektik zwischen Puntila und
Matti, die so konkret wie nur möglich dargestellt wird. In diesen beiden Figuren lediglich einen abstrakten „Bewußtseinszwilling" zu sehen, in dem
sich „Brecht mit Brecht über Brecht" und andere „unlösbare Probleme"
unterhält, wie Martin Walser behauptet, ist wohl etwas abwegig. Walter
Hinck schreibt dagegen klipp und klar, daß es sich im „Puntila/Matti" um
ein „soziales Grundverhältnis" handele, nämlich um das Modell der
„Über- und Unterordnung" oder „kurz der Klassentrennung". Denn wo
findet man ein besseres Beispiel für Dialektik als im Verhältnis von Herr
und Knecht, die sich offenbar mit eherner Notwendigkeit wechselseitig bedingen. Beide sind unmittelbar aufeinander bezogen: ohne Herr kein
Knecht, ohne Knecht kein Herr. Doch ist eine solche Dialektik wirklich
‚urbestimmt', fragt sich Brecht? Muß man sie ständig perpetuieren oder
sollte man sie nicht besser aufheben? Man kennt das alte Gerede von der ge-
sellschaftsnotwendigen Funktion einer Elite, mit der man die bestehenden

Besitz- und Machtverhältnisse immer wieder zu verschleiern sucht. Brechts Matti, durchaus keine Nebenrolle, sondern der ebenbürtige, wenn nicht überlegene Gegenspieler Puntilas, der sowohl an den Diderotschen Jakob als auch den Hašekschen Schweyk und den Kalle der „Flüchtlingsgespräche" erinnert, zieht daher am Schluß die Konsequenz aus diesen ‚Verhältnissen' und kündigt seinem Herrn den Dienst. Obwohl kein selbstbewußter Klassenkämpfer, ist er doch gegen jede Revolution von oben, die lediglich eine streng formierte Gesellschaft im Auge hat. Wie er sich allerdings eine soziale Ordnung denkt, in der es keine Puntilas mehr gibt, wird in diesem Stück nicht ausgesprochen. In diesem Punkt verhält sich Matti wie sein Bruder Jacques, le fataliste.

Bei einer solchen Wendung der Dinge fragt man sich unwillkürlich, wie ein solches Drama wohl im Osten aufgenommen wurde, wo man weniger die Fragen als die Antworten schätzt? Offensichtlich hatte Brecht mit seinem „Puntila/Matti" ähnliche Probleme wie mit seiner „Muter Courage" und seinem „Lukullus", die man behördlicherweise viel zu wörtlich nahm, statt sich in ihre provozierende Dialektik einzulassen, die einen Großteil der ‚Lösung' dem Zuschauer überläßt und sich nicht mit einer billigen Doktrin begnügt. Wie wichtig Brecht gerade dieses Stück war, beweist die simple Tatsache, daß er es nach der „Mutter Courage" als das erste seiner Stücke 1948 in Zürich inszenieren ließ. Ein Jahr später brachte er es als die erste Aufführung des neugegründeten ‚Berliner Ensemble' im Deutschen Theater in Ost-Berlin heraus. Einem zweitrangigen Stück hätte er diese Ehre sicher nicht zuteil werden lassen.

Und zwar lassen sich bei der Berliner Inszenierung einige Verschärfungen beobachten, die nicht unbedingt in der Anlage dieses Werkes liegen. Im Jahr 1940, zur Zeit der Entstehung des „Puntila/Matti", hatte Brecht in seinen „Anmerkungen zum Volksstück" noch geschrieben: „Der Puntila ist alles andere als ein Tendenzstück. Die Rolle des Puntila darf also keinen Augenblick und in keinem Zug ihres natürlichen Charmes entkleidet werden; es wird besondere Kunst nötig sein, die Betrunkenheitsszenen poetisch und zart, mit soviel Variation wie möglich und die Nüchternheitsszenen so ungrotesk und unbrutal wie möglich zu bringen" (17,1168). Diese Auffassung scheint noch bei der ersten Zürcher Aufführung vorgeherrscht zu haben, bei der Leonhard Steckel mit dem Charme der Trunkenheit den ‚dürren' Programmatiker Matti einfach an die Wand spielte. Neun Zehntel dieser Rolle wurden hier in einem aus Aquavit erzeugten Weltrausch dargestellt, wodurch Puntilas Besoffenheit einen fast mythologischen Anstrich bekam. Brecht notierte sich daher schon 1948: „Entscheidend ist die Ausformung des Klassenantagonismus zwischen Puntila und Matti. Die Rolle des Matti muß so besetzt werden, daß eine echte Balance zustande kommt, das heißt, daß die geistige Überlegenheit bei ihm liegt. Der Darsteller des Puntila muß sich hüten, in den Trunkenheitsszenen das Publikum durch Vitalität oder Charme so mitzureißen, daß ihm nicht die Freiheit bleibt, ihn zu kritisieren" (17,1172).

Der frischgebackene DDR-Bewohner Brecht griff daher 1949 in Berlin zu wesentlich schärferen Mitteln, um nicht mißverstanden zu werden. Und zwar sah er sich dabei vor zwei Probleme gestellt: erstens der Figur des Puntila ein abstoßenderes Profil zu geben, zweitens sich über die Frage des Großgrundbesitzes zu äußern, den es ja in der DDR gar nicht mehr gab. Beide Fragen löste er mit der ihm eigentümlichen Schläue. Er machte zwar einige Konzessionen, aber doch nur so viel, um seine eigenen Ideen überhaupt unters Volk bringen zu können. Und so spielte man in Berlin den Puntila nicht als einen ,,sympathischen Menschen mit einigen üblen Anwandlungen im Zustand der Nüchternheit" wie in Zürich, sondern stellte ihn als einen ,,ekelhaft geformten Kahlkopf" mit ,,verlebten und niedrig aussehenden Zügen" dar, um auch jene zufriedenzustellen, die in jedem Kapitalisten oder Großgrundbesitzer von vornherein ein ‚Untier' sehen. ,,Erst jetzt", heißt es in dem Band ,,Theaterarbeit", ,,wirkte sein Charme in der Trunkenheit gefährlich, wurden seine geselligen Annäherungen zu denen eines Krokodils." Doch am Text und dem eigentlichen Aufbau dieser Gestalt änderte er fast nichts, um sie in ihrer vollen Dialektik zu erhalten und weniger die moralische Depravierung als die Selbstentfremdung des Menschen von seiner ursprünglichen Güte in den Vordergrund zu rücken.

Etwas schwieriger erwies sich das Problem des Großgrundbesitzes. War ein solches Stück, das die Ausbeutungsmethoden der bäuerlichen Gutsbesitzer beschreibt, nicht in der DDR schon etwas anachronistisch? Schließlich ging man hier schon schrittweise zum LPG-System über. Solche Fragen wurden wirklich gestellt, da es sich beim ‚Berliner Ensemble' um ein staatlich subventioniertes Theater handelt, das einer neuen Volkskultur die Wege ebnen soll. Was war an diesem Stück überhaupt noch aktuell? Auch auf diesen Vorwurf reagierte Brecht höchst geschickt, indem er das Ganze mit einem kurzen Prolog versah, der die dargestellten Vorgänge in die Vergangenheit rückt und damit in seinem Sinne noch weiter verfremdet. Und zwar heißt es hier wuchtig und verschmitzt zugleich: ,,Geehrtes Publikum, der Kampf ist hart / Doch lichtet sich bereits die Gegenwart / Nur ist nicht überm Berg, wer noch nicht lacht / Drum haben wir ein komisches Spiel gemacht (. . .). Wir zeigen nämlich heute abend hier / Euch ein gewisses vorzeitliches Tier / Estatium possessor, auf deutsch Gutsbesitzer genannt / Welches Tier als sehr verfressen und ganz unnützlich bekannt / Wo es noch existiert und sich hartnäckig hält / Eine arge Landplage darstellt!" (4,1611).

Doch nicht genug damit. Brecht ließ auf dem Programmzettel obendrein

folgende kurze Notiz abdrucken: ,,Es gibt eine liebenswerte Ungeduld, die
auf dem Theater jeweils nur den letzten Stand der Dinge in der Wirklichkeit
gestaltet haben will. Warum sich bei einem Gutsbesitzer aufhalten? Sind die
Gutsbesitzer nicht vertrieben? Warum einen Proleten wie Matti zeigen?
Gibt es nicht jetzt schon aktive Kämpfer? (. . .) Warum kann ,Herr Puntila
und sein Knecht Matti' noch als aktuell angesehen werden? Weil man nicht
nur aus dem Kampf lernt, sondern auch aus der Geschichte der Kämpfe.
Weil die Ablagerungen überwundener Epochen in den Seelen der Menschen noch lange liegenbleiben.'' Ja, um seinen parteiamtlichen Freunden
das letzte Argument aus dem Mund zu nehmen, beruft sich Brecht sogar
noch auf Marx, der in seiner ,,Kritik der Hegelschen Rechtsphilosophie''
(1844) einmal behauptet: ,,Die Geschichte ist gründlich und macht viele
Phasen durch, wenn sie eine alte Gestalt zu Grabe trägt. Die letzte Phase einer weltgeschichtlichen Gestalt ist ihre Komödie. Die Götter Griechen-
lands, die schon einmal tragisch zu Tode verwundet waren im ,Gefesselten
Prometheus' des Aeschylos, mußten noch einmal komisch sterben in den
Gesprächen Lucians. Warum dieser Gang der Geschichte? Damit die
Menschheit heiter von ihrer Vergangenheit scheide.''

Und dieses Zitat war allerdings klug gewählt. Denn in ihm steckt einer
der wichtigsten Ansatzpunkte für Brechts gesamte Komödientheorie, die
im ,,Puntila/Matti'' eine ihrer schlagkräftigsten Verkörperungen gefunden
hat. Wie lange hat man im Theater vornehmlich über jene typenhaft verein-
fachten Situationen gelacht, die als ,ewig-unveränderlich' galten! Ob nun in
der Antike, im späten Mittelalter, im Barock oder im bürgerlichen Realismus des 19. Jahrhunderts: immer wieder trifft man in den gängigen Lustspielen auf dieselben menschlich-allzumenschlichen und damit unhistorischen Verhaltensweisen, die häufig aus einem abstrakten ,Geschlechter-
kampf' oder einem ebenso abstrakten ,Kampf ums Dasein' abgeleitet werden. Bei Brecht soll man dagegen vornehmlich über jene Zustände und Figuren lachen, die von der gesellschaftlichen und politischen Entwicklung
überholt sind, das heißt, deren Komik in ihrem geschichtlichen Anachronismus liegt.

Und was eignete sich dafür besser als die Gestalt eines Großgrundbesitzers, die von progressiver Warte aus reichlich mittelalterlich, ja geradezu
archaisch wirkt. Was einst – unter anderen gesellschaftlichen Voraussetzungen – einmal die Aura des Feudalen oder Ritterlichen hatte, muß heute –
unter demokratischen oder gar sozialistischen Prämissen – notwendig den
Anschein des Unhaltbaren, Vorzeitlichen und damit Lächerlichen erwek-
ken. Und so kann der ,große Puntila', dessen Ahnen vielleicht einmal
,kühne Recken' waren, auf den fortschrittlichen Bühnen des 20. Jahrhunderts nur noch als antiquierter ,,Estatium possessor'' auftreten, der sich in

seiner eigenen Haut nicht mehr wohlfühlt, der durch und durch ‚gespalten‘ ist und schließlich zum Trunkenbold verkommt.

Es geht daher im „Puntila/Matti" keineswegs um die herkömmliche Herr-Diener-Komik aus der Mottenkiste des ‚Ewig-Allzumenschlichen‘, die seit der Antike in Tausenden und Abertausenden von Komödien durchgespielt worden ist. Doch es geht Brecht ebensowenig um das Gegenteil, wie es etwa in den „Ratten" demonstriert wird, wo Hauptmann eine Proletarierin wie Frau John mit dem veredelnden Hauch des ‚Tragischen‘ auszuzeichnen versucht, während er den hochwohlgeborenen Hassenreuter einfach ins Lächerliche zieht. Das sieht auf den ersten Blick recht ‚revolutionär‘ aus, bleibt aber letztlich doch im Idealistischen befangen, so sehr es auch Schillers Tragödienkonzept zu widersprechen scheint. Denn schließlich wäre die Aufhebung der Tragödie nicht ihre Übertragung, sondern ihre Abschaffung gewesen, und zwar zugunsten eines ‚kritischen Schauspiels‘ jenseits von Tragödie und Komödie, in dem das Konzept der tragischen oder komischen Determiniertheit alles menschlichen Tuns dem Willen nach Veränderung dieser scheinbar ‚urmenschlichen‘ Gegebenheiten weicht. Erst in einem solchen Theater würde das Publikum lernen, von einer historisch gewordenen Gestalt Abschied zu nehmen und diesen Ablösungsprozeß mit der nötigen ‚Heiterkeit‘ zu vollziehen, um noch einmal Marx beim Wort zu nehmen. „Gehab dich wohl, Herr Puntila", sagt daher der ‚vernünftige‘ und deshalb nie ins ‚Komische‘ abgleitende Matti am Schluß geradezu programmatisch, „die Stund des Abschieds ist nun da" (4,1708).

Aber Brecht wußte nur zu genau, daß dieses Abschiednehmen ein langwieriger Prozeß ist. Und auch seine Interpreten – selbst die germanistischen – haben das inzwischen eingesehen. „Auch wenn der *politische* Kampf gegen einen gesellschaftlichen Anachronismus gewonnen ist", schreibt Peter Christian Giese im Hinblick auf Brechts Komödien, „geht der *ideologische* weiter, und in ihm hat die Komödie ihren Platz." Schließlich ist es nicht einfach, etwas ‚komisch‘ zu finden, was eben noch als höchst bedrohlich galt. Denn wahrhaft lachen kann nur der, wer schon „uberm Berg" ist, wie es im Prolog zum „Puntila/Matti" heißt. Doch auf solche Lacher hatte es Brecht in erster Linie abgesehen. Schon 1940 träumte er von einem Publikum, das die dialektischen Prozesse innerhalb des Gesellschaftslebens und damit auch das Abschiednehmen von archaischen Zuständen – aufgrund eines fortgeschritteneren Bewußtseins – als etwas ‚Vergnügliches‘ empfinden würde. Aber so weit war man 1949 in der DDR noch nicht. Erst als die „Puntila"-Oper von Paul Dessau 1966 an der Ost-Berliner Staatsoper uraufgeführt wurde, konnte Werner Otto im Gefühl des bereits zurückgelegten Weges schreiben: „Der Betrachter der Aufführung, der in einer sozialistischen Gesellschaft lebt, soll ein besonderes Vergnügen darin sehen, daß im Stück von – bei ihm – Überwundenem berichtet wird."

Doch auch die von Werner 1966 anvisierte DDR-Gesellschaft war immer noch eine Übergangsgesellschaft. Und so wird selbst in diesem Staate das Auslachen der Vergangenheit und ihrer großen Herrn noch einige Zeit auf der Tagesordnung bleiben – auch oder gerade in der Komödie.

HILTRUD GNÜG

—

FRISCH · DON JUAN ODER DIE LIEBE
ZUR GEOMETRIE

. . .wir arbeiten mit Überlieferung –

D on Juan oder die Liebe zur Geometrie" – ein paradoxer Titel, der Erwartungen weckt, die er sogleich wieder stört. Scheint er eine moderne Variante des großen neuzeitlichen Mythos vom Verführer und Frevler Don Juan anzukündigen, so will doch die ‚Liebe zur Geometrie' in das Bild des sinnlich-erotischen Abenteurers nicht passen. Der berühmte Don Juan der Tradition liebt die Frauen und nicht die unsinnliche Geometrie! Frischs Don Juan dagegen „ist ein Intellektueller, wenn auch von gutem Wuchs und ohne alles Brillenhafte". Dennoch stellt Frischs 1953 entstandene Don Juan-Komödie[1] keine einfache Verkehrung des tradierten Stoffes dar, ist nicht Persiflage des bekannten Typs, sondern ernsthaftes Nachdenken über einen allzu bekannten Typ mit den theatralischen Mitteln der Komödie.

Zum erstenmal greift Frisch hier eine vorgegebene Fabel auf, und man fragt sich, warum er, der in seinen bisherigen Stücken – und auch in den nachfolgenden – seinen Stoff selbst erfand, sich hier auf ein gegebenes Handlungsschema einläßt, das dem dramatischen Entwurf zumindest die stofflichen Bedingungen vorgibt. Denn seine Don Juan-Komödie hat mit dem alten Mythos vom sinnlich-erotischen Verführer nicht nur den Namen gemein; alle wichtigen Motive, Handlungs- und Personenkonstellationen, sogar manche szenischen Details sind den dramatischen Gestaltungen von Tirso de Molina, Molière und Mozart/Da Ponte entnommen. Geht es Frisch vielleicht um eine Auseinandersetzung mit der literarischen Tradition, mit dem Medium Theater, zielt er auf eine Literatursatire ab? Warum wählt er gerade den Don Juan-Stoff aus?

Ohne Frage liegt der Reiz seiner Komödie zu einem großen Teil in dem souveränen Spiel mit der literarischen Tradition; diese liefert den Stoff und ist zugleich immer auch Gegenstand theatralischer Ironie. Eine „Travestie" nennt Frisch sein Stück, und er präzisiert: „Don Juan als Kostüm-Zitat, um Theater von vornherein als Theater erscheinen zu lassen". Begriffe wie Travestie[2] und Zitat deuten schon Frischs Verhältnis zur Tradition an. Er benutzt die literarischen Vorlagen als stoffliches Material, als gegebene Motiv-Konstanten, die in einer veränderten Dramaturgie ihre ursprüngliche Bedeutung verlieren und eine gegenläufige Funktion gewinnen. In ihrem zitathaften Charakter bleibt die Travestie immer auf ihre Vorlage bezogen, so daß sich ihre komplexe Bedeutung erst aus der Spannung zum Original erschließt. Die Travestie bietet Frisch Möglichkeiten, auf dem Theater das Medium Theater zu reflektieren. Denn die bekannten Theaterfiguren Don Juan, Donna Anna, Komtur etc. stellen sich schon durch ihre offenkundige Bühnenherkunft als Rollen vor, und ihr Rollendasein wird durch den ständigen Verweis auf diese theatralische Herkunft im Bewußtsein des Zuschauers wachgehalten. Auch das Fiktive des dramatischen Spiels macht die Travestie durchsichtig, da ihre Handlungsmotive als Bausteine eines berühmten dramatischen Stoffs zu verstehen sind.

Sicherlich also wählt Frisch hier die Form der Travestie, um den Spielcharakter des Theaters herauszustellen, um „ein Imitiertheater schon dramaturgisch auszuschließen", das heißt ein Illusionstheater, das die Fiktion durch eine ‚als ob'-Wirklichkeit vergessen machen will. Er zitiert gleichsam den bekannten Stoff, um „den Unterschied zwischen Geschichte und Spiel evident zu machen". Dennoch stellt sich die Frage erneut, warum er gerade den Don Juan-Stoff zum Gegenstand seiner Travestie-Komödie macht. Wie stellt die Tradition, auf die Frisch sich bezieht, den Don Juan-Typ dar? Und auf welche Tradition – so muß man angesichts der Fülle von Don Juan-Gestaltungen fragen – bezieht sich Frisch überhaupt[3]?

Die dritte Frage ist vor der zweiten, die zweite vor der ersten zu beantworten. Frisch entnimmt sein stoffliches Material allein den Dramen, die die unreflektiert sinnliche Lust des Verführers noch nicht in Frage gestellt und das Motiv der metaphysischen Rache noch nicht säkularisiert haben. Die Deutungsversuche des 19. und 20. Jahrhunderts, die die Don Juan-Figur schon problematisieren, mögen ihn angeregt haben, sie sind aber nicht Bezugspunkt seines Gegenentwurfs. Und auch die rationalisierende Deutung etwa eines Goldoni ist ohne Einfluß. Frischs gewichtigster Gewährsmann ist auch zugleich der Erfinder der Don Juan-Figur: der spanische Mönch Gabriel Tellez, der 1630 unter dem Pseudonym Tirso de Molina die ‚Comedia' „Der Burlador de Sevilla oder der steinerne Gast"[4] veröffentlichte. Frisch spielt im fünften Akt witzig mit den Zweifeln der Forschung an dieser Verfasserschaft (83), die inzwischen jedoch nicht mehr bestritten wird.

In dieser ersten Gestaltung sind alle stofflichen Motive, Personen- und Handlungskonstellationen enthalten. Da ist zunächst das Grundmotiv des sinnlich-erotischen Verführers: Vier dramatische Episoden variieren immer nur das eine Geschehnismodell – den Kreislauf von jäh erwachtem sinnlichen Begehren, Verführung, Entdeckung, schneller Flucht. Die Vielzahl der Episoden demonstriert immer nur dieselbe Episode, demonstriert Don Juans augenblicksbezogene Sinnlichkeit, die nicht auf die Individualität der Frau, sondern auf das Weibliche schlechthin gerichtet ist. Masken-spiel, Verwechslung und nächtliches Dunkel – Motive, die Frisch in seiner Komödie aufgreift – zeigen die Anonymität der Begegnungen, die Aus-tauschbarkeit der Frau. Was sich bei Tirso nur in der gesellschaftlichen Pa-lette der Verführten – von der Herzogin bis zur Bäuerin – ausdrückt, das verdeutlicht später bei Mozart Leporellos Register von den ‚Tausend und drei‘ allein in Spanien – natürlich eine nur symbolisch zu deutende Zahl, die das Moment der Quantität und fortzusetzenden Reihung betont. Dennoch besitzt die von Don Juan begehrte Frau außer ihrer Weiblichkeit noch eine wesentlichere Qualität: Stets ist es die verbotene oder im Grunde uner-reichbare Frau, die seine Sinnlichkeit weckt, die Braut, die Geliebte des Freundes, die Keusch-Spröde etc.; die Buhlerin fehlt im Reigen der Ver-führten. Das bedeutet, Don Juan wird gerade da zum Verführer, wo sein Begehren zugleich Frevel ist. Auch Frischs Don Juan wird diesem Handl-ungsmuster entsprechen. Eheschwur und Maske des jeweiligen Bräuti-gams – mit beiden Motiven spielt Frischs Komödie – sind die hilfreichen Requisiten der Eroberung, die die zeitraubenden gesellschaftlichen Skrupel der begehrten Frau, die Furcht vor dem unerbittlichen Gesetz des Ehren-punkts, zerstreuen. Durch Flucht oder siegreiches Duell entzieht sich Don Juan der gesellschaftlichen Rache, und allen Mahnungen auf himmlische Rache setzt er ein unbekümmertes ,,Damit hat's noch gute Weile" entge-gen. Auch das sind Stoffelemente, die bei Frisch wiederkehren.

Das zweite Grundmotiv des Stoffes, das des steinernen Gastes oder der himmlischen Rache, die den Verführer und Frevler schließlich unerwartet trifft, ist der konsequente Schlußpunkt einer Konzeption, die Lust und Frevel dialektisch miteinander verbindet. Don Juan als Verkörperung des Lustprinzips, das die christliche Ordnung der spanischen Gesellschaft von sich ausschließt[5], kollidiert notwendig mit eben dieser. Ausdruck dieser Kollision ist das Duell: ,,Ein Don Juan, der nicht tötet, ist nicht denkbar, nicht einmal innerhalb einer Komödie", sagt Frisch. Die Gesellschaft dringt auf Rache, und eine metaphysische Instanz führt den gesellschaftli-chen Vergeltungsanspruch aus: Das Denkmal des von Don Juan im Duell getöteten Komtur, der die Ehre seiner Tochter, seiner Familie und die ge-sellschaftliche Moral verteidigt, wird zum himmlischen Boten, der Don Ju-ans irdische Glut sündiger Sinnlichkeit mit der ewigen Glut der Hölle be-straft. Das himmlische Strafgericht erscheint als Kehrseite der erotischen Episoden. Diese Motivkombination kennzeichnet also den Don Juan-Stoff, und mit ihm ist der Mythos vom berühmten Verführer und Frevler geboren.

Es wird klar, was Frisch an diesem Stoff gerade interessierte: die enge Zuordnung von stofflichem Motiv und Bedeutung. Dieser Don Juan der

‚klassischen' Tradition stellt sich allein in seinen Taten, im äußeren Handlungsablauf dar; er verkörpert das sinnliche Lustprinzip, das keiner Begründung bedarf. Als Repräsentant unreflektierter Sinnlichkeit *kann* Don Juan sein Wesen auch nicht begründen. Es gibt folglich keinen Monolog, der die psychologischen Motive Don Juans enthüllen würde, keinen Dialog, in dem Don Juan seine erotischen Abenteuer rechtfertigte. Don Juan macht keine Entwicklung durch. Schon die erste Szene – so sagt Frisch in bezug auf Tirso de Molina – zeigt Don Juan „nicht wie er wird, sondern wie er ist und bleibt, bis die Hölle ihn verschlingt. Und so, ohne Vorbereitung und Entwicklung, sehen wir ihn auch in späteren Fassungen, Don Juan ist einfach da, ein Meteor (. . .)." Und gerade deshalb, weil man von Don Juan nichts anderes erfährt als das, was sich im vordergründigen sichtbaren Geschehen zeigt, fordert er zur Auslegung seiner Taten heraus. Schon Tirso de Molinas Motivkombination, die Don Juans erotische Abenteuer mit der Rache des Himmels beschließt, enthält eine Deutung: Sie interpretiert sie als Ausdruck erotischer Amoralität, als Manifest gesellschaftlicher Destruktion und als Zeichen des Frevels. Gerade diese fraglose Zuordnung von Tat und Sinn, Ereignis und Bedeutung provozierte Frischs Gegenentwurf.

Ein durchgehendes Thema seines Werks ist das Problem der Identität des Ichs, die Frage nach dem Verhältnis von Sein und Schein, Wirklichkeit und Rolle.

Jeder Mensch (. . .) erfindet sich früher oder später eine Geschichte, die er, oft unter gewaltigen Opfern, für sein Leben hält, oder eine Reihe von Geschichten, die mit Namen und Daten zu belegen sind, so daß an ihrer Wirklichkeit, scheint es, nicht zu zweifeln ist. Trotzdem ist jede Geschichte, meine ich, eine Erfindung und daher auswechselbar. Man könnte mit einer fixen Summe gleicher Vorkommnisse, bloß indem man ihnen eine andere Erfindung seines Ichs zugrunde legt, sieben verschiedene Lebensgeschichten nicht nur erzählen, sondern leben.

Geschichte, das ist für Frisch der erzählbare, durch Fakten belegbare äußere Ablauf von Ereignissen, die sich zu einem sinnvollen Ganzen zusammenschließen. Geschichten – als Entwürfe des Ichs in die Vergangenheit zurück – drücken den Willen des Ichs aus, sich eine Biographie zu geben, d. h. einen organischen Lebenszusammenhang, in dem jedes Ereignis Notwendigkeit gewinnt. Insofern ist die Geschichte eine Selbstdeutung des Ichs, und sie ist in dem Sinne eine Erfindung – wie Frisch pointiert formuliert –, als das Selbstverständnis des Ichs erst den Sinn der Ereignisse entwirft. Indem Frisch nun die eindeutige Sinngebung der biographischen Daten eines Ichs anzweifelt, wird ihm auch die Identität des Ichs problema-

tisch. Denn diese Identität bedeutete die plastische Kraft des Ichs, alle – zufälligen – Begebenheiten in den Entwurf einer stimmigen Selbstauslegung
zu integrieren; alles Handeln als Ausdruck seiner Subjektivität zu deuten.
Sobald das Ich aber seine Taten nicht mehr als notwendigen Ausdruck seiner Person ansieht, sobald diese so, aber auch anders auszulegen sind, verliert es das Bewußtsein seiner Identität: Seine Lebensgeschichte erscheint
als ,Erfindung', die aus den vielen Deutungsmöglichkeiten der ,fixen Summe' biographischer Fakten eine als die allein richtige auswählt. – Diese eindeutige Sinngebung, die aus dem komplexen widersprüchlichen Leben eine
Geschichte modelliert, vollzieht nicht nur das Ich selbst, sondern ebenso
die Gesellschaft, die das Ich auf bestimmte Rollen festlegt und sein Handeln
von ihrer eigenen Rollenerwartung her wertet. Die Geschichte ist dann
nicht der Selbstentwurf des Individuums, sondern sein öffentlicher Ruf.

Frisch sieht nun in dem Don Juan-Stoff, so wie ihn Molina konzipiert
hat, eine solche ,Geschichte', die das Ich durch seine ,Taten' definiert und
die ,Taten' wiederum als sinnfälligen Ausdruck des Charakters auffaßt. Ihr
Sinn ist ,eindeutig': Mit dem moralischen Verdikt ,Verführer', ,Frevler'
rächt sich die spanische Gesellschaft an dem die Norm verletzenden Don
Juan!

Spätere Deutungen, die ihrerseits schon den Typ psychologisierten,
stellten – allein durch ihre Verschiedenheit – diese Eindeutigkeit in Frage.
So interpretiert Lenaus ,Dramatisches Gedicht' „Don Juan" von 1844 –
eine romantisch-idealistische Konzeption in der Nachfolge E. T. A. Hoff-
manns – die rastlose sinnliche Vitalität des Verführers als Ausdruck einer
romantischen Sehnsucht nach dem Ideal des Weiblichen. Sein Don Juan,
der das Erotische zum Medium pantheistischer Lebensempfindung überhöht, zeigt nicht mehr die spontane unreflektierte Sinnlichkeit, er drängt
zur Ichaussprache, zur Reflexion seines Gefühls. Da dieser Idealsucher das
Ideal nie erreicht, verkehrt sich die Lust am Sinnlich-Erotischen in Über-
druß, verinnerlicht sich die metaphysische Rache zu Daseinsekel und metaphysischer Langeweile über die Wiederholung der immer selben Episode
– Aspekte, die bei Frisch wieder auftauchen. Auch Grabbes faustisch-tita-
nischer Don Juan aus seiner Tragödie „Don Juan und Faust" von 1829 –
Inkarnation eines übersteigerten Machtwillens, der im Sinnlichen Verwirklichung sucht hat die ursprüngliche Spontaneität verloren. Seine Lust entspringt nicht dem unmittelbaren Affekt des Begehrens, sondern dem reflektierten Gefühl seiner Macht, die er durch die *Kunst* der Verführung
ausübt. Don Juan ist hier zum reflektierten Verführer geworden, der seine
verführerischen Mittel bewußt einsetzt und das Raffinement der Verführung genießt. Er entspricht damit weitgehend dem Kierkegaardschen reflektierten Verführer, den dieser in Abhebung zu Mozarts Don Giovanni

theoretisch bestimmte und in seinem „Tagebuch des Verführers" literarisch gestaltete. In Shaws Komödie „Man and Superman" von 1903 ist Don Juan schließlich nicht mehr der Verführer, sondern der Verführte, wird er Opfer der weiblichen Vitalität, die er flieht und vor der er schließlich kapitulieren muß. Die Parallele zu Frisch ist offenkundig. – Wenn Frisch dennoch die jüngere Rezeptionsgeschichte des Stoffes in seiner Komödie ignoriert und sein Material nur aus der klassischen Tradition schöpft, so gerade deshalb, weil hier noch nicht nach dem ‚Warum' der Verführung gefragt wird. Denn sein Gegenentwurf bedarf der mythischen Einfachheit der Figur, in der Tat und Sein identisch sind.

„Man könnte es sich so denken", so leitet Frisch die psychologischen Überlegungen zu seiner Deutung der Don Juan-Figur ein. Hier ist ein ‚Es hätte anders sein können' impliziert, das die durchgehende Skepsis Frischs gegenüber der so und nicht anders zu interpretierenden Lebensgeschichte eines – auch fiktiven – Ichs erkennen läßt, eine Skepsis gegenüber dem Zweigespann von Tat und Bedeutung. Auch der Don Juan der „Chinesischen Mauer" beklagt sich bitter über die falschen Auslegungen seiner Taten:

> Ich komme aus der Hölle der Literatur. Was hat man mir schon alles angedichtet! Einmal nach einem Gelage, das ist wahr, ging ich über den Friedhof (der Abkürzung wegen) und stolperte über einen Totenkopf. Und mußte lachen (. . .). Wann habe ich Gott gelästert? Das beichten die Ehebrecherinnen von Sevilla, und ein Pfaff, Gabriel Tellez, hat es in Verse gebracht; ich weiß. Strafe Gott ihn für seine dichterische Phantasie! Einmal kam ein Bettler, das ist wahr, und ich hieß ihn fluchen, denn ich bin ein Tenorio, Sohn des Bankiers, und mir ekelte, in der Tat, vor den Almosen der Tenorios. Was aber wissen Brecht und sein Ensemble sonst von mir? Im Freudenhaus, das ich nicht nötig habe, spiele ich Schach: schon hält man mich für intellektuell. Liebe zur Geometrie! Was immer ich tue oder lasse, alles wird mir verdeutet und verdichtet.

Diese Klage, die die historische Maske Don Juan vorbringt, enthält skizzenhaft Frischs Konzeption seiner Don Juan-Komödie, und sie ironisiert zugleich die eigene Deutung. Der ironische Vorbehalt ist nur konsequent, denn der Hölle der Literatur mit ihrer „dichterischen Phantasie" entkommt der literarische Don Juan nicht!

Auch Frisch erfindet in seiner Komödie vom Don Juan eine „Geschichte", die den bekannten Taten des Helden und ihrer bekannten Auslegung einen neuen, der Tradition entgegengesetzten Sinnzusammenhang gibt. Aber seine Komödie reflektiert das Verhältnis von Rolle und Selbstentwurf, indem sie ein Individuum zeigt, das – begrenzt durch die gesellschaftlichen Leitbilder[6] – erst „in die Rolle eines Don Juan kommt". Ein durch seine Theaterherkunft nicht festgelegter Don Juan betritt die Bühne, die

310

,,ein theatralisches Sevilla", eine ,,Zeit guter Kostüme" ausstellt und bevölkert ist mit Figuren, die aus verschiedenen Theaterstücken der Weltliteratur stammen und nicht über ihren ‚Theater'-Schatten springen können. Frischs Komödie spielt mit den Rollen und Situationen des Theaters, mit seinem illusionären Schein. Sie baut auf dem theatralischen Moment von Maske, Täuschung, Verwechslung auf, um die Diskrepanz ,,von Larve und Wesen" sichtbar zu machen. Die fünf Akte der Don Juan-Handlung mit ihren entsprechenden Personen sind durch Intermezzi unterbrochen, in denen Celestina, die Kuppelmutter aus Fernando de Rojas gleichnamiger Komödie, regiert. Sie – selbst eine Theaterinstanz – prangert das theatralische Sevilla als Welt des Scheins, der ,,falschen Gefühle" an, die die Belletristik in die Welt setzt (23). Damit sagt Celestina indirekt auch etwas über den Geist aus, der das Geschehen der Haupthandlung bestimmt: die Fiktionen der Belletristik, von denen der Mythos des Verführers nur eine darstellt.

Jedoch die ersten Szenen zeigen Frischs Don Juan keineswegs als den siegesgewissen erotischen Verführer der ,,Tausend und drei", voll sinnlicher Spontaneität und unreflektiertem Begehren: Sie entwerfen eher das Gegenteil des ,,Don Juan", den die ,,dichterische Phantasie" des ,,Pfaffen" Gabriel Tellez ersonnen und an dem die mythenbildende Nachwelt festgehalten hat. Nicht ein nächtliches Tête-à-tête wie bei Molina bildet den Auftakt der Komödie, sondern eine unruhig wartende Hochzeitsgesellschaft, die nach dem Bräutigam Don Juan Ausschau hält. Der Vater Don Tenorio, ganz in Sorge, ob der ,,Lümmel überhaupt noch komme", beklagt sich bei Pater Diego, dem Liebhaber Donna Elviras und zukünftigen Bischof von Cordoba, über seinen Sohn, der sich noch mit 20 Jahren nichts aus Frauen mache, dessen Geliebte die Geometrie sei und den selbst die berühmte Kupplerin Celestina nicht zu ihrem Kunden gewönne. Denn wenn er schon einmal im Bordell sitze, so spiele er Schach. ,,Kalt wie Stein", ,,kein Herz" – so lautet des Vaters Kommentar zu diesem Verhalten. Don Gonzalo, der Komtur von Sevilla, preist den Bräutigam seiner Tochter Donna Anna dagegen als Helden von Cordoba, der gegen alle Erwartungen mutig und erfolgreich die Maße der feindlichen Festung auskundschaftete. Das ,,bedenkliche Bild von dem jungen Herrn" (11), der den Sinn des Kreuzzuges nicht begreift, der auszusprechen wagt, ,,er hasse die Heiden nicht" (11), ist durch die Heldentat ausgelöscht. Donna Elvira, die Mutter der Braut, zeichnet wiederum ein anderes Bild Don Juans: Ihr erscheint er ,,als der zierlichste Reiter, der sich je von einem Schimmel geschwungen hat" (12). Donna Elviras Worte verraten eine erotische Faszination, die der eifersüchtige Pater Diego sofort herausspürt. Und für Miranda – die Hure – ist der im Bordell Schach spielende Don Juan anders als alle anderen, ,,der erste Mann, der den Mut hatte zu tun, was ihn wirklich gelüstet, sogar im Freudenhaus" (15).

Don Juan ist also das beherrschende Thema dieser Dialogszenen: Noch ehe er aufgetreten ist, wird dem Zuschauer ein Bilderbogen verschiedenster Ansichten über Don Juan präsentiert, vom kalten Lümmel, grazilen Jüngling bis zum Helden von Cordoba. Daß es sich dabei jeweils nur um Abziehbilder des eigenen Denkens handelt, das enthüllt erst der Dialog zwischen Rodrigo und Don Juan selbst. So wenig er sich als der ,,Held von Cordoba" versteht – denn nicht Todesmut, sondern Kenntnisse der ,,heidnischen" Geometrie haben ihm die Maße der feindlichen Festung verschafft –, so wenig ist er auch kalt und gefühllos. Don Juan ist immer anders als sein Ruf, das ist die komische Pointe.

Es ist die Nacht vor seiner Hochzeit mit Donna Anna, und Don Juan wird zu dem mitternächtlichen Ball erwartet, bei dem alle – außer der Braut und dem Bräutigam – nach einem alten Brauch Masken angelegt haben. Daß die Masken hier nicht nur szenische Requisiten sind, die das Spiel der erotischen Verwechslung ermöglichen, daß sie zugleich Symbol anonymer Geschlechtlichkeit sind, verdeutlicht nicht zuletzt Pater Diegos genießerisch ausmalende Erklärung des Brauchs:

> . . . Die Heiden nannten es die wilde Nacht (. . .) jedes paarte sich mit jedem, wie es sie gerade gelüstete, und niemand wußte in dieser Nacht, wen er umarmte. Denn alle trugen eine gleiche Larve und waren, so vermutet der Chronist, splitternackt, Männlein und Weiblein. Splitternackt . .   19

Dieses dionysische Fest der ,,wilden Nacht" haben die Christen spiritualisiert zur ,,Nacht des Erkennens". Und

> alles bekam einen frommen Sinn. Braut und Bräutigam waren fortan die einzigen, die sich in dieser Nacht umarmen durften, gesetzt, daß sie einander erkannten aus allen Larven heraus: kraft ihrer wahren Liebe.   20

Doch da das Ideal der ,,wahren Liebe", die sehend macht und die Individualität des Geliebten durch alle Larven hindurch ,blindlings' erkennt, durch die Realität – die vielen Verwechslungen nämlich – allzu oft verraten wurde, nahm man Braut und Bräutigam fortan von der Maskierung aus. Was für Pater Diego nur Pikanterie ist, Anlaß lüsterner Phantasie, die auch sein frommer Kommentar kaum verdeckt, das wird für Don Juan zum irritierenden Problem: Der christliche Anspruch einer absoluten, seelisch bestimmten Liebe, die ausschließliche Bindung des Eros an die Individualität des ,Du' – ein Anspruch, der den beunruhigen muß, der die Flüchtigkeit erotischer Empfindungen, das Gesichtslos-Anonyme sexuellen Begehrens ahnt. ,,Woher weißt du es, wen du liebst?" fragt Don Juan seinen Freund

Rodrigo, und der folgende Dialog enthüllt seine Zweifel an der personbe-
stimmten Liebe:

RODRIGO. Ich begreife dich nicht.

DON JUAN. Ich begreife mich selbst nicht, Rodrigo. Da draußen an der Zisterne mit
dem Spiegelbild im schwarzen Wasser – du hast recht, Rodrigo, es ist seltsam . . .
Ich glaube, ich liebe. (*Ein Pfau schreit.*) Was war das? (*Ein Pfau schreit.*) Ich liebe.
Aber wen?

RODRIGO. Donna Anna, deine Braut.

DON JUAN. Ich kann sie mir nicht vorstellen – plötzlich.   17

Don Juan in seiner intellektuellen Sehnsucht nach „einem Wissen, das
stimmt" (46), will die Stimmigkeit einer solchen Liebe und zweifelt zugleich deren Existenz an.

Eine Atmosphäre voller erotischer Schwüle, Gefühlsverworrenheit, ver-
steckter Sinnlichkeit prägt die Szenen dieser „Nacht des Erkennens". Zum
sinnfälligen Leitmotiv werden die heiseren Schreie des Pfaus, der sein
Weibchen lockt, theatralisches Symbol eines elementaren gattungshaften
Verlangens, einer jede Individualität auflösenden Sinnlichkeit; und außer
den Masken wird auch das Dunkel der Nacht, die wie schon bei Tirso den
Schauplatz des Don Juan-Auftritts charakterisiert, zum szenischen Zeichen der Anonymität erotischen Begehrens. Selbst das Grußritual für Braut
und Bräutigam, das ‚erkennende' Liebe fordert, zieht seinen lyrischen Reiz
im Grunde aus den Bildern der ‚blinden' Liebe:

> Ich bin der Mann
> Und der Mond in dem Teich dieser Nacht,
> Du bist die Frau
> Und der Teich mit dem Mond dieser Nacht,
> Nacht macht uns eins,
> Gesicht gibt es keins,
> Liebe macht blind,
> Die da nicht Braut und Bräutigam sind.   T 18

Die lyrische Bildlichkeit, die sich beziehungsvoll aus Elementen der szenischen Realität – Nacht, Teich – entwickelt, drückt das aus, was für Don
Juan bald konkretes Erlebnis sein wird: die zufällige, alle Individualität
auslöschende Liebe.

In der Täuschung der Miranda, die in der Maske Rodrigos den von ihr geliebten Don Juan zu erkennen glaubt, spiegelt sich antizipatorisch die Erfahrung, die Don Juan selbst in dieser Nacht machen wird. Aus Zweifel an
der Absolutheit seiner Liebe, aus Skepsis seinem eigenen erotischen Gefühl
gegenüber, das vielleicht irgendeinem „jungen Weib", der ersten besten,
jeder, so gut wie seiner Anna gelten könnte (18), flieht Don Juan vor Donna

Anna und der auf ihn wartenden Ballgesellschaft. Der Absolutheitsanspruch des christlichen Eheschwurs löst bei Don Juan, der Kompromiß und Scheinmoral ablehnt, Angst aus. Gerade da Don Juan die biblische Metapher für den Liebesakt, ,und sie erkannten sich', die die erotische Erfüllung als Akt geistiger Bejahung der Person deutet und das Sinnliche mit dem Absoluten der Wahrheit verbindet, ernst nimmt, flüchtet er; und er begegnet im nächtlichen Park der, die er zu meiden sucht, ohne sie jedoch zu erkennen. Auch Donna Anna, die sich aus einer unbewußten Angst vor der Liebe in den Park geflüchtet hat, erkennt Don Juan nicht. Gesichtslos, namenlos lieben sie sich am Teich in der Nacht, in ,,blinder Liebe", wie es das Grußritual gleichsam vorzeichnete und wie es der Deutung des klassischen Mythos entspricht. Doch die scheinbare Bestätigung des Mythos zeigt gerade Frischs Gegenwendung: Während Tirsos Don Juan die anonyme Liebe zu seinem Lebenselement macht, erscheint Frischs Don Juan das Zufällige, Anonyme seines erotischen Gefühls als bedrohlich. Der Wechsel des Begehrens – für den ursprünglichen Don Juan eine immer neue Quelle der Lust – demonstriert dem modernen Don Juan nur ,,das Geflunker" des Gefühls. Für ihn zählt nicht mehr der lusterfüllte Augenblick, sondern das, was dauerhafte Gültigkeit hat (vgl. 47). Frisch zitiert Tirsos Eingangsszene, ,,die Don Juan in aller Kürze vorstellt: (. . .) wie er ist und bleibt", in Donna Annas Schilderung der nächtlichen Begegnung. Was Tirso als szenisches Geschehen darstellte, gleichsam aus der Schlüssellochperspektive, ist bei Frisch Erinnerung. Denn szenisch wird diese Begegnung ausgespart. Da es Frisch ja um die Auslegung der Taten, nicht um die Ereignisse als solche geht, ist es dramaturgisch sinnvoll, daß der Zuschauer im Nachhinein aus dem Munde Donna Annas und Don Juans nur die Bedeutung vernimmt, die beide dieser Liebesbegegnung geben, daß er nur deren Spiegelung in Bewußtsein und Psyche wahrnimmt. Für Donna Anna ist der unbekannte Liebhaber, der wie Tirsos Don Juan als Namenloser (,Hombre sin nombre') erscheint, der Bräutigam:

> Er und kein andrer wird mein Bräutigam sein, Inez. Das ist alles, was ich weiß. Er und kein andrer. Ich werde ihn erkennen in der Nacht, wenn er mich erwartet am Teich. Kein andrer Mann in der Welt hat je ein Recht auf mich. Er ist mir vertrauter, als ich es mir selber bin. 26

Während Donna Anna ganz im Sinne der christlichen Erkenntnisformel den sexuellen Akt als Vollzug einer geistig-seelischen Verbindung deutet und beim Hochzeitszeremoniell in einem doppelten Sinn in Don Juan ihren Bräutigam erkennt, bestätigt die Identität von Braut und namenloser Geliebten bei Don Juan allein das Trügerische, Zufällige seines Gefühls. Das Hochzeitszeremoniell im zweiten Akt, das in die rituelle Frage ,,Erkennest du sie" (31) einmündet, wird durch Don Juan gerade aus seinem Willen zur Wahrhaftigkeit und Klarheit zu einem Skandal, der den ersten Grundstein zu seinem Ruf als Verführer legt. Gerade weil Don Juan in Donna Anna die erkennt, die er „umarmt" hat „in dieser Nacht", ohne jedoch zu wissen, daß es seine Braut war, weigert er sich, ihr „die Hand zu reichen zum ewigen Bündnis der Ehe" und zu „geloben, daß keine andere Liebe je in seinem Herzen sein soll" (32). Denn da die Erfahrung dieser Nacht Don Juan gelehrt hat, daß nicht erkennende Liebe, sondern blinder Trieb Donna Anna und ihn zusammengeführt hat, muß ihm die Hochzeit mit ihr, die auch eine andere hätte sein können, als Lüge erscheinen:

> Ich kann nicht schwören. Wie soll ich wissen, wen ich liebe? Nachdem ich weiß, was alles möglich ist – auch für sie, meine Braut, die mich erwartet hat, mich und keinen andern, selig mit dem ersten besten, der zufällig ich selber war . . . 36

Für die Gesellschaft ist diese Verweigerung Treuebruch, Frevel; sie verletzt die Ehre der Tochter, der Familie. Don Juan erscheint als „Schänder" (36), als der „Verführer" (34) Donna Annas. Der Komtur spricht das Wort aus, das Don Juan nummeln anhaftet. Frisch hat in den beiden ersten Akten, entgegen dem literarischen Erwartungshorizont, nichts weniger als den sinnlich-erotischen Verführer der klassischen Tradition vorgestellt, sondern er hat einen Don Juan gezeigt, der – typkonträr – zu problembewußt, zu gründlich über die Liebe nachgedacht hat. Daß dieser melancholische Skeptiker der Liebe für die Gesellschaft der skrupellose Genießer und Verführer ist, daß Wesen und Erscheinung hier völlig auseinanderklaffen, das genau demonstriert die Szene des verunglückten Hochzeitszeremoniells.

Der Komtur scheint unverändert dem Geist der alten Don Juan-Stücke entsprungen zu sein, und für ihn ist Don Juan fraglos der Verführer. Ganz im Sinne der Stofftradition fordert er ein „Tod dem Verführer" (34), will er durch das Duell die Ehre der Tochter wiederherstellen. Die Komik dieser durchaus ernsten Szene entspringt dem Schema des Quiproquo, der Interferenz: Während Don Juans psychologische Motivation diese moralischen Urteile als falsch enthüllt, verharrt der Komtur im Denkraster veräußerlichter Norm. Der verabsolutierte Ehrbegriff ist ‚das Brett vor seinem Kopf', das die komische Blindheit bewirkt. Der Komtur, den die Tradition zum moralischen Antipoden Don Juans erhob, der die himmlische Rache vollzog, wird hier – noch lebend – zum Denkmal seiner selbst. Und wenn Frischs Don Juan, entgegen der Tradition, hier das Duell mit dem älteren Komtur ausschlägt, da er sich nicht in die Mörderrolle drängen lassen will, versucht er noch einmal, der Don-Juan-Handlung, wie sie durch die Motivkonstanz der Literatur vorgezeichnet ist, zu entkommen.

Jedoch vergeblich, denn die Gesellschaft hat ihr Porträt schon gezeichnet, und das entspricht dem Tirsoschen Theaterstück, das Frischs Don Juan am Ende erbost in die Ecke wirft (84). Pater Diego intoniert als erster das metaphysische Leitmotiv: „Läßt man diesen Frevler einfach ziehen?" (37), und der Komtur – ganz im Sinne der tradierten Rolle – beschwört die himmlische Rache: „Der Himmel zerschmettere ihn!" (37). Ein stiller ‚undonjuanesker' Abschied ist damit ausgeschlossen. Die Flucht ist Schlußpunkt dieser Nacht – wie im überlieferten Geschehnismodell. Und die Ereignisse nach dieser Flucht, die der dritte Akt nach einem Intermezzo zwischen Celestina und Miranda in einem Dialog zwischen Don Juan und Rodrigo nur retrospektiv dem Zuschauer vermittelt, entsprechen in ihren äußeren Aspekten vollends dem Bild des Verführers: Don Juan hat bei Donna Elvira Zuflucht vor den Verfolgern gefunden, hat „auch sie verlassen", um die Liebe erst bei „einem jungen Weib" („nichts weiter, Weib wie hundert Weiber in der Finsternis") und schließlich bei Inez, der Braut seines Freundes, der „letzten dieser wirren Nacht", zu erproben (49 f.).

Frisch hat damit die Bausteine der überlieferten „Geschichte" übernommen: Episodenvielzahl, Anonymität der Liebe, Eroberung der ‚verbotenen' Frau, Verletzung der Ehre, Flucht und Racheschwur der empörten Gesellschaft. Gleichzeitig aber verkehrt er die alte Dramaturgie. Was vormals Substanz der dramatischen Handlung selbst war, wird jetzt zum Gegenstand der Reflexion. Bewußt entzieht Frisch die nächtlichen Episoden der äußeren Wahrnehmung, stellt er sie nur in der Selbstinterpretation Don Juans vor. Dadurch gewinnt er die Möglichkeit, die eigentliche Bedeutung des Geschehens für Don Juan mit dem Meinungsbild der Gesellschaft zu konfrontieren[7]. Entgegen dem Urteil, das Komtur und Pater als Repräsentanten der spanischen Gesellschaft über Don Juan gefällt haben, kennzeichnet ihn das Gepräch mit Rodrigo als einen von der Liebe Gelangweilten, der „nüchtern vor Glück" ist, „daß es vorbei ist wie ein dumpfes Gewitter" (45). Die Sprachmetaphorik ist bezeichnend: Wenn Don Juan immer wieder das „Nüchterne", „Klare", „Durchsichtige" der „männlichen Geometrie" dem „Dumpfen", der „Lüge", dem „Sumpf unserer Stimmungen", d. h. dem Erotischen entgegensetzt (46 f.), so zeigt sich in dieser Antithetik seine Intellektualität[8], die gegen das nicht Rationalisierbare, sich dem Geist Entziehende sinnlicher Empfindungen kämpft. „Seine (Don Juans) Untreue ist nicht übergroße Triebhaftigkeit, sondern Angst, sich selbst zu täuschen, sich selbst zu verlieren, seine wache Angst vor dem Weiblichen in sich selbst", so kommentiert Frisch. Nicht eigentlich sexuelle Lust treibt Don Juan, sondern wiederum eine geistige Neugierde, die die erotische Erkenntnisformel der Bibel auf ihre Wahrheit prüfen will. „Ich bin wißbegierig, mein Freund, von Natur, ich fragte mich, ob ich dazu imstande bin. Inez ist deine Braut, und du liebst sie, und sie liebt dich. Ich fragte mich, ob auch sie dazu imstande ist. Und ob du es glauben wirst, wenn ich es dir sage" (47).

Der Zynismus dieser Worte wird nur durch Don Juans Melancholie verständlich, durch die „große Langeweile der Schwermut", das Lebensgefühl „eines Geistes, der nach dem Unbedingten dürstet und glaubt erfahren zu haben, daß er es nie zu finden vermag". Don Juans fast positivistischer Wahrheitssinn, der im ethischen und emotionalen Bereich die Klarheit cartesianischer Erkenntnis sucht, findet nur Täuschung und Selbstbetrug, sieht im Ideal der erkennenden Liebe ein trügerisches Wunschbild, das die menschliche Sehnsucht nach Aufhebung der Spaltung in „Mann und Weib" (81) ersonnen hat.

Don Juans Wahrheit ist gefährlich; sie macht ihn zum Melancholiker, der sich mit Witz über seine Leere hinweghebt, doch sie tötet diejenigen, die von ihr überrascht werden. Donna Anna hat sich in den Teich gestürzt, Don Rodrigo – „in seinem Blute röchelnd" – hat Don Juan verflucht „als Schänder seiner Braut" (52), sein Vater stirbt am Herzschlag, und der Komtur, der seine Ehre rächen will, fällt Don Juan gleichsam in die Klinge. Die mögliche Tragik vermeidet Frisch, indem er die Szene in parodistischer Übertreibung mit Toten überhäuft. Er zitiert das klassische Tragödienende und veräußerlicht es bewußt. „Der Austauschbarkeit der Liebespartner entspricht die Austauschbarkeit der Leichen."

Noch einmal erliegt Don Juan selbst dem Wunschbild, als er in der als Braut verkleideten Miranda Donna Anna zu erkennen glaubt, doch die Wirklichkeit bestätigt ihm vollends die bittere Wahrheit. Don Juan hat ausgeliebt (49).

Das Rollenbild des Verführers ist hier zu Ende gezeichnet. Don Juan ist gefangen im Netz der öffentlichen Meinung. Mit dem Duell und dem Tod des Komtur hat Frisch das vorgegebene Handlungsmodell erfüllt; die „fixe Summe gleicher Vorkommnisse", die den Ruf des ‚klassischen' Don Juan begründete, hat er bewahrt; die Taten – nur als Fakten genommen – sind die gleichen, und doch hat er aus ihnen ein Drama entwickelt, dessen Protagonist ein Anti-Don Juan ist, allerdings ein Anti-Don Juan in einer Don Juan-Komödie! Frisch zerstört den alten Don Juan-Mythos nicht, indem er seinen Helden entlarvt – etwa wie Brecht ein Jahr zuvor in seiner Molière-Bearbeitung, die Don Juan als parasitären Epikureer, als Repräsentanten der privilegierten Klasse interpretierte –, sondern er stellt den Mythos als Mythos aus, indem er dem verfestigten Bild vom Verführer den Gegenentwurf eines intellektuellen Skeptikers entgegensetzt. Im Sinne seines Frageansatzes, der die eindeutige Zuordnung von Tat und Sinn problematisiert, der das Ich als Schöpfer seiner Taten und diese wiederum als Spiegelbild des Ichs anzweifelt, zielt Frisch nicht eingleisig auf eine neue Deutung des Handlungsgeschehens um Don Juan: Die alte ‚Geschichte' in ihrer ursprünglichen Sinngebung erscheint bei ihm zitathaft wieder in den Urteilen der Gesellschaft über Don Juan. Das klassische Geschehnismodell zeigte Frisch nur die Außenansicht eines Ichs. Seine Komödie thematisiert das, was sich hinter der scheinbaren Evidenz der Fakten verbirgt, reflektiert das Mißverhältnis von „Larve und Wesen", Erscheinungsbild und Selbstverständnis des Ichs. Daraus ergeben sich dramaturgische Konsequenzen:

Das Handlungsdrama wandelt sich in gewisser Weise zum Bewußtseinsspiel, die Selbstdarstellung in Aktion weicht der psychologischen Selbstdarstellung Don Juans. Die szenische Gestaltung der bekannten erotischen Episoden fällt weg, und nur ihre doppelte Spiegelung im Bewußtsein Don Juans und in der Meinung der Gesellschaft wird vorgeführt. Eine Kritik, die es als Schwäche ansieht, „daß wir alle Affären, die Don Juan mit Frauen erlebt, nur aus seinem Munde erfahren", verkennt den methodischen Ansatz des Stücks, das nicht den Verführer zeigen will, sondern „einen Menschen", „der (aus diesen oder jenen Gründen) in die Rolle eines Don Juan kommt".

Rolle, das ist hier einerseits der von der Gesellschaft festgelegte Part, der dem Individuum wider Willen zugedacht ist, es ist die Charaktermaske, die die öffentliche Meinung dem Ich aufsetzt; andererseits ist es auch die Theaterrolle, die der klassische Don Juan verkörperte[9]. Indem Frisch die beiden Aspekte miteinander verknüpft, die Theaterrolle als gesellschaftliches Rollenbild identifiziert, travestiert er den literarischen Stoff: Das ursprüngliche Selbstporträt Don Juans wird als Meinungsbild der Öffentlichkeit entlarvt; was die spanische ‚comedia' als Sein zeigte, wird als Schein vorgeführt, dem die Psyche Don Juans widerspricht. Aus diesem Gegensatz von Sein und Schein entwickelt sich die Komik eines Stücks, dessen Protagonist nur bedingt komisch ist. Denn Frischs psychologisierende Entfaltung der Don Juan-Figur in den ersten drei Akten schließt Komik weitgehend aus, da die Individualität Don Juans sich der komischen Typisierung entzieht.

Triebfeder des Komischen ist eine dem eigentlich Lebendigen aufgesetzte Mechanik[10], ist ein Automatismus, der das Lebendige als Marionette erscheinen läßt. So wie der Bewegungsmechanismus den Zirkusclown als Ding, als Spielball äußerer Motorik präsentiert, die Leben nur vortäuscht, so mechanisieren erstarrte Normen, Denkraster, Klischees den lebendigen Organismus eines Individuums, einer Gesellschaft. Der komischen Motorik des verdinglichten Körpers entspricht der Leerlauf des erstarrten Bewußtseins, das automatisch seine fixierten Vorstellungen wiederholt.

Während Frisch in Don Juan ein komplexes Individuum darstellt, das seinem Rollenbild widerspricht, verkörpern die Repräsentanten der Gesellschaft in ihrem Denken die alten Theaterrollen. Doch da Frischs Don Juan nicht mehr der ursprüngliche Don Juan ist, treffen ihre Urteile – nur Zitate der Überlieferung – nie den wahren Sinn. In der Reproduktion erscheint die überlieferte Deutung als Ausdruck eines verfestigten Bewußtseins, das die Wirklichkeit verkennt. „Alle Welt kennt unsere Taten, fast niemand ihren Sinn", so äußert sich Frischs Don Juan (64). Das Mißverständnis wird zur Quelle der Komik, die Komik zum Mittel der Satire, die die Repräsentanten eines leeren, nur formalen Moralismus trifft.

So wie Frisch in den ersten drei Akten das überlieferte Bild des Verführers in Frage stellt, indem er es als Maske aufzeigt, die die lebendige Individualität der Person verbirgt, so verkehrt er im vierten Akt den metaphysischen Sinn des Rache-Motivs, indem er die berühmte Höllenfahrt, die den Frevler zerschmettert, als Theatercoup einführt, den sein Don Juan selbst inszeniert. Eine zeitliche Zäsur von zwölf Jahren liegt zwischen dem dritten und vierten Akt, von zwölf Jahren „eines unwiederholbaren Lebens: vertan in dieser kindischen Herausforderung der blauen Luft, die man Himmel nennt" (64). Die Rollenerwartung der Gesellschaft – das ist die tragi-komische Ironie – hat Don Juan immer mehr in die Rolle gedrängt, gegen die sich sein Selbstverständnis wehrte: „Verführen, erstechen, lachen, weitergehen . . ." (63). Die Flucht vor der Lebenslüge hat in die Selbstentfremdung geführt, Don Juan, der „etwas Höheres" kannte „als das Weib" (35), ist an das „Weib" gefesselt. Daß Frisch die zwölf Lebensjahre, die den Namen Don Juans zum Synonym für Verführung und Frevel machten, in die Pause verlegt, ist konsequent, denn es ereignete sich ja immer dieselbe Geschichte nach dem bekannten Handlungsschema.

Der vierte Akt zeigt einen Don Juan, der diesem Rollenmechanismus entkommen, der seiner Legende entfliehen will, indem er der Legende nachhilft. „Verzweifelt über das Unmögliche seiner Existenz, wobei dieses Unmögliche sich nicht als metaphysisches Gewitter, sondern schlechterdings als Langeweile manifestiert", hat Don Juan alles zur wirkungsvollen dramatischen Inszenierung seiner eigenen – vorgetäuschten – Höllenfahrt vorbereitet. Das Libretto zu dieser ‚Oper‘ liefert die literarische Tradition. Celestina soll die Rolle des ‚steinernen Gastes‘ spielen[11], der Bischof von Cordoba ist geladen („ohne Kirche keine Hölle", 57), Musikanten sind bestellt, der Wein steht bereit („ein Gläslein" nur „für jeden Gast", denn Don Juan ist bankrott[12]), und die 13 Damen, die behaupten, daß Don Juan sie verführt habe, werden als Zuschauer erwartet.

Nach überliefertem Vorbild gibt die Festtafel den kontrastvollen ‚irdischen‘ Rahmen für das metaphysische Strafgericht ab. Doch bevor das Spektakel beginnt, erscheint – auch das als zitathafte Anspielung auf die Elvira bei Molière und Mozart – eine „verschleierte Dame" (59), die Herzogin von Ronda, ehemals die Hure Miranda, die sich um „seine Rettung" (60) bemüht: Sie bietet Don Juan ihr Schloß als Zufluchtsort an, wo er sich seiner Geometrie ganz widmen kann. Frisch parodiert hier das religiöse Motiv der Seelenrettung, insofern nicht Reue, sondern Heirat die geistige Umkehr einleiten soll, und sein Don Juan stellt die edle Absicht der verschleierten Damen entschieden in Frage: „Sie möchten immer meine Seele retten und hoffen, daß ich sie aus Widerspruch verführe" (56). In Don Juans Vorstellung reduziert sich die Frau – und das ist die Folge seiner eigenen Rolle, in die er wider Willen gedrängt wurde – „auf die naturhafte Gewalt des Geschlechts", auf das Abstraktum Weib, das nur Heirat will. Auch aus Mirandas Angebot zieht er nur den Schluß: „Alle wollen mich retten durch Heirat" (61). Doch da Miranda die einzige ist, die hinter der Larve etwas von dem Wesen Don Juans erkannt hat, die ihn als Individuum liebt, verkennt er in komischer Verblendung ihre wahre Absicht.

In der Negation nämlich bewahrt Frisch zugleich etwas von dem überlieferten Motiv der Seelenrettung: Sein Don Juan, der gegen die Idee des Weiblichen erbittert kämpft, hat die Hybris dessen, der „allein, Mann ohne Weib, der Mensch sein will". Miranda erkennt seine Problematik:

> Du hast immer nur dich selbst geliebt und nie dich selbst gefunden. Drum hassest du uns. Du hast uns stets als Weib genommen, nie als Frau. Als Episode. Jede von uns. Aber die Episode hat dein ganzes Leben verschlungen. Warum glaubst du nicht an eine Frau, Juan, ein einziges Mal? Es ist der einzige Weg, Juan, zu deiner Geometrie. 61

Ihre Rettung, die vordergründig zunächst der materiellen Existenz Don Juans gilt, bezieht sich auch auf seine geistige Existenz: Denn indem Don Juan in der Selbstbehauptung seiner Person verharrt, sein Ich zum Kampf gegen die Welt, gegen das Weib einsetzt, verbraucht er sein Selbst für die bloße Verneinung. Miranda, die Don Juans Narzismus als Barriere der Selbstfindung kritisch aufdeckt, weist ihm zugleich den Weg zu seinem Ich: Don Juan bleibt solange fremdbestimmt, d. h. auch seinem eigenen Ich entfremdet, wie er im Gegenüber nur ein Feindbild bekämpft, wie er die Frau nur als Weib nimmt, die Person nur als Gattung. Mirandas ‚Botschaft' – die Heirat aus erkennender Liebe, die die Person mit der Gattung versöhnt – säkularisiert das metaphysische Motiv der Seelenrettung im Sinne der Existenzproblematik.

Ähnlich wie seine Vorgänger, die die himmlische Botschaft verspotteten, reagiert Don Juan nur ironisch auf Mirandas Vorschlag. Doch obwohl er den Ernst ihrer Worte durch ernüchternde Höflichkeitsfloskeln unterhöhlt, sein bewußt distanzierter Geschäftston die persönliche Sprache Mirandas ins Komische rückt, demonstriert er doch letztlich bei aller überlegenen Ironie seine eigene komische Fixiertheit. Das Rollenbild ‚Weib‘ ist der komische Vorstellungsmechanismus, der seine Repliken steuert. Selbst wenn Don Juan auf Mirandas Erklärung „Ich komme nicht als Weib" höflich antwortet „Sie beschämen mich" (60), so soll das Sprachklischee nur die gegenteilige Meinung aussagen. Ein Musterbeispiel der Komik wie der folgende Ausspruch, der die Person als Sache darstellt: „Sie sind die Dame, die mich heiraten will. Sie sind das Schloß mit den vierundvierzig Zimmern. Ihre Ausdauer ist erstaunlich, Herzogin von Ronda" (60), will Miranda als komische Heiratswütige entlarven, doch er entlarvt im Grunde Don Juans eigene Blindheit, die das Wesen als Maske nimmt. Mirandas Liebe ist für ihn nur ein schlechtes Geschäft: „Ihr Verständnis für den Mann, ich gebe es zu, ist außerordentlich, Herzogin von Ronda. Was aber ist der Preis für diese Rettung?" (61).

Don Juan zieht es vor, mit der Kirche, die in ihm den Frevler und Verführer bekämpft, sein Abkommen zu arrangieren, das ihm eine ruhige Klosterzelle, ihr die Legende seiner Höllenfahrt zusichert. Indem er so die Rolle, die man ihm zudiktiert hat, zu Ende spielt, glaubt er den Schein mit dem Schein besiegt und seine Identität behauptet zu haben. Aber der vermeintliche Bischof ist ein betrogener Ehemann, der Don Juans geistreichen Einfall zur Etablierung seiner Legende aufdecken will. Und doch ist die Legende bzw. das opernhafte Spektakel mit Schwefel, Rauch, dumpfem Poltern, einem erscheinenden Denkmal – „wir arbeiten mit Überlieferung" (68) – am Schluß stärker als die Wahrheit. Die dreizehn geladenen Damen glauben trotz der Enthüllungen Don Lopez' an den ihren Sinnen sich darbietenden Theatercoup. Und auch Leporello, der es besser wissen müßte, traut wie Sganarelle, sein Vorgänger bei Molière, lieber dem Schein. Die Flucht in die ruhige Klosterzelle ist vereitelt, aber die Legende von Don Juans Höllenfahrt ist geboren!

Der ‚steinerne Gast‘ vertritt hier nicht mehr wie in den alten Stücken das metaphysische Prinzip, er ist zum Theaterrequisit geworden. Denn da das Motiv für das heutige Bewußtsein keine Wahrheit mehr enthält, aber „nun einmal zu Don Juan" gehört, setzt Frisch es als literarisches Zitat ein, als Theaterdonner, der sich als theatralische Illusion ausstellt. Insofern parodiert Frisch nicht einfach nur den überlieferten Stoff, sondern er reflektiert auf dem Theater das Medium Theater, den Schein seiner kunstvollen Effekte. Er hebt die ursprüngliche Bedeutung der Höllenfahrt auf, indem er sie als Täuschungsmanöver vorführt, als Theaterschwindel, mit dem Don Juan die Gesellschaft betrügt und auch betrügen kann, da der Schein ihrer Rollenerwartung entspricht. Doch die theatralische Höllenfahrt ist auch zugleich „Ausdrucksfigur seines tatsächlichen, seines inneren und anders nicht sichtbaren, doch ausweglosen Endes", zeigt Don Juans

Dilemma, der Rolle nicht entfliehen zu können, ohne sein Selbstverständnis aufzugeben.

Da die Höllenfahrt Don Juans bei Frisch nur als Theater stattfindet, muß er auf das dramatische Finale ein Postfinale folgen lassen. „Tod oder Kapitulation, Tragödie oder Komödie", Don Juan bleibt „früher oder später keine andere Wahl". In diesem Sinne entscheidet sich Frisch – auch das ein Gegenentwurf zur Tradition – für die Kapitulation und für die Komödie: Der fünfte Akt zeigt Don Juan, der „eher in die Hölle als in die Ehe" fahren wollte, als Ehemann der Herzogin von Ronda. Die Ehe, obgleich ein „Idyll" (82), bedeutet insofern Don Juans Kapitulation, als sie sich als der einzige, aber schlechte Ausweg aus seiner ausweglosen schlechten Situation darstellt und nicht freier Wahl entspringt. Das von Don Juan als Schein veranstaltete Ende hat seinem Don Juan-Dasein auch in der – fiktiven – Wirklichkeit ein Ende gesetzt: Als Ehemann (zwar wider Willen) hat er aufgehört, ein Don Juan zu sein, der er (auch wider Willen) war. Die Vaterschaft – das ist der ironische Schlußpunkt – ist „die letzte Schlinge", die ihm „das Geschlecht" „um den Hals wirft" (82). Während Frisch durch diese komische Pointe den Mythos endgültig zerstört, erlebt sein Held, wie er sich auf dem Theater als ‚Spektakel' des Gabriel Tellez, als „Der Burlador de Sevilla oder der steinerne Gast", vollends behauptet.

Frischs psychologischer Ansatz verwandelt das ursprüngliche Handlungsdrama in ein Bewußtseinsspiel, das gegen den Sinnhorizont des überlieferten Handlungsmodells die Bewußtseinsabläufe seines Protagonisten setzt. Daß dieser Don Juan, auf der Suche nach seiner Identität, immer mehr in die Rolle eines Don Juan gerät, daß er das vorgegebene Handlungsmodell erfüllt, ist eine fast tragische Ironie; tragisch insofern, als der Lebensentwurf Don Juans sich in sein Gegenteil verkehrt, der Weg zur Selbstfindung in die Selbstentfremdung führt, in die Wiederholung der immer gleichen Episode, die die Rolle vorschreibt. Doch der tragische Aspekt verhindert keineswegs die Komödie! Nicht nur die Travestie, die den ‚wahren Schein' des Mythos zum bloßen Schein verkehrt, erzeugt komische Strukturen, und komisch ist auch nicht nur das „theatralische Sevilla" (8), das mit den alten Kostümen auch die alten Bilder reproduziert. Komisch ist ebenfalls der doppelte Schluß des Stückes, der den verheirateten Don Juan, der schon aufgehört hat, Don Juan zu sein, mit seiner eigenen Legende konfrontiert. Der untergründige tragische Aspekt der Don Juan-Existenz wird durch die Heirat – einem traditionellen Komödienschluß – ins Komische verschoben: Nach dem Schema des betrogenen Betrügers erscheint Don Juan als der verführte Verführer, aber mit der Bedeutungsverschiebung, daß Miranda diesen Verführer wider Willen zur Liebe ‚verführt', die die Person mit der Gattung versöhnt.

Obwohl Frisch den Konflikt von Rolle und Identität als Konflikt zwischen Gesellschaft und Individuum interpretiert, legt er die mögliche Versöhnung allein ins Private, Individuelle. Daß Frischs Don Juan diese Versöhnung auch bewußtseinsmäßig vollzieht, deutet der Schluß nur an: ,,Du mußt nicht behaupten, daß es dich freut, Juan" – gemeint ist seine Vaterschaft –, ,,aber es wird mich glücklich machen, wenn ich eines Tages sehe, daß es dich wirklich freut" (85). Frischs Komödie – eine Kontrafaktur zum eigentlichen Mythos – hebt den Don Juan-Typ in einem doppelten Sinn auf: Sie zerstört den bekannten Theatertyp durch ihren Gegenentwurf eines intellektuellen Don Juan, der die Liebe zur Geometrie über den Eros setzt; doch sie bewahrt ihn zugleich, indem sie ihn in seiner ursprünglichen Deutung als Mythos integriert, der als öffentliche Meinung das Bewußtsein des Ichs bestimmt. Da der Mythos in den Vorstellungen der Gesellschaft weiterlebt – und auch in unserem eigenen geschichtlichen Bewußtsein –, erfährt Frischs Don Juan, der kein Don Juan mehr ist, die Geburt seines Mythos auf dem Theater.

DÜRRENMATT · DER BESUCH DER ALTEN DAME

Güllener. Ich bin euer alter Lehrer. Ich habe still meinen Steinhäger getrunken, zu alledem geschwiegen. Doch nun will ich eine Rede halten, vom Besuch erzählen der alten Dame in Güllen" (74). Der Plan des Lehrers, in der fiktiven Welt zu tun, was in der wirklichen der Autor Friedrich Dürrenmatt tut, bleibt unausgeführt. Ehe sich herausstellen kann, ob der redselige Humanist der rechte Mann dazu ist, wird er an der Entschleierung der ,,ungeheuerlichen Dinge" von den übrigen Güllenern gehindert. Die mitbürgerlichen Reaktionen, die der Autor erlebte, als er ,,vom Besuch erzähl[te] der alten Dame in Güllen", waren weniger drastisch: Zwar gab es Bedenken patriotischer Landsleute[1], die sein Stück der Schweizer Kulturpropaganda abträglich fanden, dennoch wurde es zu Dürrenmatts höchstgelobtem und in West und Ost meistgespieltem Werk – erfolgreich nicht zuletzt darum, weil Dürrenmatt im Unterschied zum Lehrer den Fall als ,,Komödie" behandelt und ohne den Anspruch, die Welt zu retten.

Das 1956 im Zürcher Schauspielhaus uraufgeführte Stück gehört einem im Werk des Autors mehrfach begegnenden Typus an: es präsentiert einen kollektiven Helden, ein ganzes Gemeinwesen. Das Spielfeld ist begrenzt; wie in Ibsens ,,Ein Volksfeind", in Brechts ,,Mahagonny" und Frischs ,,Andorra" werden seine Grenzen durch von außen hereinwirkende Kräfte eher markiert als verwischt. Von außen herein wirkt neben der Besucherin, mit deren Ankunft das Stück beginnt und mit deren Abreise es schließt, vor allem die sogenannte ,,Weltöffentlichkeit", in Güllen ständig präsent durch die Journalisten. Von dieser ,,Weltöffentlichkeit" wird angenommen, sie werde das zwischen Claire und dem Städtchen geplante Geschäft, würde es bekannt, zu hindern suchen[2]. Nach dieser Prämisse handeln die Figuren ausnahmslos: Ill, indem er an den Regierungsstatthalter in Kaffigen schreibt, der Lehrer, indem er die Presse zu informieren sucht, die Güllener und Claire, indem sie auf strenge Geheimhaltung achten.

Eine Panne, die diese Geheimhaltung bedroht, ist bezeichnenderweise die einzige Gelegenheit, bei der Claire – sonst die überlegene Herrin des Geschehens, die nichts als zu ,,warten" (35) braucht – in Güllen aktiv wird: Sie läßt die beiden Eunuchen, die ,,geschwatzt" haben, auspeitschen und in eine ihrer Hongkonger Opiumhöhlen abtransportieren. Wie gering auch immer sie Ills ,,Chance, davonzukommen" (53), einschätzen mag, sie rechnet jedenfalls mit der Möglichkeit, daß diejenigen, die bei Ills Tod mitwirken sollen, von der ihnen zugedachten Rolle abgebracht werden. Damit wäre ihr wohlvorbereiteter, mit der bei Dürrenmatt-Gestalten gewohnten Radikalität betriebener Plan im entscheidenden Punkt vereitelt; denn Claires Motive erschöpfen sich ja nicht in einer auf die Vergangenheit fixierten, nun ,,böse" gewordenen Liebe, die den verräterischen Geliebten zugleich vernichten und auf ewig sich verbinden will – wollte sie nur das, es wäre leicht zu haben: Roby und Toby, die beiden in Sing-Sing freigekauften Raubmörder, würden ihr unauffällig und akkurat zu Diensten sein[3]. Claire aber will mehr: Ill soll nicht nur getötet, er muß zum Tode verurteilt werden in einem Prozeß, der nirgends anders geführt werden kann als in Güllen: durch dieselben Güllener, die vor 45 Jahren das frierende hochschwangere Mädchen im Matrosenanzug höhnend und grinsend aus der bürgerlichen Gesellschaft trieben, und deren Kinder und Kindeskinder. Die Konstellation gehört zu den wiederkehrenden Grundmustern von Dürrenmatts Fabeln: kaltblütig diktiert eine Figur einer anderen die Rolle des Mörders zu – der Kaiser Romulus dem Germanen Odoaker, Bärlach seinem Mitarbeiter Tschanz (,,Der Richter und sein Henker"), Diego dem Pedro (,,Der Doppelgänger"), die Irrenärztin den drei Physikern (,,Die Physiker")...–, und fast immer (mit Ausnahme des resistenten Odoaker) ,,geht die Rechnung auf", erweisen die mörderischen Reaktionen sich als exakt ,,bestimmbar". So verfügt auch Claire über Güllen; dieselbe Rolle, die die Güllener seinerzeit ihr aufzwangen, zwingt sie nun ihnen auf: ,,Die Welt machte mich zu einer Hure, nun mache ich sie zu einem Bordell" (69).

Alle Versuche, Motive einer Figur zu nennen, die erklärtermaßen ,,außerhalb der menschlichen Ordnung" (102) steht, bleiben freilich höchst spekulativ. Sind in Claires Plan die Güllener nicht nur Werkzeuge, sondern auch Opfer ihrer ,,totalen Rache" (102)? Dient Claires ungeheurer Aufwand dem Ziel, die Güllener in Leiden, in Verzweiflung und innere Konflikte zu stürzen, sie zu demütigen durch die Demonstration, daß sie Ills mit Empörung verurteilte Tat, den Verrat um des Geldes willen, selber begehen? Dann allerdings hätte Claire sich ein einziges Mal verrechnet; denn den Güllenern gelingt es ja, dem Leiden auszuweichen, der Demonstration, ihrer Schuld sich zu entziehn. Oder wendet sich Claire gar nicht in erster Linie an die Güllener? Will vor allem sie selber erleben, wie die einstige Überich-Instanz sich widerlegt, die zwar ihre Verbindlichkeit, nicht aber ihre Faszination für Claires vergangenheitsbesessenes Denken verlor?...
Mit einiger Sicherheit sagen läßt sich nur, was unmittelbar aus Claires Fixierung auf ihre Jugend folgt. Wie sie auf der Trauung im Güllener Münster besteht, auch als sie längst sinnlos geworden ist, so können auch ihren er-

neuten Prozeß gegen Ill allein die Güllener führen. Ob diese sich schuldig fühlen, ist für eine Claire Zachanassian möglicherweise kein Gegenstand des Nachdenkens mehr, ein Begleitmoment, das ihr ebensowenig wünschens- wie verhindernswert erscheint. In moralischen Kategorien urteilt sie längst nicht mehr: die ,,Ideale" haben ihre Verbindlichkeit für Klara am Tage ihrer Verstoßung aus Güllen verloren. Nur darum kann sie als ,,Komödie" fortsetzen, was bei ihrer Hebbelschen Namensvetterin in die Ausweglosigkeit eines ,,bürgerlichen Trauerspiels" mündete. Zurückkehrend braucht sie die Güllener als Mittel für einen Zweck – etwa so, wie sie Boby, den ehemaligen Richter, für eine begrenzte Zeit ,,nötig hat" (86). Die Außenwelt ist unerwünscht. Die Güllener bleiben unter sich.

Die Bewohner der ,,Kulturstadt", die Dürrenmatt dem ungeheuerlichen Experiment unterwirft, sind keine Karl-Kraus- oder Horváth-Gestalten. Sie bekennen sich zu anspruchsvollen, keineswegs depravierten ,,Idealen" (91), und auch wenn die Übereinstimmung ihres Handelns mit diesen ,,Idealen" in der Bühnengegenwart des ersten Aktes offenbar ebenso begrenzt ist wie in den Tagen von Ills und Klaras Liebe, der Glaube der Güllener an die Möglichkeit dieser Übereinstimmung, ihr ,,Glaube an die Humanität" (78), ist unangetastet. Ja, noch mehr: an die Überzeugung, den ,,abendländischen Prinzipien" (66) gemäß zu handeln, knüpfen sie ihre Selbstachtung. Wäre es anders, trügen sie ihre ,,Ideale" nur zur Schau, könnte das Stück kurz nach Schluß des ersten Aktes enden; der schwierige, viele Monate währende Prozeß der Wirklichkeitsleugnung und Rationalisierung wäre überflüssig. Auf ihn aber richtet sich Dürrenmatts Hauptinteresse: nicht auf die Mordtat selbst, sondern auf die Bewußtseinsreaktionen der Mörder, nicht auf die triviale Wahrheit, daß Menschen um des Geldes willen die größte Niederträchtigkeit begehen, sondern auf die vor allem seit der literarischen Analyse des Faschismus immer wieder thematisierten Mechanismen, die das verbrecherische Tun auch dem gestatten, der auf Übereinstimmung mit den Normen der abendländischen Ethik nicht verzichten mag.

Auslösend für diese Vorgänge ist die Unvereinbarkeit mehrerer Interessen: So sehr die Güllener im Einklang mit ihren sittlichen Prinzipien handeln wollen, so wenig wollen sie Frau Zachanassians Geld entbehren. Das eine verbietet den Mord, das andere fordert ihn. Ein Gegensatz innerhalb ihrer eigenen Wünsche also überlagert den äußeren Konflikt zwischen den Güllenern und der Dame. Claire braucht nur zu ,,warten"; was sie will, das werden die Güllener, sich selbst überlassen, aus eignem Antrieb vollziehen, sobald sie die von der Dame gesetzte Verknüpfung von Wohlstand und Mordtat als unabänderlich erkennen.

Die Pointe von Dürrenmatts Analyse besteht nun darin, daß die Güllener unter der Unvereinbarkeit ihrer Interessen kaum leiden. Die Helden des barocken Trauerspiels, Schillers oder Grillparzers, die in vergleichbaren Situationen zwischen Vernunft und Leidenschaft, Christentum und Heidentum, Pflicht und Neigung gestellt sind, erleben das Entweder-Oder, die Notwendigkeit der Entsagung, mit Schmerz – in pathetischen Worten sprechen sie ihn aus. Gleichgültig, ob ihre Entscheidung von vornherein feststeht oder erst in inneren Kämpfen gewonnen wird, immer ist sie nicht nur eine Entscheidung für, sondern auch eine gegen etwas, beklagt als Verzicht auf ein unbezweifelt Wertvolles, Wünschenswertes. Die Bewußtseinsbeschaffenheit der Güllener dagegen schließt ein solches Leiden nahezu aus. Die heroische Tragödienformel, mit der der Bürgermeister am Ende des ersten Aktes das Angebot der Dame zurückweist – „Lieber bleiben wir arm, denn blutbefleckt" –, ist Ausdruck einer spontanen Entrüstung, eines abstrakten guten Willens, der sogleich zur Tat führen würde, liefe die humane Forderung hier, statt auf ein Unterlassen, auf ein Tun hinaus. Es ist eine pathetische Gebärde, die erkennen läßt, daß die Güllener in diesem Augenblick der Überraschung und Empörung zwar volle Klarheit über die Unmenschlichkeit des ihnen Zugemuteten haben, nicht aber darüber, was die emphatisch beschworene „Menschlichkeit" sie kosten wird. Im selben Maße, wie ihnen das Bewußtsein davon fehlt, sind sie eines inneren Konflikts unfähig.

Das bleibt auch während des zweiten Aktes so, allerdings aus andrem Grunde. Verblüffung und erhabene Entschlüsse sind Reaktionen, die nicht dauern können; die Misere macht sich wieder drückend bemerkbar, und das Maß des Verzichts, der unter den Bedingungen der Frau Zachanassian für die abendländischen Prinzipien zu leisten wäre, könnte den Güllenern an jedem Detail des täglichen Lebens vorgeführt werden. Doch dahin kommt es nicht; schon vor Aktbeginn hat ein Bewußtseinsmechanismus eingesetzt, der es ihnen gestattet, mit der Restaurierung des Wohlstandes sofort zu beginnen: sie reden sich ein, Frau Zachanassian meine es „nicht ernst" (47), ihr Geld sei auch ohne die verabscheute „Befleckung" zu haben. Mit dieser Leugnung des ihnen diktierten Entweder-Oder tun die Güllener, was die Bürger der von Dürrenmatt satirisch behandelten Gemeinwesen, die Abderiten, Elier, Babylonier und die Mitglieder der Frankschen Bank[4], regelmäßig tun – sie glauben, das Unvereinbare vereinigen, „beides" haben zu können: „die Freiheit und die Geschäfte, die Gerechtigkeit und die Vergewaltigung"[5]. Man mag Claires äußerste Grausamkeit darin sehen, daß sie die Güllener zwischen ökonomischem und moralischem Ruin zu wählen zwingt – doch: Dieses Wählen findet nicht statt, den Güllenern fehlt das Bewußtsein seiner Notwendigkeit – eben darum sind sie unangreifbar. Was sie zunächst bewegt – „Leichtsinn", das „Gefühl . . ., es lasse sich alles schon arrangieren" (103) – entspringt offenbar einem verdrängungsähnlichen Abwehrmechanismus, jenem Ignorieren, das in Frischs „Biedermann" zwei Jahre nach der „Alten Dame" minuziös analysiert wurde. Vor allem zwei Momente weisen darauf hin: die zunehmende Distanzierung der Güllener von Ill und die strikte Geheimhaltung der Mordforderung vor der Außenwelt[6]. Beides sind zweckmäßige Verhaltensweisen im Hinblick auf den späteren Mord, die das, was die Güllener bewußt erleben – ihre Erwartung einer „gütlichen Beilegung" –, keineswegs als unschuldige Naivität erscheinen lassen, sondern als Produkt eines sinnreichen Nichtdarandenkens, eines Nichtwahrhabenwollens.

Dieses Nichtwahrhabenwollen, das während des zweiten Aktes die Bewußtseinsverfassung sämtlicher Güllener bestimmt, charakterisiert während des dritten Aktes uneingeschränkt nur noch Ills Familienangehörige. Sie sind die einzigen, die sich die Harmlosigkeit ihrer Lage bis zum Ende einreden (zur Stunde von Ills Tod sind sie im Kalberstädter Kino). Die übrigen dagegen müssen Schritt für Schritt ihr Bewußtsein mit ihrer künftigen Tat in Einklang bringen: als diejenigen, die Ill töten werden, können sie die Version, Ills Tötung werde vermeidbar sein, schließlich nicht aufrechterhalten. Ein Schritt zur Wahrheit, zur Aufhebung ihrer Verblendung ist das nur scheinbar. Da sie auch weiterhin sich nach dem einmal entworfenen Bild verstehen – als Christen, die ihr Handeln von „Idealen" bestimmen lassen –, sind jeder Änderung in der Deutung ihrer Lage enge Grenzen gesetzt. Eine Korrektur ihres Nichtwahrhabenwollens ist nur um den Preis neuer Verzerrungen möglich. Im selben Maße wie sie die Version aufgeben, ihr Wohlstand sei auch ohne Blutvergießen zu haben, müssen sie ihr Tun rationalisieren, müssen sich einreden, Ill „. . . Nicht des Geldes, . . . Sondern der Gerechtigkeit wegen . . ." (93) zu töten. Das Rationalisieren ist nach allem Voraufgehenden keine leichte Aufgabe; soll es überhaupt möglich sein, müssen die Güllener zuvor ihre Verurteilung der Mordtat ins Gegenteil verkehren, müssen, was sie bisher als Befleckung verabscheuten, zur Pflicht erklären, gefordert von denselben Prinzipien der Gerechtigkeit und Humanität, in deren Namen sie Claires Angebot zunächst verwarfen. So tritt an die Stelle der einen Ausflucht die andere, der Wirklichkeitsleugnung folgt die Verzerrung in der sittlichen Beurteilung und Motivierung des eigenen Tuns. Dieser Umweg ist den Güllenern unentbehrlich; erst nachdem ihnen Umwertung und Rationalisierung geglückt sind, können sie ihre Tat denken und vollziehen. Der beschwichtigenden Phrasen bedürftig um ihrer Selbstachtung willen, auf ihr gutes Gewissen nicht weniger angewiesen als auf ihre guten Geschäfte, sind sie gezwungen, die humane und die eigennützige Forderung um den Preis der Pervertierung der ersten miteinander in Einklang zu bringen: ,,. . . der Rechtfertigungstrieb ist im Menschen ebenso verankert wie der Machttrieb, beide bedingen einander, denn der Mensch will immer dürfen, auch Morden will er dürfen . . .‟[7]

Die Anfänge des Umdeutungsprozesses reichen bis in den zweiten Akt zurück. Die Kritik der Güllener an Ills Handlungsweise im Jahre 1910 wird nach und nach heftiger. Das ist möglich, weil ihr Urteil sich nicht auf die strafrechtlich relevanten Aspekte der Tat beschränkt, sondern andere Momente einbezieht, aus denen sich maßlose Vorwürfe ableiten lassen: Ill habe ,,die Nächstenliebe verletzt, das Gebot, die Schwachen zu schützen, mißachtet, die Ehe beleidigt . . .‟ (91); vor allem werden der Tat ihre Folgen zugerechnet (,,. . . eine junge Mutter ins Elend gestoßen . . .‟). So gilt schließlich der ,,Jugendstreich‟ (43) als ,,üble Affäre‟ (53), ja ,,Verbrechen‟ (53, 90), und die verständnisvolle Entschuldigung geht in Entrüstung und Abscheu über. Gleichzeitig mit dem Urteil über die Tat ändert sich das Urteil über den Täter: Ill, zunächst der beliebte und patente Kerl, dessen Popularität durch eine Jugendsünde keinen Schaden leidet, wird zum Gegenstand des ,,Volkszorns‟ (70), beschimpft als ,,Schuft‟, ,,Halunke‟ (76) und ,,Schwein‟ (96), bis am Ende seine Ermordung als gerechte Bestrafung erscheint, erzwungen durch die Gewissensnot von Leuten, die ,,das Böse nicht aushalte[n]‟ (91). Zwar verstoßen die Güllener dabei gegen einige auch bei ihnen gültige strafrechtliche Normen[8] – z. B. daß Delikte verjähren und daß die Höchststrafe nicht mehr die Todesstrafe ist –, aber keine ihrer Äußerungen läßt erkennen, daß sie über diese Brüche und Mängel in der Begründung ihres Tuns Gedanken verlieren. Das ist schon darum nicht zu erwarten, weil ihr sogenanntes ,,Urteil‟ nicht der exakten Subsumption eines Tatbestandes unter eine Norm, überhaupt nicht einer rationalen Operation entspringt, sondern jenen Affekten der ,,Entrüstung‟ und des ,,Volkszorns‟, die zu ihrer Legitimation nur die Übereinstimmung mit ,,Idealen‟ höchster Abstraktionsstufe, mit vagen, unbestimmten Grundsätzen, brauchen und jederzeit finden. Ob die Güllener Ills Tod ablehnen oder fordern, immer fühlen sie sich im Einklang mit derselben unwandelbaren ,,Gerechtigkeit‟, mit den obersten, der Veränderung nicht bedürftigen Prinzipien der Altvordern. Daß ihnen punktuelle Skrupel nicht völlig fremd sind, mag man aus der Konsequenz schließen, mit der sie auch im dritten Akt die Heimlichkeit ihres Tuns wahren[9]; doch ins Zentrum ihres affektbeherrschten Bewußtseins gelangen solche Zweifel nicht.

Brecht hatte seine Figuren, wenn sie ihrem elementaren Drang nach Freundschaft und Güte um des ,,Fressens‟ oder Geldes willen zuwiderhandeln, mit dem vollen Bewußtsein der Unmenschlichkeit ihres Tuns ausgestattet. Sie haben weniger das Bedürfnis, sich etwas vorzumachen, sind eher bereit, die Priorität des Fressens und Geschäftemachens einzugestehen. Eben darum müssen sie unter ihren Untaten leiden. Unterschiedlich ist zwar der Grad dieses Leidens – vom flüchtigen Bedauern des abgebrühten Peachum oder der beiden Jenny-Gestalten in der „Dreigroschen"- und der „Mahagonny"-Oper über die höhnisch bloßgestellten Skrupel eines Tiger Brown, Mauler und Puntila bis zur verzweifelten Klage Shen Tes –, ausnahmslos aber betrauern sie eine Einschränkung, einen Verlust. Den Güllenern bleiben solche inneren Konflikte und schmerzlichen Anwandlungen erspart; ihre Fähigkeit zur Umdeutung und Rationalisierung ist der außerordentlichen Situation gewachsen. Die Verzweiflung, die sie ergreifen müßte, bleibt aus. Mit sich selber völlig einverstanden, überzeugt, „reinen Herzens die Gerechtigkeit [zu] verwirklichen" (93), sehen sie keinen Anlaß, etwas zu beklagen, weder vor noch nach der Tat.

Eine Sonderstellung nehmen Pfarrer und Lehrer ein. Jener durchbricht die allgemeine Wirklichkeitsleugnung nur für einen kurzen Augenblick (am Ende seiner Begegnung mit Ill im zweiten Akt: „Flieh! Wir sind schwach . . ., führe uns nicht in Versuchung, indem du bleibst."[10]). Überlegen ist ihm der Lehrer. Seine Aktivität beginnt zu Anfang des dritten Aktes, als die Stadt schon schwer verschuldet ist. Das Gerücht von Güllens bevorstehender Sanierung – nicht die Kenntnis der an sie geknüpften Bedingung – hat sich offenbar sehr bald ausgebreitet: Die vor Claires Besuch gepfändeten Habenichtse finden jedenfalls wieder Kredit, und sie nutzen ihn so ausgiebig, daß – zur Bezahlung der Schulden, zur Abwehr zivil- und strafrechtlicher Kalamitäten – Claires Geld nun vollends unentbehrlich ist. Die allgemeine Hoffnung, in seinen Besitz statt durch einen Mord mit Hilfe eines „Geschäfts" (67) zu kommen, formuliert der Lehrer, als er gemeinsam mit dem Arzt Frau Zachanassian in der Peterschen Scheune aufsucht. An der Unzeitigkeit ihres „Geschäfts"-Vorschlags (Kauf und Sanierung der Industriewerke) erfahren beide – ebenso wie der in derselben unzulänglichen Perspektive gehaltene Zuschauer – die Überlegenheit ihrer Gegnerin, der mit „Geschäften" nicht mehr beizukommen ist, die „Geschäfte" mit Engagement überhaupt nur betrieben hat, um den Güllenern den Ausweg in die „Geschäfte" eines Tages zu versperren. Das Illusionäre aller Kompromißhoffnungen ist damit endgültig demonstriert. Arzt und Lehrer, zwei der künftigen Mörder, begreifen hier die durch die Dame diktierte Alternative in aller Nüchternheit als ausweglose Entweder-Oder. Wie das Finale des ersten Aktes endet auch diese Szene mit einer pathetischen Erklärung. Der Vorsatz des Lehrers, zu tun, „was uns das Gewissen vorschreibt" (69), wiederholt die Formel des Bürgermeisters „Lieber bleiben wir arm, denn blutbefleckt". Eines aber ist anders: Diesmal sind denen, die sich ausdrücklich zum Verzicht bekennen, die beiden Seiten dieses Entweder-Oder mit gleicher Prägnanz deutlich. Mit klarem, weder durch Verblüffung noch

Empörung getrübtem Bewußtsein erkennt vor allem der Lehrer – der Arzt fällt bald in die allgemeine Gedankenlosigkeit zurück – den Preis, den die Bewahrung der Menschlichkeit verlangt. Mit derselben Nüchternheit sieht er den blutigen Ausgang voraus und daß auch er „mitmachen" (78) wird. Der Irritation seines Selbstgefühls, in die ihn dieses Wissen stürzt, sucht er sich bald zu entziehen – zunächst durch Steinhäger-Genuß, der ihn partienweise zu naiven Humanitätsbekenntnissen und großsprecherischen Märtyrer- und Erzengelposen inspiriert, dann auf dieselbe Weise wie die übrigen Güllener: indem er die „Ideale" zu Bestimmungsgründen des Mordens erklärt. Rückblickend kann man sagen, daß er das Stichwort zum Beginn dieser Verzerrungen gab, als er sein Handeln dem „Gewissen" unterstellte. Wie er – als „ein Humanist, ein Freund der alten Griechen, ein Bewunderer Platos" (75) – den Wunsch der Güllener nach Rechtschaffenheit und Menschlichkeit am anspruchsvollsten erlebt und am beredtesten zu formulieren weiß, so übertrifft er seine Mitbürger auch in der Fähigkeit zur Rechtfertigung und Beschönigung. Am Ende ist diese zum Erkennen und Unterscheiden am ehesten disponierte Gestalt in die allgemeine Verblendung am tiefsten verstrickt. Auch diese Lehrergestalt steht für die im Drama nach 1945 wiederholt aufgegriffene Erfahrung, daß Kultiviertheit, statt gegen Barbarei des Handelns zu immunisieren, nur Raffinement und Subtilität der Rechtfertigungsstrategien steigert.

Schauplatz der „Alten Dame" ist eine westeuropäische Kleinstadt. Als ihre Bewohner sind ausschließlich Angehörige des Mittelstandes vorgeführt. Nicht als ob Dürrenmatt ihr Versagen als ein spezifisches Kleinbürger-Versagen hinstellte – dann wäre zu erwarten, daß als eine verfremdende Kontrastgruppe Vertreter einer anderen Klasse gezeigt oder jedenfalls erwähnt würden, die statt zu versagen, zumindest Ansätze zur Bewältigung der Situation erkennen lassen –, die Beschränkung auf die Mittelstandsfiguren dient vielmehr der Vertrautheit, der Übertragbarkeit der Bühnenwirklichkeit auf die Welt des Zuschauers „in westlichen Verhältnissen". – Analoges gilt für die Ansiedlung des Geschehens in der „Gegenwart". In der „Gegenwart" spielt das Stück im wortwörtlichen Sinne. Wenn als Datum der 45 Jahre zurückliegenden Vertreibung Klaras das Jahr 1910 genannt wird, dann fällt ihre Rückkehr nach Güllen in dasselbe Jahr 1955, für das die Uraufführung des Stückes vorgesehen war (sie fand tatsächlich erst im Januar 1956 statt). Die angegebenen Daten sind offenbar keine fixen und absoluten; sie könnten, bedürfte es dessen, für jede neue Aufführung aktualisiert werden, so daß die Gegenwart des fiktiven Geschehens und des realen Zuschauens zusammenfallen. In dieselbe Richtung zielt es, wenn Dürrenmatt in einer Neuinszenierung des Jahres 1959 die Bühnenrampe

beseitigt und den fiktiven Zuschauerraum des Theatersaals, in dem das sogenannte „Gemeindegericht" tagt, in den realen Zuschauerraum überge-
hen läßt[11]. Wie der Autor von sich selbst sagt, er habe „als Mitschuldiger"
geschrieben, so erwartet er vom Zuschauer, er solle das Bühnengeschehen
auf seine eigene Wirklichkeit beziehen. Auch für den Zuschauer der „Alten
Dame" gilt, was Dürrenmatt ein Jahrzehnt später über den Komödienzu-
schauer schlechthin sagt: er möge „sich die Frage stellen, inwiefern der Fall
auf der Bühne auch sein Fall sei, und sich so die Gestalten auf der Bühne
wieder aneignen".

Dabei mutet Dürrenmatt dem Zuschauer weniger zu als Brecht, der in
seiner Mahagonny-Oper angesichts einer vergleichbaren Konfiguration erklärt: „Viele mögen die nun folgende Hinrichtung des Paul Ackermann
ungern sehen; aber auch sie würden unserer Ansicht nach nicht für ihn zahlen. So groß ist die Achtung vor dem Geld in unserer Zeit." Dürrenmatt ist
von einer kategorischen Generalisierung wie „Alle Menschen sind käuf-
lich" weit entfernt; er beschränkt sich auf eine Warnung: „Paßt auf, daß
auch ihr da unten nicht so werdet, wie wir hier auf der Bühne geworden
sind!" Der Zuschauer soll „beunruhigt" werden, nicht mehr. Erschüttert
werden soll seine überhebliche Zuversicht, er würde im Falle der Güllener
„anders handeln" (101). Nichts wäre auf seiten des Publikums wie des Interpreten verfehlter als selbstgefällige Entrüstung und hämische Genugtuung beim Aufdecken jedes neuen Zuges der Güllener Infamie; wer so reagierte, würde unbelehrt wiederholen, was die Güllener tun, wenn sie ihre
Schuld auf den Sündenbock Ill ableiten.

Demselben Ziel, die Bühnenfiguren einer – nicht „naiven", sondern reflektierten – „Identifikation" zugänglich zu halten, dient es, wenn Dürrenmatt alles meidet, was die Mörder zu abstoßenden Bestien dämonisieren
könnte: Das in Güllen geschehende Schreckliche, das der Zuschauer als
„unmenschlich" empfindet, ereignet sich gerade durch „Menschen",
durch vertrauenerweckende, jovial-gemütliche Biedermänner. Über zwei-
einhalb Akte behandelt der Autor sie mit einer langsam schwächer werdenden Entlarvungskomik. Der Regisseur erhält das Recht, das Stück „aufs hu-
manste" wiederzugeben, „mit Trauer, nicht mit Zorn, doch auch mit Humor" (103). Dieser „Humor" ist selbstverständlich nicht von der gemütli-
chen Sorte. Mögen Dürrenmatts komisch-groteske Demaskierungen nicht
so aggressiv wie die Ivan Golls und nicht so schonungslos wie die Horváths
sein, mögen sie weniger von der Erbitterung und dem Ekel ihres Autors
zeugen, als es zum Beispiel das farcenhaft verzerrte Chaos der „Letzten
Tage der Menschheit" tut, sie besitzen dennoch nichts Apologetisches,
nichts von der „Vergoldung der Welt" durch ein „Wir-sind-ja-alle-Fer-
kel-Gefühl", und sie sind – trotz der mitunter unbezweifelbaren Gefahr,

den Zuschauer nur zu amüsieren – keine bequeme ,,Umfälschung von Erbärmlichem in Erträgliches".

,,Trauer" als Ursprung und Wirkung einer ,,Komödie" setzt eine nicht selbstverständliche Bewertung der dargestellten Vorgänge voraus. Wie Pfarrer und Lehrer, diejenigen Güllener, die zumindest zeitweise ihre Situation zutreffend einschätzen, deutet der Autor das Angebot der Dame als ,,Versuchung" (57, 78, 103), die Disposition, die die Güllener zur Annahme des Angebots drängt, als ,,Schwäche" (57, 103). Der Maßstab, der dieser offensichtlich moralisierenden Betrachtungsweise zugrunde liegt, ist das Prinzip der sittlichen Standhaftigkeit, der Verzichtleistung – offenbar eines der ,,abendländischen Prinzipien", zu denen auch die Güllener selbst sich bekennen. Freilich unterschlägt Dürrenmatt nicht die Schwierigkeiten, die der Befolgung ihrer Prinzipien entgegenstehen, unterschlägt nicht die Situation, die der Untat zugrunde liegt, Güllens bittere Armut, verschweigt nicht die erstaunlich umfänglichen Vorbereitungen, die die Dame zu treffen für nötig hält, ehe sie sich gegenüber der Kulturstadt eine Chance gibt. Auf der andren Seite: so deutlich der zwischen dem Elend der Güllener und ihrer Tat hergestellte Zusammenhang gemacht ist, er trägt weder den Akzent, noch wird er als eine lückenlos-unausweichliche Kausalbeziehung vorgeführt.

Hier liegt offenbar einer der fundamentalen Unterschiede, die Dürrenmatts Komödien ebenso wie die Stücke Frischs vom Theater Brechts trennen. Auch im Werk Brechts gibt es für Bedrängte und Ausgebeutete Situationen der ,,Versuchung". Doch nicht nur, daß die Versuchungen, denen die Brecht-Figuren erliegen, ebenso oft Verführungen zur ,,Güte" wie Verführungen zu Eigennutz und Selbstsucht sind; selbst dort, wo sich die ,,Schwäche" tatsächlich in Täuschung, Verrat und Betrug äußert, akzentuiert Brecht mehr als dieses Versagen selbst dessen Ursachen. Die Darstellung eines Versagens nimmt er, ohne es darum zu rechtfertigen, nur als Ausgangspunkt, bei dem die Betrachtung nicht verweilen darf. Statt sich in Entsetzen oder Trauer zu verlieren, weist Brecht den Zuschauer von ,,der Armen Schlechtigkeit" auf ,,der Armen Armut", von der Missetat des Versuchten auf den, der ihn in Versuchung führt, von der Schwachheit des Nachgebenden auf den veränderungsbedürftigen Gesellschaftszustand, in dem begründet ist, daß Tugenden wie Stärke, Verzicht und Heldentum unentbehrlich sind. – Dürrenmatt setzt die Akzente anders. Wo Brecht fortwährend zur Reflexion auf die konkrete Ausgangslage und die gesellschaftliche Ordnung auffordert, die diese möglich macht, behandelt Dürrenmatt das Skandalon eines Systems, in dem ein Mitglied ungestraft viele andere erst ihrer Lebensgrundlage berauben und dann auf ungeheuerliche Weise erpressen kann, höchstens als ein Nebenthema. Nicht allein die Proportionen des Stückes, schon die in der Vorgeschichte enthaltenen bizarren Unwahrscheinlichkeiten zeigen, daß dem Autor die Konstellation zwischen Güllen und der Milliardärin vor allem als Versuchsanordnung, als eine Art von Bewährungsprobe dient, von der er die Aufmerksamkeit auf die Reaktionen derer lenkt, die sich in dieser Prüfung bewähren sollen. Wo Brecht und die Brechtianer, jede moralisierende Behandlung meidend, Figuren als Opfer, als Erpreßte und Verfolgte zeigen, die wider Willen böse sein müssen, präsentiert Dürrenmatt die Güllener eher als die Versuchten und Schuldiggewordenen. Die Schilderung ihrer Lage treibt er so weit, daß ihre Tat zwar als „begreiflich" (103), nicht aber als zwangsläufig erscheint, am allerwenigsten als Ausfluß eines gesellschaftlichen Systems und vermeidbar mit dessen Beseitigung.

Anderes weist in dieselbe Richtung. Daß die Not des verkrachten Städtchens von vornherein weniger drückend ist als die Zwangslage der in eine „Versuchungs"-Situation gestellten Brecht-Figuren (einer Shen Te oder der Arbeiter in der „Heiligen Johanna"), mag wenig besagen; größere Beachtung verdient, daß die Ziele der Güllener sich sehr bald, schon gleich zu Beginn des zweiten Aktes, verschieben. Das Anspruchsniveau wächst: kaum sind die elementaren Bedürfnisse befriedigt, regen sich weitere Wünsche, Begierden nach allerlei Gegenständen des Komforts, ja des Luxus und Überflusses, die zur Beseitigung der Armut durchaus entbehrlich sind. Wenn in den Tagen der Güllener „Hochkonjunktur"[12], in der jedermann mit Selbstverständlichkeit von allem das Teuerste, das Protzige und Modische wählt, der Bürgermeister entschuldigend auf die fortbestehende „bittere Not, das Elend, die hungrigen Kinder" (81) hinweist, wirkt das als dreiste Unverschämtheit. Die Diskrepanz zwischen der Güllener Selbstdeutung und der tatsächlichen Situation ist unübersehbar: die, die anfangs als Opfer und Genötigte gelten konnten, erscheinen zunehmend als die Konsumbesessenen und Begehrlichen, die sich ihre Verlegenheiten selber bereiten.

Die Schuld der Güllener ist freilich besonderer Art – nicht die klare eindeutige Schuld, die sich an Taten knüpft, die im vollen Bewußtsein ihrer Unvereinbarkeit mit geltenden Normen begangen werden. Redewendungen wie, die Güllener begingen einen „Mord", einen „Verrat", sind dem Sachverhalt nicht völlig angemessen, sind in Gefahr, den Güllenern ein deutliches Unrechtsbewußtsein zu unterstellen und ihnen damit zuviel Ehre anzutun; Bedingung ihrer Tat ist ja vielmehr, daß sie sich eines Unrechtsbewußtseins gründlich zu entledigen wissen. Ihre Schuld beginnt mit einer Bagatelle, deren Gewicht nur dem geschärften Blick erkennbar ist: mit „Leichtsinn", mit einem willentlichen Nichtdarandenken, das später zu immer bedenklicheren Verdrehungen führt, auf deren Höhepunkt die

Gülloner in der Tat nicht mehr wissen, was sie tun. Eben das ist die Mentalität von „Komödien"-Helden. Mit ähnlichen Bewußtseinsdefekten begründet Dürrenmatt in seinen „Theaterproblemen" (1954/55) die Feststellung „Uns kommt nur noch die Komödie bei":

> In der Wurstelei unseres Jahrhunderts, in diesem Kehraus der weißen Rasse, gibt
> es keine Schuldigen und auch keine Verantwortlichen mehr. Alle können nichts
> dafür und haben es nicht gewollt. Es geht wirklich ohne jeden. Alles wird mitge-
> rissen und bleibt in irgendeinem Rechen hängen. Wir sind zu kollektiv schuldig,
> zu kollektiv gebettet in die Sünden unserer Väter und Vorväter. Wir sind nur noch
> Kindeskinder. Das ist unser Pech, nicht unsere Schuld . . .

Kein Zweifel, daß einige dieser Momente auf die Güllener zutreffen; doch andere sind auszunehmen. Dürrenmatt, als Stückeschreiber und Moralist an seine Gegenwartsanalyse nicht gebunden, zeigt die Güllener keineswegs als Leute, die „nichts dafür können", die „es nicht gewollt haben", die „zu kollektiv gebettet" sind in die Sünden der Väter. Eher trifft auf sie zu, was mit ausdrücklicher Billigung des Autors der Prokurist Böckmann im nächsten Stück „Frank der Fünfte" (1958) erklärt: „Es gibt kein Erbe, das nicht auszuschlagen wäre, und kein Verbrechen, das getan werden muß." Die These von der unausweichlichen Einbettung in die Sünden der Väter wird hier widerrufen. Dürrenmatt besteht auf der Freiheit, mag auch die Spanne kurz sein, in der die Güllener, die Meister des Selbstbetrugs, Gebrauch von ihr machen können: „In meinen Geschichten hat sogar der Mörder noch die Freiheit, sein Verbrechen zu begehen."

Das Versäumnis der Güllener ist im übrigen nicht allein moralischer Natur. Zum Versagen ihrer moralischen Urteilskraft tritt der Nichtgebrauch des Verstandes und der Phantasie, das Horváth- und Karl-Kraus-Motiv der „Ahnungslosigkeit". „Ahnungslos" handeln die Güllener schon, indem sie die Folgen ihrer Untat für ihre eigene Wohlfahrt nicht bedenken, indem sie ignorieren, daß die Konstellation, die mit Ills Ermordung endet, sich wiederholen wird und daß sie dann nicht mehr Nutznießer, sondern Opfer sein werden: „Noch weiß ich, daß auch einmal zu uns eine alte Dame kommen wird, eines Tages, und daß dann mit uns geschehen wird, was nun mit Ihnen [d. h. Ill] geschieht" (78). Zwar bleibt es bei dieser einen, vom Lehrer vorgebrachten Warnung, deren Verifizierung obendrein bei Stückschluß noch aussteht. Andere, ähnlich gebaute Werke Dürrenmatts lassen aber erkennen, daß der Autor diesen Gedanken ernst nimmt: Was die Güllener gewinnen, hat einen zu hohen Preis, der ihr Tun zur „Narrheit" macht; auch die „Alte Dame" zeigt die „Notwendigkeit, gerecht zu sein", gleichermaßen als ein Gebot des Gewissens und eines der Selbsterhaltung.

Eines aber hat die moralisierende mit dieser pragmatischen Betrachtungsweise gemein. Im selben Maße wie Dürrenmatt Bewußtseinsdefekte

335

in den Vordergrund rückt, spricht er mittelbar den entgegengesetzten Be-
wußtseinsbeschaffenheiten die Kraft zu, einen besseren Ausgang zu sichern. Nicht Überzeugungen des Autors sind hier zu untersuchen – dabei
würde sich ein sehr viel differenzierteres Bild ergeben –, sondern allein welche verantwortlichen Faktoren und welche Auswege im Werk selbst sichtbar gemacht werden. Dabei rückt Dürrenmatt in eine Traditionslinie, die
von Ibsen über den Expressionismus und Horváth zu Frisch reicht. Auch in
seinen Stücken erscheint das durch äußere Bedingungen nicht völlig deter-
minierte Individuum als Ursprungsort des Heils wie des Unheils. Wo im
Werk Brechts ,,Menschlichkeit‘‘ und menschenwürdige Lebensumstände
als unvereinbar, Güte als lebensbedrohend, ,,Bosheit‘‘ als einzige Möglichkeit gezeigt wird, äußerstem Mangel zu entgehen, da erscheint als Ausweg
die Beseitigung des Gesellschaftssystems, das dieses zynische Dilemma zuläßt: Statt eine Entscheidung innerhalb dieses Entweder-Oder von
Menschlichkeit und menschenwürdigem Leben zu treffen, gilt es vielmehr,
die empörende Notwendigkeit einer solchen Entscheidung, das Entweder-Oder selbst, aufzuheben. Dürrenmatt dagegen läßt die von Claire diktierte Alternative (,,Mord‘‘ oder ,,Armut‘‘) im Grunde unbefragt; selbstverständliche Voraussetzung ist, daß, wer in die Lage der Güllener gerät,
zwischen den beiden angebotenen Möglichkeiten, seinem Gewissen folgend, zu wählen hat. Der einzige Weg, der innerhalb des Werkhorizonts
nahegelegt wird, ist der Verzicht, das Opfer – nicht das Opfer für die Aufhebung des gesetzten menschenunwürdigen Dilemmas, sondern Opfer und
Verzicht zugunsten einer ,,Menschlichkeit‘‘, wie sie *innerhalb* des vorgegebenen Rahmens möglich ist. Zwar wird nicht die Hoffnung erweckt,
mehr als einzelne würden den Weg des Verzichts beschreiten und die vorausgesetzte ,,Chance‘‘ nutzen; doch das schwächt nicht die Suggestion, der
Verzicht allein könne aus dem sinnlosen Kreislauf der Greueltaten, in dem
jeder zugleich Täter und Opfer ist, hinausführen. Dürrenmatt zeigt die
,,abendländischen Prinzipien‘‘ als wirkungslos in einem vieltausendköpfi-
gen Kollektiv, ohne etwas an ihre Stelle zu setzen, das wirkungsvoller wäre
oder eine größere Verbindlichkeit besäße; die so wenig zuverlässigen
,,Ideale‘‘, in den Komödien Wedekinds, Sternheims und Brechts gründlich
verhöhnt, bleiben im Werk Dürrenmatts in ihrer Geltung unangetastet.
Dürrenmatts Lösung ist nicht fatalistisch, aber eine, die zum Tragischen
(Schillerscher Prägung) tendiert, verwirklicht auf extreme Weise durch Ill,
den schuldig Gewordenen, dem nur noch der Weg des Sühnetods bleibt.

Als Kontrastfigur, die sich der allgemeinen Verblendung entziehen kann,
wählt Dürrenmatt dieselbe Person, die ein halbes Jahrhundert zuvor den
Grund zu den gegenwärtigen Ereignissen legte. Ill ist nicht nur Sündenbock

und Opfer, sondern Subjekt einer Wandlung, an deren Ende er nach den Worten des Autors als „Held" dasteht (102). Die Stationen seiner Entwicklung sind schnell skizziert. Erster Akt: Die Art, wie er die Jugendgeliebte im Konradsweiler Wald behandelt – seine lauernde, plumpe Vertraulichkeit, sein dreistes Lügen –, erweist ihn als einen Güllener wie alle anderen auch. – Zweiter Akt: Durch den steigenden Wohlstand über die Gefährlichkeit seiner Lage bald belehrt, bleibt er nicht tatenlos, doch alle Versuche, sich zu schützen, mißlingen: vergeblich sucht er Beistand bei den Vertretern der Polizei, der Gemeinde, der Kirche, vergeblich schreibt er dem Regierungsstatthalter in Kaffigen – der Brief wird von der lokalen Postbehörde nicht befördert. Seine Absicht, Güllen mit dem Zug zu verlassen, versucht er gar nicht erst auszuführen, weniger aus Furcht, auch in Australien der Dame nicht zu entgehen, als in der Annahme, seine eignen Mitbürger würden seine Abreise verhindern. (Die Güllener, obwohl zu dieser Zeit noch überzeugt, die Situation werde sich ohne Gewaltanwendung zu ihren Gunsten lösen, haben unmittelbar zuvor durch die Erschießung des entwichenen Panthers gezeigt, wie sie auf Fluchtversuche reagieren.) So sehr sich am Aktschluß Ills Einschätzung seiner Chancen geändert hat („Ich bin verloren!"), so unbeirrt verharmlost er seinen Verrat zum „unbesonnenen", „bösen Jugendstreich", zur „alten, verrückten Geschichte", die jedem passieren kann, die im übrigen verjährt ist, getilgt durch „das Leben", das „doch längst weiter" ging (39, 43)[13]. – Dritter Akt: Daß er zu einem anderen Urteil kommt, ist das Ergebnis einer zwischen dem zweiten und dritten Akt liegenden Klausur (er schließt sich tagelang in sein Zimmer ein). Als er die Bühne wieder betritt, ist die Wandlung schon perfekt: er betrachtet sich in einem umfassenden Sinne als schuldig, widersteht nicht mehr dem nun als gerecht angesehenen Tod. Er tut es selbst dann nicht, als sich unerwartet noch eine (tatsächliche oder vermeintliche) Rettungschance bietet: Den Lehrer, der gerade ansetzt, die Journalisten aufzuklären, bringt er zum Schweigen. Mag Ill, wenn er dem dubiosen „Urteil" einen Sinn verleiht, das anfangs unter dem Eindruck seiner Verlorenheit tun – er hält diese Sinngebung auch unter veränderten Bedingungen aufrecht. Das zu verdeutlichen, ist die Funktion der Begegnung mit den Journalisten. Ohne diese Szene könnte die ethisch und religiös begründete Passivität als Resignation erscheinen.

Die Ausschließlichkeit, mit der Ills Verhalten der Sühne dient, zeigt sich an seiner Reaktion auf den Vorschlag des Bürgermeisters, er solle „aus Gemeinschaftsgefühl, aus Liebe zur Vaterstadt" (81) sich selber den Tod geben. Dieses Ansinnen ist der letzte Versuch der Güllener, in den Besitz des Geldes unter Umgehung des Mordes zu kommen. Daß Ill sterben muß, ist ihnen keine Frage mehr, sondern allein, wer die Tötung vollziehen wird

337

– ein letztes Indiz für die Schwierigkeit, die ihnen die Rechtfertigung ihrer Rolle bereitet. Ill löst ihr Dilemma nicht auf. Wie die Güllener sich ohne die geringste Verabredung genau dem Plan der Dame gemäß verhalten, so an dieser Stelle auch Ill. Als es bei ihm liegt, das von Claire diktierte Entweder-Oder zu unterlaufen, als es möglich erscheint, seine Mitbürger zugleich aus der wirtschaftlichen Zwangslage und aus der Judasrolle zu befreien, da lehnt er mit einer Erbarmungslosigkeit ab, die der Claires nicht nachsteht. Wie viele Dürrenmatt-Helden es tun, kehrt er seine Isolierung mit ostentativem Pathos heraus:

> Hättet ihr mir diese Angst erspart . . ., würde ich das Gewehr nehmen, Euch zuliebe. Aber nun schloß ich mich ein, besiegte meine Furcht. Allein . . . Ein Zurück gibt es nicht. Ihr *müßt* nun meine Richter sein . . ., ich klage nicht, protestiere nicht, . . . aber euer Handeln kann ich euch nicht abnehmen. 82

Das Sterben, das Ills „sinnloses Leben" (88) beendet, nennt Dürrenmatt „sinnvoll" (102). Einen Sinn erhält es allein dadurch, daß der, der es erleidet, ihm einen Sinn zu verleihen imstande ist. Schuld gebe es „nur noch als persönliche Leistung, als religiöse Tat", hatte Dürrenmatt 1954/55 in den „Theaterproblemen" erklärt. Diese These scheint er aufzugreifen, wenn er nun kommentiert, Ill erlebe „an sich die Gerechtigkeit" als „etwas höchst Persönliches" (102); Verbindlichkeit über diese Sinngebung hinaus erhält das von dem fragwürdigen „Gemeindegericht" verhängte Urteil dadurch nicht: „Für mich ist es die Gerechtigkeit, was es für euch ist, weiß ich nicht" (82). So verzerrt diese Gerechtigkeit auf seiten derer ist, die sie betreiben: derjenige, der sich ihr unterwirft, wird dadurch „groß" und zum „Helden" (102); seinem Tod wird eine „gewisse Monumentalität" zugebilligt.

Aufschlußreich ist vor allem die Zurückhaltung, mit der Dürrenmatt diese Gestalt ins Komische stilisiert. Solange Ill sich als ein „Güllener" beträgt – als „gedankenloses Mannsbild" (102) und „verschmierter windiger Krämer" (77) –, unterliegt er der komischen Einfärbung auf dieselbe Weise wie seine Mitbürger. Das ändert sich schon im Laufe des zweiten Aktes; und nachdem ihm schließlich – noch vor Beginn des dritten Aktes – die weder im juristischen noch im moralischen Sinne stringente „persönliche Leistung" gelungen ist, das ihm drohende Unrecht als Sühne aufzufassen, wird er sogar fähig zu überlegener Ironie[14], zur treffsicheren sarkastischen Bloßstellung seiner Mörder, denen er vorher hilf- und distanzlos gegenübertrat. Nicht als ob er, endlich mit sich selber einig und aus dem Netz der Selbsttäuschungen und zweckbewußten Lügen befreit, für komische Attribute und Mißgeschicke völlig unangreifbar wäre; der Autor aber verzichtet ganz offensichtlich darauf, die verbleibenden Möglichkeiten komischer Wider-

338

legung zu nutzen. Die Vorbildgestalt Ill ist am Ende von sämtlichen bei Dürrenmatt vorkommenden Formen des Komischen dispensiert.

Das ist aber nur die eine Seite. Ill ist „Held", wenn man sein Verhalten unter moralischen Kategorien, kaum aber, wenn man die Wirkung seines Todes auf die Überlebenden betrachtet. Zwar gibt er, seiner Mitwelt womöglich noch gründlicher entfremdet als seine frühere Geliebte, den Widerstand gegen seinen Tod nicht im Gedanken an die Wohlfahrt Güllens auf; dennoch legen die von der Forschung oft hervorgehobenen mannigfaltigen Anklänge an Opfermythen christlicher wie heidnischer Herkunft die Frage nach den Folgen seines Tuns für seine Vaterstadt nahe. Dürrenmatt selbst fordert zu dieser Frage auf, wenn er über den „sinnvoll und sinnlos zugleich" genannten Tod Ills schreibt: „Sinnvoll allein wäre er im mythischen Reich einer antiken Polis . . ." (103). Gemessen an der Reinigung und Erneuerung des Gemeinwesens, in der sich – diesem mythischen Modell zufolge – der Tod des Heros erfüllt, muß, was sich in Güllen ereignet, als durchaus „sinnlos", Ills Selbstüberwindung als himmelschreiende Torheit erscheinen – als ähnlich närrisch wie das „nicht angenommene" Opfer der Ottilie Frank oder die nutzlose Heldengebärde der Physiker, die als einzelne zu lösen suchen, was „alle angeht" und der „Anstrengung aller" bedarf. Es ist ein für die moderne Komödie und Tragikomödie konstitutives Modell: So wie die Überlebenden in Hauptmanns „Ratten" den Tod der Frau John, in Wedekinds „Hidalla" den Tod Hetmanns, in Frischs „Nun singen sie wieder" den Tod der Gefallenen desavouieren, so verwehren die Güllener dem Tod Ills die übergreifende politische Bedeutung. Dürrenmatts Komödie zeigt, wie Heldentum und Opfertod auf Bedingungen angewiesen sind, die jenseits des Helden in der umgebenden Gesellschaft liegen: Ills Tod, der Regenerationsopfer für die Gemeinschaft sein könnte, verkümmert zur Privatangelegenheit, indem die Mitwelt das unentbehrliche Pendant des Heldentums, eine der Gesinnung des Helden korrespondierende Bewußtseinsbeschaffenheit, vermissen läßt. An die Stelle der Reinigung der Polis, die als idealisierte, in mythische Ferne projizierte Folie durchscheint, tritt in Güllen die Befleckung, an die Stelle der Erneuerung die Fortführung der altgewohnten „Wurstelei".

Dürrenmatt tut offenbar zweierlei. Nicht nur entfaltet er mit Nachdruck das Moment der Überwindung im Untergang und stilisiert den Geopferten zu einem monumentalen Helden, er markiert auch die Grenzen dieses Heldentums, indem er seine soziale Folgenlosigkeit und die bis zum Schein der Bosheit gehende Egozentrik des Helden hervorhebt: Der Preis, um den ein Opfer sinnvoll sein kann, ist eine „grausame Einschränkung", der Verzicht, über den Bereich des sogenannten „Privaten", über die „Welt des einzelnen" hinaus zu wirken. Dürrenmatt erklärt im Jahre 1957: „Die Welt als ganze ist in Verwirrung . . . Die Welt des einzelnen dagegen ist noch zu bewältigen, hier gibt es noch Schuld und Sühne, . . . Nur im Privaten kann die Welt auch heute noch in Ordnung sein . . ." Nicht als ob Dürrenmatt diesen ,,privaten" Bereich geringschätzte – er ergänzt sogar, ihm gehörten ,,die entscheidenden Fragen" an –, aber er zeigt ihn zugleich als den *nur* privaten, als Enklave, von der aus die Probleme der politisch-sozialen Welt nicht lösbar sind. Und dieser zweite Aspekt trägt offenbar den Akzent. Darauf deutet jedenfalls die Placierung der Momente ,,Sinn" und ,,Sinnlosigkeit", ihre Anordnung im Ablauf des Werkes. Die umfängliche Schlußpartie, die dem Stück die Pointe gibt, handelt von der politischen Belanglosigkeit des Opfertodes, nicht von menschlicher ,,Größe", sondern von menschlicher ,,Schwäche". – Vor allem dadurch erweist sich das in der Mitte der 50er Jahre entstandene Stück als einer Übergangsphase in Dürrenmatts Schaffen angehörig. Mit seiner rückhaltlosen Entfaltung von ,,Größe" und ,,Sinn" steht es noch ganz in der Tradition der voraufgehenden Werke (in den späteren Stücken werden diese Momente mehr und mehr zurückgedrängt). In andrer Hinsicht aber löst es sich vom Bauplan der Werke der 40er und frühen 50er Jahre: Aus der Vorführung der Selbstüberwindung des Helden gewinnen mehrere frühe Stücke ein erbauliches Finale; die Demonstration eines Sinnes wird ans Ende placiert. Das Gegenteil gilt für die ,,Alte Dame": Wichtiger als die Entfaltung der ,,Größe" ist die Demonstration ihrer Grenzen. Die für den Helden selbst ,,sinnvolle" Sühne in ihrer vollendeten Belanglosigkeit für die ,,Welt als ganze" zu zeigen, ist geradezu das Thema des Stücks. Keineswegs betritt Dürrenmatt damit die Bahn Brechts – schon die trotz aller Einschränkungen monumentale Behandlung eines selbstgenügsamen, allein auf Sühnung einer Schuld gerichteten Heldentums verbietet diese These (man denke nur an die Verhöhnung der ichbefangenen Ethik des abstrakten Gutseins in der ,,Heiligen Johanna") –, aber Dürrenmatt widersetzt sich entschieden dem Schema seiner früheren Werke und damit einer dramaturgischen Tradition, in der die Wandlung eines zur Identifikation einladenden Individuums den Kulminationspunkt bildet. Schauplatz des Stückes ist die Jauchestadt Güllen[15]: ,,. . . nun spielt sich die Geschichte in Güllen ab. In der Gegenwart" (103), heißt es vielsagend in Dürrenmatts ,,Anmerkung". Schon aus diesem einen Satz ist die Gestaltung des Finales ableitbar. Wählt der Autor als Thema ,,die Gegenwart" – die Mentalität der ,,Gegenwart", wie Dürrenmatt sie sieht –, kann er als Pointe seines Werkes nicht die Opfertat des isolierten einzelnen vorführen, sondern nur deren grelles Gegenstück, den Triumph der Verblendung bei den Überlebenden und Weiterwurstelnden.

Hierauf bezieht sich offenbar der Untertitel des Stücks ,,Eine tragische Komödie": Ein einzelnes tragisches Element wird in eine ,,auf den Hund gekommene" Welt versetzt, die ihm die Rundung zur Tragödie versagt. Das Stück ist, gerade weil es eine tragische Enklave besitzt, als Ganzes eine demonstrative Nicht-Tragödie, weniger Tragödienparodie als Tragödien-kontrafaktur, ‚Gegenentwurf' zur Tragödie[16]. In Frage gestellt wird nicht eine literarische Gattung schlechthin, sondern ihre Zeitgemäßheit; Angriffspunkt ist die durch Güllen repräsentierte „Gegenwart", die das tragische Schema seines Wirklichkeitsbezuges beraubt. Dürrenmatt mißt weniger die Tragödie an der „Gegenwart" als die „Gegenwart" an der Tragödie, genauer: an dem überlegenen Ethos einer im Tragödienbegriff vorausgesetzten idealisierten Gesellschaft.

Wie Tragödienethos sich als Hintergrund der Güllener Korrumpierung aktualisiert, zeigt vor allem das Schlußbild mit seiner Kontrafaktur eines Chorliedes aus Sophokles' „Antigone". In feierlichen Versen sprechend, preisen die arrivierten Biedermänner nicht, wie der Sophokleische Chor es tut, die Größe des Menschen, nicht menschliche Fähigkeiten und Künste, sondern im Gegenteil etwas vermeintlich Schicksalhaftes: die ihnen „heiligen Güter" (100), ihren Luxus, ihr Wirtschaftswunder. Auch diesmal zielt die Nachahmung eines formalen Elementes nicht auf Verspottung der Vorlage, vielmehr dient umgekehrt der durchscheinende Sophokles-Text als Folie, vor der die Infamie dessen, was die Mörder in Fräcken und Abendkleidern zu sagen wissen, doppelt deutlich wird. Die Güllener Verblendung erscheint hier auf ihrem Gipfel, indem sie sich blasphemisch äußert, als Anmaßung, als ungerechtfertigte Aneignung einer Ausdrucksweise, die einer substantielleren Gesinnung zugehört. Eben das macht das Stück nach dem Sprachgebrauch des Autors zur „Komödie".

UWE-K. KETELSEN

—

HACKS · MORITZ TASSOW

> Kunst lebt von den Fehlern der Welt. Ob sie uns la-
> chen oder weinen macht, wir belachen oder beweinen
> Abschaffenswertes.   Peter Hacks

Die Antwort auf die Frage, ob Peter Hacks' 1962 geschriebene und anläßlich der „Berliner Festtage" am 5. Oktober 1965 an der Ostberli-
ner Volksbühne uraufgeführte „Komödie" „Moritz Tassow" *repräsentativ* für die Komödienproduktion der DDR sei, hängt sehr wesentlich davon
ab, was man im Hinblick auf die literarische Situation in der DDR unter
„repräsentativ" verstehen will. Das Stück, welches das Scheitern einer uto-
pisch-sozialistischen Revolution eines Moritz Tassow genannten kleinbürgerlichen Linksintellektuellen im Mecklenburg des Herbstes 1945 analysiert, ist ganz sicher nicht repräsentativ in der Weise, daß es für das quanti-
tativ Häufigste, für den Durchschnitt der DDR-Komödie stehen könnte; es
ist auch nicht in dem Sinne repräsentativ, daß es die in der allgemeinen, offiziellen Literaturdiskussion der DDR entwickelten Vorstellungen, Forderungen oder Normen ungebrochen konkretisierte. Wenn man nach Büh-
nentexten sucht, die solche Erwartungen stellvertretend einlösen könnten,
dann stieße man am ehesten noch auf H. Kipphardts frühes Stück „Shakespeare dringend gesucht" (1953), auf E. Strittmatters „Szenen aus dem
Bauernleben" überschriebenes Stück „Katzgraben" (1954), auf H. Baierls
„Frau Flinz" (1961), auf H. Salomons „Ein Lorbaß" (1967) oder auf R.
Kerndls „Ich bin einem Mädchen begegnet" (1969), vielleicht noch auf G.
Rückers als „deutsches Spektakel" deklariertes „Der Herr Schmidt"
(1969). Hacks' „Moritz Tassow" ist dagegen von anderer Repräsentanz.
Das Stück ist gerade eine kritische Auseinandersetzung mit dieser Diskussion; Hacks versuchte damit auf spezifische Probleme zu antworten, die
sich für den sozialistischen Komödienschreiber in der DDR Anfang der
60er Jahre stellten, die unter den obwaltenden kulturpolitischen Bedingungen jener Zeit aber peinlich gemieden wurden. Wie in einem Hohlspiegel
sammeln sich deswegen in seinem Stück die verschiedenen Impulse der
Komödiendiskussion der DDR. Das macht es zu einem, ja zu dem zentralen Komödientext der bisherigen DDR-Literatur; nur von diesem historischen Kontext her erschließt sich seine Bedeutung.

Diese Art von Repräsentanz erzwingt eine bestimmte Methode der Analyse. Das Stück ist nicht abgeschlossen, von „sich aus" zu behandeln.
Nicht seine Konfliktsituationen, sein Bauschema, seine Handlungsstruk-

tur, Personenkonstellation und die von Hacks charakteristisch verwendeten Darbietungsformen sind schon sein Wesentliches; alle diese Elemente des Textes sind überhaupt erst bedeutsam, wenn man sieht, daß sie allesamt Reflexe sind auf die Komödiendiskussion der DDR. Allein vor diesem Horizont offenbart sich ihre Bedeutung, einerseits im Hinblick auf das Textgefüge, andererseits hinsichtlich des literarhistorischen Ortes, an dem Hacks' „Tassow" steht.

Obwohl die genannten Stücke von Kipphardt, Strittmatter, Baierl, Salomon, Kerndl und Rücker, welche sich der offiziellen Linie der Komödiendiskussion in der DDR mehr oder weniger anschlossen, durchaus keine Eintagsfliegen waren, haben sie keine langfristige Bedeutung in der Weise gehabt, daß sie über längere Zeit hin den Charakter vorbildhafter Muster gewonnen hätten; das wird man selbst für Baierls „Frau Flinz" nicht sagen können. Das Leben aller dieser Versuche, theoretische Forderungen an das Genre „Komödie" einzulösen, war nur kurz. Es gibt in der Komödienliteratur der DDR – wenn man davon überhaupt in dieser zusammenfassenden Weise sprechen soll – keinen *Kanon von Musterstücken,* die eine Art Repertoire bilden könnten. Diese Konstellation verweist auf spezifische Schwierigkeiten, das Genre zu bestimmen, und sie verweist auch auf die öffentlich-gesellschaftlichen Hindernisse, solche Bestimmungen zu realisieren (woraus übrigens Kipphardt den komischen Funken seiner Komödie schlägt).

Ein Indiz für diese Situation der Instabilität mag schon die Art und Weise sein, mit welcher die Bezeichnung „Komödie" behandelt wird. Obwohl die DDR-Literatur auch auf dem Sektor der dramatischen Produktion aufs Ganze gesehen stark den Schreibmustern des 19. Jahrhunderts verpflichtet bleibt, also auch die traditionellen Gattungen und Genres durchaus präskribierende Wirkung für die schriftstellerische Arbeit behalten haben, sind die Ausdrücke, die die Autoren zur Kennzeichnung ihrer Stücke benutzen, schwankend: Unter den oben Genannten spricht nur Baierl von „Komödie", Kipphardt und Salomon wählen „Lustspiel", Strittmatter redet von „Szenen", Kerndl von „Stück" und Rücker sogar von „Spektakel". (Insofern muß Hacks' Festhalten am Terminus „Komödie" als ein zu beachtendes Signal verstanden werden.) Solche terminologische Unsicherheit hat mehrere Gründe. Natürlich wird daran deutlich, daß in der „Krise des Dramas" (Szondi) der Zerfall der essentiellen Elemente der dramatischen Gattung (wie Identität der Person, Möglichkeit des Dialogs, Gegenwärtigkeit des dramatischen Ereignisses) auch vor der Komödie der DDR nicht halt gemacht hat, so daß eine Auseinandersetzung mit den Problemen der neuen philosophisch-historischen Situation nötig geworden ist; und diese

Beschäftigung, die sich vor allem um die Frage nach dem neuen Menschenbild drehte, mußte in den Überlegungen zu Gattungsfragen ihre Spuren hinterlassen. Man wird aber bei der Lektüre der Stücke sogleich bemerken, daß die Versuche, der Krise Herr zu werden, im Prinzip auf ein Bewahren der Positionen des „realistischen" 19. Jahrhunderts hinauslaufen, obwohl viele formale Anleihen bei Brechts Theorie des epischen Theaters gemacht werden, die die Krise ja gerade „nach vorne" hin und nicht in bewahrender Rückschau hat überwinden wollen. An Baierls „Frau Flinz" (oder an seiner „Die Feststellung" von 1958) kann man nahezu paradigmatisch ablesen, wie versucht wird, Brechts Konzeption in diese Strategie des Bewahrens zu integrieren. (Dazu hatte Brecht selbst durchaus Impulse gegeben.) Die zu beobachtende terminologische Unsicherheit in der Genrebezeichnung hat ihren Grund daneben aber vor allem in den vielfältigen, sich als historisch-materialistisch verstehenden Versuchen, „Komödie" zu definieren und diese Definition für die neue historisch-gesellschaftliche Situation nach dem (so verstandenen) Sieg des Sozialismus praktikabel zu machen. Es ging vor allem um die Frage: Was heißt unter den Voraussetzungen einer sozialistischen Gesellschaft „Komödie"? Diese Frage bestimmte die Überlegungen zum Genre „Komödie" und die Versuche, Ergebnisse solchen Nachdenkens zu realisieren, so nachhaltig, daß sie für die Beteiligten viel wichtiger war als die Beobachtungen zu den geschichtsphilosophischen Bedingungen einer „Krise des Dramas". Sie ist eine der kardinalen Punkte, auf die Hacks' „Moritz Tassow" zu beziehen ist. (Und seine prononcierte Gattungsbezeichnung spielt darauf an.)

Es gibt keine geschlossene „*Theorie der sozialistischen Komödie*" in der DDR, auch keine als kanonisch zu bezeichnenden normierenden Ergebnisse von Bestimmungsversuchen; es gibt vielmehr über ein Vierteljahrhundert hin eine breit geführte, oft kasuistisch argumentierende Diskussion, und es gibt – bei manchen, vor allem zeitlich begründeten Divergenzen – so etwas wie eine gemeinsame Grundlinie der Überlegungen. Diese wurden nicht isoliert angestellt, sondern immer im Zusammenhang einer sich materialistisch verstehenden Ästhetik, die wiederum in eine historisch-materialistische Geschichts- und Gesellschaftstheorie integriert ist. Die Bemühungen der DDR-Theoretiker zu bestimmen, was „Komödie" sei, ist deswegen immer zugleich Kritik auch an der „bürgerlichen", als „idealistisch" etikettierten Begriffsdefinition; es geht niemals um den Begriff der „Komödie" schlechthin, um ihre Bestimmung im Sinne „literarischer Grundbegriffe", es geht vielmehr immer um ihre Erscheinung im historisch-gesellschaftlichen Kontext, konkret: um die Komödie im sozialistischen Staat, um die Komödie „nach der Zeitenwende"[1]. Insofern sind die sozialistische Komödie in der DDR und der Begriff davon immer zu beziehen auf die historische Situation der DDR und auf die daraus resultierende Selbsteinschätzung der Diskutanten: Zuerst bildete die als klassenkämpferisch verstandene Auseinandersetzung mit den Resten bürgerlich-kapitalistischer Ordnung nach 1945 in der SBZ/DDR den Bezugspunkt, dann die entwickelte sozialistische Gesellschaft mit ihren spezifischen Problemen.

Da eine mögliche Theorie der Komödie als der spezielle Teil einer allgemeinen sozialistischen Kunst- und Literaturtheorie zu entwickeln ist, finden sich deren Prinzipien in allen Diskussionen über die Komödie wieder. Sie werden unter dem sehr unscharfen Begriff „sozialistischer Realismus" zusammengefaßt. Zwar wird in der kommunistisch-sozialistischen Ästhetik immer wieder betont, dieser „sozialistische Realismus" sei kein ausgearbeitetes System von Grundregeln und -bestimmungen, sondern eine spezifische Methode, sich in künstlerischer Weise mit der Realität auseinanderzusetzen, nämlich „die Methode des künstlerischen Schaffens vom Standpunkt der revolutionären Arbeiterklasse, von der Position der marxistisch-leninistischen Arbeiterbewegung aus"; aber dennoch ist diese Methode durch einige überaus charakteristische Prinzipien gekennzeichnet, die auch in der Komödiendiskussion immer wieder auftauchen und in den Auseinandersetzungen mit Hacks eine wichtige Rolle gespielt haben. Und auch Hacks' eigene Vorstellungen und Lösungsvorschläge sind Ergebnisse einer Auseinandersetzung damit.

So muß die Komödie – wie jedes Kunstwerk – „realistisch" sein, d. h. sich auf gesellschaftliche Wirklichkeit beziehen. Es geht also bei der „Komödie" nach dieser Auffassung nicht um irgendeinen ästhetischen Strukturbegriff, um eine Weise des Sprechens, die auf bestimmte, ihr spezifische Effekte (das Lachen etwa) aus ist, oder gar um eine spezielle existentielle „Haltung", es geht immer um eine diesem Genre spezifische Weise der Auseinandersetzung mit gesellschaftlichen Konstellationen. Deswegen ist die Welt der Komödie nur in einem sehr eingeschränkten Maß als ästhetische „wirklich"; sie ist in vollem Maß nur wirklich, insofern sie sich auf die – bestimmte – gesellschaftliche Realität außerhalb ihrer selbst bezieht. Dabei werden als „gesellschaftliche Realität" nicht in erster Linie die subjektiven und objektiven Tatbestände des alltäglichen Lebens begriffen, sondern die „wesentlichen", ökonomisch-gesellschaftlich determinierten geschichtlichen Tendenzen, die Kräfte, die sie tragen, die interessenbestimmten Konflikte, die ausgefochten werden, und die gesetzmäßige Entwicklung, die nach marxistisch-leninistischer Geschichtsinterpretation diese Konflikte nehmen. Dieser Realismusbegriff impliziert also bereits eine bestimmte geschichtstheoretische Position. In der Terminologie des sozialistischen Realismus wird in diesem Zusammenhang davon gesprochen,

Handlung und Personen müßten „typisch" sein. Nur vor einem solchen Verständnishorizont ist ein Satz aus einer Auseinandersetzung mit Hacks' „Moritz Tassow" überhaupt sinnvoll: „(Die) Etablierung des anarchistischen Revoluzzertums, seine Gefahren und seine unumgängliche moralische Vernichtung in der Gestalt Tassows erfahren eine realistische Schilderung." Denn in der Entwicklung der Fabel des Stücks, in der geschilderten Personenkonstellation und in den dramatischen Figuren selbst wird immer zugleich reale Geschichte „widergespiegelt" und beurteilt. Als „bestimmt", als konkret wird dabei nur eine Geschichtsbetrachtung gewertet, die den gesetzmäßigen Untergang der bürgerlich-kapitalistischen und den notwendigen Sieg der proletarisch-sozialistischen Gesellschaftsordnung unter der Führung der Arbeiterklasse und ihrer bewußten Avantgarde, der marxistisch-leninistischen Partei, voraussetzt. Diese historisch-gesellschaftliche Konstellation muß die sozialistische Komödie auf ihre spezifische, Genre definierende Weise reflektieren.

Diese Forderung wird der Komödie nach dem beschriebenen Verständnis nicht von außen aufgenötigt, sie ist nicht etwas, was ihr zu dem, was sie ihrem Wesen nach schon wäre, hinzukommt; vielmehr resultiert ihr Wesen selbst aus dieser Forderung. Eine solche geschichtstheoretische Fundierung des Genres versteht sich übrigens als marxistisch-materialistische Interpretation der klassisch-idealistischen Komödiendefinition; sie beruft sich auf Schillers Einschätzung, „daß die Comödie einem wichtigern Ziel entgegengeht" als die Tragödie und daß sie, „wenn sie es erreichte, alle Tragödie überflüssig und unmöglich machen" würde. Diesen Ansatz, daß die Komödie einem fortgeschrittenen Stand der historischen Entwicklung angehört, findet die historisch-materialistische Gattungstheorie bei Hegel konkretisiert, wenn dieser sagt, daß die komische Sichtweise diejenige sei, in welcher sich eine folgende Epoche mit der Weltanschauung der vorausgegangenen liquidierend auseinandersetze, und dabei auf Aristophanes, Lukian, Ariost und Cervantes verweist[2]. Dieser Gedanke bedarf nur noch einer spezifischen Wendung, um die „realistische" Grundlage der Komödie im sozialistischen Sinn zu sichern: die sozialistische Komödie wäre demnach dasjenige theatralische Genre, das die „wesentlichen", die ökonomisch-geschichtlichen Tendenzen, die Kräfte, die sie tragen, die Konflikte, die ausgefochten werden, und deren gesetzmäßige Auflösung in der Weise widerspiegelt, daß sie zeigt, wie die bürgerlichen Zustände Zustände einer dem Untergang geweihten Epoche sind, über die das Proletariat obsiegt oder obsiegen wird. „Der Lachende (. . .) kann im Sozialismus nur Repräsentant der sozialistischen Gesellschaft sein." (So ist der Schluß nur konsequent, daß die Komödie die sozialistische Theaterform schlechthin sei, während das untergehende Bürgertum nur noch Tragödien, Burlesken oder Absurdes produzieren könne.) In dieser Weise ist es zu verstehen, wenn Brecht anläßlich seines „Puntila" die Anweisung gibt: „Zwar hat auch das ‚Ewig Komische' – der mit großem Aplomp ausmarschierende Clown fällt auf die Nase – ein gesellschaftliches Element. (. . .) Die Schauspieler, die ‚Herr Puntila und sein Knecht Matti' spielen, müssen die Komik (aber) aus der heutigen Klassensituation ziehen (. . .)." So kann man mit Recht konstatieren: „das Komische bei Brecht (und überhaupt in der sozialistischen Komödiendefinition) (. . .) wird durch seinen gesellschaftlichen Inhalt konstituiert." In der Komödie soll das siegreiche Proletariat über das geschichtlich besiegte oder zumindest doch zur Niederlage bestimmte Bürgertum lachen; konstitutiv für den Begriff des Komischen nach Maßgabe der sozialistischen Komödiendiskussion ist die historische Differenz, die zwischen den die Konflikte tragenden Antagonismen besteht. In diesem Sinn ist Hacks' kleinbürgerlich-utopischer Revoluzzer für sich schon komisch. Der Utopist Tasso(w) bekommt den ihm adäquaten Vornamen: Wilhelm Buschs Moritz, dessen Haartolle ihm das Uraufführungsplakat unübersehbar aufsetzt.

Dieser Aspekt des Begriffs „realistisch" schließt im Prinzip den der „Parteilichkeit" bereits ein; da er aber in der kritischen Auseinandersetzung mit Hacks so wichtig war, ist ein gesonderter Hinweis darauf nötig. Die skizzierte Vorstellung bedeutet nämlich nicht, daß die Komödie diesen als gesetzmäßig deklarierten Übergang von der bürgerlichen zur proletarischen Phase der Geschichte einfach so abbildet, als entwickle sich dieser Übergang quasi naturnotwendig. Das wäre als eine „mechanistische" Verfahrensweise zu tadeln: als wenn Geschichte gleichsam im „Selbstlauf", deterministisch, ihre gesetzmäßigen Wenden nähme! Vielmehr muß der Prozeß der Ablösung der bürgerlich-kapitalistischen Gesellschaft und die Entfaltung der sozialistischen besorgt werden. Und in diesem Herstellen von Geschichte soll die Komödie eine ihr gemäße Funktion übernehmen: sie soll „die Widersprüche unserer Zeit so sichtbar machen, daß sie zum Lachen reizen und damit zugleich eine vorhandene oder doch zu gewinnende Überlegenheit ausdrücken und stärken". Damit wird die gedachte Verzahnung von gesellschaftlicher Situation („Widersprüche unserer Zeit"), ästhetischer Gestaltung („sichtbar machen", „zum Lachen reizen") und gesellschaftlicher Funktion („Überlegenheit ausdrücken und stärken") im Komödienbegriff des sozialistischen Realismus überaus deutlich. Die inhaltlich zunächst noch wenig bestimmt anmutende Formulierung hat für marxistisch-leninistisches Selbstverständnis einen sehr harten Kern: es muß die führende Rolle der Arbeiterklasse und ihrer Partei in diesem Prozeß dargestellt werden. „In theoretisch-methodischer Hinsicht fordert das Prinzip der Parteilichkeit die konsequente Durchführung des Klassenstandpunktes der Arbeiterklasse in allen Bereichen des Klassenkampfes und der Wissenschaft (. . .)." Somit ist klar, wer in der sozialistischen Komödie als „komisch", d. h. wer als hinter der Höhe der Zeit zurückgeblieben, darzustellen ist. Der parteiliche Autor hat auf diese Weise eine feste Perspektive: eine gegebene Blickrichtung und eine zukunftsorientierte Gewißheit.

Gemäß der Verzahnung von historischer Situation, ästhetischer Gestaltung und gesellschaftlicher Funktion sind mit der inhaltlichen Konkretion des Begriffs „Parteilichkeit" spezifische literarische Elemente vorgegeben. Solange der bürgerliche Kapitalismus noch als mächtig, wenn auch ohne geschichtliche Zukunft darzustellen war, bildete die Satire die adäquate Form der sozialistischen Komödie, um ihre historisch-gesellschaftliche Aufgabe zu erfüllen. Das Bürgertum wird seiner Würde entkleidet und auf sein wahres geschichtliches Maß reduziert. Solange der sozialistische Aufbau mit den Relikten der bürgerlichen Zeit rechnen mußte oder von Kommunisten zu besorgen war, deren Bewußtsein noch vom sozialistischen Kampf unter der Herrschaft bürgerlicher Gewalt geprägt worden war, bot sich der (ansonsten als „bürgerlich" gebranntmarkte) Humor als adäquate Ausdrucksform der sozialistischen Komödie an. Die Fehler, die Rückständigkeit des Arbeiters, des Parteisekretärs hemmen zwar den gesellschaftlichen Prozeß, aber sie lassen ihn nicht scheitern; obwohl sie falsch und überholt sind, entspringen sie doch dem Bemühen, den neuen Weg zu finden. Wenn auch in beiden Situationen die Grundhaltung gegenüber dem Dargestellten eine distanzierte, eine kritische ist, läßt sich doch ein Identifikationsangebot an den Zuschauer machen: das satirische oder humoristische Verlachen geschichtlich überholter Zustände schließt die überlegene Gewißheit der eigenen Fortgeschrittenheit ein, in den Fehlern der „Sieger" liegt das richtige Verhalten schon fast bloß vor Augen.

Mit dem Beginn der 60er Jahre tauchte nun für die Komödienschreiber der DDR eine ganz neue Situation auf. Mit der wirtschaftlichen und politischen Konsolidierung der DDR, nach der vollzogenen Kollektivierung der Landwirtschaft und vor allem nach dem Mauerbau galt die Phase der innergesellschaftlichen Auseinandersetzung mit der bürgerlich-kapitalistischen Gesellschaft auf dem Gebiet der DDR als abgeschlossen, die innerstaatliche Revolution – die freilich in Ostdeutschland nie eine Revolution gewesen war – galt als vollendet. Wie aber hatte die Komödie in einer Gesellschaft des entwickelten Sozialismus auszusehen? Wie war die Parteilichkeit des Komödienschreibers zu wahren in einer historischen Situation, in der die Beweger der Geschichte beanspruchten, auf der Höhe der Zeit zu sein, wie war die Komödie möglich, als „der Sozialismus (in der DDR) seine Fähigkeit bewies, für eine moderne Industriegesellschaft zu taugen", als sich nach Einschätzung seiner Verteidiger zu zeigen begann, „daß er nicht mehr nur Negation der Abscheulichkeiten des Kapitalismus war, sondern vielmehr die Aufhebung von dessen Vorzügen"? Die Einschätzung, in eine neue Phase der sozialistischen Entwicklung getreten zu sein, hatte eine Krise des skizzierten geschichtstheoretischen Konzepts der Komödientheorie zur Folge; die neue historische Situation mußte Konsequenzen haben, die ins Zentrum des Begriffs zielten.

In den theoretischen Reflexionen zur sozialistischen Komödie war allerdings von einer solchen Krise unmittelbar wenig zu spüren. Es wurde etwas weniger vom Lachen der Sieger gesprochen, dafür etwas mehr von den nichtantagonistischen Konflikten der sozialistischen Gesellschaft, die die Komödie als diejenige Form, in der Widersprüche historisch-ästhetisch aufgehoben werden, zum adäquaten Genre des sozialistischen Theaters machen. Die Komödienproduktion der DDR reagierte in ihrer Weise auf die neue Situation. So findet man Gattungsgrenzen schnell verwischt, der Ausdruck „Stück" muß das abdecken; mit einigen Strichen wäre aus vielen Theatertexten der 60er Jahre „Komödien" zu machen. Formalistisch, nämlich ohne Rückgriff auf die geschichtstheoretischen Grundlagen, wird das „Lachen" nun auf einmal als gattungskonstituierendes Merkmal hervorgehoben, und gelacht wurde nur zu häufig über jenen mit großem Aplomb ausmarschierenden und dabei auf die Nase fallenden Clown, den Brecht den Schauspielern des „Puntila" gerade verwehren wollte. Solcher „Humor" wurde gern als „volkstümlich" reklamiert, als Erbe des plebejischen Mimus: „Die Frage Gottsched oder Hanswurst hatte ihren Alternativcharakter tatsächlich erst nach zweihundert Jahren verloren." Jedenfalls stand die Komik, die sich daraus ergeben könnte, daß die in der sozialistischen Gesellschaft Entscheidungsmächtigen zumindest partiell hinter der Zeit wären, nicht zur Diskussion, allenfalls der affirmative Humor. „In einem vielfarbigen, breiten Leben müssen die Menschen auch lachen können. (. . .) An allen Geschichtswenden entstanden Komödien, so daß die neue Klasse laut auflachte, wenn sie geschildert wurde, wie sie dem Alten noch mal auf den Leim ging. Auch Spannung, Entspannung brauchen wir", referierte Anna Seghers 1961 auf dem V. DSV-Kongreß.

Der einzige Autor von Belang, der dieser Tendenz des Ausweichens nicht nachgab, der diese neue Situation vielmehr praktisch und theoretisch anging, war Peter Hacks mit seinem „Moritz Tassow" und mit den begleitenden poetologischen Ausführungen zu Beginn der 60er Jahre. In der durch die Konsolidierung der DDR geschaffenen Situation bedachte Hacks die mögliche Definition einer neuen, in die Zukunft weisenden Form der sozialistischen Komödie, die jene oben skizzierten Elemente einer Form- und Funktionsbestimmung in die neue Zeit rettet. Insofern sind die dargelegten Bestimmungen der sozialistischen Komödie gemäß der Methode des sozialistischen Realismus nicht allein historisch-theoretischer background zum Stück, sie sind – wenn auch im Zustand der kritischen Reflexion – Bedingung seiner Existenz. „Moritz Tassow" ist Hacks' Versuch einer Antwort auf die Frage: Was heißt „sozialistische Komödie" unter den gewandelten Bedingungen der Konsolidierung der DDR zu Beginn der 60er Jahre?

Dieser Versuch, eine Antwort auf eine neue praktische und theoretische Situation zu finden, wurde in der DDR nicht sehr positiv aufgenommen; vielmehr erhob sich – wenn auch durchaus nicht so scharf und umfassend wie 1962/63 aus Anlaß von „Die Sorgen und die Macht", aber mit härteren persönlichen Konsequenzen – eine *kritische Auseinandersetzung mit dem Stück* und mit dem Autor Peter Hacks. Sie ist besonders aufschlußreich im Hinblick auf die Frage, wie der Hackssche Versuch, das geschichtstheoretisch begründete Komödienkonzept den Bedingungen des „entwickelten Sozialismus" anzupassen, von den Positionen des sozialistischen Realismus in der Prägung der 50er Jahre aus aufgenommen worden ist.

Nach der Uraufführung wurde das Stück in allen wichtigen Organen der DDR besprochen. Entgegen der in Westdeutschland oft vertretenen Meinung, es habe scharfe Kritik gehagelt, muß doch auf die durchaus differenzierte Einschätzung in den Uraufführungskritiken hingewiesen werden. Dabei ist für die Bewertung des Textes in dem oben skizzierten literaturtheoretischen Zusammenhang besonders wichtig, an welchen Stellen diese Differenzierung ansetzte. Unter solchem Blickwinkel sind die beiden Besprechungen, die R. Kerndl und W. Adling im „Neuen Deutschland" veröffentlichten, von besonderer Bedeutung, und zwar nicht nur, weil sie die literatur- und theatergeschichtliche Beurteilung der Komödie und ihres Autors in der DDR auf lange Jahre hin festgelegt haben, sondern weil sie sich – allerdings kasuistisch verengt – auf das zentrale Problem von Hacks' Konzept beziehen lassen: auf die Frage nämlich nach der sozialistischen Komödie in der entwickelten sozialistischen Gesellschaft. Dabei ist gleich zu Beginn bemerkenswert und für die Intentionen der Rezensenten ungemein aufschlußreich, daß sie dieses Problem nicht beim Namen nennen. Sie weichen einer theoretischen Grundsatzdebatte über Hacks' Ansatz vielmehr beharrlich aus. Damit verschleiern sie Hacks' historisch-kritischen Ansatzpunkt wie die Grundlagen ihrer eigenen Vorbehalte, und sie verkürzen die Auseinandersetzung um ihre wichtigste theoretische Komponente. Diese eröffnet sich dem Zuschauer/Leser des „Tassow" erst, wenn er Hacks' etwa zur gleichen Zeit entstandene, aber zumeist nur im „Westen" veröffentlichte theoretische Abhandlungen hinzuzieht. Die beiden Kritiker des „Neuen Deutschland" besprechen das Stück, als sei es ein beliebiges

Beispiel aus der Reihe der Komödienliteratur der DDR; Spuren einer neuen historischen Qualität können sie nur im persönlichen Bereich entdecken, wenn sie meinen, Hacks zeige Ansätze, seine „mechanistische" Sozialauffassung aus „Die Sorgen und die Macht" und aus den vorbereitenden Aufsätzen dazu zu überwinden. Damit verweigern sie eine im wirklichen Wortsinn materialistische Analyse. Diese Technik gestattet es den beiden Kritikern, die Komödie in verschiedene Stränge aufzulösen, die dann unterschiedlich beurteilt werden. Beide sind sie nämlich dort sehr zufrieden, wo sie – zu Recht oder zu Unrecht – glauben, „Moritz Tassow" sei als eine Kritik am kleinbürgerlichen linksradikalen Utopismus gemeint, stelle also eine Fortsetzung sozialistischer Komödienpraxis aus der frühen Phase der DDR-Literatur dar. So heißt es bei Kerndl: Hacks „überhöht, er setzt allgemein Typisches vor und über den realistischen Ablauf der gesellschaftlichen Entwicklung. Er zeigt dabei sowohl individuelle Verhaltensweisen wie auch große Vorgänge, die der gesellschaftlichen Wahrheit entsprechen." Nach Kerndls Meinung ist „Moritz Tassow" also im bereits skizzierten Sinn „realistisch". Und Adling konkretisiert dieses Urteil: „Hacks will mit ihm (dem Revoluzzer Tassow) offensichtlich den Linksradikalismus gewisser kleinbürgerlich-intellektueller Kreise ad absurdum führen." Denn: „Tassows ebenso linksradikales wie wirklichkeitsfremdes Vorgehen folgt zwangsläufig aus der seinem ‚Ideal' eigenen Ignorierung objektiver Gesetze und dem damit verbundenen extremen Individualismus." Auf diese Weise verkenne Tassow die wahren Interessen der am revolutionären Prozeß Beteiligten und werde so zur komischen Figur. Das entspricht haargenau dem Komödienschema des sozialistischen Realismus in der Phase des antibürgerlichen Kampfes. Von hier aus gesehen können die Rezensenten befriedigt feststellen, Hacks habe aus der Kritik an „Die Sorgen und die Macht" gelernt, er sei auf dem Weg „zu einer der neuen Gegenwart gewidmeten Komödie" (Adling).

Dann kommt allerdings das große „Aber". Es bezieht sich auf jene herauspräparierten Stränge des Stücks, die nicht mehr durch das hergebrachte sozialistische Komödienschema alt/neu abgedeckt sind; es bezieht sich auf jene Partien, in denen es um die Gestaltung der im Sinne der sozialistischen Geschichtstheorie progressiven Kräfte geht, also um diejenigen Handlungslinien, die von den beiden Parteifunktionären und von den Kräften des „Volks" bestimmt werden. Dafür eine adäquate Komödienkonzeption zu entwickeln, war ja nach Hacks' Meinung die Aufgabe der Stunde. Er versuchte mit seiner programmatischen Erklärung ernst zu machen: „Kunst lebt von den Fehlern der Welt." Auch die nach parteilicher Vorentscheidung (und Hacks' entschiedener Meinung!) positiven Kräfte im geschichtlichen Prozeß, die im Stück durch den Parteisekretär Mattukat, dessen Stellvertreter Blasche und das landlose Proletariat repräsentiert werden, erscheinen in die komisch-kritische Perspektive einbezogen. Wenn man der durch Kerndl und Adling (wie übrigens auch durch die Regie Benno Bessons) vorgenommenen Zweiteilung des Stücks folgen wollte, steckt in der letztgenannten Hälfte das brisante Problem der neuen sozialistischen Komödie. Das alte Schema hatte diese Kräfte – allenfalls durch „Humor" gemildert – vor dem Hintergrund des Belachten als „positiv" dargestellt, hatte sie dem Zuschauer zur einfühlenden Identifikation angeboten. Hacks entzieht sich dem weder ganz, noch unterwirft er sich dem völlig. Diese aus der Perspektive der 50er Jahre als Halbheit zu beurteilende Haltung des Autors wird zum Drehpunkt von Adlings Kritik: „Man ist geneigt, Peter Hacks zur endlich gelungenen Darstellung eines kommunistischen ‚Aktivisten der ersten Stunde' zu beglückwünschen. (. . .) Aber man zögert." Wenn man die wortreich vorgetragenen Gründe für dieses Zögern zusammenfassen will, dann geht es Kerndl und Adling darum, daß Hacks die harmonische Geschlossenheit der bestimmenden Kräfte der gesellschaftlichen Entwicklung nicht dargestellt habe. Der menschlich erfahrene Parteisekretär Mattukat vertritt in der historischen Umbruchsituation von 1945 den Standpunkt eines resignativen Pragmatismus, obwohl er das große politische Ziel klar erkennt; die Niederschlagung der Reaktion wird durch seinen Stellvertreter Blasche garantiert, der der Assoziation, die sein Name hervorruft, durchaus Ehre macht; und das „Volk" wird als ein wankelmütiger Haufen dargestellt, der politische Aktionen nur so weit trägt, wie sie seinen materiellen Bedürfnissen von Nutzen zu sein versprechen, im übrigen läßt es über sich verfügen. Gegenüber solchen Widersprüchen in den Kräften selbst, die den geschichtlichen Prozeß progressiv bewegen, mobilisiert die Kritik die Doktrin von der Harmonie des historischen Prozesses mit seinen bewußten Trägern. In der maßgeblichen Theatergeschichte der DDR heißt es: „Im Widerspruch zu allen Erfahrungen (. . .), die lehren, daß die Partei der Arbeiterklasse stets das historisch Notwendige tat und zugleich das perspektivische Denken der Massen auf immer höherer Ebene organisierte, unterstellt Hacks ein kleinbürgerlich taktierendes Verhalten zu den Volksmassen." Ohne ausdrücklich darauf einzugehen und ohne die historisch-theoretischen Voraussetzungen zu prüfen, wird das Hackssche Konzept für eine sozialistische Komödie im Zeitalter des entwickelten Sozialismus, das Heute von den Positionen des Morgen zu kritisieren, verworfen.

Sein Konzept, das in der Theorie allerdings sehr schematisch und im poetischen Entwurf traditionell anarchistisch-kleinbürgerlich bleibt, faßt Hacks in Sätzen zusammen wie: „Der Verfasser meint, daß auch die beste aller wirklichen Welten einen Fehler behalten muß: den, das sie schlechter ist als die beste aller möglichen Welten. Gegenstand der jüngsten Kunst, glaubt er, ist das Verhältnis der Utopie zur Realität. (. . .) Der einzige der Realität erreichbare Zustand von Vollkommenheit ist der Prozeß des sich Vervollkommnens, also ein unvollkommener Zustand." In diesem etwas hausgemachten, sich als sozialistisch verstehenden ontologisierenden Geschichtskonzept bekommt die Literatur (als das Medium der Phantasie) ihre Bedeutung: Die Phantasie von heute „betritt das Reich der Wirklichkeit als Übers-Ziel-Hinauslangen des Erfolgreichen, als Futurum der Praxis, als Gestus menschlicher Allmacht". Damit wird aber die Figur des Moritz Tassow gegenüber „der Partei" und „dem Volk" zumindest in ein partielles Recht gesetzt. Dieser dialektischen Ausfaltung eines entwickelten Sozialismus zu einem Sozialismus, der weiterhin zu entwickeln sein wird, setzt Adling die undialektische, harmonisierende These entgegen, die Stärke der Partei der Arbeiterklasse bestehe gerade darin, „die Nation zu lehren, ins Denken übers Heute das Gestern und das Morgen einzubeziehen". So kann die bereits zitierte DDR-Theatergeschichte ihr Resumée ziehen: Es „erwies sich die Komödie ‚Moritz Tassow' als ein äußerst zwiespaltiges Unternehmen. Der positive Aussagewert des Stückes, der sich in der komisch-kritischen Darstellung des intellektuellen Anarchismus offenbarte, wurde in Frage gestellt durch die Art und Weise, in der der Autor die reale Gegenposition zugunsten seines Helden abwertete." Wenn man es auf eine Formel bringen wollte, so könnte man sagen, daß Hacks mit seinem Konzept für eine Komödie des entwickelten Sozialismus bei seinen Kritikern daran scheiterte, daß die (sich durchsetzende) DDR-Kritik schematisch am Konzept für eine Komödie des siegenden Sozialismus (also der 50er Jahre) festhielt, ohne angeben zu können, wie dieses traditionelle Konzept auf die neue Situation der beginnenden 60er Jahre anzuwenden sei. Das wäre nach den Prinzipien der sozialistischen Komödie selbst eine komische Situation! Damit versperrte sich die Kritik die Möglichkeit, Hacks' (durchaus problematisches) Konzept auf einer adäquaten Ebene zu kritisieren.

Nun war diese Kritik an Hacks' Stück und seinen theoretischen Fundierungen der Sache nach durchaus nicht neu, und auch Hacks war sich bewußt, bei älteren *literaturgeschichtlichen Anknüpfungspunkten* ansetzen zu können. Die Argumente, die Kerndl und Adling gegen ihn ins Feld führten, hatten teilweise schon die Urteile bestimmt, die die Vertreter eines hegelianischen Konzepts des sozialistischen Realismus in den 50er Jahren gegen Brecht gefällt hatten. Mitte der 60er Jahre war dieser aber „sozusagen in den Weltruhm weggetaucht", und viele der mit seinem Namen verbundenen Ansätze waren zudem formalistisch in die Literaturproduktion der konventionellen Spielart des sozialistischen Realismus inkorporiert worden. Allerdings ist die Kritik an Hacks nicht einfach eine Reprise der Kritik an Brecht. Das wird man schon deswegen nicht sagen können, weil die Situationen sich unterschieden, auch ist der Niveauunterschied beider zu eklatant; Hacks knüpft überdies (anders als in der Bundesrepublik immer wieder behauptet wird) nicht bei Brechtschen Vorstellungen zur Komödie schlechthin an, vielmehr orientiert er sich bei der Konzeption des ,,Tassow" an Brechts allerletzter Phase, an dessen Versuchen, seine Theorie des dialektischen Theaters auf die völlig neue Situation eines sozialistischen Staates anzuwenden.

Brecht war bekanntlich an der Aufgabe, unter diesen Bedingungen den ,,positiven Helden" zu gestalten, gescheitert; das ,,Büsching"-Projekt, bei dem es um den Entwurf der Figur eines ,,Helden der Arbeit" ging, zerfiel schon in der Konzeptionsphase. Auf dem Felde der Komödie kam Brecht aber entschieden weiter. Zwar schrieb er keine eigene Komödie, aber sein produktiver Anteil an Strittmatters ,,Katzgraben", der am Schiffbauerdamm Theater realisiert wurde, war so groß, daß man diese Arbeit mit gewissem Recht zu Brechts œuvre zählen kann. Dabei ist weniger der (im ganzen konventionelle) Text bedeutsam für Brechts Versuch einer Antwort auf die Frage nach der Möglichkeit einer sozialistischen Komödie im sozialistischen Staat; wichtig sind vielmehr die Notizen, die Brecht aus Anlaß der Theaterarbeit an ,,Katzgraben" niederschrieb und die unter dem Titel ,,,Katzgraben'-Notate" in seine Werke eingegangen sind. Merkwürdigerweise sind diese umfangreichen Überlegungen noch nicht ausführlicher Gegenstand der Brecht-Literatur geworden[3]. Ihre Bedeutung liegt darin, daß Brecht Probleme der Komödie nicht mehr im Hinblick auf eine antagonistische Gesellschaft angeht, sondern nach dem Konzept einer neuen Komödie für eine sozialistische, nicht-antagonistische Gesellschaft sucht. Und genau das ist – unter variierten Umständen – Hacks' Problem zu Beginn der 60er Jahre. ,,Der für die neue Gesellschaft gewünschte bzw. in ihr erspürte Geist einer nicht stillstehenden Entwicklung vom Noch-nicht-Guten zum immer Besseren hin soll die literarischen Werke bestimmen, wie umgekehrt diese Werke jenen Geist potenzieren sollen." Das gilt für Brecht wie für Hacks. Brecht konzipierte nichts Neues gegenüber seiner bisherigen Theorie, aber im Hinblick auf die neuen Zustände akzentuierte er neu: Das sich entwickelnde Neue im Prozeß der Fabel, die Lust an bewußter gesellschaftlicher Mitarbeit, die neue, sozialistische ,,Größe" des Menschen, die gefühlsmäßige Affizierung des Publikums sind in Brechts Notizen die Kernbereiche, auf die sich mehr oder weniger auch Hacks konzentriert.

Allerdings gibt es auch bezeichnende Unterschiede zwischen beiden, wenngleich wegen der Allgemeinheit der Aussagen präzisere Auskünfte schwer sind. Diese Unterschiede treffen den Kern des Komödienproblems: Während Hacks an der Frage des Komischen in erster Linie der inhaltliche, der stoffliche Aspekt zu interessieren scheint, tritt bei Brecht der wirkungs-ästhetische Aspekt deutlicher in Erscheinung. Die Formel, es gelte „Lust an diesem Tätigsein (nämlich am gesellschaftlichen Verändern) zu erwek-ken", findet sich häufig in Brechts Text; bei Hacks scheint das Komische mehr aus der Gestaltung von Widersprüchen im Stoff selbst zu resultieren. So scheint auch das In-die-Zukunft-Greifen, das der neuen komischen Situation zugrunde liegen soll, abweichend von der Brechtschen Vorstellung konzipiert zu sein. Brecht konzentriert sich viel nachdrücklicher als Hacks auf die „neue Betrachtungsweise", also auf die Dialektik von Stoff und Re-zeption; allerdings war das Sujet, an dem er seine Gedanken konkretisierte, noch von der alten Art. Das stofflich Neue, das Zukünftige, von dem aus das Gegenwärtige komisch relativiert erscheint, wird von Brecht eher anti-zipatorisch begriffen, also als konkrete Auflösung eines gegenwärtigen Mangels, während Hacks nicht nur den stofflichen Aspekt sehr viel stärker betont als Brecht, sondern den Vorgriff in die Zukunft als (geschichtsphilo-sophisch übrigens wenig überzeugende) Utopie phantasmagoriert. (Daran ändert auch nichts, daß er im Stück seinen Utopisten an der Realität schei-tern läßt, die Utopie also nicht konkret werden läßt.) Wenn man solche Un-terschiede nicht allein als individuelle Differenz verwandter Schriftsteller katalogisieren, also auf die Privatsphäre der Autoren einengen will, muß man die historisch-gesellschaftlich gewandelte Situation und die in deren Zusammenhang bezogenen Positionen der Autoren mit berücksichtigen. In der Phase der Etablierung der DDR baut Brecht sein Komödienkonzept auf die Haltung einer parteilichen Kritik am potentiellen neuen Souverän (dem Proletariat/Volk), der mit politischer Notwendigkeit zur Macht wächst; in der Phase der etablierten DDR baut Hacks sein Komödienkon-zept auf die Haltung einer parteilichen Kritik am Machtapparat, der mit ge-schichtstheoretischer Notwendigkeit die Macht des Souveräns ausübt. – Solche Beobachtungen von Differenzen, die wegen der Allgemeinheit der Darlegungen und wegen der unterschiedlichen Argumentationssituationen schwer zu beurteilen sind, sollten aber nicht darüber hinwegtäuschen, daß beiden Versuchen eines gemeinsam ist: für die neue sozialistische Phase der Geschichte eine neue sozialistische Komödienform zu entwickeln – und dieses in Distanz zur hegelianischen Grundlage des in der DDR dominie-renden Modells eines sozialistischen Realismus.

Eine *Textanalyse,* die der repräsentativen Bedeutung des „Moritz Tas-sow" für die Komödienliteratur der DDR gerecht werden will, muß von den dargelegten historischen und theoretischen Konstellationen ausgehen, die gewissermaßen Teil des Stücks selbst sind. Die textinternen Probleme treten unter solchem Blickwinkel deutlich zurück, sie werden zu Funktionen jener Konstellationen.

Von der Fabel des „Moritz Tassow" ist bereits im Lichte der Kritik am Stück die Rede gewesen; sie ist so konstruiert – und das war einer der entscheidenden Gründe der Kritik –, daß alle Handlungsimpulse von der „komischen Figur", von dem aus der „inneren Emigration" auftauchenden kleinbürgerlichen Linksintellektuellen Moritz Tassow ausgehen (und nicht von „der Partei" oder „dem Volk"). Alle Personen des Stücks handeln aus ihrer jeweiligen (vermeintlichen) Interessenlage in Reaktion auf die von Tassow geschaffene Situation: Er verjagt den Gutsbesitzer, er organisiert die „Kommune 3. Jahrtausend", er führt das Lustprinzip als Grundlage einer sozialistischen Lebensform ein. Dadurch entstehen im Handlungsgefüge die Konfliktkonstellationen, in denen sich die verschiedenen Parteiungen in ihren Widersprüchen konstituieren: der Großgrundbesitzer von Sack mit seinem Anhang als die absolute Gegenposition zu allen anderen Figuren; die Gruppe der Landlosen und Landarmen, die zunächst mit Tassow geht, dann aber gegen ihn opponiert, da ihre Mitglieder individuellen Landbesitz anstreben, den er aus seiner Vision vom Kommunismus verweigert; die Gruppe der Mittelbauern, die ihr Fell zu retten hofft, indem sie mit dieser oder jener Kraft paktiert; die Parteisekretäre, die aus historischer Erfahrung eine andere revolutionäre Taktik vertreten als Tassow. Handlungsmotivierendes Moment ist (zumindest der Intention nach) die jeweilige Position der handelnden Figur im gesamtgesellschaftlichen Gefüge (was im Hinblick auf die zentrale Figur des Tassow allerdings am wenigsten gelingt). Die dramatis personae sind auf diese Weise nicht psychologisch individualisiert, sie werden vielmehr jeweils als Angehörige einer Klassengesellschaft personalisiert; nicht „Charaktere" determinieren das Geschehen, sondern umgekehrt, das (sozial bestimmte) Geschehen determiniert die Personen. Der Autor differenziert diese Gruppen dann noch einmal in sich, so daß innerhalb der gesellschaftlichen Klassen unterschiedliche Fraktionen sichtbar werden: Neben den adligen Grundbesitzer treten dessen bourgeoiser Agent, der Verwalter Achilles, und die Edelnutte Melitta; neben dem romantischen Revoluzzer Tassow, dessen pseudorevolutionärer Impuls in der heimlichen Lektüre schweinslederner Folianten stimuliert worden ist, findet sich der Lumpenbourgeois Dziomba, der Tassows kleinbürgerlich-utopische Vision von sinnlich-individueller Freiheit kurzerhand in anarchische Realität umsetzt; unter den landhungrigen Kätnern erwacht Rosa zu proletarischem Bewußtsein; neben dem humanen Kommunisten Mattukat steigt der Stern des Apparatschicks Blasche. Auf diese

Weise vermeidet Hacks die grad- und dicklinige Handlungsführung und die schablonenhafte Personenzeichnung, die die Bühnenstücke des sozialistischen Realismus harmonistischer Provenienz so nachhaltig charakterisieren. Im Filigran der zersplitterten Handlungslinien wird ästhetisch sichtbar, was die Formel von den ungeheuer komplizierten gesellschaftlichen Prozessen im Sozialismus bedeuten könnte, von denen in den dramaturgischen Erörterungen in der DDR allenthalben die Rede ist, ohne daß das sichtbare Konsequenzen für die Handlungsführung der Bühnenstücke hätte. Hacks entflicht die Handlungsstränge, die durch die Fabel vorgezeichnet sind, so stark, daß er zuweilen Mühe hat, den Faden zu halten: zu zeigen, wie die kleinbürgerliche Freiheitsvorstellung des Moritz Tassow am Ende das Geschäft der alten Gewalten betreibt, so daß „die Partei" eingreifen muß, um die historische Situation zu retten; zu zeigen, daß die subjektive Revolution Tassows objektiv nur eine Revolte ist, denn der Held des Stücks stellt in Gargentin nur eine negativ befreite Gesellschaft auf die Beine: die Mitglieder der utopischen Kommune begehren nur das, was sie in der bürgerlich-kapitalistischen Gesellschaft gerne gehabt hätten, aber nicht bekamen; zu zeigen, wie die Einsicht in diese Konstellation den kleinbürgerlichen Revoluzzer Tassow nicht etwa in die Reihen der Partei der Arbeiterklasse treibt, sondern eine illusionäre Fluchthaltung aus der Gesellschaft im – ironischen – Rückzug auf den Status des Schriftstellers nur befestigt. Innere Emigration, utopische Revolte, Schriftsteller: das liegt nach der Logik der Fabel auf einer Linie.

Hier nun findet sich der Drehpunkt, um den Hacks seine Komödie ihre dialektischen Volten schlagen läßt: Das Utopische, das auf der Ebene der Fabel im Sinne marxistisch-leninistischer Geschichtsinterpretation[4] – wenn auch nicht immer in völliger Übereinstimmung mit dem Postulat der Parteilichkeit – desavouiert wird, versucht der Autor auf der Ebene des Ästhetischen zu bewahren. Als ästhetisches Konstrukt rettet die Komödie das, was sie als Widerspiegelung sozialer Realität zum Tode verurteilt hat. Insofern liegt in der schließlichen Berufswahl Tassows ein – ironischer – Sinn: der Autor thematisiert und definiert sein eigenes Tun, er legitimiert post festum die ästhetische Qualität seiner Komödie und damit partiell auch die Figur des Moritz Tassow: als närrischer Künstler, als Artist, ist er das Medium jener bereits erwähnten Phantasie von heute, die sich nach Hacks' Meinung „das Reich der Wirklichkeit als Übers-Ziel-Hinauslangen des Erfolgreichen, als Futurum der Praxis, als Gestus menschlicher Allmacht" erträumt. So erfüllt sich Hacks' Anspruch an die neue sozialistische Komödie weniger von der Konstruktion der Fabel her (da bleibt er trotz mancher Ausfaltung dem konventionellen Konzept treu), der Anspruch richtet sich in erster Linie auf das Problem der Aufbereitung der Fabel. Man könnte

seine Opposition zur alten Konzeption der sozialistischen Komödie über-
spitzt als das Prinzip der Emanzipation von den Zwängen der Fabel bezeichnen, als eine Technik des Aus-der-Handlung-Setzens, zunächst der
Figuren, damit aber auch des Zuschauers. Man hat hierin – zumeist mit dem
Hinweis auf biographische Zusammenhänge – ein Anknüpfen an Elemente
der „romantischen Ironie", vor allem in der Fassung des Wiener Volkstheaters, sehen wollen. Wichtiger als solche literarhistorische Reminiszenz ist die Funktion dieses Prinzips: Verweigerung des Standpunkts ein-
deutiger Parteilichkeit, d. h. Inanspruchnahme eines partiellen Rechts auf
Widerspruch. Das Poetische ist ein Medium der vorausgreifenden Reflexion, es potenziert diese Reflexion und vervielfacht sie in einer endlosen
Reihe von Spiegelungen. So spart Hacks denn nicht mit „poetischen" Worten, erstaunt mit Wortspielereien, schüttet eine Fülle von Bildern aus, spielt
mit Rede-, jongliert mit Satzfiguren und brilliert vor allem mit einer hoch-
artifiziellen Verstechnik. Mit Hilfe eben dieser Poetizität hält er immer
wieder den Fortgang der Fabel an, läßt die verknüpfende Phantasie ab-
schweifen, verbindet alles mit allem, setzt alles in einen Widerspruch mit
sich selbst.

Nur zu leicht verwirrt sich allerdings in solchen endlosen Spiegelungen
der verknüpfende Sinn, und man wird Kerndls Vorwurf einer „superdia-
lektischen Verspieltheit" nicht ohne weiteres widersprechen können. Manche der Facetten spiegelt ins Ungenaue, wenn nicht ins Leere. Schon der Titel ist ein Beispiel dafür: er ist eine Anspielung auf die These, ein Konflikt,
der im bürgerlichen Theater notwendigerweise nur im Trauerspiel formuliert werden könne, dränge im sozialistischen Theater zur komödienhaften
Auflösung. Das spielt im Stück aber nur eine sehr vage Rolle; die Konstellation Dichter – Macht ist kein Thema; und wollte man Tassows Utopismus
so deuten, dann scheiterte er gemäß der Konzeption des Stücks nicht an den
Instanzen der Macht, sondern an der Realität. Ähnlich steht es mit der
Ortsbezeichnung „Gargentin", mit den Reminiszenzen an den „Sommer-
nachtstraum" oder an Shakespeares Narren und am Ende auch mit der Anspielung auf die Schillersche Dialektik von Freiheit und Notwendigkeit.
Solche Spielereien helfen in der Tat nur zu leicht über konzeptionelle
Schwächen des Stücks hinweg, die vor allem im Bereich des ganz ungeklär-
ten Begriffs des „Utopischen" liegen.

Wenn man auf solche Art die formalen Gestaltungsmittel in Hacks'
Theorie der „sozialistischen Komödie des entwickelten Sozialismus" einbezieht, dann bleibt die These, das Stück thematisiere Probleme der Boden-
reform des Jahres 1945 und rechtfertige sie nachträglich, nicht länger halt-
bar; das hieße, allein die Handlungsebene des Stücks gelten zu lassen und
die ästhetische Ironisierung als formales Beiwerk abzuwerten. Bezieht man

– übrigens nach Hacks' eigenem Vorgang – diese Poetisierung als zentrales Element seiner sozialistischen Komödienkonzeption in die Analyse ein, dann stellt sich ,,Moritz Tassow" als ein Stück der frühen 60er Jahre dar; die Komödie öffnet sich dann der poetologischen Diskussion im Schatten von ,,Bitterfeld", gibt ihre Beziehung zu den ostdeutschen Bemühungen zu erkennen, nach dem Mauerbau die ideologische Positionen im Hinblick auf die Tradition der 50er und die Situation der 60er Jahre neu zu bestimmen, stellt einen Zusammenhang her zu den Versuchen in der DDR, Impulse aus dem westeuropäischen Kommunismus (Garaudy, Fischer) abzuwehren, verweist auf die ökonomischen Schwierigkeiten der DDR der 60er Jahre, in denen dem Sozialismus als einer ,,relativ selbständigen sozial-ökonomischen Formation" einige geschichtliche Dauer eingeräumt werden mußte, und sie läßt sich am Ende auch als ein autobiographisches Dokument ihres Autors lesen. Das erklärt auch, warum das Stück in der Bundesrepublik nicht heimisch wurde. In diesem Sinn wird man sagen können, Peter Hacks' ,,Komödie" ,,Moritz Tassow" sei repräsentativ für die Komödienproduktion der DDR, repräsentativer jedenfalls als jene Stücke, die schnellfertig die Postulate eines sozialistischen Realismus einzulösen glaubten. Wie in einem Hohlspiegel sammeln sich die verschiedenen Impulse der Komödiendiskussion in der DDR in diesem Stück.

ANMERKUNGEN

Vorbemerkung

Die zitierten *Dramentexte* richten sich nach der unter T angegebenen Ausgabe. Zahlen hinter den Zitaten bedeuten Akt und Szene (z. B. II,4). Abweichungen hiervon sind unter T besonders vermerkt.

Die *Literaturangaben* L streben keine Vollständigkeit an; sie beschränken sich auf die für das Thema wichtige Einzelliteratur, die in chronologischer Folge angegeben wird.

Die *Nachweise* N geben die Fundstellen der wesentlichen Zitate an.

Die *Anmerkungen* A wurden im Hinblick auf die Aufgabe des Werkes begrenzt.

EINFÜHRUNG IN DIE THEORIE DES KOMISCHEN UND DER KOMÖDIE · S. 11

Seite

N: 12,18 v. u. J. Ritter, Über das Lachen, in: ders., Subjektivität, Frankfurt/M. 1974, S. 62–92, hier S. 85 u. 84

13,16 Helmuth Plessner, Lachen und Weinen, 3. Aufl. Bern 1961, S. 117

15,8 v. u. ebd., S. 114 ff.

17,9 v. u. Hegel, Ästhetik, 2 Bde., hrsg. v. Friedrich Bassenge, 2. Aufl. Frankfurt/M. o. J., II, S. 585

18,15 ebd., S. 554

18,9 v. u. Hegel, Ästhetik I, S. 565–567

19,10 K. Marx / F. Engels, Über Kunst und Literatur, 2 Bde., Frankfurt/M. 1968; I, S. 159 f.

21,2 Henri Bergson, Le Rire. Essay sur la signification du comique, 10. Aufl. Paris 1913, S. 4

25,11 v. u. Rainer Warning, Komik und Komödie als Positivierung von Negativität (Am Beispiel Molière und Marivaux), in: Positionen der Negativität (= Poetik und Hermeneutik VI), hrsg. v. Harald Weinrich, München 1975, S. 341–366, hier S. 356

25,2 v. u. Schiller, Säkularausgabe, XII, S. 197 f. u. 329

26,19 Hegel, Ästhetik II, S. 570 u. 572

Seite

26,13 v. u. Schiller, Säkularausgabe, XVI, S. 305

27,9 Otto Rommel, Komik und Lustspieltheorie, jetzt in: Wesen und Formen des Komischen, vgl. Anm. 3, S. 39–76; hier S. 61 f.

27,1 v. u. Jurij Borew, Über das Komische. Aus dem Russischen übers. v. Heinz Plavius, Berlin 1960, S. 235 f.

28,4 A. W. v. Schlegel, Vorlesungen über dramatische Kunst und Literatur. Krit. Ausg. v. G. V. Amoretti, 2 Bde., Bonn–Leipzig 1923, I, S. 130

28,11 Adam Müller, Ironie, Lustspiel, Aristophanes, in: Phöbus. Ein Journal für die Kunst, hrsg. v. H. v. Kleist u. A. H. Müller. Photomech. Nachdr., Darmstadt 1961, S. 228–239, hier S. 235 ff.

29,16 Helmut Arntzen, Die ernste Komödie. Das dt. Lustspiel von Lessing bis Kleist, München 1968, Einleitung

29,16 v. u. Peter Christian Giese, Das ,,Gesellschaftlich-Komische". Zu Komik und Komödie am Beispiel der Stücke und Bearbeitungen Brechts, Stuttgart 1974, S. 198

A: [1] Harald WEINRICH, Was heißt: ,,Lachen ist gesund?", in: Das Komische (Poetik und Hermeneutik VII), hrsg. v. Wolfgang Preisendanz und Rainer Warning, München 1976, S. 402–408.

[2] Vgl. Wolfgang PREISENDANZ, Über den Witz (= Konstanzer Universitätsreden 13), Konstanz 1970; Martin GROTJAHN, Vom Sinn des Lachens – Psychoanalytische Betrachtungen über den Witz, das Komische und den Humor. Aus dem Amerikan. v. G. Vorkamp, München 1974.

[3] Vgl. zum folgenden Otto ROMMEL, Die wissenschaftlichen Bemühungen um die Analyse des Komischen, jetzt in: Wesen und Formen des Komischen im Drama, hrsg. v. Reinhold Grimm und Klaus L. Berghahn (= Wege der Forschung 62), Darmstadt 1975, S. 1–38. Im übrigen: Wolfgang PREISENDANZ, Das Komische, das Lachen, in: Histor. Wörterb. der Philosophie, hrsg. v. Joachim Ritter und Karlfried Gründer, Bd. 4: I–K, Darmstadt 1976, Sp. 889–893; Manfred PFISTER, Bibliographie zur Gattungspoetik. Theorie des Komischen, der Komödie und der Tragikomödie (1943–1972), in: Zeitschr. f. französ. Sprache und Literatur 83, 1973, S. 240–254.

[4] Siehe H. SPENCER, The Physiology of Laughter, 1868.

[5] Theodor LIPPS, Komik und Humor, in: Beiträge zur Ästhetik, VI, 1898.

[6] Erste vorläufige Abhandlung vom Lächerlichen und Komischen überhaupt, 1784.

[7] Theodor VISCHER, Über das Erhabene und Komische, 1837; Ästhetik oder Wissenschaft des Schönen, 1846 ff.

[8] Vgl. dazu Georgina BAUM, Humor und Satire in der bürgerlichen Ästhetik, Berlin 1959.

[9] J. SULLY, An Essay on Laughter, 1902.   [10] Le Rire, 1902.

[11] Sigmund FREUD, Der Witz und seine Beziehung zum Unbewußten, 1905.

[12] Geradezu zum Schlüsselbegriff wird „Fremdbestimmtheit" bei Stierle: „Objektive Voraussetzung für Komik ist, daß das Scheitern einer Handlung sinnfällig wird als Fremdbestimmtheit eines Handelns." (Komik der Handlung, Komik der Sprachhandlung, Komik der Komödie, in: Karlheinz STIERLE, Text als Handlung, München 1975, S. 57–97; hier S. 58).

[13] Vgl. Hans Robert JAUSS, Über den Grund des Vergnügens am komischen Helden, in: Das Komische, vgl. Anm. 1, S. 103–132.

[14] F. GÜTTINGER, Die romantische Komödie und das dt. Lustspiel, Frauenfeld–Leipzig 1939.

[15] Rainer WARNING, Elemente einer Pragmasemiotik der Komödie, in: Das Komische, vgl. Anm. 1, S. 279–333.

[16] Fritz MARTINI, Überlegungen zur Poetik des Lustspiels, in: ders., Lustspiele – und das Lustspiel, Stuttgart 1974, S. 9–36; hier S. 32.

[17] James K. FEIBLEMAN, Aesthetics, New York 1949 (darin: The Meaning of Comedy). Northrop Frye, Anatomy of Criticism (Analyse der Literaturkritik. Dt. Erstausgabe Stuttgart 1964). Zitate aus: Wesen und Formen des Komischen, vgl. Anm. 3, S. 89 f. u. 167 ff. Zur früheren Theorie: Norbert ALTENHOFER (Hrsg.), Komödie und Gesellschaft. Komödientheorien des 19. Jahrhunderts: Hettner – Hillebrand – Meredith, Frankfurt/M. 1973.

[18] REINHOLD GRIMM, Zu Bertolt Brecht. Komik und Verfremdung; Helmut ARNTZEN, Komödie und episches Theater. Beide jetzt in: Wesen und Formen des Komischen, vgl. Anm. 3, S. 253–271 u. 441–455.

[19] Friedrich DÜRRENMATT, Theaterschriften und Reden, Zürich 1966, S. 120 ff.

[20] Karl S. GUTHKE, Geschichte und Poetik der dt. Tragikomödie, Göttingen 1961; ders., Die moderne Tragikomödie. Theorie und Gestalt, Göttingen 1968.

W. H.

DIE DEUTSCHE KOMÖDIE VOR LESSING S. 32

L: Karl HOLL, Geschichte des dt. Lustspiels, Leipzig 1923, Nachdruck: Darmstadt 1964; Hans FRIEDERICI, Das dt. bürgerliche Lustspiel der Frühaufklärung (1736–1750). Unter besonderer Berücksichtigung seiner Anschauungen von der Gesellschaft, Halle/Saale 1957; Eckehard CATHOLY, Das Fastnachtspiel des Spätmittelalters. Gestalt und Funktion (Hermaea. Germanistische Forschungen, N. F., Bd. 8), Tübingen 1961; Walter HINCK, Das dt. Lustspiel des 17. und 18. Jahrh. und die italienische Komödie. Commedia dell'arte und Théâtre Italien (Germanistische Abhandlungen 8), Stuttgart 1965; Eckehard CATHOLY, Komische Figur und dramatische Wirklichkeit. Ein Versuch zur Typologie des Dramas (Festschrift Helmut de Boor), Tübingen 1966, S. 193–208; jetzt auch in: Reinhold GRIMM u. Klaus L. BERGHAHN (Hrsg.), Wesen und Formen des Komischen im Drama (Wege der Forschung 62), Darmstadt 1975, S. 402–418; Helmut ARNTZEN, Die ernste Komödie. Das dt. Lustspiel von Lessing bis Kleist, München 1968; Walter HINCK, Das dt. Lustspiel im 18. Jahrh., in: Das deutsche Lustspiel, 1. Teil, hrsg. v. H. Steffen, Göttingen 1968, S. 7–26; Hermann PRANG, Geschichte des Lustspiels. Von der Antike bis zur Gegenwart, Stuttgart 1968; Eckehard CATHOLY, Das dt. Lustspiel. Vom Mittelalter bis zum Ende der Barockzeit (Sprache und Literatur 47), Stuttgart–Berlin–Köln–Mainz 1969; Horst STEINMETZ, Die Komödie der Aufklärung, 2. durchges. u. bibliogr. erg. Aufl., Stuttgart 1971; Fritz MARTINI, Lustspiele – und das Lustspiel (Vorw.: K. Hamburger, H. Arbogast), Stuttgart 1974; Reinhold GRIMM u. Klaus L. BERGHAHN (Hrsg.), Wesen und Formen des Komischen im Drama (Wege der Forschung 62), Darmstadt 1975.

Seite	Seite
N: 44, 20 v. u. Gottsched in seiner Zeitschrift „Der Biedermann",	Bd. 2, Leipzig 1728, S. 175

A: Neidhartspiel, hrsg. v. A. E. SCHÖNBACH, in: Zeitschrift für dt. Altertum, 40, 1896, S. 368–374.

[2] Friederike CHRIST-KUTTER (Hrsg.), Frühe Schweizerspiele (Altdt. Übungstexte 19), Bern 1963, S. 368–374.

[3] A. v. KELLER (Hrsg.), Fastnachtspiele aus dem 15. Jahrh., Teil 1–3 und Nachlese (Bibliothek des Litterarischen Vereins in Stuttgart 28–30, 46), Stuttgart 1853 und 1858, Nachdruck: Darmstadt 1965–66.

[4] O. ZINGERLE (Hrsg.), Sterzinger Spiele. Nach Aufzeichnungen des Vigil Raber (Wiener Neudrucke 9 u. 11), Wien 1886. Dazu: Eckehard CATHOLY, Das Tiroler Fastnachtspiel. Plagiat der Nürnberger Spiele? In: Tiroler Volksschauspiel. Beiträge zur Theatergeschichte des Alpenraumes. Schriftenreihe des Südtiroler Kulturinstitutes, Bd. 3, Bozen 1976, S. 60–73.

[5] Dieter WUTTKE unter Mitarbeit von Walter WUTTKE (Hrsg.), Fastnachtsspiele des 15. und 16. Jahrh., Stuttgart 1973.

[6] E. KREISLER, Die dramatischen Werke des Peter Probst (1553–1556) (Neudrucke dt. Literaturwerke des 16. und 17. Jahrh. 219–221), Halle/S. 1907.

[7] E. GOETZE (Hrsg.), Hans Sachs, Sämtliche Fastnachtspiele, 1–7 (1. in 2. Aufl. 1920; 2. in 2. Aufl. besorgt von Ruth SCHMIDT-WIEGAND 1957) (Neudrucke dt. Literaturwerke des 16. und 17. Jahrh., 26/27, 31/32, 39/40, 42/43, 51/52, 60/61, 63/64), Halle 1881–1957; Theo SCHUMACHER (Hrsg.), Hans Sachs, Fastnachtspiele (Dt. Texte 6), 2. neubearb. Aufl. Tübingen 1970.

[8] E. Goetze, s. Anm. 7, 51/52 (Nr. 57), S. 69–83.

[9] P. ZINSLI (Hrsg.), Niklaus Manuels „Der Ablaßkrämer". Genaue Textwiedergabe nach der Originalhandschrift des Dichters (Altdt. Übungstexte 17), Bern 1960.

[10] Nach Goethes Ansicht versteht Aristoteles „unter Katharsis diese aussöhnende Abrundung, welche eigentlich von allem Drama, ja sogar von allen poetischen Werken gefordert wird" (Schriften zur Literatur. Nachlese zu Aristoteles' Poetik. Goethe, Gedenkausgabe der Werke, Briefe und Gespräche, hrsg. von Ernst BEUTLER, Bd. 14, Zürich 1950, S. 710).

[11] H. C. SCHNUR (Hrsg.), Johannes Reuchlin, Henno. Komödie. Lateinisch und deutsch, Stuttgart 1970.

[12] A. v. KELLER (Hrsg.), Ayrers Dramen (Bibliothek des Litterarischen Vereins in Stuttgart 76–80), Stuttgart 1850.

[13] Manfred BRAUNECK (Hrsg.), Heinrich Julius von Braunschweig, Von einem Weibe. Von Vincentio Ladislao, Stuttgart 1967.

[14] Eberhard MANNACK (Hrsg.), Andreas Gryphius, Verliebtes Gespenst. Gesangspiel. Die geliebte Dornrose. Scherzspiel. Texte und Materialien zur Interpretation (Komedia 4), Berlin 1963.

[15] Willi FLEMMING (Hrsg.), Die dt. Barockkomödie (Dt. Literatur, Reihe Barock 4), Leipzig 1931, S. 209–297, Nachdruck: Darmstadt 1965.

[16] Es ist deshalb nicht überraschend, daß WEISE vorzieht, das an komischen Situationen und Figuren so reiche Stück als „Schauspiel" zu bezeichnen.

[17] Rolf TAROT (Hrsg.), Christian Reuter, Schlampampe. Komödien, Stuttgart 1966.

[18] Wolfgang MARTENS (Hrsg.), Luise Adelgunde Victorie Gottsched, Die Pietisterey im Fischbein-Rocke, Stuttgart 1968.

[19] Jürgen JACOBS (Hrsg.), Johann Christian Krüger, Die Geistlichen auf dem Lande. Die Candidaten. Faksimile-Druck nach den Ausgaben von 1743 und 1748 (Dt. Neudrucke 18), Stuttgart 1970.

[20] J. F. LÖWEN (Hrsg.), Johann Christian Krüger, Poetische und Theatralische Schriften, Leipzig 1763.

[21] Werner HECHT (Hrsg.), Luise Adelgunde Viktorie Gottsched, Der Witzling. Johann Elias Schlegel, Die stumme Schönheit (Komedia 1), Berlin 1962.

[22] Horst STEINMETZ (Hrsg.), Christian Fürchtegott Gellert, Die zärtlichen Schwestern. Im Anhang: Chassirons und Gellerts Abhandlungen über das rührende Lustspiel, Stuttgart 1965.

E. C.

GOTTHOLD EPHRAIM LESSING   S. 49

T: ,,Minna von Barnhelm`` nach: Sämtl. Schriften, hrsg. v. Karl Lachmann/Franz
    Muncker, 23 Bde., Stuttgart 1886–1924, Bd. 2, S. 171–264.

L: Dieter HILDEBRANDT (Hrsg.), G. E. Lessing, Minna von Barnhelm. Vollstän-
    diger Text. Dokumentation, Frankfurt/M. – Berlin 1969; Jürgen HEIN (Hrsg.),
    G. E. Lessing, Minna von Barnhelm. Erläuterungen und Dokumente, Stuttgart
    1970. – Emil STAIGER, Lessing: Minna von Barnhelm, in: ders., Die Kunst der
    Interpretation. Studien zur dt. Literaturgeschichte, Zürich 1955, S. 75–96; Fritz
    MARTINI, Riccaut, die Sprache und das Spiel in Lessings Lustspiel ,,Minna von
    Barnhelm`` (1964), in: G. E. Lessing, hrsg. von Gerhard u. Sibylle Bauer,
    Darmstadt 1968, S. 376–426; Walter HINCK, Das deutsche Lustspiel des 17. u.
    18. Jahrh. u. die italienische Komödie. Commedia dell'arte u. théatre italien,
    Stuttgart 1965, S. 256–301; Helmut ARNTZEN, Die Komödie des Individuums.
    Lessings ,,Minna von Barnhelm``, in: ders., Die ernste Komödie. Das dt. Lust-
    spiel von Lessing bis Kleist, München 1968, S. 25–45; Georg LUKÁCS, Minna
    von Barnhelm (1964), in: G. E. Lessing, hrsg. v. Gerhard u. Sibylle Bauer,
    Darmstadt 1968, S. 427–447; Jürgen SCHRÖDER, Das parabolische Geschehen
    der ,,Minna von Barnhelm``, in: Dt. Vjschr., Bd. 43, 1969, S. 222–259; ders., G.
    E. Lessing. Sprache und Drama, München 1972; Peter MICHELSEN, Die Ver-
    bergung der Kunst. Über die Exposition in Lessings ,,Minna von Barnhelm``,
    in: Jahrb. d. dt. Schillerges. 17, 1973, S. 192–252; Heinz SCHLAFFER, Tragödie
    und Komödie. Ehre und Geld. Lessings ,,Minna von Barnhelm``, in: ders., Der
    Bürger als Held. Sozialgeschichtliche Auflösungen literarischer Widersprüche.
    Frankfurt/M. 1973, S. 86–125; Hinrich C. SEEBA, Die Liebe zur Sache. Öffent-
    liches und privates Interesse in Lessings Dramen, Tübingen 1973, S. 10–28 u.
    65–85; Peter WEBER, Lessings ,,Minna von Barnhelm``. Zur Interpretation und
    literarhistorischen Charakteristik des Werkes, in: Studien zur Literaturge-
    schichte und Literaturtheorie, hrsg. v. Hans-Günther Thalheim und Ursula
    Wertheim, Berlin 1970, S. 10–57; Ilse GRAHAM, ,,Minna von Barnhelm``: The
    Currency of Love, in: dies., Goethe and Lessing. The Wellsprings of Creation,
    London 1973, S. 167–176; Wilfried BARNER, Gunter GRIMM, Helmuth KIESEL,
    Martin KRAMER, Lessing. Ein Arbeitsbuch für den literaturgeschichtlichen Un-
    terricht, München 1975.

Seite | Seite

N: 49, 1 Am 27. 3. 1831 zu Eckermann | 55, 20 v. u. Ges. Werke, hrsg. v. P.
    49, 7 Theaterschriften und Reden, | Rilla, Bd. VIII, Berlin 1956, S.
    Zürich 1966, S. 121 f. | 560 ff.
    51, 10 v. u. Hamburger Ausgabe | 55, 7 v. u. Weber, s. L., S. 52
    IX, S. 281 f. | 55, 2 v. u. ebd., S. 52 f.
    51, 4 v. u. Goethes Gespräche, Bd. | 55, 1 v. u. ebd., S. 54
    1, 1909, S. 446 | 56, 11 v. u. Schriften IX, S. 303
    52, 4 Brief v. 16. 12. 1758 an Gleim | 56, 10 v. u. ebd., S. 402
    52, 18 Seeba, s. L., S. 13 | 56, 7 v. u. Lessings Briefwechsel

A: [1] Vor allem bei den marxistischen u. sozialgeschichtlichen Deutungen.

[2] Brief v. 25. 5. 1777 an Nicolai.

[3] Vgl. Hinck, s. L., S. 288 f.

[4] Dazu vor allem die Deutung von Weber. Ich möchte darauf aufmerksam machen, daß meine Interpretation in vieler Hinsicht mit derjenigen von Arntzen, s. L., übereinstimmt.

[5] Durch den Aufsatz von Michelsen.

[6] Darüber informiert man sich am leichtesten bei Hildebrandt (s. L.) und in dem Lessing-Arbeitsbuch.

[7] Trotzdem hatte das Stück vor seinen ersten Aufführungen einige Schwierigkeiten mit der Zensur zu bestehen.

[8] Seeba und Schlaffer spielen den ‚Fall‘ auf eine unvertretbare Weise hinunter. Wenn Schlaffer z. B. schreibt: „Tellheims Misere, die er zu einer Kränkung seiner Ehre stilisiert, wurzelte, so hatten wir gesehen, im Geldmangel, in ungünstigen Entwicklungen von ‚Kapitalen‘ und ‚Vorschuß‘" (s. L., S. 107), so erwecken diese wie andere Stellen den Verdacht, er habe die Szene IV, 6 nicht zur Kenntnis genommen.

[9] Auf dieses Geldgeschäft mit den sächsischen Ständen und auf den damit verbundenen, sehr bürgerlichen Verdacht gegen Tellheim, ein ‚schmutziges‘ Geschäft gemacht zu haben, kommt die sozialgeschichtliche Deutung Schlaffers mit keinem Wort zu sprechen.

[10] Vgl. Hans MAYER, Lessings poetische Ausdrucksform, in: Lessing und die Zeit der Aufklärung, Göttingen 1968, S. 142 u. 144.

[11] Das pflegen auch andere marxistische u. sozialgeschichtliche Deutungen gerne zu übersehen.

[12] In der Szene V, 5 (S. 250 f.), nach dem Rollentausch, kommt Tellheim selbst auf das Wort Mitleid zu sprechen!

[13] Dazu den Aufsatz von Hilde D. COHN, Die beiden Schwierigen im deutschen Lustspiel: Lessings „Minna von Barnhelm" und Hofmannsthals „Der Schwierige", Monatshefte f. dt. Unterricht, Bd. 44, 1952, S. 257–269.

[14] Das haben vor allem die Beiträge von Martini (s. L.) und Werner SCHWAN (Justs Streit mit dem Wirt. Zur Frage des Lustspielbeginns und der Exposition in Les-

sings „Minna von Barnhelm", in: Jahrb. d. dt. Schillerges., Bd. 12, 1968, herausgearbeitet.

[15] Vgl. dazu das 20. Stück der „Hamburgischen Dramaturgie".

[16] Die einzelnen Nachweise dazu finden sich in dem „Minna"-Kapitel meines Lessing-Buches, s. L., S. 222–247.

[17] Ebd., S. 37 ff., 69 ff.

[18] Karl-Otto APEL, Die Kommunikationsgemeinschaft als transzendentale Voraussetzung der Sozialwissenschaften, in: Dialog als Methode, Reihe „neue hefte für philosophie", Heft 2/3, 1972, S. 5, 40. Jürgen HABERMAS, Vorbereitende Bemerkungen zu einer Theorie der kommunikativen Kompetenz, in: Habermas/N. Luhmann: Theorie der Gesellschaft oder Sozialtechnologie, Frankfurt/M. 1972, S. 101–141; ders., Erkenntnis und Interesse, in: Technik und Wissenschaft als ‚Ideologie‘, Frankfurt/M. 1968, S. 146–168; ders., Der Universalitätsanspruch der Hermeneutik, in: Hermeneutik und Ideologiekritik, 2. Aufl. Frankfurt/M. 1973, S. 120–159.

[19] In der Abhandlung „Über naive und sentimentalische Dichtung". Sämtliche Werke, Hanser-Ausgabe Bd. V, München 1959, S. 725.

[20] Dazu Horst TURK, Dialektischer Dialog. Literaturwissenschaftliche Untersuchungen zum Problem der Verständigung, Göttingen 1975.

[21] Von diesem ganzen Komplex, allerdings ohne die religiöse Beziehung, spricht auch schon Arntzen, s. L., S. 32 f., 42.

[22] Dazu Graham, s. L.

[23] S. die psychologisch höchst unwahrscheinlichen Auftritte III, 2–5, in denen Franziska, trotz des eiligen Briefes an das Fräulein, sich Zeit über Zeit nimmt.

[24] Schriften Bd. III, S. 395–399.

[25] Näheres darüber in meinem „Minna"-Beitrag in der Dt. Vjschr., S. 253 ff.

J. S.

JAKOB MICHAEL REINHOLD LENZ   S. 66

T: „Der Hofmeister" nach: Gesam. Werke in 4 Bden. mit Anmerk., hrsg. v. Richard Daunicht, Bd. I, München 1967. – Werke und Schriften, hrsg. v. Britta Titel und Hellmut Haug, 2 Bde., Stuttgart 1966 (Zit. G); Werke und Schriften, hrsg. v. Richard Daunicht, Hamburg 1970 (Zit. R); Briefe von und an J. M. R. Lenz, gesammelt und hrsg. v. Karl Freye und Wolfgang Stammler, 2 Bde., Neudruck Bern 1969 (Zit. B); Stürmer und Dränger. Zweiter Teil. Lenz und Wagner, hrsg. v. August Sauer, in: Dt. National-Litteratur, hrsg. v. Joseph Kürschner, Bd. 80, Berlin – Stuttgart o. J., S. 1–81.

L: Erich SCHMIDT, Lenz und Klinger, Berlin 1878; M. N. ROSANOW, J. M. R. Lenz, der Dichter der Sturm- und Drangperiode, Sein Leben und sein Werk, Leipzig 1909, bes. S. 194–213; Oskar GLUTH, Lenz als Dramatiker, Diss. München 1912, bes. S. 11–48; Berta HUBER-BINDSCHEDLER, Die Motivierung in den Dramen von J. M. R. Lenz, Ein Beitrag zur Psychologie Lenzens, Diss. Zürich 1922; Clara STOCKMEYER, Soziale Probleme im Drama des Sturmes und Dranges, Eine literarhistorische Studie, Frankfurt/M. 1922 (Dt. Forschungen, H. 5), vor allem S. 41 ff., 97 ff., 235 ff.; Heinz KINDERMANN, J. M. R. Lenz und die dt. Romantik, Wien – Leipzig 1925, vor allem S. 121–155; Hans GEERTH, Die sozialgeschichtliche Lage der bürgerlichen Intelligenz um die Wende des 18. Jahrh., Ein Beitrag zur Soziologie des dt. Frühliberalismus, Diss. Frankfurt/M. 1935; Elisabeth GENTON, Lenz – Klinger – Wagner: Studien über die rationalistischen Elemente im Denken und Dichten des Sturmes und Dranges, Diss. Berlin 1955, vor allem S. 39–51; Pavel PETR, Lenzens Drama ,,Der Hofmeister" in der Bearbeitung Brechts, in: Casopis pro moderni filologii 39, 1957, S. 221–226; Albrecht SCHÖNE, Wiederholung der exemplarischen Begebenheit, in: Säkularisation als sprachbildende Kraft, Göttingen 1958, S. 92–138; Karl S. GUTHKE, Die tragischen ,,Komödien" der Stürmer und Dränger, in: Geschichte und Poetik der dt. Tragikomödie, Göttingen 1961, S. 55–77; Britta TITEL, Nachahmung der Natur als Prinzip dramatischer Gestaltung bei J. M. R. Lenz, Diss. Frankfurt 1963; Wolfgang SCHAER, Die Gesellschaft im dt. bürgerlichen Drama des 18. Jahrh., Grundlagen und Bedrohung im Spiegel der dramatischen Literatur, Bonn 1963; Walter HINCK, Das dt. Lustspiel des 17. und 18. Jahrh. und die italienische Komödie, Stuttgart 1965; Hans MAYER, Bertolt Brecht und die Tradition, München 1965, bes. S. 50–61; Elisabeth GENTON, J. M. R. Lenz et la scène allemande, Paris 1966; Helmut ARNTZEN, Die ernste Komodie, Das dt. Lustspiel von Lessing bis Kleist, München 1968, vor allem S. 83–90; Heinz Otto BURGER, J. M. R. Lenz: ,,Der Hofmeister", in: Das dt. Lustspiel I, hrsg. v. Hans Steffen, Göttingen 1968, S. 48–67; René GIRARD, J. M. R. Lenz 1751–1792: genèse d'une dramaturgie du tragi-comique, Paris 1968, bes. S. 223–291; Gert MATTENKLOTT, J. M. R. Lenz: ,,Der Hofmeister oder die Vorteile der Privaterziehung". Eine Komödie, in: Melancholie in der Dramatik des Sturm und Drang, Stuttgart 1968, S. 122–168; Walter HINCK, Das dt. Lustspiel im 18. Jahrh., in: Das dt. Lustspiel I, hrsg. v. Hans Steffen, Göttingen 1968, S. 7–26; Horst Albert GLASER, Heteroklisie – Der Fall Lenz, in: Gestaltungsgeschichte und Gesellschaftsgeschichte, hrsg. v. Helmut Kreuzer, Stuttgart 1969, S. 132–151; Fritz MARTINI, Die Einheit der Konzeption in J. M. R. Lenz' ,,Anmerkungen übers Theater", in: Jahrb. der Dt. Schillerges. 14, 1970, S. 159–182; Ottomar RUDOLF, J. M. R. Lenz, Moralist und Aufklärer, Bad Homburg v. d. H. – Berlin – Zürich 1970, bes. S. 158–175; Fritz MARTINI, Die Poetik des Dramas im Sturm und Drang, in: Dt. Dramentheorien, hrsg. v. Reinhold Grimm, Bd. I, Frankfurt/M. 1971, S. 123–166; David Price BENSELER, J. M. R. Lenz, An indexed Bibliography with an Introduction on the History of the Manuscripts and Editions, Diss. Univ. of Oregon 1971 (vollst. Bibliographie); Edward P. HARRIS, Structural Unity in J. M. R. Lenz's ,,Der Hofmeister": A Revaluation, in: Seminar 8, 1972, S. 77–87; Ford Briton PARKES, Epische Elemente in J. M. R. Lenzens Drama ,,Der Hofmeister", Göttingen 1973 (problematische Interpretation); Karl EIBL, ,,Realismus" als Widerlegung von Literatur, in: Poetica 6, 1974, S. 456–467; Rosemarie Erna PETRICH, Die Funktion der Komik in den Dramen ,,Der Hofmeister" und ,,Die Soldaten" von J. M. R. Lenz, Diss. Ohio State Univ. 1974, vor allem S. 27–97; Peter Christian GIESE,

Das „Gesellschaftlich-Komische", Zu Komik und Komödie am Beispiel der Stücke und Bearbeitungen Brechts, Stuttgart 1974, bes. S. 160-210 (über „Hofmeister" von Lenz und Brechts Bearbeitung); John OSBORNE, The Renunciation of Heroism, Göttingen 1975, vor allem S. 100–116; Karl-Heinz SCHOEPS, Zwei moderne Lenzbearbeitungen, in: Monatshefte 4, 1975, S. 437–451.

Seite	Seite
N: 67, 8 v. u. G 1, 454	s. L., S. 68
68, 9 v. u. G 1, 339	78, 12 Rosanow, s. L., S. 551
69, 3 G 1, 342	80, 3 G 1, 419
69, 4 G 1, 344, 349	80, 6 G 1, 343
69, 7 G 1, 343	80, 20 v. u. Titel, s. L., S. 110
69, 14 G 1, 378	81, 11 G 1, 465
69, 19 ebd.	81, 20 v. u. Petrich, s. L., S. 32
69, 14 v. u. G 1, 493	82, 11 G 2, 275
69, 12 v. u. G 1, 494	83, 6 v. u. R, 233
69, 2 v. u. G 1, 361	84, 16 v. u. G 1, 378
71, 3 B 1, 115	85, 2 Titel, s. L., S. 191 ff.
71, 19 v. u. B 1, 55	85, 17 v. u. B 1, 113
71, 17 v. u. R, 178	85, 13 v. u. G 1, 385
72, 14 v. u. R, 191	85, 5 v. u. G 1, 344
72, 9 v. u. R, 230	86, 15 G 1, 457
73, 5 R, 240	87, 16 Bertolt Brecht, Ges. Werke, Werkausgabe, Frankfurt/M. 1967, Bd. 17, S. 1250
73, 10 R, 242	
73, 13 R, 243	
74, 12 Schaer, s. L., S. 55	87, 6 v. u. Mayer, s. L., S. 55 ff.
74, 17 v. u. G 1, 455	88, 7 Brecht, Werke, Bd. 17, S. 1239 f.
75, 9 v. u. Geerth, s. L., S. 80 f.	
76, 10 v. u. Huber-Bindschedler,	

A: [1] B 1, 13 ff.
[2] In der Handschrift fehlen z. B. II, 2; IV, 5; auch die Anspielung auf „Romeo und Julia". Vgl. Rosanow, s. L., S. 485 (Anm. 10); ebenso Daunicht, s. T., S. 391–395.
[3] Vgl. Martini, Die Poetik des Dramas, s. L., S. 138 ff.
[4] Vgl. zum Thema Allan BLUNDEN, Language and Politics: the Patriotic Endeavours of J. M. R. Lenz, in: Dt. Vjschr. 1975, S. 168–189 (bes. S. 181 ff.).
[5] Vgl. Rosanow, s. L., S. 207 ff.
[6] Vgl. Hinck, Das dt. Lustspiel im 18. Jahrh., s. L., S. 17.
[7] Martini, Die Einheit der Konzeption, s. L., S. 173.
[8] G 1, 381 f.   [9] G 1, 419.
[10] Ebd.
[11] Vgl. Hinck, Das dt. Lustspiel des 17. u. 18. Jahrh., s. L., S. 250 ff.
[12] G 1, 419.   [13] G 1, 456.
[14] G 1, 336.   [15] B 1, 51 ff.

[16] Schaer, s. L., S. 52 ff.

[17] Vgl. Wilhelm FLITNER, Die Geschichte der abendländischen Lebensformen, München 1967, S. 257 ff., S. 269 ff.

[18] In den „Lebensregeln" (Rosanow, s. L., S. 551 ff.) sagt Lenz darüber: „Der Müßiggänger aber ist Gott und dem gemeinen Wesen immer Verantwortung schuldig, obschon er das Gesetz nicht übertritt und durch rechtmäßige Mittel seine eigene Existenz fortsetzt – weil er nichts zur Fortsetzung der Existenz seiner Mitgeschöpfe beyträgt."

[19] Auch das Zwischenspiel mit Gustchen verlangt entsprechendes Rollenverhalten.

[20] Vgl. Stockmeyer, s. L., S. 14 f.; vgl. auch Helmut MÖLLER, Die kleinbürgerliche Familie im 18. Jahrh., Berlin 1969, S. 100.

[21] Vgl. Stockmeyer, s. L., S. 18.

[22] Vgl. Schaer, s. L., S. 86, 168 ff., 173 ff.

[23] Im Sinne von Roman Jakobson; vgl. dazu Rosemarie ZELLER, Das Prinzip der Äquivalenz bei Büchner, in: Sprachkunst 5, 1974, S. 211–230.

[24] Vgl. Gerth, s. L., S. 66 f.

[25] Mit den biographischen Implikationen; vgl. Schöne, s. L., S. 104 ff.

[26] Vgl. Petrich, s. L., S. 86; auch Mattenklott, s. L., S. 154 ff.

[27] Vgl. Schöne, s. L., S. 116 f.

[28] Vgl. Fritz MARTINI, Lustspiele und das Lustspiel, Stuttgart 1974, S. 33 ff.

[29] Vgl. Titel, s. L., S. 80; Volker KLOTZ verwendet die hierher passende Formel vom „Ganzen in Ausschnitten" zur Bezeichnung des Dramas der offenen Form (Geschlossene und offene Form im Drama, 6. Aufl. München 1972, S. 215).

[30] Vgl. Titel, s. L., S. 81.

[31] Vgl. ebd., S. 86–95.

[32] Vgl. Eibl, s. L., S. 463 f.

[33] Vgl. auch Titel, s. L., S. 124 ff.

[34] Eibl, s. L., S. 463; für den Zusammenhang vgl. auch Mattenklott, s. L., S. 149–164.

[35] Vgl. auch Osborne, s. L., S. 113.

[36] Vgl. Burger, s. L., S. 61.

[37] Vgl. Titel, s. L., S. 203 ff.

[38] Vgl. dazu Rudolf, s. L., S. 153-158.

[39] Vgl. auch Schoeps, s. L., S. 439; für den ganzen Zusammenhang siehe die ausführliche Interpretation von Giese, s. L., S. 160 ff.   W. H.

HEINRICH VON KLEIST   S. 89

T: „Der zerbrochne Krug" nach: Sämtl. Werke und Briefe, hrsg. v. Helmut Sembdner, 4., revid. Aufl. München 1965, 2 Bde. (SW); H. von Kleist, Der zerbrochne Krug, Erläuterungen und Dokumente, hrsg. v. H. Sembdner, Stuttgart 1973 (ED) (enthält auch den ‚Variant'). Arabische Ziffern hinter Zitaten bedeuten die Verszählung.

L: Heinrich MEYER-BENFEY, Das Drama H. v. Kleists, 2 Bde., Göttingen 1911/13; Gustav BUCHTENKIRCH, Kleists Lustspiel „Der zerbrochene Krug" auf der Bühne, Heidelberg 1914; Friedrich GUNDOLF, H. v. Kleist, Berlin 1922; Friedrich MICHAEL, Goethes Amtmann und Kleists Dorfrichter, in: Jahrb. d. Kleist-Ges. 2, 1922, S. 75–84; Friedrich BRAIG, H. v. Kleist, München 1925; Wolff von GORDON, Die dramatische Handlung in Sophokles' „König Oidipus" und Kleists „Der zerbrochene Krug", Halle 1926; Meta CORSSEN, Kleist und Shakespeare, Weimar 1930; Roger AYRAULT, H. v. Kleist, Paris 1934; Georg LUKÁCS, Die Tragödie H. v. Kleists [1936], in: ders., Dt. Literatur in zwei Jahrhunderten, Neuwied – Berlin 1964, S. 201–231; Jens HEIMREICH, Das Komische bei H. v. Kleist, Diss. Berlin 1937; Curt HOHOFF, Komik und Humor bei H. v. Kleist, Ein Beitrag zur Klärung der geistigen Struktur eines Dichters, Berlin 1937; Max KOMMERELL, Die Sprache und das Unaussprechliche, Eine Betrachtung über H. v. Kleist, in: ders., Geist und Buchstabe der Dichtung, 3. Aufl. Frankfurt/M. 1944; Paul HOFFMANN, Der zerbrochene Krug, ein Lustspiel, geboren aus dem Geist der Tragödie, Weimar 1941; ders., H. v. Kleists „Der zerbrochene Krug", in: Germ.-Rom. Monatsschr. 30, 1942, S. 1–20; Richard F. WILKIE, A new source for Kleist's „Der zerbrochne Krug", in: Germ. Rev. 23, 1948, S. 239–248; John T. KRUMPELMANN, Kleist's „Krug" and Shakespeare's „Measure for Measure", in: Germ. Rev. 26, 1951, S. 13–21; ders., Shakespeare's Falstaff dramas and Kleist's „Zerbrochener Krug", in: Mod. Lang. Quart. 12, 1951, S. 462–472; Margrit SCHOCH, Kleist und Sophokles, Diss. Zürich 1952; Emmy FREY, „Der zerbrochene Krug" im Unterricht, in: Der Deutschunterricht 4, 1952, H. 1, S. 90–104; Hans M. WOLFF, H. v. Kleist, Die Geschichte seines Schaffens, Bern 1954; Reinhart SPÖRRI, Dramatische Rhythmik in Kleists Komödien, Diss. Zürich 1954; Ilse GRAHAM, Der zerbrochene Krug – Titelheld von Kleists Komödie [engl. 1955], jetzt in: H. v. Kleist, Aufsätze und Essays, hrsg. v. Walter Müller-Seidel, Darmstadt 1967, S. 272–295; Peter GOLDAMMER, Variante oder Urfassung? Ein patriotisches Motiv in Kleists „Zerbrochnem Krug", in: Neue dt. Literatur 4, 1956, S. 115–124; Albert REH, Der komische Konflikt, Eine Untersuchung über das Wesen des Komischen in der Komödie von Lessing und Kleist, Diss. Masch. München 1957; Wolfgang SCHADEWALDT, Der „Zerbrochene Krug" von H. v. Kleist und Sophokles' „König Ödipus" [1957/58], jetzt in: H. v. Kleist, Aufsätze und Essays, hrsg. v. W. Müller-Seidel, Darmstadt 1967, S. 317–325; Hans Joachim SCHRIMPF, Kleist: „Der zerbrochne Krug", in: Das dt. Drama, Vom Barock bis zur Gegenwart, hrsg. v. Benno v. Wiese, Bd. 1, Düsseldorf 1958, S. 339–362; Ernst FISCHER, H. v. Kleist [1961], jetzt in: H. v. Kleist, hrsg. v. W. Müller-Seidel (s. o.), S. 459–552; Walter MÜLLER-SEIDEL, Versehen und Erkennen, Eine Studie über H. v. Kleist, Köln – Graz 1961, 2. Aufl. 1967; Hans Heinz HOLZ, Macht und Ohnmacht der Sprache, Untersuchungen zum Sprachverständnis und Stil H. v. Kleists, Frankfurt – Bonn 1962; Johann Karl-Heinz MÜLLER, Die Rechts- und Staatsauffassung H. v. Kleists, Bonn 1962; Fritz MARTINI, Kleists „Der zerbrochne Krug", Bauformen des Lustspiels [1965], jetzt in: ders., Lustspiele – und das Lustspiel, Stuttgart 1974, S. 150–197; Man-

fred SCHUNICHT, H. v. Kleist: ,,Der zerbrochne Krug", in: Zeitschr. f. dt. Phil.
84, 1965, S. 550–562; Siegfried STRELLER, Das dramatische Werk H. v. Kleists,
Berlin 1966; Helmut SEMBDNER (Hrsg.), H. v. Kleists Nachruhm, Eine Wir-
kungsgeschichte in Dokumenten, Bremen 1967; Helmut ARNTZEN, Die ernste
Komödie, Das dt. Lustspiel von Lessing bis Kleist, München 1968; Karl Ludwig SCHNEIDER, H. v. Kleists Lustspiel ,,Der zerbrochne Krug", in: Das dt.
Lustspiel, hrsg. v. Hans Steffen, 1. Teil, Göttingen 1968, S. 166–180; Rudolf
KOESTER, The ascent of the criminal in German comedy, in: Germ. Quart. 43,
1970, S. 376–393; Bernd SCHOELLER, Gelächter und Spannung, Studien zur
Struktur des heiteren Dramas, Zürich 1971; Hansgerd DELBRÜCK, Zur dramen-
typologischen Funktion von Sündenfall und Rechtfertigung in Kleists ,,Zer-
brochnem Krug", in: Dt. Vjschr. 45, 1971, S. 706–756; ders., Kleists Weg zur
Komödie, Untersuchungen zur Stellung des ,,Zerbrochnen Krugs" in einer Typologie des Lustspiels, Tübingen 1974; Jochen SCHMIDT, H. v. Kleist, Studien
zu seiner poetischen Verfahrensweise, Tübingen 1974; Helmut SEMBDNER, In
Sachen Kleist, Beiträge zur Forschung, München 1974; Ewald RÖSCH, Bett und
Richterstuhl, Gattungsgeschichtliche Überlegungen zu Kleists Lustspiel ,,Der
zerbrochene Krug", in: Kritische Bewahrung, Festschr. f. W. Schröder z. 60.
Geburtstag, hrsg. v. E.-J. Schmidt, Berlin 1974, S. 434–475.

Seite

N: 89, 4 f. ED (s. T.), S. 87 u. 89
89, 12 Gundolf, s. L., S. 63
89, 19 ED, S. 105, 109, 112
90, 5 ED, S. 109 f.
90, 9 v. u. ED, S. 85
90, 7 v. u. ED, S. 84
91, 12 v. u. ED, S. 71
91, 9 v. u. zit. in ED, S. 70'
92, 6–12 Briefe vom 31. 8. 1806,
8. 7. 1803 u. 25. 4. 1811 (SW II,
S. 769, 733 u. 862)
96, 12 Brief vom 2. 10. 1797
96, 15 ED, S. 87
97, 19 v. u. ED, S. 106
97, 17 v. u. Arntzen, s. L., S. 193
99, 20 v. u. Brief vom 16. u. 18. 11.
1800
100, 1 v. u. Ästhetik, Bd. 2, Berlin

Seite

– Weimar 1965, S. 571
101, 15 Brief vom 30. 10. 1807
101, 3 v. u. Holz, s. L., S. 79
102, 3 SW II, S. 319–324
102, 21 Henri Bergson, Das Lachen, Meisenheim am Glan
1948, S. 55
103, 18 v. u. ebd., S. 75
103, 9 v. u. Corneille, Discours de
l'utilité et des parties du poëme
dramatique
104, 8 v. u. Rousseau, Emile, Buch
IV; zit. nach Streller, s. L., S.
257
105, 15 ED, S. 112
107, 18 Brief vom 24. 10. 1806
108, 20 ED, S. 92

A: [1] Vgl. Sembdner, In Sachen Kleist, s. L., S. 57–67. Viele Daten zur Entstehungsgeschichte bietet Sembdner, ED.
[2] Die Parallele zu Shakespeares Angelo, dem ,gefallenen Engel' in ,,Maß für
Maß", der wie Adam als schuldiger Richter entlarvt wird, wobei es sich um dasselbe Delikt handelt, weist bereits auf den Unterschied: Angelo ist wirklich
böse, wie seine Mordpläne zeigen, Adam ist dagegen nur verschlagen.

[3] Brief vom 29. 11. 1800 (SW II, S. 607). – Sembdner verweist auf eine parallele Stelle in Rabeners Schriften, Bd. IV, S. 42, wo von einem Menschen die Rede ist, ,,dessen linker Fuß ungeheuer dick ist, während er auf dem rechten ein wenig hinkt, und der trotzdem Tanzmeister zu werden gedenkt" (Sembdner, In Sachen Kleist, s. L., S. 72).

[4] Schrimpf, s. L., S. 347.

[5] Vgl. Kleists Epigramm ,,Das Sprachversehen": ,,Was! Du nimmst sie jetzt nicht, und warst der Dame versprochen? / Antwort: Lieber! vergib, man verspricht sich ja wohl" (SW I, S. 23).

[6] Martini, Kleists ,,Der zerbrochne Krug", 1974, s. L., S. 153.

[7] Vgl. Delbrück: ,,Kleists Komödie erweist sich so als die von Aristophanes gleichsam selbst geforderte Fortsetzung der ,Wespen'" (Kleists Weg zur Komödie, s. L., S. 182). – Das sinnentleerte Gerichtsspiel in der Privatsphäre spiegelt entlarvend die Korruption und Unfähigkeit der öffentlich wirkenden Richter, deren Tätigkeit sich hier satirisch als überflüssig erweist.

[8] Hier wie auch an anderen Stellen ergeben sich selbstverständlich eine Reihe von Berührungspunkten mit früheren Interpretationen, etwa der von Martini.

[9] Auch H. Bergson definiert das Komische u. a. als Gegenteil der Grazie (s. N., S. 21).

[10] Vgl. Harald WEINRICH, Linguistik der Lüge, Heidelberg 1966, S. 68 ff.

[11] Vgl. Streller, s. L., S. 257.

[12] Werner PREUSS, H. v. Kleist und die nationale Frage, Diss. Masch. Potsdam 1962.

[13] Müller, s. L., S. 96 u. 188.

[14] S. Brief vom 19. 3. 1799.

[15] Sembdner, In Sachen Kleist, s. L., S. 69–75.

[16] S. ED, S. 121.

[17] Vgl. auch Brechts ,,Anmerkungen zum Volksstück", wo es über einen weiteren Verwandten Adams heißt: ,,Die Rolle des Puntila darf also keinen Augenblick und in keinem Zug ihres natürlichen Charmes entkleidet werden" (GW 17, S. 1168). J. Z.

LUDWIG TIECK   S. 110

T: ,,Der gestiefelte Kater" nach: Ausgabe des Textes der ,,Volksmärchen"-Fassung von Helmut Kreuzer, Stuttgart 1967. (Arabische Ziffern hinter Zitaten beziehen sich auf die Seitenzahl dieser Ausg.) Diese Fassung ist ferner zugänglich in: Tiecks Werke, hrsg. von Gotthold Ludwig Klee, Leipzig – Wien 1892, Bd. 1 und in: Deutsche Literatur . . . in Entwicklungsreihen, Reihe Romantik, Bd. 9: Satiren und Parodien, hrsg. von Andreas Müller, Stuttgart 1935 (Reprogr. Nachdruck 1970). – Die spätere ,,Phantasus"-Fassung ist enthalten in: Ludwig Tiecks Schriften, Berlin 1828 – 54 (Reprogr. Nachdruck 1966/67), Bd. 5, sowie in: Ludwig Tieck, Werke, hrsg. von Marianne Thalmann, 4 Bde., München 1965–67, Bd. 2.

L: Weitere Textausgaben: Ludwig Tieck's Krit. Schriften, hrsg. von Rudolf KÖP-
KE, Leipzig 1848–52 (Reprogr. Nachdruck Berlin 1974); Ludwig Tieck, Das
Buch über Shekespeare, hrsg. von Henry LÜDEKE, Halle 1920; Dichter über
ihre Dichtungen: Ludwig Tieck, hrsg. von Uwe SCHWEIKERT, 2 Bde., München
o. J.; Ludwig Tieck, Die Verkehrte Welt (Erste Fassung), hrsg. von Karl PESTA-
LOZZI (Komedia 7), Berlin 1964; Ludwig Tieck und die Brüder Schlegel, Briefe,
hrsg. von Edgar LOHNER, München 1972.

Allgemeines zu Tieck: Rudolf KÖPKE, L. Tieck, Erinnerungen aus dem Leben
des Dichters, Leipzig 1855 (Reprogr. Nachdruck 1970); Rudolf HAYM, Die
Romantische Schule, Berlin 1870 (Reprogr. Nachdruck 1961); Friedrich GUN-
DOLF, Romantiker, 2 Bde., Berlin 1930; Edwin H. ZEYDEL, L. Tieck, The
German Romanticist, Princeton 1935; Robert MINDER, Un poète romantique
allemand: L. Tieck, Paris 1936; Marianne THALMANN, L. Tieck, der romanti-
sche Weltmann aus Berlin, Bern 1955; Emil STAIGER, L. Tieck und der Ur-
sprung der dt. Romantik, in: Stilwandel, Zürich 1963; Manfred FRANK, Das
Problem der ,,Zeit" in der dt. Romantik. Zeitbewußtsein und Bewußtsein von
Zeitlichkeit in der frühromantischen Philosophie und in Tiecks Dichtung,
München 1972.

Zu Tiecks frühen Märchendramen: Hans GÜNTHER, Romantische Kritik und
Satire bei L. Tieck, Diss. Leipzig 1907; Jacques WOLF, Les allusions politiques
dans le ,,Chat botté" de L. Tieck, in: Rev. Germ. 5, 1909; Käthe BRODNITZ,
Der junge Tieck und seine Märchenkomödien, Diss. München 1912; Ludwig
FAERBER, Das Komische bei L. Tieck, Diss. Giessen 1913; Erna GÖRTE, Der
junge Tieck und die Aufklärung, Berlin 1926; Henry LÜDEKE, Ludwig Tieck
und das alte englische Theater, Frankfurt/M. 1922; Jean Clark FIELD, Das
Wunderbare bei Ludwig Tieck, Diss. Zürich 1939; Emilie PFEIFFER, Shake-
speare und Tiecks Märchendramen, Diss. Bonn 1933; Fritz GÜTTINGER, Die
romantische Komödie und das dt. Lustspiel, Frauenfeld 1939; Raymond M.
IMMERWAHR, The esthetic intent of Tiecks fantastic comedy, Saint Louis 1953;
Gunther VOGT, Die Ironie in der romantischen Komödie, Diss. Frankfurt/M.
1953; Joachim VOIGT, Das Spiel im Spiel, Diss. Masch. Göttingen 1954;
Hans-Georg BEYER, L. Tiecks Theatersatire ,,Der gestiefelte Kater" und ihre
Stellung in der Literatur- und Theatergeschichte, Diss. München 1960; Ingrid
STROHSCHNEIDER-KOHRS, Die romantische Ironie in Theorie und Gestaltung
(Hermaea N. F. 6), Tübingen 1960; Gerhard KLUGE, Spiel und Witz im roman-
tischen Lustspiel, Diss. Köln 1963; Helmut KREUZER, Tiecks ,,Gestiefelter Ka-
ter", in: Der Deutschunterricht Jahrg. 15, H. 6, 1963; Ernst NEF, Das Aus-
der-Rolle-Fallen als Mittel der Illusionszerstörung bei Tieck und Brecht, in:
Zeitschr. f. dt. Philologie 83, 1964; Peter SZONDI, Friedrich Schlegel und die
romantische Ironie, mit einer Beilage über L. Tiecks Komödien, in: Satz und
Gegensatz, Frankfurt/M. 1964; Helmut ARNTZEN, Die ernste Komödie. Das
deutsche Lustspiel von Lessing bis Kleist, München 1968; Bernhard HEIMRICH,
Fiktion und Fiktionsironie in Theorie und Dichtung der dt. Romantik, Tübingen 1968; Marianne THALMANN, Provokation und Demonstration in der Komödie der Romantik, Berlin 1974.

A Zur Wirkungsgeschichte des „gestiefelten Katers" vgl. das Nachwort des Verf. zu Tiecks Komödie „Die verkehrte Welt", S. 133–141. Zu den dort aufgeführten modernen Nachfahren Tiecks sind außerdem noch Gustav von Wangenheim und Armand Gatti zu rechnen. Tiecks „Kater" fand den Weg auf die Bühne in unserem Jahrhundert erstmals 1921 durch eine Inszenierung Jürgen Fehlings. Tankred Dorsts Bearbeitung mit dem Titel „Der gestiefelte Kater oder Wie man das Spiel spielt" erschien Köln 1964 (mit einem Nachwort des Verf., collection theatre).

² „Shakespeares Behandlung des Wunderbaren", in: Krit. Schriften, Bd. 1, S. 35–74.

³ Der hier nur angedeutete anthropologische Aspekt von Tiecks Dichtung ist ausführlich behandelt in: Frank, Das Problem der „Zeit", s. L., S. 233–408.

⁴ Diese Ansätze sollen hier lediglich genannt werden, da ausführliche Interpretationen des „Gestiefelten Katers" in dieser Richtung vorliegen (Strohschneider-Kohrs, Beyer, s. L.). Die Abgrenzung Tiecks vom Ironie-Konzept der Brüder Schlegel setzte mit dem Buch von Immerwahr ein. Die Tieck eigene Fiktionsironie hat Heimrich in Weiterführung von Kluge und Szondi eingehend analysiert.

⁵ Vgl. Arntzen, s. L., S. 134. „Offen" war Tiecks Stück allerdings für die Zeitge-

nossen insofern, als seine Anspielungen darüber hinaus auf die zeitgenössische Aktualität zielten. Für spätere Leser, die sie nicht mehr verstehen, schließt sich das Stück auch in dieser Hinsicht. Für uns sind wohl nur noch die Zauberflöten-Zitate unmittelbar lebendig.

[6] Im folgenden greife ich Anregungen der Kommunikationstheorie auf, ohne diese streng anzuwenden.

[7] Zur Aufschlüsselung der Anspielungen vgl. die Anmerkungen in den Ausgaben des „Gestiefelten Katers" von Klee, Müller, Kreuzer, Thalmann, s. T.

[8] Die Insistenz, mit der Tieck die „Zauberflöte" als Repräsentanten des Publikumsgeschmacks einsetzt und verunglimpft, scheint mir ihren Grund nicht allein im Erfolg dieser Oper zu haben. Es spielt wohl mit, was Freud den „Narzissmus der kleinen Differenz" genannt hat. Mozarts und Schikaneders Oper hat manches mit Tiecks Komödie gemein, nur daß das Wunderbare darin noch eindeutig als Einkleidung einer abstrakten Wahrheit eingesetzt ist. „Die neuere deutsche Operette Don Juan" nennt Tieck in der Shakespeare-Abhandlung offenbar deshalb „abgeschmackt", weil das Wunderbare darin isoliert erscheint. In beiden Fällen zielte Tiecks Kritik wohl eher auf das Libretto als auf die Musik.

[9] Zu einem ähnlichen Ergebnis gelangt von anderen Voraussetzungen aus Arntzen in seiner Analyse des „Gestiefelten Katers", s. L., S. 137.   K. P.

CHRISTIAN DIETRICH GRABBE   S. 127

T: „Scherz, Satire, Ironie und tiefere Bedeutung" nach: Werke und Briefe, hist.-krit. Gesamtausgabe in 6 Bden., hrsg. von der Akademie der Wissenschaften, Göttingen, bearb. von Alfred Bergmann, Emsdetten 1960 ff., Bd. I, S. 209–273. Danach wird zitiert unter Angabe von Akt, Szene und Seite. – Stellen aus anderen Werken Grabbes und aus den Briefen werden ebenfalls nach dieser Ausg. zit. und durch vorangestelltes GAA und die Nummer des Bandes gekennzeichnet.

L: Fritz METZ, Grabbes Lustspiel „Scherz, Satire, Ironie und tiefere Bedeutung", Diss. Marburg 1923; Alfred BERGMANN, Nachwort zu „Scherz, Satire, Ironie und tiefere Bedeutung", hrsg. von Alfred Bergmann, Leipzig 1925; Ferd. Jos. SCHNEIDER, Ch. D. Grabbe. Persönlichkeit und Werk, München 1934; Alfred BERGMANN, Grabbe-Forschung 1918–1934, in: Germ.-Rom. Monatsschr., 1934, S. 343–357 und 437–457; Ernst DIEKMANN, Ch. D. Grabbe. Der Wesensgehalt seiner Dichtung, Detmold 1936; Magdalene DETERMANN, Der zeitgeschichtliche Hintergrund in Grabbes Lustspielen und im „Cid", Diss. Münster 1955; Walter HÖLLERER, Zwischen Klassik und Moderne. Lachen und Weinen in der Dichtung einer Übergangszeit, Stuttgart 1958; Gerhard KAISER, Grabbes „Scherz, Satire, Ironie und tiefere Bedeutung" als Komödie der Verzweiflung, in: Der Deutschunterricht, 1959, S. 5–14; Heinrich HOLLO, Grabbe: Scherz, Satire, Ironie und tiefere Bedeutung, Frankfurt – Berlin – Bonn 1960; Fritz BÖTTGER, Grabbe. Glanz und Elend eines Dichters, Berlin 1963; Roy C. CO-

WEN, Satan and the Satanic in Grabbe's Dramas, in: Germ. Rev. 1964, S. 120–136; Hans MAYER, Grabbe und die tiefere Bedeutung, in: Akzente, 1965, S. 79–95; Roger A. NICHOLLS, Qualities of the Comic in Grabbe's Scherz, Satire, Ironie und tiefere Bedeutung, in: Germ. Rev. 1966, S. 89–102; Wilhelm STEFFENS, Ch. D. Grabbe, Velber 1966; Benno VON WIESE, Grabbes Lustspiel „Scherz, Satire, Ironie und tiefere Bedeutung" als Vorform des absurden Theaters, in: B. v. Wiese, Von Lessing bis Grabbe. Studien zur dt. Klassik und Romantik, Düsseldorf 1968; Roger A. NICHOLLS, The Dramas of Ch. D. Grabbe, The Hague – Paris 1969; Walter HOF, Pessimistisch-nihilistische Strömungen in der dt. Literatur vom Sturm und Drang bis zum Jungen Deutschland, Tübingen 1970; Alberto MARTINO, Ch. D. Grabbe (Forschungsreferat), in: Jost Hermand und Manfred Windfuhr (Hrsg.), Zur Literatur der Restaurationsepoche 1815–1848, Stuttgart 1970; Roy C. COWEN, Ch. D. Grabbe, New York 1972; Alfred BERGMANN, Grabbe-Bibliographie, Amsterdam 1973; Marianne THALMANN, Provokation und Demonstration in der Komödie der Romantik, Berlin 1974.

Seite

N: 127, 13 Die beiden bekannten Definitionen Schlegels aus dem Lyceumsfragment 42 (Krit. Ausg., Bd. 2, S. 147 ff.) bzw. den „Philosophischen Lehrjahren" (Krit. Ausg., Bd. 18, Nr. II, S. 668)

127, 15 Tieck im Brief an Solger vom 6. Januar 1815, zit. bei Ingrid Strohschneider-Kohrs, Die romantische Ironie in Theorie und Gestaltung, Tübingen 1960, S. 292

128, 13 GAA, V, S. 52 ff.

128, 19 ebd., S. 43

128, 20 v. u. ebd., S. 48

129, 2 v. u. Böttger, s. L., S. 119

130, 3 v. u. Friedrich Schlegel in seinem Aufsatz „Vom aesthetischen Werte der Griechischen Komödie" (1794), Friedrich Schlegels Jugendschriften, hrsg.

Seite

von J. Minor, Bd. II, 2. Aufl. Wien 1906

138, 21 Mayer, s. L., S. 92

140, 19 v. u. So Bergmann, Nachwort, s. L., S. 56 f.

140, 17 v. u. Schneider, s. L., S. 111

140, 15 v. u. Cowen, Satan and the Satanic, s. L., S. 132

140, 14 v. u. von Wiese, s. L., S. 305

143, 4 v. u. Alfred Bergmann (Hrsg.), Grabbes Werke in der zeitgenössischen Kritik, 6 Bde., Detmold 1958–1966, Bd. 2, 1960 (= Jahresgabe der Grabbe-Ges. 1958/59), S. 28

144, 6 Alfred Bergmann (Hrsg.), Grabbe in Berichten seiner Zeitgenossen, Stuttgart 1968, S. 321

A: [1] Der vollständige Satz aus Brentanos Vorerinnerung zu „Ponce de Leon" lautet: „Ich strebte damals, das Komische und Edlere hauptsächlich in dem Mutwill unabhängiger, fröhlicher Menschen zu vereinigen, und um diesen Mutwill als Element in ihnen vorauszusetzen, habe ich ihre Sprache durchaus frei und mit sich selbst in jeder Hinsicht spielend gehalten" (Clemens Brentano, Werke, hrsg. von Friedhelm Kemp, Bd. 4, S. 131).

[2] Bis zur Veröffentlichung des Berliner Manuskripts durch Alfred Bergmann im Kurt Wolff Verlag, Leipzig 1915, war nur der Text aus den ,,Dramatischen Dichtungen" von 1827 und dem ihm zugrundeliegenden Manuskript bekannt. Den Text des Berliner Manuskripts hat Bergmann auch der von ihm bearbeiteten Göttinger Akademie-Ausgabe zugrunde gelegt, aus der allein hier zitiert wird. – Neuerlich wurde, in der Hanser-Ausgabe (München 1975 ff.), hrsg. von Roy C. Cowen, erneut der Text des Druckes von 1827 vorgelegt, ,,aus wirkungsgeschichtlichen Gründen, (. . .) also in der Gestalt, in der sie Grabbes Publikum tatsächlich erreicht haben" (ebd., Bd. 1, S. 760).

[3] Neben dem Einfluß von Hottingers ,,Das Geniewesen" (1781, Frankfurt – Leipzig), auf den Alfred Bergmann wiederholt hingewiesen hat (Grabbe-Forschung 1918–1934, s. L., S. 440), muß für einzelnes, für Übernahme wie Parodie von Motiven, auf den Einfluß von Kotzebue verwiesen werden, der bisher nicht gewürdigt wurde. Neben Namen wie ,,Liddy" kommen bei Grabbe verschiedene Motive aus ,,Die Indianer in England", ,,Bruder Moritz der Sonderling" und ,,Der Rehbock" vor, die den Zeitgenossen bekannt gewesen sein müssen. Auf Einzelheiten kann aus Raumgründen nicht eingegangen werden.

[4] Vgl. dazu Determann, s. L., bes. S. 102. Determann ist im übrigen für alle literarischen Anspielungen in Grabbes Lustspiel heranzuziehen, gleichfalls der Anmerkungsapparat der GAA.

[5] Vgl. zu den biographischen Problemen von Grabbes Berliner Studienzeit Alfred BERGMANN, Die Glaubwürdigkeit der Zeugnisse für den Lebensgang und Charakter Christian Dietrich Grabbes, Berlin 1933, S. 299–346.

[6] Vgl. Fritz GÜTTINGER, Die romantische Komödie und das deutsche Lustspiel, Frauenfeld – Leipzig 1939, S. 199.

[7] Zuerst wohl von Schneider, s. L.

[8] So ebd., S. 116.

[9] So Cowen, Ch. D. Grabbe, s. L., S. 58.

[10] Cowen, Satan and the Satanic, s. L., S. 122.

[11] Vgl. Martin ESSLIN, Das Theater des Absurden, Frankfurt/M. – Bonn 1964, und bes. Max SPALTER, Brecht's Tradition, Baltimore 1967.

[12] Die Dichotomie ,,aristotelisch-episch" hat ihr Pendant in den Darstellungsmitteln: das Aristotelische wirkt mit übertreibenden Mitteln, also im Sinne der Identifikation; das Epische verzerrend, also im Sinne der Reflexion.

[13] Es sei in diesem Zusammenhange auf das ungemein anregende Buch von Hof, s. L., hingewiesen.

[14] Vgl. im einzelnen Bergmann, Grabbes Werke in der zeitgenössischen Kritik, s. N , hier Bd. 1, 1958 (= Jahresgabe der Grabbe-Ges. 1957/58) und Bd. 2, 1960 (= Jahresgabe, 1958/59).

[15] Alfred BERGMANN (Hrsg.), Grabbe in Berichten seiner Zeitgenossen, Stuttgart 1968, S. 86.

[16] Zeitgenössische Kritik (vgl. Anm. 14), Bd. 2, S. 33 f.

[17] Ein bis 1952 geführtes Verzeichnis der Aufführungen sowie der Besprechungen dazu befindet sich im ,,Grabbe-Archiv Alfred Bergmann" der Lippischen Landesbibliothek Detmold.

[18] Vgl. Steffens, s. L. – Zu den Münchner Aufführungen befindet sich reichhalti-
ges Photomaterial im Münchner Theatermuseum (ehem. Clara Ziegler-Stif-
tung).

[19] Vgl. dazu Bergmann, Grabbe-Bibliographie, s. L.

[20] Alfred Jarry, Œuvres Complètes, Bd. VI, Lausanne 1949, S. 235–253.

[21] So von Esslin (vgl. Anm. 11), Mayer und Wiese, s. L.

[22] Vgl. Martino, s. L., S. 236.
D. B.

GEORG BÜCHNER S. 145

T: „Leonce und Lena" nach: Sämtl. Werke und Briefe, hist. krit. Ausgabe mit
Kommentar, hrsg. von Werner R. Lehmann, Bd. 1: Dichtungen und Überset-
zungen mit Dokumentationen zur Stoffgeschichte, Hamburg o. J. (1967),
Bd. 2: Vermischte Schriften und Briefe, Hamburg 1971. Zitate nach dieser Aus-
gabe; römische Ziffern bezeichnen den Band, arabische die Seite. – Georg
Büchner, Werke und Briefe, Gesamtausgabe. Neue durchges. Ausg., hrsg. von
Fritz Bergemann, 12. berichtigte Aufl. Frankfurt/M. 1974 (Leseausgabe).

L: Paul LANDAU, G. Büchners Leben und Werke (Einleitungsteil zu:) G. Büchner,
Ges. Schriften, in 2 Bden., hrsg. von Paul Landau, Berlin 1909, Bd. 1; Heinz
LIPMANN, G. Büchner und die Romantik, München 1923; Armin RENKER, G.
Büchner und das Lustspiel der Romantik. Eine Studie über „Leonce und
Lena", Berlin 1924; Friedrich GUNDOLF, G. Büchner, ein Vortrag, in: Zeitschr.
für Deutschkunde 43, 1929; wieder abgedruckt in: G. Büchner, hrsg. von
Wolfgang Martens (Wege der Forschung Bd. 53), 3. Aufl. Darmstadt 1973; Ru-
dolf MAJUT, Lebensbühne und Marionette. Ein Beitrag zur seelengeschichtli-
chen Entwicklung von der Geniezeit zum Biedermeier, Berlin 1931; ders., Studien um Büchner, Untersuchungen zur problematischen Natur, Berlin 1932;
Heinrich VOGELEY, Georg Büchner und Shakespeare, Diss. Marburg 1934;
Paul SCHMID, G. Büchner, Versuch über die tragische Existenz, Bern 1940;
Hans MAYER, G. Büchner und seine Zeit, Wiesbaden 1946 und Berlin o. J.
(1947), 2. Aufl. Wiesbaden – Berlin 1960; Walther REHM, Experimentum Me-
dietatis. Studien zur Geistes- und Literaturgeschichte des 19. Jahrh., München
1947; Karl VIËTOR, G. Büchner. Politik, Dichtung, Wissenschaft, Bern 1949;
Horst OPPEL, Die tragische Dichtung G. Büchners, Stuttgart 1951; Maurice
GRAVIER, G. Büchner et A. de Musset, in: Orbis litterarum 9, 1954; Henri,
PLARD, A propos de „Léonce et Léna", Musset et Büchner, in: Études Germa-
niques 9, 1954. Dt. u. d. T.: Gedanken zu „Leonce und Lena", Musset und
Büchner, in: G. Büchner, hrsg. von Wolfgang Martens (Wege der Forschung
Bd. 53), 3. Aufl. Darmstadt 1973; Leroy Robert SHAW, Symbolism of Time in
Georg Büchner's „Leonce und Lena", in: Monatsh. für dt. Unterricht 48, 1956;
Ingeborg STRUDTHOFF, Die Rezeption G. Büchners durch das dt. Theater, Ber-
lin-Dahlem 1957; Helmut KRAPP, Der Dialog bei G. Büchner, Darmstadt 1958;
Gerhart BAUMANN, G. Büchner. Die dramatische Ausdruckswelt, Göttingen

1961; Gustav BECKERS, G. Büchners „Leonce und Lena", ein Lustspiel der Langeweile, Heidelberg 1961; Gonthier-Louis FINK, Léonce et Léna. Comédie et réalisme chez Büchner, in: Études Germaniques 16, 1961. Dt. u. d. T.: Leonce und Lena, Komödie und Realismus bei G. Büchner, in: Georg Büchner, hrsg. von Wolfgang Martens (Wege der Forschung Bd. 53), 3. Aufl. Darmstadt 1973; Ronald HAUSER, G. Büchner's Leonce und Lena, in: Monatsh. für dt. Unterricht 53, 1961; Hans MAYER, Prinz Leonce und Doktor Faust, in: ders., Zur dt. Klassik und Romantik, Pfullingen 1963; Herbert LINDENBERGER, G. Büchner, Carbondale 1964; Jürgen SCHRÖDER, G. Büchners „Leonce und Lena", eine verkehrte Komödie, München 1966; Wolfgang RABE, G. Büchners Lustspiel „Leonce und Lena", eine Monographie, Diss. Masch. Potsdam 1967; Herbert ANTON, Die „mimische Manier" in Büchners „Leonce und Lena", in: Das dt. Lustspiel, 1. Teil, hrsg. von Hans Steffen, Göttingen 1968; Walter HINCK, G. Büchner, in: Dt. Dichter des 19. Jahrh., hrsg. von B. von Wiese, Berlin 1969; Axel BORNKESSEL, G. Büchners „Leonce und Lena" auf der deutschsprachigen Bühne, Diss. Köln 1970; Henry J. SCHMIDT, Satire, Caricature and Perspectivism in the Works of G. Büchner, The Hague – Paris 1970; Erwin KOBEL, G. Büchner. Das dichterische Werk, Bern 1974; Gerhard P. KNAPP, G. Büchner. Eine krit. Einführung in die Forschung, Frankfurt/M. 1975.

Seite   Seite

N: 145, 20 Alfred Döblin, Deutsches und Jüdisches Theater (Artikel in:) Prager Tagblatt 1921, Nr. 303. Zit. nach Dietmar GOLTSCHNIGG (Hrsg.), Materialien zur Rezeptions- und Wirkungsgeschichte G. Büchners, Kronberg/Ts. 1974, S. 241

146, 10 Oppel, s. L.

148, 14 v. u. Mayer, G. Büchner und seine Zeit, s. L., S. 311

149, 4 Rabe, s. L., S. 130, 144, 114, 12, 167, 149, 177

154, 18 v. u. Viëtor, s. L., S. 179

A: ¹ Gundolf, s. L.

  ² Mayer, s. L., in der Ausg. Berlin o. J. (1947), S. 304 und 297. Zu einem positiveren Urteil kommt Mayer in seinem Aufsatz von 1963 (s. L.).

  ³ Landau, s. L.   ⁴ Renker, s. L.

  ⁵ Majut, s. L.   ⁶ Viëtor, s. L.

  ⁷ Rehm, s. L., dort bes. das Kap. „Gontscharow und die Langeweile", S. 96–183; Beckers, s. L.

  ⁸ Schröder, s. L. Namentlich dieser Untersuchung verdankt der Verf. des vorliegenden Aufsatzes viele Anregungen und Einsichten.   W. M.

FERDINAND RAIMUND   S. 160

T: „Der Alpenkönig und der Menschenfeind" nach: Sämtl. Werke, hist.-krit. Säkularausgabe in 6 Bden., hrsg. von Fritz Brukner und Eduard Castle, Bd. 2, Teil 2: Ferdinand Raimunds dramatische Dichtungen, hrsg. von Margarethe Castle und Eduard Castle, Wien o. J. [1933]. (Nachweise, die sich auf diese Ausgabe beziehen, werden mit SW zit.)

L: Robert F. ARNOLD, F. Raimund in England, in: Beiträge zur neueren Philologie, Jakob Schipper zum 19. Juli 1902 dargebracht, Wien – Leipzig 1902, S. 235–256; Otto ROMMEL, Die Alt-Wiener Volkskomödie, Wien 1952; Heinz POLITZER, Raimund. Der Alpenkönig und der Menschenfeind, in: Das deutsche Drama. Vom Barock bis zur Gegenwart. Interpretationen II, hrsg. von Benno von Wiese, Düsseldorf 1964, S. 9–22; Wolfgang BENDER, Verkennung und Erkennung in F. Raimunds Zauberspiel ,,Der Alpenkönig und der Menschenfeind", in: Germ.-Rom. Monatsschr. N. F. 18, 1968, S. 58–71; Jürgen HEIN, F. Raimund, Stuttgart 1970 (dort weitere Literatur); Gerhard HAY, Darstellung des Menschenhasses in der dt. Literatur des 18. und 19. Jahrh., Frankfurt/M. 1970; Dorothy PROHASKA, Raimund and Vienna, Cambridge 1970; Frank SCHAUMANN, Gestalt und Funktion des Mythos in F. Raimunds Bühnenwerken, Wien 1970; Robert MÜHLHER, F. Raimund, in: Das österreichische Volksstück, Wien 1971, S. 17–35; Jürgen HEIN (Hrsg.), Theater und Gesellschaft. Das Volksstück im 19. und 20. Jahrh., Düsseldorf 1973; Reinhard URBACH, Die Wiener Komödie und ihr Publikum, Wien 1973; Gunther WILTSCHKO, Raimunds Dramaturgie, München 1973; Laurence V. HARDING, The Dramatic Art of F. Raimund and J. Nestroy, The Hague – Paris 1974.

N: 161, 19 v. u. Carl Meisl, Der Esel des Timon, in: Theatralisches Quodlibet, Bd. 6, Pesth 1820, S. 59

162, 10 Joseph Alois Gleich, Der Berggeist oder die drei Wünsche, o. O. o. J. [Wien 1820], S. 13

163, 19 v. u. Bender, s. L., S. 61

164, 2 Politzer, s. L., S. 10

166, 3 Meisl, S. 55

166, 9 Robert Musil, Der Mann ohne Eigenschaften, Reinbek 1970, S. 34

166, 16 SW 2, 2, S. 209 f.

168, 4 v. u. Jean Baptiste Molière,

Œuvres Complètes, Bd. 1, Paris 1962, S. 877

169, 13 Menander, Der Menschenfeind (Dyskolos), hrsg. und übers. von Walther Kraus, Zürich – Stuttgart 1960, S. 77 (V. 713–747)

173, 4 Urbach, s. L., S. 102

173, 8 SW 4, S. 99

173, 9 v. u. SW 5,1, S. 471

174, 2 Zit. nach Arnold, s. L., S. 249

174, 11 SW 5,1, S. 485

174, 5 v. u. Franz Grillparzer, Sämtl. Werke, Bd. 3, München 1964, S. 831

A: [1] Vgl. Urbach, s. L. S. 132.

[2] Hay, s. L., S. 170.

[3] Vgl. auch I, 11, wo Rappelkopf bei einem Gastmahl wie Timon alle Geladenen aus dem Haus jagen möchte; das Motiv begegnet nicht bei Meisl, s. N., und dürfte unmittelbar von Shakespeare übernommen worden sein.

[4] Vgl. Hein, s. L., S. 54.

[5] Anders Politzer, s. L., S. 15 f.   [6] Ebd., S. 19.

[7] Ebd., S. 20: „Darum ist der ‚Alpenkönig' letztlich eine Tragikomödie der Skepsis."

[8] Hay, s. L., S. 51.

[9] Wiltschko, s. L., S. 10–13.

[10] Vgl. dagegen ebd., S. 14.

[11] Politzer, s. L., S. 19; vgl. dagegen Bender, s. L., S. 59.   W. S.-D.

ZWEI KRÄHWINKELIADEN 1802/1848   S. 175

T: August von Kotzebue, „Die deutschen Kleinstädter" nach: Komedia, Dt.
Lustspiele vom Barock bis zur Gegenwart, hrsg. von Helmut Arntzen und Karl
Pestalozzi, Bd. 5, Text und Materialien zur Interpretation besorgt von Hans
Schumacher, Berlin 1964.
Johann Nestroy, „Freiheit in Krähwinkel" nach: Ausg., hrsg. von Jürgen
Hein, Stuttgart 1969.

L: Rolf SCHLÖSSER, Goethes persönliches und literarisches Verhältnis zu Kotzebue, in: Westermanns Monatshefte 552, 1902, S. 835–845; Karl HOLL, Geschichte des dt. Lustspiels, Leipzig 1923; Otto FORST DE BATTAGLIA, J. Nestroy – Abschätzer der Menschen, Magier des Wortes, Leipzig 1932; Alphons HÄMMERLE, Komik, Satire und Humor bei Nestroy, Diss. Freiburg/Schweiz 1947; Otto ROMMEL, Die Alt-Wiener Volkskomödie – Ihre Geschichte vom barocken Welt-Theater bis zum Tode Nestroys, Wien 1952; Klaus LAZAROWICZ, Verkehrte Welt. Vorstudien zu einer Geschichte der dt. Satire, Tübingen 1963; Otto BASIL, J. Nestroy in Selbstzeugnissen und Bilddokumenten, Reinbek 1967; Ansgar HILLACH, Die Dramatisierung des komischen Dialogs – Figur und Rolle bei Nestroy, München 1967; Siegfried BRILL, Die Komödie der Sprache – Untersuchungen zum Werke J. Nestroys, Nürnberg 1967; Horst Albert GLASER, Das bürgerliche Rührstück, Stuttgart 1969; Jörg SCHÖNERT, Roman und Satire im 18. Jahrh. – Ein Beitrag zur Poetik, Stuttgart 1969; Rio PREISNER, J. N. Nestroy. Der Schöpfer der tragischen Posse, München 1968; Jürgen HEIN, Spiel und Satire in der Komödie J. Nestroys, Bad Homburg 1970; Kurt KAHL, J. Nestroy oder der Wiener Shakespeare, Wien – München – Zürich 1970; Frithjof STOCK, Kotzebue im literarischen Leben der Goethezeit, Düsseldorf 1971; Franz H. MAUTNER, Nestroy, Heidelberg 1974.

Seite	Seite
N: 175, 6 Jean Paul, Werke, München 1962, Bd. 4, S. 1089	178, 12 v. u. Schumacher, s. T., S. 103
176, 3 Goethe, Jub. Ausg. 36, S. 6	181, 2 Lukas 19,9 f.

A: [1] KLUGE-GÖTZE, S. 398.
      [2] Vgl. Volker KLOTZ, Die erzählte Stadt. Ein Sujet als Herausforderung des Romans von Lesage bis Döblin, München 1969.

385

[3] Schumacher, s. T., S. 101.

[4] Ebd., S. 104.

[5] Basil, s. L., S. 126.

[6] Preisner, s. L., S. 125.

[7] Über die ersten Krähwinkeliaden in Wien (Ludwig Wieland 1814, Bäuerle 1818 usw.) vgl. Rommel, s. L., S. 1008.

[8] Vgl. Rommel, Basil, Mautner u. a., s. L.

[9] Über Krähwinkel als Modell für Wien vgl. Mautner, s. L., S. 284.

[10] Über die Bedeutung der Sprache bei Nestroy, die nicht nur verwendet, sondern auch thematisiert wird, vgl. Mautner, s. L., S. 24: ,,Er war der erste deutsche Schriftsteller seit dem sechzehnten und siebzehnten Jahrhundert, der die Sprache selbst zu einem wichtigen Gegenstand der Dichtung gemacht hat, der erste überhaupt, der dies für die Komödie tat."

[11] Vgl. Wolfgang KAYSER, Das Groteske. Seine Gestaltung in Malerei und Dichtung, Oldenburg – Hamburg 1957.　　　　　　　　　　　　　　　　P. P.

GERHART HAUPTMANN　　　　　　　　　　　　　　　　　　　　　　S. 195

T:　,,Der Biberpelz" und ,,Der rote Hahn" nach: Centenar-Ausg. (CA) zum 100. Geburtstag des Dichters am 15. Nov. 1962, hrsg. von Hans-Egon Hass, fortgeführt von Martin Machatzke und Wolfgang Bungies, 11 Bde. (Frankfurt 1962 ff.). Der Text des ,,Biberpelz" findet sich in Bd. I, S. 481–542, der des ,,Roten Hahn" in Bd. II, S. 9–74. Zitate nach diesen Bänden: römische Ziffern bezeichnen den Band, arabische die Seite. – Leicht erreichbar sind die Propyläen-Textausgaben: ,,Der Biberpelz", Berlin – Frankfurt 1966; ,,Der rote Hahn", Berlin – Frankfurt 1962. – Brechts Bearbeitung ist dokumentiert und in längeren Auszügen vorgestellt in dem Band ,,Theaterarbeit. 6 Aufführungen des Berliner Ensembles", hrsg. v. Berliner Ensemble, Helene Weigel, Düsseldorf o. J. [1954].

L:　Karl Siegfried GUTHKE, G. Hauptmann und die Kunstform der Tragikomödie, in: Germ.-Rom. Monatsschr. 38, NF 7, 1957, S. 349 ff.; Wolfgang SCHULZE, Aufbaufragen zu Hauptmanns ,,Biberpelz", in: Wirkendes Wort 10, 1960, S. 98 ff.; J. VANDENRATH, Der Aufbau des ,,Biberpelz", Rev. des langues vivantes 26, 1960, S. 210 ff.; Herbert W. REICHERT, Hauptmann's Frau Wolff and Brecht's Mutter Courage, in: Germ. Quart. 34, 1961, S. 439 ff.; Bruno FISCHER, G. Hauptmann und Erkner. Quellenkundliche Studien zum ,,Biberpelz" und anderen Werken, in: Zeitschr. f. dt. Phil. 81, 1962, S. 440 ff.; Gerhard KAISER, Die Tragikomödien G. Hauptmanns, in: Festschr. für K. Ziegler, hrsg. von Eckehard Catholy und Winfried Hellmann, Tübingen 1968, S. 270 ff.; Eberhard HILSCHER, G. Hauptmann, Berlin 1969, S. 163 ff.; Fritz MARTINI, G. Hauptmanns ,,Der Biberpelz". Gedanken zum Bautypus einer naturalistischen Komödie, in: Wissenschaft als Dialog, hrsg. von Renate v. Heydebrand und Klaus Günther Just, 1969, S. 83 ff. – auch in: F. Martini,

Lustspiele – und das Lustspiel, Stuttgart 1974, S. 213 ff.; Hans-Joachim
SCHRIMPF, Das unerreichte Soziale. Die Komödien G. Hauptmanns ,,Der Biberpelz" und ,,Der rote Hahn", in: Das dt. Lustspiel, Teil II, hrsg. v. Hans
Steffen, Göttingen 1969, S. 25 ff.; Oskar SEIDLIN, Urmythos irgendwo um Berlin. Zu G. Hauptmanns Doppeldrama der Mutter Wolffen, in: Dt. Vjschr. 43,
1969, S. 126 ff.; Peter HAIDA, Komödie um 1900. Wandlungen des Gattungs-
schemas von Hauptmann bis Sternheim (München 1973), S. 28 ff.; G. FISCHER,
Der Naturalismus auf der Bühne des epischen Theaters. Zu Brechts Bearbeitung
von Hauptmanns Der Biberpelz und Der rote Hahn, in: Monatshefte f. dt. Unterricht 67, 1975, S. 224 ff.; Hans-Joachim SCHRIMPF, Brecht und der Naturalismus. Zur Biberpelz-Bearbeitung, in: Brecht – Jahrbuch 1975, hrsg. v. John
Fuegi, Reinhold Grimm u. Jost Hermand, Frankfurt 1975, S. 43 ff.

Seite

N: 197, 4 v. u. G. Hauptmann, Die Kunst des Dramas, hrsg. von Martin Machatzke, Berlin 1963, S. 183

198, 5 J. Chapiro, Gespräche mit Gerhart Hauptmann, Berlin 1932, S. 162

198, 9 Hauptmann, Die Kunst des Dramas, S. 36

198, 13 ebd., S. 36

198, 8 v. u. ebd., S. 103

199, 4 ebd., S. 103 f.

200, 14 v. u. Schrimpf, Das uner-reichte Soziale, s. L., S. 41

200, 8 v. u. G. Kaiser, s. L., S. 274, vgl. auch Schrimpf, Das uner-reichte Soziale, S. 58, N. 30

Seite

201, 7 v. u. So Hilscher, s. L., S. 163

207, 1 So G. Kaiser, s. L., S. 271

207, 14 A. Kerr, Der rote Hahn, in: Neue dt. Rundschau 13, 1902, S. 103

209, 2 B. Brecht, Werkausgabe, Frankfurt 1967, 15, S. 201 u. 207

209, 5 ebd., 16, S. 937

209, 9 ebd., 15, S. 207

209, 18 ebd., 19, S. 367

209, 11 v. u. ebd., 17, S. 1269 = Theaterarbeit, s. T., S. 176

210, 13 Theaterarbeit, S. 205

211, 16 H. Lüdecke, in: Theater-arbeit, S. 196

A: [1] So Hilscher, s. L., S. 172 f. Zu den dramaturgischen Einwänden vgl. die Nach-weise bei Schulze, s. L., S. 101 und bei Schrimpf, Das unerreichte Soziale, s. L., S. 25 ff.; ferner Haida, s. L., S. 28 ff.

[2] So der Vorschlag von Reinhold GRIMM, Drama im Übergang, in: ders., Struk-turen, Essays zur dt. Literatur, Göttingen 1963, S. 20, zustimmend Haida, s. L.

[3] Vgl. Martini, s. L., S. 224 ff.

[4] Vgl. dazu Wolfdietrich RASCH, Zur dramatischen Dichtung des jungen G. Hauptmann, in: ders., Zur dt. Literatur seit der Jahrhundertwende, Stuttgart 1967, S. 78 ff.

[5] Vgl. die detaillierte Darstellung bei Schrimpf, Das unerreichte Soziale, s. L., S. 44 f., ferner Vandenrath, s. L., S. 218.

[6] CA VI, S. 792.

[7] Hauptmann, Die Kunst des Dramas, S. 104.

[8] Vgl. die Nachweise bei Schrimpf, Das unerreichte Soziale, s. L., S. 25 f. Außerdem z. B. R. HESSEN, Moderne Dramaturgie, in: Spemanns goldenes Buch des Theaters, Neue Ausgabe, Stuttgart 1912, S. 280 ff.

[9] Für die abwertenden Urteile Hilscher, s. L., S. 174 f., Seidlin, s. L., S. 126 ff., Roy C. COWEN, Der Naturalismus. Kommentar zu einer Epoche, München 1973, S. 214; Sigfrid HOEFERT, Gerhart Hauptmann, Stuttgart 1974, S. 39. Ansätze zu einer Neubewertung bei Kaiser, s. L., S. 270 ff.

[10] Das ,,Gesetz, betreffend Aenderungen und Ergänzungen des Strafgesetzbuches'' trat am 25. VI. 1900 in Kraft (vgl. RGBl 1900, S. 301 ff.).

[11] Vgl. die Frühfassungen des ,,Roten Hahn'' in CA Bd. IX, bes. S. 962 ff.

[12] Vgl. Hans MAYER, G. Hauptmann, Velber 1967, S. 54 ff.; Hilscher, s. L., S. 174. Siehe aber auch Reichert, s. L., S. 445.

[13] Kaiser, s. L., S. 275, spricht von einer ,,trügerischen Zwischenbilanz''.

[14] Vgl. Seidlin, s. L. Nur ein Beispiel für die eigenwillige, mythische überhöhte Interpretation: Daß der Schuster Fielitz am Ende des Stücks in den Spiegel blickt, während seine Frau stirbt, will Seidlin als Bewußtwerdung des männlichen Prinzips verstehen: ,,Er betrachtet sich, er erkennt sich als der, der er ist: im Spiegel erscheint das ,Bild' des Mannes, nachdem die Mutter verblichen ist'' (145). Blickt man auf die konkrete Situation, wie sie im Text motiviert ist (II, 73), so ergibt sich folgendes: Doktor Boxer hat an Fielitz die Anomalie der Pupillenstarre bemerkt, die dieser dann selbst mit Hilfe eines Taschenspiegels studiert. Das signalisiert seine Selbstbezogenheit (wie vorher schon seine Großsprecherei und sein Kult mit dem neuen Regulator). Für seine Frau findet er selbst im Augenblick ihres Todes keinen Blick (in diesem Sinn Kaiser, s. L., S. 274 f.).

[15] Vgl. Guthke, s. L., S. 361 f.

[16] Zu Brechts Bearbeitung vgl. Paul RILLA, Biberpelz und roter Hahn. Hauptmanns Doppelkomödie in der Bearbeitung des Berliner Ensembles, in: ders., Essays, Berlin 1955, S. 427 ff.; Hilscher, s. L., S. 175 f.; Schrimpf, Das unerreichte Soziale, s. L., S. 49 ff. und Schrimpf, Brecht, s. L.; Seidlin, s. L., S. 141, N. 14; eine engagierte Verteidigung der Neufassung bei Fischer, s. L.

[17] Reichert, s. L., beruft sich zwar auf ,,the rather obvious fact that Hauptmann had influénced Brecht'', bietet aber keinen konkreten Beleg dafür (S. 439).

J. J.

CARL STERNHEIM   S. 213

T: ,,Die Kassette'' nach: Gesamtwerk, hrsg. von Wilhelm Emrich, 10 Bde. (ab Bd. 8 unter Mitarbeit von Manfred Linke), Neuwied – Berlin 1963–1975, zit. GW; Vorwort des Herausgebers (GW 1, S. 5–19) in erweiterter Fassung: C. Sternheims ,,Kampf der Metapher!'' und für die ,,eigene Nuance'', in: W. Emrich, Geist und Widergeist. Wahrheit und Lüge der Literatur, Frankfurt/M. 1965, S. 163–184. – C. Sternheim, Aus dem bürgerlichen Heldenleben. Sechs Dramen, Sonderausg., Neuwied – Berlin 1969.

L: Rudolf BILLETTA, Sternheim-Kompendium. C. Sternheim, Werk – Weg – Wirkung, Wiesbaden 1975. Da das „St.-Kompendium" ein systematisches Verzeichnis des Schrifttums von und über Sternheim bietet, ist im folgenden nur Forschungsliteratur verzeichnet, die in der Interpretation zitiert wird oder die im Kompendium nicht mehr erfaßt ist. Wolfgang PAULSEN, C. Sternheim, Das Ende des Immoralismus, in: Akzente 3, 1956, S. 273–287; Hans SCHWERTE, C. Sternheim, in: Benno von Wiese (Hrsg.), Deutsche Dichter der Moderne. Ihr Leben und Werk, Berlin 1965, S. 420–434; Wolfgang WENDLER, C. Sternheim, Weltvorstellung und Kunstprinzipien, Frankfurt/M. – Bonn 1966; Peter Uwe HOHENDAHL, Das Bild der bürgerlichen Welt im expressionistischen Drama, Heidelberg 1967; Hans Otto FEHR, Der bürgerliche Held in den Komödien C. Sternheims, Diss. Freiburg i. B. 1968; Richard BRINKMANN, Sternheims Komödie „Bürger Schippel", in: Hans Steffen (Hrsg.), Das dt. Lustspiel II, Göttingen 1969, S. 103–124; Leonhard M. FIEDLER, Eine Molière-Ausgabe von Hofmannsthal und Sternheim, Begegnungen und gemeinsame Pläne, in: Hofmannsthal-Blätter 4, 1970, S. 255–263; Franz Norbert MENNEMEIER, C. Sternheims Komödie der Politik, in: Dt. Vjschr. 44, 1970, S. 704–726; Helmut ARNTZEN, Die unmenschliche Komödie. Zu Sternheims „Kassette", in: ders., Literatur im Zeitalter der Information. Aufsätze. Essays. Glossen, Frankfurt/M. 1971, S. 301–304; Jörg SCHÖNERT (Hrsg.), C. Sternheims Dramen. Zur Textanalyse, Ideologiekritik und Rezeptionsgeschichte, Heidelberg 1975; Silvio VIETTA und Hans-Georg KEMPER, Expressionismus, München 1975. Literatur zu Max Reinhardt: Ernst STERN und Heinz HERALD, Reinhardt und seine Bühne, Berlin 1918; Siegfried JACOBSOHN, M. Reinhardt, Berlin 1921; Hans ROTHE (Hrsg.), M. Reinhardt, 25 Jahre Deutsches Theater, München 1930; Leonhard M. FIEDLER, M. Reinhardt, Reinbek 1975.

Seite

N: 213, 14 Kahane, in: Stern/Herald, s. L., S. 59–63

215, 14 v. u. Hofmannsthal, Vorrede, in: ebd., S. 3, 4–5

216, 4 Fiedler, Eine Molière-Ausg., s. L., S. 70

216, 3 v. u. Fiedler, s. L, S. 259

217, 17 v. u. GW VI S. 16–17

217, 5 v. u. GW VI S. 28–31

227, 5 Arntzen, s. L., S. 302–303

228, 9 Schwerte, s. L., S. 430

229, 13 Kurt Hiller, Die Fronde der Jungen (Antwort auf den er-

Seite

sten Teil von Sternheims „Kampf der Metapher"), GW VI, S. 501 ff.

229, 20 Zu Alfred Kerrs Geburtstag, GW VI, S. 44

230, 11 GW VI, S. 45 ff.

230, 7 v. u. Vietta/Kemper, s. L., S. 329

232, 1 v. u. Julius Bab, Die Chronik des dt. Dramas, Bd. IV, Berlin 1922 (Nachdr. Darmstadt 1972), S. 60

A: Bei der Abfassung der vorstehenden Interpretation konnte der inzwischen erschienene Bd. X, 2 der Gesamtausgabe von Sternheims Werken noch nicht berücksichtigt werden.

[1] Uraufführung 1912, Deutsches Theater Berlin; Druck: Leipzig 1912.

[2] Fiedler, Eine Molière-Ausg., s. L., S. 255.

[3] Hofmannsthal, Vorrede, in: Stern/Herald, s. L., S. 3.

[4] Es ist nicht zuviel gesagt, daß Max Reinhardt den Dramatiker Sternheim nicht nur entdeckt – was schon Heinrich Mann bemerkte (Essays, Bd. 3, Berlin 1958, S. 113) –, sondern auch auf dem Theater durchgesetzt hat (Fiedler, s. L., S. 74).

[5] Den ersten Vergleich zwischen Sternheim und Molière stellte Franz Blei anläßlich der Uraufführung der „Hose" an, Jacobsohn folgte nach der Uraufführung der „Kassette" (s. GW VI, S. 30, Kommentar, S. 487 und 498). Nachdem Sternheim seine dichterischen Ambitionen entsprechend formuliert hatte, wurde die Gegenüberstellung rasch zu einem Allgemeinplatz der Sternheim-Kritik (Belege bei Billetta, s. L., Register „Molière").

[6] „So war, was Reinhardt als Publikum vorfand, nicht eine in Traditionen erzogene, an Traditionen und mit Vergleichen messende Gesellschaft, sondern ein neuer, fast voraussetzungsloser Gesamtkomplex, willig, sich zu formen, im Entstehen begriffen und darum dankbar, ungeheuer neugierig, nach Neuem gierig, ungeheuer interessiert, an allem Werdenden. Es war der psychologische Moment einer spürbaren Erwartung und Spannung. Was kam jetzt? (. . .) Die naturalistische Revolution in der Literatur und auf dem Theater war vorbei, (. . .). Die pathetische Epigonendramatik, die verlogene Familienplattliteratur, das seichte Unterhaltungstheater waren für immer verdrängt . . ." (Kahane, in: Rothe, s. L., S. 17 f.).

[7] Weitere Inszenierungen von Shakespeares Komödien folgen nahezu in jährlichem Abstand für mehr als ein Jahrzehnt.

[8] In das Jahr 1907 fällt unter anderem auch die Aufführung von Goldonis „Diener zweier Herren".

[9] Zwischen 1906 und 1918 inszeniert Reinhardt außer den noch zu nennenden Stücken und Bearbeitungen Molières: „Tartuffe", „Der eingebildete Kranke", „Die Lästigen" (Bearbeitung von Hofmannsthal), „Der Bürger als Edelmann".

[10] Dies bedeutet nicht, daß sich Reinhardt den echten Möglichkeiten des Boulevard, der Operette und des Volkstheaters verschlossen hätte, wie seine Aufführungen von Courteline, Offenbach, Raimund und Nestroy zwischen 1906 und 1915 beweisen.

[11] Auch Shaw-Inszenierungen, beginnend mit „Cäsar und Cleopatra", bestimmen sein Repertoire im folgenden Jahrzehnt.

[12] GW I, S. 569. – Eine weitere Anregung dürfte Sternheim von Franz Blei erhalten haben. Jedenfalls sollte „Die Hose", wie das Marbacher Manuskript zeigt, ursprünglich im 17. Jahrh. spielen (vgl. GW VI, S. 487 und GW VII, S. 853–855).

[13] Beide Stücke in der Regie von Felix Hollaender; die späteren Teile des „bürgerlichen Heldenlebens" hat Reinhardt selbst inszeniert: „Bürger Schippel" 1913, „Der Snob" 1914.

[14] Vgl. Reinhard URBACH, Stranitzky und die Folgen. Das Wiener Volkstheater und sein Publikum, Wien – München 1973, passim (Zitat S. 50); Verf., Non olet – altes Thema und neues Sujet. Zur Entwicklung der Konversationskomödie

zwischen Restauration und Jahrhundertwende, in: Euphorion 67, 1973, S. 323–358.

[15] Die Verwandtschaft wurde von der zeitgenössischen Kritik sofort bemerkt; Jacobsohn meinte, Molières „L'Avare" sei in dem Stück „wieder auferstanden" (GW VI, S. 489). – Sternheim ergänzte in seiner Überarbeitung (1918) des zweiten Molière-Aufsatzes: „Es ist ein Fall, der in künftigen Literaturgeschichten als ergänzendes Schulbeispiel für die wahre Erneuerung eines ewigen Komödienvorwurfs dienen wird" (GW VI, S. 497).

[16] Vgl. M. Schwörer, in: Schönert, s. L., S. 40 ff.; sowie, bezogen auf „Die Hose", Vietta/Kemper, s. L., S. 306 ff.

[17] Dies wurde in der Zeit der Uraufführung offensichtlich leichter durchschaut als heute. Anläßlich der Duell-Szene von „Bürger Schippel" (parodistisch auf „Was ihr wollt") bemerkt Jacobsohn (s. L., S. 95), Sternheim hole „seine stärksten Wirkungen aus der Wiederholung, also Deplazierung und Verzerrung von Szenen, Figuren, Motiven und Wendungen vergangener Schrift- und Bühnenwerke".

[18] Auf einem analogen Modell-Begriff beruht die Analyse der frühen Komödien Sternheims von Schönert (s. L., S. 52–94). In diesem Zusammenhang ist besonders hervorzuheben, daß die Modell-Struktur nicht nur literaturgeschichtlich direkt von der Komödien-Tradition abzuleiten, sondern auch aus der theatergeschichtlichen Situation zu bestimmen ist.

[19] Sie verrät, abgesehen von der ausschlaggebenden Beziehung auf die Komödie des 17. Jahrh., eine starke Anlehnung an Wedekind (vgl. Schwerte, s. L., S. 425).

[20] S. N., S. 59.

[21] Vgl. Schönert, s. L., S. 73–76.

[22] Vgl. Hohendahl, s. L., S. 154 ff.

[23] Vgl. Paulsen, s. L.

[24] Vgl. Vietta/Kemper, s. L., S. 104.

[25] Vgl. M. Peters, in: Schönert, s. L., S. 155.

[26] Vgl. Wendler, s. L., S. 49 ff.

[27] Vgl. Schönert, s. L., S. 81.

[28] Mennemeier (s. L., S. 725) meint in diesem Zusammenhang, daß Sternheim „die vermeintlich positiven Visionen häufig zu offensichtlichen Irrtümern mißglückten", und daß sich in diesem Mißglücken die „Wahrheit der Epoche" gegen die Autorintention durchsetze. – Ähnlich Vietta (s. L., S. 109), der Sternheims Sprache auch im Falle positiv gemeinter Figuren die satirische Wirkung zuschreibt.

[29] Vgl. Arntzen, s. L., S. 303; Brinkmann, s. L., S. 116–117; GW VI, S. 16–17.

[30] Vgl. Brief zur „Kassette" an Felix Hollaender, GW VI, S. 13 und S. 485.

[31] Zur ‚Selbststilisierung' Sternheims als Autor vgl. Schönert, s. L., S. 16 ff. und Tagwercher, ebd., S. 124–137.

[32] Vgl. Fehr, s. L., S. 146.

[33] GW I, S. 585 f.

[34] Bezeichnende Eklats der Nachkriegszeit gab es an der Berliner Volksbühne

(1960) und am Münchner Residenztheater (1961), aber auch bei einer Dresdner Aufführung kurz nach Kriegsende (Februar 1947).

[35] „Die Komödie Sternheims ist ein Vorgriff auf die Dramatik der Gegenwart. In Wahrheit gibt es schon hier keine Handlung und keine Entwicklung mehr, vielmehr entsteht ein Zustandsbild, das die Welt des Kleinbürgers zeigt als eine, in der jede Bewegung Auf-der-Stelle-treten und Sich-im-Kreise-drehen ist, denn im Schatten der Kassette verwandelt sich alles in Schein und ist alles mit allem austauschbar" (Arntzen, s. L., S. 303).

[36] GW I, S. 585.   H.-P. B

HUGO VON HOFMANNSTHAL   S. 233

T: „Der Unbestechliche" nach: Ges. Werke in Einzelausgaben, Lustspiele IV, Frankfurt/M. 1956, S. 287–404. – Leicht erhältliche Ausgabe: H. v. Hofmannsthal, Der Schwierige. Der Unbestechliche. Zwei Lustspiele, 14. Aufl. Frankfurt/M. 1974.

L: Richard ALEWYN, Der Unbestechliche (1956), in: ders., Über H. v. Hofmannsthal, 2. Aufl. Göttingen 1960; Wiltrud MANNFELD, Der Diener und sein Herr im Werk H. v. Hofmannsthals, Diss. München 1966; Norbert ALTENHOFER, Hofmannsthals Lustspiel „Der Unbestechliche", Bad Homburg 1967; Gerhart PICKERODT, Der Unbestechliche, in: ders., Hofmannsthals Dramen. Kritik ihres historischen Gehaltes, Stuttgart 1968; Ewald RÖSCH, Der Unbestechliche, in: ders., Komödien Hofmannsthals. Die Entfaltung ihrer Sinnstruktur aus dem Thema der Daseinsstufen, 2. Aufl. Marburg 1968; Benno RECH, Hofmannsthals Komödie. Verwirklichte Konfiguration, Bonn 1971; Hermann RUDOLPH, Kulturkritik und konservative Revolution. Zum kulturell-politischen Denken Hofmannsthals und seinem problemgeschichtlichen Kontext, Tübingen 1971; Gabriele L. A. SCHNETZER, Hofmannsthal: „Der Unbestechliche", Diss. Zürich 1972; Walter HINCK, Konservative Revolution; 1. Hofmannsthals Festspiele, 2. Hofmannsthals Lustspiele, in: ders., Das moderne Drama in Deutschland, Göttingen 1973.

Seite

N: 235, 20 v. u. Sämtl. Werke, Jub.-
    Ausg., 36. Bd., Schriften z. Lit.,
    1. Teil, S. 186

    235, 13 v. u. Lustspiele IV, s. T., S.
    314

    236, 18 ebd., S. 321

    236, 10 v. u. ebd., S. 322

    237, 7 ebd., S. 377. Für die bes.
    Fassung des „Existenz"-Begriffs bei Hofmannsthal vgl. Ad

Seite

me ipsum, in: Aufzeichnungen,
Ges. Werke, 1959

237, 16 Lustspiele IV, S. 387

238, 15 v. u. Briefw. H. v. Hofmannsthal – R. Borchardt, Berlin 1954, S. 173

238, 14 v. u. ebd., S. 173

239, 6 v. u. Aufzeichnungen, S. 369

240, 3 v. u. Prosa II, s. T., Ges.

A: [1] Vgl. H. v. Hofmannsthal, Prosa IV, s. N., S. 129.

[2] Die Rezension ist fragmentarisch. Vgl. Marie-Luise ROTH, Un inédit de Musil: Le compte rendu de la première de l' *Unbestechliche* de Hofmannsthal, in: Études Germaniques 17, 1962, S. 403 ff.

[3] Vgl. u. a. H. v. Hofmannsthal, Aufzeichnungen, s. N., S. 175 ff. u. S. 180 f.

[4] Dieses Komödienmotiv wie der „Unbestechliche" insgesamt gehören in einen gesellschaftskritischen Zusammenhang, den H. gelegentlich als die „Aufgabe (. . .) das Erlöschen des Leidenschafts- und Sündenbegriffes zu fixieren", bezeichnet hat (Prosa, IV, S. 320). Der ‚moralische' Theodor, nicht der ‚unmoralische' Jaromir ist von Hofmannsthal als zugleich ‚leidenschaftliche' Gestalt konzipiert worden (vgl. Lustspiele IV, s. T., S. 314). Theodor ist „ganzer Mensch" im Sinne Hofmannsthalscher polemisch-konservativer Anthropologie (vgl. dazu u. a. Prosa II, s. N., S. 323 ff., Prosa IV, S. 409).

[5] H. v. Hofmannsthal, Lustspiele IV, S. 297. Theodors Andersartigkeit wird durch Hinweis auf seine Herkunft betont; seine Heimat ist „irgendwo in den Waldkarpaten", und er hatte ursprünglich „eine geistliche Person werden sollen" (ebd., S. 294 u. S. 312).

[6] Vgl. Aristoteles, Poetik, übers. von O. Gigon, Stuttgart 1961, S. 32.

[7] Der an dieser Stelle besonders deutlich werdende Konflikt Wesen–Schein, Gesicht–Maske, ein zentrales Thema der zeitgenössischen Dramatik, wird von H. v. Hofmannsthal nicht zum ‚Absurden', bitter Tragikomischen vorangetrieben. Vgl. für Gemeinsamkeit und Unterschied zum ‚absurden' Drama die strukturell verwandte Gestalt von Pirandellos Ciampa in „Il beretto a sonagli" (1916) mit H. v. Hofmannsthals Theodor. Die „Komödie" ist für Hofmannsthal der klassische Ort, an dem jene Dialektik im Sinne einer „Lebenskunst" positiv aufgelöst wird. Vgl. „Zur Idee des Ganzen", in: Martin STERN (Hrsg.), H. v. Hofmannsthal, Silvia im „Stern", Bern – Stuttgart o. J., S. 113 f. In den gleichen Zusammenhang gehört der Satz: „Das *erreichte Soziale: die Komödien*" (Aufzeichnungen, S. 226). Vgl. auch die zwei Briefe über den „Schwierigen", mitget. v. Rudolf HIRSCH in: Hofmannsthal Blätter 7, 1971, S. 70 ff.

[8] Vgl. zu diesem Problemkreis u. a. Hofmannsthals „Ein Brief" (1901) und „Die Briefe des Zurückgekehrten" (1907), in: Prosa II.

[9] Lustspiele IV, S. 325. – Der Begriff des „Ganzen" taucht im Stück mehrmals auf. Hofmannsthal variiert mit diesem Komödienaspekt eins seiner Hauptanliegen; sein „Zwang zum Ganzen" (Briefw. H. v. Hofmannsthal – C. J. Burck-

hardt, Frankfurt/M. 1956, S. 301) zeitigte außerhalb der Komödien bisweilen Formen einer tragischen Hektik. Vgl. dazu Franz Norbert MENNEMEIER, Gesellschaftliches beim jungen Hofmannsthal, in: Joachim Bark (Hrsg.), Literatursoziologie II, 1974, S. 181 ff.

[10] Zu Hofmannsthals Platonismus vgl. vor allem „Ad me ipsum", in: Aufzeichnungen, S. 211 ff.

[11] Hofmannsthal, der seinen Theodor so mit einiger Ironie behandelt, ist im „Unbestechlichen" wie auch sonst gleichwohl weit davon entfernt, ein ‚ironischer‘ Autor zu sein. Der Begriff „Ironie" kommt trotz des vielzitierten Wortgebrauchs in „Die Ironie der Dinge" (vgl. Prosa IV, S. 43 f.) in Hofmannsthals Schriften mindestens ebenso häufig in negativer wie in positiver Bedeutung vor (vgl. Prosa IV, S. 29, S. 76; Aufzeichnungen, S. 71, S. 77, S. 259).

[12] Hofmannsthal hat für die Uraufführung mit Hilfe Pallenbergs den Mittelteil entsprechend reduziert.

[13] Vgl. Lustspiele IV, S. 337 ff., S. 362 ff.

[14] Ebd., S. 335 ff.

[15] Ebd., S. 331. – Für eine sinnverwandte Weiterverwendung des Begriffs in Hofmannsthals Werk vgl. „Die Briefe des Zurückgekehrten", Prosa II, S. 325 f.

[16] Lustspiele IV, S. 389–397.

[17] Vgl. zu diesen Begriffen „Ad me ipsum", s. N., S. 218 u. ö.

[18] Vgl. „Kann uns die Komödie schmackhaft sein ohne einen Hauch von Mystizismus?", in: Aufzeichnungen, S. 77.

[19] Vgl. dazu die Nachlaßnotiz „Die Idee des Ganzen" mit ihrer für Hofmannsthals Dramaturgie charakteristischen Schachspiel-Metaphorik, in: Stern, Anm. 7, S. 113 f.

[20] Lustspiele IV, S. 379 ff.

[21] Hofmannsthals Lustspiel „Der Unbestechliche", Bad Homburg 1967.

[22] Vgl. Hofmannsthal Blätter, 1, 1968, S. 32 ff. u. 6, 1971, S. 475 ff.

[23] Dieses Bestreben hat eine Parallele in der für die Komödien Hofmannsthals konstitutiven Dialektik von Oberfläche und Tiefe; vgl. dazu Hans STEFFEN, in: H. Steffen (Hrsg.), Das dt. Lustspiel II, Göttingen 1969, S. 125 ff.

[24] Vgl. Franz KAFKA, Tagebücher 1910–1923, Frankfurt/M. 1951, S. 252, u. Karl KRAUS, Vom großen Welttheaterschwindel. – Hofmannsthal und die Welt der Bezüge, in: Die Fackel, November 1922 und März u. Dezember 1926.

[25] Zu Hofmannsthals Mythos-Verständnis vgl. Brief an Hofrat Roller, in: Hofmannsthal Blätter 3, 1969, S. 185 ff.

[26] Vgl. insbes. „Das Schrifttum als geistiger Raum der Nation", Prosa IV, S. 390 ff.

[27] Vgl. Hofmannsthal: „Der Anachronismus ist das Lebenselement der Poesie" (Brief an Hofrat Roller, s. Anm. 25, S. 187).

[28] Für den platonisierend-idealistischen Dichterbegriff Hofmannsthals vgl. u. a. Prosa IV, S. 127.

[29] Vgl. Peter Christoph KERN, Zur Gedankenwelt des späten Hofmannsthal. Die Idee einer schöpferischen Restauration, Heidelberg 1969, S. 123. Vgl. Hof-

mannsthals Äußerung über das „Bekenntnishafte" seiner Komödien im Briefw. mit Anton Wildgans, Heidelberg 1971, S. 31.

[30] Prosa III, 1952, S. 347. Vgl. dazu „Bemerkungen", Prosa IV, S. 101 ff., insbes. S. 105 f.

[31] Ein inzwischen korrekturbedürftiger Topos der Hofmannsthal-Forschung ist der Erklärungsversuch, der mit dem von Hofmannsthal mehrmals zitierten Novalis-Wort „Nach einem unglücklichen Krieg müssen Komödien geschrieben werden" gestützt zu werden pflegt (Prosa IV, S. 40). Hofmannsthal selbst läßt die „Reihe der Lustspiele" mit „Gestern" (1891) „als Embryo des poetisierten Gesellschaftslustspiels" beginnen (Aufzeichnungen, S. 370); Stern weist nach, daß die Jahre 1907–1909 die fruchtbarste Konzeptionsphase für das Lustspielschaffen Hofmannsthals waren (Martin STERN, Hofmannsthals erstes Lustspielfragment, in: Neue Rundschau 3, 1959, S. 464).

[32] Vgl. Aufzeichnungen, S. 181. – Für die literaturgeschichtliche Herkunft des Theodor Hofmannsthals ist, neben antiken und romanischen Vorbildern, auch an gewisse positive Dienergestalten F. Raimunds (etwa den Valentin im „Verschwender") zu erinnern.

[33] Vgl. zu diesem Aspekt die Gestalt des Olivier im „Turm".

[34] Briefw. H. v. Hofmannsthal – C. J. Burckhardt, s. Anm. 9, S. 39.

[35] Mögliche Kritik an den gesellschaftlichen Implikationen des „Unbestechlichen" kann schon mit dem Zweifel begründet werden, ob der beabsichtigte ‚allegorische' Sinn der Fabel, nämlich mit Hilfe der gestörten und wiederhergestellten Ehe Jaromirs auf die Problematik des modernen Gesellschaftszustandes insgesamt und mit dem Motiv der Kündigung des Dienstverhältnisses auf die Problematik der Revolution im besonderen anzuspielen, dem Zuschauer deutlich werde. Hier rächt sich möglicherweise Hofmannsthals allzu unbekümmertes Ernstnehmen der eigenen Maxime: „Wer das Gesellschaftliche anders als symbolisch nimmt, geht fehl" (Aufzeichnungen, S. 21).   F. N. M.

ÖDÖN VON HORVÁTH   S. 246

T: „Geschichten aus dem Wiener Wald" nach: Ges. Werke in 8 Bdn., hrsg. v. Traugott Krischke und Dieter Hildebrandt, Frankfurt/M. 1972; zit. mit Band- und Seitenzahl; innerhalb des Textes ist ferner die Angabe des Teiles bzw. Aktes und des Bildes vorangestellt, z. B.: 1,3 = I, 177 (i. e. 1. Teil od. Akt, 3. Bild = W. Bd. I, Seite 177). Die zit. Ausgabe ist seitenidentisch mit der Werkausgabe in 4 Bdn., hrsg. v. Dieter Hildebrandt, Walter Huder und Traugott Krischke, Frankfurt/M. 1970/71.

L: Wilhelm EMRICH, Die Dummheit oder das Gefühl der Unendlichkeit: Ö. v. Horváths Kritik, in: ders., Geist und Widergeist. Wahrheit und Lüge der Literatur. Studien, Frankfurt/M. 1965, S. 185–196; auch in: Materialien zu Ö. v. Horváth, hrsg. v. Traugott Krischke, Frankfurt/M. 1970, S. 139–147; Traugott KRISCHKE (Hrsg.), Materialien zu Ö. v. Horváth, Frankfurt/M. 1970; Herbert

GAMPER, Horváth und die Folgen – das Volksstück? Über neue Tendenzen im Drama, in: Theater heute. Jahressonderheft: Theater 1971, S. 73–77; Dieter HILDEBRANDT und Traugott KRISCHKE (Hrsg.), Über Ö. v. Horváth, Frankfurt/M. 1972; Horst JARKA, Ö. v. Horváth und das Kitschige, in: Zeitschr. für dt. Phil. 91, 1972, H. 4, S. 558–585; Traugott KRISCHKE (Hrsg.), Materialien zu Ö. v. Horváths „Geschichten aus dem Wiener Wald", Frankfurt/M. 1972; Roger BAUER, Das Wiener Volkstheater zu Beginn des 19. Jahrh.: Noch nicht und (oder) doch schon Literatur?, in: Theater und Gesellschaft. Das Volksstück im 19. und 20. Jahrh., hrsg. v. Jürgen Hein, Literatur und Gesellschaft 12, Düsseldorf 1973, S. 29–43; Horst JARKA, Sprachliche Strukturelemente in Ö. v. Horváths Volksstücken, in: Colloquia Germanica 4, 1973, S. 317–339; Herbert GAMPER, Die Zeichen des Todes und des Lebens. Zu bisher kaum beachteten Konstruktionselementen in Horváths vier „Fräuleinstücken", in: Theater heute 3, 1974, S. 1–6; Hajo KURZENBERGER, Horváths Volksstücke. Beschreibung eines poetischen Verfahrens, München 1974; Hartmut REINHARDT, „Demaskierung" als moralische Provokation. Beobachtungen zum dramatischen Verfahren Ö. v. Horváths, in: Wirkendes Wort 25, 1975, H. 3, S. 197–214; Winfried NOLTING, Der totale Jargon. Die dramatischen Beispiele Ö. v. Horváths (Literatur und Presse / Karl-Kraus-Studien 2), München 1976. Ein annähernd vollständiges Verzeichnis der Sekundärliteratur zu Horváth bietet Dieter HILDEBRANDT, Ö. v. Horváth in Selbstzeugnissen und Bilddokumenten, Reinbek 1975, S. 132–140.

Seite

N: 247, 14 Materialien zu Ö. v. Horváths „Geschichten aus dem Wiener Wald", s. L., S. 223

249, 4 Theater und Gesellschaft. Das Volksstück im 19. und 20. Jahrh., hrsg. v. Jürgen Hein, s. L.

249, 8 Hein, Das Volksstück. Entwicklung und Tendenzen, in: Theater und Gesellschaft.

Seite

Das Volksstück im 19. und 20. Jahrh. s. L., S. 10

249, 13 Bauer, s. L., S. 31

263, 6 v. u. Johann Wolfgang Goethe, Faust, 2. Teil, in: J. W. Goethe, Werke, hrsg. i. Auftr. d. Großherzogin Sophie v. Sachsen, Abt. 1, Bd. 15, Weimar 1888, 3. Akt, S. 216

A: [1] Einen ersten knappen Vergleich stellt Kurt BARTSCH an: Horváth und Brecht, in: Literatur und Kritik 96/97, 1975, S. 334–341. Zu der Schwierigkeit, ein Horváthsches Theorem bei der Analyse seiner Dramen konstitutiv zu verwenden, s. a. Martin WALDER, Die Uneigentlichkeit des Bewußtseins. Zur Dramaturgie Ö. v. Horváths, Bonn 1974.

[2] Zum Reflex des Unmuts s. die Zeitungskritiken in: Materialien zu Ö. v. Horváths „Geschichten aus dem Wiener Wald", s. L., S. 133–165.

[3] Vgl. die Kritiken, s. A. 2, S. 167–222.

[4] Helmut ARNTZEN, Die ernste Komödie. Das deutsche Lustspiel von Lessing bis Kleist, München 1968, S. 9–24; Komödie als dramatische Intention; in: ders.,

Literatur im Zeitalter der Information. Aufsätze, Essays, Glossen, Frankfurt/M. 1971, S. 255; Komödie und episches Theater, ebd., S. 272.

[5] In „Rund um den Kongreß" (W. III) und „Sladek, der schwarze Reichswehrmann" (W. II). Vgl. die „Szene zwischen Oskar und Schminke" in den Entwürfen zu den „Geschichten . . ." (W. VII, 163 f.).

[6] Vgl. auch W. I, 201–206.

[7] Vgl. Axel FRITZ, Ö. v. Horváth als Kritiker seiner Zeit. Studien zum Werk in seinem Verhältnis zum politischen, sozialen und kulturellen Zeitgeschehen, München 1973, für den die schwierigen ästhetischen und gattungspoetischen Vermittlungsleistungen eine völlig sekundäre Rolle spielen (bspw. S. 11).

[8] Vor dieser Gefahr warnte früh (1963) schon Emrich, s. L., S. 140 f.

[9] S. Arntzen, Die ernste Komödie, s. A. 4, S. 89 f.

[10] Vgl. A. 9.

[11] S. Jarka, Ö. v. Horváth und das Kitschige, s. L., insbes. S. 562–578.

[12] Vgl. Reinhard HUMMEL, Die Volksstücke Ö. v. Horváths, Baden-Baden 1970, bes. das Kapitel „Volksstück und Kleinbürgerstück" (S. 114–136). Zum „Wiener Volkstheater" vgl. auch S. 124 f.

[13] Vgl.: „In meinen sämtlichen Stücken ist keine einzige parodistische Stelle! (. . .) Satirisches entdecke ich in meinen Stücken auch recht wenig" (VIII, 663). Dagegen: „Ja, ich stehe zur Satire absolut positiv. Ich kann garnicht anders" (I, 12). S. dazu bei Nolting (s. L.) „Ideal und Wirklichkeit" (S. 40–43) sowie den Abschnitt „Die totale Satire" (S. 102–170).

[14] S. a. Reinhardt, s. L., S. 207.

[15] Das wird aber im selben Band bei Hans POSER wieder behauptet (Brechts „Herr Puntila und sein Knecht Matti". Dialektik zwischen Volksstück und Lehrstück, in: Theater und Gesellschaft. Das Volksstück im 19. und 20. Jahrh., s. L., S. 198.

[16] Ansonsten gebraucht Anzengruber die Bezeichnung „Bauernkomödie" oder „Bauernposse". Für alle diese Stücke ist das Lokale wie (sozial) das Kleinbürgerliche der Figuren kennzeichnend, das aus der Wiener Possentradition stammt.

[17] Vgl. Nolting, s. L., S. 232–238.

[18] Vgl. Gamper, Die Zeichen des Todes und Lebens, s. L., S. 2 f.

[19] Vgl. dazu 1,2 = I, 165–173.

[20] S. a. Reinhardt, s. L., S. 208.

[21] Wolfgang BOELKE wird der Funktion der Sprache in Horváths Dramen nicht völlig gerecht, wenn er in einem Kapitel seiner Dissertation die „Funktion der Sprache" unter dem übergeordneten Aspekt „Fragen der Gestaltung" beschreibt und ansonsten darauf aus ist, als „Kriterien für die Deutung" „anthropologische Grundmuster" zu erhalten (Die entlarvende Sprachkunst Ö. v. Horváths. Studien zu seiner dramaturgischen Psychologie, Frankfurt/M. 1970. Inhaltsverzeichnis und Vorwort [S. 6–8]. Zu den „Geschichten . . ." s. S. 117–120).

Auch ist noch nicht viel gewonnen, wenn man „Bildungsjargon" mit dem von Adorno beschriebenen „Jargon der Eigentlichkeit" gleichsetzt, um dann die

Diskrepanz zwischen solchem „Jargon" und dem Sprechen von Dramenfiguren, die Alfred und Marianne heißen, zu konstatieren. Auf diese Weise gewinnt
D. HILDEBRANDT problemlos seinen Begriff eines „Jargons der Uneigentlichkeit". Damit ist aber weder die Wirklichkeitsvermittlung dieses Sprechens als
Dramensprache noch das Sprechen dieser Figuren erkannt (Der Jargon der Uneigentlichkeit. Notizen zur Sprachstruktur in Horváths „Geschichten aus dem
Wiener Wald", in: Materialien zu Ö. v. Horváths „Geschichten . . .", s. L., S.
236–245). Kurzenberger realisiert nur das selbst bereits konventionelle Phrasenverständnis, wenn er in einem Kapitel „Der Bildungsjargon" „klischiertes
Sprechen" notiert (s. L., S. 15–33). Gerade dieses Phrasenverständnis erkennt
nicht den Ernst der Komödie, die das Leben der Figuren selbst als Phrase darstellt.
In dieser Perspektive ist bei aller ‚Schärfe der Kritik' nicht viel mehr als das
sprachpflegerische Eifer wirksam, welcher sich am „Gemeinplatz" stößt und
heute vornehmlich die Medien im einzelnen kritisiert, ohne sie als Medien in
Frage zu stellen. Elisabeth MEIER wird dem Anspruch von Karl Kraus, den sie
im Zitat des Titels stellt (Abgründe dort sehen zu lehren, wo Gemeinplätze sind.
Zur Sprachkritik von Ö. v. Horváth und Peter Handke, in: Sprachnot und
Wirklichkeitszerfall. Dargest. an Beispielen neuerer Literatur, hrsg. v. E. Meier, Düsseldorf 1972, S. 19–61), nicht gerecht, wenn sie von „Verstellung der
Wirklichkeit durch Gemeinplätze" (S. 25), von der „Flucht in die bergende
Phrase" (S. 25) spricht und Horváth konzediert, daß er „die Dinge (. . .) direkter beim Namen" (S. 22) nenne. Zum „Bildungsjargon" s. S. 21 f.; zu den „Ge-
schichten . . ." s. S. 22–28.
Vgl. zu dem für Realität konstitutiven Sprechen Noltings Abschnitt „Realisa-
tion und Realität des Jargons" (s. L., S. 171–254).

22 S. zur Konzeption eines „totalen Jargons" im Anschluß an Kraus' Phrasenbe-
griff und Heideggers Terminus „Gerede" im Kontrast zu der Auffassung von
einer „Sprechweise, die schichtenspezifisch ist", Nolting (s. L., S. 9 f.). S. in
dieser Arbeit auch das Kapitel „Zu einem Mißverständnis in der Horváth-For-
schung (‚Dialekt' und ‚Jargon')" (S. 43–51).

23 Vgl. bei Nolting (s. L.) die Kapitel „Jargon als Gegenstand des Dramas" (S.
7–16) und „Kenntlichkeit des Jargons an seinen bildungssprachlichen Übertreibungen" (S. 118–144).

24 Vgl. bei Nolting (s. L.) „‚Stille' als Aphasie des Jargons" (S. 34–36) und das
Kapitel „Drameninterne Handlungen" (S. 181–193).

25 Auf die Möglichkeit einiger Mißverständnisse haben Hildebrandt (s. A. 21, S.
237) und Walder (s. A. 1, S. 8) hingewiesen, ohne selbst das Horváthsche Diktum von der „Demaskierung des Bewußtseins" in der eigenen Analyse fruchtbar zu machen. Vgl. a. Reinhardt, s. L., bes. S. 199 f.

26 Vgl. Gamper, Die Zeichen des Todes und des Lebens, s. L., S. 2 u. 6.

27 S. z. B. Hildebrandt (s. A. 21, S. 243) und Kurzenberger (s. L., S. 29). Erst
jüngst bemerkte Dietmar GOLTSCHNIGG das Unbefriedigende dieser „so geläu-
fige[n] Interpretationsmaxime". Allerdings erweitert er nur diese ‚Maxime'.
„Sprachklischees", die sein Thema sind, seien „zweifellos Kommunikations-

barrieren", erfüllten andererseits aber auch „kommunikationsstiftende Funktion". Demgegenüber vermißt Goltschnigg dann die „echte(n), tiefe(n) Kommunikation" (Das Sprachklischee und seine Funktion im dramatischen Werk Ö. v. Horváths, in: Wirkendes Wort 25, 1975, H. 3, S. 195).

[28] Vgl. Nolting, s. L., S. 7–43.

[29] Vgl. Helmut ARNTZEN, Karl Kraus und die Presse (Literatur und Presse / Karl-Kraus-Studien 1), München 1975, bes. S. 33 u. 42.

[30] Vgl. Nolting, s. L., S. 33.

[31] S. dazu Helmut ARNTZEN, Information oder Literatur. Über das Verhältnis von Sprache und Subjektivität, in: Literaturwissenschaft und Geschichtsphilosophie. Festschrift für Wilhelm Emrich, hrsg. v. H. Arntzen, Bernd Balzer, Karl Pestalozzi und Rainer Wagner, Berlin – New York 1975, S. 130–133.

[32] Vgl. a. Hartmut REINHARDT, Die Lüge des „Prinzipiellen". Zur Begrenzung der Kompetenz von Kritik in Horváths Stücken, in: Dt. Vjschr. 49, 1975, H. 2, S. 346 f.

[33] S. 247 f. in diesem Aufsatz.

[34] Arntzen, Die ernste Komödie, s. A. 4, S. 25–45 u. S. 178–245.

[35] Vgl. allenfalls Hans HOLLMANN, Einige Grundsätze für künftige Horváth-Regisseure, in: Über Ö. v. Horváth, s. L., S. 98 f. Hollmann versteht „Stille" als „nichts, Leere". Es sei „nicht die bedeutungsschwere Pause". Darüber hinaus sagt er allerdings nichts zur Funktion von „Stille".

[36] S. dazu Arntzen, Karl Kraus und die Presse, s. A. 29, S. 37–58.

[37] S. dazu ebd., S. 86 f.

[38] S. dazu ebd., insbes. S. 37–51.   H. A.

CARL ZUCKMAYER   S. 269

T: „Der Hauptmann von Köpenick" nach: Meisterdramen, mit einem Nachwort von G. F. Hering, Frankfurt/M. 1971, S. 219–333; auch in: Ges. Werke, Bd. 3, Frankfurt/M. 1960 und als Fischer-Taschenbuch Br. 7002.

L: Paul RILLA, Zuckmayer und die Uniform, in: ders., Literatur. Kritik und Polemik, Berlin 1950, S. 7–27; Sibylle WERNER, Der Hauptmann von Köpenick, Wirklichkeit und Dichtung am Beispiel des Dramas von C. Zuckmayer, M. A. Thesis Univ. of Maryland 1954; Fülle der Zeit, Carl Zuckmayer und sein Werk, Frankfurt/M. 1956; Martin GREINER, C. Zuckmayer als Volksdichter, in: Hess. Blätter für Volkskunde 49/50, 1958, S. 28–43; auch in: Jürgen HEIN (Hrsg.), Theater und Gesellschaft, Das Volksstück im 19. und 20. Jahrh., Düsseldorf 1973, S. 161–173; Wilfried ADLING, Die Entwicklung des Dramatikers C. Zuckmayer, in: Schriften zur Theaterwissenschaft, hrsg. von der Theaterhochschule Leipzig, Bd. 1, Berlin 1959, S. 9–286, bes. S. 105–134; J. VANDENRATH, Drama und Theater in C. Zuckmayers Bühnendichtung, Versuch einer Charakterisierung seiner Kunst, Diss. Masch. Liége 1960, S. 197–235; Ingeborg ENGELSING-MALEK, „Amor Fati" in Zuckmayers Dramen, Konstanz 1960, S.

48–64; Paul MEINHERZ, C. Zuckmayer, Sein Weg zu einem modernen Schauspiel, Diss. Zürich 1960; Paul RIEGEL, C. Zuckmayer: Der Hauptmann von Köpenick, in: Ludwig Büttner (Hrsg.), Das europäische Drama von Ibsen bis Zuckmayer, Frankfurt/M. u. a. O. 1960, S. 195–208; Carl ZUCKMAYER, Als wär's ein Stück von mir, Frankfurt/M. 1966; Wolfgang PAULSEN, C. Zuckmayer, in: Otto Mann / Wolfgang Rothe (Hrsg.), Dt. Literatur im 20. Jahrh., Bd. 2, 5. Aufl. Bern – München 1967, S. 332–361; Günther RÜHLE, Theater für die Republik 1917–1933, Frankfurt/M. 1967, S. 1076–1086; Erwin ROTERMUND, Zur Erneuerung des Volksstücks in der Weimarer Republik: Zuckmayer und Horváth, in: Volkskultur und Geschichte, Festgabe für J. Dünninger, Berlin 1970, S. 612–633; Arnold John JACOBIUS, Motive und Dramaturgie im Schauspiel C. Zuckmayers, Versuch einer Deutung im Rahmen des zwischen 1920 und 1955 entstandenen Gesamtwerkes, Frankfurt/M. 1971; Siegfried MEWS, Der Hauptmann von Köpenick: ,,Ein deutsches Märchen" oder Kleider machen Leute, in: Germanic Notes 3, 1972, S. 42–46; ders. (Hrsg.), Zuckmayer, Der Hauptmann von Köpenick (= Grundlagen und Gedanken zum Verständnis des Dramas), Frankfurt/M. 1972; Walter HINCK, Das moderne Drama in Deutschland, Vom expressionistischen zum dokumentarischen Theater, Göttingen 1973, S. 136–141; Siegfried SUDHOF, C. Zuckmayer, in: Benno von Wiese (Hrsg.), Deutsche Dichter der Gegenwart, Berlin 1973, S. 64–82; Renate BRÜCK u. a., Wirklichkeit im Drama, Stuttgart 1975, S. 72–106.

Seite

N: 269, 20 Rilla, s. L., S. 8 und 9
272, 15 v. u. Als wär's ein Stück von mir, s. L., S. 439–445
272, 4 v. u. Interview mit S. Werner (S. 103), zit. bei Mews, s. L., S. 18 f.
273, 17 v. u. Als wär's ein Stück von mir, s. L., S. 440 und 444

A: [1] Vgl. Engelsing-Malek, Meinherz, Mews u. a., s. L.

[2] Vgl. Ihering in Rühle, s. L., S. 1078.

[3] So vor allem Adling und Rilla, s. L.

[4] Vgl. u. a. Greiner und Rotermund, s. L.

[5] Nachweise und Abdruck historischer Zeugnisse bei Mews und Brück, s. L. Zum historischen Hauptmann von Köpenick vgl. ferner: Wilhelm VOIGT, Wie ich Hauptmann von Köpenick wurde, Mein Lebensbild, Leipzig – Stuttgart 1909; Wolfgang HEIDELMEYER (Hrsg.), Der Fall Köpenick, Akten und zeitgenössische Dokumente zur Geschichte einer preußischen Moritat, Frankfurt/M. 1968. Vgl. ferner Roswitha FLATZ, Krieg im Frieden, Das aktuelle Militärstück auf dem Theater des dt. Kaiserreichs, Frankfurt/M. 1976, S. 102 ff.

[6] Vgl. Adling, Rilla einerseits, Sudhof, Paulsen, Greiner andererseits, s. L.

[7] Vgl. Hinck, s. L., S. 140.

[8] Vgl. Vandenrath, Happe (in ,,Fülle der Zeit"), Paulsen, Meinherz, Engelsing-Malek, Jacobius; differenzierter: Riegel, s. L.

[9] So vor allem Adling und Rilla, s. L., auch: Hans MAYER, Zur dt. Literatur der Zeit, Reinbek 1967, S. 230, 296 und 297 f.

[10] Zu diesem Problem in der Poetik der Komödie vgl. allgemein Fritz MARTINI,

Überlegungen zur Poetik des Lustspiels, in: ders., Lustspiele – und das Lustspiel, Stuttgart 1974, S. 9–36.

[11] So etwa Paulsen, s. L., und andeutungsweise Marianne KESTING, Panorama des zeitgenössischen Theaters, München 1969, S. 279.

[12] Abdruck von Stimmen der zeitgenössischen Kritik bei Brück, Mews und Rühle, s. L.

[13] Zur Anekdote vgl. Jürgen HEIN (Hrsg.), Deutsche Anekdoten, Stuttgart 1976, S. 353–384.   J. H.

BERTOLT BRECHT   S. 287

T: ,,Herr Puntila und sein Knecht Matti" nach: Ges. Werke, Bd. 4, Frankfurt/M. 1967, S. 1609–1717. Auch alle anderen Brecht-Zitate beziehen sich auf diese Ausgabe.

L: Richard SEMRAU, Das Volksstück B. Brechts ,,Herr Puntila und sein Knecht Matti" und die finnische Bearbeitung des Themas von Hella Wuolijoki, Staatsexamensarbeit Humboldt-Univ. Berlin 1959, Masch.; Alfred B. BERGSTEDT, Herr Puntila, der ,,Gute Mensch" von Lammi, in: Wissenschaftliche Zeitschr. der Päd. Hochschule Potsdam 6, 1963, H. 2, S. 97–108; E. SPEIDEL, Brecht's ,,Puntila": A Marxist Comedy, in: Modern Language Review 65, 1970, S. 319–332; Jost HERMAND, ,,Herr Puntila und sein Knecht Matti". Brechts Volksstück, in: Brecht heute 1, 1971, S. 117–136; Hans POSER, Brechts ,,Herr Puntila und sein Knecht Matti". Dialektik zwischen Volksstück und Lehrstück, in: Jürgen Hein (Hrsg.), Theater und Gesellschaft. Das Volksstück im 19. und 20. Jahrh., Düsseldorf 1973, S. 187–200; Edward M. BERCKMANN, Comedy and Parody of Comedy in Brecht's ,,Puntila", in: Essays in Literature 1, 1974 S. 248–260; Siegfried MEWS, Herr Puntila und sein Knecht Matti. Grundlagen und Gedanken zum Verständnis des Dramas, Frankfurt/M. 1975.

Seite

N: 288, 7 Martin Esslin, Brecht. The Man and His Work, New York 1960, S. 306

288, 8 Volker Klotz, B. Brecht. Versuch über das Werk, Darmstadt 1957, S. 51 f.

288, 12 Franz Hubert Crumbach, Die Struktur des Epischen Theaters, Braunschweig 1960, S. 40, 47

288, 14 Marianne Kesting, Das epische Theater, Stuttgart 1959, S. 86

288, 16 Fritz Martini, Soziale

Seite

Thematik und Formwandlungen des Dramas, in: Episches Theater, hrsg. von Reinhold Grimm, Köln 1966, S. 268, 273

288, 18 Hans Egon Holthusen, Kritisches Verstehen, München 1961, S. 105 f.

288, 20 Hans Lüthy, Nach dem Untergang des Abendlandes, 2. Aufl. Köln 1965, S. 178

288, 19 v. u. Frederic Ewen, Brecht. His Life, His Art, His Times, New York 1969, S. 370

288, 14 v. u. Crumbach, S. 41

Seite

289, 11 D. Hildebrandt, Kleine Brecht-Woche, in: FAZ vom 6. April 1965

289, 14 G. Vielhaber, Wer – wen? in: FAZ vom 16. Mai 1966

289, 19 H. Schwab-Felisch, Saisonbeginn in Düsseldorf, in: FAZ vom 6. September 1966

291, 12 v. u. Theaterarbeit, hrsg. vom Berliner Ensemble, Dresden 1952, S. 42

294, 15 v. u. Carl Zuckmayer, Der fröhliche Weinberg, Berlin 1925, S. 101

297, 6 Crumbach, S. 43

297, 11 Paul Rilla, Über ,,Herr Puntila und sein Knecht Matti", in: Programmheft, S. 11

297, 16 Martini, S. 270

297, 9 v. u. D. Diderot, Jakob und sein Herr, Frankfurt 1961, S. 267

297, 3 v. u. Paul Dessau, Zur ,Puntila-Oper', in: Programmheft, S. 1

298, 1 Ilja Fradkin, B. Brecht – ein Realist und Aufklärer, in: So-

Seite

wjetwissenschaft. Kunst und Literatur 4,4, 1956, S. 367; ders., B. Brecht. Weg und Methode, Leipzig 1974, S. 220; Bergstedt, s. L., S. 97; Fritz Hennenberg, Dessau-Brecht, Berlin 1963, S. 35

298, 3 Hennenberg, S. 33

298, 4 Rilla, S. 11

298, 8 Rischbieter, Bd. 2, S. 48

299, 15 Crumbach, S. 41

299, 13 v. u. Martin Walser, Heimatkunde, Frankfurt 1968, S. 79

299, 9 v. u. Walter Hinck, Die Dramaturgie des späten Brecht, Göttingen 1959, S. 33

301, 13 Theaterarbeit, S. 22

301, 18 ebd., S. 22

302, 1 ebd., S. 46

302, 12 ebd., S. 16

303, 15 v. u. Peter Christian Giese, Das ,,Gesellschaftlich-Komische". Zu Komik und Komödie der Stücke und Bearbeitungen Brechts, Stuttgart 1974, S. 18

303, 1 v. u. Programmheft, S. 7

A: [1] Eine gute Darstellung und zugleich Kritik der westlichen Puntila/Matti-Rezeption gibt Speidel, s. L., S. 321 ff.

[2] Vgl. Ein Brecht ohne Marx, in: Rheinische Post vom 18. Dezember 1973.

[3] Vgl. dazu vor allem Poser, s. L., S. 190 ff.

[4] Vgl. Henning RISCHBIETER, B. Brecht, 2. Aufl. Velber 1968, S. 44.

[5] Vgl. Jost HERMAND, Zwischen Tuismus und Tümlichkeit, in: Brecht-Jahrbuch, 1975, S. 7 ff.

[6] Puntila verstößt seine Tochter wie King Lear; die Eheprobe soll an die Kästchenwahl im ,,Kaufmann von Venedig" erinnern.

[7] Zur höchst komplizierten Entstehungsgeschichte des ,,Puntila/Matti" vgl. vor allem Semrau, s. L., aber auch H.-J. BUNGE, Im Exil, in: B. Brecht. Leben und Werk, Berlin 1963, S. 109 f.; F. EGE, Zur Urfassung von ,Herr Puntila und sein Knecht Matti', in: Theater Mosaik 2,6, 1964, S. 3–7; ders., Von der ,Sägemehlprinzessin' zum ,Puntila', in: Theater Mosaik 3,7/8, 1965, S. 5–9; W. OTTO, Anmerkungen zum Stück, in: Paul Dessau: ,Puntila'. Programmheft der Berliner Staatsoper, 1966, S. 4–7.

[8] Vgl. Semrau, s. L., S. 2.

[9] Vgl. Brechts „Arbeitsjournal" vom 2. Sept. 1940.

[10] Vgl. Bestandsverzeichnis des literarischen Nachlasses, Bd. 1, Stücke, hrsg. von Herta Ramthun, Berlin – Weimar 1969, S. 149.

[11] Vgl. Ege, s. A. 7, S. 6.

[12] Vgl. Arbeitsjournal vom 14. und 19. Sept. 1940.

[13] Ebd., Eintragung vom 1. Okt. 1940.

[14] Ein anonymer Rezensent der Zeitschrift „Der Ruf" charakterisiert daher den Attaché als „die gleiche Monokel-Rolle wie Zuckmayers Korpsstudent Knuzius", in: Der Ruf 4, 1949, Nr. 1, S. 14.

[15] Ebenso auffällig sind folgende Ähnlichkeiten: das „Pflaumenlied" und „Charlottchen, Charlottchen geh mit mir ins Gras"; Eismeyer redet bei Tisch unentwegt vom Sauschlachten, Laina spricht mit der Pröbstin ständig von der Pilzzubereitung, beim Freimostfest werden die Veteranen hinausgeworfen, bei der Verlobungsfeier fliegt der Attaché vor die Tür; Puntila bezeichnet sich als „Nero", von Gunderloch heißt es, daß er den „Cäsarenwahn" habe; Eino und Knuzius prahlen beide mit ihren ‚fürstlichen' Bekanntschaften; in beiden Stükken wird nachts im Freien Wasser abgeschlagen usw.

[16] Zuckmayer, s. N., S. 98 f. Auch in der „Sägespäneprinzessin" teilt Kalle die Stimmung seines Herrn bei der Besteigung des Hatelmaberges. Vgl. Semrau, s. L., S. 49.

[17] Die Behauptungen Eges in seinem Aufsatz „Brecht ist nur Mitverfasser des ‚Herrn Puntila'" (Theater Mosaik 3,4, 1965, S. 9–13), in dem Brechts Rolle als Bearbeiter des „Puntila/Matti"-Stoffes auf ein Minimum reduziert wird, müssen auf persönlicher Verblendung beruhen. H. Wuolijoki hat in ihrem Vorwort zur finnischen Ausgabe des „Iso-Heikkila" nicht nur die Figuren des Matti und der Eva, sondern auch den ganzen Handlungsaufbau als Brechts Eigentum bezeichnet (vgl. Semrau, S. 5, 9, 25). Brecht selbst hat auf ähnliche Anschuldigungen mit folgender Antwort pariert, die sich indirekt sicher auf den „Weinberg" bezieht: „Was die Leute wollen. Von Plagiat kann gar keine Rede sein. Was ich wirklich plagiiert habe, das merken die Leute ja sowieso nicht" (vgl. André MÜLLER und Gerd SEMMER, Geschichten vom Herrn B., Frankfurt 1967, S. 46).

[18] Vgl. Walter H. SOKEL, Brecht's Split Characters and His Sense of the Tragic, in: Brecht. A Collection of Critical Essays, hrsg. von Peter Demetz, Englewood 1962, S. 127–137.

[19] Ebd., S. 133. Das gleiche Urteil findet sich bei Max SPALTER, Brecht's Tradition, Baltimore 1967, S. 196.

[20] Möglicherweise stützt sich Brecht hier auf die Erzählung „Der Brotherr" (1913) von Maxim Gorki. Dort steht dem klugen Knecht ebenfalls ein weichherzig-brutaler Quartalssäufer gegenüber, der sich dauernd als „guten Menschen" bezeichnet, mit seinen Knechten mal höchst vertraulich tut und sie wenige Minuten später mit Füßen tritt (vgl. Erzählungen, Bd. 5, Berlin 1955, S. 326, 373). Als dieser russische ‚Puntila' schließlich heuchlerisch von sich behauptet: „Ich wollte, daß die Menschen sich in meiner Nähe wohlfühlen" (S.

379), verlangt der kluge Knecht, der an sich eine recht bevorzugte Stelle inne-
hat, kurzentschlossen seine Entlassungspapiere.

[21] Im ,,Me-ti" wird eine solche Spaltung in Betrunken- und Nüchternheit sogar
auf Hitler bezogen (12,559). J. H.

MAX FRISCH S. 305

T: ,,Don Juan oder Die Liebe zur Geometrie" nach: Stücke, Bd. 2, Frankfurt/M.
1962, S. 7–85; danach wird zit. unter Angabe der Seitenzahl. – Theater der Jahrhunderte. Don Juan (Molina, Molière, Da Ponte, Grabbe, Horvarth, Frisch,
Anouilh), hrsg. von Joachim Schondorff, München – Wien 1967.

L: Werner OEHLMANN, Don Juan. Dichtung und Wirklichkeit, hrsg. von Hans
Schwab-Felisch u. Wolf Jobst Siedler, Frankfurt/M. – Berlin 1955; Hans BÄN-
ZIGER, Frisch und Dürrenmatt, Bern 1960; Monika WINTSCH-SPIESS, Zum Pro-
blem der Identität im Werk M. Frischs, Zürich 1965; Carol PETERSEN, M.
Frisch, Berlin 1966; Hellmuth KARASEK, M. Frisch (= Dramatiker des Welt-
theaters Bd. 17), Velber bei Hannover, 2. auf den neuesten Stand gebrachte
Aufl. April 1968; Manfred JURGENSEN, M. Frisch. Die Dramen, Bern 1968;
Jürgen SCHRÖDER, Das Drama M. Frischs, in: Dürrenmatt. Frisch. Weiß. Drei
Entwürfe zum Drama der Gegenwart, München 1969; Klaus MATTHIAS, Die
Dramen von M. Frisch, Strukturen und Aussagen II, in: Literatur und Wissen-
schaft im Unterricht, Bd. 3, 1970; Albrecht SCHAU (Hrsg.), M. Frisch – Bei-
träge zu einer Wirkungsgeschichte, Freiburg i. Br. 1971; Doris Fulda MERRI-
FIELD, Das Bild der Frau bei M. Frisch, Freiburg/Br. 1971; Hertha FRANZ, Der
Intellektuelle in M. Frischs ,,Don Juan" und ,,Homo Faber", in: Zeitschr. für
dt. Phil., Bd. 90, 1971; Thomas BECKERMANN (Hrsg.), Über M. Frisch, Frankfurt 1971; Robert J. MATTHEWS, Theatricality and deconstruction in Max
Frischs ,,Don Juan", in: Modern Language Notes, Vol. 87, 1972; Manfred
DURZAK, Dürrenmatt, Frisch, Weiß – Dt. Drama der Gegenwart zwischen Kri-
tik und Utopie, Stuttgart 1972; Hiltrud GNÜG, Don Juans theatralische Exi-
stenz. Typ und Gattung, München 1974; Markus WERNER, Bilder des Endgültigen – Entwürfe des Möglichen. Zum Werk M. Frischs, Frankfurt 1975; Hans
Gerd RÖTZER, Frischs Don Juan, Arcadia 1975, Bd. 10, S. 243–257; Walter
SCHMITZ (Hrsg.), Über Max Frisch II, Frankfurt 1976; Brigitte WITTMANN
(Hrsg.), Don Juan (Wiss. Buchgesellschaft), Darmstadt 1976.

Seite

N: 305, 7 Max Frisch, Daten und
Nachträgliches zu ,,Don Juan",
in: ders., Stücke Bd. 2, Frankfurt 1962, S. 313–321, S. 313
305, 6 v. u. Max Frisch, Dramaturgisches. Ein Briefwechsel mit
W. Höllerer, Berlin 1969, S. 18

Seite

306, 12 ebd., S. 18
306, 15 ebd., S. 18
307, 21 Theater der Jahrhunderte,
s. T., S. 72, S. 86
307, 13 v. u. Frisch, Daten und
Nachträgliches, S. 318
308, 8 ebd., S. 316

A: [1] Die Analyse bezieht sich auf die zweite und bisher letzte, nur leicht veränderte Fassung des Stücks von 1963, die in die Werkausgabe der Stücke aufgenommen wurde.

[2] Der Gegenstand der Travestie ist ein – oft literarisch – Vorgeformtes, dessen Stoff gegen seine ursprüngliche Darstellungsweise präsentiert wird. Natürlich verändert die gegenläufige Form auch die ursprüngliche Bedeutung des zitierten Stoffes, so daß letztlich die Travestie – im Sinne einer Form – Inhalt – Dialektik – auch Parodie ist, Parodie, die eine – meistens literarische – Form gegen ihre ursprüngliche Funktion als Ausdrucksmittel neuer Inhalte verwendet.

[3] Zum Typbegriff (speziell zum Don Juan-Typ) und zur Entwicklung des Don Juan-Stoffes von Tirso de Molina bis Frisch vgl. die Arbeit der Verf., Don Juans theatralische Existenz. Typ und Gattung, München 1974.

[4] S. die Übers. von Karl Vossler, in: Theater der Jahrhunderte, s. T., S. 45–129.

[5] Vgl. die Deutung des Mythos' von Sören KIERKEGAARD, Entweder – Oder. Erster Teil II: Die unmittelbaren erotischen Stadien oder das Musikalisch-Erotische, 2. Aufl. Köln 1968.

[6] Vgl. Hans MAYER, Anmerkungen zu „Stiller", in: Über Max Frisch, s. L., S. 31: Frisch „zeigt (. . .) besonders in der Komödie vom unfreiwilligen Verführer Don Juan (. . .), daß die Auswahl unserer Lebensgeschichten entscheidend begrenzt ist durch die gesellschaftlichen Möglichkeiten, die uns gegeben wurden".

[7] Vgl. Matthias, s. L., S. 238: Matthias nennt als Ansatz der Komödie Frischs Grundthema, „ein geprägtes Bildnis auszulöschen", und er faßt das Stück entsprechend als „Gegenentwurf zur literarischen Überlieferung" auf. Er macht jedoch weder den Gegenentwurf einsichtig, noch erkennt er, daß die überlieferte Deutung des Mythos bei Frisch als Meinungsbild der Gesellschaft wieder zitiert wird. Folglich übersieht er die Problematik von Ich-Entwurf und Rolle.

[8] Vgl. Franz, s. L., S. 562: Sie sieht einseitig nur „das einheitlich negative Bild,

405

das Frisch hier vom Intellektuellen zeichnet", und sie verkennt die dialektische Konzeption der Figur, die aufgrund ihrer lebendigen Intellektualität zum legitimen Kritiker gesellschaftlicher Norm wird, andererseits selbst kritisierbar wird, da sie in der Negation der Gesellschaft verharrt.

[9] Vgl. Werner, s. L., S. 36: Er definiert die Rolle bei Frisch in Abhebung zum Bild: ,,Verkörpert das ,Bild' die Erwartungen, Ansprüche und Zumutungen der Umwelt, so ist mit ,Rolle' das Verhalten des Einzelnen gemeint, sofern er sich nach dem Bilde der andern richtet."

[10] Henri BERGSON, Le Rire, Paris 1964, S. 29.

[11] Wie bei Molina, Molière, Da Ponte / Mozart ist es das Denkmal des getöteten Komtur, das die himmlische Rache vollziehen soll.

[12] Auch der Dom Juan Molières ist bankrott (vgl. IV, 3). Frischs symbolische Deutung des wirtschaftlichen Bankrotts überfrachtet das Motiv mit einer Bedeutung (vgl. Daten und Nachträgliches, S. 316 f.), die auch sein Stück szenisch nicht realisiert.   H. G.

FRIEDRICH DÜRRENMATT   S. 324

T: ,,Der Besuch der alten Dame" nach: Der Besuch der alten Dame. Eine tragische Komödie, Zürich 1956 u. ö.; auch in: Komödien I, Zürich o. J. Nach der Einzelausg. wird zit. unter Angabe der Seitenzahl.

L: Kommentar: Karl SCHMIDT, F. Dürrenmatt, Der Besuch der alten Dame, Stuttgart 1957 (mit Wort- und Sacherklärungen, Texten zur Diskussion und Bibliographie).
    Untersuchungen zur ,,Alten Dame" und zum Gesamtwerk: Melvin W. ASKEW, Dürrenmatt's ,,The Visit of the Old Lady", in: The Tulane Drama Review 5, 1961, Nr. 4, S. 89–105; Karl S. GUTHKE, Geschichte und Poetik der dt. Tragikomödie, Göttingen 1961; Eugene E. REED, Dürrenmatt's ,,Besuch der alten Dame", in: Monatshefte 53, 1961, S. 9–14; Hans-Jürgen SYBERBERG, Zum Drama F. Dürrenmatts, München 1963; Paul-Josef BREUER, F. Dürrenmatt, ,,Der Besuch der alten Dame", in: Europäische Komödien, hrsg. von Kurt Bräutigam, Frankfurt 1964, S. 214–242; Elisabeth BROCK-SULZER, F. Dürrenmatt, 2. Aufl. Zürich 1964; Christian M. JAUSLIN, F. Dürrenmatt, Zürich 1964; Jenny C. HORTENBACH, Biblical Echoes in Dürrenmatt's ,,Der Besuch der alten Dame", in: Monatshefte 57, 1965, S. 145–161; Erich KÜHNE, Satire und groteske Dramatik, in: Weimarer Beiträge 12, 1966, S. 539–565; Hans BÄNZIGER, Frisch und Dürrenmatt, 5. Aufl. Bern – München 1967; E. S. DICK, Dürrenmatts ,,Der Besuch der alten Dame", in: Zeitschr. f. dt. Phil. 87, 1968, S. 498–509; Arnold HEIDSIECK, Das Groteske und das Absurde im modernen Drama, Stuttgart 1969; Murray B. PEPPARD, F. Dürrenmatt, New York 1969; Hans-Georg WERNER, F. Dürrenmatt, in: Wissenschaftliche Zeitschr. der Univ. Halle. Gesellschafts- und sprachwissenschaftliche Reihe 18, 1969, H. 4, S. 143–156; Urs JENNY, F. Dürrenmatt, 4. Aufl. Velber b. Hannover 1970;

Manfred DURZAK, Dürrenmatt, Frisch, Weiss, Stuttgart 1972; Wolfram BUD-
DECKE, F. Dürrenmatts experimentelle Dramatik, in: Universitas 28, 1973, S.
641–652; Ulrich PROFITLICH, F. Dürrenmatt, Stuttgart – Berlin u. a. 1973; E.
SPEIDEL, ‚Aristotelian‘ and ‚Non-Aristotelian‘ Elements in Dürrenmatts „Der
Besuch der alten Dame", in: German Life and Letters 28, 1974/75, Nr. 1, S.
14–24.

Bibliographie: Johannes HANSEL, F. Dürrenmatt-Bibliographie, Bad Homburg 1968.

Seite

N: 325, 20 Vgl. z. B. Komödien II,
Zürich o. J., S. 349 f.

327, 5 v. u. Theaterschriften und
Reden, 3. Aufl. Zürich 1970, S.
40

329, 1 Dramaturgisches und Kritisches, Zürich 1972, S. 279

331, 11 v. u. Hans Bänziger, Kurze
Startbahnen, in: Merkur 11,
1957, S. 992

332, 3 Programmheft der Uraufführung

332, 7 Die Wiedertäufer, 2. Aufl.
Zürich 1968, S. 107

332, 12 Brecht, Ges. Werke in 20
Bdn., Frankfurt/M. 1967, Bd.
2, S. 555

332, 15 Horst Bienek, Werkstatt-
gespräche mit Schriftstellern,
München 1969, S. 129

Seite

332, 17 Die Wiedertäufer, S. 107

333, 1 Peter Hacks, Das realistische Theaterstück, in: Neue dt.
Literatur 5, 1957, H. 10, S. 98

335, 5 Theaterschr., S. 122

335, 17 Komödien II, S. 252; Theaterschr., S. 352

335, 20 v. u. Interview mit dem
Autor, in: Der Mittag, 22. 10.
1960

335, 4 v. u. Gerechtigkeit und
Recht, Zürich 1969, S. 105

338, 14 Theaterschr., S. 122

339, 20 Vgl. Komödien II, S. 356 u.
282

339, 3 v. u. Theaterschr., S. 63

339, 1 v. u. ebd., S. 48

340, 1 v. u. Bienek, Werkstattge-
spräche, S. 124

A: [1] Vgl. Bänziger, s. L., S. 256.

[2] Daß dies kein Grund ist, der Außenwelt einen größeren moralischen Kredit zu
geben, zeigt z. B. der Zugführer, der in aller Naivität die Bestechlichkeit der Ei-
senbahndirektion ausplaudert, oder das Gericht in Sing-Sing, das für eine größere Geldsumme die beiden zum Tode verurteilten Gangster freiläßt (vgl.
17,21).

[3] Vgl. Speidel, s. L., S. 19.

[4] Vgl. „Der Prozeß um des Esels Schatten", „Herkules und der Stall des Au-
gias", „Ein Engel kommt nach Babylon", „Frank der Fünfte".

[5] Das Bedürfnis, „beides" zu haben, prägt ihr Verhalten bis ins Detail. Wie der
Filmstar, Claires achter Ehemann, sowohl „den Priester in einem Graham
Greene" als auch „den Wilderer . . . in einem Ganghoferfilm" spielt (44), so
gibt es zu Claires Begrüßung zwei Inschriften, eine intime und eine respektvol-
le, die, beliebig austauschbar, für jede mögliche Situation vorsorgen. Der Austauschbarkeit des Verhaltens korrespondiert seine Wiederholbarkeit: so wider-

spräche es der unverbindlichen Kunstübung des Malers namens Kühn, würde er zögern, Ills zerfetztes Porträt noch einmal zu malen. Mit derselben Selbstverständlichkeit wiederholen die Güllener nach der Kamerapanne ihren Schwur. Verbindlichkeit, bewiesen durch Verzicht, besitzt allein das Verhalten des gewandelten Ill.

[6] Über andere Motivierungsmöglichkeiten der Geheimhaltung vgl. Anm. 9.

[7] Dürrenmatts Interesse für die allmähliche Korrumpierung der Urteilskraft begründet zugleich, warum er das Geschehen nicht im strengen Sinne zum massenpsychologischen Phänomen stilisiert. Der Bewußtseinszustand, der die Untat möglich macht, ist nicht das von der Massenpsychologie beschriebene momentane Absinken der Besonnenheit, entspringt nicht wechselseitiger seelischer Ansteckung, nicht jener Steigerung der Beeinflußbarkeit, die mit der Ansammlung großer Menschenmengen verbunden ist. Die Güllener, wie Dürrenmatt sie schildert, geben im Dialog unter vier Augen kaum eine andere Gesinnung zu erkennen als in der Menge.

[8] Vgl. 35 und 21.

[9] Wie im übrigen die Güllener Heimlichkeit ebenfalls durch Rationalisierungsmechanismen zu bewältigen ist, zeigt der Bürgermeister, wenn er schon im 2. Akt von Ill Dank dafür verlangt, daß die Güllener durch ihr Schweigen ,,über die üble Affäre den Mantel des Vergessens breiten" (53). Nichts ist nötig als eine leichte Verschiebung, eine Umakzentuierung innerhalb der verheimlichten Sachverhalte: Statt der Geheimhaltung der gegenwärtigen Mordforderung betonen die Güllener die der Beschönigung zugängliche Geheimhaltung der Ereignisse des Jahres 1910 (ein anderes Rechtfertigungsmoment S. 70 und 76). Entspringen solche Reden heuchlerischer Unverschämtheit oder gelungener Selbstbeschwichtigung? Daß das zweite nicht auszuschließen ist, zeigt ebenfalls der Bürgermeister, als er Ill zum Selbstmord zu bewegen sucht. Wieder rühmt er die aus Verschleierung und Lüge gemischte Irreführung der Öffentlichkeit mit dem Argument, Ill bleibe ,,rein äußerlich reingewaschen" (80). Als Ill ihm für diese Schonung ironisch dankt, fährt er fort: ,,Ich tat es nicht Ihnen, sondern Ihrer kreuzbraven, ehrlichen Familie zuliebe, offengestanden." Dieser Zusatz wirkt kaum als absichtsvolle Täuschung des Gesprächspartners – er ist dem Zweck des Besuches eher hinderlich –, vielmehr als Ausdruck einer Selbsttäuschung: Was der Bürgermeister sagt, das hat er sich tatsächlich eingeredet; er zweifelt nicht, ,,ein faires Spiel" (81) zu spielen. Das System der Güllener Verblendung tendiert zur Geschlossenheit.

[10] 57; ein zweites Mal scheint der Pfarrer zu einer punktuellen Einsicht zu kommen: als er die Aufforderung des sterbensbereiten Ill, für Güllen zu beten, beantwortet: ,,Gott sei uns gnädig" (96).

[11] Darüber berichtet Ernst NEF in: German Life and Letters 13, 1959/60, S. 227.

[12] ,,Komödie der Hochkonjunktur" lautete ein später verworfener Untertitel des Stücks (vgl. das Programmheft der Uraufführung).

[13] Die Fakten, die der ehemalige Richter enthüllt, werden weder von Ill noch von einem der übrigen Güllener bestritten. Das Interesse der Figuren richtet sich ebensowenig wie das des Zuschauers auf Aufklärung – darum ist die Fabel nicht

analytisch im strengen Sinne; sie erfüllt sich nicht in den Expositionspartien. Anders Durzak, s. L., S. 92.

[14] Vgl. 76, 79 f.

[15] Das alemannische Wort gülle, an das der fiktive Ortsname Güllen anklingt, bedeutet unter anderem ‚Jauche, Kotlache'.

[16] In seinen „Randnotizen" zur Uraufführung erläutert Dürrenmatt seine Begriffe von ‚Tragödie' und ‚Komödie', die der Formulierung des Untertitels zugrunde liegen mögen: Von der Tragödie spricht er als von einer „antiken" Form, die voraussetze, „daß die Gemeinschaft ein Recht habe, in einen feierlichen Chor auszubrechen"; die Gemeinschaft werde „idealisiert". Entsprechend versteht er unter ‚Komödie' eine „moderne" Form, die „voraussetzt, daß die Gemeinschaft kein Recht habe, in einen feierlichen Chor auszubrechen"; statt „idealisiert", werde die Gemeinschaft „kritisch betrachtet".

U. P.

PETER HACKS   S. 342

T: „Moritz Tassow" nach: Moritz Tassow. Komödie, in: Theater heute 6, 1965, H. 2, S. 52–68; in: Sinn und Form XVII, 1965, S. 835–929 (leicht veränderte Fassung); in: Peter Hacks, Vier Komödien, Frankfurt/M. 1971, S. 5–115. – P. Hacks, Das Poetische. Ansätze zu einer postrevolutionären Dramaturgie, Frankfurt/M. 1971.

L: Marianne KESTING, Politische Romantik, in: Frankfurter Allgemeine Zeitung 41, 18. II. 1965, S. 20; H(enning) R(ISCHBIETER), Hacks, in: Theater heute 6, 1965, H. 3, S. 6; Joachim FIEBACH, Individuum und Gesellschaft, Theater der Zeit 20, 1965, H. 20, S. 26 f.; Erasmus SCHÖFER, Realismus und Sozialismus, in: Wirkendes Wort 15, 1965, S. 412–417; Ernst SCHUMACHER, Göttlicher Sauhirt und irdisches Paradies, in: Berliner Zeitung 276, 7. X. 1965; Rainer KERNDL, Tassows Gaben und Getöse, in: Neues Deutschland 278, 9. X. 1965, S. 4; Wilfried ADLING, Moritz Tassow und der Kommunist Mattukat, in: ebd. 285, 16. X. 1965 (Beilage); Ingrid BÖHME, Moritz Tassow, in: Sonntag 44, 31. X. 1965, S. 3; Manfred NÖSSIG, Probleme einer Utopie, in: Theater der Zeit 20, 1965, H. 22, S. 10–14; Hermann KÄHLER, Gegenwart auf der Bühne, Berlin 1966; Eo PLUNIEN, Das Märchen vom Schweinehirt, in: Die Welt 50, 28. II. 1967, S. 9; G(ünther) R(ÜHLE), Eine dt. Komödie, in: Frankfurter Allgemeine Zeitung 50, 28. II. 1967, S. 22; Hans SCHWAB-FELISCH, Der mecklenburgische Tassow, in: Süddeutsche Zeitung 1. III. 1967; Jörg DREWS, Moritz Tassow, in: Kindlers Literatur-Lexikon IV, Zürich 1968, Sp. 2911–2913; Marianne KESTING, Panorama des zeitgenössischen Theaters, München 1969, S. 284–289; Werner BRETTSCHNEIDER, Zwischen literarischer Autonomie und Staatsdienst, Berlin 1972, S. 144–168; Hermann KÄHLER, Überlegungen zu Komödien von Peter Hacks, in: Sinn und Form 24, 1972, S. 399–423; Horst LAUBE, Hacks, Velber 1972, S. 52–59; Werner MITTENZWEI (Hrsg.), Theater in der Zeitenwende, Berlin 1972, Bd. II, S. 260–263; Fritz J. RADDATZ, Traditionen und Tendenzen, Frankfurt/M. 1972, S. 420–430; Rolf ROHMER, P. Hacks, in: Hans Jürgen Geerdts (Hrsg.), Literatur der DDR, Stuttgart 1972, S. 454–472; Wolfgang SCHIVELBUSCH, Sozialistisches Drama nach Brecht, Neuwied 1974, S. 84–95; Gerhard KAISER, Parteiliche Wahrheit – Wahrheit der Partei?, in: Hans-Jürgen Schmitt (Hrsg.), Literaturwissenschaft und Sozialwissenschaften 6, Stuttgart 1975, S. 213–246; Franz Norbert MENNEMEIER, Modernes Deutsches Drama, 2, München 1975, S. 328–370; Horst HAASE (Hrsg.), Geschichte der dt. Literatur 11, Berlin 1976, S. 656–658; Werner MITTENZWEI, Die Spur der Brechtschen Lehrstücktheorie. Gedanken zur neueren Lehrstück-Interpretation, in: Reiner Steinweg (Hrsg.), Brechts Modell der Lehrstücke, Frankfurt/M. 1976, S. 225–254; Winfried SCHLEYER, Die Stücke von P. Hacks – Tendenzen, Themen, Theorien, Stuttgart 1976.

Seite

N: 345, 15 Hans Koch (Hrsg.), Zur Theorie des sozialistischen Realismus, Berlin 1974, S. 392

346, 3 Rohmer, s. L., S. 465

346, 20 v. u. Friedrich Schiller, Über naive und sentimentalische Dichtung, NA XX 1, S. 446

346, 4 v. u. Georgina Baum, Humor und Satire in der bürgerlichen Ästhetik, Berlin 1959, S. 173

347, 2 (Bertolt Brecht), Theaterarbeit, hrsg. v. Berliner Ensemble, Dresden 1952, S. 42

347, 7 Peter Christian Giese, Das „Gesellschaftlich-Komische", Stuttgart 1974, S. 20

347, 12 v. u. Kähler, s. L., S. 399

347, 2 v. u. Marxistisch-leninistisches Wörterbuch der Philosophie, Reinbek 1972, S. 821

348, 2 v. u. Hacks, Das Poetische, s. T., S. 9

Seite

349, 18 v. u. Kähler, s. L., S. 400

349, 14 v. u. Anna Seghers, Die Tiefe und Breite in der Literatur, in: Klaus Jarmatz (Hrsg.), Kritik in der Zeit, Halle 1970, S. 486

351, 12 Kerndl, s. L., S. 4

351, 20 Adling, s. L.

351, 3 v. u. Hacks, Das Poetische, s. T., S. 7

352, 13 v. u. Mittenzwei, s. L. (1972), S. 261

352, 2 v. u. Hacks, Das Poetische, s. T., S. 10

353, 7 ebd., S. 33

353, 17 Mittenzwei, s. L. (1972), S. 262

353, 3 v. u. Giese, S. 223

354, 12 v. u. Mennemeier, s. L., S. 347

355, 5 Bertolt Brecht, Ges. Werke, XVI, S. 836

357, 6 v. u. Hacks, Das Poetische, s. T., S. 33

A: [1] Zur allgemeinen ästhetischen Diskussion im marxistischen Kontext vgl. z. B. Georgina BAUM, Humor und Satire in der bürgerlichen Ästhetik, Berlin 1959; Jurij BOREV, Über das Komische, Berlin 1960.

[2] Georg Wilhelm Friedrich HEGEL, Ästhetik, hrsg. v. Friedrich Bassenge, 2. Aufl. Frankfurt/M. o. J., Bd. I, S. 565 f.

[3] Unverständlicherweise erwähnt Giese die ,,,Katzengraben'-Notate" gar nicht und Strittmatter nur beiläufig; auch Schivelbusch räumt diesem Brecht nach

Brecht nicht die Bedeutung ein, die ihm eigentlich zukäme; erst Franz Norbert Mennemeier, s. L., verweist – notgedrungen in großen Zügen – auf die zentrale Bedeutung dieser Brechť-Notizen.

[4] Marxistisch-leninistisches Wörterbuch der Philosophie, s. N., S. 1111–1113.

U.-K. K.